図説 世界文化地理大百科
ロシア・ソ連史

Robin Milner-Gulland
サセックス大学ロシア語講師.

Nikolai Dejevsky
ロシア・ソ連の歴史および政治に関するフリーコンサルタント.

Editor Graham Speake
Art Editor Andrew Lawson
Cartographic Editors Olive Pearson, Sarah Rhodes
Picture Editor Linda Proud
Text Editor Jennifer Drake-Brockman
Index Ann Barrett
Design Adrian Hodgkins
Production Clive Sparling

AN ANDROMEDA BOOK

Copyright © Andromeda Oxford Ltd 1989

Planned and produced by Andromeda Oxford Ltd 11-15 The Vineyard, Abingdon Oxfordshire, England OX14 3PX

All rights reserved. No part of this book may be reproduced or utilized in any form or by any means, electronic or mechanical, including photocopying, recording, or by any information storage and retrieval systems, without permission in writing from the publisher and copyright holder.

口絵 19世紀ロシアの民衆の娯楽。
J・リヒター、C・G・H・ガイスラー著
『ロシア民衆の遊び』より。

図説 世界文化地理大百科

ロシア・ソ連史

Cultural Atlas of
RUSSIA
and the Soviet Union

ロビン・ミルナー-ガランド　著
ニコライ・デエフスキー

外川継男 監修
吉田俊則 訳

朝倉書店

目　　次

- 8　年　表
- 10　ロシア・ソ連歴代の統治者
- 14　序

第１部　地理的背景

- 16　風土と民族

第２部　歴史時代

- 34　ルーシ
- 50　モスクワ公国
- 74　古ロシア最後の１世紀
- 88　ピョートル大帝
- 100　ピョートル後の帝国
- 107　帝政ロシアの隆盛
- 120　最後の４皇帝
- 142　革命と社会主義国家の建設
- 172　スターリン時代以後

第３部　共和国概観

- 186　ベラルーシ，モルドワ，ウクライナ共和国
- 192　バルト三国
- 198　ザカフカスの共和国
- 204　ロシア連邦共和国
- 216　中央アジア

- 225　ペレストロイカからソ連邦の解体まで

- 232　参考文献
- 235　用語解説
- 237　図版リスト
- 239　監修者のことば
- 240　訳者のことば
- 241　地名索引
- 246　索　　引

トピックス

- 30 スキタイの黄金
- 32 ステップの諸民族
- 48 キエフのソフィア大聖堂
- 62 イヴァン雷帝
- 68 ザゴールスクの聖セルギー三位一体大修道院
- 70 大ノヴゴロド
- 72 ロシア美術の黄金時代
- 86 北ロシアの木造建築
- 98 ロシア・バロック様式
- 116 1812年
- 118 デカブリスト・無政府主義者・テロリスト
- 122 プーシキンとゴーゴリ
- 130 革命家トルストイ
- 138 ロシア革命前の農民生活
- 140 1905年
- 144 チェーホフとモスクワ芸術座
- 158 共産主義
- 162 ディアギレフとストラヴィンスキー
- 164 現代美術への二つの道：マレーヴィチとタトリン
- 166 ソ連の宗教
- 170 プロパガンダ芸術
- 210 モスクワ
- 214 サンクトペテルブルグ

地図リスト

- 12 ソ連邦全図
- 22 ソ連の景観分布
- 22 ソ連の気候区分
- 23 ソ連の土壌分布
- 26 ソ連の言語分布
- 28 スラヴ諸語の分布
- 35 10世紀の東ヨーロッパとビザンティン世界
- 36 ロシアとヴァイキング
- 38 11世紀中頃の東ヨーロッパと地中海世界
- 41 キエフ・ロシア
- 45 モンゴル侵攻前夜のロシア
- 50 13―14世紀のロシアとアジア世界
- 55 14―15世紀の修道院運動
- 56 モスクワ公国によるロシア統一過程
- 58 西ロシア：ポーランドとリトアニアの台頭
- 60 ノヴゴロド：領土と商業活動
- 67 「動乱時代」のロシア（1600年頃）
- 74 16―17世紀におけるモスクワ国家の拡大
- 79 アレクセイ帝時代のロシア
- 91 ピョートル1世の大使節団と北方戦争
- 104 18世紀におけるロシア帝国の拡大
- 108 ステパン・ラージンの乱
- 109 プガチョフの乱
- 111 18世紀末ロシアの社会構成
- 115 ナポレオン戦争
- 124 クリミア戦争
- 127 東方問題
- 128 ロシア帝国の最大領土（19世紀中頃）
- 147 1914年ヨーロッパの国際関係
- 148 第1次世界大戦
- 152 革命と内戦
- 157 ソ連邦の成立
- 172 工業化・都市化・集団化
- 174 第2次世界大戦
- 177 1950年頃のソ連＝東欧ブロック
- 183 ソ連邦の地域区分
- 186 ベラルーシ，モルドワ，ウクライナ共和国
- 192 バルト三国
- 198 ザカフカス地方
- 204 ロシア連邦共和国
- 206 モスクワ周辺図
- 216 中央アジア

年　　表

	800	900	1000	1100	1200
国内の主な出来事	862年頃，リューリクのノヴゴロド占領		1097年，リューベチ諸公会議		1240年，モンゴル人支配（「タタールのくびき」）のはじまり
	グルジアのキリスト教レリーフ（9世紀）		キエフのミカエル聖堂のモザイク画（12世紀）		オゴタイ像（チンギス＝ハンの息子，大汗位の継承者）(13世紀)
国際関係	860年，スラヴ人による最初のコンスタンティノープル襲撃	911年，ロシア，ビザンティン帝国間に最初の条約 944年，キエフのイーゴリ公，ビザンティン帝国と条約を締結 967年，キエフのスヴャトスラフ公，ハザール国を攻撃			1223年，モンゴル軍の侵攻（第1波） 1242年，アレクサンドル・ネフスキー，ドイツ騎士団を破る 1270年，ノヴゴロド，ハンザ同盟との協定に調印
領土拡大	882年，ノブゴロドとキエフの統一		1025年，ヤロスラヴリの建設	1108年，ウラジーミルの建設 1156年，モスクワの建設	1221年，ニージニー・ノヴゴロドの建設
宗教		955年頃，キエフ公オリガの洗礼 988/9年，ギリシア正教の国教化	1015年，ボリスとグレブの殉教 1051年，最初のロシア人府主教誕生		
芸術・建築			1037年，キエフのソフィア大聖堂の建立 1043年，ノヴゴロドのソフィア大聖堂の建立	1125年頃，ウラジーミルの聖母像 1158年，ウラジーミルのウスペンスキー聖堂の建立（1189年に拡張） 1198年，ノヴゴロドのネレージツァ救世主教会の建立	1230年，ユリエフ・ポールスキーのゲオルギー聖堂の建立 1285年，トヴェーリのプレオブラジェンスキー聖堂の建立
学術・文芸	860年頃，キリル文字の考案		11世紀中頃，イラリオーンの説教集『法と恵みについて』	1100年頃，ウラジーミル2世（モノマフ）の『子らへの教訓』 1113年，『原初年代記』成立 1187年頃，『イーゴリ軍記』	

〜1400	1400	1500	1600	1700	1800	1900
1318年, モスクワ公ユーリー, モンゴルの勅許状を獲得(ウラジーミル大公となる) 1380年, クリコヴォの戦い, ドミトリー・ドンスコイがモンゴル軍を破る	1480年, イヴァン3世がモンゴルへの貢税を廃止	1547年, イヴァン4世が「ツァーリ」の称号を用いる 1550年, イヴァン4世の法令集 1598年, リューリク朝最後のツァーリ・フョードル没	1605年,「動乱時代」のはじまり 1613年, ミハイル・ロマノフの即位(ロマノフ朝の開始) 1649年,「会議法典」発布 1670−71年, ステパン・ラージンの乱 1682年,「門地制度」の廃止	1712年, ピョートル1世によるサンクトペテルブルグ遷都 1762年, 貴族の勤務解放令 1767年, 法典編纂委員会の創設 1773−75年, プガチョフの乱 1785年, 貴族への特権認可状	1825年, デカブリストの乱 1830年, ポーランドで反ロシア蜂起 1861年, 農奴解放 1873−74年,「人民のなかへ」(ヴ・ナロード)運動	1906年, 第1国会 1917年, 二月革命 十月革命 1917−20年, 内戦 1922年, ソ連邦の成立 1928年, 新経済政策(ネップ)の終了, 五カ年計画の開始 1936−38年, 大粛清 1953年, スターリン没
	ボリス・ゴドゥノフの鎖帷子(16世紀末)		総主教フィラレート(1553?−1633年)	1714年, キジ島にプレオブラジェンスカヤ教会建立		レーニン(1870−1924年)
	1410年, ポーランド=リトアニア連合軍, タンネンベルクの戦いでドイツ騎士団を破る 1453年, オスマン=トルコのコンスタンティノープル占領 1494年, イヴァン3世, ノブゴロドのハンザ同盟集荷場を閉鎖	1555年, ロンドンにモスクワ会社設立 1575年, オランダとの通商関係の樹立	1689年, ネルチンスク条約 1697−98年, ピョートル1世の大使節団	1700年, 北方戦争の開始 1709年, ポルタヴァの戦い, ピョートル1世がスウェーデン・カール12世軍を破る 1721年, ニスタット和約 1772年, 第1次ポーランド分割 1793年, 第2次ポーランド分割 1795年, 第3次ポーランド分割	1807年, ティルジット条約 1812年, ナポレオンのロシア遠征 1853年, クリミア戦争勃発	1904−05年, 日露戦争 1914−18年, 第1次世界大戦 1939年, 独ソ不可侵条約 1941年, ヒトラーのソ連侵攻 1956年, ハンガリー動乱 1962年, キューバ危機 1968年,「プラハの春」事件 1979年, ソ連のアフガニスタン侵攻
1392年, モスクワによるニージニー・ノヴゴロドとスズダリの併合	1478年, イヴァン3世のノヴゴロド併合	1510年, ヴァシーリー3世のプスコフ併合 1514年, モスクワがスモレンスクを奪還 1552年, イヴァン4世のカザン征服 1582年, 西シベリアの征服 1584年, アルハンゲリスクの建設	1632年, イルクーツクの建設 1686年, ポーランドとの条約でロシアのキエフ領有を認めさせる	1703年, ネヴァ河口地域をスウェーデンから奪回, サンクトペテルブルグの建設を開始 1783年, クリミア汗国を併合 1799年, アラスカの首府シトカの建設	1832年, ワルシャワ公国のロシアへの編入 1860年, ウラジオストークの建設 1867年, アメリカ合衆国へアラスカを売却 1891年, シベリア鉄道起工	
1300年, 府主教座をキエフからウラジーミルへ移転 1326年頃, 府主教座をウラジーミルからモスクワへ移転 1340年頃, 聖セルギーがトロイツキー(三位一体)修道院を開く	1429年, ソロヴェツキー修道院の建立 1458年, リトアニアがキエフに府主教をたて, モスクワに対抗	1503年, 教会会議が「ヨシフ派」を承認 1551年, 百章(ストグラフ)会議 1589年, モスクワに総主教座を創設 1596年, ブレストの合同	1652年, ニコンがモスクワ総主教に就任 1666年, 教会会議がニコンを解任するが, 改革は続行 1682年, 長司祭アヴァクムの殉教	1721年, 総主教制の廃止 1740−50年, ドゥホボール派の発生		1918年, 総主教制の復活 1922年, 教会財産の没収 1925年, チーホン総主教没, 以後, 総主教選出の停止 1943年, 総主教制の再復活
1378年, ギリシア人テオファネスのノブゴロドにおける活躍	1405年, モスクワのブラヴェシチェンスキー聖堂の壁画 1410年頃, ルブリョーフの聖像画『聖三位一体』 1475−79年, イタリア人建築家フィオラヴァンティがモスクワのウスペンスキー聖堂を建設	1505年, モスクワのアルハンゲリスキー聖堂の建立 1532年, コロメンスコエ村に昇天教会建立 1555−60年, モスクワの聖ヴァシーリー教会建立 1596年, スモレンスクのクレムリ(城壁)の建設	1618年, ウグリチの「デーヴナヤ(驚くべき)」教会の建立 1649年, モスクワのブッチンスキー聖母生誕教会の建立 1658年, ニコンの新エルサレム寺院 1667−70年, コロメンスコエ宮殿の建設	1704年, サンクトペテルブルグの旧海軍省ビルの着工 1754年, サンクトペテルブルグにラストレッリ作の冬宮の着工 1776−82年, ファルコネ作「青銅の騎士」像	1806年, サンクトペテルブルグの海軍省ビルの建設 1871年, 移動展派, 最初の展覧会を開催 1898年,『芸術世界』創刊	1920年, 芸術文化研究所(インフンク)の創設 1929−30年, レーニン廟の建設 1934年, 社会主義リアリズム綱領の成立 1957年, 芸術家同盟の結成
	15世紀初,『トロイツキー年代記』成立	1564年, モスクワでロシア最初の印刷本の出版	1670年代, アヴァクムの『自伝』 1687年, モスクワにスラヴ・ギリシア・ラテン=アカデミー設立	1703年, ロシア最初の新聞『ヴェードモスチ』の発刊 1725年, サンクトペテルブルグに科学アカデミー創設 1752年, ロモノーソフ『ガラスの効用に関する書簡』 1755年, モスクワ大学創立 1757年, サンクトペテルブルグに芸術アカデミー創設 1790年, ラジーシチェフ『サンクトペテルブルグからモスクワへの旅』	1816−29年, カラムジン『ロシア国家史』 1823−31年, プーシキン『エフゲニー・オネーギン』 1836年, チャアダーエフ『哲学書簡』 1840年, レールモントフ『現代の英雄』 1842年, ゴーゴリ『死せる魂』 1862年, ツルゲーネフ『父と子』 1865−69年, トルストイ『戦争と平和』 1879−80年, ドストエフスキー『カラマーゾフの兄弟』 1898年, モスクワ芸術座の創立	1912年, 新聞『プラウダ』発刊 1928−40年, ショーロホフ『静かなドン』 1932年, 芸術団体の解散 1934年, 第1回全ソ作家大会 1938年, エイゼンシュテインの映画『アレクサンドル・ネフスキー』 1957年, スプートニク1号の打ち上げ パステルナーク『ドクトル・ジバゴ』 1961年, ガガーリン, 世界初の有人宇宙飛行に成功 1962年, ソルジェニーツィン『イワン・デニソヴィチの一日』

ロシア・ソ連歴代の統治者

　1547年まで，ロシアの統治者は公または大公と呼ばれた．ツァーリの称号は1547年にイヴァン4世が，また，インペラートルの称号は1721年にピョートル1世が，それぞれ最初に用いた．
　[ ]で括られた人名は摂政を示す．多くの場合，大公位の継承は父から子へではなく，兄弟間か叔父から甥へという仕方で行われた．継承者の指名がまったく個人的な恣意によることも少なくなかった．初期の為政者の在位年代は，多くの場合，確実なものではない．

リューリク朝（キエフ時代）

862—79年　　伝説のノブゴロド支配者リューリク
879—913年　キエフ最初の公オレーグ（882年頃からキエフへ）
913—45年　　イーゴリ
945—64年　　[オリガ]（イーゴリの寡婦）
945—72年　　スヴャトスラフ1世
972—78/80年　ヤロポルク1世
978/80—1015年　ウラジーミル1世（聖公，ヤロポルク1世の弟）
1015—19年　スヴャトポルク1世
1019—54年　ヤロスラフ1世（賢公，スヴャトポルク1世の弟），1026—36年には，もう1人の兄弟ムスチスラフとキエフ公国を分割統治
1054—73年　イジャスラフ1世　　　　　　　｜
1073—76年　スヴャトスラフ2世　　　　　｜いずれもヤロスラフ1世の息子で，交替で公位を襲った
1077—78年　イジャスラフ1世（再即位）　｜
1078—93年　フセヴォロド1世　　　　　　　｜
1093—1113年　スヴャトポルク2世（イジャスラフ1世の息子）
1113—25年　ウラジーミル2世（モノマフ，フセヴォロド1世の息子）
1125—32年　ムスチスラフ1世
1132—39年　ヤロポルク2世　　　｜ムスチスラフ1世の弟
1139—46年　ヴャチェスラフ　　　｜
1146—54年　イジャスラフ2世　　｜ムスチスラフ1世の息子
1154—67年　ロスチスラフ　　　　｜
1149—57年　ユーリー・ドルゴルーキー（ムスチスラフ1世の弟でスズダリ公，ロスチスラフの治世と重なる）
1157—74年　アンドレイ・ボゴリュープスキー（キエフ大公の称号を帯びるが，ウラジーミルから統治した）
1176—1212年　フセヴォロド3世（大巣公，ユーリー・ドルゴルーキーの息子で，ウラジーミル＝スズダリ公）
1212—38年　ユーリー2世
1238—46年　ヤロスラフ2世（ユーリー2世の弟，最初キエフで統治し，のちにウラジーミルへ移ってウラジーミル大公となる）
1246—48年　スヴャトスラフ3世（ユーリー2世の弟）
1249—52年　アンドレイ2世（ヤロスラフ2世の息子，ウラジーミル公）
1252—63年　アレクサンドル・ネフスキー（ヤロスラフ2世の息子，ノブゴロド公，ついでウラジーミル公となる）
1263—71年　ヤロスラフ3世（ヤロスラフ2世の息子，トヴェーリ公）

リューリク朝（モスクワ時代）

1283—1303年　ダニイル（アレクサンドル・ネフスキーの末子，モスクワ初代の公で，1302年からペレヤスラヴリ公を兼ねる）
1303—25年　ユーリー3世（ダニーロヴィチ，モスクワ大公）
1325—41年　イヴァン1世（カリタ，すなわち「金袋」の意，ユーリー3世の弟で「ウラジーミルおよび全ロシアの大公」を名のり，モスクワに座した）
1341—53年　セミョーン（ゴールドゥイ，すなわち「誇り高き」の意）
1353—59年　イヴァン2世（クラスヌイ，すなわち「端麗な」の意）
1359—89年　ドミトリー・イヴァノヴィチ（ドンスコイ）
1389—1425年　ヴァシーリー1世
1425—62年　ヴァシーリー2世（チョムヌイ，すなわち「盲目の」，かれの即位のとき，ズヴェニゴロドのユーリーとその一族が継承権を主張し，1450年まで内乱となった）
1462—1505年　イヴァン3世（大帝）
1505—33年　ヴァシーリー3世
1533—38年　[エレーナ・グリンスカヤ]（ヴァシーリー3世の寡婦でイヴァン4世の母）
1533—84年　イヴァン4世（雷帝，1575—76年かれは戯れにカシモフ汗セミョーン・ベクブラトーヴィチをツァーリに立てた）
1584—98年　フョードル1世（リューリク朝最後のツァーリ）
1598—1605年　ボリス・ゴドゥノフ（フョードル1世の義兄）

ヴァシーリー3世

イヴァン4世

ピョートル1世

エカチェリーナ2世

動乱時代
1605年　フョードル2世（ボリス・ゴドゥノフの息子）
1605―06年　偽ドミトリー1世（1591年に没したイヴァン4世の末子ドミトリー公を僭称，かれ以後も何人もの僭称者が出現した）
1606―10年　ヴァシーリー4世（シュイスキー）
1610―13年　ウワディスワフ（ポーランド王子，ツァーリに選定されるが，結局即位を果たさなかった）

ロマノフ朝
1613―45年　ミハイル・ロマノフ（のちの総主教フィラレートことフョードル・ロマノフの息子）
1645―76年　アレクセイ・ミハイロヴィチ
1676―82年　フョードル3世
1682―89年　［ソフィア］
1682―96年　イヴァン5世　いずれもアレクセイの子供，イヴァン5世はピョートル1世の年上の共治帝であったが，1689年までは，事実上の支配者ソフィアとともにあった
1689―96年　［ナターリア・ナルイシュキナ］（アレクセイの2番目の妻で寡婦）
1682―1725年　ピョートル1世（大帝，アレクセイとその2番目の妻ナターリアの息子，1696年までイヴァン5世と共治）
1725―27年　エカチェリーナ1世（ピョートル1世の寡婦）
1727―30年　ピョートル2世（ピョートル1世の皇太子アレクセイの息子）
1730―40年　アンナ（イヴァン5世の娘）
1740―41年　［アンナ・レオポルドヴナ］（女帝アンナの姪，イヴァン6世の母）
1740―41年　イヴァン6世
1741―62年　エリザヴェータ（ピョートル1世の娘）
1762年　ピョートル3世（エリザヴェータの甥）
1762―96年　エカチェリーナ2世（大帝，ピョートル3世の寡婦）
1796―1801年　パーヴェル1世（ピョートル3世（？）とエカチェリーナ2世の息子）
1801―25年　アレクサンドル1世
1825―55年　ニコライ1世（アレクサンドル1世の弟）
1855―81年　アレクサンドル2世
1881―94年　アレクサンドル3世
1894―1917年　ニコライ2世（1906年から立憲君主）

ロシア革命以後
1917年2―7月　ゲオルギー・リヴォフ公（臨時政府首相）
1917年7―10月　アレクサンドル・ケレンスキー（臨時政府首相）
1917―24年　レーニン（本名ウラジーミル・イリーチ・ウリヤノフ，人民委員会議長）
1924―53年　ヨシフ・スターリン（本名ヨシフ・ヴィサリオノヴィチ・ジュガシヴィリ，1922年から共産党中央委員会書記長，1928年から事実上の独裁者となり，1940年からは正式な国家指導者となる）
1953―55年　ゲオルギー・マレンコフ（スターリン後の集団指導体制の非公式の指導者）
1955―64年　ニキータ・フルシチョフ（共産党中央委員会第一書記）
1955―58年　ニコライ・ブルガーニン（公式的な国家元首）
1964―82年　レオニード・ブレジネフ（共産党中央委員会第一書記，1966年に書記長に改称）
1982―84年　ユーリー・アンドロポフ（共産党中央委員会書記長）
1984―85年　コンスタンティン・チェルネンコ（共産党中央委員会書記長）
1985―91年　ミハイル・ゴルバチョフ（共産党中央委員会書記長，1990年にソ連邦初代大統領に就任，1991年12月辞任）

アレクサンドル1世

ニコライ2世

ヨシフ・スターリン

ニキータ・フルシチョフ

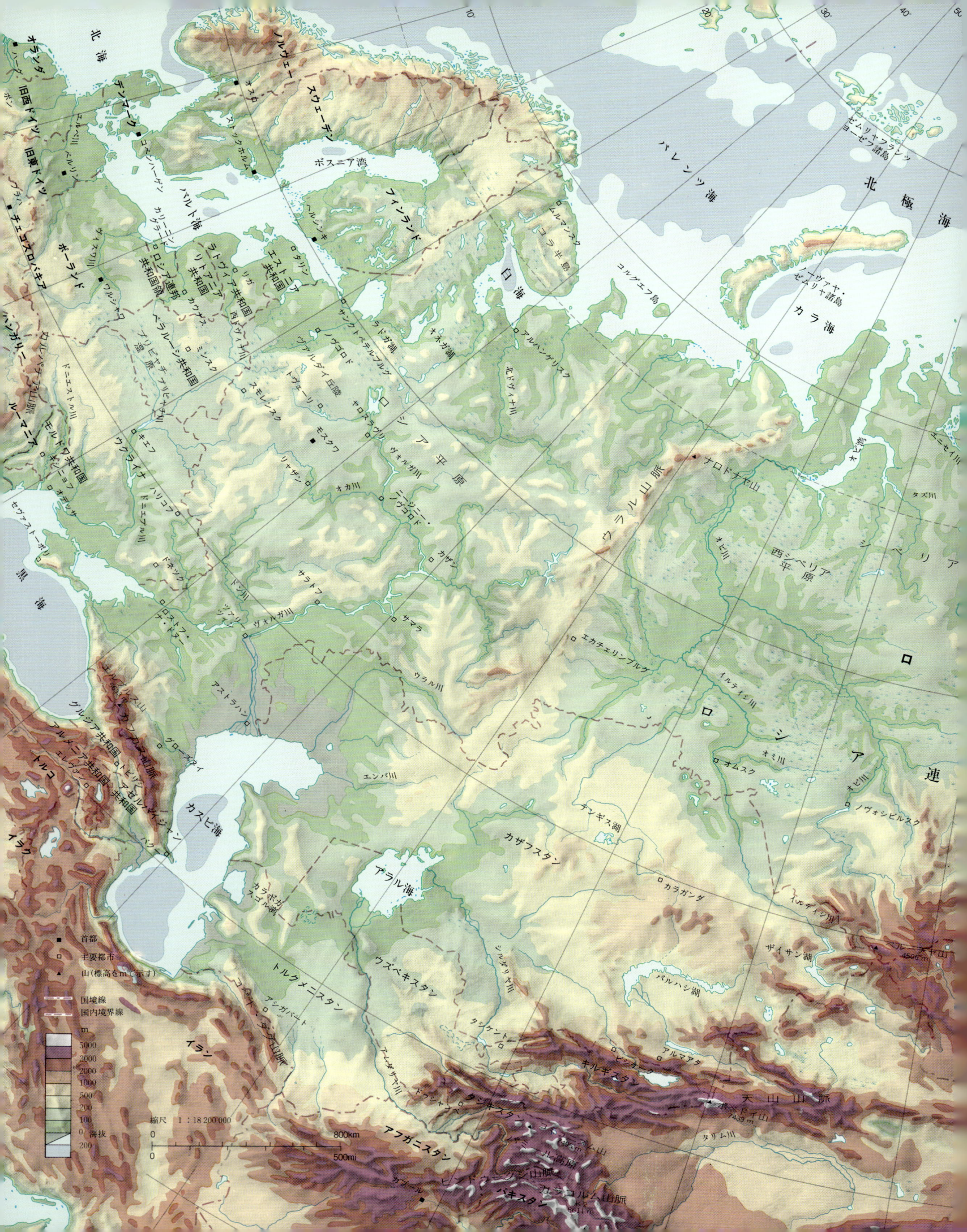

序

　この本は特筆すべき時期に書かれ，出版された．1988年と1989年にソ連は，その政治と文化の領域において，危機とはいわないまでも，沸き立つような変動を経験した．ソ連における複数候補制選挙の実現とか，ブハーリンの復権やザミャーチンの著作の出版，あるいは，ソ連を構成する諸共和国間の政治的結びつきに対する疑念の表出など，多くの硬直化したクレムノロジストのうちいったい何人のひとが，自分の目でこうした事態の進展を目撃できると予想していたであろうか．一般の読者や旅行者，ビジネスマン，学生といった人びとは，おそらくみな，これら重大な出来事の背後にどのような文化的背景が横たわっているのかを知りたいと思われるであろう．これまでは西側のジャーナリズムも政治家たちも，その点についてほとんど認識をもたないまま，ただ憶断を重ねてきたにすぎない．

　1988—89年はまた，ロシアのキリスト教受容1000年目という，文化史上もっとも記念すべき年にあたる．何というすばらしい偶然の一致であろうか．ウラジーミル1世がキリスト教を選び取ったとき，ロシアは，さまざまな紆余曲折があろうとも——そこに文化的断絶をみる人びとも確かに存在する——，今日にいたる文化的道筋を歩みはじめたのである．過去1000年にわたってロシア人は，あるときは誇らしげに，またあるときは痛苦の念をもって，かれら自身の文化の歴史を思い起こしてきた．そのような文化に評価を下す材料を提供するのにおいて，今日このとき以上に適切な時期はあるまい．ロシア史をあからさまな抑圧と困難の記録とみなす人びともある．しかし，ロシアの歴史は，なるほど幾多の混乱を経てきたとはいえ，決してそのようなものではない．ロシアは，西欧の経験とは異質でありつづけながらも，西欧と完全に絶縁したことは一度もなく，それゆえ，その歴史は，ヨーロッパの遺産の枠内におけるもう一つの選択可能性を——否定的にも肯定的にも——示しているというべきであろう．

　本書は，その第1部と第3部で主として地理学的内容を扱うが，大部分はロシア・ソ連の歴史叙述にあてられている．本書のなかでわれわれは，ロシア人が当初支配した領域と，その後かれらが東スラヴ人の故地を越えて広大なユーラシア大陸に進出して以後のロシア帝国を「ロシア」という名で呼び，1917年以降に統合された現代の国家を「ソ連邦」という名称で呼ぶ．かれらの過去を叙述するとき，文化の歴史を政治やその他の歴史から分離して扱うことは，適切ではないし，実際，不可能でもある．文化とは不定形な概念であり，人間活動のどんな一角にも入り込まずにはいない．とはいえ本書では，ロシア史の展開過程を貫く思想史の文脈と，かれらの国民としての自意識，芸術の歴史，これらの側面に特別の注目をはらった．芸術こそは，一般に非ロシア人がこの文化とはじめて接触する際に媒介項をなしたものであり，文化のいわば「公の顔」なのである．

　1冊の本とはいえ，その長さには限りがあり，扱う対象は厳密に選択されねばならない．そうした取捨選択は，もっとも重要な事柄に関心が集中されるときに，一般に有益な作業であるといえよう．とはいえ，いくつものおもしろい話題を省略するか，たんに言及するにとどめるのは辛いことでもある．われわれは，ロシア人の食べ物やチェスのこと，あるいはかれらの民謡に関して，体系的に論じてはいないが，だからといって，それらのテーマをロシア文化の重要な要素と考えなかったわけではない．それはただ，歴史と地理をまず第一に扱わねばならなかったことの結果にすぎないのである．ロシア史のなかにも，力点の置き方に違いがある．その点は，弁明はできないとしても，あらかじめお断りしておくべきであろう．19世紀と20世紀のロシア史は，それ以前の歴史に比べて，はるかによく外国人にも知られている．それゆえわれわれは，この偏りを古い時代の方向にある程度矯正しようとした．われわれがとくに重視したのは，ロシア史のなかで決定的でありながら十分には知られていないピョートル時代史および17—18世紀史（ピョートルの生涯はこの両世紀にまたがる）である．

　ところで本書は言葉による叙述だけで構成されているわけではない．本文，地図，図表，イラスト，トピックスが，相互に有機的に結びつけられている．トピックスは，とくに興味をそそる若干のテーマに関して，図版と文章で本文の叙述を補完する重要な役割を果たす．本書は多くの人びとの献身的な協力の賜物である．アンドロメダ・オックスフォード社の専門家チームの諸氏の名は2頁に列挙してあるが，チームの中心となって緻密なスケジュールのもと仕事を進めてくれたグラハム・スピークと，きわめて感性のすぐれた編集者ジェニファー・ドレイク—ブロックマンの両氏にはとりわけ感謝しなければならない．後者は，トピックスの最初の2篇と，第3部の多くのキャプションを担当してくれた．ニコライ・デエフスキー博士は，19世紀中葉以降の政治史のかなりの部分を担当し，トピックス4篇（「ロシア革命前の農民生活」，「1905年」，「ソ連の宗教」，「プロパガンダ芸術」）を，該当部分のキャプションとともに執筆してくれた．マルコム・デイは多くのすぐれた地図説明を提供し，第3部各所の草稿を起こしてくれた．それら以外の部分はすべて，また，本書全体の出来映えに関しても，まったくわたし1人の責任に属する．さらにわたしは，さまざまな緻密なコメントによってわたしの仕事を（しばしばはっきりとそう自覚することなしに）助けてくれた数多くの同僚諸氏に感謝しなければならない．そのうちでもとくに，A・A・ブライヤー，A・G・クロス，G・C・スミス，R・E・F・スミス，D・ダイカー博士，S・フランクリン博士，S・ハッケル博士に，記して謝意を表したい．また，わたしの家族の協力にもずいぶん助けられた．そして最後に，この何十年来の親しい交遊をつうじて，ドミトリー・オボレンスキー卿がわたしにあたえてくれた助力と教示こそ，何よりも代えがたいものであったことをここに記しておきたいと思う．

　なお，年代およびロシア名の表示法の問題は，本書末尾の用語解説の箇所でふれてある．

ロビン・ミルナー—ガランド

第1部 地理的背景
THE GEOGRAPHICAL BACKGROUND

風土と民族

　ロシア文化の歴史を概説するにあたって，まずはじめに，その舞台となったロシアの風土的特質にふれておくべきであろう．ほかの諸民族に比べてロシア人だけが，とくにその国土との特別の一体感をいだいてきたというわけではないが，しかしロシア人は，かれらの歴史が形成される過程で，ロシアの大地が，あるときは敵となり，あるときは味方となって，大きな役割を演じてきたことをつねに深く自覚してきたのである．

　ロシアの風土は，過去1000年以上にわたってロシア人にいくつかの悩みの種をもたらしつづけてきた．そのためにロシア人は難問を背負わされ，それを乗り越える努力がかれらの歴史を推し進めてきたともいえる．そうした困難の第一は，ロシアが今も昔もあまりにも広大だったことにある．ヨーロッパ的尺度ではもちろんのこと，世界全体の尺度からみてもロシアの領土はきわめて巨大でありつづけた．これを凌いだのは，征服によって一時的に成立した短命な帝国だけである．こうした巨大国家のつねとして，ロシアも交通・通信手段の未熟と統治の不徹底とに悩まされ，脅かされてきた．第二の問題は人口密度の低さである．シベリアの広大な無人地帯が併合される以前ですら，ロシアは人口過疎であった．第三に指摘すべきは，ロシアが農業国家であったということである．畑と森林からもたらされる収穫はときとして不安定であったが，それがロシアの富のおもな源泉であると同時に，困難の源でもあった．産業化の進んだ20世紀に入ってすら，都市人口は農村人口を上回らなかった．これが逆転したのは，ここ2～30年のことにすぎない．第四は，はっきりとした国境が欠けていたことである．海岸線や山脈などというわかりやすい自然的境界を獲得するのに，ロシア人は非常に長い年月を費やした．それも植民か征服という手段で，はるか故地を離れたすえにようやく手にいれたものである．今日のソ連邦の国境線も，その前身であるロシア帝国の場合と同様，民族的・言語的境界と正確には一致していない．第五の問題はその位置である．ロシアは驚くほど北にある．南部の大都市キエフでさえ，ハドソン湾の南端と同緯度上にあるし，サンクトペテルブルグ（レニングラード）の緯度はシェトランド諸島のそれに等しい．また，全国土のほぼ半分は北緯60度以北に位置し，アラスカやバフィン島，グリーンランドなどと同緯度地帯に属する．最後に，気候についてふれておこう．ロシアの気候は，あたかも人間の居住と活動をこばむ障壁としてあるようにすら思われる．1年の半分以上は冬である．夏には降雨量が少なく，しばしば乾燥に悩まされる．しかも降雨が偏っているために，広大な砂漠地帯が広がる一方で，さらに広大な湿地帯を抱えこむこととなる．

7つの景観帯

　ロシアとソ連をつうじて変わらない地理的特徴は，植生の自然的区分である．この区分は，気候によって異なるこの国の植生を緯度方向にのびるいくつかの帯状地域に切り分けたもので，それぞれの景観帯は，ほぼ西から東へ，ヨーロッパ・ロシアを横切ってアジア地域にまでのびている．地図上では一見自然的障壁のようにみえるウラル山脈やカスピ海も，また，いくつかの大河水系もこれらを遮ることはない．こうして，7つの長くてたいていは幅のせまい，それぞれ数千kmに連なる帯の縞模様ができあがる．この分布は土壌の種類に正確に対応しており，また，土壌の相違それ自体は地質と気候の違いによって生ずる．気候はもちろん北上するほど寒冷となるが，それと同時に，太平洋沿岸地域に入るまでは東へ進むほど寒さを増す．ヨーロッパ・ロシア西部や中央部の変わりやすく相対的に温暖な気候条件に代わって，完全な大陸性気候が優勢となるためである．植生区分は経済活動にとってかなり重要な意味をもつが，それらは，何百年，何千年にわたって人間が手を加え改造してきたにもかかわらず，今日でも容易に識別することができる．それらのうちでもっとも重要なのは，森林地帯と草原地帯（ステップ）の区分である．どちらの開発にもそれなりの困難と可能性があった．今日でも事情は変わらない．しかしここでは，7つの地域すべてについて簡潔に述べて，それぞれの特徴を明らかにしておきたいと思う．

　もっとも北に位置するのはツンドラである．これは，完全な北極圏の原野で，夏が短く寒冷であるため樹木も農作物も育たない．ツンドラは北極海を完全に取り囲み，部分的には太平洋地域にもひろがるが，ヨーロッパ・ロシアでは，白海の入口のどちら側でもせまい帯をなすにすぎない．しかし，シベリア中央部では，タイミル半島から南へ数百kmにも及んでいる．つい最近までツンドラがロシア人の定住地とはならなかった理由はいうまでもない．とはいえ，あらゆる生命にとってまったくの不毛の地であるというわけではなく，地衣類がトナカイを養い，無数の湖沼と夏にできる湿地帯には水鳥がすみ，海には魚やセイウチなどがみられる．ネネツ人などのイヌイット（エスキモー）族はもとより，ロシア人もこれらの天然資源を何世紀にもわたってある程度は利用してきた．ツンドラの地下土壌は，永久に溶けることがない．けれども，ツンドラを「永久凍土」地帯と同一視するのは正しくない．永久凍土は，シベリアの中央部や東部ではもっと南にまで広がり，モンゴル国境辺りにまで達しているからである．

　ツンドラは多くの地点で北極圏の外側にもひろがっているが，その南には，7つの景観帯のうちもっとも大きな面積をもつ針葉樹林帯が横たわる．南北1000kmを下らない幅で（ときにはその2倍に達する），フィンランド湾からカムチャッカ半島までえんえんと連なる針葉樹林帯は，いわばギリシア神話の「ヘルキュナの森」であり，地球上でもっとも巨大な景観のひとつでもある．この地域を表わすロシア語はタイガである．世界中の地理学者がこの言葉を針葉樹林帯全体を指す語として用いるが，厳密には「人跡未踏の地」あるいは「処女林」を意味する．いずれにせよ，確かにタイガの人口密度はこれまでずっと低かった．河川沿いに，城柵や修道院，交易所などを核として発達したまばらな集落か，たいていは狩猟か採取で暮らしをたてる土着の非ロシア人居住者（おもにフィン＝ウゴル族）が散居するにすぎなかった．森林を伐採すれば，耐寒性穀物の栽培がある程度は可能であり，ヨーロッパ・ロシアのタイガではとくにその可能性は高い．しかし，土壌はほとんどが痩せており，湿地帯が多いのに加えて，成育期も短く不安定である．それでもなおロシアは過去1000年にわたって，この北辺の森から巨富を引き出してきた．今日では組織的に伐採されて輸出に当てられる木材が重要であるが，過去には何にもまして毛皮獣こそが富の源泉であった．厳しい寒さがそれらに豊かな毛皮を恵みあたえたのである．

　次に位置する二つの地域は，タイガに比べてずっとせまく，まとめて扱うのが適切であろう．すぐ南には混合樹林帯があ

夏のツンドラ地帯：北極海沿岸部のイヌイット（エスキモー）族の漁村

る．これは，西部国境に向かって扇形に広がった地域で，ベラルーシ（白ロシア）とバルト三国を含み，中央ヨーロッパの森林に連なる．主としてカバやカシ・ナラ属の優勢な樹林のなかに，モミ，マツ，カラマツなどの北方系の樹木が混在する．これとならんで，ヨーロッパ・ロシアを横切るかたちで帯状に細くのびるのが，いわゆる森林ステップ帯である．樹種は混合樹林帯とあまり変わらず，ほかにシナノキが目立つくらいである．この地域はウラル山脈以東で幅を増し，中央アジアの山岳地帯に入っていったん姿を消す．さらに東へ進むと，混合樹林帯と森林ステップ帯はとぎれがちとなるが，それでもシベリア南端を通って極東にまで達している．地図上では比較的目立たないこの二つの景観帯は，ロシアの歴史地理にとってはもっとも重要である．タイガと異なり比較的気候も温暖で地味も豊かであるから，いまでもかなりの面積の未開墾地が残されているとはいえ，ここではロシア史の黎明期からずっと開墾と農耕が行われてきた．古ロシアの三つの都キエフ，ウラジーミル，モスクワは，いずれもこの地帯に属する．両地帯は，古ロシア国家の農業上の心臓部であったばかりか，16—17世紀にロシア人が東方進出に着手したときの回廊地帯でもあった．ここを通ってかれらは，まずヴォルガ川中流域に進出し，そこから南ウラルを越えたのち，シベリア南部に森林と山岳部にはさまれて広がる細い沃土地帯（のちにシベリア横断鉄道が敷かれたのは，まさしくこの経路であった）を通り，アムール渓谷の混合樹林を抜けて太平洋に到達したのである．

さらに南下すると森林ステップ帯はしだいに姿を消し，もっともロシア的な地形というべきステップ帯が現われる．樹木はほとんどみられず，河川が穿った深い渓谷で寸断されているとはいえ，きわめて平坦である．ステップ帯は，キエフの少し南から黒海にいたるまでウクライナ地方の大部分をおおい，カフカス山脈に接する．さらに，ウラル山脈の南側と東側ではかなり幅の広い帯となって広がり，（一部は）モンゴル平原にまで及んでいる．ステップの景観は森林地帯とまったく異なるが，このきわだった対照を理解するためには氷河期にまでさかのぼる必要がある．ヨーロッパ・ロシアにおける氷河の最大進出線は，今日の森林ステップ帯の南限にほぼ一致する．このラインの北では，氷河が不規則に地形を浸蝕し，それが後退したあとには，石灰岩（サンクトペテルブルグの北方にみられる古い岩石）層の上に砂質，あるいは粘土質，あるいは礫質の堆積物が残され，モレーン（氷堆石）の

次頁　タイガとツンドラの境界地帯：ヨーロッパ・ロシア北部を移動中のトナカイの群れ．コケ類を主食とするトナカイは，通常の家畜飼育が不可能な北部の住民の貴重な資源である．

隆起ができあがった．丘陵が多く波打つ地形は，浸蝕によってできた湖沼とともに，その結果である．そうした湖沼をぬって，曲がりくねった川が流れる．それに対し氷河限界の南では，風の作用でできたローム層を含む，厚い沃土層の形成が妨げられることはなかった．

ステップの野生植物は背が高く繁殖力の強いイネ科ハネガヤ属の草本類である．その密生する根は，この乾燥地帯で許されるかぎりの水分を巧みに吸収し，何千年にもわたって成長と枯死を繰り返してきた結果，驚くほど豊かな腐蝕土の層をつくりあげた．これがかの有名な「黒土（チェルノジョーム）」である．これこそがロシアの農業における最大の天恵であるが，さらにまた，黒土ほどではなくともやはり利用価値の高い同系統の土壌が何種か存在する．「褐色土」，「赤褐色土」などである．しかしながら，天の恵みといえども良いことづくめではない．開墾が比較的容易なステップ地域に犂が入り，野生の草がはぎ取られると，そこにはしばしば乾燥平原地帯が出現する．そのため地味が衰えてつねに干ばつの脅威にさらされることになる．確かにステップは，ロシア人にとってかれらの歴史の曙の時代から一貫して重要でありつづけた．にもかかわらずかれらは，2〜300年前までステップへの本格的な植民活動を試みようとはしなかった（モスクワ時代にはコサックと逃亡農民が植民の「尖兵」となった）．水不足（いくつかの河川に沿った渓谷地帯は例外であったが）に加えて，近代的農機具が出現するまでは，厚く繁茂した草の根を切り拓くのがかなり困難であったという事情が，自然的障害であった．しかし，植民を阻んだのはそればかりではなく，他方で，人間的阻害要因も存在した．

ステップは，騎馬民族にとって格好の地であった．それは東方や南方から侵入する騎馬民族に天然の交通路を提供した．すべての集落が略奪者から安全ではなかったし，騎馬軍は何の先ぶれもなしに，したがって，防御体制を整える一切の猶予をあたえずに殺到することができた．コサック居留地はいずれも，それらが定着したときには半軍事的な性格を帯びたが，それも驚くには当たらない．森林ステップ帯にあるキエフでさえ，かつてはこうした機動性を備えた襲撃者の目から逃れることはできず，いくつかの大河（とくにドニエプル川）に沿った南方交易路からの攻撃にさらされた．したがって，ヨーロッパとアジアにまたがるステップを掌握し，その後の植民に結びつけることは，ロシアが大国としての地位を揺るぎないものにするための必須の前提だったのである．

風土と民族

ステップの南は半砂漠帯と砂漠帯である．そのほとんどは中央アジアにひろがり，一部はシベリアの南にもつづいているが，そこは中国領とモンゴル領である．しかし，この二つの景観帯は，カスピ海上部をとりまき，南下してアゼルバイジャン共和国入りこむ一方，アストラハン（モスクワ大公国の末期にあって人口第2位の都市）周辺のヴォルガ川を越えてヨーロッパにも達する．半砂漠帯はおもに礫砂漠とソロンチャーク土からなるが，まばらな植生をもった地域もかなりあちこちに存在し，それらは季節移動の遊牧民の放牧地として長く利用されてきた．砂漠帯は，むきだしの岩石と悪名高い「赤い砂漠」キジル・クムで知られる多くの砂丘を特徴とする．オアシス以外に人は住めない．しかし，この二つの景観帯には，わずかではあるが生産性の高い沃土地帯が含まれている．そこでは，河川か人工灌漑によって，メロンをはじめとする果樹や綿花の栽培が可能であり，それがアジア的標準からみて，ソ連の中央アジア地域にかなりの繁栄を約束している．

地理学者はふつう以上の7つの景観帯をあげる．けれども，これらとは別に，ソ連邦の南部国境地帯に沿って（不連続にとはいえ）広がるもうひとつの景観帯がある．これは，なんらかの単一の植物相によって第一義的に特徴づけられるわけではないという意味で，いくぶん異質のカテゴリーに属するが，ここでふれておく価値はあろう．それは大山岳地帯であり，その存在がこれまでロシアの領土的膨脹主義者の野望に歯止めをかける役割を果たしてきた．西から東へ，ロシア領内の山岳地帯を列挙すると以下のとおりである．カルパチア山脈の北東枝嶺，クリミア半島の石灰岩からなるヤイラ山脈，カフカス山脈主嶺，そこから南に下りグルジア共和国を越えたところに複雑に入りくんだ高地があり，そこでアルメニア・トルコ・イラン3国の国境が出合う．さらに東に進むと，イラン・アフガニスタンとトルクメニスタンとの国境地帯，そして，広大なパミール高原と天山山脈がある．その先は山岳地帯がとぎれがちになるが，それでもモンゴルおよび中国東北部との国境線に沿って，太平洋に面したシホテアリニ山脈へと連なる．レナ川以東の東シベリアは，その全体が山岳地帯といえる．山岳部は一般に放牧と林業の好適地であるが，ソ連邦南部の山岳地帯もその例にもれない．また，こうした山岳地帯がもたらす降雨は，国内の苛酷な乾燥地域にとって重要であり，とくに地味豊かなザカフカス地方の諸共和国と中央アジアの大規模なオアシス群の水源となっている．

いま述べた山岳地帯と比べて異色なのがウラル山脈である．ウラルは比較的低い山脈で，農業にとってはとくに重要ではなかったが，何世紀ものあいだロシアの鉱物資源の宝庫として特筆すべき意義を担ってきた．かつてのロシア領は，南西部と最北端の辺境地帯においてかろうじて山地と接しているにすぎなかった（南西ではカルパチア山脈と出合い，北ではノヴゴロド領がウラル北部の山麓辺にまで達していた）．16世紀末にロシア人は，ウラル山脈（かれらはこれを「石の帯」と呼んだ）のおもな峠を抜けて，かれらの伝統的居住地の外への最初の本格的進出を果たしたのである．

さて，ここまでソ連邦を特徴づけるおもな景観帯について順次述べてきたが，その締めくくりとして，もうひとつ言及しておくべき地域がある．すなわち，面積こそきわめて小さいが，全体的にみれば独特の性格をもつ亜熱帯植物相の飛び地である．グルジア西部（とくにアジャール自治共和国）やアゼルバイジャン共和国，トルクメニスタン，クリミア半島の南東海岸部などにみられる．それらは，なんらかのまとまりのある景観帯を成しているわけではなく，たいていの植生区分図ではほとんど気づかれることのないほどの大きさにすぎないが，通常は寒冷を免れているために北国ソ連においては特筆すべき地方であり，その経済的意義も小さな面積に似ず著しい．たとえば，柑橘類が特産である．また，亜熱帯地域のうち最大の黒海東端地方（アジャール自治共和国バトゥ

上　混合樹林帯と森林ステップ帯の境界地帯：モスクワ南東リャザン州，オカ川を見下ろす広大な森林の初春の情景．春の雪どけは国内のいたるところに湿地帯を現出させ，それらが，モンゴル軍団からヒトラーの機甲部隊にいたるまでの侵入者たちを悩ませてきた．

ーミ周辺）では茶の栽培が盛んであり，その後背地はトラブゾン地方の亜熱帯雨林の続きというほうが正しい．クリミア半島のヤイラ山脈の南には「乾燥した地中海地方」ともいうべき海岸平野があり，避寒地・避暑地として古くから重要な観光資源となっている．

自然と人間

ところで以上のような説明は，ともすればソ連邦のもつ多様性を強調しがちとなるが，実際には南部辺境地域の山岳部を別として，この国の領土はむしろ根本的な同質性のほうが優っている．現代のある地理学者（D・J・M・フーソン）がなかなか巧みな表現で次のように記述している．「真夏には，ほとんどすべてのロシア人がシャツ1枚で快適に過ごせるのに反し，真冬には，もしその気になれば，北極海からカスピ海まで凍結した河川を利用してスケートで縦断することや，サンクトペテルブルグからウラジオストークまで横断することがまったく実現可能となる」．「同一の気候がこれほど広い範囲をおおうことはまずない．」このことは疑いもなく，歴史を通じてロシア人になんらかの影響を及ぼさざるをえなかった．

はるか1000年以上も前にヨーロッパ・ロシアの混合樹林帯

風土と民族

基盤とはなりえなかった）．

　短い生育期という条件のもとで農民は，畑から収穫しうるものをできるかぎり短期間に収穫しなければならなかった．それでもなお農民に有利な要因もなかったわけではない．土地が豊富であったこと，真夏は日が長く，けっこう暖かいこと，大仕事のときにみられた村の共同作業の伝統などがそれらにあたる．けれども，不利な要因ははるかに多かった．半年以上もつづく厳冬，これが家畜の飼育を困難にした．気紛れな天候，そのために初夏の生育期には頻繁な干ばつに悩まされ，かと思うと収穫期の雷雨で穀物がなぎ倒されるという事態が起こった．交通路が不備で長大であったため，余剰生産物の売却にも支障をきたした．そして最後に，領主や役人に農民を隷属させる社会体制があった．領主と役人は農民の移動の禁止につとめ，農民からかれらの労働と現金の一部を徴発したのである．しかしながら，農民にとって最大にして不変の敵であったのは，ほかならぬかれらが耕す土であった．森林地帯にみられるのは，たいていの場合ポドゾールと呼ばれる砂質あるいは粘土質の薄い表土である．ポドゾール土は溶出によってミネラル分を失った土壌で，地表の直下にしばしば不浸透性の層，すなわち「硬盤」を形成する．硬盤は排水を妨げ，深耕を施さなければ何ものをも受けつけない（農民には通常，木製軽量のロシア式犂（ソハー）を用いて浅く耕す以外，いかなる手段も時間もなかった）．十分な厩肥があれば土壌改良は可能であったが，多数の家畜を越冬飼育できる農民はほとんどいなかった．そのうえ，こうしたぎりぎりの諸条件のもとでは，農法上のいかなる実験的試みも生死を賭けた大博打を意味した．18-19世紀になると地主貴族のなかには，それが評判倒れか真に実効的であるかは別として，いずれにせよ新しい耕作方法を取り入れようとするものが現われた．その際かれらは，最良の場合ですら「農民の頑迷さ」の壁に突き当たらざるをえなかったし，悪くすれば放火や人身攻撃の的にされかねなかったが，それも驚くには当たらない．農民のそうした保守的態度は，根本的には理解できないものではなかった．

右　混合樹林帯は古くから人間の居住をやさしく受け入れてきた．家禽の群れをつれた農婦の姿は農民生活の変わらぬ風物詩である．

と森林ステップ帯で，ロシア人は農耕民族として出発した．いったんそうなるやいなや，かれらの活動領域は無限とも思われたに違いない．開墾すべき処女林と，希薄な人口が耕すべき土地は，決して尽きることはなかった．だが，単に生存してゆく以上の繁栄をそこからかちとることは決してたやすいことではなかったのである．なるほど焼畑伐採農法は伐採地からある程度の穀物収穫をもたらしたが，それも2，3シーズンしか続かなかったので，そうなると農民は移動せねばならず，取り残された伐採地は灌木林に逆戻りしてしまった．近世に入るまで輪作制はきわめて原始的であった．ロシア農業は集約的ではなく，むしろ伝統的に粗放農業であり，それを実見した西欧の旅行者やロシアの歴史家たち（たとえばクリュチェフスキー）は，ロシア農民を評して土地の耕作者というより破壊者であるといっている．しかし，こうした判定は農業先進地帯たる西欧の異質の諸条件との不適切な比較にもとづいている．実際，ロシア農民は，もし必要とあらば（実験的園芸家としても有名であった17世紀の皇帝アレクセイ・ミハイロヴィチがそうであったように），あるいはそれが利益をもたらすとみなせば，入念で集約的な農法を用いる能力を完全に備えていた（しかし近代にいたるまでロシアの都市の非農業人口はあまりにも少なく，市場向け農業生産を支える

風土と民族

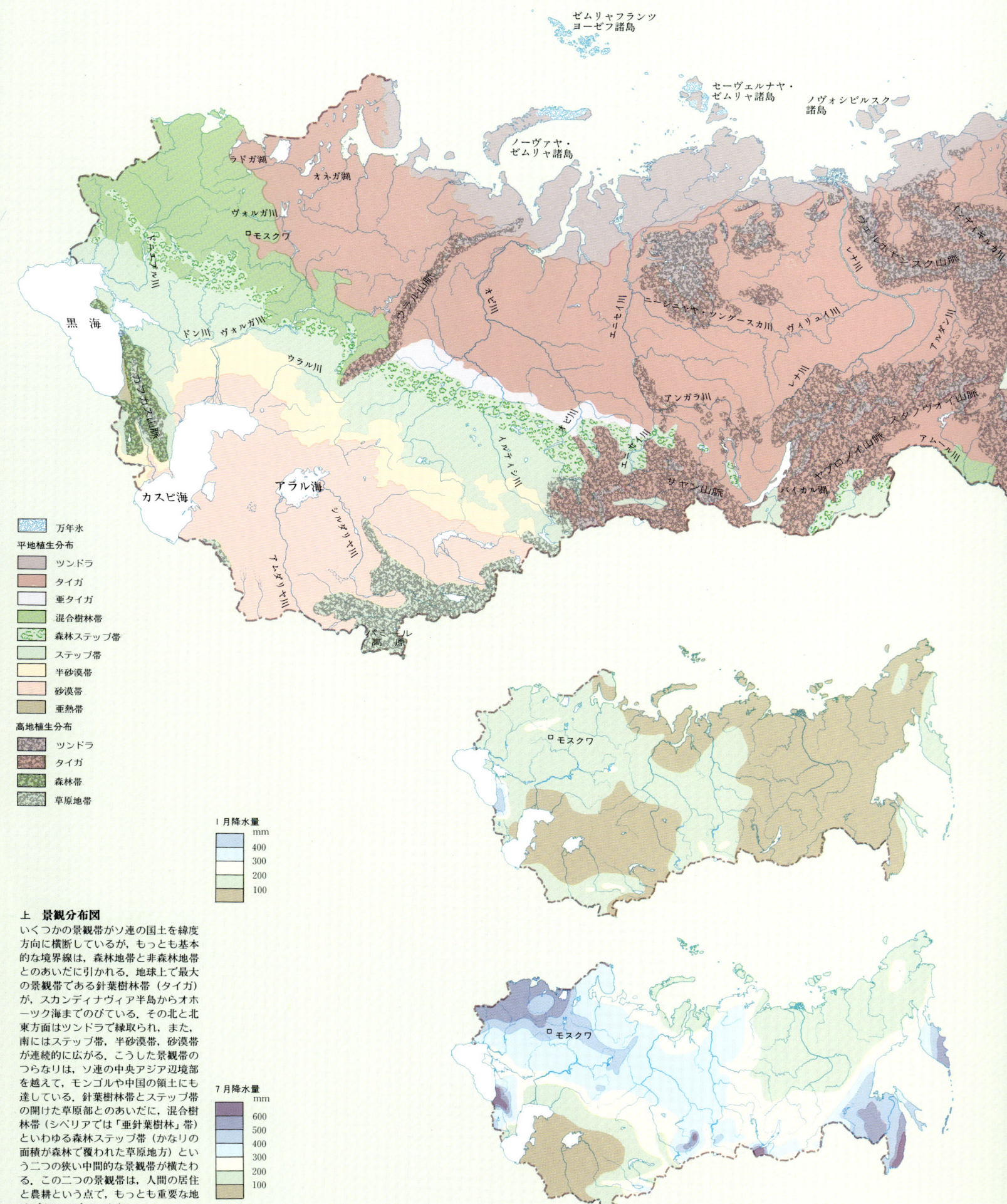

上 景観分布図

いくつかの景観帯がソ連の国土を緯度方向に横断しているが，もっとも基本的な境界線は，森林地帯と非森林地帯とのあいだに引かれる．地球上で最大の景観帯である針葉樹林帯（タイガ）が，スカンディナヴィア半島からオホーツク海までのびている．その北と北東方面はツンドラで縁取られ，また，南にはステップ帯，半砂漠帯，砂漠帯が連続的に広がる．こうした景観帯のつらなりは，ソ連の中央アジア辺境部を越えて，モンゴルや中国の領土にも達している．針葉樹林帯とステップ帯の開けた草原部とのあいだに，混合樹林帯（シベリアでは「亜針葉樹林」帯）といわゆる森林ステップ帯（かなりの面積が森林で覆われた草原地方）という二つの狭い中間的な景観帯が横たわる．この二つの景観帯は，人間の居住と農耕という点で，もっとも重要な地域でありつづけてきた．

風土と民族

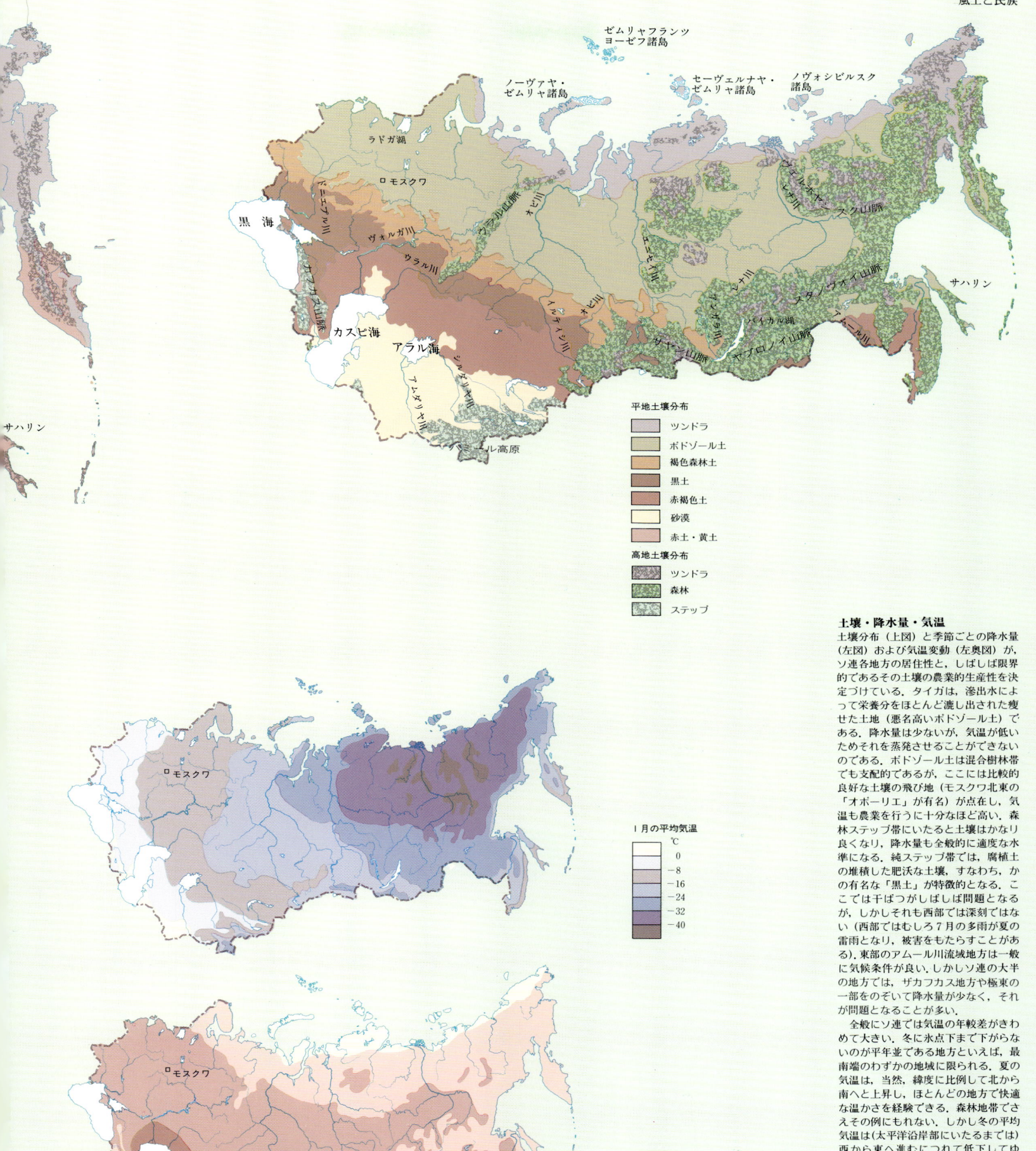

土壌・降水量・気温

土壌分布（上図）と季節ごとの降水量（左図）および気温変動（左奥図）が，ソ連各地方の居住性と，しばしば限界的であるその土壌の農業的生産性を決定づけている．タイガは，滲出水によって栄養分をほとんど漉し出された痩せた土地（悪名高いポドゾール土）である．降水量は少ないが，気温が低いためそれを蒸発させることができないのである．ポドゾール土は混合樹林帯でも支配的であるが，ここには比較的良好な土壌の飛び地（モスクワ北東の「オポーリエ」が有名）が点在し，気温も農業を行うに十分なほど高い．森林ステップ帯にいたると土壌はかなり良くなり，降水量も全般的に適度な水準になる．純ステップ帯では，腐植土の堆積した肥沃な土壌，すなわち，かの有名な「黒土」が特徴的となる．ここでは干ばつがしばしば問題となるが，しかしそれも西部では深刻ではない（西部ではむしろ7月の多雨が夏の雷雨となり，被害をもたらすことがある）．東部のアムール川流域地方は一般に気候条件が良い．しかしソ連の大半の地方では，ザカフカス地方や極東の一部をのぞいて降水量が少なく，それが問題となることが多い．

全般にソ連では気温の年較差がきわめて大きい．冬に氷点下まで下がらないのが平年並である地方といえば，最南端のわずかの地域に限られる．夏の気温は，当然，緯度に比例して北から南へと上昇し，ほとんどの地方で快適な温かさを経験できる．森林地帯でさえその例にもれない．しかし冬の平均気温は（太平洋沿岸部にいたるまでは）西から東へ進むにつれて低下してゆく．東シベリアには地球上で最寒の人間居住地がある．ソ連の重要な港湾はすべて冬には一時的に凍結してしまうが，皮肉なことに唯一の例外は最北端の港ムルマンスクである．ムルマンスクには大西洋から暖流が流れ込むのである．

風土と民族

　ロシアの民衆が直面したこれらすべての困難をみてくると，リチャード・パイプス［ロシア史家，ハーヴァード大学教授］の次のような思い切った評言ですら大胆すぎるとは思われない．かれは，「劣悪な自然環境下で営まれる農業への強い依存こそが，ロシア史の根底を貫く諸困難の正真正銘の根本原因であった」と述べている．この考えを少し突きつめて，そこに込められたいくつかの批判的含意を汲み取るのは，そう難しいことではない．森林とステップは，それぞれがせいぜいのところ，散居する少数の狩猟民と遊牧民を養いうるにすぎなかった．したがって，どのようなものであれ，人口の多い，単一のロシア国家が樹立されたということ自体，それが定着農業を基盤とせざるをえなかったという意味で，過ちであった．ロシア国家は，その歴史のある段階で解体されるべきだったのであり，それを拒んだ強情さのゆえにロシア人は当然の報いを受けなければならない，というわけである．

　ここで指摘しておきたいのは，ロシア人がかれらの国土に確固たる地歩を打ち固め，その生産性の低い農業に賭けるようになった中世初頭には，北ヨーロッパ全体が比較的温暖な気候に恵まれていたという事実である（その反対に，近世初頭の「小氷河期」はおそらく，末期モスクワ公国を見舞った危機となんらかの因果関係があろう）．早くも9世紀にロシア人が中部混合樹林帯に足場を固めたのは，少なくとも部分的にはこうした有利な気候条件のおかげであるが，それに加えて，地理的諸条件におけるもうひとつの幸運が重なった結果でもあった．つまり，「黒土地帯」を外れたかなり北方に，肥沃な黒土の孤立した飛び地が存在しているということである．これは「オポーリエ」（耕地・野原を意味する「ポーレ」から派生した語）と呼ばれ，クリャジマ川とヴォルガ川にはさまれた長軸約130kmほどの楕円形をした地域である．その中心には古都ユリエフ・ポールスキーがあり，円周に沿って，ウラジーミル，アレクサンドロフ，ペレヤスラヴリ・ザレスキー，ロストフ・ヴェリーキー，スズダリなどの古都が展開する．モスクワもそれほど外れてはいない．今日の旅行者でも樹木が少なく農村が多いというこの地域の特徴に気づくであろう．現在ではとくに良質のサクランボを産することで知られる．

　とはいえ，一般に森林地帯のロシア農民がある程度の生活水準を獲得しようとすれば，農業だけでは十分ではなかった．冬期にも氷を穿って行われた漁撈のみならず，鳥獣の狩猟も農民家族の貴重な食糧源の一部であった．この点では，密猟禁止の法律がしだいに厳しさを増していった西ヨーロッパとは事情が異なる．森林はまた，蜂蜜（養蜂・野生を問わず），木イチゴ類，木の実，キノコなど，いずれも冬の貯蔵に適した産物をもたらした．16世紀末になってロシアに蒸留法が伝えられたとき，この新技術はたんに酒宴のお祭り騒ぎの手段となっただけでなく，余剰穀物「保存」のための実用的な方法ともなった．狩猟は，とくに針葉樹林帯の周辺部では，もっと真剣に，また本格的・組織的方法で行われてしかるべき生業であったが，乱獲や定住人口の増加が貴重な毛皮獣をどんどん遠くへ追い散らしてしまうのは避け難かった．のちにロシア人は，何千kmも毛皮獣を追跡しても十分引き合うものだということを悟り，18世紀に入るとついにはベーリング海峡さえ横断してアラスカにまで達したのであった．

　ロシアの村落はしばしば互いに孤立していることが多かった．また，地域によっては大家族制をとるところもあった．こうした村々は，いわば「自活のための学校」であり，そこではほぼ完全な自給自足生活が営まれ，そのために必要な（家内手工業も含めた）あらゆる仕事が行われたと考えられる．パン焼きやクワスなどの醸造，食糧保存，（ふつうはカバ材の）樹皮を使った履物編みやかご編み，簡単な鍛冶仕事，そして，多種多様な木工品作りなどである．外の世界の情報をもたらすものといえば，たまに訪れては上等の布地や金物，木版画や聖像画（イコン）などを商ってゆく行商人だけだったので

上　ムルマンスク南のコラ半島のイマンドラ湖とその水系．コラ半島は主として海抜200mほどの台地からなり，地表は氷河の浸蝕作用をこうむっている．そこには迷路のような水路網と浅い河川が縦横に走る．それらは船の航行が不可能であり，この人口過疎の辺境地方における交通のむしろ主要な障害となっている．

左　中央アジア・トルクメンのカラクム砂漠（「黒い砂」）．風が砂を吹き上げて，高さ20mにも達する移動する砂丘（バルカンス）を造りあげる．

ある．

ロシア人

ところで，そもそもロシア人とは何ものであったのだろうか．その歴史と文化こそがまさしくこの本の主題である人びと，文献史料が現われる以前から，少なくとも部分的には，今日「ロシア」と考えられている地方に居住していた人びと，かれらはいったいどのような民族であったのだろうか．ロシア国家はいかにして興ったか，その起源は何か，だれがそれを建てたのか．すでに中世初期のロシア人自身がこれらの問題に関心をもっていたといえば，あるいは意外に聞こえるかもしれない．ロシアのいわゆる『原初年代記（過ぎし歳月の物語）』（成立年代はおそらく1111—13年）の作者がこの偉大な書物の巻頭においたのが，まさしくこの三つの疑問であった．物語の進行につれて，作者はこれらの問いへの解答を試みる．それらの答えには，ときとして憶測や無意識か作為による虚偽や，多くの誤りがみられる．しかしながら，それでもなお全般的には信頼しうるものであり，その後ほぼ900年間に蓄積された知識に照らしても，ほとんど訂正や補足の必要がない．確かに，一個の鋭い歴史的知性の産物なのである．

文学作品および歴史資料としての『原初年代記』に関してはのちに改めてふれる（40頁参照）．ここで注目したいのはロシア人の起源についての年代記の記述である．かれらは，今日のハンガリー領とブルガリア領にあたる「ドナウ川沿岸地方に古くから定住していた」人びとと同族のスラヴ人であった．また，スラヴ人のうちいくつかの部族は，いわゆる森林ステップ帯と混合樹林帯に沿って東にも展開していたが，ほとんどは大河の溪谷に沿った限られた地域内にあった．年代記作者は何度かそれらの部族名をあげているが，その数は10余を数え，それぞれの支配領域はのちのキエフ国家における諸公国の領土区分にかなり良く一致している．また，さらに後世のロシアの行政区分にすら，それらの痕跡を見出すことが可能である．年代記作者はロシア人の習俗や生活様式に強い関心をもっていた．そして，かれ自身ひとりの良きキエフ人として，かれらの祖先であるポリャーニン族の温和で礼儀正しい慣習を誉め称えている．スラヴ人は，諸部族に分裂していたにもかかわらず，なお共通の言語を失わなかった．すなわち，スラブ語である．諸部族のうちには，当時ステップ地方にあったハザール国に貢納するものもあった（たとえば10世紀末までヴャチチ族がそうであった）が，大半は「別々に」，つまり独立して暮らしていた．多少なりとも統一的なロシア国家が成立するのは，9世紀中頃，リューリク（この名前はおそらく"Rorich"あるいは"Roderick"と同根である）という人物に率いられたヴァイキングの一派が，ノヴゴロドと北ロシアの統治を引き受けたときである．一見するかぎり，かれらはスラヴ人の招きでやってきた人びとであり，その子孫たちが南へと勢力を伸ばしてゆくことになる．

スラヴ人がいつごろ今日のロシア領へ移住ないし浸透してきたのか，かれらが小さな氏族集団からもっと大規模な部族集団へと統合されたのはいつか，これらの点について年代記作者は，慎重にも見解を差し控えている．事実，確かな証拠はほとんどないといってよい．南部ロシア領のスラヴ人についてのはっきりとした史料的言及は，ようやく6世紀半ば以降になってビザンティン帝国の文献に登場する．もう少し下ると，アラブ人の歴史家や地理学者の著述のなかにも現われるようになる．チュルク語系のアヴァール人の襲来まで，サルマタイ人への服属のもと，「ポントスの草原（黒海の北方）」を支配していたアント人は，おそらく完全にか部分的にかスラヴ語族であった可能性が高い．さらに北方にいたヴェネド人（この名称からヴェンド人などという現代語が派生した）もやはりそうであったに違いない．スラヴ系諸部族はおそらく（確実にとはいえないが）ロシア人の直接の祖先であった．

風土と民族

外国の文献にはじめて登場する以前にもすでに数世紀にわたって，かれらが南部ロシアの諸地域を領有していた可能性は高い．若干の考古学上の証拠もそれを裏づけている．とはいえ，（著名な歴史家G・ヴェルナツキーが推定するように）ロシア人が民族としての長い創成期において，南部ステップ地方のイラン語系の諸民族と交流し，平和的に共存していたとみるのは，確かな事実にもとづくとはいえない．いずれにせよ，ここに簡単には説明しえないひとつの現象が残る．それは，キエフ時代初期（10―11世紀）に，当時のロシアの版図からはるか南東に外れた場所にロシア人の孤立した前哨地が疑いもなく存在した，という事実である．すなわち，アゾフ海と黒海をつなぐケルチ海峡地方にあった小規模なトムタラカニ公国である．ここに公国ができたのは，たんにスヴャトスラフ公の軍事遠征（960年代）の結果にすぎなかったのであろうか．かれこそは，キエフ時代の遠征に明け暮れる戦士団中の最大の人物であった．あるいはまた，かつて大ステップ地帯の南に住んでいたロシア人の一部が，ドン川の河口を防衛するために居残った唯一の，それゆえ貴重な残存部隊とみなすべきなのであろうか．あるアラブ人の著述家は，ドン川を「スラヴの川」とさえ呼んでいるのである．この問題に対していまただちに答えを出すことはできない．しかし，はっきりしているのは，キエフ国家のロシア人たちが，かれらの領土のうちでもこの地域をとくに重要だと考え，その確保のために結局は日の目をみなかった大変な努力を尽くしたということである．

われわれはここまで，ロシア人の祖先を「スラヴ人」の一派として扱ってきた．つまり，言語的に同質なもっと大きな人間集団の一員と考えてきたわけである．ところでこのスラヴ人は，紀元1000年紀半ばの数世紀において，中央ヨーロッパ東部のどこかにあったかれらのかなり狭い故地から溢れだし，完全にか部分的に，ヨーロッパ大陸のかなり広大な帯状地域を占有するにいたった．その地域は，エルベ川，アドリア海，バルト海などに及び，ギリシア本土ではコリント湾を越えて森林ステップ帯にまで達した．東方に向かってはたぶん，ステップ地方にまで入り込んだと思われる．明らかにスラヴ人はこの移住の過程で，もっと正確にいえば数次の移住の波のなかで，三つの主要なグループに分かれていった．西スラヴ族，南スラヴ族，東スラヴ族である．これら諸グループのなかから，その後数世紀をかけて今日のスラヴ語系諸民族が分岐してきた．ポーランド人，チェコ人，スロヴァキア人（これらはいずれも，セルビア人や東ドイツのルサティア人などの小グループとともに，西スラヴに属する）．ブルガリア人，セルボ・クロアチア人，スロヴェニア人（南スラヴ族），そしてロシア人，すなわち東スラヴ族である（ロシア人が大ロシア，ベラルーシ（白ロシア），ウクライナの3グループに分かれるのは，ようやく中世末以降のことにすぎない）．こうしたスラヴ人の膨脹・発展を検証するための史料は乏しい．しかし明らかなことは，この移動が突発的なものではなく，また，ローマ帝国やビザンティン帝国の人びとを驚かせ，ときには恐れさせたあの蛮族大移動のような軍事的性格をもたなかったということである．

スラヴ諸語

スラヴ人，その三つの主要グループ，そこから生じたたく

ソ連の言語分布

ソ連では100以上の言語が話されているが，その大半はきわめて小さな民族集団のものであり，詳細をきわめた分布図でもなければそのすべてを記録することはできない．もっとも顕著な言語的多様性はカフカス地方にみられるが，そのうちでも北東部のダゲスタン地方が抜きんでている．とはいえ圧倒的に優勢な二つの大きな言語グループがある．その筆頭は，互いに近縁の三つの言語ロシア語，ウクライナ語，ベラルーシ（白ロシア）語を含むスラヴ語族である．ロシア語を母語とする人びとはフィンランド湾から太平洋にいたるまでの広範な地域に広がっている．もうひとつはチュルク語族である．この語族に属する諸言語や方言は相互に了解可能である．それらはアゼルバイジャンからヤクート地方にまで広がる．その他の非インド・ヨーロッパ語系の言語としては，北部にフィン語族，南部にカフカス語族が存在する．

さんの下位グループ，これらは原則として領域的にも人種的にも政治的にも定義されるものではなく，純粋に言語的に定義されるべきである．スラヴ諸語は，インド＝ヨーロッパ（印欧）語族を構成する主要グループのひとつである．印欧語が話される範囲は，北インド（ヒンドゥー語・ウルドゥー語）にはじまり，イラン（ファルシ語）と中央アジアの一部（タジク語）を越えて，アルメニアとバルト海地方（リトアニア語・ラトヴィア語），そしてヨーロッパのほぼ全域にまでおよんでいる．スラヴ諸語は，たとえば，（ラテン語から派生した）ロマンス諸語や（英語やスカンディナヴィア諸語を含む）ゲルマン諸語，あるいはまたギリシア語のように古代諸語が孤立して生きのびた例などと同じ位置を占める．現存のスラヴ諸語の進化過程をさかのぼり，文献資料の出現以前の状況を演繹するという方法で，言語学者たちは，比較的簡単に「共通スラヴ語」と思しきものを再構成した．そこから既述の主要3グループそれぞれの言語が分岐してきたのである．ちなみにこの共通スラヴ語は，バルト諸語（リトアニア語・ラトヴィア語，およびすでに死語となった古代プロイセン語）との近縁関係において発展したことは間違いなく，そのため両者はいくつかの重要な特徴を共有している．また，印欧語族以外でもいくつかの言語（フィンランド語・エストニア語・マジャール語・チュルク語・タタール語）が，やはりスラヴ諸語と近い関係にある．ただし，言語構造にまでその影響が及ばなかったのはもちろんである．スラヴ人の先史時代の「現住地」を確定するという目的で，もう少し大胆な研究も行われた．それは主として，スラヴ語系の名称をもつか否かを基準として植物を分類するという方法にもとづいてなされた．たとえば，「ブナの木」にあたる言葉は，どのスラヴ語でも土着語ではない．このようにして割り出された現住地は中部ヨーロッパの東部のどこか，おそらくは今日のポーランドにあるヴィスワ川の上流地域にあったものと考えられる．しかし，この原スラヴ人ですらどこからか移動してきたものであろう．印欧語諸民族の拡散をめぐる問題は，いまでも定説をみない．考古学者コリン・レンフリューが提唱する最近の学説は，印欧系諸民族こそが定着農業の担い手であったとみる．定着農業は，そもそもアナトリア高原東部から波状的に伝播しはじめ，ヨーロッパの大半の地域では新石器時代のうちに狩猟・採集経済に取って替わった，とみなす．この考えは，ロシア史の文脈からみても大変に興味深いが，いまのところほとんど検証されていず，活発な論争が行われてきた．

印欧語族の諸言語は全般的に，それらを他の世界中の言語から際立たせるはっきりとした特徴をもっている．すなわち，文法構造が高度に発達していることであるが，その要点は次のとおりである．第一に，文中の他の単語との「一致」を示すためか，または意味論上の機能を示すために，あるいはその両方を目的として，個々の単語（名詞・動詞・形容詞・代名詞）が（たいていはその語尾において）一連の規則的変化を行う，ということである．第二は，ほとんどの名詞に「性」別がつけられているということ，しかし，その決め方は明らかに恣意的である．第三に，行為の相を区別するために（ふつうは時制の区別のために），動詞に周到な人称変化があることである．現存のほとんどの印欧諸語は，その進化過程で，同族性を示すこうした複雑な特徴のかなりの部分を脱ぎ捨ててきた．英語はその典型である．これとは反対に，スラヴ諸語には初期の文法構造の特徴がよく保存されている．他の現代ヨーロッパの言語とは異色のもっとも独特で興味深い特徴は，スラヴ諸語が（近代英語・仏語のような）動詞の変化による細かな時制の区別を事実上捨ててしまい，代わりに，行為の継続か完了かの概念的相違を基礎として，「体（たい，アスペクト）」という別の範疇を発達させてきたことである．こうした文法のかなり基礎的な特質にもとづいて，「スラヴ魂」の本質をめぐる多くの諸理論が提唱されたのも，そう古いことではない．

現代ロシア語は，1000年以上独自の発展を遂げてきた今日においてさえ，音声学的にも文法的にも，あるいは（条件つきではあるが）語彙においても，他のスラヴ諸語からそれほど隔たってはいない．それらは，たとえば英語とオランダ語の関係に比較してさえ，ずっと近いといえる．あるスラヴ人が他のスラヴ語を話すのは，イタリア人やデンマーク人がそれぞれスペイン語やノルウェー語を話すのと変わらぬほど容易であろう．こうした言語的親近性の自覚は，それがつねに民族間の不滅の友愛に結びついたとはいえないまでも，スラヴ諸民族にとっては重要であった．長い歳月のうちに，おそらくはある種の「汎スラヴ的」連帯感が育まれてきた．その原因となったのは，ヨーロッパ世界においておしなべてスラヴ諸民族がまずめったに文化的・政治的リーダーとはなりえなかった「局外者」であったこと，また，10世紀の神聖ローマ帝国の成立以来，この強力な隣人の貪欲な眼を警戒せねばならなかったこと，そうした事柄へのコンプレックスであった．言語的一体感は「スラヴ」という言葉自体のなかに含意されている．この言葉から派生したのが，アドリア海北端に住むスロヴェニア人という名称であり，さらには，スラヴ世界のもう一方の外れ，ノヴゴロドの奥地にかつて住んでいたスロヴェン人という呼び名であった．スロヴェン人は原初のロシア諸部族のうち最北にあった人びとである．これとは対照的に，「言葉を解さぬもの」を意味するニェーメツという語は，スラヴ諸語に共通するドイツ人の呼称となって今日まで伝えられている．

スラヴ世界への読み書きの伝播，それと並行した独自の文字の発達，これらは最初にこの文明の恩恵に浴したある1国の範囲を越えて，スラブ諸民族全体にとってもっとも歴史的に重要な出来事となった．ある1国とはモラヴィア国である．9世紀においてモラヴィアは，それまでのスラヴ人諸国家にはみられないほど強力でよく統合された国家であり，最盛時にその版図は，今日のチェコスロヴァキア領の全部とハンガリー領の大部分，さらにはドイツ，オーストリア，ポーランドのかなりの部分を占めたが，やがて10世紀初頭にマジャール人の侵攻が起きたとき，これに屈伏して解体してしまった．しかし，これより先9世紀の中頃すでに，モラヴィア諸公は決定的な選択を済ませていた．かれらはキリスト教世界に合流することを決め，ビザンティン皇帝にそのための教師と書物を乞うていたのである．『原初年代記』は（この箇所では明らかにモラヴィアの史料を利用して）諸公に次のように語らせている．「われらは洗礼を受けた．だが，われらには教え導く者がおらず，ギリシア語もラテン語も解さない……．われらは文字もその意味も理解できずにいる．どうかわれらに師となる人を送り，聖書の言葉とその教えを知らしめ給え．」皇帝ミカエル3世はまず，ギリシア世界の第2の都市テッサロニキに使者をたてた．テッサロニキはギリシア文明とスラヴ世界とが出合うところでもあった．そこで2人の兄弟学僧コンスタンティノス（のちの修道士キリロス）とメトディオスが選ばれ，従者とともに使節団として急派された．かれらがスラヴ語・ギリシア語双方に通じていたゆえである．聖書と典礼書の野心的かつ迅速なスラヴ語への翻訳計画が実行に移された．翻訳は伝統にしたがって『聖ヨハネの福音書』の冒頭の一句「はじめに言葉ありき…」から始められた．新たに改宗した民族への伝道のために土着の言語が用いられたということは，空前絶後であり，それゆえ中世をつうじてギリシア正教徒であるすべてのスラヴ人の意識のなかに深く刻まれることとなった．

キリロスことコンスタンティノスは，スラヴ人改宗者の読み書きのために新しい文字を考案した．けれども不思議なことに，そのとき彼がどのような文字を創ったかは詳しく知られていない．今日でも正教系スラヴ諸国では，多少は異なったところもあるが，一般にキリル文字が使われている．その呼び名は確かにキリロスに由来する．キリル文字は大部分ギ

縮尺 1:30 000 000

スラヴ語系
- ロシア語
- ベラルーシ（白ロシア）語
- ウクライナ語

チュルク語系
- トルクメン語・ヤクート語・アゼリ語
- カザフ語
- タタール語・バシキール語
- キルギス語・ウズベク語・カラカルパク語

その他のインド＝ヨーロッパ語族
- リトアニア語・ラトヴィア語（レティシュ）
- アルメニア語
- モルドワ語
- タジク語

コーカシア語系
- グルジア語
- アブハジア語・チェチェン語
- ダゲスタン語

フィン語系
- エストニア語・ラップ語・ネネツ語・コミ語

その他の言語
- モンゴル語系・ツングース＝満州語系・古アジア語系

風土と民族

リシア文字を母体とするが，ギリシア語にはないスラウ語固有音の表記のために発明された10余の文字がさらに加わる（その数は時代と地域によって変わる）．現存のスラウ最古の写本のなかにはこのキリル文字で書かれたものもある（とくにロシアのものがそうである）．しかしながら他方で，今日グラゴール文字として知られる奇妙な字体で書かれた写本も存在する．そして，多くの学者たちの信ずるところでは，まさしくこの文字こそが聖キリロスの発明したアルファベットなのである．このアルファベットのうち，ギリシア語とヘブライ語の筆記体を下敷きにして創られたと思われるものが2～3ある．また，中世の分音記号を転用したとみられるものも若干ある．しかし，大半はそれまでになかった苦心の創作であった．それらは書くのが難しく，はじめから故意に人目をくらますための「秘密の」手書き文字として考案されたかのようであった．したがって，まもなくほとんどのスラウ諸地域でこの文字は廃れてゆき，かろうじてクロアチアにだけ残った．そこでは，おそらくモラヴィア伝道団の遺産として近代まで生きのびたのであった．

　ロシアに伝えられたキリル文字は，中世初期には美しい輪郭をもった読みやすい楷書（大文字）で綴られた．その後筆記体が発達してゆくが，こちらは専門家でなければ多少判読に骨が折れる．11世紀から16世紀までのロシアには文字彩飾のみごとな伝統があり，質の点でいえば，1400年頃にその頂点に達した．16世紀中葉になるとロシアにも印刷本が現われるが，17世紀末までその数はきわめて少ない．その後，社会全体の政治的大変動と一致する2度の変革期がロシアのキリル文字を見舞った．まず18世紀初頭のピョートル大帝の改革のもとで文字の簡素化と規格化が進み，同時に，ギリシア語にのみ固有のいくつかの文字が廃止された．下って1918年に依然として過剰であった文字がさらに整理された結果，今日われわれの知るアルファベットができあがったのである．

　文字は，キリロスとメトディオスの伝道がロシア人と他のスラウ諸民族に残したもっとも明白な永遠の遺産である．けれども，過去現在にわたってスラウ諸民族の言語の性格そのものに影響をおよぼした，もうひとつの重大な遺産が存在する．伝道士らは，翻訳と，まもなくはじまった文書創作のために，かれら自身が話していたスラウ語を用いた．それはテッサロニキの北部後背地で使われていた南部スラウ方言，つまり古ブルガリア語の1タイプであったが，歴史家はこれを「古代教会スラウ語」と命名した．この命名はあまり適切とは思われない．なるほど中世社会において，文章のほとんどが宗教的目的で作成されたのは事実であろう．しかし，古代教会スラウ語はひたすら教会言語としてのみ用いられたわけでは決してなく，「知的世界」一般のための言語でもあった．また，それはもっぱら「古代」にのみ使われたわけでもない．もしかりに典礼のとき以外には顧みられなくなったとしても，古代教会スラウ語は今日まで何世紀にもわたって生命力を保ち続けてきたのである．この言語は，古代ギリシア語とラテン語を別とすれば，ヨーロッパで最初の「国際的」文章語であり，ヨーロッパ史上他に例をみない意図的に創られた言語であった．この点こそ，多くのスラウ語系著述家たちが誇りをもって語るところのものである．古代教会スラウ語は，スラウ人が民族的に分化しそれぞれ言語の土着性を強めていったのちも，国際語として理解され続けた．その使用は，ある程度非スラウ地域にまで広がりさえした．ルーマニア人の場合がそのもっともよい例であろう．そして現代でも，ギリシア正教会の典礼用の言語として生きているのである．

　古代教会スラウ語は，たんに歴史的ないし教会史的興味以上のものをわれわれに抱かせる．そのおもな理由は二つある．伝道団は，新約聖書やその他の宗教関係文書の翻訳のために，まったく抽象的な語彙を新たに創出しなければならなかった（そのほとんどはスラウ語起源であるが，ある程度はギリシア語の造語法が取り入れられた）．かくして，新しいたくさんの知的概念の語彙の導入による素朴な土着語の充実・洗練への道が切り拓かれた．これが第一の理由である．第二に，スラウ諸語はそれぞれ別個の発達の道を辿ったにもかかわらず，長いあいだ相互に理解可能でありつづけ，今日にいたるも依然としてかなりの近縁関係にある．したがって，古代教会スラウ語はこれまで一度も「外国語」として意識されたことはなく，ほとんど別の言語とは認識されてこなかった．それはむしろ自国語に対応する厳粛で由緒正しき古語とみなされ，観念上の，あるいは修辞学的な思考を表現するための自国語の一形態とさえ受けとめられてきた．現在でもなお古代教会スラウ語の多くの語彙がロシア語の語彙と一致している．もちろん，文法構造も含めて両者間に相違がないわけではないが，相違点はしばしば単純な性格のもので，規則的対応関係にあるものが多い．ロシア語が「スラウ語系」であることの意味は，英語やその他の北ヨーロッパ諸言語が「ラテン語系」であることといくつかの点で同列に論じうるが，以上に述べたごとく，根本的な違いがみられるのである．

　現代ロシア語にはたくさんの「姉妹語」がある．すなわち，明らかに類似した一対の単語であるが，それにもかかわらず，それぞれが東スラウ語起源と古代教会スラウ語起源であるために単純な同意語とはならず，多かれ少なかれ意味や用法や文体的「load」における違いを失わない．ロシア語に保存されている古代教会スラウ語的要素のうち，いまも活力を保

スラウ諸語の分布
スラウ諸語はインド・ヨーロッパ語族のなかの主要な言語グループのひとつである．原スラウ語は先史時代に東中央ヨーロッパのどこかで話されていたらしい．その後スラウ諸民族が東，西，南にそれぞれ進出してゆくにつれて，言語もそれぞれ東スラウ語，西スラウ語，南スラウ語に分岐していった．それらのうちから現存のスラウ諸語が生まれてきたわけであるが，その分化過程はおよそ1100年前から500年前までの期間に徐々に進んでいった．ポーランドとチェコスロヴァキア，それに旧東ドイツの一部が西スラウ語系であり，バルカン半島が南スラウ語系，そして旧ソ連が東スラウ語系に属する．

っている興味深い，よく知られた例は，有名な接尾辞град(グラード)である．グラードは，(レニングラード，ヴォルゴグラードからわかるように)都市を表わし，現代ロシア語のгород(ゴロト，町)の姉妹語である．同様の音韻変化の例は「Владимир(ウラジーミル)」という人名の場合にもみられる．ウラジーミルに対応する古いロシア語(と現代ウクライナ語)は「Володимир(ヴォロジーミル)」といい，今日用いられる前者の愛称形「Володя(ヴォロージャ)」は後者から出ている．最近ではよく知られるようになった単語гласность(グラースノスチ)はロシア語のголос(ゴーロス，声)という名詞と同根である．これなどは古代教会スラヴ語による概念語創出の典型的な例であろう．ロシア語の文語は，あるときは自覚的にまたあるときは無意識に，いずれにしろ土着のロシア語と古代教会スラヴ語という異なる二つの要素を溶け合わせてゆく過程をつうじて今日の姿を獲得するにいたった．その混淆の程度は，もはやそれと気づかぬほど徹底的な場合もあれば，いまなおはっきりと識別しうる場合もある．18世紀の中頃，こうした多様性を「上流語」・「中流語」・「俗語」の三つの文体に体系化しようとする熱心な試みが行われたが，限りなく流動的である言語体系をあまりにも粗雑に厳密化しようとするこのやり方はすぐに挫折するほかなかった．

その長い歴史を通じてロシア人は，他のスラヴ諸民族以外からも言語的影響を受け取った．スラヴ人全体，とくにロシア人のもっとも早い時期における隣接諸民族といえば，西方にゲルマン人，南東方にイラン人，そして北方の森林地帯にフィン系諸民族があった．これらの諸民族に由来する言葉もわずかではあるが存在する．初期のロシアに支配者を提供した古代スカンディナヴィアのヴァイキングからの影響もある．しかし，もっと重要なのはチュルク語の諸要素である．その影響は，一部はモンゴルの侵入とその「羈絆（くびき）」の時代（1240頃—1480）を通じて広まり，また一部は，16世紀に東方への道が拓かれて以来浸透してくることとなった．しかし，それらでさえ影響を及ぼした語彙的分野は限られており，主として行政と通商の領域に関わるものであった．17世紀にも，西欧諸言語からの新しい技術的・文化的術語が，しばしばポーランド語を介してある程度ロシア語に移植された．そして1698年以後，ピョートル大帝がロシアの意図的な西欧化をこころざして以来，このささやかな流れは奔流となった．オランダ語やドイツ語や英語から，陸・海軍の専門用語や称号が，そしてときには地名さえもが（往々にしてその場しのぎの翻字の形で）借用された．18世紀になると，フランス語ないしはラテン語にもとづく単語や表現の数が急速に増加した．さらに重要なことには，スラヴ語起源の言葉を西欧語のパターンで結びつけた多くの造語がつくられ，新たな統語法さえ生み出された（いわゆる「翻訳借用語句（カルク）」である）．19世紀に入ると，そうした借用翻訳と翻字とによって（例外はあるが，たいていの場合ロシア語文法の規則にしたがって）生み出された無数の単語が，ロシア語に取り入れられることとなった．今日でもキリル文字を翻読する能力さえあれば（そしてこの技術はすぐに身につけられるのだが），街頭広告や新聞の見出しなどにある多くの単語がヨーロッパの「国際的」語彙の仲間であることを知るに十分である．そして，このことがしばしばソ連を訪れる西欧の旅行者を驚かせ，かつ喜ばせるのである．

長く農村社会であったあらゆる国家と同様，ロシアも農村レベルではたくさんの方言をもつ．けれども，巨視的にみればロシア語は，その広大な領域に比較して驚くほど均一である（たとえば，英語やドイツ語やイタリア語に比べてもはるかに地域的差異が少ない）．おそらくは，その歴史の初期においてロシア人住民の流動性が高かったこと（18世紀末までは貴族でさえそうであった）が，その原因の一端であろう．基本的には二つの主要な方言がある．「北部方言」と「南部方言」であるが，中央部の狭い帯状地帯ではこの二つが融けあい，あるいは重なりあう．もっとも一般的かつ明瞭な相違は，母音とある種の子音の発音の仕方にある．中部方言は，両者からそれぞれ若干の特徴を取り入れているが，これが現代ロシア語の標準語の母体となった．

こうした方言分布が森林帯とステップ帯の区分に一致していればわかりやすかったであろう．確かに，ある程度はそうであり，中部方言地帯（モスクワとサンクトペテルブルグ（レニングラード）を含む）は混合樹林帯に相応している．しかし，実際には南北両方言の境界線は，東に進むにつれて南下する傾向にあり，その結果，北部方言の領域（人口はしだいに疎らになってゆくとはいえ）が広くなってゆく．ヴォルガ川流域とシベリアの大部分がそれに含まれる．南部方言はウクライナ語といくつかの特徴を共有しているが，それも当然であり，前者は後者への移行形態といえる．実に中世末まで，のちに大ロシア語・ウクライナ語・ベラルーシ（白ロシア）語へと分枝することになる言語的差異は，ロシア語（東スラヴ語）の基本的方言の違いにすぎなかった．それらが今日別の言語とみなされるほどに自立化してゆく過程は，ロシアの政治的分裂とともにはじまる．すなわち，モンゴルの征服と，その後に起きたウクライナとベラルーシ（白ロシア）のポーランド＝リトアニア連合王国への併合以降のことである．初期のベラルーシ語の形態は，実際のところ中世リトアニア公国の官庁用語であった．現代ウクライナ語にしてもベラルーシ語にしても，それらが独立の言語としての地位を認められたのは，19世紀初頭になってようやく自前の文学が発達し，民族意識の全般的高揚がみられるようになってからのことであり，革命以後になってはじめて公式の承認があたえられたにすぎない．東スラヴ族の三つの大きな支族は，それぞれの代弁者が古代ロシアの遺産に対する権利をいかに熱心に主張したとしても，そのいずれにも排他的な継承権をいう資格はないのである．

スキタイの黄金

スキタイの黄金はギリシア神話の題材になっている．イアーソーンとアルゴー号乗組員の物語には，いかにしてギリシアの冒険者たちがテッサリアのイオルコスを船出し，はるか黒海東岸のコルキスの地へ旅立ったかが語られている．かれらの目的は金毛の羊皮を手に入れることにあった．青銅器時代を復元した船によるギリシア北部からグルジア共和国への航海実験や，その他の現代の研究は，この神話の核心部分が歴史的事実である可能性を示唆している．おもしろいことに，北カフカスの川底に沈んだ金を求める今日のグルジア人山師たちは，川を流れ下る砂金を水流に突き立てた羊皮で採取するという方法を知っている．

スキタイ人は，ギリシアの歴史家にして旅行家のヘロドトスが前5世紀中頃に書いた記録によって，はじめて歴史の舞台に登場してくる．ヘロドトスは，スキタイ人による死せる王の葬儀の模様をとくに詳しく叙述しているが，現代考古学は，スキタイ人の墓を覆う巨大な古墳丘の発掘調査によって，かれの記述が多くの点で正確であることを検証している．スキタイ初期の高塚古墳（クルガン）がとくにカフカス北部のクバン・ステップに多く分布するのに対し，後期のものはクリミア半島や，ウクライナのドニエプル下流域に多い．そして，後者の地域がスキタイ王国の中核となった．この国は前4世紀に最盛期をむかえ，アレクサンドロス大王の軍隊さえ撃退するほどであったが，その後，遊牧民のサルマタイ人が台頭するにつれて，しだいに衰退していったのである．

スキタイ芸術は，好戦的遊牧民に取り囲まれていたかれら自身の環境に照応した，独特の様式において発展した．芸術のモチーフとして，力と速さと荒々しさを象徴する動物（実在のものもあれば架空のものもあった）の意匠が好まれた．もっとも人気があったのは，おそらくグリュプスであろう．これはアジア地域の民話に金銀財宝の守護神として登場する架空の生き物である．一般に動物たちの姿はグロテスクにデフォルメされ，いくつかの動物の身体の各部分がひとつに組み合わされて，この世のものではない想像上の獣が創り出された．グリュプスの場合には，ライオンの胴体に鷲の頭部と翼がつけられている．こうしたいわゆる「スキタイの動物意匠」には，近東地方と，後期にはギリシアの影響が認められる．

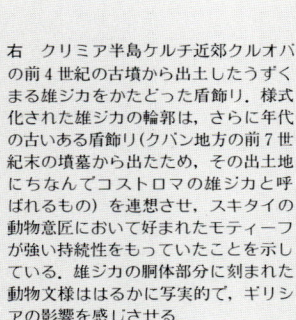

右　クリミア半島ケルチ近郊クルオバの前4世紀の古墳から出土したうずくまる雄ジカをかたどった盾飾り．様式化された雄ジカの輪郭は，さらに年代の古いある盾飾り（クバン地方の前7世紀末の墳墓から出たため，その出土地にちなんでコストロマの雄ジカと呼ばれるもの）を連想させ，スキタイの動物意匠において好まれたモティーフが強い持続性をもっていたことを示している．雄ジカの胴体部分に刻まれた動物文様ははるかに写実的で，ギリシアの影響を感じさせる．

スキタイの黄金

上　前4世紀の金の装飾品．義兄弟の誓いのためにひとつの角杯をかたむける2人のスキタイ人をかたどっている．2人の人物は指を切って血を採り，それをワインの入った杯に注いで飲み干している．スキタイ芸術ではこのモティーフがよく使われる．こうした儀式による義兄弟関係が厳しい相互義務を負うものであったことはいくつかの伝承によっても裏づけられる．

前頁上　一部に金箔を施された儀式用銀器の側面に描かれた2人のスキタイ人貴族．くつろいだ姿勢に描かれながら，2人とも武器を携えている．左側の人物は何気なく片手をゴリトゥス（弓矢入れ）の上にのせている．右側の人物は剣に手をのばそうとしているようにみえる．

前頁中央　この櫛（前4世紀初頭）はウクライナのソロハの塚から出土した．その頂部には，歩兵に掩護されたスキタイ人騎士像がある．かれはまさに敵の歩兵を突き刺そうとしている．

左　前4世紀のグレコ・スキタイ様式の金細工の傑作．この胸飾りは1971年にドニエプロペトロフスク南の古墳から発掘された．外周部には野生動物の弱肉強食の姿が描かれている．1対のグリュプスが馬を襲い，ライオンが雄ジカと野豚を切り裂き，犬が野ウサギを追跡している．内周部には家畜化した動物の姿が美しく描かれ，母馬と母牛が授乳する図があり，4人の人物のうち1人は雌羊から搾乳している．もう1人の人物は，おそらくは右手の雌羊から搾った乳が満たされた壺をもっている．中央の2人の男性は羊皮の衣服を作っている．かれらはそうした家内作業に没頭しているにもかかわらず，ゴリトゥスを近くに置いている．名高い馬上の射手として恐れられたスキタイ人の武勇の片鱗がそこに窺われる．

31

ステップの諸民族

ステップ地方にはすでに最後の氷河期に先駆けて最初の人類が進出していた．ソ連国内には，旧石器時代と新石器時代の遺跡・遺物が広く分布している．新石器時代が終わり，青銅器時代がはじまると，黒土地帯に農耕が広まっていった．このころの文化（前4000年期から前3000年期にかけて）としてもっともよく知られているのはトリポリエ文化である．この名称はキエフ南方の地名に由来する．その遺跡からは，もっとも古い時期の馬の飼育を示す証拠がみつかっている．最初はおそらく食肉用として飼われていたのであろう．

移動手段としての馬の利用は，ステップ地方では明らかに前2000年期になると知られており，それが騎馬遊牧社会の発展をもたらした．遊牧民の機動性は，定住農耕民に対する測りしれない優位性をかれらにあたえた．かれらは農耕民を襲撃するが，報復の恐れはなかった．こうした遊牧民の移動の圧力については，知られるかぎりもっとも初期にステップ地方を踏査したギリシア人アリステアス・プロコンネソスの記述（前675頃）がある．ステップの人びとは「たえず隣人の領域を侵犯している」と，プロコンネソスは書いている．

ステップの遊牧諸民族のあいだには，それぞれの民族系統の相違にもかかわらず，文化的連続性を見出すことができる．スキタイ人の世界の反対側の端には，バジリク古墳群（前5－3世紀）がある．これは西シベリア・アルタイ山脈の永久凍土のなかに保存されていたものであるが，そこからもまたヘロドトスの記述を裏づける遺物が出土している．

左　馬鞍の皮製アップリケ装飾．前5世紀のパジリク古墳から出土．鹿を襲う獣の図案は，遊牧民芸術に特徴的なもので，その頂点をなすのがスキタイの動物意匠である．

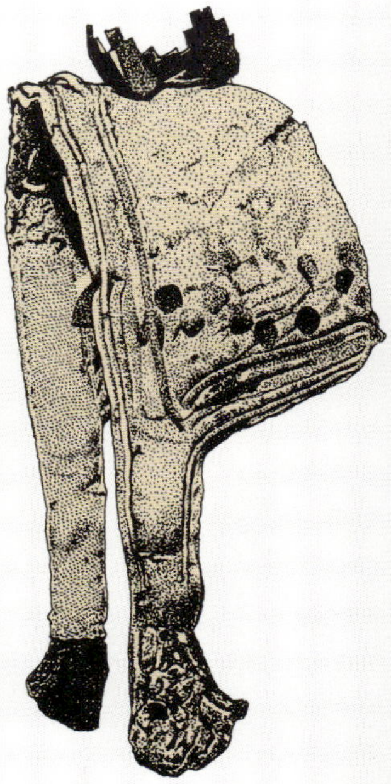

左　グリュプスの頭部をかたどった屋根飾り．グリュプスはシカの頭部をその嘴にくわえている．このような動物意匠の屋根飾りは，古代ステップ文化に共通のもので，あるいは氏族的なトーテムに相当するものなのかもしれない．

右　パジリク出土の皮製の容器．4片のなめし皮が動物の腱で縫い合わされ，同じくなめし皮のアップリケで装飾されている．様式化された植物文様は，この容器が種子か薬草の保存用に用いられていたことを示している．

上　フェルト製の白鳥．中国の影響が強く感じられるこの種の鳥の文様は，葬儀用の馬車覆いの装飾の一部として使われた．馬車は分解されて故人とともに埋葬された．氷で満たされたパジリクの古墳群には，古代の墓荒らしによって貴金属の副葬品は失われてしまったとはいえ，みごとな布製の遺物が残されている．それらには中国とイランの影響が認められる．遺物のなかには，現存するものとしては群を抜いて古いパイル地の絨毯も含まれている．

上　フェルト製の男性用頭巾．筒状のなめし皮の縁取りと，やはりなめし皮の重ねによって補強され，頂部には厚手のなめし皮の飾りが縫いつけられている．両側に長い下がりのついたこの種の頭巾は，ステップの身を切るような冬の寒さを防ぐために，今日でもなお実用と装飾の目的をかねて用いられている．フェルトは，戦闘の際に頭部を保護するにもいくぶんかは役立ったに違いない．

第 2 部 歴史時代
THE HISTORICAL PERIOD

ルーシ

黎明期の諸部族

今日ロシアと呼ばれる地域に住んでいた人びとへの史料的言及は，前6世紀のヘロドトスの叙述にはじまる．ヘロドトスとかれに続く古典・古代の歴史家たちは，すでにギリシア人が古くから植民地を建設していた黒海沿岸地方のさらに北がいったいどうなっているのかに関心を抱いた．黒海の彼方には遊牧の民スキタイ人がいた．かれらは間違いなく前700年頃にはステップ地方を征服し，部分的には大河溪谷に入り込んで定住して，そこで穀物を作り，奴隷や蜜蠟やその他の産物とともにギリシア人植民地へと輸出していた．スキタイ人全体，あるいは少なくともその支配階級はイラン語系の人びとであったが，それゆえギリシア人はかれらをバルバロイとみなした．しかし両者のあいだには，数世紀の経過のうちにある種の「平和的共存関係（モードゥス・ヴィヴェンディ）」ができあがり，スキタイ人もある程度はギリシア化した．ステップ地方にみられる数多くの古墳丘から出土する美しい副葬品（たいていは身にまとう装飾品であるが）は，そうした混合文化の証拠である．前200年頃，スキタイ人に代わってもうひとつのイラン系遊牧民サルマタイ人が登場するが，それ以後もギリシアとの文化融合と交易関係は途絶えることはなかった．サルマタイ人の部族連合は，その後おそらくスラヴ諸部族を多く含みこんでいったと推定されるが，その歴史の詳細は定かではない．

後3世紀から，南ロシア平原では動乱の時代がつづく．オボレンスキーは次のように述べている．「文書史料からわれわれが知りうるのは，諸部族と諸民族のめまぐるしい交替の歴史であり，それぞれが，ただ先住の民を地図上から抹殺するためにのみ，ほんの数世紀だけステップを支配しては消えていった．」（ただし，ロシアのステップ以外に恒久的に住み着くようになった民族もある．いまもなおカフカスにはアヴァール人が住み，ハンガリーにはマジャール人が，そしてユーラシア大陸のあちこちにチュルク語系諸民族が暮らしている）．そこでおそらく，登場する諸民族を以下のように，時代を追って大まかに分類しておくことがよいであろう．（1）まずはじめに，後3世紀初頭のゴート族である．かれらはゲルマン語族の東方分派であり，南東方へ移動し黒海沿岸地方に達し，一部はそこに定住した（他の一派は西方に向かい，東ローマ帝国に脅威をあたえ，378年にはアドリアノーブル近郊でローマ皇帝ウァレンスを破った）．近代にいたってもなお，クリミア半島には残存したゴート系住民がみられた．（2）つづいて，フン族が登場する．4世紀から5世紀にかけて，かれらはステップを横断してヨーロッパ深く侵入し，アッティラ大王のもと残忍無比の評をえたが，その民族系統を分類するのは簡単ではない．かれらには多分チュルク語系やモンゴル系，そしてフィン＝ウゴル系の人びとが混じり込んでいたものと考えられる．（3）その後，東方からの侵入者はすべてチュルク語系の民族であった．唯一の例外は，9世紀に現われるフィン＝ウゴル系マジャール人である．かれらの言語はフィンランド語およびエストニア語に近い．こうした諸民族の歴史的命運はさまざまに異なるが，その相違は，かれらがどの地方に，また，いかにして，そしてどれほどの時間をかけて定住民へと変身していったかという点にかかっている．

フン族を継いで，もっとも早くに現われたのはブルガル族である．かれらの支配領域はのちに，相互にまったく隔たった二つの部分に分裂する．ブルガル族のうちで比較的よく知られた一派は，黒海沿岸をたどって今日のブルガリアへと到達し，7世紀にはその地で，わずかにかれらに先駆けてそこに定住していた南スラヴ人を従えて，支配階級たる戦士集団を形成した．その結果生じた民族的融合が，数世代のうちにスラヴ語を話すようになる強力なバルカン国家を生み出した．この国はときとしてビザンティン帝国と同盟したが，それよりはむしろ，14世紀末のオスマン帝国による征服活動の直前まで，ビザンティンにとって目障りなライバルであることが多かった．ブルガリアは，キリロスとメトディオスの弟子たちによって9世紀にキリスト教へと改宗したが，この出来事が，南スラヴの隣国と親密な関係にあった初期のロシア国家に衝撃をあたえることとなる．もうひとつの「ブルガリア」は，今日の中央ロシア東部，カマ川が中流部ヴォルガに注ぎ込む重要な水系の結節点に建てられた．都は大ボルガルと呼ばれ，今日のカザンにほど近いところにあった．この国もまた，栄枯盛衰を経ながら，やはり中世末までいきのびてゆく．ただし，こちらのブルガル人は，バルカン半島の同胞とは異なって，早い時期にイスラム教に帰依し，その後数世紀にわたって，ロシア人と直接の交渉をもつ唯一のイスラム教徒となった．

ところでこの間に，黒海ステップ地方とドナウ溪谷を支配したのは，チュルク語系民族のひとつでモンゴル人との混淆が進みつつあったアヴァール人であった．かれらは，6世紀半ばから，2世紀半ののちに突如として衰退するまでのあいだ，この地に君臨した．ロシアの『原初年代記』の作者もかれらに注目し，「オブラ（アヴァール）のごとく消えた」という表現を用いている．かれらに没落をもたらしたのは，もうひとつのチュルク語系民族ハザール人の台頭であった．ハザール国は，ヴォルガ・ブルガルやいくつかの東スラヴ諸部族など，多くの隣接諸民族に貢納を課して服属させた．この国の拠点は，ヴォルガとドンの下流域にあった都邑（イティリ，サルケル）と，テレク川のカスピ海への合流点にあった都邑（セメンデル）であった．ハザール人は天与の地政学的資質を有していた．かれらの支配領域の中央には広大な砂漠が横たわっていたが，この砂漠を貫いて農耕に適した複数の河川溪谷が走り，それらの溪谷は同時に近東におけるもっとも活発な交易ルートともなった．ヴォルガ川とドン川は，今日のヴォルゴグラード近郊で相互にもっとも近く，40km以内にまで接近する．この両大河間の陸運はかれらの領分であった．つまり，カスピ海と黒海のあいだの「地峡」全体，カフカス山脈北方のクバン・ステップ地方こそは，ハザール人の生存圏だったのである．

この地域は戦略的要衝であり，ビザンティン帝国もそのことを熟知していた（そのためビザンティンは，ハザール国との友好関係の維持に腐心した）．8世紀にアラブ人イスラム教徒が二手に分かれて東ヨーロッパへ侵攻したとき，この急襲を引き受けて勢いを殺いだのは，まさしくハザール人であった（このとき同時にスペイン経由で西からの侵入も企てられ，こちらはいっそうの成功を収めた）．かれらは，この地に平和と安定をもたらし，「国際的」な哨兵の役割を果たし，宗教的寛容をひろめた．この寛容精神に関連して，ひとつだけハザール人のユニークな特徴にふれておこう．おそらく9世紀に，ハザール国の支配階級は当時世界でもっとも進んだ宗教のひとつを受容することを決定した．このときかれらが選びとったのは，予想に反してキリスト教でもイスラム教でもなく，

上　現在のケルチにあった古代都市パンティカパイオンから出土した前360—40年頃の金貨．あご鬚をたくわえたギリシア神話の森の神サチュロスの肖像が刻印されている．ケルチはいわゆる「クリミアのボスポラス」を望む位置にある．それは，アゾフ海とドン河口，さらにはスキタイ人の支配したステップ地方への入口となる狭い水路である．黒海沿岸地方へのギリシア人の植民——その目的は穀物や奴隷，金，その他の商品にあった——は古典時代以前にまでさかのぼる．ケルチはクリミア半島にあり，ビザンティン帝国末期までギリシア人の前哨地でありつづけた．その対岸には，初期ロシア人のトムタラカニ公国［またはトムトロカン］が存在し，10世紀から11世紀にかけて繁栄を誇った．

右　**10世紀の東ヨーロッパとビザンティン世界**
キエフ・ルーシとビザンティン帝国を分かつステップ地帯では，主としてチュルク語系の諸民族が相ついで覇をとなえた．そのうちで最大・最強であったハザール国は，ドン川とヴォルガ川を結ぶ重要な交易路と，カフカス北部の戦略上の要衝をおさえた．つねに外交に巧みであったビザンティン帝国は，細心の注意をはらってハザール国との友好関係を維持しつづけた．ハザール人はこの地域に長期間にわたって平和と安定をもたらしたのである．しかし，960年代になるとキエフ公スヴャトスラフが東スラヴ諸部族に対するハザールの徴貢権の奪取を試みた．ハザール国を横断し，さらには西方のドナウ・ブルガル族をも討とうとしたかれの遠征は成功し，ロシアに新しい巨大な版図をもたらした．スヴャトスラフはキエフから南部ペレヤスラヴェツへの遷都を実行したが，それはビザンティン帝国を脅かす結果となり，帝国はかれにキエフへの退却を強いた．退却の途上，スヴャトスラフはドニエプル川で待ち伏せに遭い，ステップの遊牧民によって殺された．

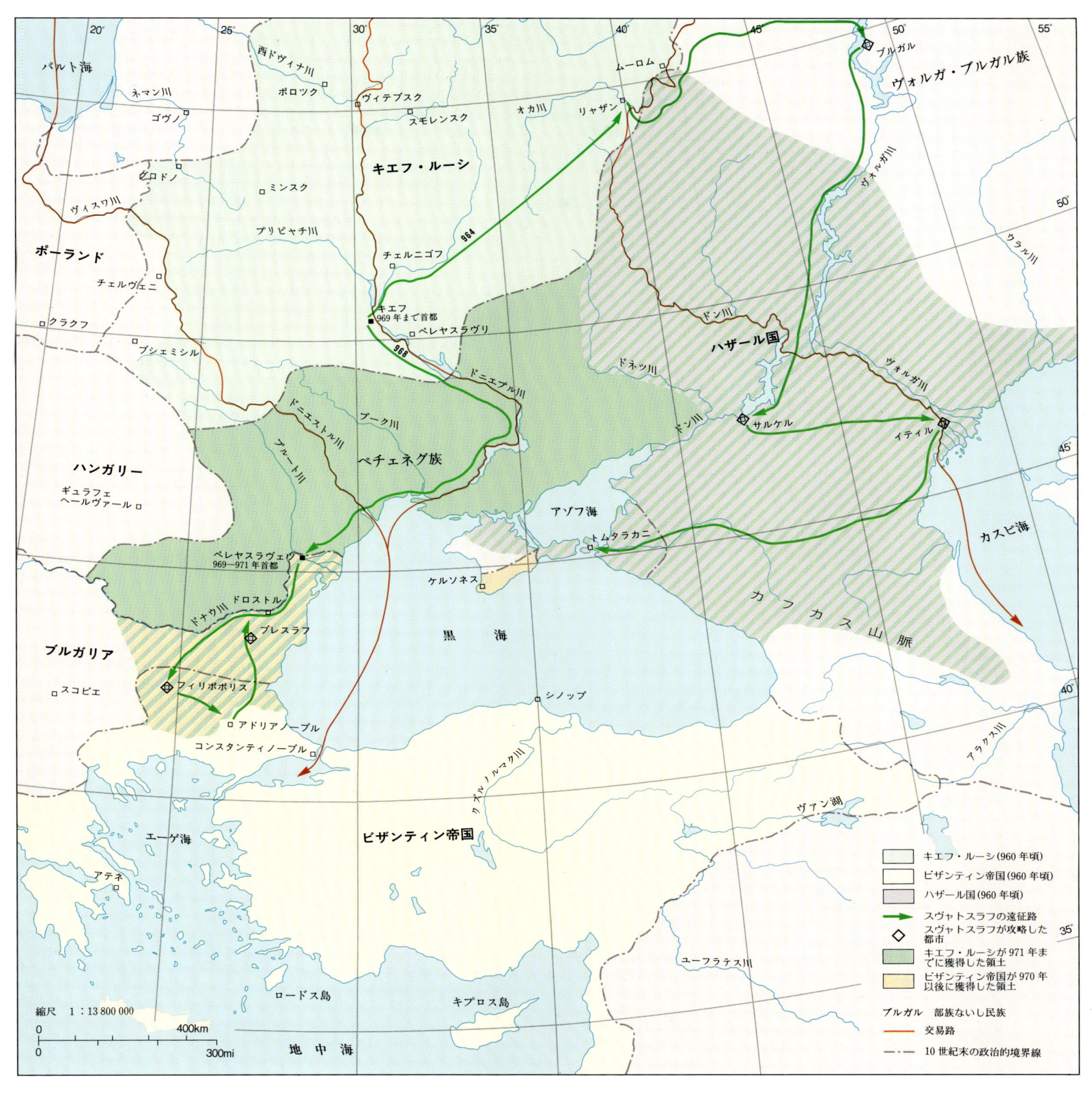

凡例	
	キエフ・ルーシ(960年頃)
	ビザンティン帝国(960年頃)
	ハザール国(960年頃)
→	スヴャトスラフの遠征路
◇	スヴャトスラフが攻略した都市
	キエフ・ルーシが971年までに獲得した領土
	ビザンティン帝国が970年以後に獲得した領土
ブルガル	部族ないし民族
	交易路
—·—·—	10世紀末の政治的境界線

ユダヤ教だったのである．歴史上，非ユダヤ民族がまるごとユダヤ教に改宗した例はほかにない．のちの東ヨーロッパが多くのユダヤ人人口を抱えることになったのは，部分的にはハザールの遺産であると，これまでアーサー・ケストラーや，その他さまざまの歴史家たちが推測してきた．

9世紀までの状況は，東スラヴ諸部族がキエフ・ルーシという大国家へと自らを統一してゆくうえで，好都合であった．この統一は，三つの異なる文化的・政治的勢力が織りなす三角形に囲まれた環境下で，進められた．生まれつつあった東スラヴ民族は，3勢力に対してそれぞれ異なった仕方で対応した．この三角形の南東の隅にはハザール国があった．「ハザールの平和（パクス・ハザーリカ）」は動乱のステップ辺境地帯に安定をもたらしはしたが，それに付随する貢納賦課と交易への統制はスラヴ人の怨嗟の的となった．次に，南西の隅にはビザンティン帝国が控えていた．9世紀初頭から11世紀中葉にかけてのビザンティン帝国は，中世初頭の栄華の頂点にあった．その首府コンスタンティノープルは，東地中海貿易の第一の拠点であるばかりか，世界最大の都市であり，キリスト教の母なる都でもあった．もし神の王国がこの地上に実現されるとすれば，ここをおいて他にはないと考えられた．この時代は，帝国の布教活動の最盛期であり，それは北部国境地帯を確保するための外交的・軍事的活動と密接な連携のもとに進められた．初期のロシア人は，交易や宗教や政治における関係を通じて，ビザンティンの勢力圏に取り込まれて

ロシアとヴァイキング

スカンディナヴィア人たち（ヴァイキング）の驚くべき旺盛な膨脹主義は、9世紀から10世紀にかけて、北・西ヨーロッパの多くの地域へのかれらの植民という結果をもたらしたが、東ヨーロッパに対しても著しい影響をおよぼさずにはおかなかった。スウェーデンの冒険者たちは、最初はサマルカンドと中国への（ヴォルガ川経由の）交易路を求めて、のちにはビザンティン帝国にいたる（ドニエプル川経由の）道を求めて、9世紀初頭までにバルト海を横断しながら、その途上で北部地方のさまざまな資源（琥珀、蜂蜜、蜜蠟、奴隷、毛皮など）の開発を進めた。かれらヴァイキング（ロシア人とギリシア人のあいだでは「ヴァリャーグ」と呼ばれていた）の数はそれほど多かったとは思われず、また、土着のスラヴ人やフィン語系住民との関係もたいていは平和的なものであった。

半ば伝説の人物であるリューリクの子孫たちは、ある程度統一されたルーシの支配王朝をまずノヴゴロドに樹立し（860年代）、900年までにその都を南方のキエフへと移した。リューリクー族とその従士団（ドルジーナ）はやがて急速にスラヴ化していったが、かれらと母国スカンディナヴィアとのつながりは12世紀まで維持され、その間、中部および西部ヨーロッパの王家との婚姻関係もごく当たり前のことであった。したがって、11世紀中頃のヴァイキングの1人ハロルド・ハルドラディが、まずコンスタンティノープルで宮廷警護の任につき、その後、イギリス王位を獲得しようとしながら、ヤロスラフ賢公の娘を娶ったという経歴をもつのも怪しむに足りない。

いった。9世紀から11世紀にかけてロシア人は、帝国領や首都そのものへの海賊的襲撃によってかれらを驚かせることもあったが、たいていはもっと建設的に、ドニエプル川を下りコンスタンティノープルへといたるかの有名な交易ルートの開拓に努めた。この交易路については、ビザンティン皇帝コンスタンティヌス・ポルピュロゲニトゥスによる10世紀中頃の印象的な記述があり、また、ロシアの『原初年代記』にもロシア側からみたその叙述がある。

ヴァイキングの到来

北方および北西方にあたる三角形のもうひとつの隅は、ヴァイキングの版図であった。かれらのロシア侵入の歴史については、不明瞭な点が多くいまだ定説をみない。ヴァイキング（ロシアの文献では「ヴァリャーグ」——ノルウェー語のVaeringjarやアングロ・サクソン語のwaerengsすなわち放浪者と比較せよ）は、9世紀初頭までに、たぶんそれよりはずっと早い時期に、交易を求めてバルト海を渡った。ロシアの『原初年代記』には、かれらのコンスタンティノープルへの交易路について「ヴァイキングからギリシア人へといたる1本の道があった……」という有名な件りがある。その経路を追ってみよう。まず、フィンランド湾からネヴァ川の短い流れを遡り、ラドガ湖へ入る。そこからヴォルホフ川を南下してノヴゴロドとイリメニ湖にいたり、さらにロヴァチ川をヴァルダイ丘陵まで遡航したのち、ドニエプル川の源流部（この大河はロシアの河川の大源流部であるオコフスキーの森からはじまる）まで連水陸路を行く。ドニエプル川に入ると、今度はそれを下ってキエフの町へといたる。ここから先はコンスタンティヌス・ポルピュロゲニトゥスの記述となる。キエフに集結したのち、船団は春の雪どけによる水位の上昇を待ってさらにドニエプル川を下る。南部ウクライナの岩礁地帯にさしかかると、いくつもの早瀬を迂回せねばならないが、その後、ある島に再び集結してから、船団は黒海沿岸航路を南下、「大いなる都」コンスタンティノープル（ヴァイキングは「ミクラガルト」、ロシア人は「ツァリグラード」、すなわち皇帝の都と呼んだ）に到着する。河川遡航が主となる帰路をかれらがいかにこなしたかについて、史料はなにも語らない。いずれにしろコンスタンティノープルで、ヴァイキングたちは毛皮や蜜蠟、蜂蜜、琥珀、奴隷などの積荷を売りさばいたのである。

ところで、ヴァイキングたちのこの長大な交易ルートには、地理的にみて少し不可解な点がある。もしかれらが単にスカンディナヴィアからビザンティン帝国へと到達したかったの

だとすれば，わざわざフィンランド湾を経由して何百kmもの回り道をする必要はなかったであろう．航海・遠征といえば針路の選択に天才を示したヴァイキングたちがあえてネヴァ川をたどるルートを開拓したのは，すでにこの地方に補給所の形で橋頭堡を築いていたためではなかったか，と考えられる．アルダイグュボルグ（ロシア名ラドガ）には確かに補給基地があったし，おそらくノヴゴロドとスターラヤ・ルッサ（イリメニ湖の南端）にもすでにそれが存在したと思われる．実際，バルト海対岸へのヴァイキングの初期の遠征は，かれらを南へではなく，東方へと導いた．すなわち，かれらはまずヴォルガ上流域へと向かい，ヴォルガ・ブルガル人とハザール人の版図を抜けて，カスピ海を目指したのである．当時，世界のこの地域にあって人びとを引きつけたのは，イスラム世界に君臨するカリフの支配領域であった．そして8世紀初頭に，その中心はすでに東へ，つまり，新都バグダードへと移っていたのである．フィンランド湾からヴォルガ川へといたるもっとも自然なルートは，ラドガ湖，オネガ湖，ベローゼロ湖（白湖），そしてシェクスナ川を経由する道であった．これより少し南にも，この道にほぼ匹敵する経路がもう1本あった．それはまず，ノヴゴロドを経由し，そこから二手に分かれる．その一方は，ムスタ川を遡り，ヴィシュニー・ヴォロチェクの陸路を渡り，トヴェルツァ川に入る道であり，他方はセリゲル湖を経由する道である．北方ルートは，当時スラヴ人が住んでいた地域を，絶無とはいわないまでも，ほとんど通ることがなかったが，南方ルートは，スロヴェン族の土地を通過することになった．

ヴァイキングの南への転進は，間違いなく，軍事拠点および交易拠点としてのノヴゴロド（原意は「新しい町」）の発展に深い関わりがある．かれらとスラヴ人のあいだに流血や恐怖が存在したことを示す記録はない．おそらく，早い段階で両者間には，なんらかの協定が結ばれたものと推測される．『原初年代記』は，ヴァイキングが最初は排斥され，その後「秩序をもたらすため」に，スラヴ人とフィン＝ウゴル系の人びととの部族連合によってロシアに呼び戻されたという奇妙な話を伝えている．ヴァイキングは確かに，少なくともしばらくのあいだロシアに秩序をもたらした．しかし，かれらは，（かつて広くそう信じられていたほど）文化の大いなる伝播者であったというわけではない．それどころか，初期ロシアの法律や宗教，文学，言語などへのヴァイキングの影響は，きわめて微弱であり，せいぜい偶然に残された痕跡にすぎない．ロシアにおけるかれらの植民地も，それほど多かったはずはない．スカンディナヴィア起源の地名（イングランド東部にはあまねく存在する）がロシアにはほとんどみられないのである．これとは対照的に，中央ロシア北部にはフィン＝ウゴル語起源のたくさんの地名が認められる．モスクワという地名さえ，この系統に属する．他方，人名に関していえば，有名なイーゴリやオレーグ，オリガなどは，スカンディナヴィア系であり，ヴァイキング王朝に関連している．形態はまったくスラヴ的なウラジーミルという人名さえ，たぶん北欧系の名ヴァルデマールの微かな記憶をとどめていると思われる．

ヴァイキングは疑いもなく，文明の途上にあったスラヴ人諸部族に出会った．かれらはスラヴ人の土地を「ガールダリキ」（城栅あるいは都市の国）と呼んだ．おそらく，そこに無数の都邑ないしは城栅をめぐらした砦をみたからであろう．かれらがロシアに持ち込んだもの，または発達を促したものといえば，軍事と政治と貿易の技術であった．東ヨーロッパのいたるところから，退蔵されたアングロ・サクソンやビザンティンやアラブの貨幣が発掘されるが，このことはヴァイキングの商業活動を示す証拠である．かれらの並外れた機動性が地平線を一気に押し広げたのである．当時のロシアは，17世紀末以前のどの時期にもみられなかったほど，ロシア以外の全ヨーロッパ世界と密接な関係にあった．キエフ・ロシアの諸公や公妃たちは，ヨーロッパのすべての王家と婚姻関係を結んだ．これなどはおそらく，ヴァイキングとスラヴ人の共存・提携関係の驚くべき一側面というべきであろう．

ロシア人とその国の両方を表わす「ルーシ」という呼称自体も，おそらくこの頃に現われたと思われるが，それについては多少の解説が必要である．ロシアの起源は何かという深刻な歴史上の問題がある．しかしこれまでその考察は，あまりにも狭くルーシという名称の語源論争に終始しがちであった．近代になって18世紀中頃に論争がはじまって以来，今日「ノルマン」論争と呼ばれる議論には，親スラヴ的か反スラヴ的か，いずれにしろ民族主義的感情が色濃くつきまとってきた．12世紀の『原初年代記』作者にとってさえ，この問題は政治的な意味合いをもっていた．つまり，かれがそのもとで（そして，そのために）年代記を書いた王朝の正統性と，かれ自身の町であるキエフの地位とが，その点の解釈いかんによって左右されるからであった．年代記は次のように述べる．「ほかならぬこのヴァリャーグ人たちは，他のヴァリャーグ人たちがスウェーデン人とかノルマン人，あるいはアングル人，ゴトランド人などと呼ばれたのと同様，ルーシとして知られていた．……ロシアの地はかれらヴァリャーグ人ゆえに，その呼称をえたのである．」こうした見方への独自の，きわめて有力な論拠を提出したのは，コンスタンティヌス・ポルピュロゲニトゥスであった．かれは，ドニエプル交易路上にある早瀬の，「ロシア語」と「スラヴ語」の呼び名を列挙し，前者がスカンディナヴィア語系，後者が古ロシア語系であることを示した（後者は，文字として残されたロシア語のもっとも初期に属する実例でもある）．したがって確かにいえることは，ロシア人とヴァリャーグとを同一視する学識ある人びとが10世紀以来存在した，ということである．

ある西ヨーロッパの史料（『ベルタン年代記』）に，非常に早い時期に属する大変奇妙な記事がある．すなわち，839年にハザールの「ハカン（可汗）」の使節として複数の「ロシア人」が，コンスタンティノープル経由で当時インゲルハイムにあったルードヴィヒ敬虔王の宮廷にやってきたが，尋問の結果，かれらはスウェーデン人であることがわかった，というものである．フィンランド語でスウェーデンを表わす"Ruotsi"という語は，ルーシ＝ノルマン説の証拠のひとつとされている．また，スウェーデンのある海岸線の呼称ロスラーゲンも，同様に有力な証拠とされている．けれども，ヴァイキングの故地にあっては，かれらヴァイキングを示す名称として「ルーシ」という言葉は知られていない．「反ノルマン説」の論者は，『原初年代記』の記述にみられるいくつかの曖昧さを指摘するとともに，とりわけ以下のような論拠をあげる．ギリシア語の"Rhos"，あるいはそれに類似した形態の言葉が，ヴァイキング侵入以前の南ロシアですでに知られていたこと，さらに，一般に「ルーシ」という語は，初期の史料では南部ロシアを指して用いられることが多く，ヴァイキングが到来したノヴゴロド地方ではなく，キエフ地方を意味した，ということである．加えて，キエフの近郊には，ローシという意味深長な名をもった川も存在する．

状況をさらに錯綜させるのは，一般に地理的知識に関しては信頼がおけるはずのアラビア語史料の伝える次のような奇妙な情報である．イブン・ルスタが10世紀初頭に書いた，「ルーシは湖に囲まれた島であり，かれらが住むその島は，森と湿地を旅して3日ほどかかるだけの大きさがある……」という記述である．また，ビザンティン帝国の人びとは，"Rhos"を，（翻訳の誤りの結果）エゼキエルの預言に出てくる「災い公」と同一視した．おそらくこのことが，"Rus"から"Rhos"への，他には理由を見出しえない奇妙な母音交替を説明するものであり，さらには，860年にロシア人侵入者たちがコンスタンティノープルの城壁に姿を現わしたときにビザンティン人たちが表わした激しい恐怖を説明する事情でもあった．いずれにしろ確かなのは，1100年前のヨーロッパにおいて，ル

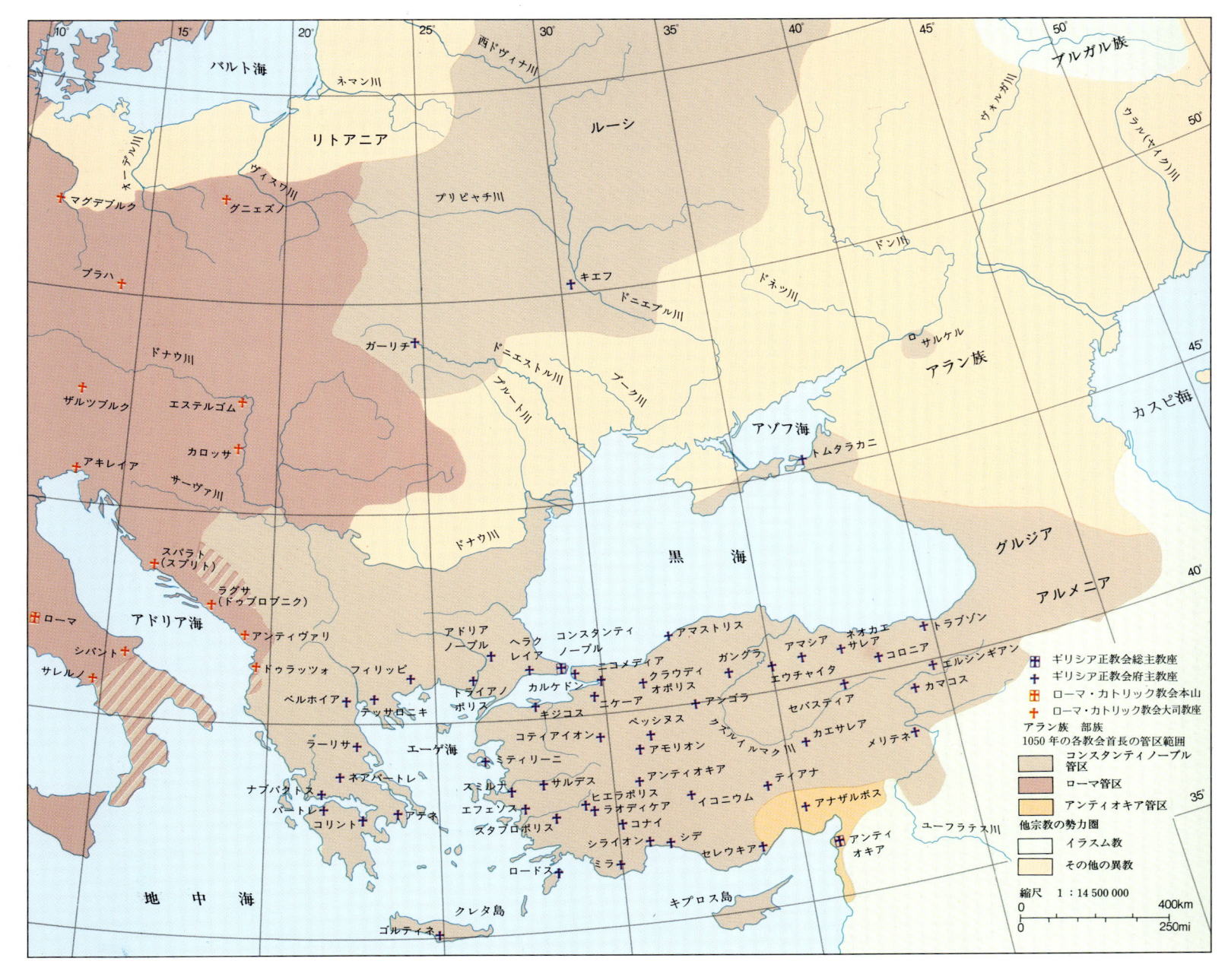

ルーシという名称がある新しい存在を表現するために使われるようになったことである．すなわちそれは，スラヴ人を母体としながら，エストニア人やフィンランド人（古代ロシア人にはチュージ，メーリャ，ヴェシなどの呼び名で知られていた），そして，とりわけヴァイキングが分かちがたく溶け込んだ国家，つまり，その領土と住民を指すようになったのである．この国は，急速にその文化を発達させてゆき，遠からず，建国に加わった諸民族の当初の文化水準を越えてしまうことになる．911年にロシアとビザンティン帝国とのあいだに最初の条約が結ばれたとき，ロシア側の条約署名者の大半はスカンディナヴィア系の名前をもった人びとであったけれども，条約文そのものは，おそらく，ギリシア語とスラヴ語で書かれたものと思われる．ロシアに定着したこれらノルマン系の人びとは，文化的にはしだいにスラヴ化されていった．

キエフ・ロシア史の史料

一般に前近代社会の歴史に関しては，時代をさかのぼるに比例してしだいに遺跡・遺物が少なくなり，「日常生活」に関する情報も乏しくなる．政治的事件や法令などについてはまだしもといえるが，それすらキエフ・ロシアの場合には十分とはいえない．西欧諸国では，中世初期にまでさかのぼって多くの公文書が残されているのに対し，ロシアでは，波乱の歴史ゆえに，さらにまた，都市のたいていの建造物が木造であったため極端に火災に弱かったという事情も手伝って，今日に伝わるものは少ない．なるほど，最古の成文法や教会法，きわめて古い時期に属する二つの条約などのように，後世の写字生たちによって幸運にも筆写され，保存された公文書がわずかながら残っている．とはいえ，いくつかの決定的な点において史料の空白があるのも事実で，たとえば，初期の教会組織やキエフ公国における公位継承制度の実態についても，また，かの有名なヴァイキングの招致伝説についても，かれらがいかにして古ロシアに招かれ，そこに地歩を築いたかの詳細に関しては，史料は何も語らないのである．それでも，限られた範囲ではあるが，初期のロシア人の生活についてある程度確かなことをいうことができる．

第一に，若干の遺跡が存在する．タタール侵入以前の時代から伝わる建築物は，イタリアやフランスやイギリスに現存するロマネスク建築の数に比べれば，比較にならないほど少ない．それでも，少数の注目すべき教会建築があり，それらの建築様式や壁画や，さらには落書さえ，古ロシアの富や思想，外国との交流のあり様を知る手がかりとなりうる．また，世俗の世界についても，ソビエト時代になってようやく体系的な発展を遂げた考古学が，（ときにはヒトラーの爆撃という破壊的助力をえて）古ロシアの都市構造や建築や人びと

左　11世紀中頃の東ヨーロッパと地中海世界
コンスタンティノープル総主教とローマ教皇——のちにそれぞれギリシア正教会とローマ・カトリック教会の首長となる——は、紀元1000年の終わり頃まで、スラヴ世界の異教的諸民族のあいだでの布教活動を競いあった。スラヴ地域におけるキリスト教の普及は、11世紀中頃までにほぼ完結し、以後、両派間にするどい対立が生まれる。正教とカトリックの境界線は、時代とともにいくぶんか曖昧になっていったとはいえ、今日にいたるもヨーロッパの重要な文化的境界でありつづけている。非キリスト教民族のうち、ヴォルガ・ブルガル人は何世紀にもわたってロシアと接触を保ちつづけた唯一のイスラム教民族であった。リトアニアの支配階級も、ポーランドとの王朝連合(1385)まで、異教徒でありつづけた。

右　今日確認され、かつ判読されている最古の白樺文書。1951年のA・アルツィホフスキーによるノヴゴロドでの発掘調査のときに発見された。13行の刻印文字をもつこの文書は、現在でもなお知られるかぎり最長の白樺文書のひとつである。ここには、フォーマという名の人物に支払われるべきある村の封建的諸義務が列挙されている。14世紀中頃のものと推定される。こうしたいわば「破棄された」文書は、泥炭性の湿地のなかに外気から遮断されて保存されていたものであるが、その発見があまりにもユニークで予想外であったため、ロシア以外の国々においてはなかなか真実と認められなかった。今日、数百葉の白樺文書（ノヴゴロド以外の古代遺跡から出土したものも若干含まれる）が公刊されているが、ノヴゴロドの土中にはさらに数千葉におよぶ文書が埋蔵されているとみられる。白樺文書は、当時のロシアの都市民のあいだでかなり識字率が高かったことを物語っている。

の暮しぶりについて、計りしれない多くの情報をもたらした。相当の数の家財道具、副葬品、（アラブやビザンティン帝国や西欧諸国の）貨幣などが発掘されたのである。けれども、ロシア考古学のある分野における発見はさらに比類のないものであり、初期のロシアの生活様式を示す豊かな、そして思いがけない品々の宝庫をわれわれにもたらした。

短い夏、水捌けの悪い酸性土壌など、一般的にいってロシアの森林地帯の自然条件は有利とはいえない。しかしその結果、古代のいくつかの住居址が、地表からそれほど深くないところに恒常的地下水面を抱えた泥炭地に類した地形の上に残されることとなった。北方の都ノヴゴロドはそうした立地条件の代表例である。こうした環境にあって地中に埋もれた木製品は、それらがひとたび発掘され、空気にさらされたときには、保存の仕方によほど気を配らねばならないが、それまではきわめて良好な状態で保存されることとなる。そして森林地帯では、木材は家屋の建材としてばかりではなく、さまざまな家財道具や靴や、道路舗装や城砦建築のための材料としてもふつうに使われたので、こうした地域における発掘から、われわれは初期のロシア人の生活の諸条件について非常に多くの知識を学びとることができる。その点でノヴゴロドは、とりわけ格好の標本であることがわかったが、その理由は土壌条件ばかりではない。この街は、中世の終わりにいったん衰退を経験し（それゆえ考古学的資料がほとんど損なわれずに残った）、その後、第2次世界大戦での破壊のために大規模な再建事業が必要となったが、その際、慎重な学術調査が実施されたからである。年代測定には、定評のある年輪年代学が役立っている。今日までに、古代の街路址に重ねられた木材舗装が25層まで発掘されている。そして、まさしくこうした発掘過程の途上で、1950年頃からおびただしい数の古代の白樺樹皮が出土しはじめた。それらは長方形をした小片であるが、いずれもしっかりと巻きあわされている。その内側に引っ掻き傷による文字の痕跡があるのがわかったとき、それらは苦心して広げられ、可能な箇所の判読が進められた。かくして、中世ロシアの研究に対してのみならず、今世紀後半の世界の考古学に対しても、ノヴゴロドの比類のない貢献がはじまったのであった。スターリン時代末期の雰囲気のなかで、この発見とその意味するところがあまりにも驚くべきものであったために、西側の歴史家の中にはにわかに信じない人びともいた。ロシア人の愛国主義的熱狂がもたらした虚構ではないかと疑ったからである。しかし、この種の疑惑も長くは続かなかった。

白樺文書には、尖筆（ピサーロ）を使って刻みつけられたキリル文字によって、古代のロシア口語が記されている。それらの大半は、売買や金銭貸借、法的権利の主張、土地所有権、家庭内の用件などを記述した短い私信かメモというべきものである。すでに今日までに数百葉が公刊されているが、ソ連の専門家（D・ヤーニン）は、まだ2万葉以上の白樺文書がノヴゴロドの土中に埋まっていると見積もっている。ごく最近になって、ラテン語や（スカンディナヴィアの）ルーン文字やギリシア語で書かれたものもはじめて発見された。また、いまではかなりの数の白樺文書が、例えばはるか南方のスモレンスクのような、他の6～7の古代都市からきたものであることがわかっている。この社会は、これまでの推定とは異なって、読み書きが広く普及し、少なくとも都市の商人たちのあいだではそれが当然視されていた社会だったのである（これらの記録の「使い捨て」性に注目すべきであろう）。文書の目的はきわめて多様であった。それらはまず第一義的に地方行政機構の活動と結びついていたようにはみえない。年代も、大多数は中世末期に属するとはいえ、ロシアのキリスト教化直後の時期にまで遡りうるものもある。したがって、もしわれわれが他の遺物（木製の割り符、陶片など）に残された刻字をも考慮にいれるなら、ロシアにおける読み書きの普及をキリスト教化に先立つ時期にまで引き上げることもできるだろう。

文献史料

公文書史料が欠けているとはいえ、キエフ・ロシアを知るための文献史料は、実際にはそれほど乏しいわけではなく、また、考古学者が苦労の末発掘したものだけというのでもない。新たに改宗し、教化されたロシア人たちは、10世紀末から、それまでビザンティン、すなわちキリスト教的東ローマ帝国で発達してきた中世文学の諸様式をただちに受容しはじめた。したがって、宗教的要素が優越しているのも当然であった。キエフにあった初代ロシア府主教イラリオーン（11世紀中頃）のすぐれた説教集『律法と恩寵について』からは、はっきりとした思想的意図を汲み取ることができる。大公ウラジーミル・モノマフの『子らへの教訓』(1100頃)は、自伝文学としても読むことができる。また、ロシア最初の2人の殉教者ボリス公とグレブ公(1015没)を題材にとったさまざまの『聖者伝』には、のちにロシア正教会が歩んでゆくことになる特異な道がすでに暗示されているといえよう。キエフ時代末期にかけて、世俗的内容のいくつかの作品が現われる。学識と機知に富んだ物語『虜囚ダニイルの祈願』や、作者不詳ではあるがキエフ時代文学随一の遺産というべき『イーゴリ軍記』(1187頃)などである。『イーゴリ軍記』は、散文とはいえ、きわめて調子の高い文体で書かれ、随所に効果的な修辞的技巧が凝らされている。それはまた、同時代の人びとに政治的メッセージを伝える強力な媒体でもあった。とくに興味深いのは、この物語がおそらく、古くから文字なしに伝えられてきた口承の英雄叙事詩を、きわめて高い文学的完成度で翻案し記述したものらしい、という点である。ブイリーナと呼ばれるそうした英雄叙事詩は、ここ数百年にいたってはじめて筆記されるようになるまで、何世紀にもわたって朗唱され、手を加えられてきたものであった。したがって、多くの叙事詩はキエフ時代にその原型があたえられており、あきらかに少なからず古代的な素材を含んでいる。

こうした作品はすべて、その時代の第一次史料として、たとえ直接的かつ意図的ではないにしても、当時の社会とそこ

ルーシ

左 『原初年代記』によれば，ウラジーミル1世が980年代に行ったキリスト教受容への慎重な手続きのなかで，もっとも際立った逸話は「ギリシア（つまりビザンティン）の哲学者」によるウラジーミルへの講話の一件である．左図は15世紀初頭のラジヴィール本の年代記に描かれたその光景である．哲学者は，かなりの時間をかけて正教教義を講義し，しかるのちに「最後の審判」の聖像画を示した．それでもなお心を決めかねたウラジーミルは，調査報告のためいくつかの宗教のもとへ使節を派遣した．コンスタンティノーブルに赴いた使節は，ギリシア正教の儀式の美しさにうたれた．そののち，ウラジーミルがビザンティン皇帝の妹を妃に要求することとなる．正教を選択したかれの決定には，理性，美意識，政治的打算，世評など，さまざまな要素が関係していたと思われる．

に住む人びとの関心のありかをわれわれに教えてくれるのである．ただし，その際ひとつ忘れてはならない点がある．すなわち，以上にあげたどの作品も，当時の原本は残っておらず，われわれの手元には，のちの時代の，しばしば不完全な写本があるにすぎない，ということである（『イーゴリ軍記』の場合には，中世末のただひとつの写本も，1812年に起きたモスクワ火災によって失われてしまった）．さて，これらの作品のうちで，特筆すべきものがひとつある．それは，文学作品としてもとうてい無視しえないものであるが，わけても歴史資料としては，他のどんな基礎史料にも及ばない不変の価値をもつ，いわゆる『原初年代記』がそれである．年代記作者は，この作品を『過ぎし歳月の物語』(Povest' vremennykh let) と名づけた．古ロシアは，中世の他のどの民族と比較しても，より多くの年代記を生み出した．それらは，主要な都市においてはもちろん，多くの辺境都市においてすら，18世紀初頭にいたるまで編纂されつづけた．ロシアの諸年代記は，部分的には疑いもなく，日記やそれに類した記録文書をベースにして作られているが，けれども，日記そのもののように，忠実に時の経過に従って書き連ねられたものではない．それらはむしろ，なんらかの祝祭日を祝うために，おそらくは新しい為政者の発した特別の命令によって，新たに編纂されたのであり，その際には，参照しうるかぎり多くの既存の年代記と関連資料とが母体となった．そしてこうした事業の，唯一とはいえないが主たる拠点が修道院だったのである．どの年代記も，大雑把にいって，ある都市や修道院，ある公国での出来事を世界全体の歴史に結びつけることを目的としていた．この目的のために，比較的後世の年代記でさえほとんどすべてが，その冒頭部分に創世記の時代から12世紀初頭までの世界とロシアの歴史を物語るというきわめて似通った既成の叙述を含んでいる．この部分がすなわち「過ぎし歳月の物語」と呼ばれるものであった．

この『原初年代記』は，それ自体一個の独立した作品であり，ロシアに関するわれわれの知識とロシア人の民族意識にとってのその意義という点で，およそ比肩すべきものがない．おそらくは数少ない類書のひとつというべき『アングロ・サクソン年代記』でさえ，匹敵するとまではいえないであろう．いやしくも教育を授けられたロシア人ならだれでも，必ずやそこからの多くの引用をみつけることができる．『原初年代記』なしでは，ロシアの起源と黎明期におけるその発展についての知識は，ひどく断片的なものになっていたであろう．アラブの地理書やビザンティンの史書，アイスランドのサガ伝説などのなかにも，ロシアに関する奇妙な知識や見聞がみられ，それらは，なるほど『原初年代記』の叙述を補足し，確認し，修正するという意味で，それなりの価値をもつとはいえ，なんらかの首尾一貫した物語を提供してはくれないのである．ロシア中世史のいかなる事件を論ずるときも，ほとんどの場合，『原初年代記』とそれにつづく諸年代記における記述こそが出発点とならざるをえない．

『原初年代記』は，冒頭の数ページの部分を除いて，天地創造があったとされる前5508年から起算された暦年にしたがって，各年ごとに記述されている．けれどもそれは，この記載様式が示唆するような単なる編年的記録ではなく，さまざまの素材をまとめ上げた一種の巨大な概説というべきものである．そこには，ビザンティン帝国やロシアや，おそらくはスカンディナヴィアの資料までが，宗教的・世俗的，学術的・口承的を問わず，取り入れられている．いくつかの箇所には，数ページの長さにおよぶ独立した物語が挿入されている．たとえば，オレーグ公の死の物語やヴァシリコ公の失明に関する件りなどである．ほかにも，法的文書や文学作品の全文が収められた箇所がある（911年と944年の有名な二つの条約文や，ウラジーミル1世への『ギリシア人哲学者の演説』，ウラジーミル・モノマフの『子らへの教訓』など）．ユーモア溢れる笑話や説教調の脱線，教導的省察，吉兆に関する覚書き，諸公や聖人や修道士の生涯の概略などが，ときには不正確な，ときには正しい暦年のもとに記載されている．しかし，この百科全書的作品には，ロシアとは何か，そしてその歴史的運命はいかに，という問いに答えるという根本的な目的があった．「これは，どこからルーシの国が出たか，だれがキエフにおいてはじめて公として治めはじめたか，そしてどこからルーシの国がはじまったか，に関する過ぎし歳月の物語であ

右 キエフ・ロシア

東スラヴ諸族は，今日のヨーロッパ・ロシア，ベラルーシ（白ロシア）およびウクライナに相当する大河渓谷に沿って定住し，多くの城砦都市を居住地としながら，10余の部族集団を形成していった．ヴァイキングはこの地方を「ガールダリキ」，すなわち「都市の国」と呼んだ．リューリク一族のヴァイキングたちは，オレーグの指揮のもと，880年代にキエフを占領し，ドニエブル川経由でバルト海から黒海へといたる南北交易路を拓いた．これがキエフ・ロシアの誕生にほかならない．キエフ・ロシアは，中世初期のヨーロッパで最大の国家であり，経済的にも文化的にも決して後進国ではなかったのである．

王族のうちでキエフ公（のちの「大公」）が筆頭とみなされ，下位の諸公たちは（しばしば領地を交替しながら）それぞれ別の都市を治めた．キエフについて，チェルニゴフが第2位，ペレヤスラヴリが第3位の都市と考えられた（たとえばトゥーロフ＝ピンスク公国のようないくつかの独立公国の存在は，それを疑う歴史家もある）．キエフ公国は，意外にも，黒海に面したトムタラカニに前哨地をもっていた．キエフ・ロシアは，有力な諸公（有名なウラジーミル1世，ヤロスラフ賢公，ウラジーミル2世モノマフなど）が君臨するかぎりで統一性を維持することができたが，凡庸な公が出ると，根強い割拠分立の伝統が頭をもたげた．キエフの町とドニエプル下流地域は，東方のペチェネグ人などの異民族の攻撃にさらされやすく，12世紀中頃には首位の座を北東森林地帯の都市ウラジーミルに譲り渡すのである．

る.」このように，年代記作者自身が，冒頭で率直にその意図を述べているのである．

現存の『原初年代記』写本は1110年代に編まれたものであるが，おそらくその際，作者は1050年代に書かれた原本を下敷きにしたと思われる．年代記のなかで作者がその名に言及しているビザンティン帝国のギリシア人史家ゲオルゲ・ハマルトロスが，しっかりとした年代記的枠組を創り出すのを助けた．ビザンティン皇帝ミカエル3世の治世 (842—67) 以降，記録される出来事には，つねに正確というわけではないが，詳しい年月日が付されるようになり，それにつれて素材の処理の仕方も適切になる．スラヴ諸民族の歴史において，この皇帝の治世はひとつの画期であったといえる．キリスト教宣布のためにキリロスとメトディオスの率いる大使節団がモラヴィアへと派遣されたのも (28頁参照)，アスコリドとチルによるコンスタンティノーブル侵攻 (860年) をもってロシア人がはじめてヨーロッパ史に登場したのも，この時期のことであった．それ以前に何が起こっていたか，少なくともロシアではどうであったか．その点については年代記作者も，年代のはっきりしない神話的伝承に頼らざるをえなかったが，それでもなお筆勢を弛めることはなかった．作者は，一篇のすこぶる興味深い小論を用意して，旧約聖書にあるノアの3人の息子による世界分割にはじまり，スラヴ人の領域とその部族的分割や，地理的・人種的情況を踏まえたロシアの地の説明，そこでのおもな都市の建設の経緯，さらには，統一国家を支配したヴァイキング起源の王朝の成立にいたるまでの物語を，われわれの眼前に繰り広げてくれるのである．

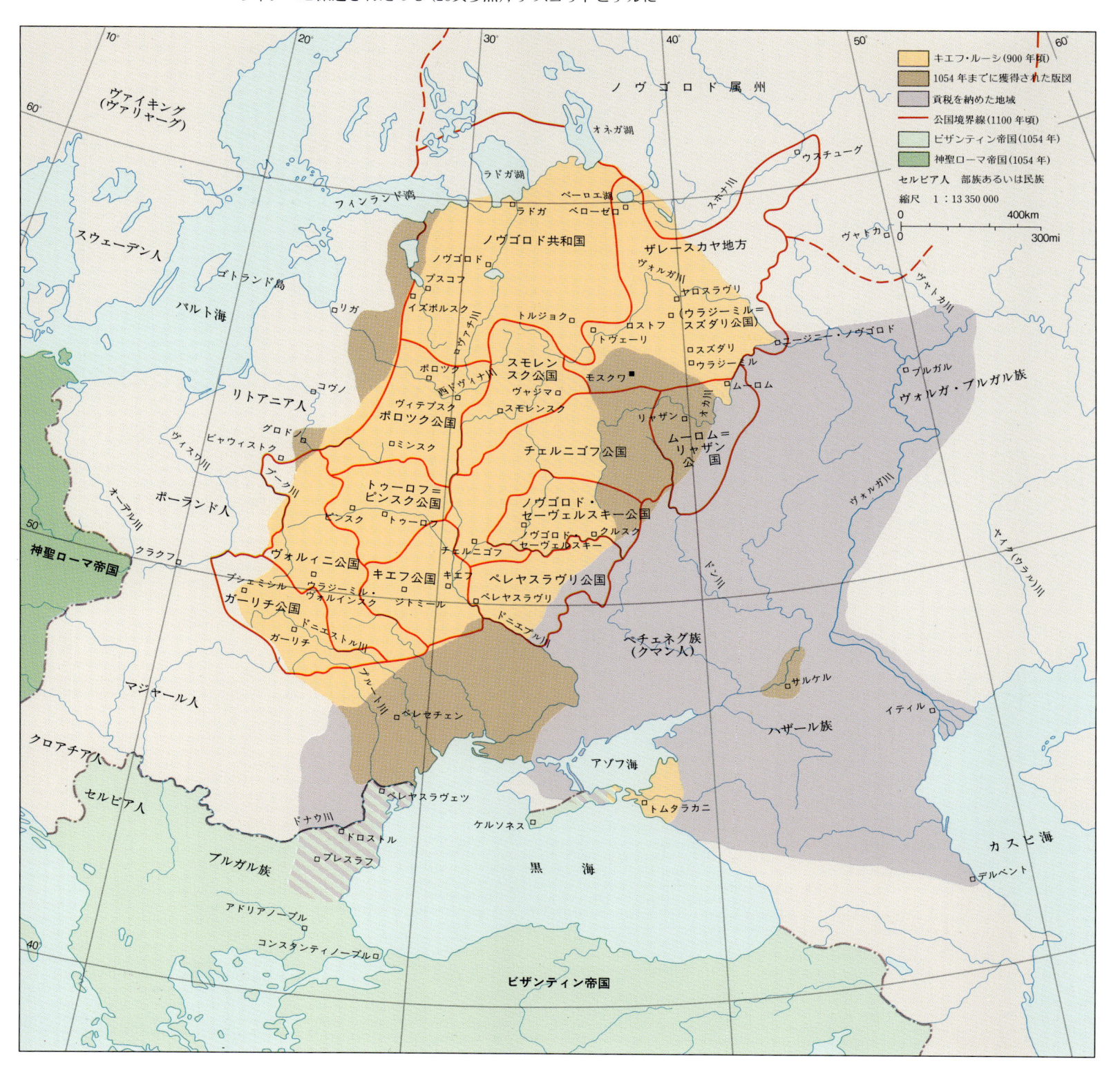

歴史におけるキエフ・ロシア

キエフ・ロシア（同時代人にはルーシと呼ばれた）は、その最盛期、すなわち紀元1000年紀の終わり頃には、中世初期ヨーロッパで最大の国家であり、文化的にも政治的にも他のヨーロッパ諸国から決して孤立してはいなかった。この国は、1237—40年のタタールの征服によって終幕を降ろすまで、ほぼ400年の歴史を有していた。そのはじまりは、キエフの支配者アスコリドとヂルのコンスタンティノープル襲撃（866年6月18日）か、あるいはもう少しのち、882年頃のオレーグ公によるノヴゴロドとキエフの武力による合体とみることができる。文化史上その歴史は、988/9年のキリスト教への正式な帰依をもって、「異教」時代と「キリスト教」時代とにはっきりと分けられる。政治史的観点から時代区分の画期となりうるのは、1132—35年の時期であり、この頃、それまで曲りなりにも統一を保ってきた国家が、かなり唐突に13余の諸公国に分裂したらしく、その後まもなくキエフは首都としての地位をウラジーミルに譲り渡してしまった。

これらほど明確ではないがキエフ時代史のもう1本の境界線を、11世紀の中頃にひくことができる。ヤロスラフ公の長く繁栄した治世（1019—54）において、ロシアは文化的にいわば「成年」に達した。ロシア人学僧イラリオーンが府主教（ギリシア正教会のロシアにおける首長）に選ばれたのも異例のことなら、たぶんこの頃であろうと推定される包括的なロシア年代記の最初の編纂によってロシア人の民族意識が形造られはじめたのも、また、キエフの「大聖堂」（聖ソフィア）が完成したのも、ヤロスラフの治世においてであった。今日まで伝えられている建築と文学におけるキエフ・ロシアの遺産の多くは、この時期以後に属し、それ以前のものは稀である。けれども、それと同時にヤロスラフの治世は、1054年のかれの死後その遺領が不安定な形でかれの息子たちに分割されたという意味で、また、ステップ地方に新たな敵ポロヴェツ人とクマン人とが姿を現わしたという意味で、将来の政治的禍根が兆した時期でもあった。

キエフ・ロシアの歴史は、その活力と脆さいずれもの原因となった両極性と矛盾性を見抜いたとき、はじめて理解できる。そのようなものとしてたとえば、開拓者的生活様式を強いる森林帯と定住的ステップ帯の対照性のような、地理的要因があり、それはロシアの全歴史を通じて人びとを悩ませてきた。また、地政学的要因として、武力によって強制的に結びつけられたパートナー、ノヴゴロドとキエフのあいだに存在した緊張があげられる。両国は、最初のロシア国家の生命線であった交易路、いわゆる「ヴァイキングからギリシア人への道」の南部と北部をそれぞれ支配した。民族的にも、土着のスラヴ人と新来者スカンディナヴィア人とのあいだに緊張があり、風俗・習慣の異なる諸部族間にも容易には打ち解けがたいものが存在した。さらに、キエフ時代を通じて、氏族的諸関係を押し退けて強力に階級分化が進み、社会構造は封建制へと傾斜しはじめるが、そこに社会的矛盾が生じてくる。そして最大の矛盾は、（未熟な交通手段のもとでの巨大な領土という客観的条件から当然予測されるところだが）中央集権的・求心的傾向と、地方主義的・遠心的傾向とのあいだの緊張であったが、この対立は、20世紀のソ連邦においてさえ依然として解決にはほど遠い問題であった。

キエフ・ロシアは、後世の人びとの眼にこの国家が比較的平和で、安定と繁栄を享受した時代のようにみえるが、実際にはあらゆる時代のたいていの国家と同様、潜在的ないし現実的な戦乱状態のなかに存在し、発展した。近隣のほとんどの非ロシア諸民族が、ロシア人にとって軍事的脅威であった。だが、南部ステップ帯の国境地域がさらされた脅威こそは、もっとも厄介で、また、もっとも国力を疲弊させるものであり、首都キエフがその矢面に立たされることとなった。長きにわたって、まずペチェネグ人が、のちにはポロヴェツ人が、コンスタンティノープルへ向けて南進するロシアの商隊を襲撃して、ついには交易を断念させ、また、この地域への農業移民を妨げた。キエフ国家の歴史は、ステップの一大勢力（ハザール国）への貢納者としてのルーシにはじまり、やはりステップのもうひとつの覇者（タタール人、またはモンゴル人）の征服によって終焉を迎えるのである。けれども、初期ロシアの衰退のもっと致命的な原因であったとさえいえるのは、ときには小規模の、また、ときには諸公国の消長を左右しかねないほどの内乱であった。そうした内乱は、支配王朝内部での権力争いや貪欲、不和・反目の結果として生ずるのがつねであったが、ウラジーミル1世とヤロスラフの治世ののち、古ロシアが諸公国へと分裂してゆくにつれて、いっそう深く根づいてゆくことになる。モスクワ公国が仮借ない中央集権化によってこの問題を最終的に解決するのは、ようやく15世紀末のことである。ただしそのあいだにも、キエフ時代のロシア人のなかで、荒廃をもたらした打ち続く戦乱の合間をぬって、合従連衡の策を探るのに躊躇しない先見の明のある人びともいた。小異を捨てた諸公間の同盟は、もし実現すれば、ステップからの侵略者を協力して撃退するのを可能にしたであろう。こうした発想は、キエフ時代末期の『イーゴリ軍記』を貫く思想的メッセージでもあったが、実際には12世紀初頭、ウラジーミル2世モノマフの影響下で、短期間ではあるがもっとも成功裡に実現されたのである。

キエフ諸公とキリスト教

ロシアの初期の支配者たちについては謎が多い。とりわけ王朝の開祖リューリク（『過ぎし歳月の物語』以前のいかなる史料にも登場しない）は、ほぼ完全に神話的世界に属しているように思われる。次の世代のキエフ諸公、すなわち、オレーグ公（913没）、イーゴリ公（945没）、スヴャトスラフ公（972没）、ヤロポルク公（978あるいは980没）、ウラジーミル聖公（在位978あるいは980—1015）になると、記録に残るかれらの事蹟が依然として多くのフォークロアのなかに埋もれているとはいえ、しだいにその歴史的人物としての輪郭がはっきりしてくる。武力によって自己の意思を貫徹しうるという意味で、確かにかれらはロシアを「支配」したといえる。しかし、体系的な統治が開始されるまでには、したがって、ロシアが、かれらの収奪の対象としての単なる版図ではなく、「国家」と認めうるほど成長するまでには、さらにしばらく時を要した。

他方、かれらヴァイキングに服属した東スラヴ人たちは、部族社会の枠組のなかで、慣習に従いながら、裁判や宗教や農耕、おそらくは交易をも不自由なく行っていたと推定される。ヴァイキング到来のはるか以前に、ビザンティン帝国の文献（プロコピウス、偽マウリス）は、スラヴ人の「民主政」について、「部族全体の福利に関わることはすべて、良きにつけ悪しきにつけ、人びとに諮られる」と語っている。キエフ時代のごく初期に、主要な都市への集住が進むにつれて、ヴェーチェと呼ばれる人民集会の形で、素朴な民主政制度が出現した。都市によってはこのヴェーチェの権力が肥大化し、とくにノヴゴロドなどでは、12世紀初頭以降、支配者たる公が脇役を演ずるまでにいたった。それ以後歴代のノヴゴロド公は、せいぜいが軍事指揮官にすぎないものとみなされ、市民の意思によって任免されるようになった。おそらく当時スラヴ人のあいだでは、ヴァイキングの存在いかんにかかわらず、社会的分化や土地所有観念など、部族的あるいは氏族的というよりはむしろ中世的というべき社会の諸前提が形成されつつあったのは明らかだと思われる。その際、ヴァイキングがロシアにもたらした政治的遺産は破壊的に作用した。利害関係における支配階級と被支配階級間の巨大な亀裂、いいかえれば、支配の略奪的性格がそれであった。こうした欠陥は、なるほど個々の為政者の手腕や、より洗練された政治的・宗教的思想の影響下で克服されることもあったが、むしろ頻繁にロシアの歴史につきまとうこととなった。モスクワ国家における「家父長的」権力者の姿こそは、そのもっとも明瞭

な反映というべきである．

体系的に組織された国家への最初の歩みは，イーゴリ公の寡婦オリガとともにはじまったと思われる．公妃オリガは，息子スヴャトスラフの幼少時代の17年間，摂政としてロシアを治めた．彼女は，徴税制度を整備し，敵対するドレヴリャーネ族（巡回徴貢の途上のイーゴリ公を殺害したのはこの部族であった）を平定し，全土に城柵をめぐらした駐兵所を配置した．彼女もまたキリスト教に改宗し，コンスタンティノーブルを訪れたことがビザンティン文献の記述からわかる．けれども，スヴャトスラフはその母とはまったく異なるタイプの人間であり，その純粋にスラヴ的名前にもかかわらず，ヴァイキングの異教的な遍歴戦士の典型であった．100年ものあいだ，リューリク朝とその従士団（ドルジーナ）にとってキエフは，年に一度商船団を仕立てて南へ向かう際の交易拠点であったばかりではなく，黒海地方およびその周辺地域への長途にわたる略奪的遠征の前進基地でもあった．スヴャトスラフは，かれの不在中ロシア諸都市を統治するために親族の諸公を残して，自らはその治世の全期間をそのような遠征に費やした．その結果かれは，800年後に名将スヴォーロフが現われるまで，疑いもなく史上もっとも大きな成功を収めたロシアの軍事指揮官となることができた．

960年代中頃，スヴャトスラフは，あるロシアの部族が依然としてハザール国に貢納を納め続けているのを知って，ハザール諸都市を攻撃し，その勢力を壊滅させた．その後公は，ビザンティン帝国の教唆によってかなり無謀ともいえるブルガリア遠征を決意し，踵を返して西へ向かった．数年間というもの，スヴャトスラフは巨大な帝国の支配者であり，いわば，それまで次々と現われては消えていった短命なステップ諸王国の権力者たちの後継者となった．スヴャトスラフから3～4代にわたって，キエフ大公はハザールの君主の称号「ハカン」さえ用いたらしい．かれはバルカン地方に目をつけ，969年にキエフからドナウ川下流のペレヤスラヴェツへの遷都を宣言した．「そこはわが版図の中心であり，あらゆる財貨が集まってくる．ギリシアからは黄金や絹，さまざまの果実が，ハンガリーとチェコからは銀と馬が，そしてロシアからは毛皮や蜜蠟や蜂蜜，奴隷などがもたらされる．」遷都の理由を，かれはこのように述べたと伝えられている．しかし数年後，軍事的才能に長けたヨハンネス・チミスケスが新たにビザンティン帝位を継ぎ，スヴャトスラフとその勢力をキエフへと退却させてしまった．そして，スヴャトスラフは，ドニエプル川の早瀬で，チュルク語系の遊牧民ペチェネグ人によって殺されてしまう．この事件はまったくのところ運命の皮肉であった．なぜなら，ステップの危険な諸民族が，当時キエフ国家に残された領土の南面に攻め上ることができたのは，ほかならぬスヴャトスラフによるハザール勢力の一掃のゆえだったからである．

ロシアの王朝と海の彼方のヴァイキングとの連絡が11世紀にいたってもなお散発的に維持されていたとはいえ，スヴャトスラフはこの国における最後のヴァイキング的支配者であった．かれの時代以前においてすら，すでに「従士団」の人的構成における人種的混合が進行していたと思わせる節がある．911年の対ビザンティン条約の署名者の大半がスカンディナヴィア系の人びとであったのに対し，同じくビザンティンとの944年条約では，明らかにスラヴ系と思しき署名者の割合が高まり，1～2名ではあるが，エストニア系の名前すら見出されるからである．ロシアの領土の統治における新しい姿勢は，早くもスヴャトスラフの息子たち，ヤロポルクとウラジーミルの時代にはっきりしてくる．ウラジーミルは，かなり錯綜した内乱ののちヤロポルクを倒したとき，自分の部下たちがキエフを略奪するのを許さなかった．かれは，家臣の一部を奉仕のためにコンスタンティノーブルへ派遣し，他のものたちには封土をあたえ，その一方で，かれの都を整備してヨーロッパの大都市に仲間入りさせたのである．その結果，キエフ公国は繁栄の時代を迎えるが，それとともに，国家宗教の選択の問題が鋭く問われることになった．機は熟していた．異教信仰は，北欧でも中欧でも衰退しかけていたし，隣国ポーランドは，960年代にキリスト教を受容していたのである．ウラジーミルは，988/9年，かれ自身とかれの家臣たちのビザンティン流のキリスト教への帰依をもって，この問題への答えとした．すなわちロシアは，のちにギリシア正教と呼ばれる一派を選び取ったのである．

1世紀以上も前，860年代にロシア人の改宗が報告されると，熱烈な賛意を込めてそれについて語ったというのに，988/9年のこの出来事についてビザンティンの文献が沈黙しているのは奇妙なことである．860年代の改宗をめぐる事情はあまりはっきりしない．しかし，アスコリドとチルに率いられた866年のコンスタンティノーブル侵攻の余波が，なんらかの形で，遅くとも867年までにかれらの部下たちのキリスト教への改宗に帰着したといえる．オリガがキエフを手中に収めた時点では，異教が復活していたに違いない．しかしキエフには，彼女の改宗以前ですら，キリスト教の影響が存在していた．実際に10世紀前半には教会もあったのである．あるいはオリガは，独立の教会組織を造って，西のローマ・カトリック教会と東のギリシア正教会とを競い合わせようとしていたのかもしれない．いずれにせよ，962年に，司教を自称するアダルベルトが神聖ローマ皇帝オットー1世の使節としてロシアを訪れたとき，権力を引き継いだスヴャトスラフのロシアは異教徒的反応を示すのみで，アダルベルトは苦々しい思いで帰国するしかなかったのであった．

ウラジーミルは，いやしくも文明国家たらんとすれば必ず中央集権的で高度な宗教が必要であると理解していたので，まず最初は，かれが崇拝するロシアの異教的神々を祭る統一的神殿を造った．神々のうち，主座を占めたのは雷神ペルーンであり，ほかにはオリエント起源のものが多かった．しかしウラジーミルは，この人工的宗教に満足せず，すぐにも新たな模索を開始することになる．『原初年代記』は，この間の事情をかなりの長さにわたって，文飾を凝らした神秘的なトーンで伝えている．さまざまの国から，それぞれの宗教を売り込むために使節団がやってきた．イスラム教のブルガル人（ヴォルガ地方から），ドイツ人，ユダヤ人（ハザール国から），ギリシア人（ビザンティン帝国から）などが訪れた．「ギリシア人の哲学者」は，延々とキリスト教の説明を行い，「最後の審判」の聖像画（イコン）の除幕で締めくくった．事態はこれで決着がつくものと思われたが，年代記の記述によれば，そのときウラジーミルは，長老たちを呼び集め，かれらに自分の意向を告げ，諸宗教を直に体験するために10名の「賢良」を選んで派遣したのであった．

調査結果に関わるウラジーミルやその使者たちの言動は，一幕の喜劇さながらであった．イスラム教が呈示する来世はすばらしいものに思えたが，飲酒を戒めるその教えはどうにもうけいれ難く，そのうえ，ヴォルガ・ブルガルは異臭を放つものたちであった．ドイツ人は汚く，20年前にスヴャトスラフがハザール人たちを追い出した結果，ユダヤ人は故国をもたない敗残の民であった．しかし，ギリシア人の教会について，10名の使者たちは次のように報告している．「地上にいながらにしてわれらは，天上にあるかのごとくであった．これほど美しく驚嘆に値する場所がこの世にあろうとは……この美しさを伝える言葉をわれらは知らない．ただひとつ確かなことは，ここでは神が人びととともにあられるということのみ……．」この件りは今日でもしばしば引用されるが，こうした熱烈な審美的理由づけも，決定打とはならなかった．そこでウラジーミルの側近たちは，次のようなもっと実践的な論法に訴えたのである．「もしギリシア人の宗教が悪しきものであれば，並ぶものなき賢者にして尊祖母オリガ殿が帰依なされたはずはない」，と．それでもなおウラジーミルは逡巡した．おりからかれは，クリミア半島にあったビザンティン帝

ウラジーミル1世時代(978/80—1015)の珍しい金貨．肩上に紋章様の飾りを掲げた公の姿が描かれている．刻印は「ウラジーミルと，こはかれの金貨なり」と読める．

ルーシ

国の活気溢れる都市ケルソンネスを攻略するための遠征中であり、また、ビザンティン皇帝の妹アンナを自分の妃として要求しているところでもあった．すべてがうまく収まったのは、かれが洗礼を受け入れ、アンナを娶り、その結納としてケルソンネスをビザンティン帝国に返還したときであった．この風変わりで長いドラマは、ウラジーミルがキエフに帰還し、ドニエプル河畔で集団的受洗が行われたことで幕を閉じている．

ギリシア正教を国教として採用したことは、たんに信仰上の選択を意味するにとどまらなかった．というのも、中世の宗教というものが、多くの諸要素を包含した「一括契約」だったからである．ウラジーミルのロシアは、教義とともに、その教義の叙述に用いられた抽象的文語や、その言語で書かれた既存の学芸（その多くはもとを質せば古典古代に由来するものであった）を輸入した．また、技術的に異なるばかりでなく、材料さえそれまで知られていなかったものを用いる（たとえば石造建築やモザイク技法）建築様式や、宗教的・世俗的美術工芸の技法、まったく新しい音楽、君主の臣民に対する責任だけではなく、君主の国際的地位をも射程にいれた洗練された政治理論、若干の法制度、教育制度などがもたらされた．年代記の描くところでは、教会を設立し聖職者制度を確立した直後にウラジーミルは、「良家の子弟を集め」、かれらの母親の嘆きをよそに、「書物を学ばせるためにかれらを派遣しはじめた」という．読み書きのできる人材を育成することが焦眉の課題だったからである．そして、おそらくはすでにキリスト教に改宗し、教会スラヴ語を知っていたブルガリア人が多く登用されたらしく、ロシアにおける初期の手稿の多くがブルガリア起源である．

ビザンティンの皇族の娘を娶るというのは、ロシアの支配者にとって望外の特典であった．そのような犠牲を払ってさえ、ビザンティン帝国がこの取り引きから何を引き出そうとしたかは、一目瞭然である．これによってギリシア正教は、新しい多数の信徒を獲得するであろう．それは、信徒たち自身の利益でもあるが、コンスタンティノープルの総主教座を利するところでもある．また、好戦的で野蛮な民族を少なくとも文明化し、帝国、すなわち「ビザンティン連合国（オイコメーネ）」を頂点とする諸民族の序列のなかにロシアを位置づけることで、かれらを帝国の味方に引き入れることができよう、このような思惑があったに違いない．他方、ウラジーミルにとって、この取り引きはよりいっそう大きな賭けであった．改宗を引き金としての社会的騒乱の恐れがあったし、ビザンティンのキリスト教イデオロギーへの帰依はある程度かれ自身の、それまでは何ものにも束縛されることのなかった支配権に制約を課すことをも意味した．しかしながら、文明諸国家の国際的提携の一員に加わることの利点は、そうした諸々の困難を償って余りあるものであった．

ウラジーミル（聖公）とノヴゴロド

ウラジーミル1世の治世は、いわばキエフ・ロシアの「古典」時代というべきで、ほとんどあらゆることが順調に進んだ時期であった．現存する古ロシアの民謡的英雄叙事詩（いわゆるブイリーナ）のうち、多くのものは、「太陽公」Yasnoe solnyshkoとうたわれたウラジーミルの宮廷を舞台としている．しかし、かれの死後、たくさんの息子たちが覇権を求めて争ったために、混乱が生じた．2人の息子ボリスとグレブは、長兄スヴャトポルク（在位1015—19）の教唆で殺害されたが、その際、意識的に悪への無抵抗を貫いたこの2人は、ロシア最初の殉教者に列せられることになる．その後1026年には、もっとも有力な2人の兄弟ムスチスラフとヤロスラフが、ドニエプル川を境にロシアを二分して両頭政治を繰り広げたが、ムスチスラフの死（1036）後、屈強さと、おそらくはその無慈悲さで勝ち抜いたヤロスラフが、1054年に没するまで、単独でロシアを支配した．この時期は、キエフ・ロシア第二の黄金時代といえる．ヤロスラフ（賢公）は、建築や

下 15世紀末になるとロシアの聖像画は、伝統的な画題だけではなく、ときには政治宣伝的な目的をもって、複雑な情景を描くようになった．ロシアの政治史に照らして、とくに興味深いのは、ノヴゴロドの独立がモスクワによって脅かされていた時期に、この古代都市で人気を博したあるテーマである．それは、12世紀の中世的な小競り合いの場面を描いたものであるが、ノヴゴロド人が「聖母マリア」の聖像画の奇跡の力に助けられて、スズダリ軍（ウラジーミルの地で、のちにモスクワ公国を構成する）を撃退しているシーンである．物語は3場面からなり、下図はその2番目である．無傷の聖像画が、敵の矢を城壁から跳ね返している．

上 モンゴル侵攻前夜のロシア

12世紀になると、キエフ諸公間の打ちつづく内訌と、ポロヴェツ人に代表されるステップ遊牧民のたび重なる侵入のために、多くのロシア人が天然の避難所である森林地帯を目指して、北に移動した。古都キエフからの政治的・人口動態的な離脱現象が生じた。また、長くバルト海貿易の一大拠点であったノヴゴロドに対して、ウラジーミル（1108創基）が交易拠点として急速に成長してきた。ウラジーミル＝スズダリ地方は、水路によってノヴゴロドと結ばれるとともに、ヴォルガ川経由でヴォルガ・ブルガルおよび東方とも結ばれていた。この国は明らかにキエフ公国を模倣して開発されてきた（それゆえ両地方に共通の地名が多く存在する）。キエフからドニエブル川を下る交易はもはや行われず、南部においてもキエフを凌ぐガリツィアとヴォルィニが台頭するようになる。

美術、文学、学問を奨励し、ルーシ法典（ルースカヤ・プラウダ）として知られる法典をつくった。これは、当時の社会を知るための最良の史料である（そのためにまた、この法典に関わる論争も尽きない）。1051年には、ロシアの知識人イラリオーンが、コンスタンティノープルへのしかるべき上申なしに、府主教に任命された。また、キエフのソフィア「大聖堂」が建立され、その壁面はモザイクや、ヤロスラフ一族の肖像画などのフレスコ画で飾られた。この大聖堂は、キエフ市の「金門」の一部とともに、今日まで残されている。

ヤロスラフは、その遺言のなかで、長子イジャスラフを重んずべしと一族のものたちにいい残したが、かれの死後再び内訌がはじまった。リューリク王朝がいかなる効果的な王位継承制度も確立できなかったところに、災いの源があったのである。おそらく版図は、一族全体の財産とみなされていた。諸公はしばしば所領替えを行い、たとえばトムタラカニからノヴゴロドまでのような遠距離の移動すら辞さなかった。そのためときとして、きわめて大規模な椅子取りゲームが繰り広げられることとなったと思われる。諸公国のあいだには確かに一定の序列があり（キエフを首位として、第二がチェルニゴフ、第三が南部のペレヤスラヴリであった）、歴史家のなかには、年長の公が死んだとき、年少の諸公がそれぞれ1ランク上の公国へと移動するという仕方で、一族間の継承制度があったと推定するものもいる。しかし、いまのところ文書史料にその証拠は見出されず、こうしたシステムを間に合わせの原則以上のものとみなすことは難しい。諸公はみな、地方に根を下ろし、地方的王朝を立てるという誘惑にさらされていた。1097年、リューベチで開かれた諸公会議ではそうした傾向が追認され、諸公たちは互いに次のように語り合って、団結を固めようとした。「何ゆえわれらは、互いに争ってロシアを廃墟としようとするのか。ポロヴェツ人は、わが国土を襲い、われらが互いに戦うのをみて悦んでいる。今後われらは心を一つに合わせ、ロシアの国土をしっかりと守ろうではないか……」

こうした団結は実際には脆いものであったが、キエフの民衆蜂起によって権力の座についたウラジーミル2世モノマフと、その息子ムスチスラフの治世下で、もっともよく実現された。民謡や叙事詩のなかではその偉大な先祖（ウラジーミル1世）と混同されることの多いウラジーミル2世は、モノマコス家のビザンティン皇女の息子であり、半分はギリシア人の血が流れ、そしてかれ自身、1066年に殺されたイングランド王ハロルドの娘ガイタを妻とした。ウラジーミル2世こそは、リューベチ会議や、その他諸公間で協調が打ち建てられたときにはつねにその主導者として活躍するとともに、ロシアの辺境の飽くなき防衛者でもあった。かれは、ステップの宿敵ポロヴェツ人を抑えることにとりわけ熱心であった。かれはまた、立法者にして学問の人でもあり、いわゆる『子らへの教訓』をのこした。この文書は、簡潔な自伝と、息子たちへの訓示をその内容とし、ロシア中世の遺文中の白眉というべきものである。しかしウラジーミルとムスチスラフは、キエフ・ロシアの抱える困難に一矢をもって報いたが、それ以上はなしえなかった。また、ノヴゴロド・セーヴェルスキーへのイーゴリ公の不運の遠征の美しい叙述（『イーゴリ軍記』、1187頃）も、諸公の一致団結した往時を悲しみを湛えたまなざしで回顧するにすぎない。

ウラジーミル2世は、キエフ公国の全領土を広く踏査し、隅々にまで目を配った。かれは北西ロシアのクリャジマ河畔に要塞と都市を建設ないしは再建し、それに自分の名ウラジーミルを冠した。都市ウラジーミルは、やがて近隣の古都スズダリとロストフを凌ぐほどに成長し、「ザレスキー地方」（「森の彼方の地」の意味、通常は若干の誤解を含んでウラジーミル＝スズダリ公国として知られる）の首都となった。それまでこの僻遠の地にロシア人は少なかったが、ウラジーミルの建設は、その後のロシア史にもっとも持続的な影響を及ぼしつづけることになる、人口動態上および政治上の変化のはじまりを告げるものであった。二つの大河ヴォルガとオカに挟まれた肥沃な「オポーリエ」（24頁参照）の中心に位置するこの地方は、これ以後、森林地帯のうちでもっとも植民に適した地域となった。12世紀には、驚くほど急テンポで開発が進んだものと思われる。この地方の多くの河川は、東へ流れ、ついにはヴォルガへと合流する。そのためそれらの河川は、交易路として利用されることとなる。交易路のひとつは、ブルガル人を経て、カスピ海やグルジア、アルメニアなどに達した。また他方で、短い陸送を厭わなければ、バルト海への関門ノヴゴロドへいたることもできた。キエフからコンスタンティノープルへのドニエプル・ルートの衰退とともに、ロシアは新しい活路を見出すことになった。

こうした変化の兆しは、1157年に大公位を継いだアンドレイ・ボゴリュプスキーがキエフに居を構えず、ウラジーミルが首都たるべしと宣言したときに明瞭になった。かれは依然として「キエフ大公」の称号を帯びてはいたが、1169年のキエフの略奪ののちは、自分の弟を旧首都キエフにおくのみであった。もっとも、衰えたとはいえキエフは、その後も宗教界における首都でありつづけたが、それも1300年に府主教座がウラジーミルへ移転されるまでのことである。ウラジーミルにつづいて12世紀中に建設された都市のひとつにモスクワがある。この町は、伝承によれば1156年、アンドレイの父ユーリー・ドルゴルーキー（「長い腕」あるいは「遠目の利く」の意味）が建てたとされる。とはいえ実際には、モスクワ河岸の発掘によって明らかになったように、それ以前からここに集落が存在しており、最初は、この地方の領主の名にちなんで、クチコヴォと呼ばれていた。

キエフ・ロシアは、その最後の1世紀になると、分裂が決定的になった。南ロシアにおいてさえキエフは、ガーリチ＝

ルーシ

上　モンゴル侵攻前夜、ウラジーミル時代のロシアの最大の芸術的遺産は、良質の白大理石を使った小教会群であり、それらは初期のロシア建築の頂点をなすものである。ウラジーミルの聖ドミトリー聖堂（1194建立）は、その外壁にみごとな浅浮彫りの装飾が施され、内部にはすばらしいフレスコ画（おそらくはビザンティンの）が飾られている。

左　ウラジーミルおよびモスクワの大公国の守護者であった「ウラジーミルの聖母」像。「温容な」画風で知られる聖像画の一類型で、その後のロシアで大流行したタイプのものである。この作品は12世紀初頭のビザンティン様式といってよく、感情描写の様式化された厳格さを和らげた、初期の際立った実例である。顔と両手の部分だけが原画のままで、残りは中世末期の重ね塗りである。画面には聖像画ケース（オクラード）の痕跡がある。他のほとんどの古い聖像画の場合と同様、後世になって銀製の凝ったケースが被せられたのであろう。

ヴォルィニ連合公国に対する経済的優位性を失いつつあった。北西部のポロツク（のちのベラルーシ（白ロシア）の心臓部）は、西ドヴィナ川を利用した西欧貿易には絶好の位置にあり、ウラジーミル1世以降独自の王朝の確立とともにその独自性を強めつつあった。もっとも、11世紀末に出た有力な公フセスラフ（人狼公と呼ばれた）は、執拗にキエフの玉座を獲得しようとしたのであるが。スモレンスクもまた、西欧との交易路をもち、12世紀に入るとふたたび力を盛り返してゆくことになる。

ロシアの諸地方のなかでもっとも独特で、政治的にもっとも興味深いのはノヴゴロドである。ノヴゴロドは、キエフ時代を通じて、また、それ以後もバルト海貿易の拠点でありつづけ、きわめて古い時代から明らかに特別の地位と諸権利を有していた。中世末期になるとこの都市では、諸公の地位が低下し、代わって民会（ヴェーチェ）が成長してゆき、その統治体制は、イタリアや北ヨーロッパの諸地方に出現した寡頭制的都市国家と大差のないものとなった。真の「元首」は公ではなく、ほとんど独立的な大主教となり、都市はそれ自身を「主権者大ノヴゴロド」と呼んだ。北ロシアの広大な属州を支配するようになると、ときには戯れに「ノヴゴロド帝国」という呼び名さえ聞かれることがあった。ノヴゴロドの位置する地方は農業に不向きで、都市も少なかったが、その西方には「年下の兄弟都市」ともいうべき古都プスコフがあった。プスコフもまた商都として有利な位置にあり、やはり民会を機軸とした文化を育むとともに、その自立を主張して、14世紀にはついに独立を達成した。

キエフ・ロシアに移植されたビザンティン文化は、しばしば土着の口承文化の諸要素を同化することでかなり独自の性格を強めながら、繁栄していった。世俗文学の主要作品（39—41頁参照）以外にも、多くの宗教文学が生まれた。数種の異本のあるボリスとグレブの『聖者伝』や、キエフ洞窟（ペチェルスキー）修道院の『教父列伝』に収められたさまざまな精彩溢れる物語などがその代表である。初期ロシア最大の宗教施設であったこの修道院は、同時に学問の殿堂でもあり、伝説の修道士ネストルとシリヴェストルが『過ぎし歳月の物語』を編纂した場所でもあった。

キエフ・ロシアの大規模建築物は、数こそ少ないが、当時の文化の重要な遺産といえる。ウラジーミル1世が建てた巨大で凝った装飾のデシャティンナヤ聖堂は、発掘によって知られるようになった。また、もっと大規模な聖ソフィア聖堂（1037建立）は、その外壁に後世のバロック装飾が施されてはいるが、ほぼ完全な姿で現存しているし、チェルニゴフやスモレンスク、ポロツクやプスコフなどにも、初期の重要な建築物が保存されている。後述するようにノヴゴロドにも、厳粛で記念碑的な聖ソフィア聖堂（1043建立）をはじめとして、数々の特筆すべき遺産が残されている。キエフ時代の建築物は、初期には外壁が無装飾であったが、年代が進むにつれて装飾的となり、煉瓦組み文様や付柱が施されるようになり、屋根やドームはピラミッド型をとるようになる。教会の内壁はみな漆喰で塗られ、フレスコ画で飾られた（宮廷建築も同様であったことは疑いないが、よく知られていない）。キエフではときにモザイク技法が用いられることがあった。しかし、そのためには外国人専門家を雇わねばならず、ガラス工芸の場合と同様、大変高くついたものと思われる。キエフ時代から伝わるフレスコ画は、たいてい断片にすぎないが、少なくとも12世紀中頃までは荘重で線画的である点に特徴がある。ちなみに、キエフの聖ソフィア聖堂の階段の塔に描かれた絵には、コンスタンティノープルの競馬場の数場面がみられるが、それらは当時の世俗的芸術の貴重な遺産といえる。

ウラジーミルとその周辺にも、12世紀末から13世紀初頭に建てられた6～7のすばらしい教会が保存されており、おそらくはキエフ時代から伝わる芸術的遺産の最良のものといえよう。それらは、ウラジーミルのウスペンスキー聖堂をのぞいて、概して小さなものであるが、均整のとれた外観が白亜の大理石の美しさによっていっそう引き立ち、外壁を飾るみごとな浅浮彫りとあいまって、さながら宝石箱のようにみえる。ウラジーミルの聖ドミトリー聖堂（1194建立）とユリエフ・ポールスキーの聖ゲオルギー聖堂（1230建立）は、外壁のほぼ全面が植物や動物や不詳の人物の彫刻、あるいは幾何学的な彫刻で埋められている。年代記作者も、もどかしげに「神が全土からアンドレイ（ボゴリュブスキー）に職人を遣わし賜うた」と述べるのみで、こうした神技の秘密を解きあぐねているのである。

キエフのソフィア大聖堂

ローマ皇帝ユスチニアヌスのときに基本的には現存のそれと変わらない姿で建設されたコンスタンティノープルの「大聖堂」は，「ハギア・ソフィア」すなわち「神の叡智」に捧げられたものであった．11世紀前半，キリスト教に改宗してまだ日の浅かったロシア人も，南ロシアのキエフ，西のポロツク，北のノヴゴロドという三都の聖堂（それぞれ1037年，1044年，1043年に建立）を同じく「神の叡智」に捧げた．キエフのソフィア大聖堂は，首都にふさわしく，そのうちで最大のものである．モンゴル侵攻ののち，大聖堂は半ば荒れ果ててしまったが，1680年代にイヴァン5世とピョートル1世の勅令によって，全面的に修復された．その外観はほぼ完全にバロック様式であるが，内部は，すばらしいモザイクやフレスコ画で飾られた11世紀風の造りで，ほとんど昔と変わっていない．ヤロスラフ賢公の命で建てられたこの大聖堂には，中央の身廊（ネイブ）にヤロスラフの家族のフレスコ肖像画が描かれ，いまもなお賢公のみごとな大理石の廟が置かれている．世俗化されてしまった今日でさえ，この聖堂は，他のどんな場所にもまして，初期のルーシの精神をたたえた神秘性を宿している．

1037―39年建立のソフィア大聖堂は，東ヨーロッパ芸術の傑作に属する中期ビザンティン様式の数少ない教会建築のひとつである．この教会は，建築思想と内部装飾の全体構想において完全にビザンティン的でありながら，まったく個性的な特徴をもあわせもち，特殊ロシア的な建築の発展への萌芽をはらんでいる．かなり高いドラム（円屋根の支壁）の上に13のドームがあり，もし後世のバロック的増築部分を取り除いてみれば，それらがするどいピラミッド型に配置されていることがわかる．ドームは半球型ではなく，ヘルメット状の形をしている．壁面装飾にはたいていモザイクかフレスコ画が使われている．モザイクは高価で体裁も立派であるため，メイン・ドームや東側の主後陣（アプス）など，建物のより「天国に近い」部分に用いられている．内部の広い上階廊は大公とその一族および直臣たち専用であった．のちに付加されたドーム型の階段の塔が大ホールに通じている．外壁にある煉瓦と石の地模様は建築当初にはなかった．

上　コンスタンティノープルのソフィア大聖堂（ハギア・ソフィア）は長く東方のキリスト教徒たちを魅了しつづけたが，その建築を直接引き継いだのは皮肉にもオスマン帝国のイスラム教モスクであった．けれどもこの大聖堂は，光と影，大空間と小空間，したがって隠されたものとあからさまなもの，単純と複雑，直線と曲線，こうした対比を駆使した様式において，その後のほとんどのビザンティンとロシアの教会の手本となった．

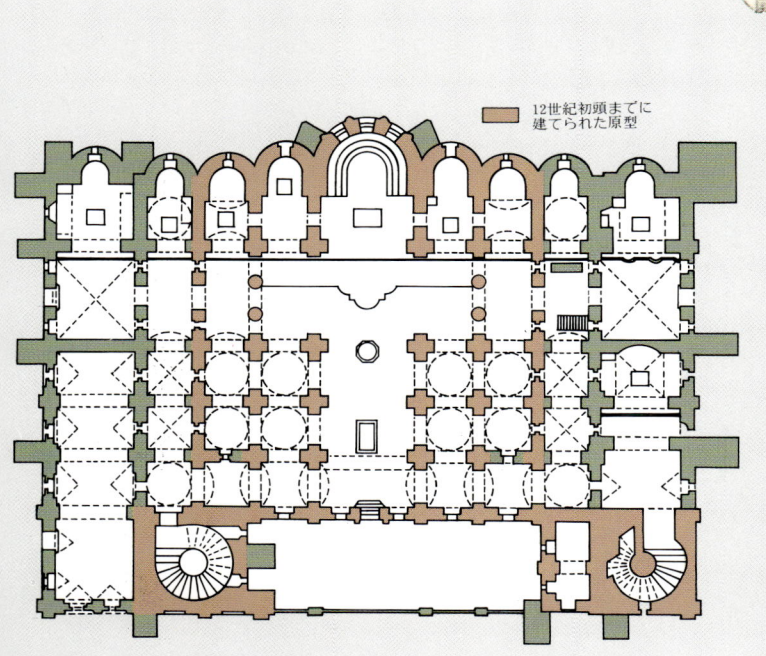

左　キエフのソフィア大聖堂の平面図はいわゆる「ギリシア十字プラン」を巧みに変化させたものである．当初の設計ではおそらく，回廊に囲まれた五つの身廊が予定されていたのであろう．12世紀初頭までに，回廊の外側にさらに身廊が増築され，後者が前者を取り囲むようになった．そのうえにさらに回廊が加えられた．その結果，大聖堂は建立当時よりはるかに巨大な建築物となったのである．

キエフのソフィア大聖堂

キエフのソフィア大聖堂の主ドームの細部．ギリシア正教会のドームは，石造りのドラムの上に建てられたが，ドラムは時代とともにより高くより細くなる傾向にあった．ドラムとそれを支える窓間壁のあいだの移行部には，むきだしのスクィンチか，それよりずっと優美なペンデンティブが付けられた．ドームそれ自身の内壁には必ずパントクラトール，すなわち全能の神キリストの絵（上）があり，そのすぐ下の部分には大天使像（下）が描かれている．ドラムの窓のあいだは十二使徒の肖像で埋められているのがふつうである．ペンデンティブの内壁にはしばしば4福音書の著者（マタイ，マルコ，ルカ，ヨハネ）の肖像が描かれている．

モスクワ公国

タタールの襲来

キエフ・ロシアの終末は，突然，破局的な形でやってきた．しかしそれには，まったく何の前触れもなかったわけではない．1223年，ステップ東南の辺境に一群の騎馬軍団が姿を現わした．ロシアの旧来の敵ポロヴェツ人がその情報をキエフ政権にもたらしたが，事態はあまりにも切迫していた．ただちに（偶然にも同じムスチスラフという名をもつ）3人の公によってロシア軍が編成され，敵を迎え撃つべくステップへと急派された．カルカ河畔での激しい戦闘ののち，ロシア軍は敗北を喫し，降伏して戦闘を停止したが，軍を率いた公は殺されてしまった．これは不吉な兆候であった．この見知らぬ敵は，まったく違ったルールで戦争を遂行したのである．侵入者たちは，茫然自失のロシア軍をしりめに，偵察任務を終えて立ち去っていった．かれらが何ものか，どこから来てどこへ向かったのか，その目的は何か，だれひとり知る由もなかったのである．

この侵入者はタタール人であり，14年後ふたたびロシアに姿を現わすことになる．1237年，かれらは不意にリャザンに攻め入り，この街を徹底的に破壊した．ついでかれらは，モスクワ，ウラジーミルなど，いくつかの都市を蹂躙し，方向を転じてノヴゴロド方面に向かったが，そこから東方へ転じた．春の雪どけのぬかるみ状態が騎馬軍には不都合だったからである．さらに1240年，新たな攻撃が南部の都市チェルニゴフとキエフに仕掛けられた．一般には，このときをもってタタールによるロシア支配のはじまりとされる．

タタール人，すなわち，ロシア以外の国ではモンゴル人と呼ばれることが多いこの民族は，今日もなおモンゴリアとして知られる高原地帯に暮らす諸部族の連合体であった．樹木のないモンゴリア高原は，その厳しい気候条件ゆえに定着的農耕には適さなかったが，馬の放牧には格好の地であり，そこでかれらは，季節移動の牧畜者として天幕を張って生活を営んでいた．13世紀まで，かれらは都市というものを知らず，移動に適した生活様式を保っていた．男はみな同時に戦士でもあったから，その潜在的軍事力は，少ない人口に似合わず大きかった．かれらの爆発的対外進出の指導者は，その名をテムジン（1162—1227）といった．1206年，かれは大クリルタイ（人民集会）に人びとを結集させ，タタール諸部族を統一，自ら新しい称号チンギス＝ハンをあたえられて，世界制覇の遠征へと旅立った．チンギス＝ハンは，タタールの軍制と行政組織を中央集権化し，部族制のなかに部分的ではあるが封建的諸要素を取り入れ，厳格な軍律を確立してのち，やおら遠征に乗り出した．1215年，まず北京が陥落した．ついで中央アジア，ペルシア，ザカフカス地方が，次々とかれの軍門に下った．アゼルバイジャンを経由してカルカ川にやってきて大勝利を収めたのは，こうした歴戦の強者（つわもの）たちだったのである．

タタール人の目的は何だったのだろうか．略奪による富と権力の獲得は，当然その目的の一部であった．しかしかれら

下 **13—14世紀のロシアとアジア世界**

ロシアと近隣アジア諸地域との関係は，過去何世紀にもわたって政治情勢に左右されてきた．ロシアの歴史時代がはじまる以前から，ヴォルガ川とカスピ海は，ロシアおよびスカンディナヴィア世界と中東とを結ぶ重要な経路であった．また，かなり早い時期から，ステップ地帯を利用した東西交流も行われていた．ステップは，移動する略奪者たる遊牧民と騎馬の侵略者たちにとって，交易路というよりは妨げるもののない回廊地帯だったのである．そしてモンゴル侵攻こそは，そうした大規模移動の最後のものであり，中国からバルト海までの広大なユーラシア大陸に点在した定住諸国家にとっても同様に，キエフ国家にも決定的な影響をあたえた．その指導者チンギス＝ハンが世界征服に乗り出したのは13世紀初頭のことである．1240年，キエフがモンゴルの将軍バトゥの軍門に下り，その後1480年まで，キプチャク汗国がヴォルガ河畔のサライに都をおいてロシアを支配した．

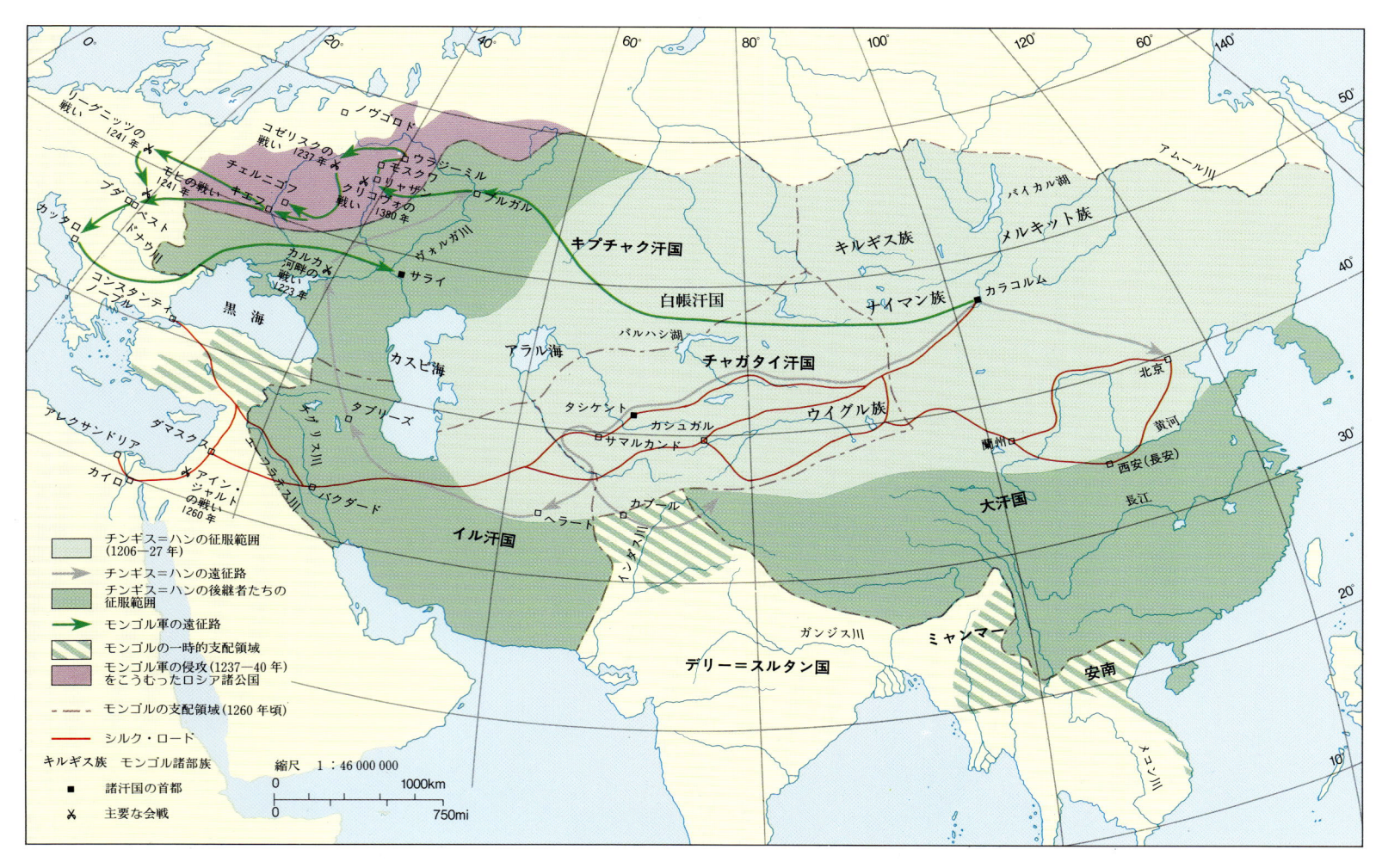

モスクワ公国

右 モンゴル（タタール）諸部族を統一し，かれらを世界征服に駆りたてた偉大な指導者チンギス＝ハン（1227没）の肖像．14世紀ペルシアの細密画（ミニアチュール）に描かれたもの．チンギス＝ハンは，家臣たちに囲まれて，庭にたてられた遊牧民風の天幕のなかで玉座におさまっている．家臣のなかには，かれの息子オゴタイとジュチの顔がみえる．オゴタイはチンギス＝ハンの直接の後継者であり，ジュチの息子バトゥこそは1237―42年にロシアを蹂躙した人物にほかならない．ペルシアにおけるモンゴル王朝は1256年から1344年までつづいた．かれらのロシア支配は1240年から1480年までとみなされている．

上 ヤロスラフ・フセヴォロドヴィチは，モンゴル支配のはじまる時期にウラジーミル大公となった．かれは，1238年のモンゴル軍との会戦で命を落とした兄のユーリを継いで公位についたのである．ヤロスラフを描いたこの肖像画は，ノヴゴロドのキリスト変容（ネレーディツァ）聖堂のもので，制作年代は1246年頃，すなわち，かれの没年とみられる．この聖堂自体は1199年に建立されたもので，かつてはヨーロッパでも他に例のない立派なフレスコ画群をもっていたが，ノヴゴロドのほかの由緒ある教会の場合と同様，第2次世界大戦中に破壊され，その後再建されて今日にいたる．ただし，絵画はほぼ完全に失われてしまった．

は，農耕のための領土は欲しなかった．かれらが求めたのは人間であり，人間に伴うさまざまな技術であった．人間の能力は，ロシアにおいて実施されたような効果的な租税制度や，あるいは他の諸地域で行われたように，兵士や役人や職人として人びとをタタール側に徴用することによって，現地において収奪することができた．そのようにして，多数のチュルク語系住民が急速にタタール社会に同化し，ついには言語的混淆が生ずるまでにいたる（ロシア語化した「タタール語」の大半はチュルク語起源である）．タタール人もある程度は支配階級として最初の征服地にとどまったが，ロシアではほとんどそうした事態は起こらなかった．広大な帝国版図にもかかわらず，民族的伝統への強い自覚がタタール支配層の結束を守った．チンギス＝ハンが死去して新しい大ハンの選挙が必要になると，かれらは全員モンゴリアのカラコルムへ帰還せねばならなかった．とはいえ，タタールの版図はあまりに

も広大であった．そのため多かれ少なかれ，諸地方がしだいに自立の傾向を強め，ときには相互の対立にいたるのは避け難かった．ロシアは，タタール時代を通じてほとんど，モンゴリアや北京からではなく，西方へ進出したタタールの一派，キプチャク汗国の支配者がヴォルガ川下流域（当時はまだロシア領のはるか外側にあった）に建てた新都サライから統治された．キプチャク＝ハンは，ロシアの中央部や南部や東部だけでなく，シベリアから黒海西岸にいたるステップも，さらには中央アジアとカフカスの大半をも支配した．

タタールの侵入によってどれほどの人命が失われたかを示す統計的史料は存在しないが，都市の破壊や人員の徴発，租税取り立ては経済的・社会的破局をもたらしたし，異教徒に対する不意の軍事的全面敗北は，ロシア人に深い心理的痛手を残した．ロシアの諸公国のうちで破壊を免れたのは，はじめから抵抗の意思を示さずに服従し，貢税に応じたノヴゴロ

ドやプスコフのような国だけであった．ロシアの南西の端ガリツィアのダニイル公は，西欧に助力を求めようとして，ローマ教皇に恭順の意を伝えたが，あたえられたのは王冠のみで，援軍の期待は空しかった．そしてその報いは，1260年のタタールからの破壊的な遠征であり，その後の公国に対するひときわ厳しい統治体制であった．しかしながら，なるほどタタールはロシアの支配者となったけれども，その統治は，1368年までの中国における支配体制とは性質が異なるものであった．依然としてロシア諸公の手中には政治的権威が残されたのである．当初タタールは少数のバスカク（徴税官）を各都市に配備したが，おそらく，事実上その大半が農村人口であったロシアの民衆のほとんどは，タタール人を目の当たりにする機会はなく，法的・社会的地位のいかなる変化をも体験することはなかったであろう．

他方，諸公やその陪臣たちにとっては，事態は重大な変化を意味した．支配権を裏づける勅許状（ヤルルイク）を得るために，かれらは，タタールの首都への屈辱的で危険に満ちた旅をこなさなければならなかった．通常，その目的地はサライであった．これでさえ大変な道程であったのに，ときには気の遠くなるほど離れたカラコルムへ行かねばならぬことさえあった．もし諸公がその忠誠を疑われれば，こうした旅行から無事に帰還することはできず，また，いつ何時タタールの懲罰軍が差し向けられぬともかぎらなかった．諸公は，いまやかつての高貴を失ったのは当然としても，さらに加えてハンの代官と化し，徴税や人員徴発や人口調査をきっかけに吹き出す民衆の反発を抑えることが職務となった．

ある意味では，ロシア全体が呵責なき異民族征服者によって奴隷化されたとみることもできるが，見方を変えれば，両者の関係は，ときとしてタタールの側からのかなりの脅威にさらされたとはいえ，通常の取り引き関係であったともいえる．しかし当時のロシア人は，同時代の文献が伝えるところでは，こうした主権の喪失状態をどう扱ってよいのか困惑したようにもみえる．戦闘における個々の敗北なら，それが神の失寵の現われであるとして，嘆きと後悔をもって記録されたのだが，異教徒による恒常的な宗主権となると話は別であった．当時の文献は，この点を無視するか，あるいは，ステップでの小競り合いや諸公間の内訌でも描くときのような言葉で，さり気なくふれているにすぎない．いわゆる「タタールのくびき」説は，ロシアが自分を犠牲にして，野蛮人による悪辣な襲撃を受け止め，西欧文明の進歩を守ったという，いわばヨーロッパの防壁としてのロシアのイメージを含んでいる．こうした思想的・歴史的理論は，もちろん後世の産物であり，そこに何ほどかの真理が含まれているとしても，同時代のロシア人の観念とは完全には一致しない．

アレクサンドル・ネフスキーとキエフ・ロシアの遺産

タタール支配のあり方は時代と環境が変わるとともに変化したが，ロシア側の反応ももちろん決して一様ではなかった．ロシアの態度をどう解釈するかは，一筋縄ではゆかぬ問題であり，とくにそれがアレクサンドル・ネフスキーに関わる場合には，いっそう難しいといえる．ウラジーミル大公ヤロスラフの子で，大公が没したときに生存していた最年長の息子であったアレクサンドル・ネフスキーは，かれ自身ノヴゴロド公であったが，1240年のタタールの侵入があったときには20歳ぐらいの青年であった．この年の夏，タタールの第2次大遠征がまさにチェルニゴフとキエフに襲いかかろうとしていたとき，アレクサンドルは，従来からバルト海東岸部に領土的野心を燃やしていたスウェーデンを，ネヴァ河畔で打ち破り，「ネフスキー［ネヴァ川の”の意”］」の通り名をえた．のちにかれは，ほぼ500年後にこのときの戦場にほど近いところに建設された首都サンクトペテルブルグの守護聖人に祭られることになる．1242年の4月にも，アレクサンドルは，凍結したペイプス湖［ロシア名チュド湖］を主戦場として大

規模な会戦を戦った．このときの相手は，ドイツ系の半ば宗教的な十字軍騎士団で，ギリシア正教会の教圏を征服し，その地域をカトリック教会へ編入するために差し向けられたいわゆる「チュートン騎士団」であった．かれらはすでにバルト海地方を越えてプスコフに到達していた．アレクサンドルの軍は，「氷上の戦い」でドイツ人と地元エストニア人から成る混成軍を破り，騎士団の前進をくいとめた．この勝利ののちアレクサンドルは，キプチャク汗国の王バトゥに恭順を誓った．それによってタタールは，ノヴゴロドを攻撃目標から外すとともに，やがてアレクサンドルをウラジーミル大公位に就けたのである．

アレクサンドルは，数世代のうちに伝説の人となり，14世紀には聖人の列に加えられ，その英雄伝が綴られるようになった．アレクサンドルに関する『ノヴゴロド第1年代記』の記述は，はるかに実像を越えて，「身の丈は常人を凌ぎ，その声はあたかも喇叭のごとく…，サムソンの強大とソロモンの知恵，ローマ皇帝ヴェスパシアヌスの勇気とをあわせもつ…」人物として描き出している．かれの英雄的イメージは，第2次世界大戦中，スターリンのもとで復活した．その証拠は，エイゼンシュテインの有名な映画だけでなく，たとえば，ギリシア正教徒の寄付で造られた戦車団にアレクサンドルの名が冠せられるといった事実のなかにもみられる．現代の歴史家のなかには，この時代の史料をもっと冷ややかな眼でみるものもいて，かれらはアレクサンドルの戦いをもっと実務的に扱おうとする．つまり，スウェーデンに対するアレクサンドルの大勝利といえども，せいぜい当時100年近く続いていた国境紛争のひとつにすぎない，というのである．こうした歴史家たちはまた，アレクサンドルのキプチャク＝ハンへの服従が，軍事的劣勢ゆえに強いられたものであるよりは，政治的打算と諸公間でのかれの野心の現われであったと指摘する．もしアレクサンドルが一族諸公と一致協力していたなら，森林地方におけるタタール支配に効果的に抵抗するチャンスがかなりあったはず，もしアレクサンドルが，どんなものであれ，なんらかの条約をハンと結んでいれば，それはかれ個人を利するだけでなく，タタール支配の苛酷さを軽減することでロシアを救い，1261年にはタタールの首都サライに主教管区を設置することさえ許可されたギリシア正教会の利害にも適っていたはずだ，と主張するのである．

民間伝承は，『見えざる町キーテジ』の伝説の姿で，たびたびキエフ＝ウラジーミル時代ロシアの失われた栄光と独立について寓話的に語っている．この都は，異教徒の手に落ちるよりは，むしろもっと良い時代に蘇らんために，進んで湖底に沈んだのであった．この伝説は，リムスキー＝コルサコフの名作オペラの主題ともなっている．文学作品のなかにも，タタールの征服を嘆いているものがいくつかある．そのうちでもっとも注目すべきは，断片しか残されていない『ルーシの地の滅亡の物語』である．この物語は，きわめてロマンティックで詩的な古ロシアへの次のような呼びかけで始まっている．「輝かしく光にあふれ，華やかに着飾ったルーシの大地よ！ 数多の美しきものゆえに汝は見るものの目を惑わす……」キエフ・ロシアの輝かしいイメージは，その後繰り返しロシア人の郷愁を掻きたてるものでありつづけ，早くも15世紀には，その文化的・政治的遺産の復活を目指した試みがなされるようになる．

タタールの支配

タタールの征服がもたらした傷跡は，やがて時の経過とともに徐々に癒されてゆき，タタールの宗主権は，歓迎されなかったとはいえ，ロシア人の生活の既成事実と化した．そしてロシア国内では，キエフ時代にすでに芽生えていたいくつかの傾向がいっそう顕著になってゆく．もっとも顕著であったのは，公国の際限のない細分化の傾向（長子相続制が存在しなかったことが災いした）と，諸国間の抗争の拡大であっ

上　モスクワ大公位の輝かしい創始者たちの一連のフレスコ画は，モスクワ・クレムリン内にあるアルハンゲリスキー聖堂（1505建立）の美しさを引き立てている．この聖堂は，イヴァン3世とその息子ヴァシーリー3世がかれらの新首都を飾るために建造を命じた一連の大建築のうちで，最後の，そしてもっとも華麗な装飾を外壁に施された建物である．上のフレスコ画は14世紀に聖人に列せられた（それゆえ背後に光輪が描かれている）ノヴゴロド公アレクサンドル・ネフスキーの肖像である．アレクサンドルは，1240年にスウェーデン軍を，1242年にはドイツ騎士団を打ち負かした．この二つの勝利は後世になって（アレクサンドルその人とともに）英雄的とみなされるようになった．かれは，おそらくはやむをえず，モンゴルに臣従し，その後ウラジーミル大公に任命された．

右　アトス山は，テッサロニキの東のエーゲ海に70kmほど突き出した切り立った半島部をなしている．今日では僻遠の地であるが，中世末期には正教世界の心臓部であり，諸国の修道士たちが集う「修道院共和国」（この点は現在も変わらなかった）にほかならなかった．「聖なる山」の上に，ギリシア人だけでなく，ロシア人やブルガリア人，セルビア人，ルーマニア人，グルジア人などがそれぞれ自分たちの修道院を建てた．右図のロシア人修道院聖パンテレイモンは，古代に建立されたものであるが，今日では，19世紀建築のかなり混乱した寄せ集めの観がある．修道院は最後の幾人かのツァーリのもとで計画的に増築され，何千人もの巡礼を収容する宿泊所となった．アトス山の修道院はすべて城塞風に造られており，主教会堂を中心として密集し，絵のように美しい景観を形造っている．

た．抗争は，当事者たちがそれぞれ，なんとかしてタタールに取り入ろうとしたので，泥沼化していった．諸公たちは，ハンのヤルルイク，すなわち，ウラジーミル大公位賦与を認めるハンからの勅許状をいかにして獲得するかに腐心した．大公は，ハンとの直接交渉の資格を独占し，ハンのために徴税責任者かつ法の執行者として働いた．14世紀初頭以後になると，かつてはウラジーミル大公国の弱小の1分領国にすぎなかったモスクワの支配者たちが，もっとも頻繁にタタールの恩寵を得るのに成功した．歴代の支配者たちは，それと同時に，領土の減少をくいとめてむしろ拡大させることによって，なんとかして時代の趨勢から脱しようと努めた．こうした事情からみて，われわれは14—15世紀を一般にモスクワ台頭の時代とするのである．とはいえ，この時期にロシア人の歴史的故地で生じた政治的変動は，モスクワの動向だけではなかった．モスクワの台頭に匹敵するのは，同時期に西ロシアで起こったリトアニア大公国の台頭である．しばしば忘れられがちであるこのリトアニアは，注目すべき中世の大国であった．他方，ノヴゴロドも，14世紀において経済的・文化的活動における銀の時代を迎えていた．このように1400年頃には，キエフ・ロシア時代の諸国家連合のシステムは，ほとんど解体してしまった観がある．モスクワの台頭は，もしそれを不可避であったとか，ロシアの唯一適切な運命であったとみなせば，あまりにも決定論的にすぎるであろう．

タタールの征服は，多くの都市を破壊し，その結果商業と手工業の衰退をもたらして，相当程度ロシアを自給自足的経済に引き戻したことは疑いない．社会の経済的余力の一般的指標である建築活動は，知られているかぎりで，1240年代から80年代までほぼ停止した．キエフの破壊はとくに深刻で，1246年，この地を通過したローマ教皇の使節プラノ・カルピニは，「ほとんど無に帰してしまった」とその惨状を記している．タタールが熟練職人を多く連れ去ってしまったことは由々しい問題であったが，実際の人命の損失は，1世紀後にロシアを襲った黒死病（ペスト）の猛威に比べて軽微であったといってもよい．黒死病は，1350年代に西欧からロシアに伝播し，その後何十年もロシアに居座ったのである．こうした諸事件に関して，正確な統計的史料は存在しない．しかしロシアは，かなりの急テンポで征服の打撃から立ち直りはじめた．商業活動を奨励することはタタール人の利害にも合致していたので，かれらはやがて商人たちに自由往来を許す命令を発した．かれらは，かれら自身の利害のためにロシア人がロシア人を支配するのを認める一方で，人口調査を実施（全国的規模とはいえなかったが）し，どんな遠方にもかれらの威令を響かせるための効果的な駅伝制度を構築して，熱心に臣民の統治と掌握に努めた．

教会と修道院の活動

14世紀のロシア文化において，教会文化の開花こそ特筆すべき現象であるが，そのための諸条件の一部は，意外なことにタタールによって準備された．タタール人支配者たちは，ロシア社会に徴税と人員徴発を課したが，教会の土地とそこに暮らす人びとは，聖俗を問わず，そうした諸義務から免除された．タタール人は，自身は征服時もそれ以後もシャーマニズム的異教徒でありつづけたが，チンギス＝ハンの例にならって，かれらが遭遇するさまざまの発達した宗教に対し寛

容な態度をとった．チンギス＝ハンのこうした態度には，おそらくなんらかの迷信的動機が作用していたであろう．かれらの宗教の選択はその居住地域に依存していた．モンゴリア高原に暮らすものたちはシャーマニズムを捨てなかったし，西方に進出したタタール人の多くは，14世紀初頭にキプチャク汗国が国をあげてイスラム教に改宗するまでは，キリスト教に親しんでいた．ところがロシアのキリスト教会は，タタールのこうした比較的穏健な姿勢をよそに，以前よりもいっそう民族的性格を強めてゆくのである．教会は，ロシアが政治的分裂と精神的停滞に苦しんでいた時期にも，全ロシア的機構であることを止めなかった．ごく最近わかったことであるが，ロシア人とコンスタンティノーブルの総主教とのあいだにある取り決めが存在した．それによれば，キエフの府主教（当時はウラジーミルに住み，のちにモスクワへ移る）は，ロシア人とギリシア人から交互に選任されることになっていた．ビザンティン帝国は，政治的にははるかに衰えていたし，1204年から1261年までは西欧からやってきた第4回十字軍の冒険者たちの占領下にあった．ビザンティンはもはや，9－10世紀に帝国が謳歌した指導的地位を喪失していた．それでもなおビザンティン帝国は，依然としてイスラム教の発展やいくつかの異端運動に対抗するための宗教思想の発信地であることを止めなかった．

14世紀にギリシア正教会は，ある種の広範な精神的昂揚の雰囲気に包まれた．そのもっとも顕著な神学的表現は静寂主義（ヘシカスム）の運動である．この運動は，一方で初期の教父たちの事蹟を研究し苦心してまとめあげながら，規律正しい祈りの反復と精神修養を説くものであった．それらを通じて，そしてそこに神の恩寵の助けが加われば，個人が直接神的エネルギーと接することができる，と考えられた．静寂主義は，厳しい神学論争を経て，14世紀中頃までには正教会の教義として宗教会議が公式に承認するところとなり，現在にまでいたっている．いずれにせよこの思想は，中世末の芸術と文学に多大の影響を及ぼさずにはおかなかった．

当時，教会はロシアとその外の世界とを結ぶ重要な絆であった．また，この頃には商業の復活のような新しい動向がかなり進行していた．14世紀から15世紀初頭になると，ロシアと東地中海地域との通商が復興したが，その際にはもはやドニエプル・ルートは使われず，ふつうはドン川を経てクリミア半島に出る道がとられた．巡礼や教会の使節団はコンスタンティノーブルへ旅した（コンスタンティノーブルの聖ソフィア聖堂の廻廊の落書に，かれらの残したものがあることが最近になって判明した）．けれども，正教会の精神的な力の源であったのは，エーゲ海北方にあるアトス山の修道院共和国であった．ロシア人の聖パンテレイモン修道院はいまもそこに建っている．ここで，写本や訳本がつくられ聖像画が描かれるとともに，思想的交流が営まれたのである．ビザンティンからロシアにやってくる使節も多かった．帝国の高位聖職者がしばしばモスクワやその他のロシア諸都市を訪れたが，その実際の目的は，たいていコンスタンティノーブルの建築物の補修のために寄付を募ることであった．この事実は，14世紀におけるロシアの復興と，それに比してのビザンティン帝国の貧困を如実に物語っている．

そうしたもののひとつと思われるある使節が総主教に次のように報告している．大公ヴァシーリー1世は，「わが国には教会はあるが，皇帝はいない」と述べて，皇帝を公式祈とうの対象から除外している，と．これを聞いて総主教アントニオスは，教会と帝国は一体不可分であるという趣旨の長い叱責の手紙を送りつけた．ビザンティン風政治哲学の古典的命題を表明した一例といえるこの手紙は1390年代に書かれたものであるが，当時帝国そのものは，オスマン＝トルコの圧倒的進出によって，すでに若干の島々を伴った1都市以上のものではなくなっていた．しかし，ロシアは明らかにこの叱責を受け入れたと考えられる．そして，1448年以後になってようやく，かれらは，ビザンティンへの照会なしにかれら自身の府主教を任命することで，慎重にロシア教会の運命を自身の手中に収める一歩を踏み出したのであった．1448年といえば，フィレンツェ公会議が，東西教会の合同問題に決着をつけることによって一般民衆の激怒を招いてから，10年後のことである．これに先立って，ビザンティンの総主教が仕出かしたある不手際がある．14世紀のほぼ100年を通じて総主教は，北東ロシア（ウラジーミルおよびモスクワ公国）とリトアニア大公国（世紀の中頃に，府主教の歴史的座所であったキエフを併合していた）のどちらをロシアの代表と認めるか，という問題に悩まされた．リトアニアは，おそらく正教徒人口においてかなり北東ロシアを凌いでいたが，支配階級は依然として異教を捨てていなかった．したがって，この国はヨーロッパ最後の異教国家であったことになる．コンスタンティノーブルは，迷いに迷ったあげくようやくモスクワを代表と認めたが，これに対しリトアニアは，1385年にポーランドと合同し，1458年キエフに府主教をたてて対抗することもあったとはいえ，結局はカトリックに改宗してしまったのである．この出来事は，その後のロシア文化の歴史に大いなる影響を及ぼすこととなった．

しかしながら，タタール時代のロシア教会史においてもっとも興味深くかつ重大な変化は，純粋に国内的なものであった．いわゆる修道院運動である．多数の修道院や草庵が北ロシアの森林の，ますます奥深いところに建てられていった．1300年以前には，おもな修道院は都市内か，あるいは少なくともその近郊に建てられ，諸公の宮廷と密接なつながりを保っていたが，ラドネシのセルギー（1321頃—91）が出て，そうした状況は様変わりする．セルギーは，のちにロシアの守護聖人の1人となった人物であるが，ロストフの貴族（ボヤーリン）の出で，幼少期にモスクワの圧力で故郷を捨てることを余儀なくされた．長じてかれは，ラドネシから北東数kmの未踏の森林中に俗世から隔絶された隠れ家を見出した．「物理的というより象徴的な意味で俗世から隔絶された」かれの「荒野」は，すぐに多くの隠者たちを引き寄せることになった．やって来た人びとはセルギーに懇請し，かれの意に反して，庵室を修道院に造り変え，セルギーをその管長とした．その場所は今日，ザゴールスク（セルギエフ・ポサード）の町のあるところである．

聖三位一体に捧げられたセルギーの修道院は，すでにかれの存命中において，復活したロシア文化の知的殿堂となった．ここを拠点として修道士たちは，新たな修道院を，森林深く網の目のように建設していった．1340年から1440年までに，約200ほどの修道院が建立され，その結果網の目は白海からウラル地方にまで及んだ．そして，農業植民者がそれにつづいた．ところで，モスクワ大公が，自分の利益のためにこうした動向を最大限利用しようと試みたのは当然であろう．セルギーと大公ドミトリー・ドンスコイが親しい間柄であったことは，タタールに対するドミトリーの軍事的成功をセルギーが本当に祝福したか否かにかかわらず，危機的な局面でイデオロギー的に大公を救った．同時代に活躍したセルギーのもう1人の友人にペルミのステファンがいる．かれは，コミ人（ペルミ人）を正教に改宗させるために独力で布教活動を行った人物で，聖キリロスと聖メトディオスにならって，コミ人に独自の文字と文学を創りあたえた人でもあった．かれの創った文字と文学は，数世代ののちに，中央集権化を急ぐモスクワ国家によって根絶されてしまうが，ただひとつペルミ文字の入った三位一体の聖像画が残されており，これは今日に伝わるかけがえのない遺産である．

モスクワ台頭の物語は込み入っているが，その概要は十分明らかになっている．モスクワ公家は，アレクサンドル・ネフスキーの末子ダニエルからはじまる．この公家ははじめから領土拡張に熱心であり，そのためには，平和的（買収や婚姻，相続など）であれ力ずくであれ，手段を問わなかった．

14－15世紀の修道院運動

1300年頃までの修道士の生活はおおむね公の宮廷とともにあり，農奴労働に支えられた世俗的な性格のものであった．ラドネシのセルギー（1321頃—91）がある種の改革運動に踏み込んだのは，かれが禁欲と知的厳格さを備えた生活を求めて，はるか北方の疎林地帯へと移住したときであった．多くの修道士たちがかれを慕って集まり，1340年から1440年のあいだに200におよぶ修道院が建立された．それらの修道院はいずれも，セルギーがザゴールスク（現在のセルギエフ・ポサード，68—69頁参照）のかれ自身の三位一体修道院のために定めた諸原則を取り入れたもので，その多くは，ウラル地方にまでのびる「ヴォルガの彼方」の一帯に建てられ，やがてこの新天地へのロシア農民の植民を触発したのである．その最北の例は白海上の島に建てられたソロヴェツキー大修道院（1429建立）であった．その結果，異教的なペルミ人のキリスト教化が進行した．修道院運動は北東ロシアの開拓に先鞭をつけ，やがてこの新天地へのロシア農民の植民を触発したのである．こうした宗教的移住をもたらした根本的な動機は，ローマ・カトリック教会の進出という事態にほかならなかった．当時カトリックの布教活動は，西欧で多くのポーランド人のカトリック化に成功したばかりではなく，アストラハン汗国の許しをえて，サライ周辺のタタール人のあいだでも一定の成果をあげていた．カトリック教会と正教会は，ヴェンド人やプロイセン人，リトアニア人など，ヨーロッパに残る異教的諸民族のあいだでも，互いに布教を競いあった．

下　モスクワ大公ドミトリー・ドンスコイは，モンゴルの怒りをかい，懲罰軍を差し向けられたが，ドン河畔のクリコヴォ平原でそれを打ち破った（1380）．この勝利はロシア人に，なほどその後も1世紀にわたって貢税を納めつづけねばならなかったとはいえ，モンゴル軍にも抵抗しうるのだということをついに知らしめたのであった．かつての戦士公アレクサンドル・ネフスキーと同様に，ドミトリーも聖人に列せられ，度を越して賛美的なかれの伝記が著わされることとなった．

モスクワ公国

1318年，ユーリー・ダニーロヴィチ公がキプチャク＝ハンの妹を娶り，大公の称号を獲得した．それ以降，歴代の公たちは，この大公位を自己の家門中に確保するため執拗な闘争を遂行してゆくのであるが，しかし，モスクワには手強いライバルがいた．やはり台頭しつつあったリトアニアは，しばしば中央ロシアの政治過程に干渉を加えたし，ノヴゴロドはその経済力において爛熟期にあった．けれども，対抗勢力の本命として新たに政治過程に登場したのは，ヴォルガ川上流の都市トヴェーリであった．覇権争いは，ときにはタタールの血の介入を誘発しながら，15世紀に入ってもしばらくは止むことがなかった．その際，モスクワを有利に導いた要因は教会の支持であった．1328年頃から，府主教座はモスクワに移り，知恵と勇気を兼ね備えた府主教アレクセイが，ドミトリー・イヴァノヴィチ公の幼少時に摂政を勤めた．1359年，9歳にして公国を受け継いだこのドミトリー公こそは，のちにドンスコイと呼ばれて勇名を馳せたその人である．「ドン川の」という意味のこの通り名は，ドン川上流部にほど近いクリコヴォ平原（「シギの原野」の意）における1380年のかれの戦いに由来する．このときドミトリーは，かれ自身が行ったいくつかの不服従行為に対してタタールが差し向けた懲罰軍を，諸公国連合軍を率いて迎え撃った．他方，タタール軍の指揮官はママイ＝ハンであったが，かれが当てにしたリトアニア・ヤゲロ朝の援軍の到着が遅れ，その結果ドミトリーが全面的勝利を収めた．

しかしその2年後，トフタムィシ＝ハンの率いる新たなタタール軍がモスクワを攻略した．そのためドミトリーは貢税

を納めつづけ，大公位を承認されたのである．タタールはときにきわめて破壊的な攻撃を繰り出し，その後さらに100年のあいだ，名目的にはロシアの宗主でありつづけたが，その「くびき」には明らかに緩みが生じてきた．キプチャク汗国の力は沈滞し，モスクワの指導下，ロシアの独立達成は時間の問題にすぎなかった．とはいえ，その後もモスクワ公家内部に内訌が生じ，この争いは15世紀後半いっぱいつづいたが，キエフ時代の公位継承にたえずつきまとったこうした「伯父―甥」間の世代的相剋は，公然たる現われとしてはこれが最後となった．全般にモスクワ王朝は，比較的単純な父子間の継承関係に恵まれたという意味で，かなり幸運であったし，歴代の公の治世も比較的長かった．1359年以後，6人の公が連続して225年間を治めたが（ドミトリー―30年，ヴァシーリー1世―36年，ヴァシーリー2世―37年，イヴァン3世―43年，ヴァシーリー3世―28年，イヴァン4世―51年），これは，混乱の時代としては，また，病気に対してなす術のなかった時代としては，驚くべき記録といえよう．

モスクワ時代初期の芸術

文化史的観点からみた14―15世紀ロシアは，キエフ＝ウラジーミル時代の遺産の輝きの前に，どうしても軽視されがちである．しかし，タタール時代といえども，その最初の衝撃から立ち直ったのちは，決して暗黒時代ではなかった．13世紀末から建築事業が徐々に再開され，14世紀を通じてかなりの数の教会建築が，とりわけノヴゴロドを中心に現われる．モスクワは，ドミトリー・ドンスコイのときに都市の城壁を備えるようになり，1400年前後に建てられた初期モスクワ時代のいくつかの建築物が，今日まで残されている．それらの建物は，200年前のウラジーミルで発達した優雅な大理石建築の伝統を引き継いでおり，異なるところといえば，かつての重厚さにいくぶん欠ける点と，ウラジーミルのいくつかの建物にあったような外壁の華麗な彫刻をもたない点にすぎない．屋根のラインに造形を凝らすという前タタール時代の流行は，ピラミッド型をさまざまに変形させることによって，長足の発展を遂げた．ドームはまだネギ坊主型ではなく，ヘルメット型であったが，外壁は，列柱アーチ廻廊や蛇腹層，装飾的切妻，付柱その他の技法によって，分節化された．これらの技法は，建物の内部構造とはまったく関係がなかったから，純粋に美的効果をねらって用いられたのである．

視覚芸術がみごとに花開いたもうひとつの分野は絵画である．15世紀前半はロシアの聖像画の黄金期とみなされているが，この評価は正しかろう．これより以前の中世絵画は，たいてい作者不詳であるが，その後しだいに個人の自己主張がはじまり，1400年頃から若干の一流画家たちの名前が知られるようになる．とくに修道士アンドレイ・ルブリョーフ（1370頃―1430）の生涯と作品は，20世紀になって神話的世界から救い出された．われわれはまた，ルブリョーフの年長の同時代人，ギリシア人テオファネス（ロシア名はフェオファン・グレクで，ビザンティンからの亡命者）の作風もはっきりと識別することができる．かれはノヴゴロドで活躍したが，1405年にはモスクワでルブリョーフと一緒に仕事し，また，かれ自身の最後の重要な後継者ディオニシー（15世紀末）とも仕事をした．

キエフ時代に描かれた聖像画もわずかではあるが残っている．それらはたいてい静止的で調和的な荘重さを特徴としている．タタール時代に入るとロシア美術は，自力でやってゆかなければならなくなり，「民族的性格」を強める．人物の姿勢には表現力に富んだ平面的デフォルメが施され，色彩も非写実的な原色系が用いられた．そして14世紀末にロシア文化が復興したとき，美術はこれら双方の過去の伝統を取り入れることができた．加えて，そこには新たな次元での国際的接触の痕跡がみられる．第一はビザンティンとの交流であり，さらには南スラヴ諸民族との接触も確かにあった（ノヴゴロ

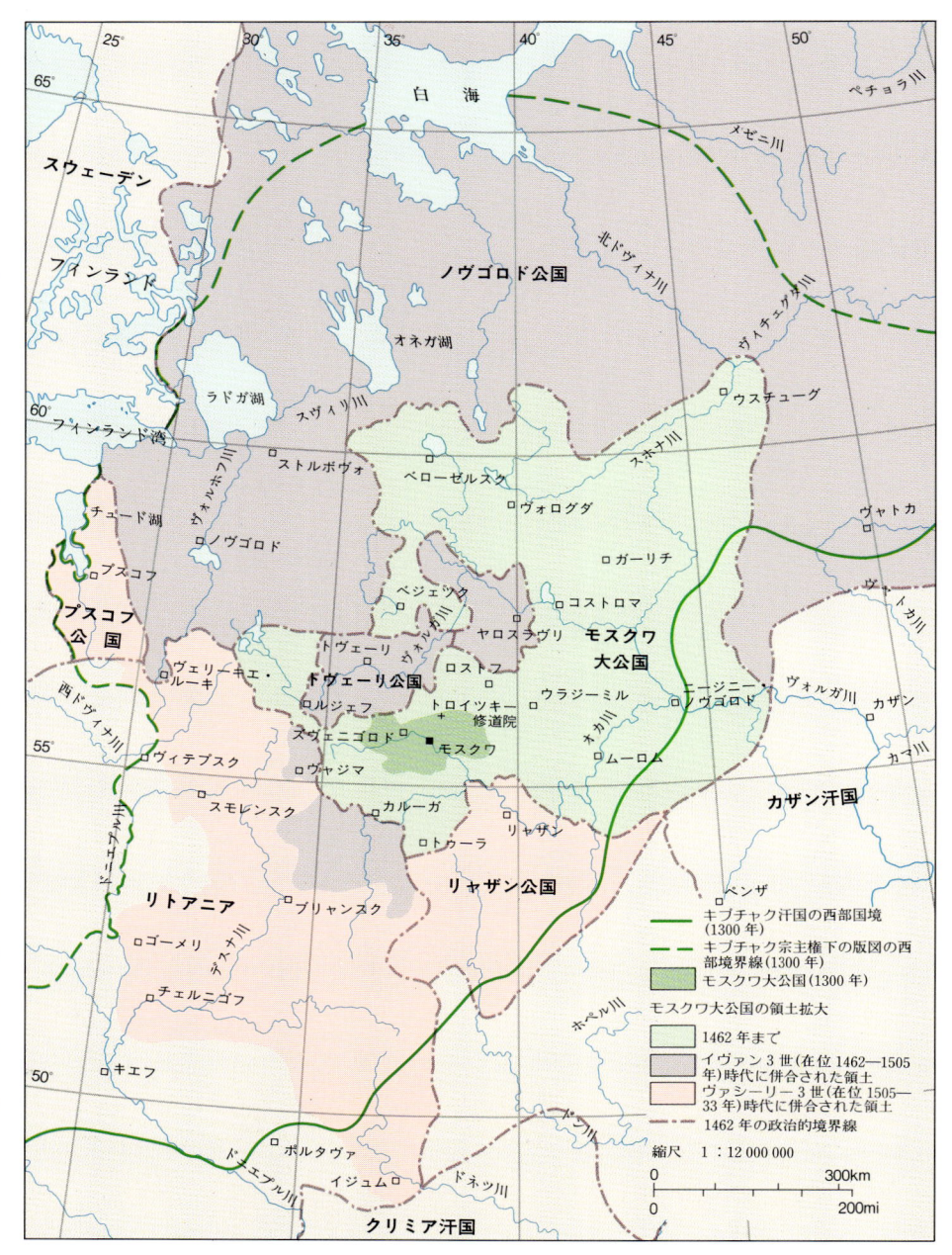

ドで活躍したセルビア人たちが知られている）．ただし，西欧諸国との交流を示す証拠はまだみつかっていない．中世末の正教世界の画家たちは，「厳粛」かつ明晰で力強い線をも兼ね備えたルブリョーフのような例外はあったとしても，概して柔らかい表現を追求した．かれらを動かしたのは，キエフ・ロシア美術の高潔さへの敬慕か，あるいは同時代のビザンティンの諸作品を通じて出会う優雅なヘレニズム芸術の遺産への憧れか，いずれにしろ古典への傾倒であった．かれらに共通する特徴は，非写実的な，それゆえしばしば劇的な効果をあげる光の描写法であろう．たとえば，「キリストの変容」や「地獄への転落」などの絵におけるそうした技法はよく知られている．この点に静寂主義（ヘシカスム）的神秘主義の影響をみても，ゆえなきことではなかろう．

15世紀初頭の聖像画家たちは，当時の教会建築にしだいにイコノスタシスが普及してきたことで，またとない創作機会に恵まれることとなった．イコノスタシスとは，教会の祭壇を仕切る界壁（聖障）であるが，そこには実物大かそれ以上の大きさで描かれた聖像画が横数列に掲げられた．中央列（いわゆるデイシス）には，信徒に代わってキリストに嘆願する聖なる人びとの姿が描かれる．聖人の肖像を掲示するギャラリーとしてのイコノスタシスの役割は，中世西ヨーロッパの聖堂の壮麗に彫刻を施されたポータル（正面玄関）の機能に

左　モスクワ公国によるロシア統一過程

モスクワは12世紀中頃に創基された（とはいえ，それ以前にも小集落が存在していたのであるが）．キエフの没落とともに，中央および北東森林地帯のロシア人による植民が急速に進んでいった．1237－40年のモンゴル侵攻ののち，もともとウラジーミル公国の一分領国にすぎなかったモスクワが領土的拡大を開始し，権力を強め，ついにはイヴァン3世（在位1462－1505）のもとで，中央集権的モスクワ国家の樹立へといたるのである．14世紀のモスクワの為政者たちは，征服や奸計，買収，相続などの手段で，隣接する諸公国を「取り込んで」いった．キエフと全ロシアの府主教座はまずウラジーミルに移転されたが，その後さらにモスクワに移され，このこともモスクワの威信を高めるのに一役かったのであった．モスクワ諸公は，モンゴルから「大公」位を獲得するにおいて概して巧みであった．しかし，リトアニア大公国（のちにポーランドと連合する），ノヴゴロド共和国，トヴェーリ公国がモスクワに対して激しい敵意を燃やした（ノヴゴロドとトヴェーリは結局イヴァン3世によって征服されることになる）．プスコフとリャザンの両公国は，それぞれ西方と南東方における緩衝地帯として存続を許されたが，16世紀の第1四半期には結局モスクワ公国に併合されてしまう．これまで歴史家は，モスクワ成功の原因論をめぐって長く議論を闘わせてきたが，いまもって定説を見出していない．ヴォルガ＝オカ水系の心臓部にあるというモスクワの地理的優位性がしばしば論拠として引き合いに出されるが，その点ではトヴェーリやウラジーミルその他の諸都市も同様の，あるいはいっそう有利な立地条件にあったといえる．

右　モスクワのもっとも古い市街図は16世紀末から伝わる．そのなかには，ボリス・ゴドゥノフの息子フョードルが描いた現存しないオリジナルからの複写図も含まれている．それらとは別に，ポーランド国王ジグムント3世のために作成された同種の市街図も存在した．ジグムント3世は1610－12年にモスクワを自分の首都にしようとしたのである．右図はジグムントの地図の複写図のひとつである．モスクワ川が上から左下方向（西から東）に流れ，それに支流のネグリンカ川（クレムリンに沿って弧を描いて流れているが，今日では暗渠化している）とヤウザ川が合流している．同心円状に広がる市街はどの部分も城壁で囲まれている．地図中央に赤の広場と市場街（6）および聖ヴァシーリー聖堂がある．数字で特記されている場所のなかには，モスクワ川とヤウザ川の合流点近くの公衆浴場（13）などがみられる．市の南部には，クレムリンと向かいあって銃兵隊街と皇室大庭園（14）があり，クレムリンの北西壁に面して薬草園がある．

匹敵する．西方教会の典礼は，このポータル中央の扉の開閉によって劇的効果がいっそう高められている．正教会における礼拝の雰囲気は，さらに，内壁と天井一面に描かれたフレスコ画によって強められる．14－15世紀のそうした壁画で，今日に伝わる好例は，断片的なものではあるがノヴゴロドに存在し，そのなかにはテオファネスの作品も含まれている．ウラジーミルのウスペンスキー聖堂にはルブリョーフの壁画も残されている．また，この時代から伝わる少数のみごとに飾彩された福音書は，この2人の芸術家の周辺で製作されたものと考えられている．

この時代の文学は，言語的障壁ゆえに，不可避的に聖像画の名作ほど芸術的直接性ないし普遍性をもちえないが，無視することはできない．年代記はさかんに書き継がれた．よく知られているのは，15世紀初頭のトロイツキー年代記である．聖セルギー三位一体修道院（トロイツキー・セルギエフ・ラーヴラ）で編纂されたこの年代記は，全ロシア的視点からの叙述を試みた包括的な作品といえる．ところでこの時代には，先にふれたモスクワ大公ドミトリー・ドンスコイをモチーフとした2編の風変わりな作品が現われた．ひとつは『大公ドミトリー伝』であり，もうひとつは，1380年クリコヴォの戦いの大勝利に想をとった，通例『ザドンシチナ』（"ドン川のかなたの物語"）と呼ばれる作品である．数種類の異本がある後者は，しばしば200年前の『イーゴリ軍記』を引用し，また，巧みに翻案したものといえる．

われわれの知るところ，当時の代表的作家はエピファニー・プレムードルイ（いとも賢明なるエピファニー）と呼ばれる人物であった．聖セルギーの知己でもあった修道士エピファニーは，セルギーとペルミのステファンの没した直後，両者の列聖を意図してそれぞれの伝記を著わしたが，どちらの作品も（100頁を越える）長編で入り組んだ構成をもつ．セルギー伝には，残念ながら明らかに後世の改作の跡がみられる．15世紀になってモスクワ国家の政治的プロパガンダの線に沿って，手が加えられたのである．しかしステファン伝は原型が損なわれていない．エピファニーは，自分の文体を「言葉の織物」と述べている．かれのステファン伝は，確かに散文体で始まり，かなりの部分はそのように書かれているとはいえ，おそらくは韻文として読んだほうが適切であろう．脚韻や頭韻，造語，修辞的誇張，構造的反復など，随所に韻律的に調子の高い技巧が織り込まれ，それらの効果によって，きわめて叙情的な作品となっている．とはいえ，二つの伝記どちらにも，大変興味深い客観的叙述が含まれているのもまた事実である．この2作品は，いわば高度に練り上げられた言葉のイコンであり，人びとの感情と魂に訴えて，崇敬の念を喚起するために書かれた．ところで，ロシア文学史のこれまでの常識は，こうした特殊な文体が，オスマン＝トルコのバルカン半島征服によってロシアへの避難を余儀なくされた，南スラヴ人亡命者たちに由来すると考えてきた．確かに，碩学の府主教キプリアンに代表されるそうした南スラヴ人の存在は知られており，また，かれらが汎スラヴ的文章語としての教会スラヴ語の革新運動において，なにがしかの役割を果たしたであろうことは否定できない．しかし，近年の研究によってわかったことは，エピファニーの文体と文学概念が相当程度オリジナルなもので，その外見どおり，簡単には模倣を許さないものだ，ということである．かれの方法は，たとえば，15世紀に出た有名な外来者セルビアのパホーミーのような後継者たちによって，むしろ卑俗化されてしまったのである．いずれにせよ，エピファニーの二つの聖者伝は，D・S・リハチョフが正教の「前ルネサンス」期と名づけた短くも生産的な時代（ほぼ，ドミトリー・ドンスコイとヴァシーリー1世の治世に一致する）の，疑いもなく最良の文学的遺産といえよう．この時期はまた，ロシア文明が聖セルギー三位一体修道院を拠点として展開したところから，聖セルギー時代と呼ぶこともできる．そしてロシアは，やがてモスクワ国家が国内のすべての文化的・政治的生活への統制を強めてゆく結果，どのような形態にせよ，本格的ルネサンスを迎えるチャンスを奪われてしまったのであった．

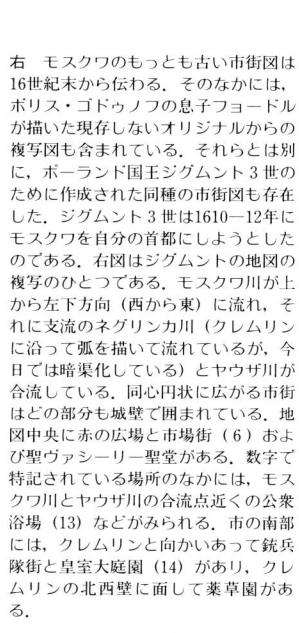

モスクワ公国

イヴァン3世とモスクワ国家の勝利

モスクワ・ロシアは，西欧ではモスコヴィアと呼ばれ，モスクワを首都とするロシア人の独立の統一国家と目された．そしてこのモスクワ国家の創造者こそは，ときに「大帝」と称されたイヴァン3世であった．けれどもまた，歴史を創り出すどのような偉人といえども，時代の子であることを免れることはできない．イヴァン3世が歴代の自分の前任者や同時代人とは異なった思考の持ち主であったか否か，あるいは，かれが，自分がその達成のために奮闘した目標の新しい意味をあらかじめ認識していたのか否か，こうした点はまったく明らかではない．かれを動かした動機や信念，あるいは人格については，ほとんど何も知られていないといってよい．今日に伝わる史料がすべて，公式文書に類したものばかりだからである．しかし，少なくとも次のようにはいえる．かれは堅忍不抜の人であり，事業達成への道のりが遠くて油断のならぬものであったときでさえ，決してその目標への確信を揺るがすことのない人物であったと思われる．もうひとつ指摘しうるのは，幼少期に味わった内乱の記憶がかれに猜疑的傾向をあたえた，ということである．かれの治世末期にも，長期にわたる王朝的危機が生じた．このときイヴァン3世は，最年長の息子ヴァシーリーを見離して，若すぎる結婚の結果である自分の孫ドミトリーを引き立てたが，その後なぜかヴァシーリーへの寵愛を回復した．この重大な権力抗争事件を前にして，歴史家はまごつかざるをえない．はたしてイヴァンは取り乱したのであろうか，あるいは，権力者のたんなる気紛れとみるべきか．どのような人格的ファクターがそこに介在しているのか，ヴァシーリーとドミトリーは，それぞれの母后とともに，社会的あるいは宗教的党派というものを代表していたのか．どの問いについても，しかるべき証拠は存在しない．

ともあれ，結局はヴァシーリーが玉座につき，父君の政治路線を引き継いだ．ヴァシーリーについて大公位を襲ったのはイヴァン4世である．イヴァン3世が15世紀ロシアを象徴する人物であるように，3世の孫で「雷帝」と呼ばれたイヴァン4世は，16世紀ロシアに消しがたい刻印を残した人物である．2人のイヴァンは，合計94年に及ぶ両者の治世を通じて，確固とした社会体制を確立した．このとき創出された諸制度はきわめてしっかりとしたものであったから，1598年のリューリク朝断絶をものともせずに生きのび，それにつづく「動乱時代」の混乱によっても根絶されずに，1613年のロマノフ朝成立以後，再建されて（この再建は，時代がすでに進んでいたところから，完全なアナクロニズムであった），さらに1世紀も存続することになる．逆説的ではあるが，のちのピョートル大帝は，その改革行為の成果と方法の両方の意味で，最後の偉大なモスクワ国家的為政者であり，また，強固な意志力を備えたこれらの先輩たちを心底賞賛した人でもあった．

イヴァン3世の基本的目標は，全ロシアの大公としての自己の家父長的権威を完全に復活させることにあった．それはとりもなおさず，領土の強さと安全，独立と威信などへの執着を意味した．そしてこうした心理が，以下のような諸課題を提出するのである．第一は，当時すでにカトリック国ポー

左　西ロシア：ポーランドとリトアニアの台頭

14－15世紀におけるモスクワの強大化とときを同じくして，西部では宿敵リトアニア大公国が急速に領土を拡大していった．そもそもリトアニア大公国は，東プロイセン領を通ってリトアニアに侵入してきたドイツ騎士団を撃退するために，ミンダウガス王が異教的諸部族を統合したときにはじまった．1237－40年のモンゴル侵攻後の100年間に，ゲディミナス王に代表される精力的な帝国建設者を擁するリトアニアの膨脹主義は，キエフやチェルニゴフなどのロシア南部の古い諸公国をやすやすと呑みこんでしまった．ゲディミナス（在位1316－39）は1321年にキエフを占領し，その2年後には自らの首都ヴィリニュウスを建設した．アルギルダス王（在位1345－77）がその息子ヤガイラに領土を遺贈したとき，その面積は90万km²におよび，多数の正教徒臣民を抱えるものであった．リトアニアは，クレヴォの連合（1385）によってポーランドと王朝連合を形成し，正式にローマ・カトリックを受容した．宗教の相違は，ギリシア正教のモスクワ公国と，公国が虎視眈々とねらっていた西部隣人との対立をいっそう募らせた．イヴァン3世は，リトアニアとの長期にわたる抗争を戦い抜き，結局，16世紀初頭にはおおいに形勢をモスクワ側に有利に導くことに成功したのである．とはいえ，キエフとスモレンスクの両都市は依然としてリトアニア支配下にあり，その回復にはさらに年月を要した．

上 モスクワの使節団は西欧の人びとの好奇心をおさえがたく刺激した．かれらは使節団員の立派な礼服や風変わりな帽子，見慣れない作法に目を見張った．上図はミハイル・ペテルレ作の初期の木版画であるが，オーストリア皇帝マクシミリアン2世に伺候する途上のロシア貴族たちの行列が描かれている．貴族の後には，毛皮を携えた商人たちがつづく．ロシアの使節団は通常は貨幣をもたず，毛皮を売って旅行中の経費を賄った．それがかれらに可能な最良の方法だったのである．

ランドと王朝的連合を果たしていたリトアニア大公国の膨脹主義に対する粘り強い戦いであった．第二は，ギリシア正教へのこれみよがしの肩入れと，自己の主権の誇示であった．さらに第三は，味方になってくれるかもしれない外国勢力との緻密な外交，第四に，非リトアニア地域（すなわち，北ロシア，東ロシア，中央ロシア）に存在した諸勢力の大公権による掌握，第五は，キプチャク汗国への従属からの完全な脱却であった．そして最後に，かれが目指したもうひとつの課題は，社会の全身分を，歴史家が「諸身分の国家への奉仕体制」と名づけた単一の有機的国家へと編成することであった．この事業は，43年というイヴァン3世の長きにわたる治世といえども，なまやさしい課題ではなかった．

イヴァン3世にとって，キプチャク汗国の存在はもはやそれほど大きな意味をもたなかった．240年間の長きにわたるタタールのくびきは，一発の銃声もなしに静かにその終幕を迎えたのである．1480年秋，もしかすると流血の大決戦となったかもしれない最終局面が訪れた．このときロシア軍とタタール軍は，モスクワ南西のウグラ川をはさんで対峙したが，数日間のにらみ合いののち，両軍はそれぞれきびすを返してひきあげてしまったのである．それ以来イヴァンはタタールへの貢税をやめた．しかし，かれは国内でのそうした貢税徴収そのものは廃止せず，それを自己の財源に転化させた．もっとも，タタール支配のこうした衰退の過程は，不発に終わったウグラ川決戦のすでに数十年前から，モスクワ歴代の諸公たちによって進められていたものである．かれらは，タタール貴族中の「異端派」を，ギリシア正教に改宗させモスクワに臣従させることによって，タタールの勢力をそぎつつあった．場合によっては，改宗すら求めないこともあった．イヴァン3世の父ヴァシーリー2世にいたっては，オカ川沿いのカシモフという場所にタタールの従属的小公国を建て，チンギス＝ハンの子孫の1人カシムに統治させたほどであった．モスクワの諸公たちには（ちょうどキエフの諸公たちが「ハカン」と自称したのに似て），明らかに自分たちをハンの後継者とみなしていた節が認められる．イヴァン4世時代には，カシモフの支配者セミョーン・ベクブラトーヴィチが，1575年から翌年にかけての数カ月間，（たとえ戯れてであろうとも）公式的にロシアのツァーリに祭り上げられるという奇妙なエピソードさえあった．

ノヴゴロドの没落

タタール問題以外にも，イヴァン3世はもっとはるかに困難で厄介な仕事に直面した．それは，モスクワ大公の全ロシアに対する主権を認めようとしないか，あるいは少なくともかれの支配権に対する脅威となりそうな国内勢力との関係に決着をつけるという課題であった．対抗諸勢力のなかでもっとも手強かったのは，ノヴゴロド人とトヴェーリ人，より正確にいえば，これら両国の支配階級であった．1478年のモスクワによるノヴゴロド併合は，したがって，イヴァン3世最大の事蹟のひとつということになる．ところでこのノヴゴロドの政治体制は，長いあいだ微妙なバランスの上に成り立ってきた．つまり，名目的には大公の主権を認め，また，リューリク一族のだれかを自国の公として迎えながら，ノヴゴロドは，発達した都市国家の諸制度と広大な属州の巧みな経営を通じて，実質的に完全な独立を享受してきた．都市において最終的決定権を有したのは，市民の結集する民会「ヴェーチェ」（ヴェーチェの鐘を打ち鳴らすことによってだれでもこの集会を召集できた）であったが，あまりにも多人数で論争の絶えないこの機関では，日常業務をこなすのが不可能であった．そのために寡頭制的な参事会と民選の官吏がおかれた．市長，市民軍司令官，大主教（市が任命した）などである．

タタール時代初期のノヴゴロドは，その豊かな経済力と，地理的に隔絶された立地，円滑な都市行政機能によって，おそらくは難攻不落だったに違いない．けれども，15世紀中頃までには状況はずっと悪化してしまった．タタールのくびきが緩み，モスクワとリトアニアの対立の様相がはっきりしてくると，ノヴゴロドがそれまでとってきた超然主義的態度も維持しがたくなったのである．1456年，ときのモスクワ大公ヴァシーリー2世は，折りしもモスクワ公国で勃発した内乱の末期において敵側に加担したことを理由に，ノヴゴロドを攻め落とし，この国に制裁金を課すなどして，モスクワの威光を誇示した．これ以後，ノヴゴロドは外交権を奪われ，モスクワ大公の印章を用いることを強いられた．それでもなおノヴゴロドは，自治的諸制度を失わなかった．ヴァシーリー2世はそれらを解体しようとは考えなかったし，イヴァン3世も当初はそのような意図をもたなかったように思われる．

しかし，多くの都市国家が免れえなかった運命が，やはりノヴゴロドをも待ち構えていた．都市の富裕階級（通例ではこのグループから市長が選ばれた）と都市民衆との対立がしだいに深刻化してきた．さらに，その経済力にもかげりがさしつつあった．当時ノヴゴロドは，ハンザ同盟のもっとも東に位置する加盟都市であったが，ノヴゴロド貿易の利益は，ある時期にノヴゴロド商人たちが自分の手で商品の船積みを

モスクワ公国

行うのを取り止めて以来，ますます多くハンザ同盟によって吸い上げられるようになった．同じ頃，折悪しく発生したヨーロッパのリス毛皮市況の暴落も，ノヴゴロドにとって打撃となった．しかしなお，ノヴゴロドはモスクワよりも富裕であり，人口も多かった（通例，人口約3万と推定されている）が，そこには致命的な二つの弱点があった．第一は，頼るべき独自の自衛力をもたなかったこと，第二に，食糧の自給力に欠けていたことである．ノヴゴロドの軍事力といえば，小規模な市民軍を別にして，外来の公とかれの率いる家臣団があるにすぎなかった．食糧問題に関していえば，ライ麦やオート麦などの丈夫な穀草類の栽培にとってさえ，ノヴゴロドの気候条件は厳しすぎるといえる（かろうじて亜麻と麻が適作であったにすぎない）．頻繁に訪れる凶作年にノヴゴロドの頼みの綱は，中央ロシアからの穀物移入であったが，それすら，だれであれ河川と連水陸路を支配する勢力によって遮断されないともかぎらなかったのである．

1456年直後のノヴゴロドの指導者は，市長の寡婦で頑迷な人物マルファ・ボレツカヤであったが，彼女はリトアニアと和平交渉をするという致命的な失敗を犯した．これに対しイヴァン3世は，1471年懲罰軍を差し向けながらも，なおモスクワの威光を認めさせるべく猶予をあたえたのだったが，このときノヴゴロドの命運は，流言と恐慌のなかで決せられてしまった．イヴァンは，かれがノヴゴロド人に認めさせようとした自身の権利主張に関してまったく非妥協的であり，そ

れを無視されたと知るや，1478年ノヴゴロドを包囲して自治的諸制度の廃止を要求し，「民会（ヴェーチェ）」の鐘をモスクワへ持ち去ってしまった．さらにイヴァンは，大主教の追放と広大な教会所領の没収を実行した．大主教の後任には，モスクワの有力政治家ゲンナジーが任命された．

こうした所領没収とともにイヴァン3世は，1480年代を通じてノヴゴロドの上層市民数千人の強制移住を敢行した．追放の結果生じたノヴゴロドの跡地は追放市民数より若干少ない人数のかれの勤務士族たちにあてがわれ，それがかれらに，軍役の費用を支弁するための経済的基盤をあたえた．ただしこうした土地賦与に際して，イヴァン3世が士族たちに認めたのは，当時の通念からみて当り前であった完全な所有権（世襲領地（ヴォッチナ）と呼ばれる所有形態）ではなく，勤務の十全な遂行を条件とした一代限りの土地保有権であり，歴史的にみてこの点がきわめて重要であった．いずれにせよ，約120万ヘクタールの土地がこのようにして処理され，封地制度（ポメースチエ）と呼ばれる新しいシステムが急速に広まっていった．イヴァン3世の後継者の時代になると，世襲領地所有者たちでさえ，土地収公の脅威の前に，国家勤務を余儀なくされるようになった．世襲領地は，わずかに売買と遺贈が所有者の自由意思において可能であったという点以外は，封地となんら選ぶところがなくなってしまった．しかしながらモスクワ国家には，ただひとつ純粋に無条件的な世襲領地というものが存在した．それはロシアそのものであ

リ，ロシアの支配者は，古代ローマ人のドミニウムという言葉が示すような，まったく制約のない処分権をその国家に対して行使したのである．

15世紀ロシアのこうした土地保有制度は，たとえわれわれの目には不可解にみえようとも，モスクワ的国家体制の根幹を成すものにほかならず（それはまた，イデオロギー的支配の基礎のひとつでもあった），体制の強さと弱さ，双方の源泉であったといえる．この制度は，ニコライ2世にいたるまでの歴代のツァーリの国土と臣民に対する態度に影響をあたえると同時に，国際関係におけるかれらの言動にまで影を落とし，モスクワ国家の君主たちの特徴として名高い傲慢さをも助長することとなった．イギリス女王エリザベス1世に宛てた手紙（1570）においてイヴァン4世は，彼女こそが真の主権者であると考えていたとしながら，「しかし，いまやわれらは，実際に支配権を司どる人びとがほかに存在すると認めざるをえない」としたためたのである．この不満の原因は，エリザベスが臣民の諸権利を認めていることにほかならなかった．土地以外にこれといって恵まれたものがないロシアは，この無尽蔵とも思われた資源を勤務への報酬として利用した．この方法は，モスクワ国家が倒れたのちも生きのびて，18世紀の終わりまで続けられた．さらに，土地の経済的利用（毛皮獣の狩猟，鉱山開発，手工業，酒造，製塩などのような）も，たとえそれが民間の手に委ねられた場合でさえ，一般的には君主の特権とみなされた．

ノヴゴロド併合がロシア史上の画期的事件であった理由は，併合が結果として封地制度に道を開いたということに尽きない．ノヴゴロドは，ロシアの歴史の流れにおいていわば「もうひとつのありうべき道」だったのである．モスクワやリトアニアと共通の前キエフ時代・キエフ時代の祖先から出発したにもかかわらず，この都市国家は，現代人の目には，二つのライバル国家以上に魅力的な社会へと成長していった．ノヴゴロドは，恐怖ではなく忠誠を市民に求めたし，自由を愛し，民主政的傾向も強かった．その豊かな経済力と勤勉はつとに知られ，法律や処罰法においても寛大であり，芸術活動も多くを生み出した．この都市はまた，ちょうどその後継者サンクトペテルブルグがそうであったように，「西方へ開かれた窓」でもあった．ノヴゴロドの商人たちは，のちにペテルブルグが建設される場所から，西欧へと船出していった．しかしイヴァン3世は，1490年代にハンザ同盟の商人たちを国外退去させることによって，この窓を閉ざしてしまった．イヴァン3世のノヴゴロドに対する抑圧は，確かにリトアニアへの恐怖という事情があったにしても，ずいぶん苛酷なものであった．そしてこの併合は，市民の強制移住を伴ったがゆえに，ロシアの運命にとっていっそう不吉な前触れとなった．モスクワ国家においては，人間の生命と尊厳が軽くみられ，人間はむしろ土地の付属物となった．そうした雰囲気であったからこそ，16世紀になってしだいに農奴制が形成されていくときも，ほとんどだれひとりそのことに注目しなかったのだといえる．ロシアの農民には，11月の聖ユーリーの日前後の2週間に限って移転できるという伝統的権利があったが，農奴制はまずこの権利を恒久的にではなく，一時的に停止するというかたちではじまった．一時的停止のねらいは，土地を耕作させるための十分な労働力を確保することにあった．

ノヴゴロド攻略を契機に，モスクワによる領土の「取り込み」は，掃討作戦の様相を呈しはじめた．モスクワの宿敵トヴェーリも1485年ついに降伏した．このときトヴェーリ公国最後の公は絶望の果てにリトアニアに逃避したが，かれの貴族たちといえば，救えるものは少しでも救い出そうとして，一斉にモスクワになびいた．イヴァンは，最初に娶った妻がトヴェーリの皇女だったこともあって，比較的寛大にこの国を処した．ところで，国内にはさらに二つ，規模こそノヴゴロドに及ばないとはいえ，同じような民主政的諸制度を備えた都市国家が存在した．ひとつはプスコフである．プスコフは，

バルト海沿岸部のドイツ人植民者との対抗上，モスクワに軍事援助を仰いでいた同盟国であった．もうひとつは，ノヴゴロド領の辺境に位置する特筆すべきその分家ヴャトカであった．広大な土地にわずかの狩猟者たちが住む地方で，その北東辺境地域は無法者たちの巣窟でさえあったが，ノヴゴロドに劣らず自由な伝統が息づいていた．ヴャトカ人は，いましもその隣人カザン・タタールと同盟してモスクワに刃を向けかねない形勢にあったが，イヴァン3世は，1489年これをも平定し，ここでも再び強制移住策を実行した．このようにして，イヴァン3世の治世が終わりにさしかかった頃には，ただ二つの独立国が残るのみとなった．西方との緩衝地帯としてのプスコフと，東方のステップへの入り口にあってやはり同様の役割を果たしていたリャザン公国である．この両国は，イヴァンを継いだヴァシーリー3世によって，それぞれ1510年と1520年に征服された．その際ヴァシーリー3世は，父王のノヴゴロドにおける所業にならって，プスコフ住民を連れ去り，民会の鐘を運び去った．ヴァシーリーのやり方は，あるいはイヴァンほど手荒ではなかったかもしれない．しかし，これがプスコフの伝統的友好関係へのモスクワの返礼であった．

残るはリトアニア大公国であったが，これははるかに難敵であり，イヴァン3世の行動も慎重かつ策略的にならざるをえなかった．ある段階でイヴァンは，リトアニア大公に娘を嫁がせ，明らかに，リトアニア宮廷での政治的・宗教的足掛かりを確保することをねらった．これによっても最大の懸案であったスモレンスクの復帰は実現しなかったが，それでもイヴァンは両国国境地帯の若干の領土を取り戻すことに成功した．しかしながら，独立国家としてのリトアニアの存在は，それ自体が国境争いから生ずる諸困難以上に深刻な脅威を，モスクワの政治体制にあたえるものであった．ロシア諸公国の上層貴族たちのあいだには，勤務の自由という，古くから伝わる容易には廃れがたい特権が存在していた．かれら勤務者たちは，その忠誠の対象たる公を取り替えるのにいささかの躊躇もしなかったのである．けれども実際には，モスクワによる「取り込み」が進行するにつれて，かれらに残された勤務の対象は，不倶戴天のライバル，リトアニアを唯一の例外として，モスクワ大公以外に見当たらなくなってしまった．イヴァン3世の時代以降，予測されたことではあるが，モスクワへの勤務から離脱することが反逆とみなされるようになった．ロシアの上層貴族たちは，突如として，自分たちが農民か奴隷でさえあるかのごとく，君主の恣意から無防備な立場におかれているのに気づいた．主君と家臣のどちら側もがある種の義務の履行を誓約するという，西欧流の「封建契約的主従関係」は，ロシアには存在しなかったのである．16世紀のモスクワ国家を訪れた西欧人が，ロシアでは大貴族も勤務層もともに君主の前で平伏するということを，しばしば特別の興味をもって記録しているという事実は重要であろう．モスクワからの離脱のもっとも劇的で，しかも晩期に属する一例が1560年代に生じた．イヴァン4世の友人で戦功赫々たる軍司令官アンドレイ・クルプスキー公がリトアニアへ逃避したのである．イヴァンとクルプスキー間の長期にわたる往復書簡のきっかけとなったこの事件は，おそらくイヴァン4世に精神的均衡を失わせた要因のひとつであった．多くの古来の公国がモスクワに併合された結果，専制に対する歯止めとなってもおかしくはない貴族たちの人口はむしろ増加していた．しかし，そうした人口増加は，貴族階級が全体として従属することになる前兆となった．

正統と異端

モスクワ的社会体制の誕生と時を同じくして，宗教的・思想的な大小の諸問題が生じ，さまざまの提案が出された．一般論としていえば，両者は内的に結びついていたといえる．14世紀末と15世紀末に2派の容易ならぬ宗教的異端が発生し

ノヴゴロド：領土と商業活動

ノヴゴロドは，少なくともすでに9世紀には，ヴァイキングとスラヴ人，フィン語系諸民族間の決定的な交易拠点となっていた．その地名は「新しい町」を意味するが，おそらくラドガ湖畔にあった古い定住地に対比して「新しい」と形容されたのであろう．12世紀から15世紀にかけてノヴゴロドは事実上の独立国として繁栄した．それは，ヨーロッパ最北の大きな都市国家であり，ある程度は民主的に統治され，はるかウラル山脈にまで達する広大な北部属州を抱えていた．市域は五つのコニェーツ（街区）に区分されていた．そして，ときに「帝国」とも呼ばれた属州も同名の5コニェーツに分割され，毛皮貿易のために開発された．主要な通商路は，ノヴゴロドから東に向かい，ヴォルガ川流域にいたるものと，南方のキエフへ（したがって，結局はコンスタンティノーブルへ）いたるもの，西方のスウェーデンと神聖ローマ帝国領に達するものとがあった．ノヴゴロドはまたハンザ同盟最東端の都市でもあり，ゴトランド島（おそらくここにはノヴゴロドのフレスコ画が残されているものと思われる）に独自の重要な商館をもつほどであった．中世末期には，二つのノヴゴロド付属都市――南西のプスコフと東のヴャトカ――がやはり独立国となったが，本家のノヴゴロドと同様に，やがて力ずくでモスクワに併合されてしまった．

イヴァン雷帝

「雷帝」ことイヴァン4世のイメージを多くの人びとにもたらしたのは，エイゼンシュテインの映画（1943—46）であるが，これは決して悪いものではない．エイゼンシュテインは独裁者スターリンのもとで働いた．そしてスターリンこそは，ある程度雷帝を手本として振舞い，また，その多義的性格，高貴と醜悪，抑圧された狂気と洪笑の混在という点で，雷帝に匹敵する人物であった．

イヴァン4世は，その長い治世（1533—84）が進むにつれて，合理的な政治目的（とくにかれは，貴族層に打撃をあたえ，新たに士族をとりたてることによって，モスクワの勤務国家体制の強化をはかった）を，思いもよらないますます非合理な手段で遂行するようになった．かれの行動と自意識の特徴は，極端なまでの韜晦癖にあった（ここにピョートル1世との注目すべき共通点がある）．かれはその出口を誤った知的エネルギーの捌け口として，おびただしい数の書簡を，だれにも真似のできない不自然で芝居がかった文体で書いた．かれを目の当たりにした外国人たちは，その知性と鋭い機知を印象づけられている．雷帝がロシアにあたえた心理的・物理的な現実の打撃にもかかわらず，民衆のあいだでのかれのイメージは，ロシアの国益，統一，伝統，敬虔を高めた人物として，一般に肯定的である．しかしモスクワ公国はすでに，偏狭なイデオロギーに支配された，厳格で反進歩的かつ危険な国家になりはてていた．その外見は，過度ともいえるほど秩序づけられていたが，水面下では社会的不満が煮えたぎっていたのである．

上　イヴァン4世の大国璽．王冠を戴いた双頭の鷲はビザンティン起源であり［ハプスブルグ家起源という説もある］，新旧両ローマ帝国を表している．鷲の胴体には，モスクワの標章である聖ゲオルギーをあしらった盾がみえる．その周囲には，モスクワに併合された12の公国の国璽とギリシア正教の十字架が配置されている．縁どりの刻印はイヴァン4世の正式な称号である．

右　1564年，イヴァン4世は突如としてモスクワ北東100kmの小村アレクサンドロフに引きこもり，退位をほのめかして人びとを威嚇した．かれは，政敵を自由に処罰しうること，また，オプリーチニナを創設することを条件に，帝位に復帰した．オプリーチニナの中核的な隊員（オプリーチニク）たちは，遠征に出て諸国を荒らし回っているときは別として，アレクサンドロフ村を拠点に疑似修道士的な生活を送った．右の同時代の絵には，ツァーリの臨席のもとで饗宴を行うオプリーチニナ隊員たちの姿が描かれている．これがかれらの毎朝10時の日課だったのである．

上　挿絵入り『ニコン年代記』中の細密画．年代記は17世紀中頃に総主教ニコンの命で作成された．この絵には，イヴァン4世のオプリーチニナ隊員の居住のために，モスクワに新しい宮殿を建築している様子が描かれている．想像で描かれたクレムリンのなかから，ツァーリ自身が工事の進捗状況を見守っている．

た.「剃髪派」(ストリゴーリニキ)と「ユダヤ主義」(ジドーフストヴーユシエ)である.どちらもノヴゴロドからはじまった動きであるから,西欧における宗教改革の先駆的運動とのなんらかのつながりを推測させる.ただ,バルカン半島からロシアへ,すでに東方のボゴミール派の影響が及んでいたかもしれず,その点も一考の余地があろう.いずれにせよ,この二つの異端は,どちらも合理主義的で反位階制的な傾向をもつものであったが,かれらの信条をそれ以上詳しく特徴づけるのは,かなり困難である.両派とも異端として弾圧され,それゆえその教義内容は,主としてその敵対者たちの言葉から窺い知るしか方法がないからである.「ユダヤ主義」は,比較的成功した運動で,モスクワの大公側近のなかにさえ支持者を見出すほどであった.しかし時代の雰囲気は厳しく,したがって運動の指導者たちに下された処分も,それだけ苛烈となった.イヴァン4世は,長い逡巡ののちかれらを火刑に付した.強硬派のノヴゴロド大主教ゲンナジーがかれを説き伏せて,スペインの異端審問所の先例に従わせたのであった.もっとも,このゲンナジーも力による対策一辺倒だったわけではなく,異端派の神学的知識に対抗するため,はじめて聖書のロシア語全訳本を編ませたりもした.

この間,正教会自身も固有の問題を抱えながら,その独特の体質を強めつつあった.独自性のひとつといえるのは,14世紀に聖セルギーによってはじめられた隠者的修道院運動の遺産であった.瞑想を重んずる静寂主義的精神の伝統は明確化され,さらには,イヴァン3世とヴァシーリー3世の治世に出た一群の秀でた宗教家たちによって,いっそうつきつめられていった.ニル・ソルスキー("ソラ川の"ニル,1509没)や,かれの弟子ヴァシアン・パトリケーエフ,その他ニルにしたがった「ヴォルガのかなたの修道士たち」(かれらは北方森林地帯の隠修庵室で修行した)と呼ばれた人びとである.かれらは,世俗的財産から修道院は自由であるべきだと主張したので,「非所有派」と名づけられた.他方,「非所有派」の論敵として登場したのがヴォロコラムスクの聖ヨシフ(イオシフ・ヴォローツキー,1515没)であった.かれの立場は,修道院生活と日常生活の統一を説き,教会による芸術保護と大土地所有(そこからもたらされる富が修道院により良い仕事を保証するであろう)を唱導・容認するものであった.この両派の対立は尖鋭化し,政治的様相さえ帯びるにいたった.なぜなら,非所有派の主張は宗教と政治の分離を含意していたし,「所有派」すなわち「ヨシフ派」は,政治的支配者を教会の保護者とみなし,それゆえ教会を国家と不可分のものと考えたからである.1503年に開かれた教会会議は,「ヨシフ派」に軍配を上げた.モスクワ国家が中央集権的な専制への道を歩みはじめていた当時の全般的動向からみて,この決定は当然であったといえよう.「非所有派」のあまりにも理想主義的な精神は,受け入れがたかったのである.その結果,「非所有派」の人びとは弾圧されたが,かれらの思想を一掃してしまうのはそれほど容易ではなかった.16世紀に顕著な現象となる「瘋癲行者」のように,ロシア正教には多くの遍歴「聖人」が現われるが,こうした個人主義的傾向は,「ヨシフ派」的伝統のなかに存在しないのである.

歴史家によっては,1503年以降政府は完全に教会を掌握し,それゆえロシアの教会は支配の道具と化してしまった,と主張するものもいる.トインビーが「皇帝教皇主義(ツェザロパピズム)」と名づけた体制である.しかしこの概念は,実際にはあまり適切ではない.ロシアの皇帝が「聖界の長」の役割を兼ねたことは一度もなかったし,なるほど両者はたいていの場合密接な協力関係にあったとはいえ,皇帝が最後の手段として聖界に裁可を仰ぐという事態もありえた.イヴァン4世の理不尽な恐怖政治の絶頂期に,府主教フィリープが勇敢にもイヴァンを非難し,そのために命を落とすということさえ起きた.実際には,教会の指導者たちが国事に介入することのほうが,その逆のケースよりも多かったのである.し

下 カザン占領時にイヴァン4世軍が用いた主軍旗.この占領を描いた細密画の後景にも,同様の軍旗が想像によって描かれている(右下図参照).軍旗には聖像画風のキリストの肖像がある.キリストの肖像こそは「聖像画の原点」であった.

上 俗人の肖像画(ふつうは記念碑的人物の)は,ロシアでは16世紀後半から知られている.それらは当初,聖像画法の伝統の枠内で描かれたが,ときとして個性化がはかられることもあった.木板に描かれたイヴァン4世のこの聖像画風の肖像画(17世紀初頭の作と推定される)は,現在コペンハーゲンにある.

右下 カザン征服は,イヴァン4世初期のもっとも重要な軍事的成功であった.カザン汗国はキプチャク汗国のもっとも強力な後継者であった.ヴォルガ中流域を押さえるその戦略的位置ゆえに,カザンは南方と東方への関門だったのであり,その征服によってシベリアとウラル地方への道がロシアに開かれた.この細密画は,イヴァンの新式軍隊たる銃兵隊が火器を駆使して,カザンのタタール騎兵軍と戦うありさまを描いている.画面左手にカザンの街がみえる.後景には,イヴァンとかれの馬上の家臣たちの姿がある.

右上 イヴァン4世の治世のなかで,もっとも奇妙かつ,社会にももっとも多くの害悪を撒き散らした事件は,オプリーチニナ政策(1564-72),すなわち分離された「王国中の王国」の創設だったであろう.通常のものと並んで,別系統の統治機構が造られ,オプリーチニナ領域は騎馬軍団たるオプリーチニク部隊(オプリーチニク)の手に委ねられた.かれらにはツァーリの政敵を抹殺するための権力があたえられた.修道士をまねて,かれらは揃いの黒い装束を身にまとった.右上図は現存するそうした制服のひとつである.

モスクワ公国

かし，イヴァン3世は，自ら望んだのではなく情況によって余儀なくされたのだとしても，明らかに正教世界の保護者としての特別の役割を自認していた．コンスタンティノープルは1453年オスマン＝トルコの手に落ちた．したがって，タタールのくびきを脱した時点でロシアは，ギリシア正教のただひとつ重要な独立国家であった．イヴァン3世の目には，西方からの宗教的脅威もまた同様に危険なものと映った．東西キリスト教世界の分裂は，1204年の十字軍のコンスタンティノープル攻略によってすでに深刻化していたが，1430年代のフィレンツェ公会議の失敗はそれに拍車をかけ，もはやだれの目にも歴然たるものになった．コンスタンティノープルの陥落と東西分裂の悪化，この二つの出来事が苦い遺産を残したのである．

コンスタンティノープル陥落後，明らかにバルカンのスラヴ人から生まれたと思われるある奇怪な理論がロシアで流行し始めた．いまやモスクワが（「第二のローマ」コンスタンティノープルに代わって）第三のローマとなり，第四のローマは永遠に存在しない，そしてこの第三のローマが，全キリスト教世界の中心となり，「この世の終わりまで輝きつづけるであろう」，という説であった．この説はヴァシーリー3世に宛てたプスコフの修道士フィロフェイの1515年［頃，1510，1523などの諸説あり］の有名な手紙のなかで定式化されたものであるが，すでに数十年前に一度モスクワの宿敵トヴェーリを主役においてか語られたことがあった．いずれにせよ，やがてイヴァン3世とヴァシーリー3世は，双頭の鷲の紋章の採用［近年はこの紋章はハプスブルグ家から採用したという説が有力］や，ロシアの王朝にローマの血統とビザンティン帝権の継承権ありとする書物の普及など，かれらの威信に外見上の目にみえる体裁を施す作業に着手しはじめる．苦心して造られた，ますます包括的な称号が用いられるようになった．若きイヴァン4世が「ツァーリ」の称号を帯びたロシア最初の君主となった［戴冠したときの意］ときが，その頂点である．「カエサル」に由来するこの称号は，従来もロシアの公文書で，ビザンティン皇帝とタタールの大ハンを指すのに使われていたものであった．ところでイヴァン3世は，最初の妻が死んだのち，最後のビザンティン皇帝コンスタンティヌス11世の姪ゾエ・パレオロギナと結婚することによって，さらなる権威を獲得するのに成功した．花嫁ゾエがイタリアで育てられた女性であったから，ヴァチカンがこの結婚に深い関心を示した．けれどもイヴァンは，代々受け継いできた旧領の回復に心を奪われていたので，対トルコ同盟を結成し，その成功の暁にはかれを，奪回されたコンスタンティノープルの玉座にさえ就かせようという，ヴァチカンからの甘い囁きにも耳を貸すことはなかった．

こうしたイタリアとの繋がりは，別の面で目にみえる結果をもたらした．モスクワのクレムリン内部にあった主要な建物が，それらにふさわしい壮麗さをもって再建されたのである．前世紀に実績を積み重ねてきたモスクワの建築家たちが，まずクレムリン最大の聖堂ウスペンスキー聖堂の建設に着手したが，漆喰の調合がまずかったために，一部で倒壊が生じた．そこでイヴァン3世はプスコフの専門家チームに応援を求めた．かれらは，倒壊の原因を突き止めるとともに，モスクワに滞在していくつかの建物の設計にも携わった．けれども，ウスペンスキー聖堂自体の設計を任されたのは，イタリアの建築家アリストテリ・フィオラヴァンティであった．かれは1474年から1479年までロシアに滞在し，12世紀に建てられたヴラジーミルのウスペンスキー聖堂をつぶさに研究して，壮麗でありながら新機軸をも盛り込んだ，それでいて全体構想から細部にいたるまで完全にロシア的な設計に成功した．その後30年間にわたって，多くのイタリア人がロシアにやってきた．いまなお残るかれらの仕事の記念碑といえば，グラノヴィータヤ宮殿を飾るイタリア様式の燕尾型胸壁とか，最後の作品としては（1505以降），ビザンティン様式を母体としながらも，細部にわたっては盛期ルネサンス様式の諸要素を取り入れたアルハンゲリスキー聖堂などがある．

イヴァン雷帝

モスクワ時代の建築における脱ビザンティン期の，おそらく最大にしてもっとも驚異的遺産は，モスクワ郊外コロメンスコエ村の離宮内に建てられたキリスト昇天教会（ヴォズネセーニエ教会堂）であろう．この教会は大規模な煉瓦の尖塔を成しており，伝統的ロシアの木造建築を煉瓦で再現したものらしい．この建物は，久しく子宝に恵まれなかったヴァシーリー3世の嫡子誕生を祝って，1530年に建立されたが，その世継ぎこそ「雷帝」（「グローズヌイ」，本来は「畏怖の念を起こさせる人」の意）と呼ばれたイヴァン4世その人であった．イヴァンがまだ3歳のとき父君ヴァシーリーが死去したため，かれの母エレーナ・グリンスカヤが摂政となった．しかし，このときからロシアは政治的混乱に陥り，幼いツァーリは身の危険と屈辱のなかにおかれた．おそらくは毒殺であろうと推測される母后の死後（1538），貴族たちは利己的で不穏な行動に走った．ここで興味深いのは，雷帝の偉大な先達イヴァン3世と後世のピョートル1世が，幼少期においてやはり同様の不安な，おそらくは心中深く傷つかざるをえなかったような経験を経ていることである（イヴァン3世はモスクワの内乱期に）．3人の君主はいずれも晩年において，病的なまで極端に陰謀計画を恐れたのであるが，その原因を，暴力と不安に取り巻かれた幼少体験のなかに求めたとしても，そう的はずれではなかろう．

イヴァン4世の長い治世は，「モスクワ的性格」がもっとも典型的に現われた時代といえる．かれのきわめて強権的統治体制のもとで，モスクワ国家の中央集権化政策は最大の進捗を示した．しかしまたかれの治世は，打ちつづく危機の時代でもあり，その傷跡の回復には数世代の経過を要するほどであった．この危機は，もしイヴァン自身ならば信頼のおけない家臣たちにその責めを負わせたであろうが，紛れもなく雷帝の人柄に起因したものであった．かれの治世全体の流れは，ときとして入り組んだ謎の部分があるとはいえ，十分に明らかである．それは，1560年代初頭を境として，「善政の時代」と「悪政の時代」という，ほぼ同じ長さの二つの部分に分けられる．ほかのどの君主に比べても，われわれはイヴァン雷帝の人格についてはよく知っているといえようが，それにしてもなお，こうした治世の転換がどの程度雷帝の均衡を失った心的状態に起因するのか，いいかえれば，いたるところでかれが感じ取った危険には，どれほど客観的根拠があったのか，はっきりとした答えをあたえるのは難しい．かれの時代は，あまりにも明るい期待とともにはじまり，そして結局は，ほとんどあらゆる場面における失意と幻滅のうちに，その幕を降ろすことになる．

1547年，イヴァン4世は唐突に戴冠式の挙行を決意し，絢爛たる式典をあげた．このときからかれの親政がはじまる．イヴァンはまず最初の結婚をしたが，花嫁はロシア史上のちに重要な役割を果たすことになる家門の娘，ロマノフ家のアナスターシアであった．かれは，府主教マカーリーなどを含む「選抜者会議（イズブランナヤ・ラーダ）」をつくり，その助けを借りて一連の改革を実行し，人民集会たる「全国会議（ゼムスキー・ソボール）」を召集してそれらの是認を求めた．諸改革のうちには，法令集の発布（1550）や大がかりな教会会議の開催（1551）も含まれる．ついでイヴァンは，士族の勤務要件の見直しと軍制の再編に着手した．新式の軍事力である銃兵隊を創設したのも，このときであった．

その直後の戦争で，ロシアは若干のめざましい勝利をおさめた．すなわち，1552年と1554年に，ヴォルガ地方を抑える二つのタタール系王国，カザン汗国とアストラハン汗国を征服したのである．この勝利はイヴァンに，漁業や商業や農業によって繁栄していた人口稠密な二つの都を伴う広大な新領

上　イタリア人の建築家と職人たちは，30年間にわたってモスクワ・クレムリンのさまざまな建築活動に携わった．そのような活動の最後にしてもっとも華麗な例が，歴代ツァーリの墓所であるアルハンゲリ・ミハイル聖堂（1505建立）である．この聖堂の設計者は，バフチサライでクリミア汗のために働いたこともある人物アルヴィジオ・ノーヴィ（「新しいアルヴィジオ」の意）であったが，この建築によってロシアにも，重々しい壁体胴部（コルニス）や柱頭のある付柱，切妻壁のホタテ貝模様など，ルネサンス様式のさまざまな外壁装飾の手法が普及したのであった．表玄関（ポータル，上図は北側玄関）には，石灰岩に凝った浅浮彫りが施されている．聖堂の内部はロシアの伝統的様式のままである．

左　クレムリンにある聖堂のなかで最小のものはブラゴヴェシチェンスキー聖堂である．この建物は火災ののち16世紀の中頃に再建されたものだが，みごとな聖像画列のうちの2列は，火災を免れたにちがいなく，1405年にテオファネス（フェオファン・グレク）とそのグループ（その1人はルブリョーフであった）が描いたものが飾られていると推定される．聖像画が飾られた仕切りは，アルヴィジオ流に（あるいはもっと緻密にさえ）彫刻と壁画が施された西の表玄関ごしに，周囲を取り巻く回廊から垣間見えるようになっている．床にはウラル山脈から切り出した準貴石が敷きつめられている．

土と，いや増す威信をもたらしただけでなく，シベリアと東洋への入り口をもあたえたのであった．1558年から63年にかけては，リヴォニア騎士団（チュートン騎士団の末裔）のドイツ人と戦って相当の勝利をおさめた．ロシアがバルト海への自由な出口を獲得するのは，もはや時間の問題となった．他方，イヴァンはロシアで働く外国人の徴募なども実施した．折しも1553年，東インドへいたる北極海航路を探し求めて白海沿岸を航海していたイギリス船が坐礁するというきわめて運命的な出来事によって，ロシアは，その船長リチャード・チャンセラーと邂逅する．北ドヴィナの河口を拠点としたイギリスとの通商関係が，これによってできあがった．この地点がやがてロシアの代表的港アルハンゲリスクとなるのである．ヤロスラヴリのように，モスクワとアルハンゲリスクのあいだに位置する諸都市が繁栄した．イギリスでは，この思いがけない幸運を利用するために，史上初の合資会社が設立され，それが数年間ほぼ独占的な対ロシア通商権を手中におさめた．当時イギリスがモスクワにおいた商館兼大使館の建物は，最近になって発掘された．

1560年にイヴァンの妻アナスターシアが突如として死去した．これをきっかけにイヴァンの治世は劇的に暗転する．絶望し，彼女の死が毒殺によるものという考えに取りつかれたイヴァンは，選抜者会議との関係を断ち，側近たちに苛酷な態度で臨んだ．クルプスキー公や，その他若干の重臣たちは賢明にも国外へと脱出した．イヴァンの性格から知的で学問好きの，少年のような一途さが影をひそめ，発作的な怒りと悔恨，迷信深さ，瀆神的言動と極端な慈悲心の交錯など，暗い側面がきわ立つようになった．1564年，かれの治世においてもっとも有名な出来事がはじまる．イヴァンは何の前触れもなしに，突如として修道院にこもってしまった．修道院はモスクワから北東に100kmの片田舎，アレクサンドロフ村にあった．そこからかれは府主教に書簡を送り，退位を宣言するとともに，重臣たちへの非難と民衆への賞賛を書き綴ったのである．これははったりの脅しであったのか，もしそうだったとしても，その一幕は功を奏することになった．驚いたモスクワ民衆はかれに復位を乞い，かれが望むどのような条件をも受け入れることを申し出た．そこでイヴァンはおもむろに玉座へと復帰したが，復位の条件として，かれの意のままにだれであれ処罰しうること，および，国内にかれの専断によって統治しうる別個の領域を設定することを認めさせた．

「オプリーチニナ」，すなわち「除外された場所」と名づけられたこの異常な領域は，農村にも都市にも，また，モスクワ市の一部をも含んで全国にモザイク状に設定され，それ以外の通常の国土「ゼームシチナ」と絡み合って巨大なジグソーパズルを出現させた．オプリーチニナとゼームシチナは，それぞれ別系列の行政組織によって統治された．こうした政策がいったいどのような意味をもったのかは，史料の欠落ゆえにほとんど知られていない．しかし，オプリーチニナ領内でイヴァンが，「オプリーチニク」と呼ばれた無頼漢の集団を使って恐怖政治を敷いたのは，紛れもない事実である．オプリーチニクの使命はほかならぬツァーリの政敵の抹殺にあった．イヴァン4世が行った数々の残虐行為のうち最悪のものはノヴゴロド住民（かれらはイヴァン3世が徴募してモスクワ周辺からノヴゴロドに移住させた人びとの子孫であった）の虐殺事件であろう．虐殺の原因は，かれらがポーランドと通じているという，不確かな噂にすぎなかった．この「オプリーチニナ」政策は1572年，突如として廃止されてしまう．おそらくはその前年，当時まだ備えのできていなかったモスクワをさえ蹂躙したクリミア＝タタールの破壊的侵攻が，廃止の原因だったのではなかろうか．他方，西方での戦争も泥沼にはまり，状況は悪化の一途をたどっていた．新たにスウェーデンが敵方に立って参戦し，その結果ロシアは1580年代初頭に，それまでの20年間に獲得した領土の断念を受け入れる諸条約の締結に応じざるをえなかった．バルト海に港をもつという夢の実現は，結局ピョートル大帝の時代までもちこされることとなった．

毒殺の可能性もある1584年のイヴァン4世の死とともに，次男フョードルが即位する．フョードル自身は専制とはほど遠い篤信の人であったが，政治の実権を握ったのはかれの義兄ボリス・ゴドゥノフであり，タタールの血をひくこの才気に満ちた人物は，ロシアがいまだ知らなかったタイプの政治家であった．フョードルの時代にも，その晩期において若干の軍事的成功が勝ちとられた．内政面では，ロシア府主教の総主教への格上げが有名な事蹟であり，これによってロシア聖界の首座は，古代5教会（ローマ，コンスタンティノープル，アンティオキア，アレクサンドリア，エルサレム）と肩を並べることになった．

リューリク朝最後の君主フョードルは世継ぎを残さず，1598年に没した．そのためロシアは，王位継承をめぐる未曾有の危機に見舞われることとなった．イヴァン4世のもう1人の息子ドミトリーは，父君の死後も健在であったが，1591年，僻遠の町ウグリチでわずか9歳にしてその生涯を閉じてしまった．今日にいたるもかれの死の真相はまったくの謎であるが，当時は，王位への野望に燃えたボリスがドミトリーに刺客を放ったのだという噂がまことしやかに流布された．一見した限り，この噂が真実であるとは思われない．なぜなら，フョードルが世継ぎなしで死ぬことを，ボリスがあらかじめ知っていたはずはないからである．けれども現実には，それがロシアに災いの種を播くことになった．ボリスは，シュイスキー家など名門貴族たちの切歯扼腕をよそに，正当な手続きを経て，空位となっていた大公位に選ばれた．その後の経緯はプーシキンの戯曲やムソルグスキーの歌劇によってよく知られている．かれの治世（1598-1605）は，凶作や飢饉など，数多くの災厄に見舞われた．啓蒙的諸政策（たとえば，西欧へ何人かの留学生を派遣した．そのうちの1人はイギリスに帰化し，イギリス国教会の聖職者となった）を試み，建築活動を再び活性化させたにもかかわらず，ボリスは民衆の支持を獲得することができなかった．そのような時期に，1人の僭称者がポーランドに現われたのである．その男は，自分こそ奇跡的に生きのびたドミトリーであると称し，数次の敗北にもかかわらず数を増しつつあった混成軍を率いてモスクワに攻め上ってきた．ところが，折悪しくボリスが急逝し，その息子フョードル2世も殺害された．かくて，「偽ドミトリー」は歓呼のうちに迎えられ，ツァーリとなった．これが約10年間続いた「動乱（スムータ）時代」の幕開けであった．

動乱時代

偽ドミトリーは，かれ自身がその正統性を信じ込んでいたか否かは別として，すぐれた為政者の資質を世に示した．けれども，ボリス一族打倒という目的のかぎりでこの僭称者に仕えたモスクワの貴族たちは，すぐにかれを見離したし，ドミトリー自身も，ポーランド女性マリーナ・ムニシェクと結婚することで広範な民衆の不評を買うという失敗をしでかした．かれは貴族の謀反によって玉座を追われたうえ殺害され，その遺灰は大砲に込められて，ポーランドの方向に向けて発射された．ついでツァーリとなったヴァシーリー・シュイスキー（在位1606-10）も広範な支持をえられず，モスクワでの全国会議で退位させられる直前のかれの治世の末期には，ロシア国内の混乱は頂点に達し，いかなる正統な権威も存在しないという様相を呈するほどになった．ただ独り軍人のスコピン・シュイスキー公だけが，国内をまとめうる人物であったが，かれも急死してしまう．その後の数年間には，スウェーデンとポーランドにもロシアの王位継承権を主張するものが現われる始末であった．そのとき「偽ドミトリー」2世が登場するのである．奇怪なことにマリーナ・ムニシェクが本

右 「動乱時代」のロシア（1600年頃）
リューリク朝最後の君主フョードル1世の1598年の死は，ロシアに王位継承をめぐる危機を引き起こした．それは世に「動乱時代」と呼ばれ，反乱，統一国家の欠如，外国諸勢力の干渉などによって，ロシアの国家としての存立自体が脅かされた時代であった．17世紀初頭の深刻な飢饉につづいて，二つの大反乱が発生した（ボロトニコフの農民反乱と，ヴォルガ流域の非スラヴ人の反乱）．そうした政治的・社会的混乱のあいだに，スウェーデンは西部と北西部のロシアをそれぞれ占領した．一時はモスクワとノヴゴロドの両都市が外国勢力の支配下におちたこともあった．無政府状態の深刻化に直面して，国民のあいだに共通の理念を創り出すべく粘り強い努力を重ねたのは，教会にほかならなかった．モスクワからポーランド人を追い出すために，クジマ・ミーニンとポジャルスキー公が義勇軍を組織した．1613年，ミハイル・ロマノフの即位によって，秩序は回復されたが，ロシアはバルト海への出口および西部地域のかなりの領土を喪失することとなった．

モスクワ公国

凡例	ロシア（1598－1618年）
	国境, 1598年
	スウェーデンの併合地域, 1617年
	スウェーデンの占領地域, 1613年
	ポーランドの併合地域, 1618年
	ポーランドの占領地域, 1611－13年
	1618年のロシア
	スウェーデン軍の進路, 1610年
	ポーランド軍の進路, 1610年
	ミーニンとポジャルスキーのロシア軍による攻撃の地点, 1611－12年
	ボロトニコフの乱, 1606－07年
	ボロトニコフ反乱軍の進路, 1606－07年
	非スラヴ諸民族の反乱地域, 1606－08年

左　帝位のしるしを身につけたボリス・ゴドゥノフ（在位1598－1605）の肖像画. 名門の貴族家門ではなく, タタール貴族の血をひくボリスは, イヴァン4世時代に登場した「新しい人びと」の1人であった. かれは, イヴァンの専制的ではない後継者フョードル1世（在位1584－98）のもとで, 宰相としてすぐれた能力を発揮した. リューリク朝断絶とともに, ボリスはツァーリに選出され, 深い洞察力とすぐれた知性を世に示したが, 為政者としては不運な人であった. 穀物の凶作が飢饉と民衆の不満を引き起こしたのである. ボリスは建築活動を再び活性化させ（クレムリンの大鐘楼の完成など）, ピョートル1世に先駆けて, 外国への留学生派遣を実施したりもした.

物と認めたこの僭称者は, モスクワ近郊のツシノに陣営を構えて, モスクワ政権に対抗した. おそらくかれは, 当時出現した数人の僭称者のうちで, もっとも成功した1人であっただろう. 1610年から1612年までは, ポーランド軍守備隊がモスクワをおさえ, とりわけコサックを中心とした武装集団が我が物顔でその近郊を歩き回った. 聖セルギー三位一体修道院など, 高い城壁に囲まれたいくつかの修道院だけが, こうした無政府状態に抗するロシア人の最後の拠り所であった.

しかし, ロシアは完全には解体しなかった. 人びとは再結集してこの危機に立ち向かった. 国民的団結と, 全ロシアが認めうる正統なツァーリの選出が焦眉の課題であることが, だれの目にも明らかになった. このときにあたって, ロシアに残された最後の権威こそ教会の指導者たちにほかならず, かれらが団結とツァーリ選出を訴えるアピールを発した. 国民の反応は東部の都市ニージニー・ノヴゴロドからはじまり, この町の一介の肉屋でありながら, すぐれた組織能力をもった人物クジマ・ミーニンが国民軍を結成した. ドミトリー・ポジャルスキー公が指揮官となったこの軍が, ポーランド軍を駆逐し, ツァーリ選出のための全国会議開催を可能とする条件を創り出したのである. そして全国会議は, イヴァン4世の最初の妻で, 人気の高かったアナスターシアの血縁のミハイル・ロマノフをツァーリに選出した. そのときまだ16歳であったミハイルは, その若さゆえに動乱期の党派的対立に巻き込まれることがなかった. かれの父親は, ボリス時代に強制的に出家させられ, 当時はポーランド人の囚われ人であった. 協定が成立するや, この人物は新たに選ばれた総主教フィラレートとして帰国し, 若き息子の導きの糸となった. かくして動乱時代は終わった. それは, どの社会勢力にも「勝利者」の誉れを許さない破壊と疲弊の時代であったが, 国民的団結の必要をロシア国民に強く印象づけた. 無政府状態と外国勢力の干渉への恐怖, この二つをロシア人は, 今日にいたるまで決して忘れることはなかった.

ザゴールスクの聖セルギー三位一体大修道院

　古ロシアの修道院のなかで、モスクワ北東70kmにある聖セルギー三位一体大修道院（トロイツキー・セルギエフ・ラーヴラ）こそは、疑いもなくその筆頭に位置する。壮大で美しく調和した建築群は、ロシア最大の芸術的遺産の一部をなすものである。大修道院は、ロシア史上の数々の大事件を目撃してきた。そして今もなお、正教世界において重要な役割を演じているのである。

　現在の修道院はロシア有数の幹線道路のそばに立っている。しかし、のちにロシアの守護聖人となるであろう若き日のセルギウス（セルギー・ラドネシスキー、1321頃—91）が、近傍のラドネシから現在地にひきこもったとき、そのあたりは人跡まれな森林だった。セルギーの庵は、修道士と農民植民者をひきつけ、のちにかれは、修道院団体を統率する管長の地位をいやいやながら引き受けるはめとなった。かれの死とともにこの修道院は、さらに森林奥深くに展開してゆく100以上もの家や庵の母体として、植民の道筋を照らす灯となりながら、ロシアの精神生活における特別な地位を占めるようになった。

　15世紀になると三位一体修道院は、諸公国の分立をしりめに、全ロシア文化のメトロポリス、芸術と文学の保護者として、比類のない役割を演じた。中世末の最良の年代記はここで編纂されたのである。1408年、修道院はモンゴルの懲罰軍によって破壊されてしまったが、のちに、現存するトロイツキー聖堂とともに、石造りで再建された。1420年代に建立された（したがってセルギーも目の当たりにしたであろう）このトロイツキー聖堂は、ザゴールスク（セルギエフ・ポサード）に現存する最古の建物である。その後、時代とともに新たな教会や食堂、居住施設、尖塔などが増設されていった。こうした施設を取り囲む巨大な城壁は、動乱時代には長期の包囲戦をもちこたえ、1689年の政変のときには、ピョートル1世を匿ったのである。

右　モスクワから自動車か鉄道で訪れる人びとが最初に目にする三位一体（トロイツキー）修道院の光景はまったく劇的なものである。谷間の小塔のうえに、1608—10年の18カ月にわたる包囲をもちこたえた堅固な16世紀の城壁がそびえる。その向こうには、主要な修道院建築群が稀にみる美しさでそびえたつ。そのどれもが、異なった様式をもちながら、生き生きとした調和を醸し出している。まず、「モスクワ・バロック」建築のうちで、もっとも大きくもっとも異色の一つである食堂の建物がある。また、ウフトムスキーが設計した鐘楼（1741着工）が、周囲数マイルの起伏のある田園風景を見下ろしている。さらに、ウスペンスキー聖堂の大建築（1550年代着工）は、モスクワ時代の公共的建築の例にもれず、単純な水漆喰の五面体を基調とし、基本的にはモスクワ・クレムリンにある同名の聖堂を模したものであるが、一目みたら忘れられない青色と金色のドームが変化をあたえている。

ザゴールスクの聖セルギー三位一体大修道院

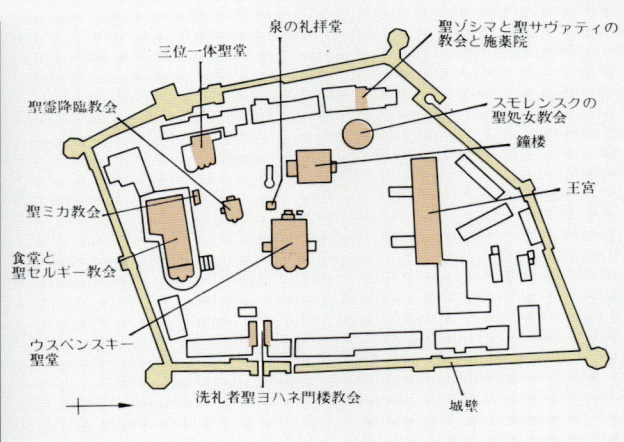

地図ラベル:
- 三位一体聖堂
- 泉の礼拝堂
- 聖ゾシマと聖サヴァティの教会と施療院
- 聖霊降臨教会
- スモレンスクの聖処女教会
- 鐘楼
- 聖ミカ教会
- 王宮
- 食堂と聖セルギー教会
- ウスペンスキー聖堂
- 洗礼者聖ヨハネ門楼教会
- 城壁

左奥 三位一体（トロイツキー）聖堂の内部．1420年代末に制作されたそのイコノスタシスは，現存するもののうちでは，モスクワ・クレムリンのブラゴヴェシチェンスキー聖堂のそれに匹敵する傑作である．すでに初老にさしかかったルブリョーフの指揮のもとに制作されたこのイコノスタシスは様式的な多様性を示し，地方のさまざまな作風（ノヴゴロドの画風に代表されるような）を吸収・統合してモスクワに一元化される以前のロシア芸術の潜在的多様性を証明するものである．中央の「王門」のとなりに，ロシア聖像画の最大傑作であるルブリョーフの『三位一体』(72頁参照) が掲げられている．ただし，現在ではこの絵のオリジナルはトレチャコフ美術館にあり，ここに飾られているのは複製画である．フレスコ壁画も残っているが，ルブリョーフ時代のものではないとみなされている．

左 ザゴールスク (セルギエフ・ポサード) のヴヴェデーニエ・ボゴロディツァ教会とピャトニツカヤ教会（いずれも16世紀に建立）．17世紀より前のロシア教会建築に特徴的な曲線的な屋根は，その後しばしば直線的なそれに建てかえられたが，（この二つの例のように）近代になって復旧されることもあった．

上 三位一体修道院内にある比較的小規模な建物の例．聖なる泉の上に建てられた19世紀の開放式の円形建築と，17世紀末のモスクワ・バロック様式の優雅な「泉の教会」．背後には，ウスペンスキー聖堂の絶壁のような壁面が迫っている．その傍らにボリス・ゴドゥノフとその家族の墓所がある．

左 ウスペンスキー聖堂でロウソクをともして礼拝する信者たち．広々とした内部はモスクワのウスペンスキー聖堂を連想させるが，ザゴールスク（セルギエフ・ポサード）には17世紀ヤロスラヴリ派のすばらしいフレスコ画がある．

大ノヴゴロド

　古ロシアの北辺ほど近くに位置するノヴゴロドは，農耕には適さない土地柄——かろうじて亜麻と麻はよく育ったが——であったが，バルト海貿易と森林地帯の開発には絶好の立地条件にあった．ノヴゴロドとは「新しい町」を意味する（他にも同名の都市がいくつか存在し，そのうち有名なニージニー・ノヴゴロドは「下流の新しい町」という意味である）．この町の正式名称は「大ノヴゴロド公」であった．9世紀に開かれたこの都市は，初期には主としてヴァイキングの根拠地であり，バルト海，中央ロシア，近東地方を（ヴォルガ川経由で）つなぐ交易を支配していた．キエフ時代に入ると，独立の都市国家に成長し，北部の広大な属州を支配した．その状況はモスクワ公国への力ずくでの編入の時点まで（1470年代）変わらなかった．ノヴゴロドはまた，ハンザ同盟最東端の拠点でもあり，毛皮，塩，蜜蠟，蜂蜜などの商品を同盟諸都市に供給した．ノヴゴロドは都市の住民集会によって統治された．寡頭制的な都市の民会（ヴェーチェ）がその頂点をなし，官吏や，公の任免の権限さえ有したが，実際の国家元首はノヴゴロド大主教にほかならなかった．イヴァン4世の侵攻ののち，ノヴゴロドの衰退は急速に進み，のちにサンクトペテルブルグがこの都市の役割を引き継ぐことになる．

　ノヴゴロドは豊かな文化を育んだ．今日に伝わる多数の英雄叙事詩（ブイリーナ）は当時の商人の暮らしを反映している．いくつかの重要な年代記やその他の文学作品がこの町で生み出された．14—15世紀には，ノヴゴロドで独特の作風の聖像画（イコン）家集団が活躍した．かれらは，しばしば「ノヴゴロドの赤」と呼ばれる明るい朱色を使って，様式化されたきわめて線画的で明るい色彩の絵を描いた．初期ノヴゴロドの煉瓦と石の教会建築（1043年建立のソフィア聖堂など）は，荒々しい荘厳さを特徴とし，外観は簡素である．こうした教会には，さまざまな画風のフレスコ画の驚嘆すべきコレクションが残されていたが，その多くは第2次世界大戦中に損なわれてしまった．

左　古いロシア語のアルファベットが刻まれた木片．おそらくは読み書き学習の教材として壁に打ち付けられていたものであろう．ノヴゴロドでは文学活動も盛んで，読み書きも普及していた．文学作品としては，たくさんの年代記と聖者伝が，主に修道院の写字室で著わされた．読み書きの普及が，膨大な事務上の文書や私信を生み出した．それらはいずれも，電文のように簡略な文面を，白樺の樹皮に尖筆で刻み付けたものである．

右　15世紀末頃に作られたと思われるノヴゴロドの想像図．都市景観そのものは12世紀のもの．ヴォルホフ川が街を二分し，手前が聖堂区，対岸が商業区である．聖堂区の河岸の城壁内には，聖堂や大主教の館，都市の集会場などがあった．商業区は商人たちの街で，教区教会を中心に住宅街が広がっていた．

大ノヴゴロド

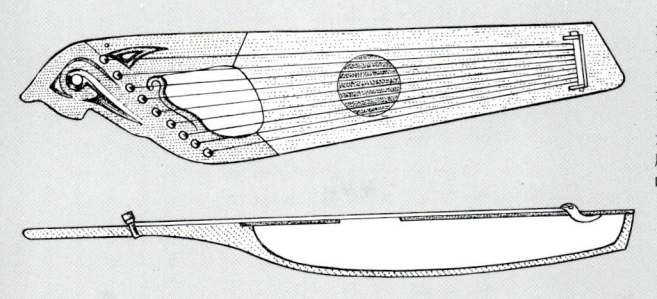

左 ノヴゴロドでは木製の弦楽器グースリ［膝の上に置いて両手でつまびく］が愛好された。グースリには、20cmから70cmまで、さまざまの長さがあり、弦の数も3本から8本までのものがあった。糸巻部には伝統的な意匠の彫刻が施されていた。ふつうは詩の朗唱の伴奏に用いられた。

右 この金属製の聖骨箱の十字架はおそらくノヴゴロドの聖職者の持ち物であったらしい。底部には蝶番があり、頂部には胸に下げるための輪がついている。張りつけにされたキリストを中心に、右側に聖母マリア、左側に使徒ヨハネ、上に聖ゲオルギウスがあしらわれている。

ロシア美術の黄金時代

　10世紀末にロシアがビザンティン帝国からキリスト教を受容したとき、それとともにロシアに移植された重要な文化領域は、すでにビザンティンで著しい洗練の域に達していた中世初期の美術であった。ギリシア正教にとって聖像画（イコン、すなわち聖なる人びとや聖なる出来事の画像）は、礼拝と神学理論の不可欠の要素であり、人間の姿をとった神の顕現の証拠にほかならなかった。典型的な聖像画は木の板にテンペラ技法で描かれるが、それ以外の材料が用いられることもある。初期の教会建築になくてはならないフレスコ壁画（ときにはモザイク）も、「聖像画風」に描かれている。

　モンゴル侵攻ののち、14世紀になると建築活動とそれに伴う絵画制作が徐々に復活していった。当初はノヴゴロドが、時がたつにつれてモスクワがしだいに芸術の保護者として頭角を現わしてきた。しかし、当時の政治的分裂状況は、各地の小都市にも活発な芸術活動をもたらした。地中海世界との交流が復活した。セルビアの画家たちがノヴゴロドで、また、ギリシア人学者テオファネス（ロシア名フェオファン・グレク）がノヴゴロドとモスクワで活躍した。けれども、この時代をロシア美術の黄金時代としたのは、修道士アンドレイ・ルブリョーフ（1370頃―1430）に代表されるロシア出身の芸術家たちにほかならなかった。ルブリョーフの名がはじめて記録に登場するのは、1405年、モスクワのブラゴヴェシチェンスキー聖堂の画家としてである。明らかにかれは、当時のビザンティン芸術で流行した新しい様式を意識していたし、また、その作品からは、ビザンティン芸術全体の根底にあったヘレニズム的衝動をも感じとることができる。この時代における特筆すべき変化は多層式のイコノスタシス（聖障）の出現であり、そのことが画家たちに創作機会の飛躍的な拡大をもたらしたのであった。

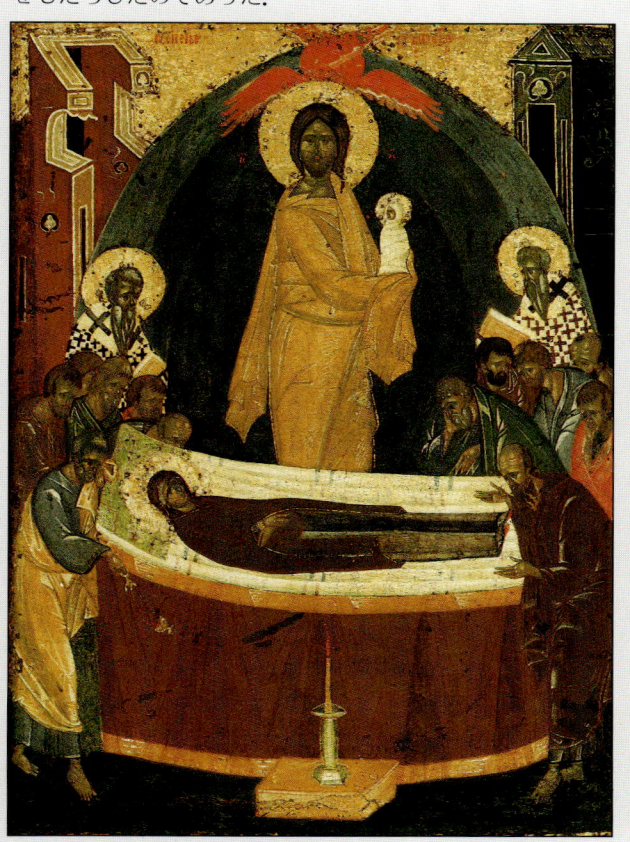

左奥　フェオファン・グレク派の聖像画『ドンの聖母』。ノヴゴロドのフレスコ画の断片やクレムリンのブラゴヴェシチェンスキー聖堂のイコノスタシスの絵画、その他にも若干の作品が、この作品と同様、ギリシア人テオファネス（フェオファン・グレク）およびかれの流派の作とされている。われわれはそれらから、テオファネスの独特の作風を知ることができる。それは厳しさと劇的要素にあふれ、色彩豊かで、不自然なほどハイライト部分が強調された画風である。そこにはおそらく、静寂主義（ヘシカスム）的神秘主義の影響がある。

左上　1919年、モスクワ西方のズヴェニゴロドの薪小屋から3枚のみごとな聖像画が発見された。それらは間違いなくルブリョーフ最盛期の作品であった。左上図のキリストの肖像には、荘重さと柔和さの混じりあったルブリョーフの最良の特徴が認められる。それは、1390年代のモスクワで輸入聖像画を通じて知られていた末期ビザンティン帝国のきわめて線画的な作風の流れを汲むものである。

左　有名な『三位一体』は、1408年のタタール侵攻ののちに三位一体（トロイツキー）修道院が再建されたとき、聖セルギーを記念して制作されたもので、「アブラハムの歓待」の場面（『創世記』第18章）を描いている。天使と思しき3人の巡礼をアブラハムとその妻サラがもてなしている。

ロシア美術の黄金時代

上 ウラジーミルのウスペンスキー聖堂の壁画『最後の審判』の部分図．アンドレイ・ルブリョーフ，ダニイル・チョールヌイ作 (1408)．15世紀には前モンゴル時代の記念碑的芸術作品の一部が修復された．年代記は，ウラジーミルにおけるルブリョーフとその弟子たちの創作活動を記述しているが，当時のかれらの作品のうち，聖像画の大作と一群のフレスコ画の一部が現存している．とくに貴重なのは，善人を天国へと導く聖ペテロと聖パウロの図に描かれたほとんど古典主義的ともいえる人物像で，上図はその部分である．

右 ロシア絵画の偉大なる時代に登場した最後の重要人物はディオニシーであった．かれは1480年代に仲間とともにモスクワのウスペンスキー聖堂の絵画を担当した．その後，ディオニシーとその息子は，ベローゼロ湖近くのフェラポントフ修道院のフレスコ画を制作した (1500) が，その作品は現在までほぼ完全な姿で残っている．かれの作風は，線画的で軽妙かつ繊細であったが，ルブリョーフと比較するとかなり厳しく冷たい感じをあたえる．右の聖像画は聖母マリアへの賛歌を表したものである．複雑で抽象的な題材を聖像画とすることは1450年頃以後流行するようになるが，この絵もそのような傾向の代表例である．

古ロシア最後の1世紀

初期ロマノフ朝下のロシア

統治制度や生活様式，芸術活動などの基本的特徴において中世的であったモスクワ国家は，動乱時代の終結後の1613年，ロマノフ朝成立とともに，時代の流れに反して復活をとげる．この旧体制はその後もほぼ1世紀を生き抜くことになるが，一見して揺るぎないものにみえたその超時代的な安定性も，しだいに浸蝕されるようになり，17世紀後半を通じて徐々にその終局へと歩んでゆく．合計して半世紀以上もロシアを治め続けた2人のツァーリ，巨視的にみれば名君といってもよいミハイル・ロマノフ（在位1613—45）とその息子アレクセイ・ミハイロヴィチ（在位1645—76）は，この伝統的秩序を補強し耐久性あるものにしたが，おそらくはそれだけにいっそう，ひとたび危機が噴出したときには，より深刻なものにならざるをえなかった．17世紀の最後の30余年間に，危機はしばしば暴力的な姿でロシアを見舞った．たとえばそれは王位継承をめぐる抗争であり，軍隊の不服従であり，あるいは民衆の不満の爆発であった．

けれども，末期モスクワ国家の歴史を単なる衰退の物語とか，ましてや国家崩壊の過程とみなすべきではない．当時のロシアは，人口こそそれほど多くなかったとはいえ，領土に関しては明らかにすでに世界最大の国家であり，(1650年代と1660年代初頭の国力を消耗させる戦争が終結してのち)派手ではないがひとつの繁栄の時代を迎えようとしていた．この繁栄の目にみえる遺産は，今日もモスクワや数カ所の大修道院領や若干の地方都市に残るかなり質の高い一群の建築物である．そうした地方都市としては，たとえばヤロスラヴリやアルハンゲリスクが有名である．ロシア人の生活の近代化(のちに「西欧化」と呼ばれた)のための諸方策も，意図的かつ計画的とはいえないまでも，確かに着手されはじめた．そのために読み書き能力の必要性がいっそう増し，西欧流の高等教育さえ必要と感じられるようになった．モスクワにいわゆるスラヴ・ギリシア・ラテン＝アカデミーが創設(1687)されたのは，この時代のことである．

17世紀ロシアにおいて人びとの視野がしだいに拡大していったことを象徴的に表現するのは，さまざまの芸術分野で新しい「近代的」諸要素の摂取がはじまり，それらが多かれ少なかれ巧みに中世的芸術様式のなかへ同化させられていったという事実である．文学では，フランスからポーランド経由

16－17世紀におけるモスクワ国家の拡大

モスクワ時代の最後の1世紀に，ロシアはもっとも著しい領土的拡大を遂げたが，何といっても東への拡大が群を抜いて顕著であった．イヴァン4世は1550年代にカザンとアストラハンに対する軍事的成功をかちとったが，その路線は16世紀末と17世紀にも引きつづき追求された．ひとたびウラル山脈を越えたロシア人の眼前には，水路と連水陸路の発達した網の目を備えた広大なシベリア平原が現われた．ロシア人の目的は疎らな土着住民から「毛皮税（ヤサーク）」を徴収することにあった．1648年にコサックの冒険者セミョーン・デジニョーフは，のちにベーリング海峡と呼ばれるようになる水路を船で通過した，知られるかぎり最初の人物となった．

南，西，北への進出はそれほど順調ではなかった．とはいえ，アレクセイ帝は，現在のウクライナとベラルーシ（白ロシア）のかなりの領域をモスクワ国家の領土に編入したし，黒海への南下も徐々にではあるが継続的に追求さ

で伝えられた音節詩が流行した．教会音楽は，とくに音楽好きの皇帝フョードル3世（在位1676—82）の時代に根本的変化をこうむったが，その変化は和声法の分野でとりわけ著しかった．聖像画は世俗的肖像画に近づき，肖像画そのものは絵画の新しいジャンルとなった（ロシアでは，ラテン語の「ペルソナ」から派生した「パルスナ」という名称で呼ばれた）．なかでもヤロスラヴリ派の壁画は，絵画的彫琢に富み，しばしば世俗的な着想を取り入れ，ときには西欧の肖像画法の影響さえ看取できるものとなった．建築の分野では，切妻やその他，古典古代の構成様式への回帰現象がみられ，それらがロシアの伝統的様式に接ぎ木された．石と煉瓦で建てられた世俗建築が，かなり唐突に，かつて一度もなかったほどに重要視され尊重されるようになった．ツァーリの新宮殿や貴族たちのいくつかの壮麗な邸宅（代表的なものとしては，1680年代に建てられたV・V・ゴリーツィン邸がある）には，快適さとプライヴァシーという西欧流の建築思想が認められる．また，アレクセイ帝の晩年には，すでに宮廷生活のなかにまったく新しい芸術ジャンルとして戯曲が根づきはじめていた．

こうした発展を促進した要因は，17世紀中葉以降のロシア史のなかにいくつか見出される．第一は，今日のウクライナとベラルーシ（白ロシア）の大部分が，古都キエフとともにロシアへ併合されたことである．この併合は平和的に実現したこともあれば，軍事力によることもあった．ロシア人の故地ともいえるこの二つの地方では，やがてウクライナ語とベラルーシ（白ロシア）語の独立という，今日の状況へいたる言語的分化の過程がすでにかなり進行していたが，依然として大勢においてはギリシア正教が維持されていた．そして両地方は，17世紀の最後の30余年間に，大工や職人はいうに及ばず，たくさんの聖職者や知識人をモスクワ国家に供給したのである．かれらはいずれも，実際には西欧社会といってもよいルネサンス後のポーランド＝リトアニア連合王国の社会で育ち，多くはイエズス会の新しい人文主義的教育を受けた人びとであった．

中世末のロシアは他のヨーロッパ諸地域から隔絶され，外国人恐怖症といってもよい状況にあったが，17世紀のモスクワ国家では外国人も珍しくはなかった．モスクワには常時数百から数千人の外国人居住者があり，1652年以降は郊外の外国人村に集められて，とくに軍事を中心に重要な役割を演じた．17世紀になると西欧の書物がモスクワの図書館に入るようになった．国際結婚も，稀ではあるがなかったわけではない．アレクセイ帝治世の晩年におけるもっとも有力な人物の1人アルタモン・マトヴェーエフはスコットランド女性メアリ・ハミルトンと結婚したが，かれらのまったく西欧化された家庭で育ったのが，アレクセイ帝の2度目の妻ナターリア・ナルイシュキナであった．最晩年の5年間にアレクセイの西欧志向はしだいに強まっていったが，通説はその原因をナターリアにあったとみる．偶然ではあるがアレクセイは，1650年代の対ポーランド・スウェーデン戦争のおりに，ロシア西部国境を越えた最初のツァーリとなった．ピョートルに直接先行する3人の事実上のロシア支配者たち（アレクセイ，フョードル，摂政ソフィア）は，いずれもなんらかの点で「西欧主義者」であった．かれらは，決して伝統的宗教や大袈裟な儀礼を捨て去ろうとはしなかったけれども，おずおずとではあれロシア文化の地平を拡大することに関心を示した．この事実は興味深く，あるいは驚くべきと表現してもよかろう．

ロシアの膨脹と外交政策

17世紀はモスクワ国家存続の最後の一世紀であった．この100年間の政治史の中心は，中央集権化された専制政府が，もはや時代遅れとなった諸々の原則と方策の変更を否応なしに強いられながら，いかにして深刻な内政上の諸困難を乗り切っていったかにある．したがって，外交政策は第二義的意義しかもたなかった．当時のロシアは無名の存在であり，西欧諸国にとってその外交的意味は小さかった．ウェストファリア条約（1648）におけるヨーロッパ国境の確定問題や宗教問題の解決にあたっても，ロシアがその依然として強力であった隣人スウェーデンやポーランドのような重要な役割を果すことはなかったのである．

ロシアの外交的孤立というこのような構図は，しかしながら，この国が西方と南方，そして東方へと領土的膨脹を果すにつれて，若干の修正が必要となる．西方において主たる対立はポーランド＝リトアニア連合王国とのあいだに生じた．動乱時代の直後，疲弊したロシアは14年間の休戦協定をポーランドと結んだ．その期限が経過すると，未解決の紛争は再燃し，その焦点はやはり西部の要衝スモレンスクの領有問題であった．アレクセイ帝は，1648年に起きたウクライナ＝コサックの対ポーランド反乱を利用し，また，1654年からは自ら戦いを交えることによって，スモレンスクとキエフを含む「左岸ウクライナ」（すなわちドニエプル川以東）を奪回するという，かなりの成果をあげた．その後一時は，ポーランドの国王選挙にロマノフ家が候補者を立てるという風説が流れ，ローマ教皇さえこれに関心を示すという事態が生じた．教皇は依然としてロシアのカトリック化ないしは合同教会（ウニアート）への帰属に期待を繋いでいたのである．アレクセイは自分の子供たちにポーランド語とラテン語を学ばせたが，これはかれ自身に外国語の素養がなかったことを反省してのことであった．

南方に向かってもロシア人の植民地域は徐々に広がり，ステップ境界地域の「荒野（ディーコエ・ポーレ）」を越えて黒海に近づきつつあった．人口過疎の南部において鍵をにぎる存在は自立的なコサック集団であった．かれらの一部はすでに農耕定住民となっていたが，いまだ放浪的略奪者の生活を捨てないものも多かった．人種と言語において紛れもなくロシア人であったかれらコサックは，伝統的諸特権が犯されないかぎり，ツァーリの庇護のもとにあるという現状にほとんど不満をもたなかったが，モスクワ国家にとっては，トルコやペルシアに対するかれらの度を越した冒険的遠征が，利益であるよりはむしろ頭痛の種となっていた．17世紀と18世紀にはしばしば，ドン河口に位置し，黒海への出口でもあった要衝アゾフがトルコ軍に占領され，それをふたたび奪回するという事態が繰り返された．

しかし，17世紀において最大の成果を収めたのはロシアの東方進出であった．かつてイヴァン4世は，その治世の初期においてカザンとアストラハンを征服し，東方への出口を確保した．ウラル山脈を越えるなだらかな峠は，進出を阻む障壁とはなりえず，ひとたびウラルを越えたロシア人は，縦横に河川が交差する大平原をそこに見出したのである．河川網を伝わり，ときには短い連水陸路を越えて，かれらはたやすくバイカル地方まで前進することができた．イヴァン4世からシベリア開発権を賦与された商人ストロガノフ家は1000人以上もの私兵を擁したが，その主力はエルマーク膝下のコサック集団であり，かれらこそ1580年代にイルティシ河岸にあった西シベリア汗国の砦イスケルを占領した人びとであった．エルマーク軍は，イスケルの近くにシベリアの新首都トボリスクを建てた．トボリスクは，のちに建設されるシベリア鉄道の路線から北へ外れていたために，いまではかなり小さな僻遠の街にすぎない．ともあれ，毛皮を求めるロシア人冒険者たちの勢いは止どまるところを知らなかった．1632年にはバイカル湖畔にイルクーツクが建てられた．1640年代になると，かれらは山岳地帯を越えてアムール川流域と太平洋沿岸部に到達する．もう1人のコサック，セミョーン・デジニョーフはインディギルカ川を下って北極海に出て，そこからシベリアの先端を迂回する北東航路，すなわち，のちにベーリング海峡と名づけられる航路を通ってアナドイリに到達

れた．しかし，バルト海地方を目指す北西への進出は，スウェーデンの強力な抵抗に遭遇した．スウェーデンは，ロシアを共通の敵として，ポーランド＝リトアニア連合王国と同盟することをねらっていたのである．バルト海地方の恒久的な領有は，結局，ピョートル大帝の時代を待たねばならなかった．

した．けれどもアムール渓谷でロシア人は，ずっと人口の多い満州族に遭遇した．かれらは中国に臣従する人びとであったから，当然ながら中国はロシアの進出に抵抗し，両者のあいだにネルチンスク条約（1689）が結ばれた（この条約は20世紀後半においてすら勃発することがあった中ソ間の紛争の種を蒔いた）．その結果ロシアは，なおオホーツク海への進出の可能性は失わなかったとはいえ，ひとまずスタノヴォイ山脈以北への後退を余儀なくされた．

しかしながら，このようなロシアの膨張も，より広い国際関係の枠組みのなかではほとんど波紋を引き起こすことはなく，いくつかの隣国との交渉は別として，17世紀ロシアの孤立状態には変化がなかった．当時のロシア外交の実情は，そうした状況をよく反映している．ロシアはしばしば西欧諸国とのあいだに外交使節の交換を行った．その代表格イギリスは，今日の外務省ともいうべき「外交使節庁」がモスクワに設置された1550年代以降，ロシアの最大の貿易相手国であった．しかし，当時のモスクワ国家の外交活動はその本来の目的を促進するどころか，むしろ妨げかねない性格のものであった．実利的で重商主義的な西欧ブルジョア諸国は概して実務的交渉を望んだが，モスクワはまず第一に交渉を儀礼的観点からみた．モスクワにやってくるイギリスやその他の西欧諸国の使節団は，訳もわからず遅滞させられる遠回りの旅行日程にまず悩まされた．いつ終わるともしれない意味不明の演説や，使節団に付きまとう大勢の警護，召使，税官吏などの慇懃さにも，また，「まずい肉と臭い魚」があふれるほど供される（1557年のジェンキンソンの記述）極端に格式張った正餐にも閉口させられた．そして止めは，クレムリンにおける謁見式であった．ツァーリの臨席ゆえに聖なるものとされたこの儀式は，かれらにはまったく耐えがたいこの世の儀式の権化ともいうべきものに映った．他方，ロシア人の目には，西欧からやってきたこれら外国人は，たとえば，国境地帯でロシアの高級官吏と面会するときには下馬すべきであるというような，外交儀礼上のささいな問題にまでたえず不平をいう，ただ無闇に不従順で礼儀知らずな輩と映ったのである．

西欧に派遣されたロシアの使節団はかれら自身の流儀を輸出しようとしたが，首尾よく受け入れられなかった．かれらはまた，実情にそぐわない下命書に縛られて臨機応変に対処することができなかったから，巧みな外交官ともいえなかった．外国事情に関するかれらの知識もまったくお粗末であった．それゆえ堅実なアレクセイ帝は，遅まきながら情報の収集を命じ，1650年代にヴェネツィアへ使節を派遣したが，この帝にしてなお，使節団がもちかえった実際的な情報よりも異国の風俗・習慣についての物珍しい話に惹かれるありさまだったのである．

国内危機と教会の分裂

晩期モスクワ国家の内的危機は，17世紀に激発した大衆的な騒擾・反乱事件に表現される．そのうち有名なものを以下に列挙する．第一は，首都モスクワを脅かし，失脚直前のヴァシーリー・シュイスキー帝の真近にまで追った1606-07年のボロトニコフの乱（当時ようやく植民が進んだ森林ステップ地帯南部はしばしば反乱の発生地となったが，この乱はその最初のものであった），第二は，1620年代から30年代にかけてウクライナで頻発した一連の対ポーランド反乱であり，その頂点は，コサックの「解放」に成功したボグダン・フメリニツキーの1648年の反乱である．第三は，1648年と1662年のモスクワ民衆暴動（塩一揆と銅貨一揆）で，どちらの場合もアレクセイ帝自身が身の危険にさらされるほどであった．第四は，1650年のノヴゴロド食糧暴動，第五は，1670年から翌年にかけてヴォルガ・ドン地域に勃発したステパン（ステンカ）・ラージンの大反乱，そして最後に，1682年と1698年のモスクワにおける銃兵隊反乱である．さらに18世紀の最初の10年間にも，ドン地方におけるブラヴィンの乱（1707）や，ほとんど民族解放戦争の様相を呈した数年間にわたるチュルク語系のバシキール人の蜂起などがつづいた．それらに加えて1660年代以降には，教会分裂（後述，78頁参照）に起因する慢性的な不穏状況が存在した．

反乱の性格は一様ではなかった．都市的なものもあれば農村的なものもあった．はっきりとした社会階層と結びついたものもあれば，そうでないものもあった．反乱の主力はロシア人，非ロシア人，あるいは両者の混合など，人種的にも多様であり，指導者と綱領をもつものからまったくの自然発生的なものまで，さまざまであった．発生地域に関していえば，反乱はロシア中，場所を選ばず勃発したが，とりわけ頻発したのは南部および南東部の辺境地帯であった．かなり怪しげな僭称者を押し立てるものもあった．いずれにせよ，これらすべては，民衆の不満と恐怖，あるいは野望から生まれ出たものであった．租税，貧困，物価騰貴，社会的・宗教的刷新，民族的抑圧，土地の強制的没収，農奴制と勤務国家体制の全般的強化，これらが諸々の抵抗を生み出した土壌であった．

こうした環境の下では，国家が生きのびうることのほうがむしろ意外に思われる．しかしモスクワ国家は，農民や兵士の反乱をなんとかして乗り切っただけではなく，もっとも長期にわたる最大の難関をも突破しようとした．すなわち，教会の大分裂に表現される宗教的危機である（この危機は，同時に社会的・思想的性格をはらむものでもあったのだが）．ロシアの正教界の分裂は，正規の教会からおそらく当時のロシア人口の半分を離脱させ，なかば内乱に近い状況を招き出したが，第三者の目にはしばしば，かなり異様できわめてモスクワ・ロシア的な出来事にみえる．分裂と殺戮の巨大な爪痕を残したその原因が，なんらかの深刻な教義上の対立にあったのではなく，儀式的で表面的な相違に起因するいさかいに

外国使節団を迎えるツァーリ・アレクセイ．ドイツ人アダム・オレアリウス著『モスコヴィアへの旅』(1660) の挿絵より．オレアリウスのこの本は，モスクワ時代末期のロシアを知る上で，詳しい情報と優れた挿絵を含んだ最良の書物である．オレアリウスは，ツァーリの玉座を飾る双頭の鷲についてと，ツァーリの家臣たちと西欧使節団の服装の際立った相違について，詳しく述べている．

アレクセイ・ミハイロヴィチ（在位1645－76）．西欧の画家が描いたロマノフ朝第2代のツァーリのこの肖像画は，作者不明であるが，明らかに本人を写生したものである．ヨーロッパ流の肖像画がはじめてロシアに出現したのは，知られているかぎりでは，17世紀末のことであった．

あったとみられてきたからである．周知のように，たとえば十字を切るのが2本指か3本指かという問題が存在した．教会分裂においてもっとも英雄的に闘った人びとは，まさしくもっとも無教養で頑迷固陋の人びとであった．全体としてみれば，この分裂は，迷信深く偏狭で知的に停滞した宗教文化の，悲しむべきも当然の帰結であったといえよう．

17世紀になると正教会は，その固有の使命だけでなく，国際関係における自己の位置と普遍的妥当性をも意識しながら，新しい自意識と自己検証の姿勢をとるようになった．それが大分裂の背景であったといえる．一方にカトリック教会との，他方に新たなプロテスタント教会との関係をめぐる問題があった．新しくツァーリの臣民となったウクライナ住民の多くは，ブレスト合同（1596）の結果として，ローマ教会に親近感を抱く合同教会（ウニアート）の信徒たちであった．しかし，通商と技術移入においてロシアがもっとも依存していたヨーロッパ北部の国々は，まさしくプロテスタントの牙城だったのである．正教会の僧侶たちは，1640年代にデンマーク王子ヴァルデマールがミハイル帝の娘イリーナと結婚しそうになったとき，論争において正教信仰を擁護するという厄介な仕事を担わされるはめになった（王子が改宗を拒んだため，この結婚話は結局立ち消えとなったのだが）．また，ミハイル帝の治世には，ロシア教会の典礼のやり方や，怪しげに翻訳された祈とう書が詳細に吟味・検討されたが，その結果それらがギリシア本国正教会の祈とう書や典礼様式から隔たっていることが判明したのである．

ところでロシアの宗教界には，この分裂に先立って「敬虔派」と呼ばれる人びとの下からの改革運動が存在した．運動の指導者でのちに総主教となるニコンは1605年生まれであり，かれの盟友でありながらのちに厳しい論敵となる長司祭アヴァクムは1620年ないし21年の生まれである．両者とも，ヴォルガ中流域の片田舎の貧しい家庭の出であった．そして，この2人とともに張りつめた人間関係を創り出すことになる第三の人物は，アレクセイ帝その人であった．帝はかなり年下で1629年の生まれである．ニコンは，いかにも指導者然とした威厳を備えた人物であった．子供たちに先立たれ，妻も出家してしまったのちに，かれは修道士となった（これによって主教へと出世する資格を得たのである）．他方，アヴァクムは，修道院入りを強制される1666年まで，妻帯を許される「白僧」（すなわち教区司祭）でありつづけた．敬虔派の目標は，典礼上の曖昧さを一掃し，農村では依然として優勢であった二重信仰（キリスト教と異教的習慣の名残りの並存）を撲滅することによって，ロシア教会を活性化させ純化することにあった．敬虔派は，同派の指導者の1人ステファンを皇帝付き司祭に抱える若き篤信のツァーリ・アレクセイにかれらの主張を吹き込み，その結果，帝は若干名の敬虔派僧侶をモスクワに呼び出し，司祭に任じた．ニコンは，まずノヴゴロド府主教となったのち（1648），すぐに総主教に就任する（1652）など，たちまちのうちに昇進を遂げた．断言はできないが，ニコンはアレクセイ帝の心をほぼ完全に掌握していたらしく，帝自身，魂の領域の問題に関してはニコンに従うことを誓い，軍事遠征のため帝が不在のとき摂政を勤めるべく，その称号「大君」（ヴェリーキー・ゴスダーリ）をかれに許した．

もともと専制的な資質を備え，自信家でせっかちな人物であったニコンは，総主教就任後ただちに儀式の改革に着手し，さらに，ロシア人にもっとも親しまれていた聖書である典礼用詩篇を皮切りとして，祈とう書の改訂を進めた．これに対し，反対派の動きも急であったが，その中心は，かつてかれが共に闘った敬虔派の人びとであった．改革がギリシアに範を取ったものであることは，何の保証にもならなかった．ギリシア人はすでにラテン世界の影響に汚染されており（ギリシア語の書物の多くは，当時ヴェネツィアで出版されていた），それゆえ神はかれらからその都コンスタンティノープルを取り上げてしまったのだ，と考えられていたからである．反対派を黙らせるために，さまざまな手段がとられた．最初は穏やかに，しかし，17世紀が進むにつれてその対策は強圧的なものとなった．アヴァクムはまずトボリスクに追放された．それから，長い探検的な旅のすえダウリア（東シベリア，アムール・バイカル地方）に流され，最後には北の果てプストジョルスクにまで追いやられることとなった．この地でかれは『自伝』を著わした．最後まで自説を撤回しなかったアヴァクムは，1682年，ついに火刑に処せられたのである．

改革を進めつつあったニコンは，社会のどのような階層からも支持を得られなかった．人びとは改革者ニコンにしぶしぶ従っているにすぎなかった．ツァーリ・アレクセイも，ニコンがロシアの教会を立て直し，祈とう書を整備した点は賞賛したが，おそらくはツァーリをも凌ぐ特別な地位を要求しはじめるかれの気配もまた感じないわけにはゆかなかった．その最初の徴候として重要かつ興味深いのは，かれが府主教フィリープの聖遺物を北方のソロヴェツキー修道院からモスクワへ移すよう主張した事件である．フィリープは，イヴァン4世と対立して殉教を余儀なくされた人物であるが，他方アレクセイといえば，まさしくそのイヴァン4世を畏敬すべき先祖とみなしていたのである．ニコンは明らかにイヴァン4世の過ちを強調したかったのであるが，アレクセイはこれを単なる復聖の行為のひとつとみなした．

ともあれ，ツァーリと総主教は5～6年間は密接な協調体制にあった．それは，シンフォニア（調和）というビザンティン的観念の遅ればせの実現だったといえよう．不和の徴候は無視しうるものに思われた．そして現実にこの調和は，ツァーリと総主教の協力で行われた大修道院の建立に表現される多くの目にみえる遺産を残した．その頂点は，1657年，ニコンが提案したいわゆる新エルサレム建設である．この途方もない計画によれば，新しいエルサレムはモスクワの西60km，今日のイストラ市の近くに建てられることになっていた．けれども1658年夏には，明らかに事態は悪化してゆく．ニコンが，新しく獲得されたウクライナへの宗教的支配権の確立という政治的に微妙な問題を，アレクセイに諮らずに独

断で処理してしまったからである．その後両者の関係は急速に冷えてゆき，人目を憚らぬものとなった．そのときニコンは，ちょうどイヴァン4世のアレクサンドロフ村への出奔を連想させる一つの賭けに出た．かれは，退位もしないまま総主教の職責を投げ出してモスクワを去り，新エルサレムに建てられた自分の城塞修道院にこもってしまったのである．それ以降1660年代中頃まで，水面下の抗争が引き続いた．アレクセイは，いったんは度を失ったものの，ニコンの行為をはったりと見抜いてたじろがなかった．そして結局，互いの助けをより多く必要としているのは，アレクセイの方ではなく，民衆にも聖職者にも不人気であったニコンであることが判明した．

事態が膠着状態にあるのは，ツァーリには耐え難いことであった．ただ一つの打開策は，非ロシア人の正教指導者たちも参加して公平な判定を下すことができる教会会議を開催し，そこに問題を提出することであった．そこでアレクセイは，東方世界において正統の4人の総主教に呼びかけた．コンスタンティノープルとエルサレムは関わりを恐れて拒否回答をよこしたが，幸いにもアンティオキアとアレクサンドリアが開催に同意したので，1666年末，教会会議が開かれる運びとなった．この会議は，参加者の顔ぶれからみても，また，会議を支配した精神やそこでの論争のあり方からみても，徹頭徹尾ビザンティン的であったといえる．それは疑いもなく，ヨーロッパ史という枠組みで捉えうる最後の重要な政治的出来事であった．論争に決着をつけたのは，ビザンティンの教会法典（ノモカノン）にある次の文言であった．すなわち，「何びとであれ，皇帝を煩わせ帝国を騒がせるものには，いかなる弁明もなかるべし」という言葉である．その結果ニコンは正式に罷免され，平の修道士に格下げとなった．

けれどもまったく不可解なことに，この総主教更迭によってもなお両者の繋がりは断たれなかった．アレクセイは，贈物を送りさえして，ニコンから公式の祝福を得ようとしたが，元総主教からは何の反応もなかった．ニコンはアレクセイの死後も生きのび，帝の希望どおり，のちに許されて新エルサレムに復帰した．かれが過ごした庵室教会（スケーテ）は，第2次世界大戦中の全国的な修道院破壊の嵐を免れて，いまも残っている．かれの死後の1680年代になって，弟子の1人がニコンの聖者伝的『伝記』を著した．それによれば，一介の修道士となった晩年のニコンは，癒しの手をもつものと信じられていたという．

総主教ニコンの更迭は，1666—67年教会会議の最初にしてもっとも容易な仕事にすぎなかった．会議には，ツァーリがあれほど熱望していたように，新しい総主教を選び，方向を見失ったロシアの教会を建て直すという使命があった．とところで，会議に先立つ数年間には，ニコンが依然としてモスクワを出奔したままアレクセイが事態の収拾に苦慮しているという状況のもとで，正教徒からは「旧教徒」（ロシア語ではスタロヴェール，あるいは「古儀式派」を意味するスタロオブリャーデツ）と呼ばれるようになった改革反対派の人びと〔ふつうは「分離派」と呼ばれる〕にも，新体制と和解しうるのでは，と思われた時期があった．その後アヴァクムも短期間ではあるがシベリア流刑から呼び戻され，モスクワではツァーリの恩寵のしるしにしばしば出合うこととなった．新しい祈とう書も，すでに10年間使われていたとはいえ，いまだ強制とはなっていなかった．したがって，1666年のニコンの失脚は反改革派の大勝利とも思われる事態だったのである．にもかかわらず，そこには新たな緊張が生じた．というのも，ニコン個人を厳しく弾劾した聖職者たちのなかにも，総主教罷免にはそれ以上に強く反発するものがいたからであった．

ニコンの不在のもとでさえ，教会会議は儀式改革の路線を放棄せず，かつてイヴァン4世が召集した教会会議の無知を非難した．改革続行の背景にツァーリ・アレクセイの影響力が働いていたのは，もちろんのことである．アヴァクムやその他の旧教徒たち（なかには，有名な寡婦フェオドシア・モローゾヴァ公爵夫人のように，高い身分のものもいた）にとって，こうした事態はとても容認できるものではなかった．かれらは，あえて刑罰や流刑や殉教さえ招くことを恐れず（そしてこの恐れは，多くの場合のちになって現実化するのであるが），一切の妥協を拒否した．その際決定的な対立点となったのは，例の十字の切り方の問題である．日々何度も繰り返され，衆目にさらされるこの動作は，ちょうど軍隊における敬礼のように，忠誠の証しとならざるをえなかった．多くの儀式上の変更の場合とは異なって，それは，人の内心に留保された無言の信念と折り合いをつけがたい性格のものだったからである．

アレクセイ帝は，ある面ではかれ自身が誘発したといえなくもない分離派に対して，寛容とはいえないまでも，少なくともある程度は慈悲と理解をもって臨んだ．しかし，アレクセイ後の歴代のツァーリはもっと厳しく分離派に対処した．軍隊による威嚇と実際の武力行使に直面して，分離派教徒の社会集団のなかには，自ら閉じこもった木造教会に火を放って集団自殺を遂げるものさえ現われた．ピョートル1世はかれらに通常の2倍の税金を課したし，のちには懲罰的にかれらの法的資格剥奪を実行するツァーリもあった．エカチェリーナ2世のときになってようやく，分離派教徒に対する法的資格剥奪がある程度緩和され，和解の気運が生まれかけた．これは明らかに寵臣ポチョムキンの示唆によるものであった．他方，分離派自身まもなく分裂しはじめ，たくさんの分派が生まれた．もっとも優勢だったのは「無僧派（ベスポポーヴェツ）」と呼ばれた人びとである．かれらは，主教たちのうちだれ1人として教会改革を拒否しなかったのだから，もはや正当な聖職叙任はありえないと考えた．こうしたかれらの思想は，結局のところ，聖職者が儀式を司るふつうの信仰生活とは大いに隔たった信仰共同体的な生活の実行という結論に帰着した．そしてこの無僧派からも，その後たくさんの小分派が発生してゆくのである．

続く2世紀間には，分離派教徒のなかから最辺境への植民者，商人，自由農民などが，やはり多くの反乱参加者とともに，輩出した．19世紀の中頃までには，きわめて富裕な商人となった分離派教徒さえ出るようになった．その反面，同じ旧教徒でも閉鎖的な体質の社会集団を造った人びとは，北辺の村々において奇怪な生活をおくるようになった．今日でさえ，そこでは農村の写字室で筆写に筆写を重ねられた手書き文書を舞台として，古い分派間闘争が絶え間なく繰り返されている．おそらくは1カ所か2カ所，20世紀末のソ連のどこかで，17世紀の生活が息づいているのである．分離派信仰の持続性，かれらの団結心と信念の強靱さには敬服するほかあるまい．だからといって現代の歴史家が，それ以上こうした現象を生み出したものに同意することはとうていできない．

政治制度

ツァーリ権力の絶対性は，モスクワ国家の最後の1世紀を通じて揺るがなかったし，ピョートル1世の新時代に入ってからでさえその事情は変わらなかった．しかしその間にも，統治制度そのものは，それほど明瞭にではなくとも，確かに変化していった．もとよりロシアといえども，その統治に必要な諸決定をだれかが単独で成しうるということはありえなかった．現実にツァーリは，一定の協議機関に誇りながらロシアを治めた．それは「貴族会議（ボヤールスカヤ・ドゥーマ）」と呼ばれる重臣たちの集まりであるが，クレムリンに常設され，ツァーリの召集によって随時開催されたものであった．それゆえツァーリの勅令の冒頭部分には，必ず「ツァーリが思し召し，貴族たちが賛同した」という常套句が挿入された．かれら貴族たちは，もちろん，議会政治の場合のようになんらかの利益代表として振舞ったわけではなく，ツァーリのために特殊な国家勤務を遂行したというべきであろう．

右 アレクセイ帝時代のロシア
アレクセイ帝はモスクワ国家の領土拡大において，かれ以前のどの君主に比べても，より大きな成功をおさめた．1654年以降，かれは，ザポロジエ・コサックの率いる対ポーランド民衆反乱を後押しして戦闘を重ね，いわゆる「左岸ウクライナ」の併合に成功した．帝のコサックへの支援は，ロシアとポーランドの全面的対決を不可避とし，その結果，両国間に生じた戦争は1667年までつづいた．この年，アンドルソヴォ条約が締結され，ドニエプル東岸地方と，西岸のキエフ周辺の若干の地域，さらにはスモレンスク州のロシアによる領有が確定した．

しかしながらアレクセイの治世は，伝統と近代化の矛盾に発する社会意識が成長するにつれて，深刻な社会不安につきまとわれるようになった．全国各地で，さまざまな社会階層を巻き込んだ反乱事件が勃発した．全国いたるところで農民騒擾が起きたが，それらはしばしばコサック主導のもとで発生し，とくに南部および南西部ロシアで頻発した．また，チュルク語系のバシキール人は民族独立戦争というほどの規模で戦いに立ち上がった．これらの諸事件を総合してみると，ロシア国家が無政府状態の一歩手前にあったという印象さえあたえかねないが，現実はそうではなかった．社会的不満のほとんどは，現存体制に脅威をあたえる性格のものではなかったのである．

左　典型的なロシア伝統の衣服を着た古儀式派（分離派）の肖像。19世紀中頃のイギリスのスケッチ。古儀式派の諸宗派は、17世紀中頃に総主教ニコンが実施した宗教改革に対する抵抗が引き起こした教会分裂に、その淵源がある。ニコンの改革は、ロシアの正教会を本家のギリシア正教会のあり方に接近させようという意図ではじめられたものであった。

とはいえ，貴族会議の議事録が現存していないので，そこに初期の複数主義がどの程度芽生えていたか，あるいは，その可能性が存在したのか，などの点にはっきりとした解答を見出すことはできない．

こうした貴族会議以上にわれわれに期待をいだかせる政治組織が存在する．それは大規模なツァーリへの諮問機関ともいうべき「全国会議（ゼムスキー・ソボール）」である．この会議は，重要な案件があるときにかぎり開催され，そこに諸身分の代表者が召集された．世襲貴族，勤務貴族，都市民の代表に加えて，ときには農民の代表さえ出席を許されることがあった．全国会議は，たとえばミハイル・ロマノフをツァーリに選出し，動乱時代を終わらせたときのように，ロシアの針路に決定的な裁決を下すことがあった．これは，17世紀前半にはしばしば開催されて和戦の問題を討議し，おそらくは財政上の諸決定をも行ったものと思われる．アレクセイ帝の治世の初期には，当時混乱を来していた法秩序を建て直し，法典編纂を実施するために，とくに大規模な全国会議が召集された．この会議において，ツァーリと全国会議のどちらがどれほどの割合で主導権を握ったのか，それとも両者が建設的な協力関係にあったか，こうした点はまったく知られていない．しかし，会議の責務そのものは効果的に遂行されたらしく，1649年法典（ウロジェーニエ）が速やかに発布されることとなった．この法典は，すでに存在していた農奴制体制をはじめて公式に追認したものであると同時に，「法のもとでの平等」の原則を宣言したロシア最初の法典でもあった．

けれども17世紀後半に入り，アレクセイの行政機構がより中央集権化され，より効率的に機能しはじめると，全国会議の召集は激減してしまった．1682年の史料に，「モスクワ国家全土から集まったあらゆる階層の人びと」が，新たな摂政政治の発足を裁可した（あるいは実際には，推奨した，というべきか）とある．この記述はおそらく全国会議を意味するものであろう．もしそうならば，このときの開催がわれわれの知る最後のものということになる．ピョートル大帝は決して全国会議に頼らなかったし，それ以後も召集の記録は存在し

古ロシア最後の1世紀

ない．おそらくこの制度の衣鉢を継ぐものといえるのは，時代こそずっと下るが1767年の大規模な法典編纂委員会と1988年にゴルバチョフが開いた党協議会ではなかろうか．

こうした諸制度とは別に，もっと低い次元の日常的な行政を担当する50余の「官署（プリカース）」が存在した．それらのうちには，たとえば先に言及した外交使節庁（76頁）のように，16世紀に創設された古いものもある．また，シベリアやウクライナなど，併合によって新領土が生まれたつど，その地域を管轄するために場当たり的に設置されたものもあった．そのため官署の権限が相互に重なりあうことも珍しくはなかった．地方の諸都市においては，たぶん意外に思われようが，イヴァン4世によって一時的に地方自治制度が施行されたが，動乱時代の混乱のなかで廃れてしまった．広大な農村地域は，「代官」と呼ばれた大公の役人によって統治された．かれらは本来徴税請負を任務とし，国庫へ租税収入をもたらしたが，他方でかれら自身，地方社会の負担で収入を得ていた．こうした純粋に中世的慣行をロシア人は「扶持制度（コルムレーニエ）」と呼んだ．さて，このような専制的ではあるが混乱した国家体制にあっては，17世紀全般を通じて，次々と有能な「実力者」が登場し，政治の「実権」をほしいままにしたとしても，驚くには当たらない．「新しい人」ボリス・ゴドゥノフがその最初であり，メンシコフ（ゴドゥノフ以上に卑賎の出であった）がその最後であった．その間に，たとえば2人の総主教フィラレートとニコンや，ボリス・モローゾフ，オルディン＝ナシチョーキン，アルタモン・マトヴェーエフ，V・V・ゴリーツィンなどがいる．

帝位継承をめぐる抗争

モスクワ国家の終焉（それは同時に「古ロシア」の終幕を意味した）は，帝位継承問題に端を発した長期にわたるもうひとつの危機が引き金となった．アレクセイが没したとき，2度の結婚でもうけられたかれの16人の子供たちのうち，3人の息子と6人の娘が健在であった．結局，そのうちの4人までが政権の座に就くことになる．当時，依然として曖昧さを克服していなかったロシアの帝位継承制度にもかかわらず，また，ロマノフ朝がその成立以来まだ日が浅かったにもかかわらず，アレクセイの正統の後継者がだれであるかははっきりしていた．というのも帝自身，残った子供たちのうちで最年長の息子フョードルを正式に「お披露目」し，自分の後継者であることを宣言していたからである．しかしフョードルが病弱であることは周知の事実であった．かれは聡明かつ敬虔で，学識もあり芸術の愛好者でもあったが，指導者的資質に欠け，なんといってもまだ大変若かった．6年の在位ののちフョードルは弱冠20歳でこの世を去ったが，そのときには妻にも，また，たった1人の子供にも先立たれていた．それ以来，帝国の支配権をめぐる死物狂いの争い（文字通り，若干の死者さえ出すことになる）が，貴族家門がそれぞれに連合した二つの党派間に繰り広げられることとなった．一方は，アレクセイの最初の妻の家門でフョードルの一族でもあるミロスラフスキー家を中心とした派閥であり，他方は，アレクセイに先立たれて寡婦となったナターリアの家門ナルイシュキン家の勢力であった．のちの大帝ピョートルはナターリアの子であるが，アレクセイが死去したときまだ4歳にすぎなかった．フョードルの時代には，報復的なミロスラフスキー家が優勢で，アレクセイ時代の最有力政治家アルタモン・マトヴェーエフ（ナターリア・ナルイシュキナの擁護者でもあった）は流刑に処されていたが，それでもかろうじて微妙なバランスが保たれていた．

フョードル帝が世継ぎなしで没したとき，いよいよ劇的な諸事件が勃発する．帝位継承権の筆頭者はフョードルの16歳になる弟（やはりミロスラフスキー家の）イヴァンであったが，かれは精神に障害をもち，あるいは少なくとも言葉が不自由だったので，単独でツァーリに即位することは不可能で

フョードル3世（在位1676―82）を描いた，17世紀末の典型的な聖像画風の肖像画．ロシア人画家B・サルタノフ作．アレクセイ帝とその最初の妻マリア・ミロスラフスカヤとのあいだに生まれた皇太子フョードルは，弱冠14歳で帝位を継いだが，病気がちで，結局は世継ぎを残さずに20歳で死去した．

あった．それに対し，イヴァンの異母弟で当時10歳のピョートルは，だれの目にも利発で，健康にも恵まれ，将来の君主の片鱗を窺わせる少年だった．ところで，こうした貴族両党派間の緊張の背後には，その促進要因とはいわないまでも，それに匹敵する社会の全般的な緊張状態が存在した．社会的緊張の核であったのは，その後の経過が示すとおり，モスクワを拠点とした兵力2万の民兵隊，いわゆる銃兵隊（ストレーレツ）であった．銃兵隊は，16世紀の中頃に新式の軍隊として組織されたが，1680年代にはもはや実力の疑わしい，半職業的軍隊にすぎないものと化していた（平時にかれらは商業や農業に従事していた）．かれらの教育程度は一般に低く，風聞にも惑わされやすく，外国人士官を配した正規軍に比べて潜在的に反抗的で忠誠心に乏しく，無政府的であった．俸給も不定期であり，古儀式派に傾くものも多く，また，かれら自身の野心と，伝統的な特権身分の維持に腐心するあまり，外国人に不信の目を向けがちであった．

フョードル死後の権力の空白状態にあって，銃兵隊はその充足のための闘争に名乗りをあげる一勢力であった．そしてもう1人，皇族のうち予想外の人物がそこに登場することになる．フョードルは1682年4月28日に死去した．ときの総主

上は1682年頃の金貨で，帝冠を戴いた皇女ソフィアの肖像が刻印されている．ソフィアは，弟イヴァン5世と異母弟ピョートル1世の摂政を務めた女性である．姉を摂政として若い2人の異母兄弟が共治帝となる体制は，ツァーリ・フョードル3世没後に生じた継承権をめぐる危機のさしあたりの解決策にほかならなかった．もう1枚の金貨（下）には，双頭の鷲の紋章のもとに2人の若きツァーリが描かれている．帝権を目指したソフィアの策謀は，7年後に女子修道院への彼女の強制的出家という結末に終わった．それは当時17歳だったピョートル1世の示唆によるものであった．ピョートルとイヴァンは，後者が亡くなる1696年まで，名目的には共治帝としてロシアを治めた．

教はただちに若いピョートルの即位と，かれの母后ナターリアの摂政就任とを宣言した．マトヴェーエフはすでに流刑地から帰還の途上にあった．ところが政治的経験の乏しい摂政ナターリアは，16名の銃兵隊長の笞刑を命ずるという失敗をしてかしてしまった．銃兵隊のあいだに，フョードルもイヴァンもナルイシュキン一派によって毒殺されたのだという噂が広まり，それが引き金となってかれらは反乱に立ち上がった．他方，モスクワに戻ったマトヴェーエフは5月15日に貴族会議の議長に就任した．しかし，銃兵隊は同日の夕刻には残虐な仕方でマトヴェーエフを殺害し，それから3日間というもの血にまみれたナルイシュキン狩りを繰り広げた．クレムリンで囚われの身となり，ようやく反乱者たちの目こぼしで生きのびることができた10歳のピョートルとその母も，いくつかの殺害現場を目撃したのである．

この反乱は，ついに5月26日，イヴァンとピョートルが共治帝としてともに即位するという帝位継承の変更が宣言されたことで終息をみた．ところで，先にもふれた，空位に際して権力獲得へ向けて熱心に動いた予想外の人物とは，ピョートルの異母姉で当時25歳になるミロスラフスキー家の娘ソフィアであった．彼女は，アレクセイ帝の他の子供たちと同様，高い教育を施されていたが，これは当時の女性として例外的なことであった．その侮りがたい洞察力によって，彼女は危機的状況のなかに好機を見出し，摂政位就任に成功した．10世紀のオリガ以降，女性がロシアを統治するのは異例のことであったが，そればかりではなく，彼女は皇家の長姉でさえなかった（7歳年上のエヴドキアと5歳年上のマルファがいた）．しかしソフィアは，機転と決断力にあふれた人物であると同時に，当時のロシア随一の政治家V・V・ゴリーツィンの支持をも期待できた．2人の子供による奇妙な共同統治のもと，当初，勅令は単にイヴァン5世とピョートル1世の連名で出された．クレムリン内の兵器博物館には，背もたれに小さな「後見窓」の付いた2人用の玉座がいまでも保存されている．おそらくソフィアが，この小窓を通して指示や返答を送っていたものと思われる．やがて彼女はたとえば「大君」などという，より高位の称号を用いはじめ（不思議なことに当時のロシア語には「摂政」とか「摂政位」を表わす特別の用語がなかった），女王とも見紛うような特別の儀式を考案して帝権そのものを行使するほどになった．

その間にも，イヴァン5世は17歳で結婚し，次々と娘をもうけた．そのうちの1人が約40年後に女帝となるアンナである．他方ピョートルは，16歳になった1688年から貴族会議に出席するようになる．しかしこの変化は，その頃はまだ政治への関心が薄かったかれを支持者や家族たちがそう仕向けた結果ではなかったかと推測される．そして翌年の1月，ピョートルも結婚し，その年の夏の終わり頃からいよいよ異母姉ソフィアへの反撃を開始する．かれは宮廷における彼女の存在に反対し，共治帝イヴァン宛ての有名な書簡で次のような批判を展開した．「わが至高なる兄上，いまこそ神が我らに委ねたもうたこの国を，2人で治めるときが参りました……．我らがともに成年に達したというのに，いまだあの恥ずべき人物が我らに代わってこの国を治めているというのは，なんと不名誉なことでありましょう．」このときから1704年まで，ソフィアはモスクワのノヴォデーヴィチー女子修道院でその余生を過ごすことになった．

フョードルとソフィアの治世は，いずれも長く重要な諸事件が相ついだアレクセイとピョートルの時代にはさまれている．そのためロシア史家も，いきがかり上そこに言及するにすぎないのだが，実際のところ，それらはかなり興味深い時代であったといえる．「西欧化」は，いまだためらいがちだったとはいえ，フョードルとソフィアのもとですでに最初の数歩を踏み出していた．死の直前にフョードルは，かなり象徴的であると同時にある程度は現実的意味をはらんだ政治的決定を行っている．すなわち，「門地制度（メーストニチェスト

ヴォ）」の廃止である．貴族間の序列を定めたこの制度は，貴族に，かれの家門がそれまで有していた等級と同等かそれ以上の官職を，かれが家門のなかで占める位置にしたがって賦与する，というものであった．こうした制度は，たえず紛争を生み出すとともに，行政の非能率の原因でもあり，戦時にはしばしば一時的にその適用を停止されることがあった．フョードルはこれを廃止した．その際かれは，門地制度に関わるすべての格式張った手続きが記載された膨大な「補任記録簿（ラズリャードナヤ・クニーガ）」を焼却し，将来におけるこの制度のいかなる復活をも阻止したのである．この劇的な措置は，ピョートルの勤務報奨制度に道を開くものであった．

フョードル時代の最後の数カ月間においてこの門地制度廃止を主導し，その後ソフィア摂政期にも実力者として君臨した政治家こそ，1680年代を代表する人物ヴァシーリー・ゴリーツィン公であった．古ロシアのいわば外務省というべき外交使節庁の長官であった公は，ソフィアの寵臣にして事実上の政権担当者であったといえよう．実際80年代は，ロシアでも外交活動の比重がかつてないほど高まった時代であり，多くの犠牲を払った対ポーランド戦争のアレクセイ期と，長期にわたる北方戦争のピョートル期に比べれば，平和の時代と呼ぶにふさわしい．フョードルとソフィア時代のモスクワの雰囲気は明らかに親ポーランド的であった．そしてこの，いまだ強力で繁栄を誇っていたポーランドこそ，文化的進歩といわゆる西欧化のもっとも手近で接近しやすいモデルをロシアに提供する国であった．1685年，ソフィアの政府はポーランドと重要な条約を締結した．ロシアの利害からみてとりわけ大きな意義をもったのは，この条約が，ロシアによる一時的キエフ占領の恒久化を認めたことであった．

しかしながら，このポーランドとの同盟には望ましくない災いの火種も含まれていた．歴史上，モスクワ国家がヨーロッパ諸国とのあいだに軍事的性格を備えた同盟を結んだのは，このときが最初である．当時，オスマン帝国はヨーロッパに向けて最後の大遠征を試み，その波は1683年ウィーン郊外にまで達していた．そしてロシアは，本来なんらの対立関係にもなかったこの大帝国との戦争に引き込まれたのである．その頃，黒海の北岸にはオスマン帝国の属国のひとつ，いわゆるクリミア汗国があった．この国は，かつてのキプチャク汗国から分かれた一部がトルコ化したものであるが，それまで200年以上ものあいだ，たびたびロシアを攻撃し悩ませてきた．ゴリーツィン公は不本意ながら，1687年と1689年にクリミア=タタールへの遠征を企て，自らその陣頭に立たねばならなかった．しかしかれは，どちらの作戦によってもクリミア半島へ通じるペレコープ地峡を奪取するはおろか，ロシア軍側が強いられたかなりの数の人的損失を国民に納得させるようないかなる戦果もあげられなかった．それでもモスクワでは，大勝利であるかのごとく喧伝された．おそらく，この2度にわたる敗北とそれらの隠蔽工作ほどソフィアの治世の評判を傷つけた要因はあるまい（これらの事件の直後，ピョートルの差し金でことの真相が暴露された．これがソフィアの摂政政治の命取りとなり，また，ピョートルの立場を強める結果ともなった）．ところでゴリーツィン公は，ソフィア失脚後，流刑地で長い余生（1714年まで）をおくった．かくしてロシアは，ピョートル時代の幕開けに際して，すぐれた政治家を失うこととなった．西欧化に向けて，もし漸進的で，おそらくは犠牲の少ない道をとろうとすれば，この人こそはいわば希望の星であったのだが．

ゴリーツィンは学識豊かな知識人タイプの人物であった．書物に通じ，数カ国語に堪能で，西欧文化を完全にわが物としていた．そのうえ，人柄も申し分なく，先見の明もあった．かれの業績には，たとえば刑法の厳しすぎる諸規定の緩和や，スラヴ・ギリシア・ラテン=アカデミーの開校，あるいは，モスクワ中心部の再建などがある．長らく火災に悩まされてきたモスクワを，木造都市からレンガと石の都市に造り変えるに

あたっては，ゴリーツィン公の指導力が物をいったのである．低くて大きな切妻のついたかれの邸は，趣味の良い豊富な家具によって有名になった．この建物は今世紀までモスクワ市内に現存していたが，その後無思慮にも取り壊されてしまった．もっとも，公自身の暮らしぶりは，質素倹約といってもよいほど慎ましいものであった．かれは，たんに良好な社会秩序の確立と神聖な諸制度の強化だけを目指したわけではないという意味で，モスクワ時代の政治家のなかでは異色の人物であった．ゴリーツィンが心に描いたものには，ロシア社会の発展と教化，経済的成長と財政的安定，信仰の自由，そしてさらには農奴制の廃止さえ含まれていたのである．

過渡期の文化と芸術

モスクワ時代末期の文化は地味で，ともすれば無味乾燥に陥りがちであったように思われる．その点が同時代の人びとにも，また，後世の人びとにもあまり高く評価されてこなかった原因であろう．外国からの旅行者たちも，必ずしも全員がロシア人に対して敵意を抱いていたわけではないとはいえ，人びとの宗教生活や日々の暮らしの窮屈さと，かれらの国家制度における絶対主義に対して，それまでにはみられなかったほど批判的な感想を書き残している．ときにはロシア人のなかからさえ，そうした批判の声をあげる人物が現われた．外交使節庁の書記官であったグレゴリー・コトシーヒンはロシアを脱出し，1666年からスウェーデン政府に仕えた人物であるが，ロシア社会とその国家体制に関してきわめて強い調子の批判を述べている．この文書は詳細さという点でとくに貴重なものである．かれは次のように述べる．「ロシア国家の人びとは生まれつき傲慢であり，どんな仕事についても訓練が行きとどいていない．というのも，かれらは国内において良い教育を施されてこなかったし，それは実際不可能でもあるからである．」しかし，このようなかれの主張にもかかわらず，コトシーヒンその人をも含めた若干のロシア人たちは，かれら自身の状態が示しているように，なんらかの形で十分な教育を施されていたともいえる．

ところで，こうしたモスクワ時代末期の文化を再評価しようという気運が，ようやくこの半世紀になって生まれてきた．それは，たんに当時の文化の退屈さと後進性とを見直そうというばかりではなく，17世紀を通じて深められていった文化の複雑さ，知的な努力，ときには美学的成果といったものを再評価してゆこうというものである．近年ではとくに，1680年代に最盛期を迎えたいわゆるモスクワ・バロック時代が注目を集めている．今日の文化史の大家D・S・リハチョフは，この時代を遅れてやってきたロシア版ルネサンスとみる．そのように評価した場合，他方で，それに続くピョートル時代はルネサンス期としての役割を返上しなければならない，という点は留意しておく必要があろう．ともあれ，この時代に文化の多方面で活躍した若干の「ルネサンス人」が現われ，時代そのものを形づくるのに貢献したのは事実なのである．

そのような人びとの代表格はポロツクのシメオン（シメオン・ポロツキー，1629―80）であった．かれは，幅広いラテン的教育を受けた西部ロシア人で，神学にも世俗の学問にも通じていた．1664年にモスクワにやってきてのち，皇室の傅育官となって宮廷社交界で名声を博し，ほとんど独力でロシアの新しい文学様式を築き上げた．その基調は，主として西欧のバロック様式であったが，とくにポーランドの様式を範とするものであった．かれのおびただしい作品のなかには，音節詩の技法を取り入れた世俗的頌歌や短詩がある．この作詩法は，すぐれて強勢アクセント的なロシア語にはあまり適さないものと今日では考えられている．シメオンはまた聖書に題材を採った戯曲や，聖書中でロシア人がもっとも好んだ詩篇の巧みに押韻を駆使したロシア語訳をも残した．けれども，シメオンやシメオン派の人びとの活躍にもかかわらず，現存する史料からみるかぎり，この「ロシア・ルネサンス」の時代にルネサンス的巨人はついに現われるにはいたらなかった．シメオン派の著名人としては，たとえばシリヴェストル・メドヴェージェフ（1641―91）がいる．かれは摂政ソフィアの顧問にして歴史家であったが，のちにピョートルの命令によって処刑された人物である．

この時代には民謡や口承文芸が盛んとなり，ときとしてそれらは，かなり堅苦しく硬直していた「エリート」文芸と接触し，それを活気づけた．そうした文化的流動性と，モスクワ国家をとりまいていた全般的な危機的環境のなかから，ひとつの文学的傑作が生み出された．長司祭アヴァクムの『自伝』である．アヴァクムは1670年代の北方の修道院への幽閉時代にこの自伝を著わした．聖者伝（ジチエー）いう神聖なる宗教文学のジャンルに分け入り，それを自伝として著わそうというのは，思い切った発想の飛躍であったが，それを完成させるというのはさらに革命的でさえあった．この本はロシアでは1861年まで公式には出版することができなかった．アヴァクムの自伝は，その主題的個性と文体的独創性にもかかわらず，当時の西欧主義的な新思潮の産物ではまったくありえず，モスクワ時代の文化の最後の光芒であったといえる．この点は意味深く，また，逆説的でもあろう．

17世紀に書かれた散文作品の多くは今日まで伝えられている．それらには，あの動乱の時代の歴史叙述や世俗の物語，フィクションや半ばフィクション的なもの，ファンタジー，パロディー，ピカレスク小説などがある．そうした創作活動は，アヴァクムの場合がそうであったように，いまだいかに混沌としたものであろうともロシア語のもつあらゆる潜在力が，読者を驚かせその感情に訴えるために動員されたときにはじめて，文学として開花するのである．その好例は『アゾフ防衛の物語』であろう．実際にアゾフに従軍した1兵士によって1640年代に書かれたこの物語では，軍記物の率直で飾り気のない語り口のなかに，ところどころ民間伝承を模したようなきわめて修辞的な絢爛たる叙述が，唐突とも思われる仕方で織り込まれている．もっと驚くべき作品といえるのは『不幸物語』である．これは，擬人化された悲しみに生涯を通じて追いかけられた放蕩息子の，きわめて隠喩的かつ詩的な物語である．一般に17世紀ロシアの文学作品は（もっとも，厳密に成立年代を確定できないものも少なくはない）作者不明の詩歌であることが多く，多かれ少なかれ民謡的色彩をもつ．とりわけ，聖書や聖書外典に題材を採ったいわゆる「宗教詩」（ドゥホーヴヌイ・スチヒー）は，ロシア人の民衆意識や民衆的宗教観というプリズムを経て成立してくるのである．

この時代の音楽について，はっきりとしたことをいうのは難しい．当時の記録から推定しうるのは，無伴奏の教会音楽以外これというものは存在しなかった，ということである．しかしまたこの分野においても，多声のキエフ典礼聖歌の影響によって，世紀の終わり頃までには大きな変化が生じたであろうことは推定しうる．シメオン・ポロツキーが翻訳して人びとに人気を博した韻文によるロシア語詩篇に，1680年，V・チトフが音楽をつけた．それ以外にももちろん民謡が存在し，そのなかには当然器楽曲もあった．さらに，もう一つはっきり断言できるのは，17世紀のモスクワにおいて西欧の音楽が演奏されたことである．ただし，どれほど頻繁に演奏されたか，どれほどの水準にあったか，あるいはいかなる環境のもとで行われたか，などは定かではない．たとえば1648年には，モスクワの暴動参加者たちが荷馬車数台分の西欧の楽器類を破壊している．これより少し早く，1630年代にホルシュタイン公国の外交官オレアリウスがその有名な旅行記にたまたま書き残したところによれば，ツァーリの血縁であったニキータ・ロマノフは「ドイツ音楽の愛好家」であったという．ツァーリ・アレクセイが，おそらくは当時のドイツの大作曲家シュッツの楽曲によるバレエ「オルフェウス」を鑑賞したのは，1670年代より後のことではない．そしてピョー

礼服の総主教ニコン．19世紀初頭の素描．

トルも，3歳にしてすでに自分のクラヴィコードをもっていた．

17世紀ロシアでは，西欧からやってきた肖像画家や彫刻家たち（かれらが一流といわれる人びとでなかったことは疑いない）が商売を営んでいたことがしばしば記録されている．他方，ロシアの絵画は依然として大勢は聖像画とフレスコ画という伝統的領域にとどまっていた．とはいえ，ようやく「パルスナ」と呼ばれるイコン風の世俗的肖像画も現われはじめた．総主教ニコンは，あまりにも感覚的に描かれていると思われる聖像画を手ずから破壊したと伝えられるが，その人にしてなおドイツ人のある肖像画家による写実的な肖像画を残している．そこには従者とともにあるかれの姿が描かれている．ともあれ，西欧の感化を受けた美術様式は17世紀モスクワの宮廷の聖像画工房にますますしっかりと根を下ろしていった．顔や手足はいっそう立体感を強調して描かれ，構成的な背景画の部分にはルネサンス的な遠近法となめらかな彩色法が取り入れられた．顔料は，油絵の具を模したものが使われたが，ときには本物が用いられることもあった．

17世紀ロシアの絵画はかなりの点数の作品が現存している．その多くは実用目的のために制作されたものであるが，出来映えという点では千差万別である．当時のもっとも熟練した絵画職人には，すでに相当の芸術家の域に達したものもいた．そして，中世ロシア美術のこの最終段階においては，しばしば作者の名が知られているところに特徴がある．そのうちでもっとも重要な画家はシモン・ウシャコーフ（1626—86）である．1664年からかれは，クレムリン内にある武器庫の建物を拠点として活躍する末期モスクワ時代最大の美術工房の責任者となった．ウシャコーフは西欧的手法を用いた世俗画を描かせてもなかなかのものであったが（シメオン・ポロツキー訳ロシア語詩篇の表紙の彫刻は，かれの作である），なんといってもその真骨頂は，かれがその弟子たちとともに制作したおびただしい数の聖像画である．なかでも興味深いのは，新たな画題を開拓しようとした作品群であり，とりわけそこに政治的含蓄が込められているものがいっそうわれわれの興味をひく．『モスクワ公国の木の植樹』はとくに珍しい作品といえる．この絵には，アレクセイ帝とその家族の肖像がまず描かれ，聖像画のなかの聖像画として描かれた聖母マリアとイエスの絵を取り囲む形で，ブドウの木になる果実のように構図された円形肖像画が配置される．そして，そのなかに帝の偉大な祖先たちの肖像がそれぞれ描かれている．17世紀末の聖像画のなかには，きわめて自然主義的な細部描写を特徴とするかつてのストロガノフ派の流れを汲んで，ひどく繊細な描写に走ったものもある．それらは，偶然ではあるがそれと意図せずに，1400年頃西欧で流行した国際的なゴシック様式を再現しており，洗練されすぎた芸術の最後の残光でもあった．けれども，そうした繊細さが最大の効果を発揮しているのは，輝かしい色彩と多くの細密肖像画を特徴とするヤロスラヴリ派のフレスコ画であろう．それは，初期のロシア壁画の抑制と調和のとれた荘重さと対極をなすものである．ちなみに，当時の世俗絵画の大半は今日に残っておらず，その意味で美術に関するわれわれの全体像には欠落した部分がある．そのほか，ときとして装飾過剰と思われるほど丹念で，どれをみても驚くほどの技巧が施された金属細工の作品が現存している．聖像画ケース（オクラード）やブック・カバー，手摺，金属製折りたたみ式聖像画，さらには琺瑯引きや金属文様の細工などがある．

モスクワ時代末期の建築

モスクワ時代最後の1世紀において，他のどの分野にもまして盛んになった芸術は建築であった．17世紀の幕開けとなったのは，1世紀前のイヴァン3世とヴァシーリー3世の事業を引き継いだボリス・ゴドゥノフの試みである．かれはモスクワ国家を壮麗な建築物で飾りたてようとした．その最大の遺産は，モスクワのクレムリン内にある巨大な鐘楼（「大いなるイヴァン（イヴァン・ヴェリーキー）」）というその名称は，しばしば誤解されているようにイヴァン3世（大帝）にちなんでつけられたのではなく，聖ヨハネ・クリマコスによる）の今日の姿である．また，ゴドゥノフ発案によるモジャイスク近郊の新しい町「ボリスの町（ボリソフ・ゴロドク）」は，19世紀初頭に破壊されるまで，もっともすばらしい偉観であったに違いない．そこには「天幕型屋根」としては最高の高さ（少なくとも73m以上）を誇る教会があった．建築活動は，動乱時代による一時的中断と破壊を経て，ミハイル帝のもとで徐々に再開されていった．この荒々しい時代の記念碑は，三つの尖塔を備えたウグリチの「驚くべき教会（ディーヴナヤ・ツェールコフィ）」（1628年建立，正式名称はアレクセイ修道院聖母被昇天（ウスペンスキー）聖堂）であり，これはもっとも優美な天幕様式の教会建築といえよう．また，モスクワの商人グリゴリー・ニキートニコフは，その豊かな財力を用いて，1630年代までに自邸の隣りにニキートニキ三位一体教会を完成させた．さまざまな空間が故意に奇抜な仕方で非対称に組み合わされたこの建物には，内部と外壁とも手のこんだ装飾が施され，伝統的ロシアの形式を踏襲しながらもバロックの精神が生かされている．少なくとも外見上もっとも調和のとれた建築物といえるのは，クレムリンのテレムノーイ宮殿である．これはバジェン・オグルツォフによってやはり1630年代に建てられた．

アレクセイ時代の建築の白眉は総主教ニコンの新エルサレム修道院（1658年以降）であろう（あるいは「であった」というべきであろうか．というのも，この建物群の大半は第二次世界大戦中に破壊され，現在，再建の途上にある）．ニコンは建築活動に熱心であった．かれはモスクワ時代風の派手な装飾性を嫌悪し，五つのドームをもつ立方形の教会という伝統的ビザンティン様式にのっとったかなり簡素な建築を好み，「天幕型屋根」の教会は認められないと宣言した．けれども，新エルサレムの中央には，キリスト復活大聖堂（ヴォスクレセンスキー・ソボール）を取り囲んで，もっとも大胆にこの様式を取り入れた最大の建築物が建てられたのである．ニコンは，パレスチナから聖陵教会の象眼された木製模型を取り寄せ，かれの建築の雛形とした．この模型は現存している．新エルサレム建設のために，多くのベラルーシ（白ロシア）人の職人たちが招かれた．そして，その建設には西欧の修道会制度の影響がかなり浸透している．新エルサレムの天幕状の円形建築は，18世紀に一度倒壊してしまったが，その後，18世紀中葉の代表的建築家ラストレッリによって再建され，その最終的姿になった．モスクワにおける天幕様式教会の最後にしてもっとも驚くべき建築は，プッチンキの聖母降誕教会堂（1649）であった．かつてノヴゴロド街道をやってきた旅人たちは，モスクワ市の入口に差しかかったとき，故意に不規則に配置されたその六つの尖塔を仰ぎみたはずである．

これとは反対に，モスクワ川沿いに南東からモスクワに入ると，道は古くからの御料地コロメンスコエにいたる．ここにアレクセイ帝は，自ら思い立って構想を練り，当時のロシア建築中もっとも奇抜な建物を建設させた．200以上の部屋のある木造の宮殿である．この宮殿は木造建築技術の集大成であり，異種の派手やかな諸要素がいわばおとぎ話のように混ぜ合わされていた．建築は，ツァーリの設計仕様書にしたがって，わずか3年（1667—70）で完成された．アレクセイは2度目の結婚時代には好んでここを休息の場としたが，その後ペテルブルグ時代に補修されずに放置されていたため，100年後にはやむをえず取り壊されてしまった．しかし幸運にも，エカチェリーナ2世がこの宮殿のかなり大きな模型を作らせていたので，今日でもそれによって当時の姿が偲ばれるのである．

建築活動は，しばしば無視されるフョードル3世と摂政ソ

古ロシア最後の1世紀

フィアの時代にその頂点を迎えた．この時期こそモスクワ・バロックの最盛期であった．当時のきわめて独特の建築物においては，西欧的要素と古いロシアの諸要素とがあまりにも複雑に絡み合っているために，それらは近代的とも古代的とも色分けしがたいものとなった．上へゆくほど狭まる数階建て構造と，求心的な平面図，連続した屋根の線に沿った豊かな装飾などが，しばしば教会建築の特徴となった．鐘楼には透かし細工が使われた．城壁の砲塔は驚くほど装飾化され，レース織りのような胸壁が出現した．一般の住宅は，現存するものとしてはこの頃の建物がもっとも古い．それらでさえ窓の周囲にみごとな装飾が施されている．

ビザンティン建築の場合と同様にロシアの建築においても，遅くとも15世紀以来モザイク装飾の技術がときどき用いられてきた．この技術は，わずか25年ほどのこの短い時代に驚嘆に値する最高傑作を残した．それは，金の椅子の陰の救世主（1680）として知られるクレムリン内の望楼宮殿の装飾と，クルティツキー望楼宮殿と呼ばれる，全面を多色モザイクで覆われたモスクワのみごとな小宮殿である．モスクワ以外にも，農村の貴族屋敷や都市，要塞，修道院などに数多く記念碑的建築物がこの時期に建てられた．それらはとくにヤロスラヴリとその先に向かう北東の主要交易路に沿って多くみられる．その一つに，1670年代から80年代，府主教イオナ・シソエヴィチがネロ湖畔のロストフに建てた世にも不思議な教会建築群がある．それは，一から十まで完全にクレムリンを模したミニチュア版の都市である．建設当時でさえ回顧趣味的な時代錯誤の産物であったこの建築が今日まで保存されているとは，まったく驚きというほかはない（イオナは隠れたニコン支持者であった）．

しかしながら，この時代は何といってもモスクワ中心の時代であった．おそらく当時すでに人口25万ほどに達していたこの巨大都市は，国内のどんな都市に比べても数倍以上の人口を抱えていた．しかしモスクワは，19世紀に入ってもしばらくは，無秩序に肥大化した農村という性格を脱しなかった．クレムリンの外では，「スロボダー」が基本的な居住単位であった．このスロボダーはふつう「郊外」と訳されるが，「街区」とでも呼んだほうがより適切な，商人町として特殊化した地区である．教区教会のまわりに発達した木造のスロボダーは19世紀モスクワにはわずかに残存していたが，今日でもその名残りを商業に関係する多くの街路名に見出すことができる．

かつてのモスクワの農村的性格は，勤務貴族や世襲貴族たちが都市的住宅というよりは縮小版の田舎屋敷を街中に建てたために，いっそう強められることとなった．かれらの住居には離れ家や庭園，果樹園，私設教会などが設けられた．今日のモスクワ市内にも，そうした住居跡が2〜3カ所残っており，クルティツキー宮殿とベルセネフカ邸が有名である．朝な夕な，家畜の群れが市域の外で草をはむために，市内の通りを行きつ戻りつした．中庭のある家には必ず家禽の群れがいた．昼間は，市の中央広場，とりわけ今日のグム百貨店所在地周辺の市場地域には繁華な市がたち，半ば常設的な商店街となった．

最後の「ビザンティン皇帝」アレクセイ

混乱と矛盾に満ちたモスクワ国家最後の時代を一言で述べるのは難しい．中世的色彩（生活の揺るぎない基盤としての宗教，世俗的文化に対する宗教の優越，進歩という概念そのものの欠如，行動規範の厳格さ，など）がなお濃厚であったこの時期は，その直後に始まる18世紀と比べて，西欧の人びとにとってだけでなく当のロシア人にとってさえ，すでにまったく疎遠な時代であるといってもよかろう．この時代も数多くの記憶すべき人物を輩出したが，もしわれわれがそうした人びととの内面深く分け入ろうとしたなら，必ずや途方にくれるに違いない．中世人に関してはたいていそうであるように，ニコンやアヴァクムのような人物の場合ですら，適切な手掛かりが存在しないのである．

しかし，ここにも注目すべき一つの，もっとも重要な例外が存在する．すなわち，アレクセイ帝その人の場合である．この皇帝に関してわれわれは，文書の余白に残された落書きにいたるまでの豊富な私的史料をもっている．加えて，さまざまの文化圏に属する多くの観察者たちがこの人物についての批評を書き残してもいる．おそらく，古代ロシア以来の人物像のなかで，もっともよく知られた1人と断言してよかろう．そうした史料群に関する現代の研究が明らかにするところによれば，疑いもなく，かれこそは中世ロシア最後の半世紀を象徴する為政者で，その資質と自覚において，紛れもなくビザンティン的精神を備えたヨーロッパ最後の君主であった．宗教的しきたりへの篤い献身，ギリシア文化への深い傾倒，ツァーリという地位に対する高い使命感，象徴的美しさをもった皇室儀式の追求，こうした点にツァーリ・アレクセイのビザンティン精神が表現されている．しかし，ビザンティン的というゆえんはそればかりではなく，かれには人間心理を

古ロシア最後の1世紀

モスクワ北東の街ロストフ・ヴェリーキーのクレムリン.古ロシア末期の1670—80年代に府主教イオナ・シソエヴィチが建設させたもので,今日まで良好な状態で保存されてきた.上図は凍結したネロ湖上からの景観.

深く洞察し,したがって,(虚偽と隣り合わせの)政治の機微に通ずるという内面的資質が備わっていた.神が恵み給うた高潔と,それにもまして秩序と調和への情熱,これら理想のビザンティン皇帝の特質ともいうべきものが,アレクセイには認められるのである.

アレクセイは自らの熱意においてロシアの国民的利害というものを考えた人であった.熱心な園芸家であったかれは,農業と手工業における大規模な実験を自分の所領で実行させた.ロシアがまさしく急速な膨脹を遂げようとしていたその時期に,帝は地理学に熱中し,造詣を深めた.その生活様式は,最晩年の5年ほどではいくぶん変わったとはいえ,あくまで完全に中世的なものであり,宮廷と教会における長々しい儀式を軸に進められた.アレクセイは狩猟,とくに鷹狩りを好み,この趣味は終生変わらなかった.このようにいえば,あるいは頑迷固陋の人物と映るかもしれない.けれども,かれの偉大さの一つのゆえんは,視野を広げ,過ちからも学びうるというその精神の柔軟さにあった.アレクセイは,その鍛えられた堅固さと,ときとして顔を覗かせる激しい感情の爆発にもかかわらず,ロシア史上もっとも崇敬された君主であり,高潔と寛容の誉れも高かった.存命中もその後もかれに奉られた「ティシャーイシー」(もっとも穏やかな)という形容詞は,実際にはラテン語の称号「セレニッシムス」,あるいはそのビザンティン版「ガレノタートス」のロシア語版であったのだが,ふつうはアレクセイの人柄を表わしたものと受け取られてきた.民衆の意識のなかでは,他のだれにもましてアレクセイこそが理想のツァーリという郷愁的イメージを掻きたてた.いずれにしろ,かれはその息子ピョートルに深い影響を残したが,この点は通常十分に考慮されているとはいい難い.そしてこのピョートルこそは,われわれがツァーリ・アレクセイを理解する得難い機会に恵まれたことにおいて,感謝しなければならない人物なのである.なぜなら,アレクセイが没した何年ものちに,帝の私的文書の保存と整理を命じたのが,ほかならぬその息子ピョートルだったからである.

北ロシアの木造建築

　ロシア庶民の創造的才能を知るには，何にもまして，森林の木造建築をみるにしくはない．古ロシアを通じて，石材と煉瓦はときとして教会や修道院，あるいはその他の重要な建物に使われたにすぎず，建築材料としては木材が圧倒的優位を占めた．その事情は，城塞や宮殿建築の場合でさえ変わりがなかった．木造建築の最高傑作の出現はかなり遅く，1667年，ツァーリ・アレクセイのためにコロメンスコエ村に建てられた壮大で絵のように美しい宮殿がその集大成となった．コロメンスコエ宮殿は1760年代にも依然として使用されていたが，その後取り壊されたとき，宮殿の模型が製作された．

　ロシア伝統の丸太小屋（イズバー）は単純な正方形の基礎の上に，プレハブ方式できわめて短時間に組み上げることができる．実際にも，たいていはそのようにして建てられた．丸太はつねに水平に組まれ，その両端が重ね合わされることが多い．詰め物ですきま風を防ぐが，それでも丸太そのものに通気性があるので，木造家屋は健康のためによいとロシア人には考えられた．1階が煉瓦造りの貯蔵室で，その上に木造の居間が建てられることも多かった．粗末な道具しかなかったにもかかわらず，農民の木造教会建築はみごとな発展を遂げた．その秘密はいまもって謎のままである．木材は火災に弱く耐久性にも劣るため，現存最古の木造教会といえども中世末期の作である．しかしながら，たとえば10世紀のノヴゴロドで「13の尖塔」（あるいはドーム）をもった木造教会が建立されたことが知られている．

上　1880年にオネガ湖近くのセレトカに建てられたエリザロフ家の窓の装飾．しばしば低い切妻やその他の古典的手法を効果的に利用した窓際の装飾は，こうした手の込んだ家屋建築の特徴となっている．この建物は現在はキジ島にある．

左　近年キジ島に移設されたいくつかの木造建築のひとつに，オネガ湖上のムーロム修道院の小さくて簡素なラザルス教会の建物がある．この建物は，修道士ラーザリが死去した1391年以前に建てられたもので，現存するロシア最古の木造建築とみなされている．三つの方形の構成部分からなり，手前から順に拝廊，身廊，内陣をなしている．同じ順番で面積は小さくなっている．屋根はそれぞれ違った形式をとり，身廊のそれがもっとも高い．建立の由来は知られていない．

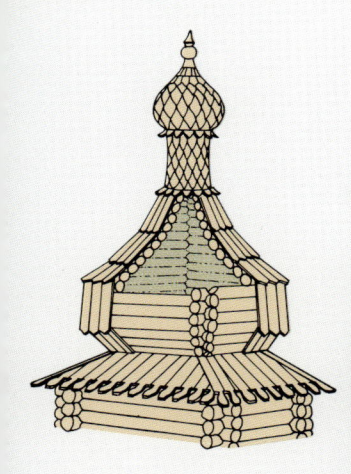

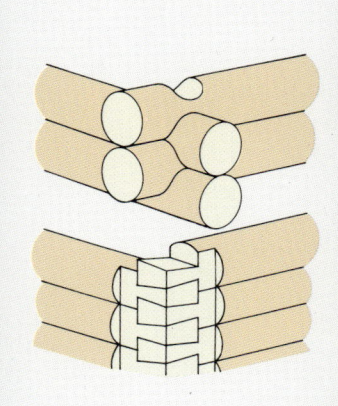

北ロシアの木造建築

下　木造建築の最大傑作は，はるか北方のオネガ湖上に浮かぶキジ島にある．そこにはプレオブラジェンスカヤ教会（1714建立）とポクロフスカヤ教会（1764建立）という比類のない教会建築がある．下図は，後者の板ぶきのドーム上から前者をみたもの．いずれの教会も精魂込めた傑作といえる．キジ島は重要な教区であるとともに，交易拠点でもあった．この地の名高い大工たちは，たいてい手斧だけで，しかも設計図なしに「目測で」仕事をした．ポクロフスカヤ教会では，正方形の構造部の上に八角形の部分が建てられている．そして八角形のそれぞれの稜線上に装飾としてのドームがある．ドームはさらに中央と後陣の真上にも建てられている．プレオブラジェンスカヤ教会は，全体として多層からなる急峻なピラミッドを構成しているが，驚くべきことにそこには22のドームがある．それはあたかも巨大なクリスマス・ツリーのようにみえる．八角形の中心部から四方に突出部がつけられ，それらが全体として十字架を形作っている．この教会の建築者ネストルは，完成のときに自分の手斧を湖に投げ込み，「過去にも現在にも，そして未来にもこれほどの建物は存在しない」と語ったと伝えられる．

左上　キジ島のポクロフスカヤ教会の内部．比較的低い仮天井と立派なイコノスタシス，彫刻と絵が施された「王門」がみえる．イコノスタシスの各段には，下から順に，ローカルな聖像画，祝祭の聖像画（十二大祭の聖像画），デイシス（人類のためにキリストに嘆願する聖母マリア，聖ヨハネその他の肖像），預言者像が描かれている．

左　ロシア各地の田舎から木造建築がスズダリやノヴゴロド，コロメンスコエなどに集められている．左図は19世紀の木造風車であるが，現在はスズダリにある．

上　木造建築技術の図解．方形の屋根からドーム型の屋根への移行部分．石造建築の曲線を木材で再現するのは大変困難であるにもかかわらず，大工たちはさまざまな天才的技術を駆使して，同様の美的効果を達成している．各階がそれぞれさまざまな横断面をもち，上にゆくにつれて狭くなるという仕方の建築は，17世紀には（とくにモスクワ・バロック様式で）広く行われていた．小さなネギ坊主型のドーム──純粋に装飾のためのものであった──は，伝統的に銀色のハコヤナギの木片で屋根ぶきされている．壁面の接合部で一般的に用いられる技術には，重ね継ぎ（上）と鳩尾継ぎ（下）という2種類の方法がある．

ピョートル大帝

ロシアの新時代

ピョートル大帝治世のかなり早い時期から，モスクワ国家がすでにその歴史的命脈を断たれてしまったことは，まったく明らかとなっていた．1717年にピョートルが試みた第2次の私的な西欧使節団に随行することを命じられたフランス人の文官リボイは，「いまや当地の宮廷では，モスクワ人という言葉はもとより，モスクワ大公国（モスコヴィア）という呼称さえ，だれの耳にもひどく不快なものに響くという事実をお伝えせねばなりません」，と報告している．ちなみに，この二つの呼び名はもっぱら西欧でのみ用いられたもので，ロシア語にはそれらに該当する言葉はない．歴代のツァーリにとってその領土はルーシであったが，この呼称は（ポーランドの影響のもとで）ラテン語形のロシアに置きかえられた．それはちょうどツァーリという称号そのものが，一般の用語法は別として少なくとも公式にはラテン語のインペラートルに書きかえられたのと軌を一にしている．モスクワ国家の終幕は，いかにも非ロシア的名称をもったピョートルの新都サンクトペテルブルグへの遷都がなったときにやってきた．けれども，この遷都以後でさえモスクワはロシアのもう一つの首都とみなされつづけ，この二つの都は，あたかも国民の精神的な忠誠の獲得を競い合うかのごときであった．

現実主義者ピョートルは，その世評にもかかわらず，言葉や身振りや行動がもつ象徴性というものをよくわきまえていた．その治世のごく初期（およそ1698年頃）からピョートルの行動は，一見してそれらがいかに衝動的なものに映ろうとも，ロシアにおける根本的変化の意味を強めようという系統的な目的意識に裏打ちされていた．そうした変化の兆しが新しい用語法であり，先にふれた二つの例は，もっとも有名なものではあってもその一環にすぎない．外国人の目には，確かにそのことが印象的であった．決して軽信の人ではなかったヴォルテールでさえ，18世紀の中頃に「この帝国の成立こそが，おそらくはヨーロッパにおける新大陸発見以来の最大の出来事であろう」と述べている．

ピョートルの生涯の初期は，政治情況と直接関連して，はっきりと異なるいくつかの時代に区分することができる．ピョートルは1672年5月，モスクワ郊外のコロメンスコエ宮殿で生まれた．待ち望まれた誕生であった．アレクセイ帝のナターリア・ナルイシュキナとの再婚のただ1人の息子であったので，ピョートルは深く愛されることとなった．父帝の存命中，ピョートルはほとんどの時間をコロメンスコエ宮殿やその他の離宮で過ごしたが，1676年の帝の死後，母后ナターリアと2人の妹たちとともにクレムリン内に部屋をあてがわれ，移り住むようになった．1682年，かれの異母兄フョードル3世が没したとき，ピョートルの生涯における最初の，そして恐ろしい転機がやってきた．フョードル3世の死の直後に何が起きたのかはすでに述べた（80頁参照）．ピョートルの一族はほとんどモスクワを退去し，プレオブラジェンスコエの皇室の古い狩猟用別荘に移った．別荘はモスクワから北東へ約5km，ヤウザ川の岸辺にあった．これ以後ピョートルがクレムリンやそれを連想させるものを恐れ，憎んだということはよく知られている．

この頃のピョートルはすでにして行動力と探求心に富んだ，実験精神の旺盛な少年であった．プレオブラジェンスコエ村でのピョートルは，さまざまの技術を学び，兵隊ごっこに熱中して10代をすごした．かれはプレオブラジェンスコエ

ピョートル1世（在位1682—1725）の肖像画．ピョートル大帝の絵や彫像は数多く制作されているが，最初期のこの堂々たる肖像画は，1698年1月，ピョートルが大使節団とともにイギリスに到着したとき，ウィリアム3世の示唆で肖像画家のゴッドフリー・ネーラー卿が制作したものである．ネーラーはおそらく，事前にオランダでピョートルをスケッチしていたものと思われる．この絵はかなり格式張ったタッチで描かれているが，それでも若きツァーリがその写実性を賞賛したほどの作品であり，したがって，多くの複製が制作された．

とセミョーノフスコエ（隣村）の名を採った子供の連隊を造り，教練や模擬戦を行わせたりした．時の経過とともに，かれの「兵隊」たちも成長し，その訓練はいっそう本格的なものになった．摂政ソフィアはかれらに武器・弾薬の使用を許可した．おそらく彼女はこの訓練になんらの脅威をも感じていなかったものと思われる．ところが，ピョートルのこの遊戯連隊は新しいロシアのエリート軍隊に発展してゆき，かれの遊び仲間からはのちの腹心の部下や協力者が現われてくる（アレクサンドル・メンシコフはその有名な例である）．当時のピョートルがもっとも熱中し，その後も忘れることのなかった愉しみは帆走船の操縦であったが，そのきっかけは物品庫からたまたま発見された1隻の西欧式ヨットであった．この船はおそらく，1世紀前にイギリス女王エリザベス1世がイヴァン雷帝に贈ったものではないかと推定される．ピョートルはその船を修繕させ，ヤウザ川に浮かべた．しかし，ヤウザ川では小さすぎて船の上手回しが不可能だったので，かれは練習場をペレヤスラヴリ・ザレスキーに移した．モスクワの北東約160kmにあるこの小さな古都は，プレシチェエヴォ湖のほとりという申し分のない立地条件にあった．ピョートルのこの最初の船は，その後サンクトペテルブルグに移送され，ペトロパヴロフスク要塞の不思議な神殿の中央に据えられて，いわば「ご神体」に祭り上げられることになる．

1689年のはじめ，16歳のピョートルはエウドキナ・ロプーヒナと結婚した．母后ナターリアが準備したこの結婚は，それに関係したすべての人びとにとって災いの種となった．とりわけ，のちに2人のあいだに生まれる不運の後継者アレクセイにこそ，もっとも由々しい災いとなって降りかかることになる．同年の夏も終わり頃，ピョートルの生涯における第2の危機と転機がやってきた．ピョートルは，モスクワの銃兵連隊がソフィアの煽動でいましもプレオブラジェンスコエ村に迫りつつある，という知らせ（この情報は誤りであった

のだが）を受けた．そこでかれは，その日の深夜のうちに側近たちとともに村を脱出し，モスクワ北東約70kmにあった強固に要塞化された聖セルギー三位一体修道院にたてこもった．そこからピョートルは何通かの手紙を書き送り，銃兵隊の指揮官たちと外国人の傭兵士官たちに，忠誠を誓うため自分のもとへ伺候するように命じ，異母姉ソフィアとの予期された決定的対決に，あえて時期を早めて踏み切ったのである．このときかれは先に引用した（81頁）共治帝イヴァンへの有名な書簡をも送り，そのなかで簒奪者ソフィアを批難した．こうしたピョートルの攻勢は首都に激しい衝撃と深い驚きを引き起こした．とくに，忠誠の対象を見失ってうろたえた外国人士官たちの驚きは大きかったが，古参のスコットランド人将軍パトリック・ゴードンの動きが死命を制した．ゴードンは，ソフィア政府の優柔不断を見抜き，ピョートルの側に回った．政府の重臣たちにも，事態にしたがうほか，もはや為す術はなかった．ソフィアは，モスクワ郊外のノヴォデーヴィチー女子修道院に強制的に出家させられてしまった．ちなみにゴードンは，1698年の銃兵隊の反乱未遂事件のとき，再びピョートルの玉座を守るために働くことになる．

ある女性（ソフィア）の摂政政治が別の女性（ピョートルの母ナターリア）のそれに置きかえられた．目立たないが皮肉な結果といってもよかろう．皇后ナターリアは，ソフィアとは異なって政治には疎く，野心家でもなかった．そのため政治の実権は，外国嫌いで復古的な総主教ヨアキムの強い影響下の貴族寡頭制のもとに委ねられ，その後数年間は，あらゆる外来的新機軸を排斥する反動の時代がつづいた．イヴァン5世はもっぱら儀式的国事に専念し，ピョートルは，ロシア唯一の海港アルハンゲリスクでの造船事業に熱中した．

17世紀末のロシアにおいて保守派を構成したのは，（古儀式派は別格として）総主教周辺の排外主義的な聖職者グループと，フョードル3世の「門地制度」廃止によって自らの社会基盤を掘り崩されていた門閥貴族たちであった．その後の推移を知っているものには，こうした保守派のあいだでピョートルが長いあいだお気に入りのツァーリ候補者であったことが意外に思われる．確かに，ピョートルは船と戦争ゲームに熱中し，政治などは眼中にないかにみえた．しかし，かれには一つ困った習慣があった．プレオブラジェンスコエ村からほど近いところに外国人村があり，ピョートルはそこの西欧人たちと交際していたのである（知己にはとくにオランダ人が多かったが，それ以外にもたとえばスコットランド人ゴードンやスイス人ルフォールなどがいた）．ピョートルがそこに出入りしたのは，西欧人たちが先進的文明のなんらかのヴィジョンをかれに示したというような理由からではない（それどころか，当時の外国人村はむしろその放蕩的暮らしぶりで悪評が高かった）．かれが外国人村で出会ったのは，もっと現実的な技芸や科学技術の専門家たちであり，そのような人びとがかれを魅了したのであった．若きツァーリは，ここでさらに束縛のない浮かれ騒ぎの生活という，もうひとつの世界に遭遇することとなった．

1694年母后ナターリアが亡くなり，ピョートルは深い悲しみに見舞われた．そして1696年にはイヴァン5世が没した．この異母兄に対して，ピョートルはつねに友好的に，共治帝として相応の敬意をもって接しつづけたように思われる．そして，いまやかれが唯一のツァーリとなり，事態は急速に展開しはじめる．1695年，どのような理由からかピョートルは，南方進出にとっての要衝であったトルコのアゾフ要塞攻略のために新たな遠征を決定した．トルコの属国クリミア汗国への過去2回にわたる遠征の失敗は，たんにソフィア政権に破局をもたらしたばかりではなかった．トルコとタタールは，しばしば奴隷狩りを目的とした遠征軍を繰り出して，ウクライナの国境地帯に脅威をあたえつづけ，それゆえロシアは定期的にクリミア＝タタールに対し貢税を支払わねばならなかった（この慣行は1700年までつづいた）．この件に関して，エルサレム総主教は侮蔑的内容の書簡をピョートルに書き送り，貢税を納めるかぎりロシア人は，せいぜいトルコ人の下僕にすぎない，と揶揄した．この手紙に刺激されたピョート

サンクトペテルブルグを流れるネヴァ川の18世紀中頃の光景．左岸（南岸）手前の建物は，現在の姿に改築される（1754改築）前の冬宮である．その奥に壮大な海軍省と，それに囲まれた造船所が見える．海軍省の金色の尖塔（1732）は，いまもなおサンクトペテルブルグの象徴のひとつであるが，現在はその周囲に柱廊が巡らされている．それは，1806年の大改築のとき，新古典主義の建築家A・ザハロフが取り付けたものである．対岸（北岸）には，旧科学アカデミーの建物とメンシコフ邸がみえる．

ルは自ら最初の遠征軍の陣頭に立った．戦いは悲惨な結末を迎えたが，ゴリーツィン公のときと同様に，モスクワでは大勝利として喧伝された．1696年，ピョートルは第2次遠征を企て，ドン川制圧のためのガレー船団をヴォロネジで数カ月のうちに建造させた．今度の戦いでは，主としてゴードンの活躍によってアゾフ奪取に成功した．ただし，15年後にもう一度この要塞は放棄されることになる．戦争ゲームから実際の戦争に踏み出す契機となったこれらの軍事的冒険が，ピョートルの政権掌握の道程においても，やはりひとつの画期となったのは決して偶然ではない．

アゾフ要塞は7月に陥落した．ロシア軍は10月になってモスクワに凱旋した（行進の列には，海軍の司令官たちと並んでツァーリの姿があった）．ピョートルはただちに，アゾフへ派遣するための数千人規模の労働者と銃兵隊の強制徴募を宣言し，また，ドン河口下手の海岸部タガンログにおけるロシア最初の海軍基地の建設と，巨費を投じての大規模な，そして性急すぎる艦隊建造計画を発表した．数週間のうちに多数の外国人船大工が到着しはじめた．11月になるとピョートルは50名以上のロシア人貴族の名簿を発表した．それらの人びとは，かれら自身の意思とは関係なく，航海術とその周辺技術を学ぶためにヴェネツィアやダルマティア海岸，オランダ，イギリスなどに派遣されることとなった．これ以降，多くのロシア人が外国留学に出かけてゆくが，かれらはその第一陣だったのである．第一陣の参加者のほとんどは若者であったが，最年長は52歳のピョートル・トルストイであった．かれらは自費で留学し，なんらかの技能資格を習得して帰国せねばならなかった．ピョートルは，いかにもこの人らしく，研修細目まで自分の手で作成した．こうした慌ただしい半年間の締めくくりは，12月にめざましい形でやってきた．ツァーリの「全権大使節団」が近々さまざまの西欧諸国に派遣されることが宣言されたのである．

大使節団

ピョートルの使節派遣は大がかりな企てであった．随行員数は250名を越え，そのなかにはラッパ吹きや宮廷道化までも含まれていた．ツァーリその人もたんに「ピョートル・ミハイロフ」と名のってそこに加わり，その秘密を漏らすものは死刑に処すとされた．いかにしても隠しおおせるはずもないピョートルのモスクワ不在のあいだ，3人からなる摂政委員会が名目的に政権を担ったが，実権を握ったのは，ピョートル自身に劣らぬ破格の人物フョードル・ロモダノフスキーであった．モスクワ市長で，ロシア最初の秘密警察長官となった人である．かれが長官を勤めたいわゆるプレオブラジェンスキー庁は，それがいつ，どのようにして設立されたのかさえわれわれは知らない．この機関は呵責なく自らの任務を遂行した．それゆえ，ピョートル時代に公表された陰謀計画が，現代のわれわれの目に，悪意のでっち上げか，無害なものに映ったとしても無理からぬことかもしれない．ロモダノフスキーは，もう一つ，ロシアの事実上の摂政というその地位に密接に結びついた奇妙な役割を担った．まったくのところ，かれは「もう1人のツァーリ」にほかならなかった．ピョートルはかれを半ば公然と「カエサル殿下」と呼び，非公式の場面では「君主（ゴスダーリ）」とさえ呼んだ．18世紀の最良の文献のうち，いくつかのもの（クラーキン，シチェルバートフ，ゴーリコフの著述）はこの韜晦ぶりを，セミョーン・ベクブラトーヴィチを玉座につけたイヴァン4世の行為になぞらえている．

ロモダノフスキーがこうした例外的な地位を獲得するにいたったその「秘密」は，1690年代に行われた最後の，そしてもっとも実戦に近い形で実施された一連の「模擬戦闘」（といっても，依然として形式張ったものであったが）のなかにあった．それらはプレオブラジェンスコエ村でのピョートルの戦争ゲームの頂点をなすものであった．プレオブラジェンスキー連隊を指揮したロモダノフスキーは（ピョートルと外国人部隊がその麾下にあったゆえに），I・ブトゥールリンのセミョーノフスキー連隊に対して，勝者の役割を割り当てられた．通常，歴史家たちが顧みないこの事情は，これまであまり解明されているとはいいがたいピョートルの内面を洞察する手がかりをあたえてくれるという意味で，詳述に値しよう．かれの心理のなかでは，幼少期の経験と愉しみが連続的に変容してゆき，成年期の意識を形づくった．かれの韜晦癖は儀式の衣をまとうようになり，また，逆に儀式が韜晦の影を帯びるようになったといえよう．大使節団出発の1週間前には，この使節団の終幕に際して勃発した出来事を予感させる不吉な前兆があった．アゾフへの派遣に不満を抱いた銃兵隊大佐イヴァン・ツィクレルが，若干の保守派貴族たちに対しあまりにも公然と不平を漏らしたのであった．ロモダノフスキーの機関は，そこに陰謀計画を嗅ぎとり，きわめて異常で恐ろしい状況のなかで1件の処刑が執行された．

大使節団はしばしば現地視察団か，イギリス貴族の大陸巡遊旅行のロシア版などとみなされることが多いが，第一義的には決してそのようなものではなかった．それはきわめてはっきりとした外交上の目的をもっていた．すなわち，西欧諸国を誘って対トルコ同盟を結成することである．同盟が結成されれば，アゾフの勝利をさらに進めて，おそらくはピョートルが（ケルチ経由で）黒海にまで進出するのを助けるであろう．オーストリアは1680年代にトルコと存亡を賭けた戦いを遂行していたし，ヴェネツィアは地中海におけるオスマン帝国の宿命のライバルであった．にもかかわらず，この点での使節団の目的はまったく不首尾に終わった．西欧諸国は，もう一つの方面において新たな戦争を引き起こそうとしていたルイ14世のフランスからの増大しつつある脅威に対処するだけで，手が一杯だったのである．オーストリアがついに平和を勝ちとったとき，ロシアの要求は顧みられることがなかった．ピョートルはこの屈辱を長く心に止めることになる．

ところが使節団巡行中に，まったくささいな偶然から，もう一つの大規模な戦争の種が蒔かれることとなった．この戦争は20年間続き，ヨーロッパの地図を恒久的に塗り変えるという結果をもたらすのである．北欧諸国を旅行中のことであった．ピョートルはその途上で，スウェーデンの勢力と領土拡大の動向に対して，西欧諸国が脅威を感じているという感触をえた．スウェーデンこそ，かの三十年戦争においてもっとも卓越した役割を演じた国家であった．スウェーデン「帝国」は，バルト海東部を完全に勢力圏におさめ，西欧へ開かれた港を獲得したいというロシアの宿望を阻むものであった．ピョートルの胸中に新たな着想が芽生えはじめた．それは，巡行の初期，使節団一行がスウェーデン領を通過し，リガに立ち寄ったときのことである．1人の歩哨兵が，ピョートル・ミハイロヴィチの正体を知らずに，城の胸壁の上でかれを誰何（すいか）した．使節団長ルフォールもピョートル自身も，この男がたんに職務を遂行しているにすぎないことは承知していたが，ピョートルは1700年に宣戦布告を発する際に，口実としてこのささいな出来事は持ち出したのである．

この使節団は傍目にはその目的があまりはっきりせず，その構成も尋常ではなかったので，受入れ側の諸国のなかには困惑を隠し切れない国々もあった．とりわけ頭痛の種となったのは，ピョートルをどのように処遇するかという問題であった．かれがお忍びのツァーリであることは，公然の秘密とはいえ，やはり守り抜かれねばならない機密事項だったからである．ピョートルは，堅苦しい外交儀礼に邪魔されずに，しかも国賓待遇を受けることを期待し，たいていはそのように遇された．ハノーヴァー選帝侯妃ソフィアは，とある晩餐会でピョートルの隣席を占めるのに成功し，このツァーリについての有名な人物評を書き残した．ソフィア侯妃は，ピョートルの立派な容貌と，明晰で機知に富んだ頭脳を褒め称えているが，その礼儀作法には「もう少し上品であられれば」と注

ピョートル1世の大使節団と北方戦争

プロイセン，オランダ，イギリス，ウィーンなどを歴訪した西欧大使節団は，外国恐怖症を特徴としていたモスクワ国家の伝統との訣別を象徴するものであった．18カ月もつづいた使節団の表向きの第一目的は，西欧諸国を誘って対トルコ同盟を結成することにあった．当時ピョートルはトルコと戦ってアゾフ要塞を獲得したばかりであった．この勝利は，内陸国ロシアに，その宿願であった黒海への出口をあたえ，そのため海軍力の整備が焦眉の課題となった．ピョートルがデットフォードやザーンダムの造船業になみなみならぬ関心を抱いた背景には，そうした事情があった．

大使節団の滞欧中，ピョートルの脳裏には，ある大胆な構想が生まれた．当時バルト海東岸地方をおさえ，それゆえロシアの対西欧貿易を阻害していたスウェーデンとの戦争であった．ナルヴァでの緒戦の敗北ののち，ロシア軍は奮戦し，のちにピョートルの新都サンクトペテルブルグの心臓部となる島に橋頭堡を築いた．スウェーデンのカール12世がプロイセンやポーランドとも戦っているすきに，ピョートルはバルト海東岸地方の支配領域を確実なものにすることができた．その南限はリガに達していた．結局，レースナヤとポルタヴァにおけるロシア軍の大勝利がスウェーデンにとって致命傷となったが，それ以後も数年間戦争は長びき，ロシアの領土獲得のほとんどを承認したニスタット条約（1721）が締結されて，ようやく終戦を迎えた．

文もつけている．ピョートルは「名君であると同時にきわめて悪しき君主」でもあり，「もっと上等な教育さえ受けていれば，偉大な人格と限りない天賦の知性を兼ねそなえた類い稀な人物となっていたであろう」と彼女は評した．

当然のことながら使節団は広く耳目を集め，また，ロシアでのピョートルをよく知る人ならだれでも理解しているこのツァーリの特性を，はじめてはっきりと世に示した．すなわち，どんなことでも自分でやってみなければ気がすまない，かれのほとんど熱狂的ともいえるような性格のことである．もちろんピョートルは，オランダのザーンダムとロンドン郊外のデットフォードでの造船とその関連技術の視察に最大の熱意を注いだ．しかし，それと同時にかれは，いわばことのついでとして時計修理の技術を学び，さらに，一行がたまたま東プロイセンのピルラウ港に足留めをくったときには，砲術学校で受講することまでやってのけたのである．ロシアでかれが習得した技能には，長靴製造や木彫り，それに有名な抜歯術などがある．だれであろうとピョートルの前で歯痛を漏らしたものこそ災難であった．君主は通商を学ばねばならない，とはロシア古来の伝統であった．そして，貪欲と進取をモットーとするこの君主は，明らかにすべてを学ぼうと欲したのであった．

使節団はヨーロッパの行く先々で乱痴気騒ぎを引き起こしたが，ウィーンで催された大仮装舞踏会こそ，その最大の見せ場であった．また，かれら一行がデットフォードの日記作家ジョン・イーヴリンの立派な邸宅に数カ月滞在したとき，かれらによる破損を修繕するための巨額の請求書（イギリス政府がそれを支払った）が出されたのは，有名な話である．かれらはとくに手押し車でヒイラギの生け垣のあいだを走り回るのを好んだらしい．カーマゼン卿の差し金で当時ロンドン随一の女優ラティーシャ・クロスがピョートルのもとに引っ越してきたが，こうしたありさまを前にして彼女にいったい何ができたであろうか．輝かしい経歴の船乗りで，ピョートルの飲み仲間でもあったカーマゼンは，ロシアへの独占的タバコ販売権というとてつもなく貴重な権利を手に入れた．使節団一行は，かれらがモスクワの国庫をほとんど空にしてしまったとき，カーマゼンが現金で提供した2万8000ポンドによって，旅を続けることができた（使節団の経費は総額2600万ルーブリにのぼった）．タバコ産業の振興は，財政的にだけではなく，イデオロギー的にも，ピョートルには歓迎すべきことであった．正教会がタバコをきわめて罪深いものとみなしていたからである．もっと計画的な事業として，ピョートルは1000名近い外国人の士官や職人や技術者をロシアで用いるために雇い入れ，また，多種多様の物品を購入し，数多くの船便にして故国に送り出した．

ウィーンからヴェネツィアへ向かうため使節団が旅支度を整えていたそのときに，ロモダノフスキーからピョートルのもとへ急使が到着した．これはまったく晴天の霹靂であった．ホスト役のウィーンの人びとの驚きをよそに，ピョートルと一行は南西ではなく北東に進路をとり，ポーランド経由で故国ロシアを目指した．ロモダノフスキーがもたらした衝撃の知らせとは，アゾフ駐屯の銃兵隊4個連隊が命令に背いてモスクワへ向けて進軍中であるとのことであった．かれらは本来なら，ポーランドでの新国王選挙に際してロシアからの威圧を加えるために，アゾフから西部国境地帯へ移動するはずの部隊であった．ピョートルは，反乱を徹底的に鎮圧すべしという勅令を送った．まもなく第2の使者が到着し，反乱は，主としてロシア軍司令官シェインの活躍とゴードン将軍の冷静沈着な対処によって，鎮圧され，武装解除されたと伝え，勅令が執行されたことを知らせた．かくして，もはや帰路を急ぐ必要のなくなったピョートルは，新しいポーランド国王アウグストとともにラーヴァでくつろいだ数日を過ごし，スウェーデンとの開戦の秘策を練った．にもかかわらず，1698年8月25日にピョートルがモスクワに到着したとき，それは何の先触れもない突然の帰還となった．この日付（旧暦による）は，現代の歴史家のなかではボリス・ウスペンスキー以外には重要視するものが見当たらないが，言及に値する重要な意味をもっている．8月25日は，1699年の元日のちょうど1週間前にあたる（西暦1700年までロシアでは9月1日が新年の始まりであった）．そして1699年は，終末論に染まっていたロシア人にとって，反（アンチ）キリスト出現の年だったのである．けれども，そのロシア人たちでさえ，すぐにも繰り広げられようとしていた残虐と流血の事態をほとんど予期することはできなかった．

ピョートルの帰還

これまで3年間のピョートルを，もしわれわれが驚異的で独創的な行動の人と評するなら，いまやかれの行動力は破壊的といってよいほどに高まった．帰還後はじめての在宅の日に，ピョートルは突然，居合わせた貴族たちのあご鬚をカミソリで剃り落としはじめた．これを悪戯というわけにはゆかなかった．ギリシア正教の世界では，あご鬚は神があたえた男性の威厳の象徴だったからである．しばらくするうちに，すべての家臣たちがこの風貌の変化に従わされるはめになった．しかし，農民と聖職者はこの強制からはずされたので，上流階級の人びとと下層民のあいだに，まさにその外見という点で一目でそれとわかる際立った相違が生み出された．この隔たりは，ピョートルがロシアの伝統的上衣の長い袖を切り落として，以後すべての家臣たちにもそれを強制したときに，さらに顕著なものになった．結局あご鬚は，かなりの額の税金負担と引きかえに認められることになるが（「あご鬚章」をもつものが有資格者とされた），19世紀中頃まで顕著に復活するということはなかった．ついでピョートルは，もはや愛情もなく気持ちも通じず，そもそも本意でもなかったその妻エウドキアを，手続きもそこそこにスズダリの女子修道院へ送り，当時7歳であった息子アレクセイから有無をいわせず彼女を引き離してしまった．他方でピョートルは，9月の半ばから銃兵隊に対する粛清を実行しはじめるのである．

それ以後，長くおぞましい事態が進行する．その際の中心人物はロモダノフスキーであり，中心となった場所はプレオブラジェンスコエ村であった．この村はピョートルと側近たちのいわば「偽造された首都」であったが（かれらは，プレスブルクというドイツ風の名称を勝手に歪めて，その「首都」に「プレッツブルヒ」と名づけたりもした），それと同時に，銃兵隊の誇りと存在意義を浸食しつつあった新式連隊の所在地でもあった．そこに14の特別の取調べ室が設けられ，週末以外には毎日，一団の銃兵たちが連行され，拷問と尋問に付された．しかし，こうした集団的狂気ともいえる追及によっても，ピョートルが望むいかなる重要な情報もえられなかった．かれは，政権中枢における陰謀計画か，かれ自身が幽閉していた異母姉ソフィアの反乱への積極的加担の証拠を入手したかったのである．ソフィアに対しては，かれ自らが尋問を行ったほどであった．そしてまもなく，プレオブラジェンスコエ村とモスクワの双方において処刑がはじまった．

この恐怖政治の時代については多くのことが語られている．当時モスクワに来着したばかりであったオーストリア使節団の一員ヨハンネス・コルブが，自分が目撃したことや伝え聞いた噂について，詳細でしばしば引用されることの多い日記を書き残したからである．ツァーリ自身が手を下したか否かは別として，側近グループを殺戮に参加させたのがピョートルの意思であったという点は，かなり確実であるらしい．いくつかの事件の場合には，おぞましい象徴性が認められる．たとえば，銃兵隊に祝福をあたえたある僧侶が十字架をかたどった絞首台で処刑されたとき，執行人を勤めたのは聖衣をまとった宮廷道化であったという．

銃兵隊がその非業の死に値するものであったのか否か，コルブもその他の同時代の論者もその点は疑問視していないという事実は，いっておくべきであろう．けれども，コルブの日記には，この時期の恐慌と恐怖，ツァーリの報復的な過剰反応のありさまが書き止められており，そのためピョートルはのちにこの本のオーストリアにおける出版を妨害しようとしたほどであった．処刑が集中した二つの時期がある．ピョートルが帰還した秋と，その翌年の春における大斎があけた頃であった．両期間を通じて総計1200名ほどの犠牲者が出た．この数は，銃兵隊全体からみればほんの一部にすぎなかったが，報復措置はそこで止どまらなかった．処刑を免れた銃兵（たいていは20歳以下の若者であった）のうちからも，不具にされ流刑に処されるものが出た．かれらの妻子は農村に追放されて，物乞いで生きることを余儀なくされた．恐怖と不満が渦巻いていた他の銃兵連隊もその後数年のうちに解散され，兵士たちははるか僻遠の地に強制移住させられてしまった．この事件は，実際の犠牲者数がもたらすもの以上に深刻な衝撃をロシア社会にあたえた．いまやツァーリは，その血塗られた行為によって，神聖なる伝統文化の総体に対する呵責なき戦いの開始を告げているかのごとくに思われた．

ピョートルのこうした活動はおそらく，かれの玉座と国の安定を確実なものにしたのであろう．しかし，この時期以後でさえ，大規模かつ深刻な反乱の勃発は止むことがなかった．当時のロシアで人口第2位の都市アストラハンでも，1705年に反乱事件が起きた．この事件には，旧教徒の敵意や銃兵隊の苦渋，重い租税負担，ピョートルが任命した地方支配者の権力主義，正教会の危惧，野卑な噂など，あらゆる要因が絡み合っていた．当市の未婚女性が強制的にドイツ人と結婚させられることになった（それを避けるために1日で100組の結婚が行われたことがあった）とか，信心深い民衆は，以後，地方役人たちが被っているかつらを崇拝の対象とすべし，といった噂が飛び交ったという．こうした噂の背後には，当時さらに広く信じられた次のような風説が存在した．すなわち，外国人がしだいに押し寄せてきてこの地方を奪い取ってしまうであろう，あるいは，本物のツァーリは外国旅行中に亡くなり，現在の「ピョートル」はドイツ人の僭称者であると．後者のピョートル替え玉説は，すでに大使節団帰国の以前においてすらモスクワで囁かれていた．

ピョートルの性格と生涯には，終世変わることのなかったもう一つの側面がある．それは当時世間に公表されて人びとに大いなる衝撃をあたえた．ピョートルの周辺には国事を遂行する内輪の側近グループが存在したが，それとは多少メンバーが異なる友人仲間ともいうべきもう一つの集団があった．そのリーダーであったロモダノフスキーは，このグループを「浮かれ会議」と命名した．飲めや歌えのばか騒ぎが，教会儀式の手順どおりにパロディとして繰り広げられ，偽の高僧が登場して偽の儀式が挙行された．ときとして，その行状が世間に洩れ，驚愕を引き起こすことがあった．1698—99年の冬のケースが有名である．この件に関して何が重要であ

左 1698年，大使節団の一員としての西欧歴訪から帰国するやピョートルは，なんの前触れもなしに，貴族たちのあご鬚を切りはじめた．それからかれは，そうしたあご鬚禁止令を士族・商人の全階層にも拡大していった（農民と聖職者はその適用を免れた）．ロシア人は，神からあたえられた威厳の象徴として，あご鬚を大切にしていたので，とくに伝統主義者である古儀式派のあいだでは，剃髪に対する屈辱感が激しかった（左図はあご鬚を切られる古儀式派を描いた当時の木版画である）．1705年，ピョートルはあご鬚税の負担を条件として，禁止令を解いた．「あご鬚税の納入」を証明するために交付されたのが下の記章であるが，実際には，高額の負担をしてまで頤鬚をたくわえようとするものはほとんどいなかった．

ったかといえば，それがロシアの保守層にあたえた醜聞としての衝撃度を別として，ピョートル自身がこの活動を重要視していたという点である．かれは，20歳以前からその死にいたるまで，この交遊の中心人物でありつづけ，自らグループの「規則」を作り，儀式を考案した．歴史家はこれまでこの「宗教会議」の意義をさまざまに解釈してきたが，それをばか騒ぎか息抜きと評する以上に深く立ち入ることを避けてきた（グループの名前にも，たとえば「陽気な集い」という具合に上品なものが当てられた）．しかし，パロディ化された宗教会議を伴う，こうしたあからさまな無軌道ぶりが1698-99年冬に頂点に達したという事実からみて，それが同じ頃進行していた銃兵隊への恐怖の報復に関連があったということに疑いはない．当時の緊張状態がなんらかの程度でピョートルの内面的均衡を失わせたのではなかろうか．この頃以後，精神的ストレスにさらされたときにしばしば，ピョートルの顔面にけいれんが現われ，表情を歪めさせたと，同時代の観察者が書きとめている．

　もしピョートルが宗教に無関心で無神論的でさえあったとすれば，宗教会議のパロディも悪趣味な戯れごととしてすますことができたであろう．だが実際には，そのような見方は真相にほど遠いのである．ピョートルはその著述のなかでたえず神の是認を祈り，しばしば聖書を引用している．かれの蔵書は宗教書であふれ，また，教会で歌うことも好んだ．コルブの伝えるところでは，銃兵隊への懲罰がたけなわのころ，ときの総主教アドリアン（ヨアキムの後継者で，1690年ピョートルの意思に反して選任された）がツァーリの慈悲を懇請したとき，ピョートルは注目すべき演説によって総主教の願いを一蹴した．そのときかれはアドリアンに向かって次のように述べたという．「わたしが，おそらくはあなた以上に衷心から，神を畏敬し，かの神聖このうえなき聖母を敬愛しているということを，知られるべし……」と，端的にいって，パロディ化された宗教会議の，その動機という点から唯一考えられる解釈は，瀆神への冒険ということである．ピョートルは，意識的に反（アンチ）キリストの役回りを演じようとした．1700年にアドリアンが没して以後，ピョートルが後任を置こうとせず，総主教位を簒奪しようとするにいたって，かれの多くの家臣たちでさえが主君をそのようにみた．聖界における第一のピョートル擁護者フェオファン・プロコポーヴィチは，はっきりとかれを「神官長」とみなした．外国人の目には，こうした事態はなかなか理解しがたいことであった．そこでかれらは，正教会の位階制に対してピョートルが不満を抱いていると考えて，カトリックやプロテスタント，さらにはイギリス国教やクェーカー教などを勧めにかかったのであった．けれども，瀆神者はまた，その冒瀆の対象なしではやってゆけないものなのである．

北方戦争

ピョートルの治世は，西暦1700年にもう一つの転機を迎えた．この年までにはすでに恐怖政治は終了し，その点での決着はつけられていた．また，トルコとのあいだに平和条約が結ばれた結果，もはやクリミア汗国に対する貢税支払いの必要もなくなっていた．しかし，その同じ年にもっと厄介で危険な戦争の火蓋が切って落とされた．すなわち，スウェーデンとの北方戦争である．この戦争を踏み石にしてロシアは，ヨーロッパにおいて無視しえない強国の地位を確立していく．スウェーデン帝国の一部を成していた東部バルト海諸州には不満が渦巻いていた．スウェーデンはその故地を越えてはるかに膨張していたために，北欧においては概して敵意と

ロシア史においてもっとも血腥いエピソードのひとつは銃兵隊弾圧事件である．ピョートルが使節団に加わってロシアを留守にしていた1698年に，銃兵隊の一部が短期間の反乱事件を引き起こした．ピョートル帰国後の1698年末から1699年初頭にかけて，約1200名ほどの銃兵が審問に付され，モスクワかその郊外で絞首刑ないし斬首刑に処された．この恐怖政治について，オーストリア使節団の書記官ヨハンネス・コルブが有名な手記を残している．右図は，かれの著作『モスコヴィアへの旅の日記』（1700）からとったものであるが，背景にはモスクワ市街が不正確に描かれている．約2万人といわれる銃兵隊の総数からみて，犠牲者の割合はきわめて低かったが，銃兵隊全体の勢力にとって，この事件は致命的な傷となった．

羨望の目にさらされていた．新国王カール12世がまだ10代の少年であったとはいえ，この国は，一度ならずピョートルにほとんど致命的ともいえる打撃をあたえ，侮りがたい力をもつことを世に示していた．緒戦は古くからの要塞都市ナルヴァをめぐる攻防であった．この街は，今日エストニア共和国とロシア共和国がフィンランド湾岸で出合うところに位置する．ナルヴァを囲攻したロシア軍は，数の上でははるかに劣るスウェーデン軍によってほとんど開戦直後に蹴散らされてしまった．しかし，ピョートルにとって幸運であったのは，その後カール12世がロシアへと軍を進めずに，転じてアウグスト2世のポーランドに向かったことであった．

一息つくことができたロシア軍は，その後の数年をかけて十分に体制を立て直し，スウェーデン領バルト諸州のうち最東端に位置し，もっとも人口が少なかったイングリアへと転戦していった．イングリアは，ピョートルが宣言したように，古代においてはロシア領であった地域で，人間の居住にこそあまり適さなかったとはいえ，中世ノヴゴロド国家に通じる活発な交易路であり，その奪回こそがこのたびの戦争の目的であると宣せられていた．カールの軍勢がポーランド遠征に出ていた留守に，ピョートル軍はこの地で成功をおさめ，古いロシアの都市コポリエとヤムを奪い返し，1703年5月には，ラドガ湖とバルト海を結ぶネヴァ川の河岸にあったスウェーデンの要塞2ヵ所を壊滅させた．ネヴァ河畔には，ただひとつだけニェンスカンスというスウェーデン人の街があった．この街からさらに数マイル下ると，ネヴァ川は扇状に広がり，低地デルタを進む．このデルタは，つねに洪水の危険にさらされていたために，ほとんど人間の居住を許さなかったが，川はこの地域を抜けてフィンランド湾に注ぎ込んでいる．ニェンスカンス占領直後，ピョートルは生涯ではじめての海戦をここで戦い，街の奪回のために差し向けられたスウェーデン軍の艦船を数隻拿捕するなどして勝利をおさめた．その結果ロシアは，バルト海と西欧への直接の領土的連絡を突如として回復することができた．ピョートルは，デルタ地帯の鼻先に浮かぶ小さなウサギ島（ザーヤチイ島）に要塞を築いて，この勝利を刻印づけたが，そのときにサンクトペテルブルグが誕生したのである．これ以後も戦争はさらに17年間つづき，戦況は刻々と変化したが，ピョートルは海岸線上のこの危うくて小さな拠点を断固として守り抜いた．ウサギ島におかれたこのペトロパヴロフスク要塞は，戦争終結のかなり前から，ピョートルの新しい首都の心臓部となった．

北方戦争が進むにつれて，カール12世は徐々にポーランド支配を広げていったが，他方，ロシア軍は守備の手薄なバルト諸州に対する攻撃を続行した．ピョートルは，数こそ多いが実戦の経験が乏しく練度も低かったロシア軍を必死で再編・強化し，スウェーデンの精鋭軍に肩を並べようと努めた．ほとんど国庫の負担能力を越えて，ますます巨額の支出が軍事費に振り向けられ，年によってはそれが国家予算の90％に達することすらあった．浴場から棺にいたるまで，考えうるあらゆるものが課税の対象となった．その結果，1718年にはついに，モスクワ時代から続いた地租と世帯税が廃止となり，代わって人頭税が導入された．人頭税は，農民と勤労階級の全成年男子に課され，領主層によって徴収された．新税は，不運な民衆から旧税時代の3倍の歳入を搾り出した．また，農民の終身徴兵制が全国的に実施された．この二つの新制度は，ピョートルの諸改革のなかでも，もっとも長く持続したものの部類に属する．さらには，ツァーリの公共事業のために大規模な労働徴発が行われた．要塞や運河の建設，そして1703年以降には，冷え冷えとして不健康な河口の湿地帯にサンクトペテルブルグを建設するために，ますます多くの労働力が必要とされたからであった．

カール12世は，バルト地域での敗北をあまり気にする様子はなく，引きつづきポーランド＝ザクセン連合軍への圧迫を強めつつあった．この時期，ピョートルのロシアは難局にさしかかっていた．国庫は底をつき，軍隊は依然として教練不足のままであるのに加えて，アストラハン蜂起やブラヴィンの率いるコサック反乱，バシキール内乱など，大規模な民衆反乱が頻発していた．にもかかわらず，この最初の10年間は，ポルタヴァの戦い（1709）というピョートルのもっとも有名な勝利によって幕を下ろすこととなる．カールの軍隊を敗走させたこの勝利は，ヨーロッパ史を画する大事件のひとつと考えられており，また，いかにもそれにふさわしいものであった．けれども，戦争の帰趨を決定づけたロシア軍の最初の大勝利は，すでにその前年（1708）に達成されていた．カールは，西方の敵に対処しながらも，しだいにベラルーシ（白ロシア）へ向けて東進し，次の攻撃目標がどこであるかをなかなか悟らせなかった．後世の歴史家は，このときかれがモスクワへ向けて直進しなかったことを責めるが，結局カールは南に向きを転じ，肥沃なウクライナ地方にねらいを定めた．ウクライナでは，コサックの頭目イヴァン・マゼーパがスウェーデン側につくことを密かに約束していた．その結果，スウェーデン軍の補給線は引き伸ばされ，カールの命運は，大規模な補給部隊を引き連れた1万2000を越える大増援軍の到着に，あまりにも強く依存することになってしまった．1708年9月，ほぼ同規模のロシア軍がレースナヤ村でこの援軍を迎え撃ち，壊滅的な打撃をあたえた．量ではなく，軍隊の質によってロシア軍が勝ちとったはじめての勝利であった．ピョートルはこの最初の真の勝利を「ポルタヴァ会戦の母」と呼んだ．

ポルタヴァの戦いは激戦であったが，わずか半日で終了した．片足に深傷（ふかで）を負ったカールは，数百の兵を連れて，マゼーパに助けられて南方へ逃れた．ピョートルは銃弾を浴びてなお無傷であった．カールには，望み薄ながら，ただひとつの希望が残されていた．それは，生きのびてオスマン帝国領に脱出し，トルコ人とそのきわめて反ロシア的属国クリミア＝タタールのピョートルに対する敵意を蘇らせ，わずかの兵力で再び戦端を開きながら，ヨーロッパを横断して北方の故国に帰還することであった．そして，信じがたいことにカールは，5年の歳月を費やしたとはいえ，それらすべてをなしとげたのである．その間，今度はピョートルが戦線を拡大しすぎてしまった．ポルタヴァ戦の2年後，ピョートルは，過去200年以上にわたってロシアの支配者たちがしばしば心に描いてきた夢（ロシアの主導権のもと，バルカン半島のキリスト教徒をトルコに対して立ち上がらせるという）を追求しながら，モルドワのプルート河畔でほとんど降伏寸前にまでいたっていたのである．敗北に直面したピョートルは，サンクトペテルブルグの喪失以外のいかなる条件をものむ覚悟で和平を請うほかなく，かろうじて虎口を脱することができた．かれの外交官でユダヤ系のP・シャフィーロフが老練な外交を展開した．シャフィーロフは，トルコのパシャに賄賂を贈った．もっと重要な点は，スウェーデンとクリミア＝タタール，そしてオスマン帝国の地方と中央の権力者，これら四者のあいだに立場の相違があったことである．これらすべての諸要因が奏功してピョートルは，アゾフとその他いくつかの要塞と，かれが造り上げた南方艦隊の放棄という代価によって，窮地を脱することができた．ただ，南方艦隊の放棄だけはピョートルのしきりと後悔するところとなった．

ポルタヴァの戦い以後，疲弊したスウェーデンにも，ロシアと同様に講和を望む気運が生まれたはずであるが，カール12世が生還したことで戦争は長引かざるをえなかった．しかし，プルート以後の経緯は比較的単調なものであった．ロシア軍はしだいにバルト諸州での支配権を打ち固め，フィンランドを占領し，さらに海戦を重ねながら，ついにはスウェーデン本土に攻撃を加えるようになった．1718年，カールがノルウェーで死に，1721年，ニスタット講和条約が結ばれて，ロシアの新領土は是認された．もっとも，奇妙なことにピョートルはリヴォニア（現在のラトヴィア共和国の大部分に当

1717年にピョートルは西欧への再訪を果たすが、このたびの目的地はフランスであった（数年前にルイ14世が亡くなっていたことがフランス訪問の理由の一端であった）。L・M・J・ヴェルサン作のこの油絵には、ヴェルサイユ宮殿で幼王ルイ15世を抱きあげるピョートルの姿が描かれている。外交使節としてみれば、このフランス訪問の成果は、またしても取るに足らぬものにすぎなかった。

たる）を買い取らねばならなかったのであるが、おそらく、この講和のときがピョートルの生涯で最高の一瞬であっただろう。「皇帝（インペラートル）」、「祖国の父」、「大帝」、これらの称号がはじめてピョートルに冠せられたのは、ニスタット講和を祝う祝典のときであった。しかしこれ以降も、ピョートルは、もたらされた平和に安んじたわけではなく、また、ロシアの国情も決して安泰とはいえなかった。1722年、かれはペルシアとの戦争を開始し、若干の領土を獲得したが、結局はそれも維持しえなかった。とはいえ、ピョートルの治世をわれわれに印象づける多くの制度上の諸改革が実施されたのは、まさしくこの最晩年の数年間においてであった。そうした諸改革の有名な一例は、「官等表」導入による全「勤務階級」の再編成であった。官等表は、国家勤務者の序列を（陸軍、近衛、海軍、文官の）4系列、14段階にまとめあげたものであった。勤務者はすべてこの階段を一つずつ昇らねばならず、8等官［のちには4等官］およびそれに相当する武官位以上に達したものには世襲貴族の身分が約束された。

帝位継承問題

大使節団から20年経た1717年、すでに北方戦争も峠を越したとき、ピョートルは西欧への再訪を果たした。このたびの目的地はオランダとフランスであったが、そこにもまた外交上の動機が存在した。スペイン継承戦争が終結し、ルイ14世も少し前に没し、ロシアが、依然として衰えぬ力と繁栄を誇っていたフランスとのあいだに経済的・軍事的関係を取り結ぶ好機が到来したかに思われた。しかし今回もまた、かれの外交努力はほとんど実を結ばなかった。成果といえば、内容空虚な友好条約に調印し、ロシアのために働く専門家を雇用したにすぎず、それとても前回より数は少なかった。

かれの帰国を待ち受けていたかのように、またもや現実の反逆ないしはその恐れをはらんだ政治危機が劇的に噴出した。今回の最大の犠牲者はピョートルの息子アレクセイであった。アレクセイはかなり知的な人物ではあったが、深みがなく、決断力に乏しい怠惰な性格の持ち主であった。この父子の人格の相違は以前から明らかであった。アレクセイは偉大な父を恐れていた。それだけならまだしも、かれは、あるときは服従し、また、あるときは強情をはったり敬遠したりという具合に、まったく拙いやり方で父との性格の相違に対応してきたのである。両者の間で交わされた何通かの手紙が現存しており、それらによってわれわれは、その込み入った、きわめて悲劇的な経緯を再現することができる。1716年、ピョートルはアレクセイに最後通告を送った。そこに修道院への幽閉を迫る内容を見出すや（母の運命の再現であった）、アレクセイは国外に逃亡し、そのまま数カ月間出奔してしまった。やがてかれは、ロシアと外交関係の乏しいオーストリアに姿を現わした。息子の奪回のために、ピョートルは武力行使に踏み切るだろうか、こうした危惧の念で板挟みとなったオーストリアは、経験豊かで無遠慮な使者ピョートル・トルストイにアレクセイとの面会を許可した。アレクセイは、愚かにも身柄の安全を保障するという偽りの約束を信じて帰国した。かれは従来から政権中枢に潜む反ピョートル派の希望の星であり、ピョートルはそこに危険な謀議を感じとった。アレクセイとアレクセイ派とみなされた人びとに対し、反逆罪の罪状で死刑の判決が下された。しかし、判決が執行される前に、アレクセイは獄中で死去してしまった。当時の尋問法がかれを死にいたらしめたことは疑いない。

ピョートルは、わが子アレクセイの死で安堵し、あえてその感情を隠そうともしなかった。その結果、2度目の妻エカチェリーナ（正教会の目に、この結婚は疑わしいものに映った）とのあいだに生まれた、まだ年若い皇子ピョートル（ペトローヴィチ）が新しい帝位継承権者となった。しかし、この息子もまもなく死んで、ピョートルを悲しませた。結局、ピ

ョートルのただ１人の孫がロマノフ朝に残された最後の嫡男となった．皮肉なことに，やはりピョートル（アレクセーエヴィチ）という名のこの人物は，悲運の人アレクセイの息子だったのである．この一族の年代記には，もう一つ奇怪な歪みがあった．エカチェリーナ（もともとはリヴォニアでマルファ・スカヴロンスカヤとして生まれた）が正教へ改宗したとき，名づけ親を務めたのがアレクセイだったので，彼女は正教徒エカチェリーナ・アレクセーエヴナとして生まれ変わった．そのため，ピョートルがのちにこの女性と結婚したことを，「孫」との結婚というグロテスクな瀆神行為の象徴と信ずる人びとも少なくはなかった．

政治危機が終息してのち，帝位継承問題が表面化してきた．「ピョートル革命」がツァーリの個人的力量に深く依存していたことは，あまりにも歴然としていた．それゆえ，帝位を継承するにふさわしい人物をみきわめるのは，容易なことではなかった．世俗化した国家において，神の祝福はほとんど決め手とはならなかった．ピョートルは，ツァーリはあらかじめ自分の後継者を指名することができる，という趣旨の帝位継承令を発布した．かれ自身はついにこの指名を行わなかったが，死の直前，走り書きを残したことは有名な事実である．それは，「余のすべてを……に託す」と書きかけて，とぎれていた．ピョートルは一体だれに託そうとしたのか？のちには「国民に」と推定した人びともいた．しかし，もしそうであったなら，ピョートルは，死のずいぶん前に派手な儀式を行ってエカチェリーナを皇妃に戴冠させるということはしなかったであろう．贅を尽くしたその儀式は，生前に後継者を戴冠させるというビザンティン方式の意識的再現であったように思われた．エカチェリーナは気丈な人で，鋭い感受性の持ち主でありながら過敏ではなく，ピョートルの意思の愛すべき理解者であった．彼女は，独断でピョートルの寵臣を解任したり，突拍子もない新奇な考えを抱いたりするようなタイプではなかった．ピョートルの寵臣たちからなる特別会議（有名なメンシコフもその１人であった）は，帝がまだ息をひきとる以前から，早くもエカチェリーナの即位に向けて動きはじめていた．その際，決定的な要因となるのは，近衛連隊の支持を得られるか否かということであった．近衛連隊は，ピョートルがはじめて創設したもので，かれの権力の核心部分であったといえる．以後この近衛連隊は，1801年のアレクサンドル１世の即位まで，帝位継承問題に際して決定的な発言力をもちつづけることになる．

ピョートルの遺産

ピョートルとその治世をどのように概括すべきだろうか．この問題は，おそらくロシア史上の最大のテーマといえるほど，あまりにも巨大で取り組みがたい．ここでは以下の四つの視角からみた若干のコメントと結論を述べるにとどめたい．第一は，ピョートルの軍事的成功とそれに伴う領土獲得の評価について，第二は国内改革について，第三に西欧化について，そして最後に，ロシアと世界に残したピョートルの遺産について，である．これらの諸側面が相互に関連していることはいうまでもない．

ピョートル時代におけるロシアの領土的拡大は，かれの祖父ミハイル（シベリア横断を達成させた）やかれの父（ポーランドやウクライナへの膨張を果たした）の時代に比べて，あるいはまた，18世紀におけるかれの後継者たちの時代（中央アジアへの進出と，さらに南方のクリミア半島への到達）に比較しても，ほんの慎ましいものにすぎなかったが，それは決定的な一歩であったといえる．その理由は，こうした領土拡大がロシアにサンクトペテルブルグの建設を可能にしたという点にとどまらない．東部バルト海沿岸諸州の領有によって，ピョートルは，ある意味ではもう一つの帝国ともいうべきスウェーデンの相続者となり，その過程でかなり大きな非スラヴ諸民族グループを統合した．レット人やリトアニ

ア人，若干のユダヤ人とドイツ人上層の人びとがロシアに編入された．これらに，散在するフィン語系やチュルク語系住民，旧北亜人（旧北極地方人），さまざまのカフカス系民族集団，カスピ海沿岸部のペルシア人などを加えると，ロシアは1725年までに相当の多民族国家に生まれ変わったといえる．ピョートルの恒常的な戦争政策は，確かにロシアを窮乏させ疲弊させたが，少なくとも，この国の安全保障を達成し，ピョートル後の18世紀におけるかなり長期の平和的な時代の基礎を築きあげた．かれが推進した海軍創設も，当初はあまり役に立たなかったとはいえ，やはりこの平和に資するところがあった．ピョートルは，一方で外国人士官の雇い入れを進めながら，他方で，軍隊の効率化とロシア化をも推進した．けれども，こうした過程には不可避的に社会の軍国主義化という弊害が伴った．新たに創設された近衛連隊がときとして政治権力を左右する事態が生じたのである．

ピョートルの改革は，ロシアを取り巻いた軍事的，社会経済的情況の産物であったが，同時にまた，ピョートルの個人的反感や熱狂の落とし子でもあった．だが，世紀の変わり目以降，とりわけピョートル最晩年の10年間になると，改革は，社会システムの円滑化というヴィジョンをはらんで，いっそう系統的性格を帯びるようになった．繁栄，秩序，国際的栄誉などに表現されるロシア国家の福利というものに，ピョートルが関心を寄せていたことを，当時の数多くの記録文書や手紙が証言している．この意味ではとくに理解し難い点はない．しかし，改革は断固として弛みなく進められた．そこにこそ，ピョートル改革を尋常ならざるものにしたゆえんがある．ピョートルは，毎朝４時起きで自ら法令や勅令の草案を練るという生活を何か月もつづけた．とくに興味深いのは，晩年のピョートルが勅令に付する序文の執筆を習慣としていたことである．序文は，公共の福利という観点からする法文の解説であった．おそらくかれは，ときの為政者とは別個の，それを超越した統一一体としての国家という明確な概念を保持し，かつ，なんらかの形でそれを表明したロシア最初の支配者だったであろう．そのことを示す有名な例は，ポルタヴァ会戦の前夜，かれが兵士たちを前にして行ったと伝えられる訓辞であり，そのときかれは，「ピョートル」ではなく「ロシア」を思え，と力説したと伝えられる．

ピョートル改革は行政体系を近代化した．そして，モスクワ時代との相違を強調するために，行政機構の新しい呼称が導入された．50余の官署（プリカース）は，それよりもずっと数の少ない「参議会（コレーギア）」に置きかえられ，職掌区分もいっそう明確化された．各参議会の委員会には少なくとも１名は外国人専門家が加えられることとなった．全国会議はもとより，名門貴族からなる常設的諮問機関であった旧来の貴族会議も，新体制のもとでもはや存続の余地はなかった．代わって，ピョートルの軍事遠征のための不在期間に国事を代行する目的で，「元老院（セナート）」が創設された．元老院を監督するものとして，ピョートルは検事総長職を設置し，それがツァーリの「目と代理」を務めることとなった．教会も総主教から引き離され，「宗務院（シノード）」が管轄することになった．これは，実際には俗人が主宰するもう一つの国家機関であった．社会構造そのものは，変化したというよりはいっそう明晰化され，おそらくはその擬制的性格が薄められていった．人頭税の負担と並んで，あご鬚とロシア風の服装が農民階級を識別させる特徴となった．多様な下層社会グループの存在は旧体制を特徴づけるものであったが，人頭税負担がそれらを均質化させてゆく役割を果たした．

上層社会の人びとに関していえば，かれらが国家勤務を免れるか，あるいは勤務条件を緩和させる余地は，ますます少なくなっていった．ツァーリを筆頭として，だれしもが自分の能力に応じて国家に奉仕せねばならない，というのがピョートルの採用した単純明解な社会原則であった．あるとき，かれは「貴族とは役に立つ人間のことである」と宣言したほ

上 ヨハンネス・コルブの『日記』におさめられたこの版画には，ピョートル大帝がアルハンゲリスクで建造させた船が描かれている．北ドヴィナ川が白海に注ぐところに位置するアルハンゲリスクは，北極圏にも近かったが，1703年にサンクトペテルブルグ建設地がスウェーデンから奪取されるまで，ロシア唯一の海港であった．この街は，増加しつつあった対英貿易に対処するために1580年代に開かれた．その後，貿易はオランダその他の諸国とのあいだにも拡大していった．アルハンゲリスクの造船所はピョートルの造船に対する興味を膨らませたが，もとはといえば，この面でのかれの関心は，1690年代初頭のプレシチェエヴォ湖での経験に端を発したものであった．

どである．確かに，ピョートルの目的の一部は，今日われわれが能力主義とよぶ社会体制を確立することにあり，官等表はその目的を定式化したものといえる．官等表によって，少なくとも理論的には，あらゆる人間に昇進の道が開かれた．下層の出でありながら華々しい出世を遂げた国家勤務者（メンシコフ，ヤグジンスキー，シャフィーロフなど）も，確かに存在した．けれども，最上級のいくつかの官等は，たいていはゴリーツィン家やゴローヴィン家，ドルゴルーキー家，シェレメーチェフ家などに代表される名門貴族家門の出身者によって独占されつづけた．社会的流動性は疑いなく高まったとはいえ，ある程度の大きさをもったなんらかの社会集団が自らを「いっそう自由になった」と感じたとはいい難い．農奴制はどちらかといえば強化された．それに加えて，何十万もの農民の肩に，軍隊や労役への徴用という苛酷な苦役がのしかかった．本物の変化といえる唯一の例外は，女性の社会参加の状況が改善されたことであった．少なくとも，上流階級の女性たちの境遇は改善され，強制的な見合い結婚は公けには禁止された．ピョートルによって最初はためらいがちに導入されはじめた教育がしだいに普及してゆくにつれて，微かではあるが精神的自由の余地が拡大されていった．国家勤務において昇進するためには，試験に合格することが必須となり，ある段階では，試験に失敗したものに対して結婚許可証を交付することさえ禁止されたほどであった．

ピョートル改革はつまるところ西欧化（ちなみに，ピョートルもかれの同時代人たちもこの言葉を使ったことはなかった）であったのか，あるいは究極的には西欧化を促進したといえるのだろうか．ピョートルは，かれの治世が生み出したほとんどのものに対して，ことさらに「異国的」外観を施した．国家制度，官職名，教育課程，社交界のあり方，都市や宮殿の名称，建築や絵画の様式，いずれもが外国風の色彩を帯びた．ピョートルとその協力者たちにとって，西欧の文物は，それらがただロシア起源ではないというだけで魅力的であることさえあった．ピョートルが伝統的価値体系をゆさぶることにこそ西欧化の最大の意義を見出していた，という点はだれの目にもたやすく理解できよう．そうすることによってピョートルは，かれの代弁者たちが熱心に鼓舞しようとした進取の精神を国民大衆に強調しようとしたのである．

ピョートルが「近代的精神」（これは，当時の時代背景にあっては「西欧的」精神を意味した）の持ち主であったと真剣に主張する人びとが存在する．かれらの考えでは，ピョートルの世界はもはや静止的な中世のそれではなかった．かれは歴史の進歩や大民族の興亡というものを理解し，ロシアが大国となる可能性がいまや眼前にあり，あるいは少なくとも，その可能性を現実化することができるのだ，ということを認識していた，とかれらはいう．貿易拡大や軍事的成功の希求は，それ自体としてなんら「近代的」でも西欧的でもなかったが，資本主義的商業の積極的促進や，自然科学への熱い関心などは確かに近代的といえよう．ルネサンス後の西欧におけると同様の新たな地平の開拓，新しい可能性への挑戦，そうしたものがピョートル時代の雰囲気の一部を成した．しかし，その点にもまた曖昧な部分が潜んでいる．なるほど，かれの治世には情報供給が増加し，1703年には一種の新聞が発刊された．しかし他方でかれの時代は，さまざまの見解表明の自由が前例がないほど厳格に規制された時期でもあった．ピョートルは，知識の自由な流通よりも，上からの政治的宣伝の普及にいっそう熱心であった．外国人技術者たちにはロシア国家の扉は開かれ，高額の俸給と機会がかれらに約束された．けれども，ロシアにやってきたかれらがしばしば見出した自画像は，かれらが素朴に信じていたような，自由契約で技術を売る専門家としての姿ではなく，勤務国家体制の周縁に組み込まれ，高官たちの悪意や恩顧，政争に翻弄される自分たちの姿であった．勤務国家そのものは，絶対主義の自己実現のための格好の機関として，ピョートルのもとで化粧直しが施されたとはいえ，本質的にはまったく「前近代的」な概念であった．ピョートルはその生涯の半分以上を苦難の17世紀におくった．したがって，かれは，イギリスのステュアート朝諸王やフランス王ルイ14世，プロイセン王フリードリヒ・ウィルヘルム1世などの人物と比較されるべきである．これらの諸王はみな，政治的に不器用で妄想的かつ頑迷であり，なぜか近代的観念の理解からはいまだほど遠い人びとであった．

ピョートルの遺産は，後世の多くの人びとの目には，良くも悪くも完全にロシア社会の血肉と化したように思われた．かれの追随者のなかには，狂信的ピョートル崇拝者も現われ，その崇拝ぶりは，かれの肖像画が「聖像画（イコン）」として掲げられさえするほど，不健全な域に達した．そうした追随者の1人に，西ロシアの聖職者フェオファン・プロコポーヴィチがいる．かれはピョートルの知的代弁者として随一の人であり，総主教制を廃止したこの為政者をほとんど神格化していた．にもかかわらず，フェオファンの姿勢にはなぜか人びとを啓発しない何ものかが認められる．もっとはっきりとした具体的な遺産は，ロシア海軍と新首都サンクトペテルブルグであった．しかし，それらほど実体的ではなくとも，ピョートルの足跡がさらに深く刻印された領域がある．権力に対する態度，ロシア国民の自己イメージと対外イメージ，物事をいかにして達成すべきかについてのロシア人の観念，また，かれら（および他国民）がピョートルとその偉業についてのいかなる画像を描き出してきたかなど，これらの諸点にはピョートルの遺産が深く関与している．

ピョートル改革をいかに評価しようとも，われわれは，かれの人格の強靱さを認めないわけにはゆかない．ピョートルは疲れを知らぬ活動家であり，個人としては質素を好み，どんなに卑しい身分の知人に対しても別け隔てがなかった．こうした特徴は，かれの力強いイメージの形成に寄与するとともに，とりわけ外国人の脳裏に強く印象づけられた．未公刊のある英文手稿には，アルハンゲリスクでのツァーリの気さくな謁見ぶりについて，ひとりの商人の次のような印象が綴られている．「かれが決して高慢な人物ではないことを，私は君に断言しよう．その証拠に，かれはだれとでも会食と歓談をともにする……，かれは薄汚ない水夫たちでさえ，その全員を自分の晩餐に招待した．」ピョートルは，世界を変革する意志と努力の力というものを信ずるという点で，近代の最初の偉大な政治的主意主義者の1人であった．そうした有力な人間たちはふつう，目的は手段を正当化するという命題を信ずるものであり，そして，その手段には往々にして残酷さが含まれる．ピョートルは，無慈悲に振舞うこともできたとはいえ，それを好まなかった．銃兵隊の一件は別として，かれは見境もなく，また，警告もなしに頻繁に死刑判決を下すようなまねはしなかった．

しかしながら，仮借なき意志がもたらす苛酷な諸結果についての記憶は生きのびた．そして，この記憶は，栄光と無慈悲とはいかにしても分かち難いものでもあるかのように，（イヴァン4世の場合と同様）偉大な事蹟と一体化してしまった．19世紀初頭にプーシキンは，そのような観念をきわめて鮮かに叙述した．『青銅の騎士』（力強いピョートルの亡霊が主役の詩）がそのもっとも忘れ難い作品であるが，叙事詩『ポルタヴァ』にもそうした発想がみられる．このような観念は，概して，ロシアにはあまり良い影響をもたらさなかったといえる．さらに，もはや神の裁可のもとにはなくなった1個の人間としてのツァーリが体現する純粋な権力の「神格化」とか，1個人の超人的，あるいは人間離れした営為こそがあらゆる事物の急速で効果的な刷新・改革を可能にするという信念など，ピョートル崇拝の他の諸側面もまた，ロシアに否定的に作用した．けれども，ピョートルの時代は，それが以後のロシア史に対していかに暗い陰を投げかけたとしても，確かに神話の豊かな源泉でありつづけたのである．

ロシア・バロック様式

　西欧文化がロシアにあたえた衝撃とロシア土着の伝統文化の根強さ、この二つの要素が、ときとして不安定ではあるが、刺激的な文化の混淆をもたらした。ロシアのすばらしいバロック建築は、そうした現象のみごとな証しである。ロシア建築を代表する変化にとんだ驚くべき作品を生み出したこの建築様式は、わずか100年足らずの期間（1680年代—1760年代）に急速な発展を遂げたものであった。

　ロシア「バロック」は少なくとも3種に分けて論じねばならないが、それらのいずれにも共通するのは、淡い色に塗られた壁、白を使った細部の装飾、タイル張りと金メッキ、窓枠の凝った装飾など、色彩豊かな装飾美が追求されたという点である。「モスクワ・バロック」の流行期間はきわめて短かった。それは、若き2人の共治帝イヴァン5世とピョートル1世の時代（1682—96）に、わずかな名門の貴族家門——ナルイシュキン家、ゴリーツィン家、シェレメーチェフ家、そして摂政ソフィアなど——の庇護のもとで栄えた。ただし、必ずしもモスクワだけで流行したというわけではない。それはきわめて特異な建築様式であり、事実上、古ロシア建築の最後の発展段階であり、おそらくは西欧の建築教本から採られたと思われる細部の技術がふんだんに用いられているのである。「ピョートル時代のバロック」は、比較的穏健で落ち着いた作風であった。第三のバロックは、しばしば「エリザヴェータ期のバロック」と呼ばれる。その代表作はなんといってもラストレッリの息を飲むほど壮大な宮殿建築である。もうひとつ言及しておくべきはウクライナのバロックであろう。中欧の流れを汲むこのバロック様式は、モスクワ様式の形成に一役かったと推定されるが、独特の作風をもつのである。バロック様式はかなり唐突に廃れ、代わって簡素にして優美な新古典主義が登場してくる。

左上　モスクワ郊外フィリのポクロフスカヤ教会（1693頃建立）はモスクワ・バロック様式の教会建築の好例である。ナルイシュキンが建てたこの教会は、様々な断面をもった空間から構成されるピラミッド型をしている。こうした様式は、この教会が当時最高のモスクワの建築家ヤコフ・ブフヴォストフの設計であることを示唆している。

左　移住イタリア人彫刻家C・B・ラストレッリの息子B・F・ラストレッリ（1700—76）は、サンクトペテルブルグを中心に活躍し、また、ビロンのためにクールラントでも仕事をした。エリザヴェータ時代には、かれの影響力は絶大なものとなった。ツァールスコエ・セロー（プーシキン市）の大宮殿は、冬宮とともに、かれの傑作である（いずれも1750年代に建造）。果てしなくつづくかにみえる大宮殿の波打つ正面は、豊かな森の狭間に垣間見えるしかけになっている。礼拝堂の屋上には、エリザヴェータ時代の建築に特徴的な金箔を施したドームが建てられている。

ロシア・バロック様式

右　ピョートル時代の住宅建築で現存するものは数少ない。サンクトペテルブルグのスモーリヌイ近くのキーキン邸は、1714年にA・V・キーキンのために建てられ、その後かなり改築されてきたとはいえ、往時を語る貴重な実例である。かれはピョートルの側近の1人であったが、皇太子アレクセイに国外脱出を進言したかどで、1718年に処刑された。キーキンがサンクトペテルブルグに所有していた五つの邸宅のうちで、これは疑いもなく最上のものであったが、ピョートル時代の多くの邸宅と同様、飾り気のない建物であるといえよう。付柱、両翼に左右対象に広がる構造、簡素で明るい雰囲気の切妻などが特徴である。この邸宅以外の例としては、ピョートルが滞在したこともあるいくつかの木造小家屋、かれの質素な夏宮、ネヴァ河畔にある複雑な構造のメンシコフ邸、モスクワのベルセネフカの家屋建築などが現存している。スイス人建築家トレッツィーニがサンクトペテルブルグ住民用に描いた階層別「モデルハウス」の図面が今日に伝わっている。

上　モスクワ・バロック様式はかなり唐突に出現したが、それには前史があった。17世紀には西欧風のモティーフが用いられるようになり、それはとくに窓の周囲の装飾において顕著であった。モスクワ時代の建築の多くに、極端に装飾的な様式、演出的配慮が認められるのである。そうしたモスクワ・バロック様式の比類のない実例は、モスクワへいたる南西からの入口に位置するノヴォデーヴィチー女子修道院である。主礼拝堂は16世紀の素朴な建物であるが、それ以外はほとんどすべて、摂政ソフィアの時代（1682－89）に設計ないし建設されたものである。ソフィア自身がのちにこの修道院に幽閉されることとなった。がっしりとした壁面と塔にはその上部に華麗な装飾部が付けられている。異なった造りの二つの門楼の教会、いくつかの独特の家屋（上図）、上へゆくほど狭まってゆくみごとな鐘楼などがある。

ピョートル後の帝国

ネズミと猫

　精力的かつ専制的で，強い使命感に燃えたピョートルのような君主が，いかにして自分の事業を引き継ぐにふさわしい後継者を見出すか，という問題におおいに悩まされるという事態は，しばしば観察される現象だといえよう．ピョートルの場合，そうした苦悩の帰結は，息子アレクセイとの苦しい対立と，帝位継承令の制定となって現われた．継承令には，君主があらかじめ後継者を指名できること，この指名を犯すものは死刑に処せられる旨が明記されていた．もはや権力は神があたえ給うものではなく，人間が人間に譲り渡すもの，と認識されるにいたった．とはいえ，この法律は，人間社会の現実やロシアの伝統，権力委譲の実際のプロセスからあまりにかけ離れていたので，ピョートル没後の18世紀において（この間，女帝を含めて7人の皇帝が出た），わずか2度しか適切には運用されなかった．しかも，その2度の場合ですら，あまり適材とはいえない人物を短期間だけ玉座につけたにすぎない．最初の例は1740年，女帝アンナがまだ誕生まもない姪の息子（イヴァン6世）に帝位を譲ったときである．この継承は，一種の気紛れであったばかりか，指名を受けた継承者に災いをもたらすところとなった．第二の例は，ピョートル3世の指名である．この継承令は，1797年，パーヴェル帝のときに廃止され，世襲制が採られるようになるが，それでもなお，1825年に再び深刻な帝位継承の危機が勃発する．

　ピョートルを継いで18世紀に出た皇帝たちは，エカチェリーナ2世を除いて，凡庸な君主として忘れ去られることが多い．しかし，たとえそれが君主の場合であろうとも，普通の人びとを，かれらが並外れてはいないという理由で責めるのは公正な態度ではなかろう．その点はともかく，ピョートル時代のような例外的な治世は，多くの臣下たちのあいだに，いくぶんかは凡庸さへの憧れを醸し出したに違いない．ピョートルという偉大な圧迫者の死に際して，さまざまの「卑小な」人びとが感じた歓喜は，帝の死後，世間に流布したたくさんの民衆版画のなかで，みごとに寓話化されている．それらの版画では，「いかにしてネズミが猫を埋葬したか」が図入りで説明されるのであった．凡庸として無視されがちなそれらの皇帝たちも，実際には互いにずいぶん異なるところがあった．いずれにしろ，われわれにとって興味深いのは，かれらの人柄ではない．われわれの関心は，長期にわたるピョートル政権下の危機を切り抜けてロシアがある種の正常を取り戻したとき，どのようにしてピョートル後の社会に固有の課題と社会諸勢力とが出現してくるのか，という点にある．実際のところ，ピョートルの個々の改革の試金石となりうるのは，それらがどの程度生きのびたのか，いいかえれば，「凡庸」ではあるがもっと平穏な時代において，諸改革がどれほど改変され，あるいは密かに反古とされていったか，なのである．

　専制が手綱を緩めるところでは，さまざまの他の社会勢力がそれを奪い取るであろう．支配的な利害集団の交替，それらのかなり唐突な台頭と没落，そうした事態がピョートル後の時代の特徴であった．夫の死によってエカチェリーナ1世が帝位に就いたとき，ピョートルの第一の寵臣として有名なメンシコフ（その傍若無人の貪欲さによって，この人物はピョートルの晩年には不遇をかこっていた）はその生涯における絶頂期を迎える．政治に関心のなかったエカチェリーナ1世は，日々の国政の遂行のために「最高枢密院」を創設した．これは，元老院の上に立つ寡頭制的「内閣」で，「新貴族」と名門貴族の代表者たちの双方から構成されていたが，実権を握ったのはメンシコフであった．「最高枢密院」は，全力を尽くして，ピョートルの遺産の複雑さと曖昧さ，過度の圧迫を克服しようと努めた．

　あまりにも酒好きであったエカチェリーナ1世の治世は，わずか2年しかつづかなかった．エカチェリーナが亡くなったとき，ロマノフ家にはただ1人の嫡男が残される．すなわち，不運の人アレクセイの年若い（しかし，背が高く健康で才気にも恵まれた）息子で，当時11歳のピョートルであった．エカチェリーナは，ピョートルに帝位を委ねるべく詳細な遺言状を遺したらしいが，この継承劇を仕組んだのが別のだれかであったことは，ほぼ確実である．いずれにしろ，ピョートル2世の即位には異議申し立てがなかった．「最高枢密院」が摂政役を務めた．メンシコフは，20年以上前にかれの父親を教育した（と同時に，痛めつけた）ときと同様に，ただちに若きツァーリの心を掌握しようとした．かれは，自分の娘マリアとツァーリとの婚約をさえ取り決めさせた．けれどもピョートル2世は，若年にもかかわらず，祖父の決断力と，「新時代」（ピョートル時代）の取り巻き連に対する父の懐疑心とをあわせもつ人物であったように思われる．かれは，名門貴族ドルゴルーキー家と同盟して，巧みにメンシコフの逮捕と流刑をなしとげた．メンシコフは，流刑地でその生涯を閉じた．もう1人，過去の亡霊ともいうべき人物がいた．ピョートル2世の父アレクセイを裏切ったピョートル・トルストイで，当時すでに80歳を越えていたこの男もまた，メンシコフに先んじて同様に処断され，白海のある島に流されて死去していた．サンクトペテルブルグの街は荒れ果て，モスクワへの再遷都がすぐにも実施されるかに思われた．その頃14歳になったピョートル2世は，ドルゴルーキー家の公女を妃に迎えようとしたが，突如として天然痘を発病し，1730年1月，奇しくもその婚礼の儀が予定されていた当日に逝去してしまった．ドルゴルーキー家のあるものたちは，ピョートル

この大衆向けの木版画（ルボーク）は，ネズミたちが，生前はかれらの恐怖の的であった大きな猫を葬送のために運んでいる場面を描いた何種類かの木版画の一例である．1725年にピョートル大帝が亡くなって以後，こうした版画が広く出回るようになった．それは，ピョートルに迫害され，それゆえ，かれの死で安堵したさまざまな社会グループを寓意的に表現したものである．陽気で表現豊かなルボーク芸術（そこにはしばしば社会風刺が込められていた）は，17世紀から19世紀まで，人びとに親しまれつづけた．

上はジャン・マルク・ナッチエ描くところのエカチェリーナ１世（在位1725－27）の肖像画である．エカチェリーナ１世は1684年にリヴォニアの農民の家にマルファ・スカブロンスカヤとして生まれた［リトアニア出身ともいわれるが，詳しいことは不明］．彼女は，ピョートル大帝が北方戦争遠征中にその寵愛を受けるようになり，その後ピョートルの２度目の結婚で皇妃となった（1712）．エカチェリーナはピョートルの心を和ませ，また，しばしばピョートルを襲った筋肉痙攣（おそらくはかつての熱病に起因する軽い癲癇性の発作であったと思われる）を沈静させることのできる唯一の人間であった．1724年，ピョートルはエカチェリーナ１世を戴冠させた．翌年かれが後継者を指名せずに没したとき，エカチェリーナの人気が高かった近衛連隊は，文盲で生まれの卑しい女性であったにもかかわらず，彼女を帝位に推しあげたのであった．

が帝位を婚約者に委ねたと主張したが，この話は信じがたい．ピョートル２世は，まだ精神的幼さが残っていたとはいえ，明らかに自分の意思をもった為政者の域に達していた．もしかれがこのとき急逝しなかったなら，ロシアはどのような道を歩むことになったであろうか．

女帝アンナとドイツ人の台頭

この突然の危機に際して，いまやドルゴルーキー家とゴリーツィン家の勢力で固められた最高枢密院が，新しいツァーリの選定の仕事を引き受けた．ロマノフ朝の王統には，もはや男子の相続権者は存在しなかった．そこで最高枢密院は大胆な賭けに出た．予期せぬ結果をもたらすことになるこの賭けは，しばしば過小評価されるが，ロシア史の重要な転換点であったといえる．枢密院はピョートル１世の家系を断念して，かれの年長の共治帝で何人かの娘を残したイヴァン５世の家系に着目した．イヴァンの長女はメクレンブルク公に嫁いでいたが，次女アンナは寡婦となってクールラント（近代のラトヴィア南部にあった小さな半独立公国）公妃となっていた．枢密院は，ヴァシーリー・ドルゴルーキーを団長とする使節団を秘密裡にアンナの首都ミッタウへ派遣し，異例の提案を行わせた．すなわち，一連の約定を受け入れることを条件に，彼女を帝位につかせる，というものであった．それは，今日われわれが立憲君主制と呼ぶ形態であるが，実際には，すべての重要な政策決定を最高枢密院の承認ないし示唆によって行わねばならない，ということを意味した．

それはみごとな着想であった．これまでもロシアを治めた女性は存在したが，それらはみなツァーリの寡婦ないし摂政の資格で，あるいはその両方の資格で統治したにすぎない（エカチェリーナ１世，ソフィア，ナターリア・ナルイシュキナ，エレーナ・グリンスカヤ，そしてキエフ・ルーシのオリガさえそうであった）．それにひきかえアンナは，自分自身の資格で即位することを提案された．彼女は，感謝の気持ちをさえ抱いて，その立場にふさわしく，従順となるであろうことを期待された．そのうえアンナは，政治にもまったくの素人ではなかったし（長年にわたるクールラント統治の実績があった），まだ30歳代半ばで十分に若く，再婚し（枢密院のいうなりの相手と！）世継ぎを設けることも可能だったのである．すべてが計画どおり進むかに思われた．アンナは躊躇せずに約定に署名し，モスクワへ出発，２月下旬に到着した．ところが，それに先立つ２月の早々には，最高枢密院がアンナに課した約定の文面が漏洩するという事態が生じた．兵士，および将校として，近衛連隊の主力をなす下級貴族のあいだに，激しい抗議行動が沸きあがった．大半の下級貴族たちは，名門貴族からなる寡頭制支配グループの目論見がピョートル体制の改変にあるにちがいない，と考えた．少なくともピョートル体制は，下層出身のものにも，上流の人びとと同様に昇進の機会をあたえるものだったのである．

クレムリンの宮殿のなかの広壮な謁見の間で演じられた大団円は，実に劇的なものであった．われわれは，その場を目撃した外国人マンスタイン将軍の詳しい記録によって，そのありさまを知ることができる．３月初旬，近衛連隊の厳重な監視のもとで，最高枢密院と元老院議員，さらに多数の貴族たちが一堂に会し，事態の決着を議した．下級貴族の代表は，ロシアの伝統は至高なる君主自身が治めることにあり，枢密院による統治などではないと主張し，統治の全権を自ら掌握するようアンナに懇請した．それを聞いて驚いた女帝が「朕がミッタウで提示され，署名した証書は，汝ら国民全体の意思ではなかったのか」と問うと，一斉に「否！」の叫びが起こった．このような応酬は，不幸にも脇役に成り下がったヴァシーリー・ドルゴルーキーが証書の各条項を会衆に向かって読み上げるごとに繰り返された．するとアンナは，「この文書はもはや必要ではない」といいながら，厳かな仕草で自分が署名した証書を引き裂き，自分は最高枢密院の選定によってではなく，相続権ゆえに父祖の享有した大権を主張する，と宣言した．かくして，立憲王政はひと月で終焉し，1906年まで，ふたたびロシアに出現することがなかった．

1730年のこの政変において，だれが勝利し，だれが敗北したのだろうか．名門貴族たちとそれを代表する最高枢密院メンバーは，ただちにこの組織が解散せしめられたことからみても，明らかに直接の敗者であった．もちろんアンナは，彼女が制約なしの権力行使を欲したかぎりでは，勝者であった．けれども，クレムリンにおけるその積極的なポーズにもかかわらず，アンナが，ほんとうに国政への責任というものに深い関心を抱いていた，とは思われない．元老院はもはや，かつての権勢を取り戻すことはなかった．代わって，少数の人びとが政治の実権を握るようになった．その中心人物は，バルト地方のドイツ系男爵で，クールラント時代以来のアンナの寵臣ヨハン・エルネスト・ビューレン（ロシア名「ビレン」ないし「ビロン」）であった．ロシア人は，その圧制的時代を指して「ビローノフシチナ」，すなわち「ビロンの時代」と呼んだ．

後世の人びとはアンナと，それにつづくイヴァン６世の短い治世を「ドイツ人」支配の時代とみなした．これは過度に誇張ないし単純化された定義だといえる．当時のドイツ人たちは，その経歴もさまざまであったし，決して党派的結束を誇っていたわけでもなかった．かれらのなかには，たとえばミュンニヒ（ロシア名ミーニヒ）やオステルマンのような人

物も含まれていた．軍人であると同時に技術者でもあった前者は，のちにビロン打倒の試みに関わったし，策士で熟練した政治家であった後者は，1703年に17歳でピョートル1世に仕官して以来，完全にロシア化してしまっていた．実際のところ，ロシアの上流階級のこうしたドイツ化が，歓迎されざるとはいえ，ピョートルの遺産の直接の結果であったことは認めねばならない．その理由は，ピョートルがドイツ人やその他の北欧の人びとを，とりわけ新設の省庁「参議会」のスタッフに採用するなどして，あれほど数多く任官させたから，という点につきない．ピョートル自身が家柄の低いエカチェリーナ1世を妻とし，その息子がドイツの公女を娶って以来，ロシアの皇室は，ギリシア正教徒のロシア名門貴族と姻戚関係を結ぶというモスクワ時代の慣例をやめて，つねに西欧の（たいていはドイツの）弱小の王家と婚姻を結んだ．概して18世紀のロシアは，ドイツの地方の小公国のような文化的・政治的雰囲気のなかにあったという見方すらある．

エリザヴェータ時代

アンナは，期待に反して現実には再婚せず，世継ぎを設けることもなかった．そこで彼女は，ピョートル1世の帝位継承令にしたがって，姪のアンナ・レオポルドヴナの生後2カ月の息子イヴァン6世を後継者に指名した．姪のアンナは，イヴァン5世の孫であり，また，メクレンブルク公カール・レオポルドの娘であるとともに，皇太子ブルンスウィクの妻でもあった．オステルマンが署名した証書によって，ビロンが摂政に任命されたが，これはドイツ化のゆきすぎともなりかねない措置であった．まず初めに，ミュンニヒとマンスタインがビロンを退け，イヴァン6世の浅はかで思慮の足りない母后アンナ・レオポルドヴナに摂政位を委ねた．それから数カ月の紆余曲折を経て，若干のフランス人を含んだ反ドイツ人勢力が，宮中のある人物を擁してはっきりと結束を固めるようになった．純粋のロシア人で紛れもなくロマノフ王朝の血筋をひき，帝位推戴にも決して尻込みしないその人物とは，ピョートル大帝の娘で当時32歳のエリザヴェータであった．旧近衛連隊（これとは別にアンナが創設した新しい近衛連隊があった）の熱狂的支持を背景に，宮廷革命はたやすく成就し，1741年遅くにエリザヴェータが帝位についた．アンナ・レオポルドヴナは，その夫や家族と一緒に，アルハンゲリスク近郊のホルモゴールイに幽閉され，のちにエカチェリーナ2世がかれらを解放し，西欧へ送り返すまでの数十年間，その地に打ち捨てられることになった．他方，帝位を追われた哀れなイヴァン6世は，ネヴァ川に浮かぶ要塞の島シュリュッセルブルクで養育されることになり，その存在は，しぶしぶ警護の任についていた兵士たちをのぞいて，ほとんどだれからも忘れ去られてしまうことになる．

エリザヴェータは，アンナのそれとは違った新しい統治のあり方を約束した．彼女は，「ドイツ人勢力」を一掃しただけではなく，アンナとはまったく異なる，いっそう魅力的な人柄の持ち主でもあった．美貌に恵まれ，社交的で，明晰でありながら哀れみ深かった．エリザヴェータは，極刑を廃止したことで，あるいはむしろ死刑判決の裁可を拒否したことで有名である．興味深いことにこれ以後，18世紀と19世紀を通じて，死刑は反逆罪と武装反乱にしか適用されないのが通例となった．もっとも，例えば笞刑50回といった判決はときどき執行されたが，これなどは通常，人を死にいたらしめるのに十分であったといえる．慈悲深きツァーリという彼女の名声も，イヴァン6世とその家族の処遇という点でいくぶん損なわれざるをえない．拷問は廃絶されず，ピョートル2世がいったんは解散させ，アンナのときに復活した秘密警察も，廃止されることはなかった．寵臣政治は，以前ほど気まぐれでも，これみよがしでもなくなったが，まったく一掃されはしなかった．ロズモフスキー家とシュヴァーロフ家を代表格とする新しい家門が台頭してきた．その一人アレクセイ・ロズモフスキーの経歴はまったく風変わりなものである．ウクライナの純然たる農家に生まれたアレクセイ少年は，その美声ゆえに帝室聖歌隊の一員となり，そこで女帝エリザヴェータの目に止まるところとなった．女帝とアレクセイは密かに通じていた可能性がある．ロズモフスキー家の政治家はアレクセイの兄弟キリールであった．また，シュヴァーロフ家のなかで抜きんでて有能かつ開明的な人物であったのは，サンクトペテルブルグ芸術アカデミー（1757）とモスクワ大学（1755）の創設における第一の功労者イヴァンであった．

アンナとエリザヴェータの治世には，両者の人柄やそれぞれの文化的雰囲気の相違にもかかわらず，ある種の連続性が認められる．ピョートル1世があれほどの苦難を経てもなお確立しきれなかったヨーロッパの国際関係におけるロシアの地位が，いまや，きわめて精強な軍隊（ロシアの不敗の軍事的天才スヴォーロフがその軍歴を歩みはじめたのがこの時期である）と優秀な外交官たちの活躍を主たる要因として，揺るぎないものになった．この間ロシアは，1741年の空位期間に乗じたスウェーデンの新たな挑戦に直面し，さらには，トルコとも戦端を開き（1736—39），その結果，フィンランドの一部と，アゾフという容易には確保しがたい「戦利品」をえた．このころになると，ロシアは，ヨーロッパ諸国の合従連衡のなかに巻き込まれざるをえなかった．その込み入った国際関係を簡単に説明すれば，ロシアのもっとも信頼できる同盟国はオーストリアであり，最大の敵はフランスであった．イギリスは，貿易相手としてのその重要性はいうにおよばず，概して友好的国家であった．プロイセンとの関係はあまり良くはなかった．1753年以来ロシアは，七年戦争に関わって，ヨーロッパへのもっとも重要な介入に乗り出すが，このときロシア軍は絶大な成功をおさめ，その結果は，もし要求さえすれば東プロイセンの割譲が現実化したと思われるほどであった．フリードリヒ大王は，ようやくエリザヴェータの死によって救われたにすぎない．

アンナもエリザヴェータも，意識的にピョートル大帝の事蹟を引き継ごうとした．それは，18世紀後半になってエカチェリーナ2世がもっと真剣に試みた事業であった．そうした営みの現実的な成果は，ピョートル2世ののち，サンクトペテルブルグが首都としてしっかりと再構築され，両女帝の時代にヨーロッパの大都市へと成長しはじめたことにみられる．また，宮廷生活の自由化という側面についていえば，ピョートルの悪魔的な無礼講がアンナの時代にも喜劇的に再演された．数多くの悪趣味な悪ふざけが今日に伝えられている．彼女の6人の道化師のうち，4人までが由緒ある名門貴族の

シュリュッセルベルク（ドイツ語で「鍵の要塞」の意）はネヴァ川に浮かぶ小島にあり，ラドガ湖への入り口を扼している．上はこの要塞を描いた19世紀の図版である．スウェーデンからのこの島の奪取は，ピョートル1世が1703年にサンクトペテルブルグ建設に着手するにいたる最後の不可欠のステップであった．ここはまた，イヴァン6世の悲劇的な短い生涯の舞台でもあった．イヴァンはまだ幼少のうちに女帝アンナによって後継者に指名され，わずか15カ月でエリザヴェータ派によって退位させられた人である．かれはシュリュッセルベルクで世間の目から隠された幽閉状態で育てられた．そして1764年，イヴァンを救出し復位させようとする試みが起こったとき，かれはこの島で守備隊の手で殺害されてしまったのである．

グロート作のエリザヴェータ（在位 1741—62）のバロック風肖像画（1743）．彼女は，その治世の初期においては颯爽として活躍し，その美貌と情け深さで人気を博した．ピョートル1世とエカチェリーナ1世のあいだに生まれた生存する最後の子供であったエリザヴェータは，(不運の皇太子イヴァン6世と，アンナ時代のすべての「ドイツ人勢力」を犠牲にして）クーデターによって帝位についた．畏敬すべき父とのエリザヴェータのつながりは，威信の源として故意に強調され，文化的エリート層のなかに新しいロシア人の自意識を生み出した．

出身であった．エリザヴェータの治世になるとさらに風紀は緩み，浅薄で派手な浪費の風潮が広まったが，その張本人は，ほかならぬ女帝自身であった．そのために国家財政が逼迫してゆくにつれて，彼女の金融における信用度もしだいに低下していった．ほとんどの国民がエリザヴェータに関して知っていたひとつの事実は，死に際して彼女が1万5000着ほどのドレス（それにしても一体，だれがわざわざ数え上げたのであろうか）を残したということである．

もっと恒久的で賞賛に値するこの時代の遺産は，建築ブームがもたらした諸結果である．建築ブームは，アンナの治世にはじまり，エリザヴェータ時代の中期に本格化した．ピョートル時代のバロック建築の厳粛さは，細部に施されたロココ風の技巧によって和らげられた．とはいえ，ラストレッリ設計の広壮で複雑な宮殿建築には，壮麗な古典主義の骨格が看取される．この時代はとりわけ宮殿建築の時代として知られ，ツァールスコエ・セローやサンクトペテルブルグの冬宮などの傑作が生み出された．しかしまた，エリザヴェータはそれなりに信仰心篤くもあったので，その治世には教会建築の注目すべき復活現象も観察され，それとともにロシア教会の象徴ともいうべきドームも復元された．

18世紀の貴族

アンナとエリザヴェータの政府は，ピョートルの厳格な勤務国家体制の固有のバランスを少しずつ手直しすることによって，ピョートルの遺産を変えてしまった．この改変は理解しがたいことではなかったが，根本に関わるものであった．どれひとつとしてそれ自身は決定的とはいえない一連の施策の累積効果が，一方で，勤務者層の生活の相当の自由化と，他方で，農民生活の悪化とをもたらした．ひょっとしたらアンナは，最高枢密院との抗争に際して，彼女に支持を寄せた中小貴族たちを償おうとしたのかもしれない．評判の悪かったピョートルの一子相続令は廃止された．強制的勤務の期間は短縮され，地主階級には，それぞれの所領で暮らすための賜暇が交替制で授与された．地主家族の息子のうち1人は，完全に勤務を免除されることとなった．貴族の子弟は，まだ幼年期のうちに名門連隊に登録されることが可能となり，その登録時から勤務年限の起算が開始された．このようにして，1762年の貴族の「勤務からの解放」へ向けた地ならしが行われていった．こうした一連の政策ゆえに，一般に18世紀は「貴族の時代」として叙述されてきたのである．確かに，この世紀において貴族階級は，たとえ後進的であろうとも，成長しつつあった経済がもたらす物質的富をえたばかりではなく，人生における選択の自由の増大と精神世界の拡大とを享受した．それは，教育と印刷物の普及や外国旅行の可能性の芽生えといった事柄がもたらした結果であった．

これらすべてが最終的に達成されたのは，エカチェリーナ2世が統治した18世紀最後の30年あまりの期間においてである．けれども他方で，こうした「貴族の時代」の画像にはもうひとつ別の側面がある．宮廷社交界において浪費に明け暮れていた真に富裕な一握りの貴族家門をのぞいて，中小貴族の状態は，良好でも安定したものでもなかった．ところで，そもそもロシアにおいて，「貴族」とはどのような人びとを指したのであろうか．封建時代に起源をもつ土地貴族階級を擁する西欧諸国においては，貴族と平民の境界線はかなり明瞭であった．しかしロシアでは，ピョートル大帝（かれの時代に貴族たちは，かれらの権利というよりはツァーリの恩寵というべき勤務に依存するようになった）に先行する時代においてすら，状況ははるかに曖昧であった．前ピョートル時代には「公」をのぞいて，いかなる称号もなかった．十字軍も騎士道の伝統も知らなかったこの国には，どのような騎士的位階制も存在しなかった．貴族間の序列を記した「補任記録簿（ラズリャードナヤ・クニーガ）」さえ，フョードル3世のもとで焼却されてしまったのである．長子相続制の伝統が欠如していたために，貴族の所領は世代を重ねるごとに細分化されてゆき，それゆえ，たいていの貴族は，家族を物質的窮乏から守ろうとすれば，勤務に伴う土地賦与に頼るほかはなかった．多くの「貴族」が農民と変わらない境遇にまで没落していった．ロシア中南部にとりわけ多かった郷士（オドノドヴォーレツ）のような自由な土地所有者階級は，18世紀を通じてそれまでの特殊な身分をいくらかでも維持しようと奮闘したが，その努力もほとんどが空しかった．その一方で，ひとたびピョートルの官等表が定着するや，非貴族身分にも勤務を通じて自動的に貴族身分を獲得する道が開かれた．そして初期には，実際にも頻繁にそのような貴族化が行われたのである．18世紀ロシアの世襲貴族たちは，野心に燃えた「新しい人びと」の挑戦を受けた．かれら挑戦者たちは，勤務における昇進という目的に向かって，よりいっそう強固な内面的鍛練を経たであろう人びとであった（とくに聖職者の子弟が多かった）．それゆえ，貴族たちがしばしば不安にさらされたとしても無理からぬことであった．かれらは，自分では監督することのできない田舎の領地と，めったに会うことのない家族から遠く離れて，さらには，かれらが受けた教育と，所詮は「よそもの」にすぎないというその性格ゆえに，自分を取り巻く社会とその伝統的価値観からも疎外された存在となり，(勤務者の官等ごとにピョートルが定めた俸給にもかかわらず，それが低額で，必ずしもきちんと支払われなかったという事情も手伝って）貧困化してゆかざるをえなかった．

農 奴

勤務国家体制のある部分における変化は，当然のことながら，他の部分にも影響を及ぼした．18世紀の貴族たちの幸運は，なるほど際立ったものとはいえなかったが，農奴制的諸条件の強化と裏腹の関係にあり，ある程度は後者によって引き起こされたものといえる．農奴制の強まりは，とりあえずは体制の効率化の結果であった．従来，自らの運命を変えようと願う農奴は，たんに森のなかへ逃げ込んで姿を消したものであったが，いまやそれもしだいにむずかしくなっていった．そうした逃亡農奴を匿い，かれらに職をあたえたもの（当時のロシアでは，いたるところで労働力の不足をきたしていた）が告発されるようになった．加えて，この時代には農奴制が領域的にも拡大した．女帝アンナは，勤務層への報酬として，国有地の大規模な分与という慣行を開始した．その際，そこに住む国有地農民も，地主貴族の意のままになる私領地

ピョートル後の帝国

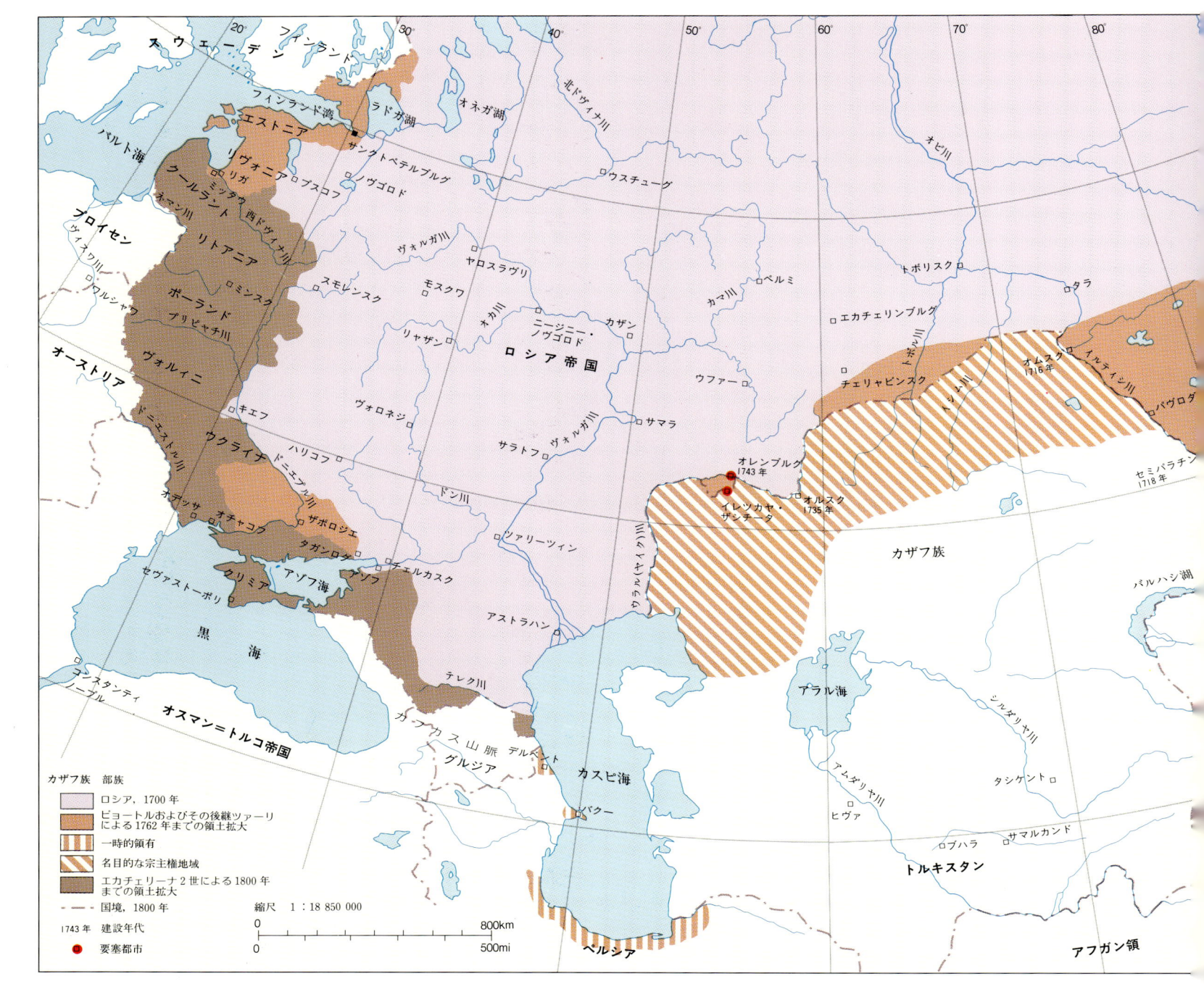

凡例	
	ロシア，1700年
	ピョートルおよびその後継ツァーリによる1762年までの領土拡大
	一時的領有
	名目的な宗主権地域
	エカチェリーナ2世による1800年までの領土拡大
‐‐‐	国境，1800年
1743年	建設年代
●	要塞都市

縮尺 1:18 850 000

農奴へと，一夜にして転落するはめとなった．もともとかれらは，土地にこそ緊縛されていたとはいえ，人頭税の納入さえ滞らせなければ，その他の点では自由に自分の生活を営むことができた人びとだったのである．アンナにつづく皇帝たちも，同じ政策を熱心に進めた．宮廷においてすら貨幣が不足し，その反面，依然として著しい領土拡大が進行していた国家において，土地こそは魅力的な財源であった．当時，ロシア領は西に向かっても広がりつつあり，人口稠密で土地の肥沃な諸地方が併合されつつあった．貴族の勤務条件の緩和に伴い，あらゆるところで農奴たちは，かれらの生活に対する領主の干渉がよりいっそう増大するのではないか，という危惧を感じざるをえなかった．ピョートル時代の領主たちは，やむなく所領を不在にしがちで，その結果，農業の生産性は低下してしまった．しかし，いまやかれらは，その生涯の大半を領地ですごすようになった．かれらは，伝統的な農業のやり方に干渉し，農民に余計な仕事と危険を背負わせかねなかったし，疑似軍隊的な規則やしきたりをつくろうとして，成功や失敗を繰り返すのであった．

18世紀の社会体制をもっと底辺から蝕んだのは，しだいに増加していった農村からの農奴の引き抜きである．まず第一に，ピョートルが導入した徴兵制度があった．被徴兵者には，確かに兵役後の自由が約束されたが，その代償はあまりにも大きかった．兵役満了時にすでにかれらは老齢となり，おそらくはかつての村の暮らしからは異質な存在となっていたからである．また，もっと一般的な現象に，家内奉公や工場労働，その他の非農業部門への農奴の引き抜きがあった．先祖代々の村での生活は，単調で労苦の絶えないものであったには違いないが，少なくともそこで農民は，家族や縁者に囲まれて自分の家に住み，相当程度自分の裁量で暮らしを営むことができた．17世紀に農奴制に関する諸規定がはじめて公式に法典のなかに現われたとき，たとえ農奴が土地と領主に緊縛されていようとも，依然として政府は，かれらを自己の特別の庇護のもとに置くべき人びととみなしていた．ところが18世紀の経過につれて，農奴に対する領主の権力がますます増大するようになった．農奴は売買の対象とみなされ，実際にも売り買いが行われた．建前上，農奴の売買は土地とともに，家族単位で行われねばならなかったが，現実には奴隷なみの取り引きも稀ではなかった．領主が農奴を殺すことこそ

18世紀におけるロシア帝国の拡大
ピョートル大帝がひとたびエストニアとリヴォニアなどのバルト海諸州を確保し，首都をサンクトペテルブルグに移すや，西欧貿易の拡大による繁栄の基礎が築かれた．とはいえ，領土的・戦略的な意味で最大の成果が獲得されたのは，エカチェリーナ2世時代にほかならなかった．12世紀以来，バルト海への出口が最終的に確保された．1783年にはクリミア半島が併合され，ポチョムキンの新領土定住・編入計画のもとで，急速にロシア化されていった．1791年にオスマン帝国との敵対関係が止むと，オデッサが建設され，サンクトペテルブルグを補完する南部の貿易港となった．プロイセン，オーストリアと結んだポーランド分割によって，西への領土拡大も飛躍的に進んだ．
東方でも，ヤイク川［1775年にウラル川と改称］沿いに展開する要塞という目にみえる姿でロシアの力が現実化すると，カザフ族はロシアの宗主権を受け入れた．しかし，この地域に確固とした支配権が確立されるのは，次の世紀に入ってからのことである．

法律上許されなかったが，不服従に対して体罰を下すことはできた．エリザヴェータの治世末期に出された勅令（1760）によって，無礼をはたらいた農民，あるいは従順ではない農民を，政府の援助でシベリア流刑に処することが領主たちに許されるようになった．この勅令こそは，ヴェルナツキー［アメリカに亡命したロシア史の大家，元イェール大学教授］が農奴の法的地位に関わる最悪の規定と述べたものである．ただし，この勅令の実際の適用はかなり稀であった．

こうした社会関係のあり方は，現実的ではなくとも潜在的に，社会を堕落させる要因となった．外国人だけではなくロシア人も，当時の「奴隷」と変わらない農奴のありさまにきわめてしばしば言及した．おりしも西欧世界で高まりつつあった奴隷制廃止の声が，用語の問題を厄介なものにした．とはいえ，農奴と奴隷のあいだには，根拠薄弱と思われることがなきにしもあらずとはいえ，つねに1本の境界線が存在していた．両者の法的地位は確かに同一ではなかったが，人びとの受け止め方からみれば大差はなく，この点での境界はそれほど明白ではなかったといえる．ロシア人や外国人の多くの観察者たちは，農奴には威厳やユーモアや自尊心がみられ，奴隷にはそれらが認められない，と記している．さらに重要な点は，おそらく，農奴が排他的で単一の社会集団を構成していなかったという事実であろう．かれらは，人種や言語，宗教などの点で，かれらの主人たちと選ぶところがなかった．聖職者，商人，自由農民とも変わらなかったのはいうまでもない（ロシア語で農民を表わす「クレスチヤーニン」という語は，「クリスチャン（＝キリスト教徒）」の変形であり，それゆえ，農民はつねに「ドゥシャー（魂，人間）」として言及された）．さらに，それほど活発ではなかったとはいえ，農奴身分への編入とそこからの離脱の動向がみられた．農奴たちは，一方で，かれらが耕す土地に対する領主の所有権を認めながら，なんらかの根源的な意味では，自分たちこそがその土地を，家や動産と同様，所有している，と考えていた節がある．これはかれらの誤解にほかならなかったのであるが．

ところで，奴隷に対する農奴の最大の優位性は，農奴が自分の生産物を自由に処分しうるという点にあった．そしてこのことの意義は，かれらがどのような方法で領主に対する義務負担を果たすかということによって，かなりの程度左右された．たいていは賦役（バールシチナ）と地代（オブローク）という二つの方法のうち，どちらかが採用された．バールシチナは，1週のうち何日間かの領主直営地での義務的労働を意味し，オブロークとは，この義務を定額地代におきかえたものであった．バールシチナは，とくに南部ロシアなど，地味のもっとも肥沃な地方で支配的な形態となった．それは，領主が農民に対する緊密な監督をなしうる「古典的な」農奴制であり，そのもとでは，農民がそれ以上の経済活動を営む余地がほとんどなく，たいていは冬場に，なんらかの初歩的な家内手工業に従事するくらいがせいぜいであった．

それとはかなり異なる境遇にあったのが地代農民（オブローチニク）である．かれらは，北部の多くの地域で農奴人口の3分の2を占めた．もちろんかれらには，もしそれを望めば土地を耕すことも可能であったが，北方の森林地帯では農業はなかなか報われがたく，そのため地代農民の多くは，むしろ出稼ぎのための旅行許可証を手に入れて，（故郷の村に「登録」されたままで）しばしばモスクワやサンクトペテルブルグに赴き，賃仕事に従事することを望んだ．こうして都会に出た農民たちは，熟練労働者のなんらかの同業組合（アルテリ）に加入し，村に残してきた耕地は他の農民に又貸しするか，あるいはかれら自身が農奴を雇って耕作させた．このようにして，ときにはかなりの富が蓄積され，農奴身分の百万長者さえ出現するようになった．才能を見込まれた農奴は，領主によって技芸の修業に出され，そのなかから，18世紀と19世紀初頭を代表する画家や音楽家，俳優，建築家などが輩出した．そのようにして名声をえた農奴たちには，しばしば買い取りか恵与のかたちで自由があたえられた．とはいえ，そうなるか否かは依然として領主の一存にかかっていた．農奴制が一般に非難されたゆえんは，例外的にみられた剥きだしの残酷さではなく，むしろその本質的恣意性にあったのである．その点を別とすれば，農奴か否かを問わず，一般にロシアの農民にとって，18世紀後半は比較的繁栄した時代だったといってもよい．かれらの境遇は，たとえばアイルランドやスコットランドの貧農のそれや，イギリスの工場労働者のおかれた地位と比べても，悪くはなかったといえる．

1762年の諸事件

ロシア史上特筆すべき年である1762年は，1761年クリスマス（新暦では1762年1月5日）のエリザヴェータの死によって幕を開けた．女帝は賢明にもほぼ20年前に後継者を定めていたが，一見して賢明と思われたこの選択こそが，のちに災いの種となった．後継者に指名されたホルシュタイン・ゴットルプ公国のピョートル（3世）は，エリザヴェータの姉アンナ（先帝アンナとは別人）の息子であったが，祖父ピョートル1世の宿敵スウェーデン王カール12世の甥でもあった．したがってピョートル（3世）は，場合によってはスウェーデン王位を手にしたかもしれない人物であるが，14歳のときロシアに連れてこられた．それ以後も，視野の狭いかれの心を占領しつづけたのはドイツであり，フリードリヒ大王のプロイセンこそが，限りない憧れの対象でありつづけた．

1745年，ドイツのもう一つの小国アンハルト・ツェルプスト公国のソフィアがピョートルの妻となった．ソフィアが15歳でロシアにやってきたとき，いよいよ結婚の万端が整えられた．彼女にはギリシア正教の教育が行われ，洗礼が施されてエカチェリーナという新しい名前があたえられた．16歳になったソフィアはピョートルに嫁いだが，この結婚は彼女になんらの喜びをももたらさなかった．かつて天然痘に罹り，死にかけたことのあるピョートルは，その後遺症で心身とも健康が損なわれていた．それに加えて，彼女の目にピョートルは，田舎者でおもしろみのない人物に映った．ピョートルとは違って，エカチェリーナは，ロシアに溶け込もうと努力し，瞬く間にロシア語も上達した．彼女は，エリザヴェータの宮廷における孤独で，かなり軽んじられた，そして，危険ですらあった境遇にも黙々と耐えた．そして，子宝に恵まれない数年間ののち，彼女には，ピョートルの子であるか否かを問わず，とにかく世継ぎを設けるようにという示唆があたえられた．その結果，1754年に折よくパーヴェルが生まれた．パーヴェルがほんとうにピョートルの息子であったのか，今日にいたるもこの点は謎であり，おそらくはパーヴェル自身もことの真相は知らなかったものと思われる．エカチェリーナは1762年に次男を出産した．こちらは明らかに非嫡出子であったが，アレクセイ・ボブリンスキーの名で平穏無事に生涯をまっとうした．2人の息子はどちらも，エカチェリーナの嘆きをよそに，ただちに彼女から引き離され，宮廷の庇護のもとで養育された．ところで，その間にもピョートルは，なんとかしてエカチェリーナと離婚して，自分が寵愛するエリザヴェータ・ヴォロンツォヴァと再婚したいという気配をみせはじめた．

やがて帝位についたピョートルは，年来のプロイセン崇拝ゆえに，当時七年戦争で善戦していたロシア軍を，領土やその他なんらの代償もなしにただちに引き上げさせ，フリードリヒ大王を破滅の淵から救い出した．その後かれは，生家ホルシュタイン公家の利害に沿って，デンマークとの無意味な戦争に乗り出した．ピョートルのドイツ贔屓，プロテスタント贔屓は，かれが教会財産の没収を開始したとき，家臣たちにいっそうはっきりとした衝撃をあたえた．かれが正教会の儀式を尊重していないことは明らかであった．いましもピョートルが大半の宗教画の焼却と聖職者の強制的剃髪，かれらに対する西欧風の服装の強制などに着手しようとしている，

という噂が流れた．このようにして軍隊や教会との関係を悪化させたピョートルであったが，だからといってまったく愚かな（あるいはむしろ，鈍感な）人物であったとは思われず，1762年2月にかれが発布した勅令のうち二つは，きわめて進歩的な政策として歴史に名を残すことになる．そのうちの一つで，自由主義の旗色がより鮮明であった措置は，当時反逆罪とそれに関連するあらゆる犯罪の摘発を一手に引き受けていた，それゆえ国民全体の恐怖の的であった秘密警察を解散させたことである．秘密警察は広範な任務をもち，その権限は強大であった．通常では自供に依拠するその捜査方法には，日常茶飯事として拷問が含まれていた．秘密警察の廃止以後も治安組織は存在しつづけたが，その活動はもっと厳格な法的規制のもとで，より人間的な方法で行われるようになった．

もう一つの勅令（帝政ロシアの歴史上でもっとも有名なものの一つで，発布は2月18日であったが，実際には1月の演説のなかですでに予告が行われていた）は，全貴族階級を義務的勤務から解放するというものであったが，勅令文には奇妙な内容が含まれていた．その前文はまず，貴族の勤務をピョートル改革の歴史的文脈のなかに位置づけ，それから厳かに「ロシアの全貴族階級に対して……世代を越えて恒久に……自由と解放を賦与する」ことが宣言され，さらには，貴族たちが外国の君主に仕えることさえ許されるようになった．ところが，勅令文は後段でその立場を変えてしまう．もし「特別の必要が生じたとき（おそらくは戦争のような場合を想定したのであろう）」，君主はなお強制的勤務を布告することができるとされ，貴族の子弟の義務的教育のために万端が整えられることになった．勅令は，次のような奇妙な訴えで結ばれていた．貴族身分に属するものは，ツァーリの恩寵に報いるために「国家勤務を逃れたり忌避したりせぬよう」心構えを固めておくべきであり，もしかれらが無為と怠惰のうちに時を過ごすなら，必ずや侮蔑と嘲笑にさらされ，宮廷と貴族社会から排除されるであろう，というものであった．

2月に出された二つの勅令のどちらか，または両方が，ピョートル3世自身の意思をどれほど反映していたか，あるいは，もっとありそうなこととして，それらが貴族を基盤とする官僚層の，自らの運命を改善しようとする機敏な行動によってどの程度方向づけられていたか，その答えをえるのはもはや不可能であろう．確かに，貴族の勤務解放と，かれらに賦与すべき経済的特権の程度の問題は，エリザヴェータ治世末期の政権中枢部において議論の対象となった．現実に公布された勅令はぎこちない妥協の産物であったようにみえる．けれども，あえてこのような手段によって貴族層の支持を確保するという賭けに踏み出すためには，そうした支持獲得を熱望する新しい大胆な為政者が必要だったのである．

ピョートル3世自身はこの賭けに敗れた．なぜなら，かれの治世がその後半年もつづかなかったからである．しかしこの賭けは，大局的にみるとロシアに好結果をもたらした．勤務解放令は，明らかにそれが意図していた貴族の自尊心回復という目的を，多かれ少なかれ達成し，いまだかれらのあいだに残存していた国家への道徳的義務感を損なうことなしに，なんらかの形で貴族たちが社会に寄与する余地を広げ，さらには，子弟の教育の機会をも増大させた．解放令以後もほとんどの貴族たちは国家勤務をつづけたが，しかしそれは，より強められた自由意志的な新しい立場にもとづいて行われた．農村のいたるところにますます数多く地主貴族が根づいてゆくにつれ，地方社会の暮らしと農業が向上していった．知的・芸術的生活の分野でも，少なくともそうした活動に打ち込む余裕のある人びとのあいだでは，上昇傾向が認められた．いまやかれらは思いのままに外国旅行ができ，また，そうしたからといって，もはや好奇の目でみられることはなくなった．あるいは，かれら自身もはや，みるものすべてが驚くほど目新しいというふうではなくなったのである．快適さの新しい基準と，国際的水準の美意識が持ち込まれた結果，18世紀の最後の30年ほどの時期は，ロシアの田園地帯に広まった大邸宅と庭園の黄金時代となった．

しかしながら，勤務解放令には別の側面があった．解放令が発布されたとき，この政策を，社会に不安定要素をもちこむ危険なものと考えた人びとがあった．ピョートル3世の妃で，その後継者ともなったエカチェリーナは，明らかにその1人である．そうした懸念は，その顕在化のテンポはごく緩慢であったとはいえ，実際に二つの別々の局面で，やがて現実のものとなった．君主と勤務層との絆が突如として解消されてしまった結果，勤務層の君主離れの過程が加速された．けれども，もっとも致命的な亀裂が生じたのは，国家と農民との関係においてであった．ピョートル3世の勅令が片手落ちであることを見抜いたのは，ロシアの知識人階級だけではなく，巨大な階級を構成する農奴たちも，同じように，もっと直観的にその点を悟った．つまるところ農奴制とは，その起源と本質からみて，まさしく国家勤務のもう一つの形態にほかならなかったのである．地主貴族たちの義務的勤務がもはや必要ないのなら，公正の観点からして，農奴の解放と，かれらの分与地所有権の承認という措置が実施されてしかるべきであった．農奴身分の解放に関わる補足的勅令が具体化されずに終わったとき，おそらく強力な地主貴族たちが団結して，そのような勅令の発布を阻止したのであろう，という噂が広まった．まもなくピョートル3世が帝位を追われ，やがて殺害されると，それこそが貴族たちの先の暗躍を裏づける証拠であるかのように受けとられた．結局，完全な農奴解放令は，もちろん1861年2月19日に，すなわち，勤務解放令から数えて99年と1日後に公布されることになる．その間にも歴代のツァーリとその政府は，存続する農奴制によって引き起こされるますます深刻な諸問題に直面し，解決をはかるというよりは，それらを棚上げせざるえなかった．ピョートル3世自身は，その死後において異例の首尾一貫した役割を担った．「来世」にあったかれは，以後の18世紀において，ロシアの僭称者たちのあいだでもっとも人気を博した仮りの姿となり，かれらの反乱の結集点となった．徹頭徹尾プロイセン志向で，ルター主義的信条をもち，決して自分から溶け込もうとしなかった国の君主となったこのツァーリは，ピョートル1世の西欧化路線を受け入れない人びとのあいだで，象徴的人物に祭り上げられた．1773—74年，農民戦争を指導したエメリヤン・プガチョフがその身にまとったのは，まさしく「ピョートル3世」の仮りの姿だったのである．

ところで，本物のピョートル3世の治世は，1762年の夏が近づいたころには，もはやその命脈が尽きかけていた．貴族階級に迎合したにもかかわらず，ピョートルはあまりにも多くの人びとと利害集団を敵にまわし，それゆえ，事態をいっそう悪化させかねない君主として危ぶまれていた．ピョートルを知るものたちは，かれに気紛れと拙劣と頼りなさの印象を深めた．アンナ時代のドイツ人支配への回帰がまったく避けがたく思われた．そしてもっと悪いことに，ピョートルは，かれがもっともその助けを必要としたはずの人物，つまり，国民に人気の高かった気丈の妻エカチェリーナを疎んじ，脅かしたのであった．近衛連隊にあったエカチェリーナ派，かの有名なオルロフ兄弟は，ピョートルの聖名日にあたる6月29日に，たわいないほどあっけなく，かれを孤立させ，力ずくで退位させるのに成功した．ピョートルはかれ自身が選んだ離宮で監視下におかれ，その後，明らかに酒席での争いの結果，殺されてしまった．アレクセイ・オルロフは，この所業に対して慈悲を請うために，興奮のあまりなぐり書きした手紙をエカチェリーナに送ったが，現存するその文書からみるかぎり，新たに即位した女帝が殺害を唆したとは考えにくい．ピョートルの死は公式には「痔疾」が原因とされた．しかし，それが変死であったことは半ば公然の秘密であり，それゆえ，国の内外にわたって，エカチェリーナ2世の統治の幕開けに影を落とさざるをえなかった．

帝政ロシアの隆盛

ポーランド系ドイツ人画家リシェフスカ作のこの複数人物の肖像画（1756）は現在はストックホルムにある．そこには，未来の3人のロシア君主たちが様式化された調和的構図で描かれているが，現実にこのような光景があったか否かは確認されていない．この絵が制作されたのはエリザヴェータ時代末期であるが，その長い治世のあいだ，ピョートル3世（立っている人物）とその妻エカチェリーナ2世（座っている女性）は忍従の日々をおくらねばならなかった．両者のあいだには2年前にただ1人の息子パーヴェル（在位1796—1801）が生まれていた．ドイツ贔屓のピョートル3世——少なくともエカチェリーナ2世によれば，まったく魅力のない人物であった——は，1761年12月（旧露暦）にエリザヴェータを継いで帝位についたが，オルロフ兄弟が企てた宮廷革命によって，わずか半年後には退位を余儀なくされ，その後，酒に酔った上での口論から殺されてしまった．

大帝エカチェリーナ

1762年から1825年（この間，エカチェリーナ2世〔在位1762—96〕，パーヴェル1世〔在位1796—1801〕，アレクサンドル1世〔在位1801—25〕という3人のツァーリが出た）のあいだに，ロシア帝国は，その領土において歴史上ほぼ最大となり（それは，のちのソ連邦に比べてもかなり大きかった），また，ナポレオン戦争に際して決定的な役割を演じるなど，世界の大国の地位を占めるにいたった．帝国の繁栄はいや増し，教育の水準も劇的に上昇し，さらには，芸術活動も相当の域に達した．にもかかわらずロシアは，依然として圧倒的に農民国家でありつづけ，国民の大部分は文字を知らなかった．組織的な産業化はいまだ開始されず，国民経済は後進的であった．ツァーリズムの時代錯誤的・専制的特徴は，確実に，もはや覆いがたいものとなり，それゆえ台頭しつつあった知識人階級は，ますます手に負えない難問に直面した．農奴制の問題はいまや公然と語られるようになったが，だれ1人その解決策を見出せなかった．とはいえ，この時期は，ときとして暴力的手段を伴って噴出した社会不満にもかかわらず，外向的な，概して楽天的な時代であったといってよく，ロシアはこの時代に文化的な成熟を遂げた．

エカチェリーナ2世は，その夫ピョートル3世に対するクーデターによって，突如として帝位にのぼった．歴史家はしばしばそれを「簒奪」と表現するが，この評価は正当ではない．なぜなら，ひとたび近衛連隊が，いまだ後継者の指名を果たさずにいたピョートル3世の帝位からの追い落としに成功するや，ピョートル1世の帝位継承令に従えば，あらかじめ定められた帝位継承権者はだれ1人存在せず，過去の先例からみて，エカチェリーナが有力な候補者であるのは明らかだったからである．彼女のただ1人の有力なライバルは息子のパーヴェルであったが，その場合でも，彼女が摂政を勤めたはずであった．しかも，ピョートル3世は在位期間中にパーヴェルを指名することをひかえたのである．パーヴェルが成長するにつれて，帝位をめぐる母と息子のあいだの緊張は高まった．もしエカチェリーナがいずれ退位するつもりであれば，パーヴェルには，ただ待っているだけで将来の即位が約束されることは明白であった．しかし現実には，両者の性格の隔たりがあまりに大きかったために，エカチェリーナは，今度は彼女自身がパーヴェルへの正式な後継者指名をひかえることで，暗黙のうちに，この息子に対する自分の留保を示した．事実，エカチェリーナの治世末期には，彼女の意中の人は，すでにほぼ成年に達していた彼女の孫たちの1人である公算が強い，ということが明らかになった．その後，実際にはパーヴェルが帝位についた．しかし，それは，エカチェリーナが発作のあとの昏睡状態のまま息をひきとったという僥倖に助けられた結果にすぎない．おそらくこの段階で，後継者に関するエカチェリーナの意思を記した文書が，パーヴェルか，あるいは，かれを支持するだれかによって破棄されたのではないかと思われる．

エカチェリーナ2世とアレクサンドル1世の治世は，「善政」を行った前半期と「悪政」の後半期とに，どちらも比較的はっきりと区分することができる．前半期には自由主義的な，あるいは少なくとも改革的かつ近代化的な姿勢が保たれたのに対し，後半期には反動的ないし狭量な姿勢が目立つ．このような意味で2人の君主もまた，年齢とともに急進主義から保守主義へ推移するという，多くの人びとに共通の人生航路に忠実であったといえようが，しかしそれだけではなく，ロシアの為政者たちのなかでも，強靱な精神力をもった君主たちのあいだにはとくにはっきりと認められる，ある種のパターンにも忠実であったということができる．かつてのイヴァン4世やボリス・ゴドゥノフ，のちのアレクサンドル2世などがその例である．そして，これらの君主たちに対する次のような倫理的評価もまた，そのような共通項の一つといえよう．すなわち，かれらが「進歩的」な動機を抱いていたとしても，それは上辺だけのものにすぎず，伝統的体制を変革しようといういかなる真剣な意思もなかったのだ，というものである．そして，とりわけその種の評価を強くこうむったのが，ほかならぬエカチェリーナ2世であった．だが，真相はおそらくこうであろう．理論的には万能であったといいうるこれらの君主たちも，実際には，逃れがたい状況の網の目に絡みとられていたということ，それがかれらのあらゆる政治行動を制約したということである．

戦争は明らかにかれらの行動の自由を制約する外的要因のひとつであった．イヴァン4世も，エカチェリーナ2世やアレクサンドル1世もみな，状況こそ異なれ，ひとつないしそれ以上の戦争によって国家・社会の再建という事業の中断を余儀なくされた．しかし，国内的な制約要因のほうが，もっと幅広く厄介な障害となった．リチャード・パイプスが正しく見抜いたように，「かれら君主たちは，経験を積むにつれて，ある事実を認識するにいたった．すなわち，かれらには帝国を望ましい方向に進めるための力が明らかに欠けており，せいぜい期待しうるのは，ロシアが混沌の淵に滑り落ちるのを阻止することぐらいなのだ」ということである．この時期のロシアの政治情況になんらかの正当な評価を下そうとすれ

帝政ロシアの隆盛

ば，必ずや以上のような要因を考慮すべきであろう．

国民の活力を増進し，社会の漸進的進歩という観念をなんとかして育てようとする点で，ロシアには大帝エカチェリーナの右に出る支配者はいなかった．しかしそれも，彼女の治世の最後の6～7年において事態が悪化しはじめるまでの，ほぼ30年のあいだのことである．エカチェリーナと同時代の若い世代の人びとや後世の歴史家たちのあいだには，彼女の治世に対する否定的な評価がみられるが，そうした評価の大半は，主として1790—91年以降の数年間の出来事に由来している．この時期以後，エカチェリーナは啓蒙思想をもはや顧みなくなり，国内の自由主義的知識人を弾圧するようになった．宮廷では，つまらない寵臣や取り巻きたちがのさばり，冷笑的態度と際立った浪費の風潮が宮廷を支配した．倫理性を失った外交政策は，ポーランドの独立の解消という結果にゆきついた．もはや女帝の柔軟な精神と豊かな感受性が硬直化してしまったかのように思われた．全般的には優れたものであったエカチェリーナの治世の，こうした不満足な最終局面は，彼女が統率力を失ったとか，原則を変えたとかいうよりは，むしろ，出来合いの処方箋のない新しい情況に彼女が直面した結果であったというべきであろう．

エカチェリーナの治世の主要な部分は，こうした最終局面に先行する長い時期であったが，おそらくこの時期もまた1774年をひとつの転機として区分することができる．前期は公約の時代であり，後期は，そうした公約の達成の時代である．そして，その1774年という年にも，さまざまな，しかしいずれも重要な多くの出来事が起きた．ひとつの戦争が終結した反面，ブガチョフの乱はその頂点に達していた．ディドロがサンクトペテルブルグに到着し，エカチェリーナがついにこの著名な啓蒙思想家とじかに出会い，ともに数カ月を過ごした．このとき哲学が実践的政治と遭遇した．エカチェリーナの私的生活にとって，そしてまた，事実上は公的生活にとってもきわめて重要であったのは，彼女がグリゴリー・ポチョムキン（1739—91）と親密な関係になりはじめたことであった．おそらくは結婚といってもよいこの2人の関係は，まるでロマン主義的伝記作家の空想を地でいくようなエカチェリーナの30年以上にわたる十指にあまる恋愛遍歴のなかでも，測りしれず重要なものであった．ロシアの繁栄とその来たるべき運命にとって，ポチョムキンの人間的かつ政治家的資質が，エカチェリーナのそれに優るとも劣らないほど不可欠であったと述べても，彼女の功績を貶めることにはなるまい．ポチョムキンは，行動力と知性と空想力とがみごとに溶け合った人物であった．かれの風変わりで気まぐれな気性ゆえに，予想通り2人の同棲はすぐに破綻をきたしたが，それでもなおポチョムキンは，彼女のもっとも親密な助言者かつ有能な「宰相」でありつづけた．かれは1791年に死んだ．ポチョムキンの死は，エカチェリーナの治世と18世紀ロシア全体の最良の時代の終幕に一致する．

エカチェリーナ時代の色調を決定づけたもののひとつに，彼女の気質的特徴がある．エカチェリーナは，本来，気丈でしかも明朗な女性であり，その優しさと楽天性はよく知られていた．彼女は物事を学びとる天分に恵まれていた．そうした才能は，彼女がまだ脇役でいることを余儀なくされたエリザヴェータ時代の長く退屈な日々においても，いざというときに彼女を助けたのであった．この天分は即位後も彼女を離れることはなかったが，いくぶんかはその姿を変え，社会に対する教師の役割という彼女の自己意識に変形してゆく．彼女はまた，早朝5時に1日を開始するという仕事の虫でもあった．そして最後に，エカチェリーナは天性の政治家であったともいえる．この点はおそらく，彼女の知的水準に照らして意外にも思われよう．しかし，この場合「天性の」という意味は，大衆的人気への配慮に敏感であったということを意味する．今日の政治家にとっては，もっとも当たり前の政治的打算といえるこうした配慮も，過去においてはしばしば偽善のそしり

を免れえなかった．けれども，もっと重要であったのは，エカチェリーナが（ビスマルクの有名な言葉である）「可能性の芸術」としての政治という深い観念を育て上げたことである．それはつまり，彼女が本質的に漸進主義者であったことを意味する．彼女が行った改革は派手さがなく，事物の外見上の変化（ピョートル大帝はその点を重視した）よりは，その本質における変革にねらいを定めたものであった．彼女は，のちに不熱心のそしりをこうむったゆえんではあるが，臣下の行ったことすべてにおおような同意をあたえて，即座に裁可した．彼女の政治的態度がときとして専横と不寛容に傾きはじめたのは，ようやくその治世の最晩年においてであり，その時期は，折しもフランス革命が引き起こした危機が全ヨーロッパに影を投げかけた時期に重なるのである．

エカチェリーナは社会の各層において人気を博したが，彼女が即位したという事実と，即位にいたるその経緯とは，必ずしも全国民に歓迎されたわけではなかった．にもかかわらず，エカチェリーナ打倒の陰謀計画で，公然たる結果を残したものは，ただの1回しかなかった．それは，ウクライナ人の不運の青年士官，ヴァシーリー・ミローヴィチが引き起こした奇妙な無謀なある事件であった．シュリュッセルベルクに駐屯していたミローヴィチは，そこに幽閉されている「名の知れぬ囚人」こそが，いまや20歳代となった悲運の幼帝イヴァン6世であることを知った．イヴァンに面会したことのあるエカチェリーナは，かれを説得して出家させることを希望していた．ミローヴィチは，明らかに一身の功名を賭して，とまどう兵士たちを指揮してイヴァンを解放し，イヴァンこそがツァーリであると宣言した．しかし，監獄の警備兵には，すでにピョートル3世のときに，こうした不測の事態にはた

ステパン・ラージンの乱

1770年代のブガチョフの乱に先駆けるロシア最大の民衆反乱は，アレクセイ帝の時代に勃発したステパン・ラージンの乱（一般には「ステンカ・ラージンの乱」と呼ばれる）であった．ラージンは，一群の部下を引き連れた海賊としてヴォルガ川下流域，ペルシアにいたるまでのカスピ海沿岸地方を荒らし回っていたドン・コサックであった．1670年代初頭，かれの船団は，途上で役人や領主を血祭りにあげ，解放を叫びながら，ヴォルガ川を遡航していった．かれの兵力は，シンビルスクで政府軍から手痛い反撃をこうむるまでに，膨大な勢力に膨れあがっていった．シンビルスク後も，アストラハンにあったラージン軍の拠点はしばらくのあいだもちこたえたが，結局，ラージンは捕らえられ，モスクワに護送されて処刑されてしまった．ラージンとその「息子」と信じられた人物の名前は，自由と正義をもたらす解放者として数多くの民話や民謡のなかで語られている．

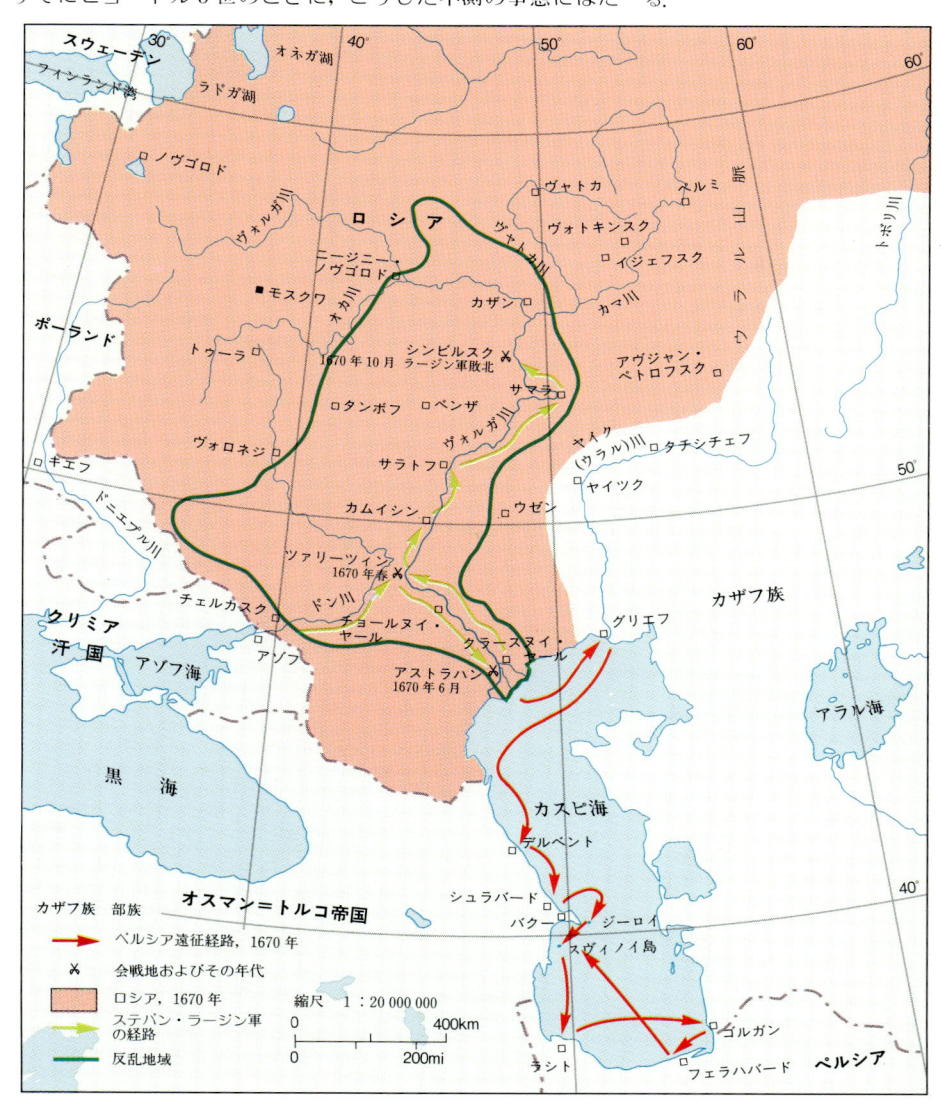

だちに囚人を殺すべしという命令が下されていたので，かれらは即座にそれを実行した．そして，ミローヴィチも処刑された．この事件は，ある面で確かにエカチェリーナの立場を強化したが，他方で，彼女を非難するものたち，とりわけ国外の中傷者たちに新しい武器をあたえることにもなった．

エカチェリーナ時代の教会と国家

エカチェリーナは，即位後の数年間に，いかにして統治するかを学んだ．彼女は，機構改革に関する助言を受けながら，貴族の勤務解放や教会領の国有化などといった近年における諸政策の洗い直しのための委員会を設置した．教会領国有化の措置は微妙な問題をはらんでいた．女帝は教会との良好な関係を必要としていたが，そのねらいはすでに，彼女がルター主義的なピョートル3世に代わって帝位についたことで果たされていた．彼女の信仰心は必ずしも篤くはなかったが，正教への改宗は心底からのものであったように思われる．とはいえ，「ヴォルテール主義者」としてのエカチェリーナには，当時，無知と怠慢の代名詞となっていた既成の宗教を無批判に支持することなどとても不可能であった．教会は大量の土地を所有していたが，そこでは，人びとの教育とかその他の社会的に有為な活動という点で，あまりみるべきものがなく，農民騒擾の発生率も高かった．国有化は多くの点でロシアの利害に合致しそうに思われ，1763年にこの改革的措置が実行に移されようとしたとき，公然とそれを批判したのはロストフの主教だけであった．ロストフ主教の批判はあまりにも激越な言葉で行われたので，主教自身のためにも，また，教会全体のためにもならず，結局かれは聖職を剥奪され，それでもなお主張を曲げないことが知れると投獄されてしまった．エカチェリーナはなんとかしてこの措置のもたらす衝撃を緩和しようとした．けれども，教会行政の世俗化というピョートル1世の改革につづくこの教会領国有化が，それまで2世紀半保たれてきた教会と国家間の「ヨシフ派」の合意に終止符を打つ結果になったという事実は残った．

精神的見地からみると，この改革はロシア正教会にとってもマイナスではなかったかもしれず，事実，18世紀末に教会は一種のルネサンスを経験する．静寂主義（ヘシカスム）の神秘主義が復活し，そこからペイシウス・ヴェリチコフスキーのような著名な人物が出た．かれは人びとに強い影響をあたえた書物「フィロカリア」をロシア語に翻訳した人である．少し遅れて，サロフの聖セラフィムも現われる．ロシアの正教界で，有名な聖チーホン・ザドンスキーやウクライナ出身のグリゴリー・スコヴォロダのような知識人たちが，ある種の役割をふたたび担うようになった．教師，哲学者，宗教詩人として有名なスコヴォロダは，遍歴哲人として隠者の生活に耽り，生前に自分の墓穴を掘って（1794），生涯かれの脳裏を去らなかった言葉「世界，われを追えども，ついに捕らえる能わず」という章句を自分の墓碑銘に残した．分離派の諸宗派もまた，数十年の迫害から立ち直りはじめた．エカチェリーナは，1769年にかれらが法廷で証人となるのを認め，事実上，かれらの市民権を回復させた．18世紀中頃に新たに生まれたのが，ドゥホボール派，すなわち「霊魂のために闘うものたち」と呼ばれる一派である．部分的にはクェーカー教の影響のもとで生まれたこの一派は，やはり同様に国家への不服従ゆえに弾圧されることになった．

エカチェリーナが最初に手がけた主要な改革は，地方行政改革である．90％が農村であり，識字率も低く，交通・通信手段も未発達であったこの巨大な国は，統治が十分にゆきわたらず，治安体制も不確かであった．中央政府は，地方で起きていることをほとんど知りえなかったばかりか，たとえば，勅令が各地方で実際に布告されたかどうかすら確信がもてなかった．1762年の勤務解放以来，もはや貴族を，農村における中央政府の代理人としていつでも徴発しうる社会層とみなすことはできなかった．エカチェリーナは，説得と報奨で貴族の協力を取りつけねばならず，1785年の貴族に対する特権許可状（土地に対する完全な所有権をはじめて貴族に認めた）は，その頂点をなすものであった．彼女は，地方行政機関を格上げし，かつ整備した．続いてエカチェリーナは，地方に新しい中心都市と市場を建設するという政策を慎重にすすめた．行政から独立した裁判制度の設置などを含む一連の主要な改革は，ブガチョフ反乱が終結したのち，1775年に着手された．けれども，農奴制に起因する諸々の難問が，簡単には解決しえない性質のものだということは明らかであった．エカチェリーナ自身は，農民の隷属状態の段階的解消というプランを見込んでいた．おそらくは，領地所有権の譲渡に際して農奴に自由をあたえるか，あるいは，農奴の子供たちのうち，ある年限以降に生まれたものをすべて自由身分とするなどといった方法によってである．農民の権利全般に関する問題も広く議論されるようになった．その際，とくに重要な役割を果たしたのは，1765年に設立されたロシア最初の自治的な学会「自由経済協会」であった．

1766年も終わり頃，エカチェリーナは，彼女の経歴のなかで，もっとも劇的な布告を発する．政府機関と，全国のあらゆる地方のあらゆる階層に，モスクワで開催される500名を越える規模の大会議のために，代表を派遣するよう命じたのである．首都に召集された代表者たちは，かれらそれぞれの社会の状況と必要とを開陳し，新しい法典の編纂に加わることになった．この会議は「法典編纂委員会」として知られるが，その実態は，17世紀モスクワ時代の精神における大集会（すなわち全国会議）にほかならなかった．奇妙な政治的退行といえるこの現象には，エカチェリーナの政治のあり方が，ピョートル大帝ではなくアレクセイ・ミハイロヴィチの衣鉢を

ブガチョフの乱

1世紀前のラージンと同じくドン・コサックであったエメリヤン・ブガチョフこそは，ロシア最大の農民反乱を率いた人物である．このたびの反乱の源は，ロシア国家に対して特別の不満を抱いていたヤイク・コサック集団であった．これに古儀式派（分離派）や，人口の多かったウラルの鉱山地帯の人びとが加わり，とくに後者の地域からは大量の火器が反乱軍に流れた．皇帝僭称者としてブガチョフもまた，東方の非ロシア諸民族との連携を固めた．その名高い例はバシキール人である．1774年の夏までに，ブガチョフは強大な兵力を結集することに成功し，モスクワ攻略にも十分であるかに思われた．しかし，反乱参加者の忠誠はつねに不確かであり，ブガチョフの命運にもしだいに陰りがさしていった．やがてブガチョフは，故郷である南ロシアへの撤退を余儀なくされたが，経済的に恵まれた境遇にあったドン・コサックからは強い支援を獲得することができなかった．ほとんど孤立無援となったブガチョフは，結局はかつての信奉者たちによって官憲の手に引き渡されてしまった．

エカチェリーナ2世を描いた寓意的版画。エカチェリーナの治世初期に制作されたこの版画には、帝国内を凱旋する彼女の姿が描かれている。頭上には、女帝に勝利の冠を差し出す「平和」の女神と彼女の美徳を称える「名声」の使いの姿がみえる。コインをまきちらす少年は繁栄を象徴している。馬車の両側には喝采を送る農民たちが描かれ、雲上からは、ジュピターの隣に座したピョートル大帝が慈愛の目で見下ろしている。

継ぐものであったことが暗示されている。

法典編纂委員会は、ある意味では何の成果も生み出さなかった。いかなる法典も編纂されなかったし、審議においてなんらかの結論をみたわけでもなかった。その原因は、1768年の夏にトルコがロシアに宣戦布告を発し、そのため委員会が無期限に中断され（ただし、各分野ごとの分科委員会は機能しつづけた）、その後2度と召集されなかったことによる。それゆえ、法典編纂委員会の全事業などはロシアの社会的・政治的発展にまったく無縁な戯れごとにすぎなかったのだ、と考える人びとも絶えない。確かに法典編纂委員会は、決して議会制民主主義へのステップとして意図されたわけではなかった。代表者たちは、選挙で選ばれたとはいえ、代議員ではありえなかった。モスクワ時代の集会と同様、自由農民の代表は参加できても、農奴の代表は参加できなかった。ふさわしい数だけの代表派遣を許された非ロシア民族はひとつもなかったし、教会の代表はほとんどゼロに近かったのである。

参加者たち（かれらには俸給とその他の特権があたえられた）が行ったことといえば、討議だけであったが、その結果、3種類の文書群が残された。まず、それぞれの代表者が出身地からの要望書をたずさえて登場し、個人的不満をのぞくあらゆる議題を論ずることが許された。次に、議事録が存在する。討論はしばしば混乱をきわめ、なんらの結論にも達しないことが多かったが、それでも、討論を記録するということ自体、ロシアでは新しい興味をひく現象であった。そして、もっとも注目すべきは女帝自身が作成した「訓令（ナカース）」である。全22章、500条以上からなるこの膨大な文書は、エカチェリーナが20年以上にわたって同時代の主要な政治哲学者の著作を読み、それについて省察しつづけてきたその果実であった。訓令の目的は、国民にロシア社会のあるべき姿を提示することにあった。それは、期待された新法典でもなければ、ましてや憲法でもなく、むしろ教科書というべきものであり、現に、その後何十年にもわたってそのような用いられ方が行われた。毎週土曜日の朝には、訓令の一節が役人たちに読み聞かされたのである。訓令の自由擁護的な論調はかなり危険なものに思われたので、フランスでは出版禁止となった。とはいえ、ロシアが専制以外の別の方法で統治されるべきであるなどとは、エカチェリーナは決して主張してはいなかった（その理由を、女帝はロシアの巨大さに求めた）。この点は言い添えておくべきであろう。

内乱と対外戦争

法典編纂委員会の経験は女帝に多くの知見をもたらした。審議過程で現われたと思われる見解のなかには、現国家体制を全面的に否定する立場こそみられなかったが、階級間の対立が歴然と現われ、諸々の社会関係や租税制度などの改善のためのきわめて多くの具体策が提案された。そうした階級対立と社会的不満こそが、わずか6年後にエメリヤン・プガチョフの率いる大反乱となって爆発するのである。プガチョフは、1世紀前のステパン（ステンカ）・ラージンと同じくドン・コサックであったが、かれが反乱の拠点としたのは、もっとも遠方にあったコサック集団、つまりヤイク・コサックであった（ヤイクとは、カスピ海の北にあった川の名称であるが、反乱後ウラル川と改称された）。ラージンが、あくまで河川を縄張りとする海賊として、ヴォルガ川を離れようとはしなかったのに対し、もともと根無し草の逃亡兵であったプガチョフは、行動範囲をもっと広げ、遠くバシキール地方からウラル山麓に点在する工場や鋳鉄工場にまで進出し、そこで火器を手に入れようとした。ヤイク・コサックは、社会の発展から取り残され、その特権も衰えてゆくという情況に対して、全般的危機感を募らせていた。

ラージンと異なってプガチョフは僭称者であり、最初から自分が奇跡的に生きのびたピョートル3世であると公言してはばからなかった。16世紀から19世紀にかけて、ロシアには数えきれないほどの僭称者が出現し、しばしば非業の死を遂げた。僭称は、ビザンティン起源のツァーリという高貴な概念に付随するものであった。ツァーリは、人間個人の価値と

は無関係な，神のあたえ給うた地位なのであった．真のツァーリは，その身体にある印し（ふつうは十字架か鷲の形と考えられた）が認められると信じられ，一見したところ，ブガチョフにもそれがあった．奇妙な印璽と，さらにいっそう奇妙な言葉で綴られた布告が公布され，反乱は，素朴で古代的な政治イデオロギーによる粉飾が施された．

農民反乱はどれも本当の意味での解放戦争にはならなかった．ブガチョフの乱でさえその例にもれない．ブガチョフ反乱のみごとな成功はほぼ1年間つづいたが，一般の国民の共感をどれほど勝ちえたかという点は，にわかには判定しがたい．ブガチョフへの忠誠を宣言しないものは，即刻の死刑を免れなかったからである．バシキールやその他の非ロシア諸民族は，部族首長を介して，おそらくはいっそう深く反乱に関与した．反乱側の包囲戦を抵抗しぬいた勇敢なロシア軍司令官も出現した．その結果，ブガチョフは南方に退却し，ついにツァリーツィン（ヴォルゴグラード）を抜くことができず，また，比較的暮らしぶりの良好であったドン・コサックの動員にも失敗してしまった．きっかり1年間の反乱ののち，ブガチョフはかつての臣下たちによってヤイツクにおける「正義の裁き」に引き渡され，その後モスクワで処刑された．女帝は，かれを拷問に付さないこと，（群衆が驚いたことには）四つ裂きの刑ではなく斬首刑に処すること，さらには，反乱参加者に対する報復は最小限に止められるべきこと，などを約束した．

ブガチョフ反乱に対して政府が効果的に軍隊を動員することができた要因のひとつは，対トルコ戦争の終結にあった．反乱そのものが，ロシアの戦争終結の決断を促したともいえる．そのころまでにロシアが達成していた軍事的成功は，圧倒的とはいえないまでも，かなりのものであった．クリミア汗国はオスマン＝トルコの宗主権からの離脱を宣言するにいたり，ロシアは，12世紀以来はじめて黒海沿岸に橋頭堡を確保した．ロシア艦隊は，バルト海からジブラルタル経由でチェシュメにいたり，そこではるかに優勢なトルコ海軍を撃破するという成功をおさめた（1770）．島々に住む多くのギリシア人がエカチェリーナへの同盟を誓ったが，それでもなお，トルコに対するギリシア人の全面的蜂起を組織することは不可能であることが判明し，ロシア艦隊も，ダーダネルス海峡を強行突破してコンスタンティノーブルに進撃することは差し控えた．このときにロシアは，自ら後ろ楯となってバルカン半島に対トルコ反乱を引き起こすという絶好の機会を逸したのである．もしそうなっていれば，オスマン帝国に打撃をあたえ，コンスタンティノーブルを正教世界にふたたび奪い返すことになっていたであろう．ポチョムキンの胸中で，そうした戦略が「大計画」に結晶化してゆくのは，いいかえれば，ロシアによるビザンティン帝国の再興という明確な姿をとるようになるのは，ようやく1770年代末のことである．現実には，かれは，潜在的な豊かさをもった広大な諸地方をまとめあげて，「新ロシア」を組織し，「タウリス公」の称号を授けられた．もともとその地方は，無政府的に暮らすコサックや辺境開拓民，さらには，対トルコ戦争の落とし子ともいうべき海賊たちの巣窟だったのである．

ロシアは1783年にクリミア汗国を併合したが，1787年にはふたたび，トルコが宣戦を布告してきた．プロイセンとイギリスに支援されたスウェーデンがロシアと敵対関係に入るにいたり，事態はエカチェリーナにとって憂慮さるべきものとなった．しかし，究極的にはフランス革命が引き起こした不安が外交に混乱を招き，それが関係諸国に1791年の講和の受諾を余儀なくさせた．そのときまでにロシアは，オチャコフとイズマイルの要衝をすでに奪取し，コンスタンティノーブルを射程距離内におさめ，クリミアの領有を確実なものとして，グルジアに対する宗主権を確保していた．この講和はただちに，サンクトペテルブルグを補完するロシア南部の重要な国際港オデッサの建設という結果をもたらした．

トルコ問題は，少なくとも初期においてはポーランド問題と絡み合っていた．両国とも，その支配階級のそれとは異なる宗教・言語をもった膨大な数の住民を国内にかかえ，国外勢力はかれらを保護することこそ自らの責務であるとみなしていた．モスクワ国家とピョートル時代のロシアとが専制の強化と社会の均質化に努めたのに対し，ポーランド＝リトアニア連合王国では，その逆のプロセスが進行していた．地主階級（人口の約8％）はその自律性を強め，中央権力は悪名高い「自由拒否権」によって弱められていった．「自由拒否権」を行使すれば，たった1人の反対意見によって国会（セイム）の機能が麻痺する事態すら起こりえた．選挙によって，しばしば非ポーランド人から選ばれた国王は，軍司令官以上の役割を果たすことはなかった．17―18世紀ロシアの為政者たちの自己の権力行使に対する態度には，ポーランドの実例がかなり影響をあたえているとみることができよう．

1772年，第1次ポーランド分割が行われた．ロシアにとってこの分割は，たんにアレクセイ帝がかつて獲得した国境をほぼ回復したにすぎないものであったが，プロイセンは，それまで自国領を二分していた狭いが重要な地域，すなわち「ダンツィヒ回廊」を獲得した．オーストリアは，カルパチア山脈の麓に位置する豊かで人口稠密なポーランド中核地域の一部を手にいれた．衝撃を受けたポーランド国民のあいだには，鋭い政治的分裂が生じ，親露派と反露派という二つの党派が生み出され，その後，国内秩序回復のための奮闘がはじまる．改革目標には世襲君主制と，中産階級の代表から成るしかるべき国会の開設が含まれていた．1791年5月に発布されたポーランド憲法は，エカチェリーナにとっても，また，若干のポーランド人自身にとってさえも，あまりにジャコバン的

18世紀末ロシアの社会構成

18世紀の大規模な社会的動乱は，エカチェリーナ2世の治世末期までに，ロシアの人口動態に変化をもたらした．農民逃亡を阻止しようとする政府の持続的努力にもかかわらず，中央ロシアからの逃亡農民が大量の植民者となって移動した．その一部は，ドニエプル，ドン，ヴォルガ，クバン，ウラルなどの諸地域のコサック集団に合流していった．こうしたコサック集団の南部および東部ロシアでの支配力は急速に増大しつつあった．かれらは独立を重んじ，しばしば傭兵となった．エカチェリーナ2世が黒海北岸地方へのドイツ人の入植を奨励したために，全人口に占めるドイツ人の割合がかなり高まった．ドイツ人たちは黒海の入植地に社会的安定と効率的農業をもたらした．工場や鉱山を受け皿として都市人口も増加しつつあったが，依然として全人口の95％は農村部にあったのである．

北部および中部ロシアの農民に占める農奴の割合，1782年
- 80％以上
- 61–80
- 41–60
- 21–40
- 21％以下

- 農民逃亡の行方
- 1500年までのコサック定住地域
- 1800年までのコサック支配領域
- 1800年までの主要なドイツ人入植地
- ロシア国境，1782年

縮尺 1：18 200 000

すぎると思われた．そうしたポーランド人たちは，旧体制を擁護するためにタルゴヴィツァ連盟を結成した．ロシアは，この連盟の要請によってポーランドに進駐し，東部と南部の巨大な地域を占領した．

1793年には第2次ポーランド分割が行われ，プロイセンはほぼワルシャワまで進出した．翌94年には，コシチューシコ率いる国民的反乱が勃発し，併合への抵抗が試みられたが，反乱は敗北し，その結果1795年に第3次ポーランド分割が行われ，独立国ポーランドはその姿を消した．最後の分割によって，ロシアはリトアニア全土とクールラント，かつてのキエフ公国領ヴォルィニを獲得した．「ただ1人のポーランド人ももはや存在しない」と，エカチェリーナは誇らしげに書き記した．この併合は，リトアニア人やラトヴィア人，そしてとりわけ，ほとんどが都市住民であった相当数のユダヤ人をロシア帝国に編入することを意味した．しかし，エカチェリーナは，分割をある程度は古ロシアの遺領の回復という観点からみていた．彼女の後継者パーヴェルは，どんな場合にも「ポーランド王国」という名称を用いることを禁止した．ナポレオン戦争後，なお独立的諸制度を維持して残存していたワルシャワ公国がロシア皇帝の統治権下に含められ，1832年，ついにロシアに編入されてしまうのである．

西欧の世論がポーランド人支持にまわって沸きたったのは，ようやくコシチューシコの反乱後のことにすぎない．啓蒙の時代の一般的雰囲気は，旧ポーランド王国にみられた抑圧的カトリシズムと無政府状態とに批判的だったからである．1830年代と60年代に起きたポーランド人の反乱は，ヨーロッパの人びとのポーランドに対する共感とツァリーズムへの敵意をさらに掻きたてることになった．

女帝エカチェリーナと啓蒙思想

エカチェリーナの治世は，「啓蒙絶対主義」と呼び習わされてきた．確かにエカチェリーナは，その「訓令（ナカース）」からも明らかであるように，徹頭徹尾自らを，ロシアにもっとも適した形態の為政者，すなわち専制君主とみなしていた．にもかかわらず彼女は，権力の究極的基盤がほかならぬ説得にあるのだという事実を，速やかに理解した．「私は，私の勅令に対する一般の是認をあらかじめ確信したときにはじめて，それを発布し，あなたが盲目的服従と呼ぶものを目の当たりにするという喜びに浸るのです．それが無制約の権力というものの拠り所なのです……」と，あるとき彼女は1人の質問者に答えている．彼女はまた，臣下たちに責任という観念を植えつけようと努めた．女帝の決裁を仰ぐためになんらかの問題が報告されたとき，彼女はしばしば，法にしたがって決定を下すように，という指示を添えて，それを差し戻すことがあった．エカチェリーナは，少なくとも知性と柔軟な思考をもって統治の問題に当たろうとしていたという意味で，明らかに「啓蒙」の人だったのである．しかし，「啓蒙」という概念は，エカチェリーナ期ロシアを判定するためのある種の尺度として用いるには，あまりにも流動的であった．啓蒙思想は，そもそもモンテスキューやベッカリーア，ヴォルテール，ディドロ，ヒューム，あるいはルソーなどといった思想家のあいだで，かならずしも同義ではなかった．そこでエカチェリーナは，彼女自身で諸々の思想を総合していった．彼女は，ヴォルテール（かれは，当時一般に「新しい文明」と想像されていたロシアに，大いなる関心を抱いた）やグリム（啓蒙君主の家門雑誌『文学書簡』の編集者，メルショワール・フォン・グリム），ディドロなど，何人かの思想家たちとおびただしい数の手紙のやり取りを行った．とくにディドロに対しては，かれが窮地にあったとき財政的援助の手を差しのべたほどである．女帝は，まずディドロの蔵書を買い取り，それをかれに貸し出すとともに，かれを終身の，しかも有給の蔵書管理者に任じたのである．

ディドロは，女帝が十分な期間話し合うことのできた，ただ1人の著名な啓蒙思想家である．かれは，ひとしきり躊躇したのち，1773-74年の冬，女帝に対する感謝の意を表わすためにロシアを訪れた．知性と政治のこの偉大な遭遇の物語は，全編を通してきわめて喜劇的であると同時に悲しくもあり，また，啓示的ですらあった．2人の対話はあらゆる種類の社会問題におよんだが，ディドロはついに，自分の啓蒙的社会観察がなんらかの政治的現実を反映しているのだということを，女帝に認めさせることができなかった．エカチェリーナの説明によれば，結局，彼女はディドロに「あなたはただ紙の上で働いているにすぎず，それでは何ものをももちこたえることはできません……それに対し，哀れな女帝であるこの私は，生身の人間に働きかけるのです．それはあなたの仕事とはまったく異なった，気骨の折れる，ともすれば非難・中傷にさらされがちな仕事なのです」と主張した．その間にもディドロは，冷えびえとしたサンクトペテルブルグで不快と望郷の念に悩まされながら，ロシアに関する統計的な知識をえたいと望んだが，そうした問いにはっきりとした回答をうることはおよそ不可能であることを悟った．それでもかれは，周囲の環境を観察する目をもたなかったわけではない．「あなたの臣民は，ロシア国民がきわめて先進的と信ずるか，あるいは，並外れて遅れていると信ずるか，いずれにしろ，どちらか極論に走るという過ちを犯しているのではありますまいか」，とディドロは表明している．そのころ，宮廷の外の広い世界ではプガチョフの反乱がその頂点に達し，サンクトペテルブルグ市民の不安は情報の欠落によっていっそう高まっていた．ディドロのロシア訪問は決して成功とはいえなかったが，かれもエカチェリーナも本質的には誠実な人間であったから，互いに友人として以外には別れようがなかった．しかしこれ以後，彼女はおそらく自分が自らの哲学者になるべきだと決心したように思われるのである．

ロシア語の「啓蒙」という語は，同時に教育をも意味する．エカチェリーナは，異色の大臣I・ベツコイの助けを借りて，教育水準の引き上げとその機会拡大を精力的に推進した．ピョートルの創設した科学アカデミーにつづいて，すでにエリザヴェータのときに芸術アカデミーとモスクワ大学が，かなりおぼつかない足取りながら第一歩を踏み出していた．そしてロシアは，近代で最初の偉大な学者ミハイル・ロモノーソフ（1711-65）を生み出していた．詩人，文学理論家，物理学者，化学者，モザイク作者，地質学者，天文学者，これらの肩書きでもまだまだいい尽くせないロモノーソフの業績は，かれを，「ただ独りの大学」と呼ばしめ，きわめて重要な意義をもった象徴的人物にした．かれはロシア北辺の国有地農民の出で，学問を志してはるばる徒歩で首都に赴き，貴族になりすました．こうした経歴もまた，いっそうかれの象徴性を高めることになった．エカチェリーナ期のかなり近代的な教育観は，いくつかの進歩的実験をもたらしたが，そのひとつに女性教育がある．1782年には，当時のすぐれた女性知識人の1人であったダシュコヴァ公妃が科学アカデミー総裁に任命され，翌年には新設の文学アカデミー総裁となった．教育にはまた，当時劇的に発展しつつあった出版事業と，世論の形成という問題が含まれる．エカチェリーナはこの面でも精力的な指導力を発揮し，風刺雑誌の刊行を助成したほか，自ら少なくとも30篇におよぶ戯曲を著わした．彼女はフランス語を使って多くを書き残したが，それと並んで，習い覚えたロシア語でも書いた．彼女のロシア語は，文法には忠実ではなかったが，流麗な口語体で綴られていた．

エカチェリーナの治世が進むにつれて，近代ロシア文学の礎となった人びとがしだいに登場しはじめ，また，世論形成の端緒もみられるようになった．劇作家デニス・フォンヴィージン（1745-92），小説家フョードル・エミーン（1735頃-70），荒削りの天才詩人ガヴリール・デルジャーヴィン（1744-1816），政治評論家であると同時に本の出版も手がけたニコライ・ノヴィコフ（1744-1818），先駆的なロマン派詩人であ

このすぐれた胸像には，自らの才能で名をなした北ロシア出身の2人の卓越した人物が結ం合している．1人はこれを制作した彫刻家F・I・シュービン（1740-1805），もう1人はモデルとなったミハイル・ロモノーソフ（1711-65）である．この胸像が制作されたとき（1792），ロモノーソフはずっと以前に故人となっていた．シュービンは，骨や木を材料とする農民彫刻家のなかで育ち，ロシア最大の新古典主義の彫刻家となった．漁師の家に生まれたロモノーソフは，意志が強く血気盛んな驚くべき「ルネサンス人」であった．すぐれたバロック詩人であり，文学理論家，歴史家，経済学者，画家，地理学者であったロモノーソフがとくに有名となったのは，当時の物理化学の水準をはるかに越えた博学の科学者としてであった．かれは，18世紀ロシアにおける学術探検にも足跡を残した．

帝政ロシアの隆盛

リ散文作家でもあったニコライ・カラムジン（1766—1826），そして最後に，もっとも広く知られたアレクサンドル・ラジーシチェフ（1749—1802）などが輩出した．カラムジンはロシア最初の偉大な歴史家でもあった．ラジーシチェフの『サンクトペテルブルグからモスクワへの旅』は，なかなか分類のむずかしい作品である．この架空の旅行は，途中の農村での逗留によって幾度か中断されるが，そこで作者は，ときには脱線しながらも農民生活を観察し，叙述する．それらが全体として，農奴制の厳しい現実の画像となっているわけである．作品のねらいは，ルソー流のやり方で事態の核心にふれようとすることにあった．ラジーシチェフのこの旅行は，人民の天才を体現する人物ロモノーソフへの賞賛と「自由への頌詩」を最後にして，かなりあっけなく終わっている．この本は，しばしば素朴すぎる内容とまとまりの悪い箇所を含む（それゆえ，趣味のうるさいプーシキンはこの本を嫌悪した）が，それでもなお，いましも爆発しかねなかった民衆反乱に対する警鐘を力強く打ち鳴らすものであった．作品のそうした側面こそが，1790年の緊張をはらんだ夏にこの本を読んだエカチェリーナの逆鱗にふれたのである．彼女の書き込みのある1冊が現存している．『サンクトペテルブルグからモスクワへの旅』は押収された．そして，その匿名の著者がつきとめられて逮捕された．著者は，最初は反逆罪で死刑宣告が受けたが，のちに減刑されてシベリア流刑となった．それから5年後，パーヴェル帝のもとで，ラジーシチェフは流刑から戻り，ある程度は公的活動にも復帰したが，なんらかの思想的理由によって，まもなく自殺してしまった．

同じ頃，やはり治世末期のエカチェリーナの不興をかった知識人にノヴィコフがいる．1792年，かれもまた逮捕された．ノヴィコフの場合，逮捕の原因は，かれがフリーメーソンに関わっていたこと，とりわけ，秘密結社「薔薇十字会」に加わっていたためと思われる．薔薇十字会は，主としてプロイセン人に指導された団体で，女帝の後継者パーヴェルになみなみならぬ関心を抱いていた．18世紀末ロシアでは，フリーメーソンやさまざまなタイプの宗教分派が驚くべき勢いで広がったが，それらは，エカチェリーナの共感をえるにはほど遠い現象だったのである．サンクトペテルブルグ郊外のガッチナには，日増しに奇行の度を強めつつあった息子パーヴェルの「小宮殿」があった．そこから放たれる脅威の気配は，おそらくいっそう深刻なものとなって女帝を苛立たせたのであろう．とはいえ，エカチェリーナ時代の知的雰囲気は，こうした否定的な側面の叙述だけで終えてしまうには，あまりにも惜しい．彼女の治世には，芸術活動の空前の爆発が観察されるのである．それはとくに，1770年代半ば以降の10年間に起こり，この10年間をロシアの文化的開花の最良の時期のひとつとした．日常生活でのエカチェリーナには気取りがなく，質素とはいえなくとも派手好きではなかったが，晩餐会は好きであった．それゆえ，宮廷での娯楽が盛んに催された．宮廷庭園と同様，宮廷劇場も，しかるべき身なりの人士には無料で開放された．ポチョムキンが寵児であった時期には，音楽が盛んとなり，ガルッピからパイジエロまで，多くの作曲家たちがロシアに来て名を成した．また，ロシア人作曲家も輩出し，教会音楽や，民謡を主題とした鍵盤楽器による変奏曲，あるいは喜歌劇などの分野で，グリンカに先駆けて，慎重な足取りながらロシア独自の音楽形式を模索しはじめた．

エカチェリーナは，音楽に関しては自ら無趣味を宣言するほどの人であったが，その美術的感覚には鋭いものがあった．今日サンクトペテルブルグにあるエルミタージュ美術館の収蔵品の核となった絵画コレクションは，彼女が蒐集したものである．このころロシアには3人の著名な肖像画家（ドミトリー・レヴィツキー，F・ロコトフ，V・ボロヴィコフスキー）が出て，大貴族よりはむしろ中小貴族が新築した農村の屋敷や都市の邸宅に作品を供給した．彫刻による人物描写も，ロシア北辺の農民の木彫り作家から出た有名なF・I・シュービンが現われて，開花した．

建築は時代を表現するみごとな視覚芸術となった．ラストレッリとその弟子たちがサンクトペテルブルグに繰り広げたバロック様式は，1760年代初頭になってかなり唐突に廃れ，それ以後，エカチェリーナのロシアは，国際的な新古典主義の

サンクトペテルブルグ元老院広場とピョートル大帝像（ファルコネ作「青銅の騎士」像，1782完成）．海軍省からわずかネヴァ川下流に位置する元老院広場に面して，新古典主義末期の建築家（ロシア生まれの）K・ロッシ設計の元老院と宗務院が建っている．広場はネヴァ川に面し，対岸には芸術アカデミー（1765創立）がある．1825年，結局は失敗に終わった「デカブリストの乱」に参加した3000名の兵士たちが整列したのがこの広場である．プーシキンの散文詩以来，「青銅の騎士」像は「ペテルブルグ神話」の中心的役割を担ってきた．大部分は土中に埋められているその巨大な花崗岩の台座は砕け散る波を暗示している．

帝政ロシアの隆盛

流れを汲むきわめて輪郭のはっきりした，均整がとれて混乱のない建築様式を発展させた．それは，パヴロフスク宮殿やタヴリダ宮殿の壮麗さにも，また，地方都市のもっと質素な柱廊玄関（ポーチ）付き家屋や，市場に面した町並みにも，ひとしく用いることができた．新古典主義の初期の建築家は，フランス人 J-B・ヴァラン・ドゥ・ラ・モートを筆頭とする外国人たちであった．スコットランド人チャールズ・キャメロンもその1人である．当時は才能あるロシア人にもこと欠かなかったが，とくに言及すべきは，マトヴェイ・カザコーフ（1738―1813）とヴァシーリー・バジェーノフ（1738―99）であろう．カザコーフはモスクワ周辺だけを舞台にして活躍し，数多くの建築を残したが，モスクワ新古典主義の落ち着いた簡素さを一貫して追求した人物である．バジェーノフは，実際に建てられた数少ない作品とならんで，実現されなかった建築計画でもよく知られている．もっとも有名なのは，壮大な柱廊を使ったモスクワ・クレムリンの改築計画である．かれが完成にこぎつけた建築物には，モスクワの比類なき傑作パシュコフ邸や，1797年バーヴェル帝の命で建てられたサンクトペテルブルグの聖ミハイル城がある．後者は，城塞建築の古典的諸特徴を一風変わった仕方で様式化したものであった．

しかしながら，当時の建築中おそらくもっとも価値ある記念碑というべきは，「世界でもっとも首尾一貫した新古典主義的都市のひとつ」と定評のあるサンクトペテルブルグの街そのものだったであろう．サンクトペテルブルグは，端正な構想のもとに建設された都市で，その各部分は，複合的な仕方で，互いに象徴的に共鳴しあっている．エカチェリーナは，そうした端正さに似合わない，ある美的焦点をこの都市にあたえた．それはピョートル大帝の騎馬像である．この彫像は，ディドロが女帝に推薦した J-E・ファルコネによって，16年の歳月を費やして（1766年から1782年まで）制作されたものである．後足で立つ馬がその蹄で1匹の蛇（ピョートルの敵を表わす）を踏み潰している．基部は250トンの赤い御影石で，この石ははるばるフィンランド湾から，大がかりな作業の末，船で運ばれてきたものであった．石の頂部は砕けた波を暗示する．この像は，プーシキンの最大傑作の物語詩にちなんで，「青銅の騎士」という名称で広く知られている．

バーヴェル時代

しばしば緊迫の時期をはらんだ長い皇太子時代をへて，1796年にバーヴェルが帝位についたとき，この新帝は，考えうるあらゆる点で，母帝の政治姿勢と袂を分かとうとしている，ということが明らかになった．それは，ラジーシチェフやノヴィコフ，コシチューシコなどの反体制派の流刑囚にとってはよい知らせであり，現にかれらは流刑を解かれた．けれども，だからといって獄舎が空になるということはなかった．バーヴェル自身もまた，気紛れに人を処罰するという点で人後に落ちなかったからである．かれは，エカチェリーナが国政のパートナーとみなした貴族階級を信頼していなかった．かれはむしろ農民のあいだで人気を博した．とはいえ，農奴制の緩和に向けてバーヴェルが行ったことといえば，地主貴族に対する農民の「賦役（バールシチナ）」の上限を週3日とする規定を定めるのが精々であった．バーヴェルは，読書家の教養人であり，自ら有機的で権威主義的な望ましき社会像を提示するほどであったが，同時に，気紛れで短気で神経質な性格の持ち主でもあり，それが，かれのヴィジョンに含まれるなんらかの積極的要素を，たえず台なしにしてしまうことになった．

当時の外交政策は，フランス革命の余波にさらされていたが，それと並んで，バーヴェルの唐突な態度変更によっても大きく左右された．バーヴェルは当初，革命後の講和を宣言したが，すぐに態度を変えて対仏大同盟に加わった．偉大なる不敗の将スヴォーロフ（すでに70歳に近かった）に率いられたロシア軍は，イタリアにおける会戦で全面的勝利をかちとり，その後，有名なアルプス越えを苦心のすえ達成していたし，ロシア海軍は（トルコと同盟して）イオニア諸島の占領に成功していた．その結果，19世紀初頭のロシアは，西はアドリア海から東は北アメリカ西海岸に達する一大帝国に成長していたのである．しかし，バーヴェルがほんとうに望んでいたのはマルタ島であった．この島でかれは，1798年に聖ヨハネ騎士団長に選挙されていた．マルタ島は，最初はナポレオンの支配下にあったが，その後，バーヴェルの反感をよそに，ロシアの同盟国イギリスが占領・確保した．それに対しバーヴェルは，1800年，ナポレオンを強力な統治と秩序の砦とする説に同調して，突如としてフランス側に寝返り，イギリス宗主権下のインドの征服という途方もない任務のために，コサック軍を（地図も必要な糧秣もなしに）南方へ派遣したのであった．かれら全員が砂漠で野垂れ死にしてしまわなかっただけでも，幸いというべきであろう．しかし，この遠征は，16世紀以来間欠的にロシアの宗主権下にあったグルジア旧王国の併合という副産物をロシアにもたらした．多くのイギリス人がアジア地域に対するロシアの野心を疑いはじめるのは，おそらくこの事件が端緒であったといえよう．

不満と恐怖を抱きつつあった宮廷の貴族たちは，1799年以来，バーヴェルの失脚をねらって画策をつづけた．かつてエカチェリーナは息子バーヴェルに「もしおまえが銃火をもって思想に対処すれば，長く君臨することは不可能であろう」と諭したが，実際，バーヴェルの治世は短命に終わるのである．即位後，かれの最初の行為は，建築家バジェーノフへの有名な聖ミハイル城の設計依頼であった．バーヴェルはこの城の城門にピョートル1世のバロック風彫像（偉大な建築家ラストレッリの父C・B・ラストレッリの作）を据え，それに「曾孫から曾祖父へ」と刻印させた．これこそが，エカチェリーナの「青銅の騎士」に対するバーヴェルの回答であった．かれは，政敵から身を守ることに腐心して，城壁さえまだ乾かぬうちにこの城に移り住んだ．反バーヴェル派は，いったんは落胆したものの，数週間後にツァーリの居所をつきとめた．それからまもなくこの城において，オペラの一幕に比肩すべきドラマが繰り広げられた．衝立の陰から引き出されたバーヴェルは，厳かに廃位を宣告されたうえ，情況は定かではないが，おそらく残酷な仕方で殺害されたのであった．かれの長男アレクサンドルは，そのとき20歳をわずかに越えたばかりであった．アレクサンドルは，サンクトペテルブルグ知事から父帝が遠からず帝位を失うであろうことをあらかじめ警告されていたが，殺害という事態に対処する心構えはまだできていなかった．このときアレクサンドルは，「子供時代はもう終わった，出（いで）て統治せよ」と断固として命じられたのである．ちなみに，バーヴェル時代の終焉によって，インドを求めて路頭に迷っていたコサック軍はただちに召還され，渇きの死から救い出されることになった．

アレクサンドル1世

アレクサンドルは，即位後速やかに，祖母エカチェリーナ時代の政治路線に復帰する旨を，あらためて近衛連隊に約束した．その後，確かにかれは，相応の寛大さをもって行動したといえる．バーヴェルが処断した約1万2000名の人びとの恩赦を実施し，検閲や旅行規制や，バーヴェルが導入した自由に対するその他の諸制限を緩和した．

アレクサンドル時代史の最大の事件は，ナポレオン政権下のフランスとの大戦争であった．とはいえ，この戦争はかれの治世のきわめて短い期間（1805―07，1812―14）を占めたにすぎず，それゆえアレクサンドルは，内政の諸問題に専心する十分な時間をもつことができた．即位直後，新帝は，改革志向の友人たちからなる非公式委員会とともに，必要な施政方針を案出するという組織的試みを実行した．委員会の議事録は作成されなかったが，そこでの討論議題に農奴制

右　ナポレオン戦争
1807年までナポレオンに対する戦争は，数次にわたる対仏大同盟に結集したイギリスと同盟諸国によって戦われた．戦いの前面に立ったのはオーストリアとプロイセンの両国であったが，抗争の余波ははるか遠くエジプトとインドにまでおよんだ．バルカン半島とイタリアへのロシア軍の侵入は，東方に展開していたナポレオンに衝撃をあたえた．アウステルリッツとフリードラントの戦いでロシア軍は深刻な損害をこうむり，1807年にはアレクサンドル1世が戦線離脱を決断するにおよんだ．この一時的な戦線離脱によって，アレクサンドルはフィンランドに侵攻し，スウェーデンの勢力を駆逐してこの国をロシアに編入することができた（1808）．ナポレオン戦争の結果としてロシアが獲得したもうひとつの地域は，オスマン帝国の支配から奪い取ったベッサラビア（現モルドワ共和国）であった．

ナポレオンは，ロシア遠征にそなえ，衛星国であったワルシャワ大公国を徴兵源として利用し，50万人を越えるその国際軍（フランス人はその半数に満たなかった）に大量のポーランド人を募った．長びく戦争の決定的転換点であったのは，ナポレオン軍に惨憺たる結果をもたらしたモスクワ占領である．退却に要した18カ月間のうちに，ロシア軍はパリ入城を果たした．

下　バーヴェル帝の肖像画，V・ボロヴィコフスキー（1757―1825）作．ウクライナ出身のボロヴィコフスキーは，18世紀ロシア絵画にもっとも持続的な貢献をなした3人のすぐれた宮廷付き肖像画家の1人である（他の2人はF・ロコトフとD・レヴィツキー）．かれの最良の作品（1790年代のもの）にはロマン主義とセンチメンタリズムの色彩が特徴的である．かれはエカチェリーナの肖像画も描いているが，それは公園を楽しげに散策する老婦人といった風情の打ち解けた感じのものであった．しかし，神経症的で不運の皇帝バーヴェルの場合は，ボロヴィコフスキーも，また，バーヴェル帝の有名な胸像を造ったシュービンもかれを美化することはできなかった．ボロヴィコフスキーの肖像画では，軍人皇帝にしてマルタ騎士団長としての威厳を誇示するバーヴェルの姿が描かれている．

帝政ロシアの隆盛

地図凡例:
× 戦場
1812年のヨーロッパ
- フランス領
- ナポレオン一族の支配する国
- その他の従属国
- ロシア

→ ナポレオンのロシア遠征, 1812—13年
--> ロシア軍のパリ進撃, 1812—14年
→ ロシア軍のオスマン＝トルコ帝国への遠征, 1811年
→ ロシア海軍の遠征, 1798—1799
→ 北イタリアでのロシア軍の戦い, 1799年

縮尺 1：20 000 000

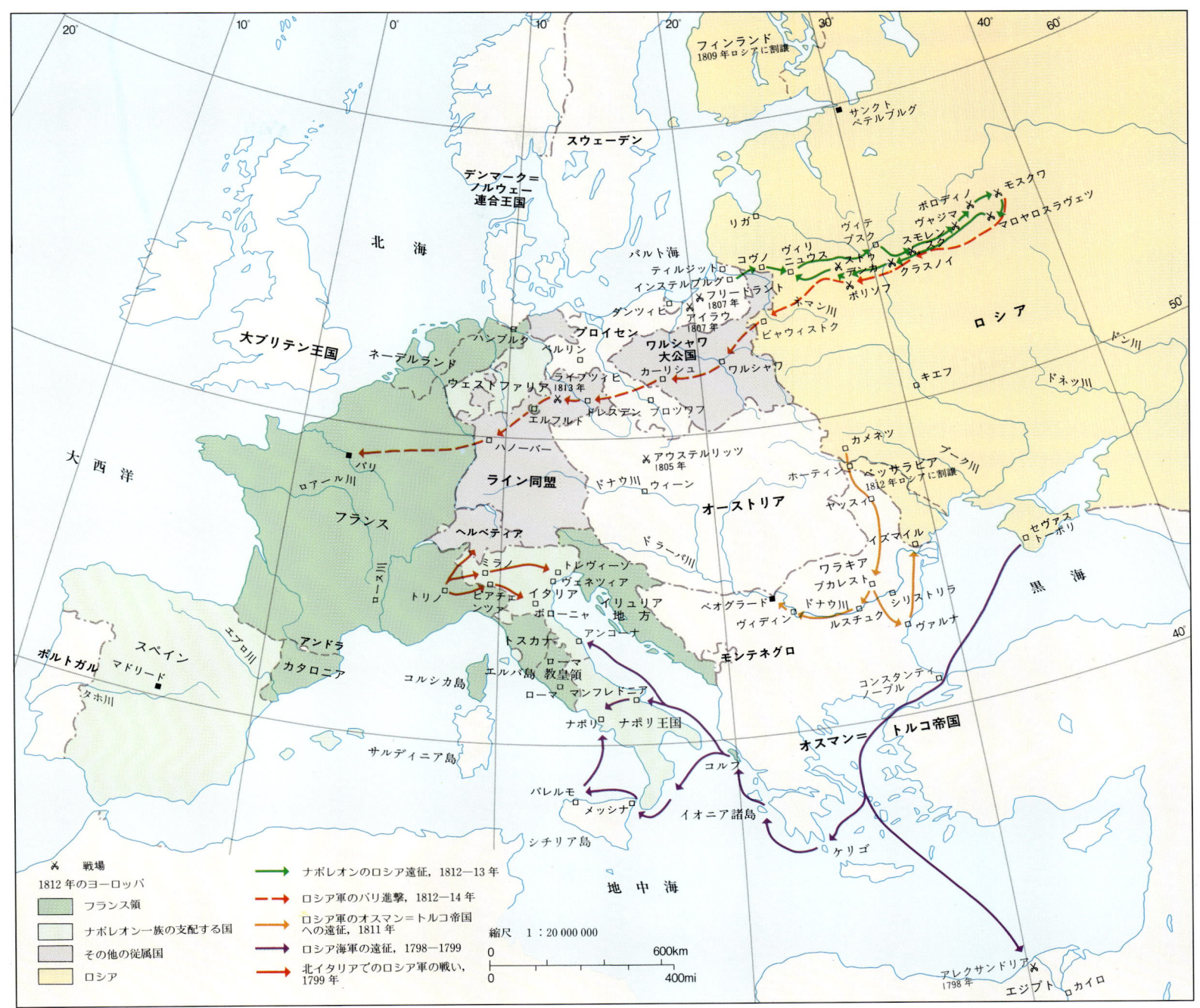

廃止や，専制の廃止さえが含まれていたのは明らかである．そうした重大な政治課題の実現には，かなりの政治手腕と忍耐強い準備作業が必要であったが，アレクサンドルにはそのどちらもが欠けており，1805年までに，かれはそうした事業への関心を失ってしまった．にもかかわらず，国家改革のための諸措置は実行に移され，地主貴族からの農奴の解放が奨励されたが，広く普及したとまではいえなかった．

アレクサンドルが関与した戦争は，1805年にロシアが参戦した対仏戦争だけではなかった．グルジア併合の結果，ペルシアおよびトルコとの敵対関係（それぞれ1804—15，および1806—12）が生じた．どちらの場合も，パーヴェルやエカチェリーナのときと同様，ロシアの軍事技術はかなり顕著な成功をおさめることができた．ロシアは，ペルシアからはカフカス地方の相当の部分を獲得し，トルコからはベッサラビア（現モルドワ共和国）と，黒海東岸地方の一部を取得した．また，スウェーデンに対しても軍事的成功をおさめ（1806—09），フィンランド全土を獲得した．しかしながら，第1次対仏戦争のなりゆきは，これらの戦争や，パーヴェル期のスヴォーロフ指揮下の会戦の場合ほど芳しくはなかった．アウステルリッツとフリードラントの戦いののち，アレクサンドルは，予想される損失がいかに深刻なものとなりうるかを悟り，兵を引き上げた．その結果，ティルジットで伝説的な会談（1807年7月）が行われ，条約締結にいたる．ナポレオンとアレクサンドルは，ネマン川中流に浮かべた筏の上で，直接，秘密裡に会談することを決めた．そこで，気さくさを装った外交儀礼が交わされたが，それにしてもなお両者の隔たりを覆い隠すことは不可能であった．ナポレオンとアレクサンドルは，少なくともイギリスに対する敵意という点では一致していた．勝者はだれであったのか．アレクサンドルは，ナポレオン軍の総崩れに乗じて一定の譲歩をかちとり，時を稼ぐのに成功した．ナポレオンは，アレクサンドルを「狡猾なビザンティン人」とみなした．全体としてみれば，アレクサンドルの一筋縄ではゆかない魅力が，外交交渉において相当の成果をあげたと思われる．

ティルジット和約以後の5年間，一息つくことができたロシアは，その間にふたたび内政問題に関心を向けることができた．アレクサンドルは，エカチェリーナにならって，教育制度充実への長期的取り組みを行ったが，それは初等・中等学校とならんで大学にもおよび，おそらくは祖母の努力を凌ぐものとなった．とくに有名なのは，プーシキンをはじめと

帝政ロシアの隆盛

する著名文学者たちにすぐれた教育を施したツァールスコエ・セローの貴族学校である．しかし，この時期の出来事のうちでもっとも注目すべきは，憲法制定のための首尾一貫した努力がはじめてなされた，ということであった．それは1809年にミハイル・スペランスキー（1772―1839）によって遂行された．貧しい聖職者の家庭の出身であったスペランスキーは，確固とした君主制論者でありながら，それに劣らず，法の支配や国政への社会の参加の必要を確信していた．改革を志向する皇帝にとって，このときこそがロシア国家の漸進的自由化，その漸進的近代化に着手する絶好機であったといえる．だが，アレクサンドルは躊躇した．そして，その間に反スペランスキー勢力が形成されてしまうのである．1812年，スペランスキーは親フランス的とみなされて，解任された．スペランスキーは，のちにある程度の政界復帰を果たすが，かれの国家改造計画は，二度と顧みられることはなかった．

『戦争と平和』の読者ではなくとも，1812年の出来事をよく知る人びとの数は，少なくはなかろう．あらゆる分野にわたって，フランスとロシア間に緊張が高まり，戦争の再発はもはや時間の問題にすぎなかった．少なくとも最初の段階において，ナポレオン麾下の「大軍」はほぼ50万（のちの増援によって，さらに強大化した）に達し，それがはるかに劣勢のロシア軍と対決した．ナポレオン軍の半数以上は，フランス兵ではなく，自発的にしろ不本意にしろ，同盟諸国から動員された兵隊たちであった．そのなかには，この戦争を通じて祖国の再興を果たそうと願うポーランド人の大部隊も含まれていた．ナポレオンは，ロシアにいたる伝統的な経路を通じて進撃し，かつ退却した．それは，延々と連なる氷堆石の尾根を伝わる道で，スモレンスクからモスクワに通じていた．これを使ってナポレオン軍は，ロシアの行政的首都ではなくロシア国民の魂の故郷を直撃したのである．モスクワ近郊のボロジノ平原で，霧のなか一進一退の戦いが繰り広げられ，両軍が甚大な被害をこうむった（最終的には，フランス側の被害がより深刻であった）．結局はモスクワを防衛しきれなかったにもかかわらず，皇帝アレクサンドルにも，知略にすぐれた老司令官クトゥーゾフにも，そしてロシア国民全体にも，決して和平を請う意思はなかった．ナポレオンは，モスクワへの入城に手間取りすぎた．その間にモスクワは荒れ果て，やがて灰燼と化してしまった．物資の欠乏が顕在化しはじめ，加えて，時節はすでに9月を迎えていた．農民の反ツァーリズム蜂起はいっこうに勃発せず，そのため，かりに意図的な焦土作戦がなかったとしても，ロシア農民を当てにして食いつなぐことは不可能であった．初冬の厳しい気象条件をついて，10月中旬に開始された退却は悲惨なものであった．病魔が，ロシア軍の遊撃隊以上に効果的にナポレオンの大軍に襲いかかり，その勢力を殺いだ．フランス軍のうちで故国にたどりついたものは，ようやくその20分の1ほどにすぎなかった．1812年の末までに，ロシア軍は全土からフランス軍侵入者を一掃し，さらにオポレオンの追走を続行，1814年，ついにパリ占領を果たした．一般に信じられているところでは，かれらがパリに残した言葉の置き土産が，居酒屋を意味する「ビストロ」（「急げ！」を意味するロシア語「ブイストロ」から）であったという．

こうした1812年の伝説は，ロシア国民の歴史意識のなかに深く刻印された．それは，ロシアの大地の上で繰り広げられたという事実から，「祖国戦争」（しばしば「愛国戦争」と訳されるが，これは誤訳であろう）と呼ばれるようになった．1941年のヒトラーの侵略にもいずれ同じ名称があたえられることになる．アレクサンドルには，「祝福された」を意味する「ブラジェンヌイ」という称号が冠せられたが，それは生ける聖人を含意した．1815年以後の，一般に保守的気運が過度に高揚したヨーロッパにおいて，アレクサンドルはその頂点に立った．かれは，依然として立憲主義への傾倒を捨てなか

1812年

1812年の出来事とそれがロシアにもたらした諸結果を正しく評価するには，ロシアの知的エリートが，おしなべて強烈なフランス贔屓であったという当時の社会環境を考慮に入れることが不可欠である．パーヴェル1世とアレクサンドル1世の治世を通じて，ナポレオンのフランスに対するロシアの態度は動揺しつづけた．ナポレオンとアレクサンドル1世がティルジットで和約（1807）を結んだとき，どちらか1人でもこの同盟によって安堵を感じたとは思われない．両者が得たのは束の間の休息にすぎなかった．その後ナポレオンは攻勢に出て，盛夏にはロシア遠征を開始し，その年の秋，モスクワで敗北を喫することになる．初冬とはいえ厳しいロシアの冬空のもと，無人の焦土と化したモスクワからの退却作戦の結果，ナポレオンの「大軍」は当初の規模の20分の1に減少してしまった．

ロシアに対するナポレオンの戦争には解放戦争といえなくもない側面があった．ナポレオンの軍事的冒険の根底には，ポーランド民族主義の支援という強い政治的動機づけがあり，それゆえ，ナポレオン麾下のポーランド軍は他のいかなる軍団よりもよく戦ったのである（ナポレオン軍のうち，フランス人は半数に満たなかった）．「古儀式派」と呼ばれた分離派教徒のなかにも，正教会が反（アンチ）キリストと宣告した人物であればかれらの解放者にちがいないという理由で，「ナポレオン支持者」となる人びとが現われた．しかし，国民の大半はツァーリに忠実だった．ナポレオンに対する勝利がロシアにもたらした心理的・政治的影響は著しいものであった．それはロシアがもっとも「ヨーロッパに接近した瞬間」であり，アレクサンドル1世は，神の是認を信じて，ヨーロッパの運命に号令をかけようと試みたのである．

左下　1812年，ロシア軍最高司令官となったミハイル・クトゥーゾフ公（当時67歳）は，すでにして赫々たる経歴の持ち主であった．ナポレオンは，ヴィリニュウスを発進して以後，ロシアの首都サンクトペテルブルクには向かわず，ロシアの心臓ともいうべきモスクワを目指した．ロシアの世論は沸騰し，クトゥーゾフ公が司令官に任命された．ボロジノで会戦が戦われた（ボロジノはモスクワから100km以上も離れているが，ナポレオンはここをモスクワ近郊と見誤ったらしい）．この会戦は，甚大な損失にもかかわらず，両軍に決定的な勝利をもたらさず，大局的には，補給線の伸びきったフランス側に不利な結果となった．知略にすぐれたクトゥーゾフは退却をつづけ，フランス軍を罠におとしいれた．歴史の趨勢を把握していたのは，そのあらゆる外観上の立派さにもかかわらず，ナポレオンではなく，現実的なクトゥーゾフであった，と決定論者のトルストイは考えた．

左　ナポレオン軍のモスクワからの退却は，大画家たちの心を動かした．左は負傷したフランス兵を描いたジェリコの作品である．しかし，ナポレオン軍には最初からフランス兵は少なく，同盟軍がかなりの部分を占めていた．

上　ティルジットのアレクサンドル帝．G・セランジェリ作（1810）．アウステルリッツでの敗北や，他の連合諸国の兵力温存策にもかかわらず，ロシア軍は2年間にわたって頑強にナポレオン軍団に抵抗をつづけた．しかし結局，フリードラントの敗戦の結果，皇帝は講和を請わざるをえなかったが，ロシアはプロイセンを犠牲にして屈辱を回避することに成功した．国境の町ティルジット（ネマン河畔の町で，現在の名称はソヴェツク）で，アレクサンドルとナポレオンはじかに対談し，フランスを支援するかわりに，ロシアの自由を承認するという内容で合意に達した．魅力的な人柄の抜け目のない外交家であったアレクサンドルは，この条約がたんなる時間稼ぎにすぎないことを自覚していたに違いない．自分の妹をナポレオンに嫁がせるというアレクサンドルの術策も結局は実現されず，あらゆる外交的軋轢は容赦なく事態を1812年に押し進めていった．その間にもロシアは，スウェーデンにはじまりペルシアまで，一連の敵とも戦い，いずれも勝ち抜くことができた．

左　無人の焦土と化した不毛の目的地モスクワからのナポレオン軍の退却は10月19日に開始された．フランス軍は，退却作戦の混乱の度合いが高まるにつれて，ますますロシア軍によって悩まされるようになった．ベラルーシ（白ロシア）のベレジナ川の渡河作戦などのような困難に直面するごとに，フランス軍の数と士気の両方が衰えていった．しかし結局は，病気と飢餓がもっとも恐ろしい敵となった．ナポレオン軍の残存勢力はすべて，1812年末までにロシア脱出を完了した．左はE・メソニエの19世紀後半の作品であるが，ナポレオンを先頭した退却の模様がロマンティックに描かれている．

117

デカブリスト・無政府主義者・テロリスト

下 サンクトペテルブルグ元老院広場のピョートル大帝像付近に集結したデカブリスト反乱軍，かれらは皇帝軍に包囲され，攻撃されて蹴ちらされてしまった．下図には，画面左方に逃避する反乱軍と，広場を包囲して布陣するニコライ1世軍が描かれている．

　ツァーリ専制が全能であるならば，それに対する反対運動は，その中心勢力が自由主義者や穏健社会主義者である場合ですら，しばしば革命的性格を帯びざるをえなかった．1825年のデカブリスト（十二月党員）のほとんどもそうした人びとであった．デカブリスト，この言葉はのちのロシアの反政府派のあいだで，きわめて象徴的な響きをもつようになった．

　1917年革命の印象ゆえに，マルクス主義がロシアの革命運動の主調音であったとみなされても，それは無理からぬことであろう．しかし，現実には，ロシアに特徴的な革命思想の潮流は，さまざまの種類の無政府主義にほかならなかった．無政府主義最大の思想家ミハイル・バクーニン（1814—76）は，全ヨーロッパを股にかけて活躍し，ついにはマルクス主導の第一インターナショナルを破滅させた．かれの後継者ピョートル・クロポトキン（1842—1921）は，無政府主義の理論化を推し進めた．この両者がソ連時代に尊敬を集めていたという事実は，たぶん意外に感じられよう．

　当時のロシア社会の特徴は，かの有名な自助的な農村共同体の存在という点にあり，それゆえ無政府主義は，19世紀中頃に優勢であった人民主義と容易に溶けあっていった．政治は両極化しがちで，革命勢力はテロリズムへの傾斜をしだいに強めてゆく．19世紀末に，錯綜と混迷を深めていた革命派は，アレクサンドル2世の暗殺に成功するが，それ以外にたる成果をあげることができなかった．その後，革命運動の一時的な沈静ののち，主導権は組織的なマルクス主義者の手に移ってゆくことになる．

最大の無政府主義者ミハイル・バクーニン（左奥）は，投獄（1851—57）のち国外に亡命し，西欧で名声をえた．（多くのロシア人思想家と同様に）バクーニンももともとはヘーゲル主義から出発したが，しだいにあらゆる政治，宗教，権威への盲従を嫌悪するようになり，「神聖なる反逆の本能」を擁護するようになった．バクーニンおよびその同系の思想家たちは，ロシアの知的エリート層のあいだで絶大な支持を獲得した．暴力を容認する無政府主義思想は，ヴェーラ・ザスーリチ（左）裁判の陪審員たちにも影響をあたえ，1881年にサンクトペテルブルグ特別市長官を狙撃し負傷させた彼女に無罪の評決を下させたのであった．

下奥 ソフィア・ペロフスカヤは，政府高官の家に生まれたにもかかわらず，高官暗殺を遂行するテロリスト集団「人民の意志」党の指導者となった．かれらの究極の暗殺目標はアレクサンドル2世であったが，何度も試みたにもかかわらず，結局皇帝暗殺には成功しなかった．

左奥 アレクサンドル2世は，孤立したテロリストが投じた爆弾によって殺害された．そのとき皇帝は，それまで何度かの暗殺未遂事件を首謀した「人民の意志」党によっても尾行されていた．暗殺のまさしくその当日，皇帝は国家改造計画を発表する運びとなっていたのである．

左 シベリア流刑のために列車に乗り込もうとしている女性テロリストたちの写真．この写真には，19世紀後半の革命家たちが直面した階級間の溝というべきものが映し出されている．女性たちは間違いなく上流の出身である．鉄道労働者たちは彼女たちには無関心で，むしろ写真を撮られることに気持ちを奪われている．

ったとはいえ，夢想的な神聖同盟（ヨーロッパ諸君主がキリスト教的友愛の精神で共存することを誓った）と，もっと現実的な政治同盟である四国同盟の黒幕的存在となった．四国同盟は，ヨーロッパの秩序維持と革命運動の抑圧を意図して結成されたものであった．アレクサンドルは，軍縮提案と抱きあわせて，国際秩序維持軍の創設を提案したが，同盟諸君主はそれを受け入れなかった．五国同盟［1818年フランスが加わり，四国同盟が拡大された］は，オスマン＝トルコに対するギリシア人の反乱が勃発するにいたって，ジレンマに陥った．果たしてこの反乱を革命とみなすべきか，あるいは，異教徒に対するキリスト教徒の解放と捉えるべきか，それが問題となった（のちにアレクサンドルの後継者のもとで，ロシアは断固としてギリシア支持の立場をとるにいたる）．「ヨーロッパの協調体制」は，第1次世界大戦にいたるまで，この種の問題によって動揺しつづけるのである．

アレクサンドルは，それが高次の国際関係であろうとも，あるいは周辺諸国の宗教問題であろうとも，国際政治に専心することを自己一身の天命であると確信するようになった．そのため，国内における改革への動きはほとんど停止せざるをえなかった．分権的要素を強めた新憲法草案がニコライ・ノヴォシリツェフ伯爵によって作成されはしたが，今度もまたアレクサンドルの態度は煮え切らなかった．バルト海沿岸諸州では，土地なしでとはいえ，農奴解放が進行したが，農奴制緩和のための措置は，それ以上には進まなかった．

デカブリスト反乱

1825年11月19日（旧露暦），はるか南方の港町タガンログで，アレクサンドル1世は突然高熱を発して死去した．享年48歳であった．死のわずか前にかれは，50歳で退位するつもりであると漏らしていた．その後，いくつかの不審な要因があいまって，かれの死がみせかけにすぎないのではないか，という疑念が人びとのあいだに生まれ，ついで，フョードル・クジミッチという名の遍歴の隠修士こそが，実は「いまは亡きツァーリ」その人にほかならない，と考えられた．皇帝逝去の知らせがサンクトペテルブルグに達するまで1週間かかった．そのときから，不穏な空気をはらんだ非常事態がはじまる．アレクサンドルが子供を残さなかったので，パーヴェルの継承令にしたがえば，帝のすぐ下の弟コンスタンティンが帝位を継ぐべきであった．けれども，ワルシャワでポーランド人女性を妻に娶り，幸せに暮らしていたコンスタンティンは，すでに何年か前に継承権放棄の意思を表明していた．それ以来アレクサンドルも，末弟ニコライの帝位継承を承認していたが，かれはそのことを公表していなかった．コンスタンティンの現在の意思を確認するために，サンクトペテルブルグとワルシャワ間で慌ただしく使者が取り交わされた．その間にも，ニコライとかれの軍隊は，コンスタンティンへの忠誠を公けに宣誓した．しかし，コンスタンティンには，いったん帝位を受け取って，それから退位するという意思すらなかったので，ニコライの即位の日程が正式に12月14日と定められた．水面下で進められたこうした不可解な経緯は，ロシアのエリート社会の人びとを驚かした．他方，改革を期待する人びとは，寛容なコンスタンティンではなく，厳格なニコライ即位の公算が高まるにつれて，失望の色を隠さなかった．もしこのとき誰かが迅速に行動を起こせば，情況は十分にクーデターを許すものであったと思われる．

そうした企てを実際に決行しようとするものたちがいた．のちに，「デカブリスト（十二月党員）」と呼ばれるようになる人びとである．かれらは，主として青年将校からなる広範囲の組織網をつくっていた．それは三つの主要組織からなる．もっとも急進的だったのは，ペステリ大佐の率いる「南方結社」であった．かれらはよく組織されていたが，首都からはるかに離れた南方軍司令部を拠点としていた．かれらの計画は，元老院広場の「青銅の騎士」像前に麾下の部隊を動員し，この示威行動によってなんとかニコライに即位を断念させ，コンスタンティン擁立を果たそうというものであった．寒い冬の日の朝，約3000名の兵士が整列し，「コンスタンティンと憲法を！」と叫びつづけた．これにまつわる伝説的逸話がある．兵士たちは「憲法（コンスティテューツィア）」をコンスタンティンの妃と誤解していたというのである．それはさて，これに対しあらかじめ警告を受けていたニコライは，自分に忠誠を誓う部隊を動員して，広場を包囲させた．政府側の使者が殺され，反乱側が予定した指導者もその場に姿を現わさなかった．両軍は何時間ものあいだ，睨み合いのまま待ちつづけた．日も暮れかかるころようやくニコライは，自らの即位を血の洗礼で汚したくないという気持ちを抑えて，砲兵隊に射撃開始を命じた．50名ほどの犠牲者が出て，反乱軍は総崩れとなり，その指導者たちは逮捕された．

デカブリストはただ憲法制定と農奴制廃止とを望んだ．かれらのあいだに，それ以上の一致点はほとんど存在しなかった．政治的立場も，穏健な自由主義から，ペステリの厳格に中央集権的なジャコバン的共和主義まで，さまざまであったが，その計画はある期間を経て育まれたものであった．デカブリスト思想の淵源は，少なくとも10年前に遡り，おそらくは18世紀のラジーシチェフをその源流とみなしてもさしつかえなかろう．また，西欧の類似した政治結社の例（イタリアの炭焼党（カルボナリ）やドイツのトゥーゲンドブンドなど）も，デカブリストの源流として，同様に重要である．18世紀末から19世紀初頭のロシアでは，フリーメーソン集会所が各地に建てられた．このことは，ロシアにも非正統的な（そして，しばしば非現実的でもあった）政治思想を受け入れる豊かな土壌があったことを証明する．歴史家がしばしば指摘するのは，ナポレオンを追ってパリに入ったたくさんの兵士たちが，外国生活をじかに体験することでかれらの世界観を広げた，という事実であるが，この点はおそらく正しい指摘といえよう．けれども，反乱に参加したほとんどの将校たちは，ナポレオン戦争に従軍するには若すぎた．さまざまの個性をもったかれら青年将校たちをひとつにしたのは，むしろある種の行動様式と生活習慣であった．かれらは行動と武骨な言葉とを，いいかえれば，「ローマ人的」な率直さを信じた．アレクサンドル・グリボエドフの有名な風刺的韻文戯曲『知恵の悲しみ』（1824）には，「デカブリスト・タイプ」のみごとな文学的形象がみられる．かれらは，集会を行っても人目につきやすかったから，あまりすぐれた陰謀家とはいえなかった．アレクサンドルの政府は，どのような事態が進行しつつあるかを完全に把握していたが，フリーメーソン集会所の閉鎖以外には，これといった対策を講じようとしなかった．

デカブリスト反乱は，本質的には象徴的な出来事であった．反乱指導者のなかには，事件勃発以前に，その敗北を見通していたものもあった．反乱のこうした象徴性こそが，率直と勇気というデカブリスト像の感化力をかえって増幅させることとなった．その影響は，進歩的な知識人のあいだに優柔不断と狡猾な日和見が著しくはびこっていた社会にあっては，のちの世代の革命家たちばかりではなく，自由主義者をさえ捉えた．しかし，ときの専制権力にとりわけ深い印象と驚きをあたえたゆえんは，別のところにあった．それは，デカブリストが運動を組織したこと，それも，国民のなかでもっとも特権を許され，政府が依拠する基盤でもあった貴族階級の将校と知識人のあいだで広く支持される運動を創り出したことであった．デカブリストは，民衆とのつながりをほとんどもたなかったが，だからといってかれらを，たんに孤立した夢想家ないし狂心者の集団として済ませてしまうわけにはゆかなかった．かれらは，しっかりとロシアに根ざしたイデオロギーの知的影響力を備えていた．それは，キエフやノヴゴロドの古代的自由や，クルブスキー公のような勇敢な反専制的人物に焦点をあてた歴史の見方であり，「ロシアのもうひとつの道」への見通しを示すものであった．

最後の4皇帝

反動と停滞の時代

ニコライ1世は30歳代で帝位につき，それから30年間ロシアを治めた．かれの治世は，反動の時代，政治的停滞と社会的抑圧の時代として，人びとの記憶にとどめられてきた．それは，1680年代の不運のクリミア遠征以来，ひさびさにロシアが敗北を喫することになる戦争のさなかに幕を下ろすことになる．そのときニコライは，かれがそのために闘ってきたすべてのことが瓦解してゆくのを意識しながら，没したのであった．われわれがいだくかれの時代の暗いイメージは，主として，当時の雄弁な反体制派の人びとの著述がもたらしたものである．多くのファンをもつ亡命者アレクサンドル・ゲルツェンも，その1人であった．けれども，ロシア文化の観点からみれば，ニコライ1世の時代は，かなりみごとな成果が達成された時代であったといえよう．それは，とりわけ文学の分野で著しく，また，それ以外の芸術や政治思想の分野にも，みるべきものを残した．

ニコライは軍人であり，かれ自身の軍隊で筆頭の技術将校でもあった．ロシアの良き秩序と規律に対するあらゆる脅威と戦うことこそが，かれの生涯の事業であった．かれは，いわば「閲兵式」的人格の持ち主であったが，それは，18世紀半ばからロマノフ朝終焉にいたるまでの歴代の皇帝たちのあいだに，驚くべき規則性をもって1人おきに現われた人格であった．1844年，ヴィクトリア女王はニコライを評して，次のように述べている．「かれは，義務に関する確固とした諸原則において，揺るぎなく厳格であり，その点でかれを改めさせるのは，なにをもってしても不可能であろう．……かれは，きわめて専制的に振舞うときでさえ，それが唯一の統治法であると信ずるがゆえに，誠実なのである．」かれは生来非情の人というわけではなかったが，その統治の仕方は，全般に苛政を促進する類いのものであった．悪名高い一件は，あいまいなユートピア社会主義的傾向の私的討論グループ，ペトラシェフスキー派の処刑未遂事件である．1849年，会のメンバーのうち21名に死刑判決が下された．若き日のフョードル・ドストエフスキーもその1人であった．最初の一団がすでに刑場に立たされ，まさに銃殺が行われようとしたその刹那に，劇的効果を狙った減刑の宣告がなされた．その結果，死刑囚の1人は発狂し，もはや二度と正気を取り戻すことはなかった．そしてドストエフスキーも，1856年までシベリアで過ごすことになった．

ニコライ1世の治世は，そのはじまりと終わりを対トルコ戦争によって画される．そのうち，最初の戦争には勝利したが，第二の戦争においてロシアは，イギリスとフランスがオスマン帝国に味方して以後のこととはいえ，敗北を喫したのである．アレクサンドル1世の政策の延長線上にあった1820年代の露土戦争では，結果としてギリシアの独立の保証と，バルカン半島のキリスト教徒の諸地方に対する自治とがかちとられた．その後しばらくはトルコとのあいだに平和と友好の時期がおとずれる．その関係は，1830年代に生じたイブラヒム＝パシャのエジプト反乱に対抗して，ロシアがコンスタンティノープル防衛に加わるほどにいたった．1848—49年，ヨーロッパのいわゆる「革命の年」には，もうひとつの帝国オーストリアを助け，コシュート率いるハンガリーの国民的蜂起を打ち砕いた．しかし，1848年のフランス二月革命と，それに続くナポレオン3世の政権掌握は，露仏間になんらかの衝突が発生するのを避けがたいものにした．クリミア戦争はその帰結にほかならなかった．

内政においてニコライは良き秩序の達成を主眼としたが，その方針は多くの否定的な結果と若干の肯定的結果とをもたらした．スペランスキー（20年前にアレクサンドル1世のもとで「首相」役を務めた）が，1649年以来のロシア法典集大成の事業を完成させた．破局的状態にあった国家財政の建て直しが実施された．経済成長がみられ，とくにイギリスにおける穀物法撤廃以後は，穀物輸出（主にオデッサ港経由の）が重要性を増した．国有地農民（全農民数のほぼ半分を占めた）の境遇も改善された．かれらは，土地所有権があたえられると，事実上，自由身分となった．農奴制そのものにメスを入れられることはなかったが，将来におけるその廃止を予期した地主貴族たちは，廃止に際しての領地割譲を最小限に食い止めようとして，1840年代と50年代には，密かに50万人以上の農奴を小作農から家内奉仕（僕婢）へと切り替えた．他方，ニコライ自身は社会規律の維持に専心した．いうまでもなく，帝はデカブリストの温床となった貴族階級に信頼をおいていなかった．そのためかれは，正式な国家機関を通じてよりは，少数の同志からなる特別委員会を用いて，もっと非公式な仕方で統治することを好んだ．「皇帝官房」が規模と権限を拡大していった．既存の警察機構は，数え切れぬほどの密告者をかかえて，生活の全分野に著しく介入しながら，同時に，あきれるほど非能率でもあった．皇帝官房第3部（その長官はベンケンドルフ伯）は，それと競合しながら，事実上ニコライの政治警察となった．検閲制度と厳しい外国旅行制限策が時代の特徴であった．

ニコライは，デカブリストとその一派の追及に特別の関心を抱いた．それゆえ，100名以上の反乱参加者が裁判に付され，5名が処刑（そのうちの1人は著名な詩人コンドラーチー・ルイレーエフ），残りの大半がシベリア流刑に処された．デカブリストは，胸中を語るのにつねに率直であり，逮捕下の長期にわたる尋問に答えて，かれらの希望や信念をはっきりと言明した．皇帝に信書を奉ずるものさえあった．ニコライが慈悲深く振舞うとき，ときとしてそこには罠があった．被逮捕者に多くの友人をもつプーシキンが，あるとき皇帝に直接，もし自分が反乱時にサンクトペテルブルクにいたとすれば，友人たちとともに元老院広場にいたであろう，と述べたことがある．それに対しニコライは，プーシキンを許しはしたが，以後自分がかれの個人的な検閲官となろう，と応答した．皇帝の寛大さを目の当たりにして詩人は喜んだが，それも，かれがほんとうに自分の著作をベンケンドルフに提出しなければならないという事実を悟るまでのことであった．それは，ふつうの検閲以上に厳しいものであった．のちにプーシキンは，屈辱的にも，宮廷の年少侍従に任命された．それによってかれは，たんに倦怠を忍ばねばならなかったばかりか，最後には致命的な密通事件に巻き込まれることになる．

デカブリストの反乱は，それが思想的基礎をもつという点において，民衆の不満の原初的形態での爆発という従来のロシアの反乱事件とは根本的に異なっていた．それゆえ体制側は，反乱の思想に対してかれら自身の思想をもって対処することに大いなる関心をはらった．そうした直接の必要と，さらにはまた，民族主義の新しい革命勢力を既存体制の利害においてコントロールしようという，19世紀初頭ヨーロッパにかなり共通にみられた動向とが，「官製民族主義」の理論を生み出した．この思想の第一の唱導者は，ニコライ政権で長く

閲兵するニコライ1世(在位1825-55)を描いたフランスの版画。パーヴェルやピョートル3世と同じく、ニコライも軍人的精神の持ち主であり、軍隊に対してだけでなく、ロシアの国事に対しても「閲兵式」的態度で臨んだ。かれは「ヨーロッパの憲兵」として知られ、その専制支配は、「革命の年」(1848)以後いっそう強められた。かれの治世を通じて、ロシアの軍隊は敗北を知らなかったが、それもクリミア戦争(1853-56)までのことであった。この戦争はそもそもロシアとトルコ間の戦いとしてはじまったが、英仏両国の参戦以後明らかとなったロシアの劣勢は、ニコライの治世末期に暗い影をおとした。

(1833-49)文部大臣を務めたセルゲイ・ウヴァーロフ伯であった。理論の骨格は、正教、専制(これが全構造の基礎であった)、ナロードノスチという三つの概念で表現された。ナロードノスチはふつう「民族性」と訳されるが、翻訳不能の言葉というべきで、人民の精神と意思こそがツァーリ権力の担い手であるとするある種の前提概念なのであった。意外なことに、このナロードノスチという語は、ソビエト社会主義リアリズムの3原則の一つとして、1930年代にふたたび語られることになる。「官製民族主義」理論は学校や大学で強制的に流布された。とはいえ、この思想は、一から十まで人為的なものであったわけではない。それは多くの人びとの目に、19世紀の知識人に特有の「共同体的一致(ゲマインシャフト)」への憧れを、よりはっきりとした言葉で表現したものと映った。いいかえれば、たんに法律や社会慣習ではなく、もっと根源的な絆によって結びつけられた有機的全体としての民族という観念を表現するように思われたのである。

ロシアの王朝は18世紀中頃以来いっそうの「ドイツ化」が進み、20世紀までには、皇室の血筋にほとんど一滴もロシア人の血が流れていないという状況にまでたちいたる。そうした事実にもかかわらず、専制の側が、ツァーリと人民の関係をめぐる民衆的神話を絡めとることによって、特殊ロシア的擬制が用意された。こうした虚構は、とりわけ、自らのうちに、かの有名な「聖なるロシア」という観念を吸収しようとした。「聖なるロシア」という表現が最初に記録されたのは、16世紀中葉のイヴァン4世宛クルブスキー公の書簡においてであったが、その後、動乱時代以降に一般化し、為政者からはっきり区別され、ときにはそれと対立関係にさえあるロシアの大地という観念を示すようになったと思われる。それは、ひょっとしたら「聖なる」を意味するロシア語スヴャトーイと「明るい」を意味するスヴェートルイとの音声学的類似から生じたものかもしれない(13世紀の『ロシアの国土滅亡の物語』のなかに後者の用例がある)。ともあれ、この表現は、18世紀の「貴族文化」には見出せず、多くのロシア人が反(アンチ)キリストに対する正教の戦いの年とみなした1812年以降、だれもが用いる言葉となった。ツァーリズムがこの概念を獲得しようとしたのは、たんに啓蒙主義の価値感を無視しようとしただけではなく、ニコライ1世の恐れと軽蔑の対象であった自立的な全貴族階級をも無視ないし軽視しようとしたからにほかならなかった。

このような理論とそれに関連する思想を唱えたのは、専制の手先ともいうべき人びとだけであったと考えるべきではない。たとえば、作家ニコライ・ゴーゴリ(1809-52)も、晩年には度を越した熱心さでこの思想の解釈に没頭した。その後、ナロードノスチ理論は、ドストエフスキーの長大な「多旋律的(ポリフォニック)」小説やジャーナリズムにおいて、声高に喧伝され、さらには、当時の代表的詩人たちのある種の著作のなかにも影響を残すこととなった。もっとも有名な例は、のちに2世となる皇太子アレクサンドルの傅育官に任命されたヴァシーリー・ジュコフスキー(1783-1852)や、フョードル・チュッチェフ(1803-73)などである。19世紀ロシアの重要な作家はすべて反体制であったという、まったく誤った説がときとして見受けられる。実際にはロシアにも、少なくともM・シチェルバートフ公にまでさかのぼりうるもうひとつの、はっきりとした「保守」思想の流れが存在した。シチェルバートフ公は、1767年の立法委員会の有力な発言者であり、のちに論争的な評論集を出した人物でもあった。こうした保守思想の流れは、歴史家カラムジンや「擬古主義」的詩人アレクサンドル・シシコーフ(1754-1841)らによって受け継がれてゆくのである。

スラヴ主義と19世紀中葉の文化

この時代が生みおとしたもっとも有名な論争は、スラヴ派とそのさまざまな論敵とのあいだのそれであり、反スラヴ派は一般に西欧派と呼ばれた(とはいえ、西欧派のほうはスラヴ派ほどはっきりとした自覚的党派をなしていたわけではない)。スラヴ主義胎動のきっかけは、おそらくピョートル・チャアダーエフ(1794-1856)の著わした『哲学書簡』のうちの第1書簡が1836年に発表されたことにあった。著者はデカブリストとつながりをもち、「愛智会」(神秘主義的傾向をもった討論グループで、デカブリスト反乱後に解散させられた)に関係する人物で、ヨーロッパのロマン主義的宗教・歴史思想に共鳴するものであった。チャアダーエフはロシア文化のなかに、無定見、精神性の欠如、さらには、西欧的価値観に特徴的な義務や正義や道理の感覚の欠落をみたが、かれの書簡の趣旨は、修辞を駆使してそれらの特徴を暴き出すことにあった。かれの見解によれば、そのような国家にあっては、いかなる進歩も、また真の意味でのいかなる歴史もありうるはずがなかった。チャアダーエフの『書簡』は一大センセーションを巻き起こし、かれ自身は狂人と宣告されてしまう。

チャアダーエフとは対照的に、スラヴ派の人びとはロシア的価値と文化遺産の擁護のために結集した。かれらの考えによると、それらは西欧の価値や文化とは本質的に異なるもの

プーシキンとゴーゴリ

　ロシア文学の古典とはなにかと問われたとき，われわれ外国人はトルストイやドストエフスキー，あるいはツルゲーネフやチェーホフを想起することが多い．しかしロシア人が真の古典とみなすのは，ロシア文学の黄金時代がまさしくはじまろうとするころに，この世を去った2人の作家，アレクサンドル・プーシキン (1799―1837) とニコライ・ゴーゴリ (1809―52) の作品なのである．2人のあいだには交流があった．プーシキンはゴーゴリの初期の作品を歓迎したし，ゴーゴリはすでに有名であったプーシキンを崇拝した．両者は，ともに落ちぶれた地主階級出身という点では共通していたが，それ以外のあらゆる点で，互いにまったく異なっていた．

　プーシキンは自ら「ロマン主義者」を称したが，それはたんに，かれが近代人であり，かつバイロンを賞賛していた，という意味にすぎない．バイロンと同様，プーシキンも本質的傾向において古典主義的であった．かれは伝統と社会を尊重した．ロシアにも「シェークスピア流」の戯曲が必要であるとプーシキンは考え，『ボリス・ゴドゥノフ』の創作をもってそれに応えた．かれはまた，「ウォルター・スコットが決して書かなかった傑作」〔ニコライ1世はプーシキンにウォルター・スコットのような作品を書くことをすすめた〕を完成させる．それがすなわち『大尉の娘』にほかならなかった．プーシキンは，あらゆる文学形式に手を染めながら，それぞれに機知に富み，生きいきとした格調の高い作品を残した．文学的レトリックを控え，隠喩にさえ慎重であったかれの文体は，（フロベールがこぼしているように）外国語に翻訳されると表現の明晰さと深さと艶が失われて「平板な」ものに感じられる．

　プーシキンは文学のモーツァルトであった．両者のあいだには，たんにその作風という面だけではなく，人格や生涯という点でも尋常ならざる相似性が認められる．プーシキン自身もそのことを感じていたらしく，シャファーの『アマデウス』に先駆けて，悲劇の小品『モーツァルトとサリエリ』を書いている．プーシキンは文学の限界というものを深く認識していた．それゆえ，かれの傑作である韻文小説『エフゲニー・オネーギン』でも，クライマックスの場面の文章をわざわざ途中で打ち切って，われわれを嘆かせるのである．

　ゴーゴリは，首都サンクトペテルブルグに上って圧倒されてしまった田舎出の青年であったが，ウクライナ育ちという自分の経歴を初期の作品に利用した．それらの作品に認められる故意の庶民性を，人びとはこっけい味と受け取ったが，プーシキンは，ゴーゴリのそうした陽気さのなかに「素朴と巧妙とが交じりあっている」のをみきわめていた．その後の作品――『イワン・イワーノヴィチとイワン・ニキーフォロヴィチが喧嘩した話』や一連の「ペテルブルグもの」など――になると，表面の笑いとペーソスの背後に，驚くべき深さが現われるようになる．ほとんどが外国での生活に明け暮れた30歳前後の数年間に，ゴーゴリはかれの代表作『検察官』，『外套』，『死せる魂』第1部などを著した．これらの作品はまさしく喜劇の傑作であり，全編にわたって随所に顔を覗かせる魂の不在が人びとを驚かせたのであった．批評家はそれらを社会風刺の書とみなした．ゴーゴリはそうした批評に猛烈に反発し，それらが宗教的な意味で読まれることを願った．しかし，ゴーゴリの特異な宗教のなかには，悪魔はいたるところその姿を現わすのに反して，神の存在しうる余地はほとんどなかったのである．

上　『ベールキン物語』の挿絵としてプーシキンが描いたスケッチ．

左　プーシキンの民話の I・ビリービン (1876―1942) 作の挿絵．ビリービンは象徴主義の「芸術世界」グループの一員で，世紀の変わり目の最高のグラフィック・アーティストの 1 人であった．プーシキンの作品はすばらしい「生命力」を保ちつづけ，オペラや歌謡，バレエ，そして美術など，ロシアの多くの芸術作品の素材となっている．

左下 プーシキンの肖像画，O・A・キプレンスキー（1782-1836）作．キプレンスキーは，地味ではあるがすぐれた18世紀ロシアの肖像画家たちの流れを汲む最後の人物である．ロシアの肖像画の傑作のひとつであるこの作品では，詩人が抑制されたロマン主義的緊張感と孤独の面影のなかにおかれている．

下 プスコフ県（この地方は1941年に甚大な被害をこうむったが，その後復興した）ミハイロフスコエ村は，かつてのプーシキン家の領地であるとともに，詩人の埋葬地でもある．この地でプーシキンは，乳母のアリーナ・ロジオーノヴナ以外にほとんど従者を連れずに，1820年代の数年間，謹慎生活を余儀なくされた（それゆえ，かれの友人たちが参加したデカブリストの乱に連座することを免れたのである）．かれは，乳母アリーナ・ロジオーノヴナによって，民話への尽きることのない関心を呼び起こされた．ミハイロフスコエ時代は，他の数次の孤立生活時代と同様，かれの作家活動においてもっとも生産的な期間であった．

上 プーシキンは，何度も修正書きを施したその原稿に，衝動やみがたく悪戯書きを残した．かれはまた，詩集やスケッチ集，戯画集の作成も巧みであり，辛辣な機知や猥褻な冗談も嫌わなかった．かれの祖先の1人，ピョートル大帝のエチオピア人の臣下ハンニバルから受け継いだ「アフリカ人的」特徴を強調した作家自身の似顔絵がしばしば登場する．

左 左の肖像画の多少美化されているゴーゴリは，快活なプーシキンとは対照的に，無愛想かつ不作法で，女性の前ではおどおどし，自分に自信がなく，その反面，躁状態のときには自己中心的に振舞った．ありあまる才能をもてあまし，自信を喪失したゴーゴリは，かれの最良の作品群の着想をプーシキンから得た．

であった（「西欧」をあたかも単一の何ものかであるごとく包括的に語ろうとする態度は，チャアダーエフから今日のソルジェニーツィンにいたるまで，ロシアの思想家が陥りやすい過ちといえよう）．「スラヴ主義」は必ずしも同胞たるスラヴ諸民族への関心を意味するわけではなく，その点で汎スラヴ主義と同じではなかった．それはむしろ，ロシアの非西欧的個性と，その深い宗教的・歴史的根源を問おうとするものであった．この運動の指導的著作家イヴァン・キレーエフスキー（1806-56）とアレクセイ・ホミャコーフ（1804-60）とが，歴史哲学を発展させた．それは，西欧流の合理主義こそが，社会関係を不毛な法律万能主義に帰してしまう，社会の「アトム化」現象の元凶だとする立場であった．それに比べてロシアの人民は，過去も現在も，「内なる真実」と自由を喪失していない．それらはとりわけ農村共同体（ミールないしはオーブシチナ）と正教会のなかに受け継がれてきたのである．さらにホミャコーフは，かれの有名な「ソボールノスチ」の概念を発展させ，それによって正教の（この世における現実の姿ではなくて）本質を定義しようと試みた．それは，教皇中心の権威主義とは反対に，自発的合意と友愛を表現するものであった．スラヴ主義の実践的帰結は，民衆の文化と創造性の体系的な研究であり，それを象徴する有名な例は，キレーエフスキーの弟ピョートルによる民謡の大蒐集であった．1840年代と50年代は，スラヴ派のいわば「英雄時代」であり，この間かれらは，先頭に立って農奴解放論を擁護し，解放こそがロシアの無二の社会的・文化的遺産を復活させるために不可欠であると主張しつづけた．しかしその後，スラヴ主義は分裂し，また，反面ではある程度一般にも流布するようになった．かれらのうちから，官界に進出するものも出た．とはいえ，ニコライ1世の時代には，スラヴ派の指導的な人びとは，かれらの思想の根底に潜む無政府主義的・自由意志論的（リバタリアン）傾向のゆえに，しばしば検閲をこうむらねばならなかった．

検閲は，当時の急進的思想家たちを，当然ながらもっと厳しく締めつけた．そのなかには，西欧派と目される若干の人びとも含まれていた．初期の世代の作家グリボエドフの作品『知恵の悲しみ』（1824）ですら，実際には何千部もの手書き写本で広く読まれ，シェークスピアなみに引用されつづけたにもかかわらず，発禁処分を受けた．ヨーロッパの偉大な自由主義思想家の1人というべきアレクサンドル・ゲルツェン（1812-70）は，1847年にイギリス［より正確にはヨーロッパ］に亡命し（「西欧」がかれの性分にすこぶる合致していた，というわけではない），検閲なしの一連の著作を発表した．有名な作品としては大部の自伝『過去と思索』がある．ロシア最初の偉大な革命的無政府主義者ミハイル・バクーニン（1814-76）もまた，亡命者の1人であった．この時期の特徴は，社会思想と文学とが渾然となっている点にあった．その原因の一端は，検閲の存在が異端的思想の直接的表現を難しくしたということにもあったが，それと並んで，一般にロシア人が文化を一体不可分のものとみなしていた，という事情も見逃せない．

社会的決定論者にとって，政治的には先ゆきの暗かった1820-40年の時期が，ロシア文学においてはなぜ「金の時代」と考えられるようになったかという問題は，あるいは説明しがたいものかもしれない．この現象を，19世紀中葉以降もつづいた，小説の古典時代ともなったロシア文学の近代的開花のはじまりとみるか，あるいは，長い準備期間の頂点とみなすか，という二通りの位置づけが可能である．これまでしばしば主張されてきたのは，第2の観点であった．なるほど，当時の文学の中心的ジャンルは叙情詩（ある程度は物語詩でもあった）にほかならず，そしてこの分野は，1750年代以来発展しつづけてきた文学的伝統の終着点だったからである．ロシア文語体を鍛え直して，まったく近代的な，なおかつ柔軟で含蓄の深い詩の媒体を創り出した功労者は，まず第一に，

最後の4皇帝

左　対トルコ戦争におけるロシア軍の奮戦に対する神の祝福を祈願する宣伝用ビラ（これは明らかに19–20世紀のギリシアで使われた大衆向けの政治的・宗教的印刷物に類似している）．この印刷物は，いわゆるクリミア戦争の，西欧の教科書ではほとんどふれられることのないもうひとつの側面の記念碑であり，英仏参戦前後の1853–54年にロシア軍が達成した一連の勝利と英雄的行為を顕彰している．いくつかの場面が，ちょうど聖ゲオルギー勲章（その中央には聖ゲオルギー自身の像がある）に似たギリシア風十字架の構図の上にレイアウトされている．十字架下部には，トルコ北部のシノップ港におけるトルコ艦隊撃破の光景が描かれているが，これはロシア軍の勝利のうち，トルコと同盟した西欧諸国をもっとも驚かせたものである．十字架の各腕には，おおよそ地理的な配列にしたがっていくつかの勝利の場面（下から時計回りの順番に，シノップ，バルカン半島，オデッサ，グーリアすなわちザカフカスにおける戦勝の場面）が描かれている．クリミア半島そのものは，1854年末まで戦場とはならなかった．

今日にいたるもなおロシア最大の詩人と目されるアレクサンドル・プーシキン（1799–1837）である．けれども当時にあって，プーシキンは一団の先覚者たちの1人にすぎず，そのうちで随一の大物はおそらく，剛胆な逆説的悲観主義者エフゲニー・バラトインスキー（1800–44）であった．プーシキンは30歳代で散文に転向し，ロシア最初の有名な一連の短編小説を書き（最高傑作は『スペードの女王』であろう），プガチョフ反乱史の真剣な研究に取り組んだ．これとは異なった特異な手法で散文を発展させた作家にゴーゴリがいる．けれども，詩と散文両方の才能においてプーシキンの後継者たりえたのは，ミハイル・レールモントフ（1814–41）の輝かしい天才であった．レールモントフはプーシキンの圧倒的影響から逃れようとして，自らロシアのバイロンを自認し，プーシキンの冷静なアイロニーと繊細さに代えて，痛烈なウィットと凝った文体による自己投影を前面に押し出した．レールモントフ唯一の完成度の高い散文作品『現代の英雄』（1840）は，かれの代表作であると同時に，ロシア文学における最初の重要な，真の意味でヨーロッパ的な作品のひとつであり，20世紀を先取りする心理小説でもあった．

この時代の視覚芸術は，文学ほどには隆盛をみなかった．18世紀以来の肖像画の伝統は依然繁栄しつづけたが，たとえばアレクサンドル・イヴァーノフ（1806–58）とカール・ブリュローフ（1799–1852）の野心的ヴィジョンも，かれらが手本とした外国作品と比較して，また，かれら自身の壮図からしても，十分な成果をもたらしたとはいいがたい．ロシア建築において長く流行してきた晩期の新古典主義は，アレクサンドル1世期にもなお，壮大にして簡素な代表作を世に送り出した．1806年にアンドレアン・ザハロフが改築したサ

124

クリミア戦争

1820年代以降，オスマン帝国のバルカン支配がゆるむにつれて，ヨーロッパ列強——オーストリア，イギリス，フランス，ロシア——は，半島への勢力拡大にますます強い関心を寄せるようになった．ロシアはとくに黒海から地中海への航路確保に腐心し，同時に，オスマン支配下の正教徒住民の保護者を自認するようになった．

1853年，トルコ領モルドワとワラキアの諸州にロシアが軍隊を派遣すると，イギリスとフランスは，スルタン支援のために大部隊の遠征軍を送った．ロシア海軍がトルコ艦隊に深刻な打撃をあたえると，英仏連合軍は，ロシア艦隊の根拠地であったクリミア半島南端のセヴァストーポリ攻撃のため，水路で追った．上陸後，遠征軍はロシア陸軍によって釘づけとなり，双方が多くの死傷者を出しながら，戦争は膠着状態となった．しかし，皇帝ニコライ1世が1855年に死去すると，新しく即位したツァーリは，国内に増大しつつあった社会的不満に直面して，もはや戦争継続が不可能であることを認識するにいたった．1856年に締結されたパリ講話条約は，ロシアにとってきわめて不利な内容のものとなった．

ンクトペテルブルグの海軍省などがその例である．しかし，この新古典主義もしだいに廃れ，代わって，ニコライ1世時代の全ヨーロッパに特徴的な折衷様式が流行するようになった．そのはっきりとした実例は，1838年，コンスタンティン・トーンがモスクワに建てた大クレムリン宮殿である．音楽の分野は，何といってもミハイル・グリンカ（1804—57）に代表される．グリンカは，ときとしてそうみなされるように，ロシア最初の作曲家であったわけではなく，むしろ18世紀に準備された伝統を集大成した人物というべきであろう．今日でもしばしば上演されるかれの二つの偉大な歌劇は，民謡風の主題を「国際的」な音楽様式において用いたものであった．けれども，民謡に主題をとって，それを変容させるという手法に関して，19世紀末のロシア国民楽派への布石となったのは，かれの管弦楽曲『カマリンスカヤ』にほかならなかった．

クリミア戦争とその諸結果

クリミア戦争は，19世紀ロシアに生じたもっとも根底的な政治的・社会的諸変化の触媒の役割を果たした．皮肉なことに，戦争そのものの原因や，その経過や結末は，どれをとっても帝国の内政的諸条件にとって取るに足らぬものだったと思われる．戦争の背景や主たる原因は，すべて，オスマン帝国の衰退に結びついて発生したヨーロッパ列強間の複雑な国際的勢力争いともいうべき「東方問題」と絡みあっていた．主たる当事国はオーストリアとイギリス，フランス，そしてロシアであったが，それぞれの国家が，自国の権益の伸長という動機に駆られて，オスマン帝国のヨーロッパ領のなんらかの部分への影響力確保に腐心した．ロシアにとってそのような権益の伸長を意味したのは，何世紀来の宿敵であったトルコの中立化と，黒海から地中海への航路の確保という夢の実現であった．1820年代の中頃からはじまる露土間の対立・抗争は，極端に複雑な様相を呈し，50年代初頭までに，両国間の疑心暗鬼は一触即発の状態にまでたちいたるのである．

戦争の直接の原因は聖地問題であった．1852年，フランス政府は，トルコ政府を説き伏せて，ベツレヘムのキリスト降誕教会の管理権をローマ・カトリック教会にあたえることを認めさせたが，この権利はもともとギリシア正教会が保持してきたものであった．ニコライ1世は，オスマン領内の正教徒住民の保護者として，管理権の正教会への返還を要求した．トルコがこの要求を拒否すると，ニコライはモルドワとワラキアにロシア軍を進駐させた．イギリスとフランスは，次にニコライがトルコを壊滅させるために全面戦争をしかけるのではないかとの危惧の念を抱き，1853年，トルコが対ロシア宣戦布告を発すると，ただちにスルタンの支援にまわり，ロシアと戦うために大規模の遠征軍を急派した．

英仏派遣軍は，海路，クリミア半島のセヴァストーポリに到達した．そこには，緒戦においてトルコ艦隊に大打撃をあたえたロシア黒海艦隊の根拠地があった．ロシア軍は艦船を沈めて港湾封鎖をはかり，1854年，派遣軍が上陸すると，頑強な地上戦をしかけて迎え撃った．それ以後，戦争はおおむね膠着状態となり，双方におびただしい数の死傷者が出た．

1855年にニコライが没すると，アレクサンドル2世が即位した．それとほぼ時を同じくして，クリミアでのロシア軍は

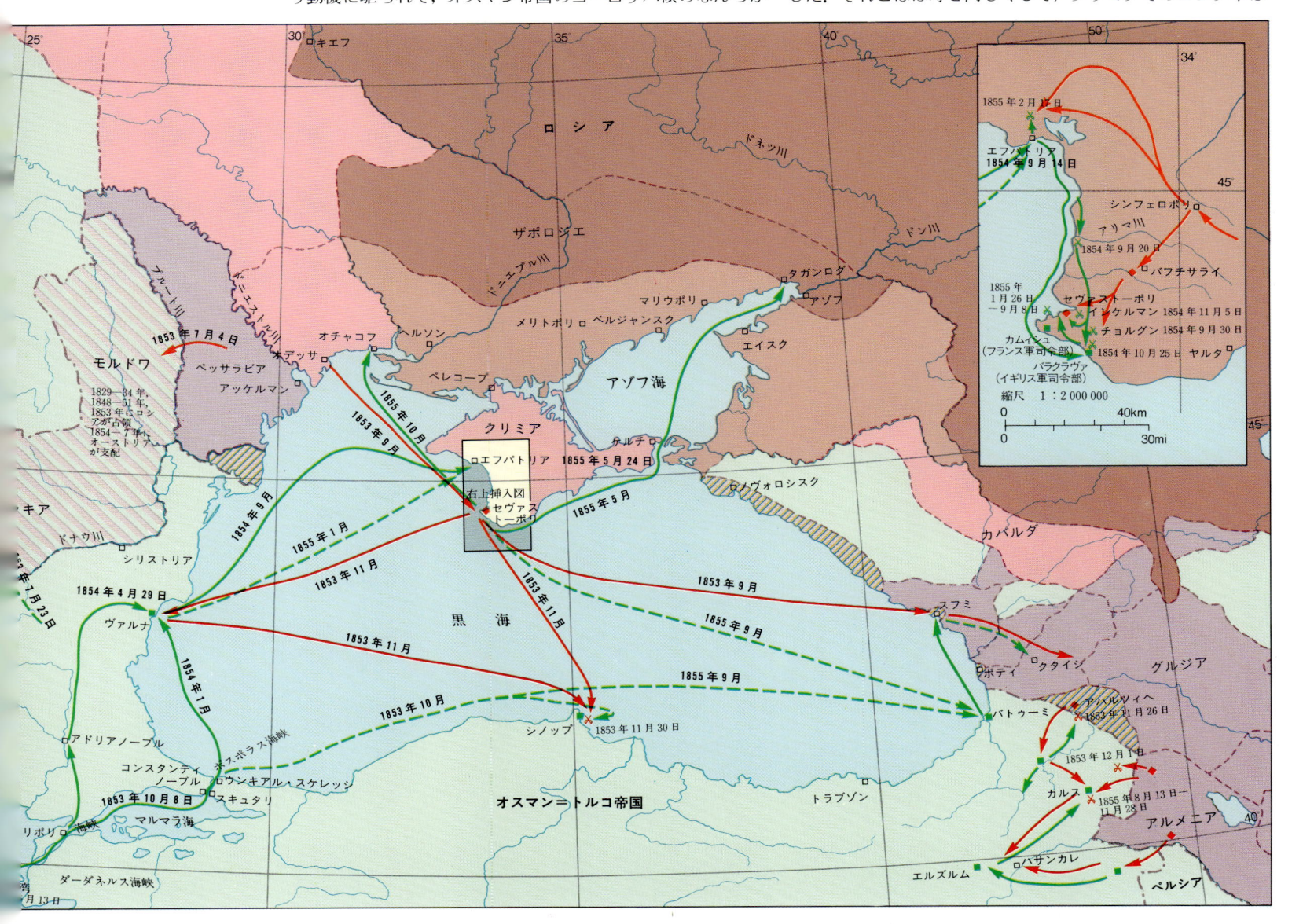

1878年3月3日に調印されたサン・ステファノ条約によって，1877—78年の露土戦争が終結した．この戦争は局地的性格のものであった．しかし，列強の外交政策に巻き込まれたために，サン・ステファノにおける合意内容は，ほどなく開催されたベルリン会議において修正を余儀なくされた．バルカン半島のオスマン帝国領は解放され，ブルガリアは独立が認められ，ボスニアとヘルツェゴヴィナはオーストリアの宗主権下に入った．左の印刷された絵は，ロシア側代表団がイスタンブール近郊の小村サン・ステファノに到着した場面である．

劣勢に追い込まれていった．そのため新帝アレクサンドルは，即位直後に戦争継続の決定を下していたにもかかわらず，すぐに，ロシアはあらゆる犠牲を払っても講和を結ぶ必要がある，と考えるにいたった．1856年に締結されたパリ講和条約は，ロシア側にとってきわめて不利な内容となった．ロシアは，バルカン半島の領土と黒海における艦隊保有権を失い，さらには，黒海から地中海への航行権と，オスマン領内の正教徒住民に対する保護権を奪われる結果となった．影響力と威信の決定的な喪失は，広範な国民の憤激を買った．しかし現実には，アレクサンドル2世やその閣僚たちが認識していたように，戦争が国内に引き起こした深刻な政治的・社会的緊張を和らげるためにこそ，戦争を終結させることが必要だったのである．

クリミア戦争中，農村では社会不安が増大しつつあった．農民の不満は，戦争と政府に向けられたわけではなく，その標的は農奴制と地主階級であった．農奴制は，開戦前の数十年間においてとくに抑圧的な情況になっていた．農奴身分から脱出する数少ない手段の一つは，長期間の兵役に服することであった．兵士となった農奴が徴兵期間をつとめあげると，自由身分があたえられたからである．それゆえ農奴たちは，戦争を歓迎した．しかし，それと同時に戦争は，新しい形態の徴兵と国内守備隊勤務によってより多くの種類の自由があたえられるであろう，という趣旨の根拠のない噂を誘発することにもなった．こうした噂が民衆の集会と，大規模な移住をさえ引き起こし，政府はそれを力ずくで制止しなければならなかった．とりわけ広範囲に，野火のごとく広がったある噂があった．それは，即位以前からその寛容と善意を広く知られていた新帝アレクサンドルが，農奴制廃止をすでに宣言し，しかし，この知らせは地主階級によって握り潰されている，というものであった．地主を標的とする民衆騒擾が起こった．1854年にはとくに頻発した．こうした騒擾事件が鎮圧されたのち，今度は「約束の土地」に関する風聞が農民の心を捉えた．「約束の土地」，ロシアのどこかにあるその土地には，農奴制が存在しない，と信じられた．それを探し求めて発生した大量の移住者によって，ロシアの農村は混乱を来した．

戦争がもたらした政治的緊張は，ロシア社会にあって農民と対極をなすもうひとつの階層にも影響をおよぼした．すなわち，ジャーナリスト，教師，官僚，下層貴族など，都市の知識人階級である．そこには二つの要因が介在していた．かれらは第一に，戦争がいかにロシアにとって不利に展開しつつあるか，そのためロシアの威信がいかに深く傷つけられたかを認識していた．そして第二に，戦時の重税が諸都市に課された結果，都市経済の混乱と物価騰貴が発生していた．知識人層の幻滅と怒りは，モスクワにおける大衆的な示威運動となって爆発した．自由主義者たちは，時事的政治問題に関して道理にもとづいた批評的見解を文章化するというはじめての経験を味わいつつあった．そうした批評の多くは，長文の論説や書簡の形をとって「地下出版（サミズダート）」の形で流布され，新聞界の自由主義派に対して強い影響力をもった．

アレクサンドル2世は，こうした社会的・政治的緊張の存在を理解し，ロシアの福利はそうした不満の爆発の火種をいかにして除去するかにかかっていると感じていた．この洞察は事態を解決に導くに十分なものであった．クリミア戦争の終結を宣言する布告のなかで，アレクサンドルははっきりと農奴制廃止の決断をも示唆したのであった．1860年代初頭にかれが実施した農奴解放とその他の諸改革は，ロシアの政治的・社会的構造の変革の試みとしては，1917年の革命に先駆けて着手されたもののうち，もっとも野心的な事業となった．

アレクサンドル2世と「大改革」

1857年初頭，アレクサンドルは，農奴制や地方行政，司法制度，軍隊などの改革に向けた準備作業を開始するために，一連の委員会の任命を行った．準備作業は，協議と草案作成過程の複雑さにもかかわらず，皇帝自らの密接な参与と督励をえて，迅速に進められた．その成果が，1861年から立て続けに発布された四つの改革法令であった．

最初の改革は，農奴制廃止であった．それは測りしれない複雑さをもつ課題であったが，法令は，農村の貴族階級すべての地盤沈下を避けながら，同時に，農奴の自立手段の確保を目指した．それは，農奴主への補償を伴いながら，農奴を

最後の4皇帝

段階的かつ部分的に解放しようとするものであった．解放は漸進的であらねばならず，全部で20年以上を要する解放への多くの段階が設定された．人格的自由という点では，農民はただちにそれを獲得することになった．しかし，農奴主と農奴間の土地分配の問題は極端に複雑で，長引くであろう譲渡のためには備えが必要であった．農民には，かれらがそれまで耕してきた土地のうち，地主との協定で合意した割合の分与地の所有が認められた．しかし，その分与地は，地主に有利に定められた価格で買い取られねばならなかった．解放された農民は，自分自身の資金をもたない．そのため，かれは49年間にもおよぶ理不尽な買い戻し条件を受け入れなければならなかった．また，解放農民は個人として土地を分与されたわけではなかった．土地は農村共同体ないし村団に売却された．共同体は，買い戻し金支払いに連帯責任を負い，共同体成員間の土地割当権を行使した．かくして，農民は原則としては自由になりながら，実際上は経済的な従属下におかれた．さらに共同体的土地所有が，農民から土地の個人的用益の可能性を奪った．

このようにして，改革を導いた崇高な原則は曇らされ，法制化の過程で著しく骨抜きにされていった．農民は，依然として隷属と貧困のなかにおかれ，農業だけでは賄うことができない買い戻し債務を捻出するために，冬季の出稼ぎを余儀

東方問題

オスマン帝国の勢力が徐々に衰退するにつれて，ヨーロッパ列強間に，バルカン半島の支配権と，それを通じた近東への連絡確保をめぐる抗争が生じた．この地域こそはまさしく，19世紀を通じてロシアが影響力を確立しようとしていたその舞台にほかならなかった．1870年代に発生したブルガリア人に対するトルコの残虐行為が，ロシアに対トルコ宣戦布告の口実をあたえた．この戦争でロシアは勝利し，サン・ステファノ条約によってトルコに，広大な領土を伴うブルガリアの独立を認めさせた（解放の返礼として，当然ながらロシアはブルガリアが同盟国となることを期待していた）．しかしながら，この条約の3カ月後に開催されたベルリン会議で，イギリス，ドイツ，オーストリア＝ハンガリー帝国がロシアの企図に介入し，ブルガリアの領土の大幅削減と，ルーマニア，セルビア，モンテネグロ，ギリシアへのその割譲を認めさせた．1913年のバルカン戦争で，ヨーロッパに残存していたトルコ領のほとんどが，オーストリアの強い影響下ではあったが，それぞれに独立を遂げた．1914年までバルカン半島におけるロシアの主要な同盟国はセルビアであり，ロシアの第1次世界大戦参戦もセルビア支援という理由からであった．

最後の4皇帝

なくされた．こうした出稼ぎ労働は農民を都市に誘い，そこで農民たちは，新たに政治化されてゆくことになる．1861年の農奴解放は，改革による福利増進の本来的対象者であったロシアの農民階級を失望させ，さらにまた，解放の必要を熱心に説いてきた知識人階級を疎外する結果に終わったのである．

第二の改革（1864）は，モスクワ時代以降，ロシアにはじめて真の意味での地方自治制度を生み出した．その中核となったのは「ゼムストヴォ（地方自治会）」であった．ゼムストヴォは，郡ごとに選挙される議会と執行部から構成された．議員は，地主貴族，農村共同体，都市住民から，それぞれ別個に選出された．これら郡議員が，次に県議会議員を選挙し，県議会はその執行部を互選した．ゼムストヴォは行政権をもたなかったが，警察と中央政府の力に依拠してその決定を執行することができた．政府がゼムストヴォに委ねたのは，公共土木事業や通信・交通事業，商工業，農業，教育，医療，社会福祉など，主として地方の経済運営と民生に関わる分野であったが，その実効性は，厳しい予算不足と，中央政府からの官僚的干渉によって，かなり制約されたものとなった．こうした地方行政改革は，当初，おもに自由主義派と急進派の人びとからは歓迎されたが，その後，新制度の限界が明らかになるにつれて，かれらの関心もしだいに冷め，ほとんど注目を引かぬまでにいたった．地方行政に対する人びとの政治的参加を拡大しようとしたこの改革の場合もまた，本来その利益享受者たるべき人びとを失望させ，疎外する結果に終わったのである．

同じく1864年に開始された第三の改革は，司法制度をめぐ

右 ロマノフ家の肖像写真．着席するアレクサンドル2世と，ヘッセン公爵家出身の皇后マリア・アレクサンドロヴナ．中央に立つ人物は，のちに皇帝アレクサンドル3世となる皇太子．父2世の暗殺はアレクサンドル3世の心に深い爪痕を残し，その結果かれの治世は，改革的な父のそれと異なって，きわめて保守的なものとなった．

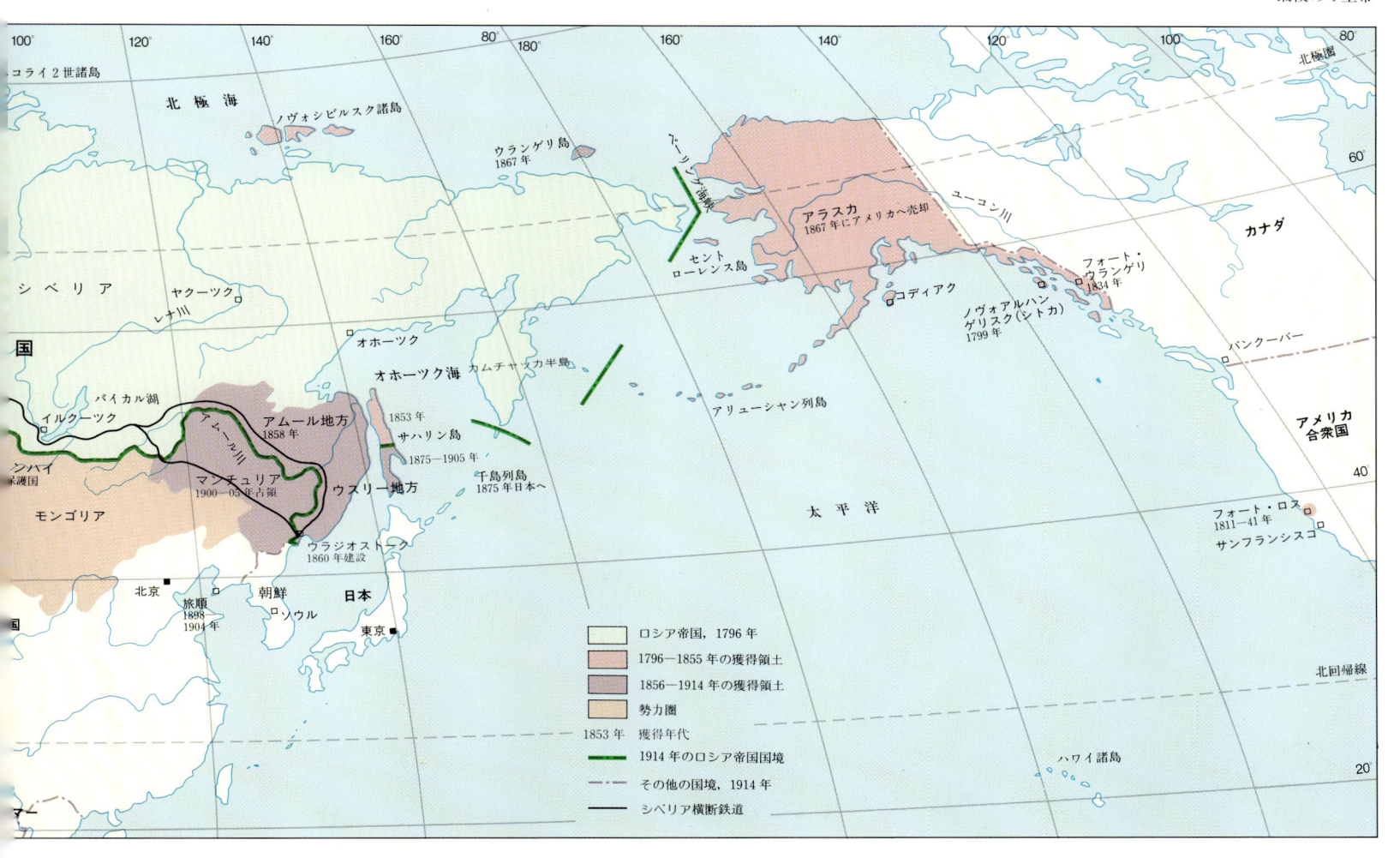

ロシア帝国の最大領土（19世紀中頃）

19世紀中頃、ロシア帝国は地球を半周するほどの広大な地域を領有するにいたった。ちなみに、その広さは帝国の後身ソ連邦の領土をかなり凌ぐほどであった。18世紀の数次の分割で獲得した旧ポーランド領に加えて、1815年にロシアはワルシャワ大公国をも自国領に確保し、1809年には、スウェーデンからフィンランド大公国を譲り受けていた。19世紀初頭には、オスマン帝国およびペルシアから、ベッサラビア、ダゲスタンその他の若干のザカフカス地方、さらには黒海沿岸部をも獲得した。モンテネグロとイオニア諸島に対する保護権を伴う地中海での拠点は、ティルジット条約（1807）では承認されなかった。

他方、中央アジアへの進出は、かなり場当たり的で概して権力の空白を埋める類いのものであったが、その結果ロシアはアフガニスタン国境部に迫り、19世紀後半にはブハラとヒヴァの両汗国を保護国とした。東方では、中国の弱体につけこみ、旅順に海軍基地を獲得した（しかし、日露戦争後の1905年には喪失してしまった）。北アメリカ大陸西岸に進出したロシア人植民者たちは、一時ははるか南方の北部カルフォルニアにロス砦を建設するほどであった。しかし、1867年にロシアは、アラスカを720万ドルで合衆国に売却してしまったのである。

るもので、先行した諸改革に比べて、より実質的で、いっそう長い命脈を保つことになる。ロシアの司法制度は、長きにわたって混乱と専断、腐敗の渦中にあり、改革の必要は久しき以前から認識されていた。1864年の改革は、西欧の司法制度をその模範とし、まず裁判手続きが体系化され、陪審制と弁護士制度が導入された。下級裁判所の判事は選挙制となり、被告には代理人を立てる権利が認められた。予備審問の職務は、警察から下級判事へと移管された。ゼムストヴォのレベルから、最高裁判所にあたる帝国元老院レベルまでの、審級システムをとる裁判所体系も導入された。しかしながら、改革がその目的とした公平な法制度という点では、重大な手抜かりがあった。それは、農民に対する別個の裁判所が創設されたことである。改革後の司法制度は、政府によるある種の干渉と圧力にさらされざるをえなかったが、それにもかかわらず、この司法改革は、大局的にみれば、先行した諸改革よりもはるかに長く大きな影響力をもつものとなった。法律家の数と影響力の増大が、改革の成功を示す間接的指標となっている。

最後の改革は、1863年以降、漸進的に進められた。それは、クリミア戦争における失敗によって再編と近代化の必要がだれの目にも明らかになった軍隊の改革である。かつて軍隊は、下層階級からの、とりわけ農奴階級からの大量の徴兵によって賄われた。軍隊はまた、罪人の懲役としての機能も果たしてきた。兵役の諸条件は非人間的かつ野蛮で、その年限も長かった（それでもなお、農奴制から逃れるためになんとかして兵役につこうとする農民は、あとを断たなかった）。新しい軍制改革は、アレクサンドル2世が実施した諸改革のうちで、おそらくはもっとも民主的性格のものだったといえる。それはまず、以前よりはるかに年限の短縮された国民皆兵制を創設した。徴兵の優先順位は、その人物の家族内に占める位置によって決められた。初等以上の教育を受けたものは、兵役年限がさらに短縮され、軍隊内の規律も全般に改善された。読み書きのできない徴募兵に対して、基礎的教育が施されることとなり、昇進に際しての階級差別も撤廃された。こうした諸々の変革は、ロシアの軍隊を当時のロシア社会においてもっとも民主的な組織につくりかえるという、思わぬ結果をもたらすことになった。

ナロードニキと革命運動

農奴解放はロシアの知識人たちの政治的な思考と感情を劇的に変化させた。1840年代と50年代において、農奴の利害を擁護したのはスラヴ派であったが、かれらは主要な社会改革を適法的に進めようとした人びとであった。しかし、アレクサンドル2世の立法の限界が明らかになるにつれて、ロシアの最大人口を占める農民の利害を代弁する役割は、革命的変革を目指す急進派知識人の手中に移った。

1860年代から70年代にかけてロシアに出現した新しい急進主義は、西欧からもたらされた二つの力によって触発されたものである。その第一は、1840年代のさまざまな重要な科学的達成が広く認知されたことであった。このことは、とりもなおさず、人間と社会を理解し変革するには、科学的方法の適用が必要だということを意味した。もうひとつの要因は、ピョートル・ラヴロフやニコライ・ミハイロフスキーなどの独創的なロシア人政治評論家の思想とともに、フランスのユートピア社会主義の思想が到来したことである。新しい急進主義の綱領は、ナロードニキ主義、すなわち社会主義的傾向をもった革命的人民主義であった。この思想は次のような信念に立脚する。現体制を転覆させるには大衆的な社会主義革命が必要である。ところでロシアは、そのユニークな社会構造ゆえに、資本主義段階を通らず直接に社会主義へ移行しうるであろう。ロシア農村に一般的な共同体的諸制度は、その本質において社会主義的なのである。したがって農民は、決

革命家トルストイ

　19世紀のロシア人のうちで，レフ・ニコラエヴィチ・トルストイほど並みはずれた名声と尊敬をかちえた人物はほかにいない．その長かった生涯（1828－1910）の晩年に，トルストイはヤースナヤ・ポリャーナ（モスクワの南のかれの領地の名称）の「無冠の皇帝」であった．それはちょうど，1778年に最後のパリ訪問を果たしたヴォルテールがこの都の「無冠の国王」となったのに等しい．この2人はどちらも，外国人の目には両国それぞれの文化を象徴する人物と映ったし，また他方で，革命前夜の神経過敏な政府と教会にとっては，その喉もとに突き刺さった棘であった．

　トルストイは，ダーウィンやマルクス，フロイドといった人びとに匹敵する19世紀屈指の危険思想の持ち主だったといえるが，近代の科学的進歩の価値を拒絶するという点で，かれらと異なっていた．トルストイは奇妙なタイプの革命家であった．暴力や社会主義，自由主義をさえ否定し，かれが終生脱却することのなかった貴族という身分に発する軽蔑をもって，ブルジョア的諸価値を嫌悪しながら，他方，国家と既成の教会，さらには近代社会の人為的構造の総体を，左翼革命家もほとんどおよばないほど手きびしく非難したのである．かれの論法は建設的であるよりは威嚇的で，しばしば無政府主義者さながらであった．かれの考える公正な社会とは家父長的かつ人民主義的な社会であった．かれの呈示する論拠は道徳性であり，評価の物差しは，前述の明解な社会像に加えて，堕落のない自然な生活というごく単純な価値観であった．結局トルストイは，事実上かれ自身の宗教というべきものを流布させるようになるが，それは，既成のキリスト教から反啓蒙主義的諸要素を剥ぎとり，福音書からわずかの真に核心的といえる教え（有名な例としては「汝ら人に裁かれざらんがために人を裁くなかれ」，「悪を報いるに悪をもってなすなかれ」など）だけを取り出して教義とした，いわば「裸のキリスト教」とでもいうべきものであった．今日にいたるも「トルストイ主義者」が存在するのである．

　トルストイは，年齢を重ねるとともにますます急進的となり，ついには事実上，革命家的な思想を抱くようになるが，青年時代には若き貴族将校として，ありふれた，かなり放縦な生活を送った．才気に満ちあふれ，旅行と読書に明け暮れたが，決して国内の知識人や自由主義者や芸術家たちのサークルに加わろうとはしなかった．トルストイはクリミア半島とカフカス地方で軍務を経験するが，そのことが，かれの文学的才能を呼び覚ましただけでなく，戦争への倫理的反感や，人間存在の根本的諸価値についての関心をかれの心中に引き起こした．その後，かれは結婚し，多くの子供をもうけて，農村で暮らすようになった．その期間に，かれの文学的名声を確立した2篇の大作『戦争と平和』（1860年代）および『アンナ・カレーニナ』（1870年代）が執筆された．両作品は，主として家族のテーマを扱ってはいるが，想像上の文学とは相いれないと思わせるほどたくさんのテーマを含んでもいる（『戦争と平和』には，「偉人たち」の見せかけの権威を剥ぎとらずにはおかない完全に成熟した歴史観が認められるし，『アンナ・カレーニナ』では，農村問題の理論化が行われている）．19世紀ヨーロッパ文学の記念碑ともいうべきこれらの作品は，究極的には反小説的といえるほど深く因果律を研究することによって，小説形式の限界を打破したものであり，それら自体が文学的な意味での危険分子であった．

右　60歳を越してなお精力にあふれ行動的であったトルストイは，自らの人民主義を極端につきつめ，農民の価値観にしたがって暮らし，かれらの労働を実体験しようと試みた．1891年――この年にトルストイは自分の作品の印税の権利放棄を宣言した――に犁耕に携わるトルストイを写した，明らかにイリヤ・レーピンの作とわかるこの肖像画で，画家は，作家自身がそうありたいと願う姿で，トルストイを描いた．しかし，トルストイの農民への関心は，老境にさしかかった人物のたんなる世間向けの気紛れなどではなかった．1850年代からかれは農村問題に深く没頭し，とくに農村における教育の普及に努力していたのである．

下　苦しいセヴァストーポリ包囲戦に従軍する直前のトルストイの肖像写真．20歳代半ばの世慣れた陸軍士官の颯爽とした姿は，豊かなあご鬚をたくわえた長老然としたトルストイに比べて，われわれには馴染みがうすい．

左　レーピンがますますその座像を描くことの多くなった最晩年のトルストイの表情には，80年の齢を重ねた作家として，それまで以上に捉えがたい，謎のような安らぎが湛えられている．自らの世界観に死の観念を容易には受け入れられぬまま，トルストイは陰鬱な死の迫り来るのをみつめ，それが根深い家庭内の緊張と苦悩とによって，いっそう堪え難いものになってゆくのを見定めた．公私にわたる人生の諸問題に対する透徹した洞察力ゆえに，それらの問題の解決の容易ならざることを認識し，自分が提起せざるをえなかった諸問題への解答が不可能であることを深く自覚するにいたった．1910年の秋，トルストイは，修道士的平穏を求めて密かに家出したが病に罹り，10日後，アスタポヴォの駅長宅で息をひきとった．世界中の目がこの寒村にひきつけられた．

右　1891年，リャザン州のある村で飢饉対策を実行するトルストイとその協力者たち．自らの思想を身をもって実行するという信念を終生曲げなかったトルストイは，ヤースナヤ・ポリャーナに村の学校を建設（1859）して以来，多くの機会をとらえて慈善事業に携わった．

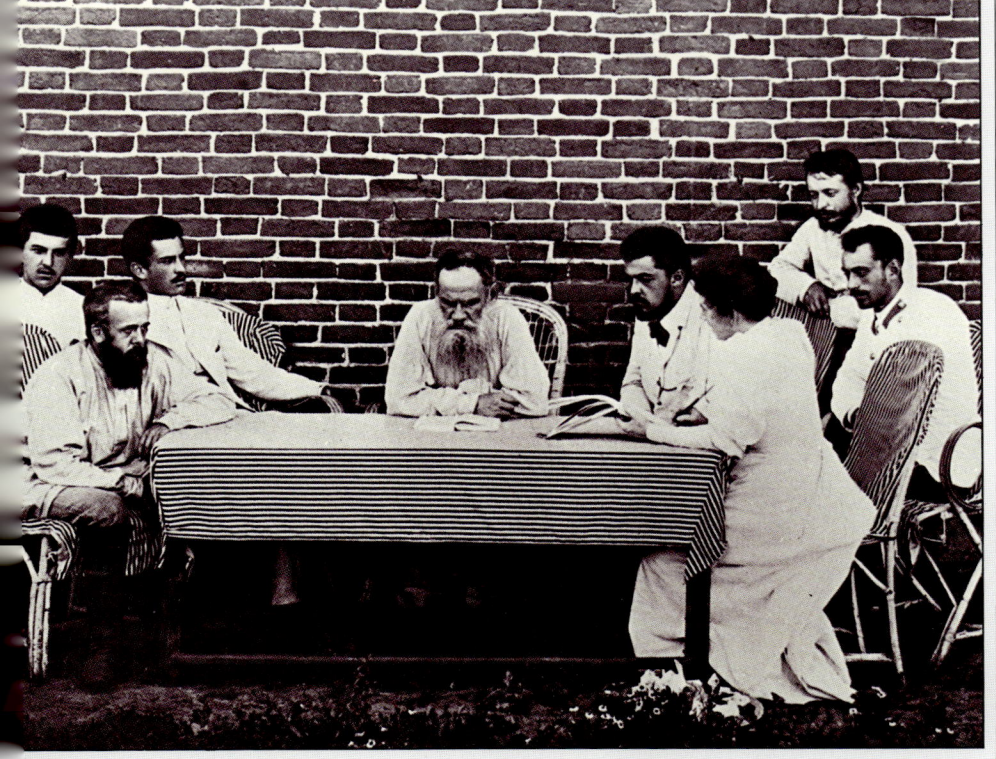

起のときを待つ生まれながらの革命勢力である．こうした基本思想を別にすれば，ナロードニキのあいだには，いかなる手段で革命を実現するかに関しての見解の一致がなかった．テロリズムを重視する立場（ネチャーエフやトカチョーフなど）もあれば，（たとえばラヴロフのように）組織活動を通じて革命を実現しようとする人びともいた．しかし，多数派は結局，人間的接触を通じて農民を決起させるという道を選んだ．

農民との人間的接触を目指す試みは，1873—74年の「ヴ・ナロード（人民のなかへ）」運動となって展開した．多数の若いナロードニキたちが，革命を説くために，農民の服装を身につけて，各地の農村へ入っていった．かれらの多くは恵まれた家庭出身の都市の学生たちで，農民がかれらの訴えに応えるであろうことに疑いをいだかなかった．しかし，結果はまったくの失敗に終わった．ナロードニキたちは，農村生活の現実と農民の意識，その行動様式などに無知だったのである．農民はといえば，聞き慣れない言葉を操る，まったく異なった階級の若者たちに出会って，当惑し，不審をいだいた．運動は挫折し，多くの活動家たちが逮捕されて裁判に付され，それでもなお，農民は動かなかった．1870年代末にもう一度「人民のなかへ」運動が起きたが，それもやはり成功をみなかった．

1870年代のナロードニキ主義の敗北は二通りの結果をもたらした．活動家のなかには，依然として革命勢力としての農民という信念を失わなかったものもあり，かれらは失敗に学んで，「社会革命党」を創始することになる．他の一派は，革命を引き起こすには，人民のなかに入ってかれらの意識変革を行うだけでは十分ではない，という結論を引き出した．こうした考えの人びとの一部はテロリズムへ，そして他の一部は，レーニンに代表される合理主義的な革命路線へと転向してゆく．

ナロードニキ主義の衰退につれて，テロリズムが台頭した．しかし，テロリストたちの根底的な革命観はナロードニキのそれと変わらなかった．人民を蜂起させるための正しい方法がいったん見出されさえすれば，体制は不可避的に崩壊してゆくであろう，とかれらは考えた．その手段こそが公然たるテロ活動であり，とりわけ暗殺という手段であった．

テロリズムの時代は，1870年代末から80年代初頭までつづいた．それを遂行したのは，サンクトペテルブルグを本拠地とする小規模な秘密結社「土地と自由（ゼムリャ・イ・ヴォーリャ）」であったが，その成員のほとんどは特権階級出身の急進的な学生から構成されていた．結社員の数は少なかったが，熱狂的で，かれらの出身母体であったエリート階級の多くの人びとからの共感と財政的援助を期待することができた．1878年以降「土地と自由」は，ロシア全土において警察や政府の数多くの高官の暗殺に成功した．そうした活動の頂点は，1881年のアレクサンドル2世の暗殺であるが，この事件が結局テロリズムに終幕をもたらすこととなった．事件後の摘発によって，結社員が根絶やしにされたからである．しかし，もっと重要であったのは，かれらのとった手段が社会の共感をえられなかったという事情であった．皇帝暗殺でさえいかなる蜂起をも誘発しなかった．政府は依然として安泰で，帝位継承もつつがなく行われた．そして，急進派は革命にいたる別の方法を模索しはじめた．

かれらは，そうした模索に約20年を費やした．1880年代になると，新しい革命思想として，ロシアにもマルクス主義が登場する．ロシアにおいてその創始者となったのはゲオルギー・プレハーノフであった．かつてのナロードニキ主義者プレハーノフは，スイスでドイツ・マルクス主義を研究し，その理論をロシアの諸条件に適応させた．他の諸国の場合と同様，社会主義にいたるには，ロシアも資本主義的発展の段階を経過しなければならない，農民の伝統的諸制度は潜在的に社会主義的とはいえない，ロシア革命のための社会勢力は都

市のプロレタリアートにほかならず，かれらを立ち上がらせるには，規律と組織を備えた労働者階級の政党が不可欠である，というのがプレハーノフの原則的見地であった．かれは1883年にロシア最初の社会民主主義結社を組織し，ただちにロシア全土にわたって支部組織の網の目をはりめぐらせた．1880年代末にこうしたマルクス主義の隊列に加わった青年党員の1人こそが，ウラジーミル・ウリヤノフ，すなわち，かのレーニンにほかならなかった．

レーニンは1870年，ヴォルガ地方の文官の家に生まれた．かれは，1887年にかれの兄がアレクサンドル3世暗殺計画に連座したという罪状で処刑されて以来，政治的活動に入ってゆくことになる．ある時期レーニンはナロードニキ主義に傾倒したこともあったが，その後マルクス主義への関心を深め，プレハーノフの追随者となった．1895年，レーニンはサンクトペテルブルグの最初のマルクス主義的な活動細胞の責任者に選ばれた．組織の目的は首都労働者階級への宣伝活動にあった．しかし，この細胞は摘発され，レーニンも逮捕されてしまう．その結果，かれは3年間のシベリア流刑（1896年から99年まで）の判決を受けたが，流刑の条件はきわめて寛大なものであり，この期間にかれは，主要な政治論文を執筆し，マルクス主義理論の独自の展開を果たすことができた．流刑を解かれた直後，レーニンはヨーロッパ旅行を許可された．ヨーロッパに亡命中のロシア人社会民主主義者のあいだには，当時反目があり，プレハーノフの地位も磐石ではなかった．その地でレーニンは，かつてのかれの師プレハーノフとの共同指導者の地位につくことに成功した．しかし，革命戦略の本質と速度をめぐって，しだいに両者間に深刻な相違が顕在化していった．そうした相違は，結局1903年のロシア社会民主労働党第2回大会での衝突に帰着することになる．このとき，プレハーノフ派がメンシェヴィキと呼ばれ，レーニン派がボリシェヴィキと呼ばれるようになった（ロシア語でそれぞれ「少数派」と「多数派」を意味する）．

ロシア人マルクス主義者の運動が国外で発展しつつあったころ，国内では，政治的変革を求める別の運動が高まりつつあった．革命派陣営のなかでは，旧ナロードニキ系の人びとが，1900年，新たに社会革命党を結成し，翌年には政治テロの戦術を復活させた．しかし，もっと重要な点は，この党がロシア全土にわたって広範な組織網を展開したことである．その目的は，農民のあいだに社会主義革命の理念を浸透させることにあった．社会革命党は，かれらの訴えを農民にふさわしい言葉で，つまり，農民の苦情の申し立て風に仕立てて宣伝することに努め，ロシア農村部で第1党の地位を占めるにいたった．

20世紀初頭には，自由主義的反政府派も政治結社の結成を進めた．その中心となったのは，ゼムストヴォ（地方自治会）を支配していた自由主義的な政治家たちであった．ゼムストヴォは，1900年代の初頭において，その権限を厳しく縮小され，発展の道を閉ざされかけていた．こうした自由主義者たちの動きに，農村では自由主義派の地主たちが，都市ではやはり自由主義派の学者たちが同調した．いずれも，ロシアにおける議会政治の漸進的発展への期待をゼムストヴォの活動につないでいた人びとであった．1903年，かれらは「解放同盟」を結成し，完全な市民的自由を求める政治綱領を定めた．全市民の法のもとでの平等，ゼムストヴォの民主化と拡大，当時制定されたばかりであった制限的諸法令の撤回，政治犯の全面的恩赦，真に代議制的な立法議会の創設，これらがかれらの要求であった．かれらの目標は，ロシアを，自由民主主義の諸原則に立脚する社会秩序を伴った立憲君主制国家に

1881年のサンクトペテルブルグにおけるアレクサンドル2世暗殺は，ロシアに保守主義の復活をもたらした．かれの葬儀は，帝制の原理と王朝の神秘性を大衆的に再確認する好機となった．暗殺現場には，新古典主義の装飾的な聖堂，いわゆる「血の上の救世主」教会が建てられた．同時にこの写真は，冬宮（現在のエルミタージュ美術館）を背景に，ネヴァ川の橋上を渡る皇帝の棺と葬列を写し出している．遠方の埠頭側にみえる人だかりは，おそらく葬列の通過したあとであろう．

改造することであった．

　政府は革命派への弾圧をいっそう強め，自由主義者には無視の態度でのぞんだ．自由主義へのこうした態度は，主として，1894年に帝位についたニコライ2世の個性に由来するものである．かれは，革命派と自由主義派のあいだにほとんど違いを認めず，とくに，いかなる種類の代議政体にも拒否反応を示した．その結果，革命派は暴力革命路線追求への傾斜を強め，自由主義派もますます現体制への敵意を増大させてゆくようになった．

19世紀後半の芸術

　ロシアの小説の古典時代は長くはつづかず，実際にはほぼアレクサンドル2世の治世に一致している．1820－30年代のロシア文学の「金の時代」以降，読者層はしだいに広がり，その教育水準もいっそう高まった．インテリゲンツィア層（そもそもは教育ある人びとを意味する言葉として案出された疑似ラテン語）には，貴族のほかにも，相当の数の雑階級人（ラズノチンツィ）と呼ばれる人びとが含まれるようになった．かれらは貴族ではなく，かといって農民出身でもなく，いわば中間階級の萌芽ともいうべき人びとであった．他方，政治の世界は，自らの先輩たちが行った自由主義的妥協に飽き足らない急進的思想家たちが登場して，いっそう分極化の度を強めつつあった．1870年代に「人民のなかへ」の運動を引き起こしたナロードニキ主義の大波は，トルストイからムソルグスキーにいたるまで，芸術界の多くの大家たちにさまざまな影響をおよぼした．若い世代は，おしなべて醒めた態度をとり，あるいは，それを装った．そうすることによってかれらは，あらゆる形而上学的重荷やあらかじめ考え抜かれた思想や，さらには――この世において何かやりがいのある，しかも，科学的に基礎づけられた価値というものを探し求めるときに必要な――当たり前の礼儀さえも，無視して進んだ．こうしたメンタリティの古典的形象を提供するのは，ツルゲーネフの『父と子』（1862）であろう．この小説によって，「虚無主義者（ニヒリスト）」という言葉が流行するようになった．

　当時もまだ，すぐれた詩人たちが活躍していた．そのなかには，詩壇の長老フョードル・チュッチェフ（1803－73）や「市民詩」派のN・ネクラーソフ（1821－77），「芸術のための芸術」を標榜した数少ない1人アファナシー・フェート（1820－92），驚くべき多才な人アレクセイ・トルストイ（1817－75）などがいた．しかしかれらは，いかなる流派をも構成せず，なんらかの共通の目的を提唱するようなこともなかった．ロシア最初の本格的な職業的劇作家アレクサンドル・オストロフスキー（1823－86）は，この時期におびただしい数の作品を書いた．同じ頃，フセヴォロド・ガルシン（1855－88）や風刺作家ミハイル・サルティコフ＝シチェドリン（1826－89）など，若干のすぐれた作家たちも世に出たが，そのうちで筆頭にあげられるべきはニコライ・レスコーフ（1831－95）であろう．

　このころ，小説が突如としてロシアの誇るべき芸術分野としておどりでた．それを実践した作家のうち，年長の世代にはイヴァン・ゴンチャローフ（1812－91）とイヴァン・ツルゲーネフ（1818－83）がいる．ゴンチャローフは3篇の小説を残したが，その名を今日にとどめる機縁となったのは，代表作『オブローモフ』（1859）である．ヨーロッパの小説界が生み出した「筋のない」偉大な小説のひとつに数えられるこの作品では，主人公の心象風景が綿密にたどられる．一見したところ，かれは怠惰と憂鬱のなかに逃げ込んでいるかにみえる．しかし，かれのこの退却は，行動の傷ましさに対する思弁哲学擁護の聖戦という性格を帯びる．こうした人格には，特別に「ロシア的」といえる何ものかが認められたのであろうか．当時のロシア人は確かにそう考えて，「オブローモフ主義」なる言葉を創出した．他方，ツルゲーネフは，初期における詩人としての経歴と，『猟人日記』（1845－52）の創作過程をへて，徐々に散文作家の道に入り込んだ．『猟人日記』は，農村生活の短い一場面の描写を連ねたものであるが，その発表当時，反農奴制の強烈なメッセージの書として受け取られた．繊細な彫琢が施された比較的短編のツルゲーネフの作品には，よく知られているように，意志的な女主人公と無力な男たちを配した人間関係が描かれる．かれの小説は，国外でも広く愛読されたロシア文学最初の作品となった（たとえば，若きヘンリー・ジェームスに対する影響をみよ）．

　フョードル・ドストエフスキー（1821－81）は，かなり喧嘩好きの不安定な人格の持ち主であった．かれは無類の博打好きであり，また，スラヴ主義右派の論客でもあった．かれは，ペトラシェフスキー事件で処刑寸前までゆき，その後，流刑に処されたこと，てんかん発作，父の横死，常軌を逸した恋愛遍歴など，自分のいくつかの実体験をきわめて効果的に小説に取り入れた．その最高の例は『賭博者』（1866）であろう．出版社の締切に間に合わせるために，かれはこの作品をひと月もかからずに口述筆記させ（このこと自身が，かれの現在と将来の財政状態を賭けた一世一代の大博打であった），その速記者と結婚した．ドストエフスキーは，とくに，『罪と罰』（1866，かれの作品中ではもっとも有名で，迂遠さも目立たない），『白痴』（1868－69），『悪霊』（1871－72，ときに"憑依"と呼ばれる激越な政治風刺の書），『カラマーゾフの兄弟』（1879－80，かれの最大の作品で，その内容ももっとも深い）という「4大長編」によって知られる．それらの作品では，観念の凝った織布のなかに，宗教と心理と社会の糸が織り込まれる．そこでは，どの思想も最終的勝利者たりえない．これこそがまさしく，近年多くの研究者たちの強い関心を集めているドストエフスキー小説の「多旋律性（ポリフォニー）」なのである．これらの大作への，いわば序幕劇というべきなのが『地下室の手記』（1864）である．トルストイと違って，ドストエフスキーは読書界の好評をえるのに時間がかかった．真の意味でのかれの時代は，世紀の変わり目の象徴主義の時代にやってきた．それからまもなく，ドストエフスキーは，預言者として，全ヨーロッパで度を越した喝采を博することになる．

　19世紀前半において芸術アカデミーは，視覚芸術の創造性に対してかつてなかったほど抑圧的な影響をおよぼしつづけた．1863年，歴史画部門の年間大賞の課題が「ヴァルハラにおける神々の祝宴」と決定されたことに抗議して，14名の学生たちがアカデミーを脱退した．きっかけ自体は，なるほどささいなことであったかもしれない．しかし，かれらが根底に抱いていた不満は深刻であり，それがこの14名の学生たちを，移動展派という名で知られる巡回絵画展協会の設立に向かわしめた．かれらは，過去から現在にいたるかれら自身の文化の真の姿にふれたいと望み，大都市の裕福な階層だけではなく，もっと幅広い人びとと交流したいと考えた．かれらは幸運にも，当時の代表的な批評家かつ美学者V・スターソフ（1824－1901）と，モスクワ商人で絵画蒐集家でもあったP・トレチャコフ（1832－98）の支援をえることができた．トレチャコフはのちに，移動展派の作品を核にして，ロシア芸術の最大の美術館を設立することになる．移動展派の中心人物はイヴァン・クラムスコーイ（1837－87）であったが，もっとも有名となった（と同時に，もっとも長生きした）代表的画家といえば，イリヤ・レーピン（1844－1930）であった．さらにヴァシーリー・スーリコフ（1848－1916）は，もっとも抜きんでた画家であり，将来の絵画運動の真の先駆者でもあった．

　この時代には，音楽の分野でも刷新的な創作活動の爆発がみられた．それはまず第一に，「ロシア五人組」の名で知られる友人グループの活動である．五人組を年齢順にあげれば，アレクサンドル・ボロディン（1834－87），ツェーザリ・キュイ（1835－1918，フランス系ロシア人），ミーリー・バラーキレフ（1837－1910），モデスト・ムソルグスキー（1839－81），

ニコライ・リムスキー＝コルサコフ（1844—1908）である．このうちでバラーキレフだけが通常の音楽教育を受けた作曲家であり，当初はグループのリーダー役を務めた．ボロディンは化学者で，キュイは工兵士官学校の教官，ムソルグスキーは近衛士官で，リムスキー＝コルサコフは海軍士官であった．最後のリムスキー＝コルサコフは，のちにサンクトペテルブルグ音学院の教授となり，教育のかたわら，自己の音楽教育の欠落を埋め合わせるために，自ら修練を積むことになる．かれは，4人の友人のだれよりも数多くの作品を残し，ボロディンとムソルグスキーがともに早世したのちには，この2人の未完成の遺稿の整理と，それらの管弦楽曲への編曲（必ずしも原曲に忠実に，というわけではなかったが）を完成させた．

ロシア五人組の「アマチュア性」は，かれらが音楽様式と技法上の既成概念にとらわれなかったために，むしろかれらの独創性を助ける結果となった．かれらは後期ロマン派に属するベルリオーズ（ロシアでは大変人気のある作曲家であった）を師と仰いだ．後期ロマン派は，自由奔放な作風と色彩感豊かな管弦楽法，そして強い標題音楽性を特徴としていた．五人組は，ロシアの民謡素材の摂取という手法をグリンカから学び，ときにはかすかな東洋趣味を加えて，さらにそれを発展させた．かれらとグリンカの時代をつなぐ作曲家にアレクサンドル・ダルゴムイシスキー（1813—69）がいる．ダルゴムイシスキーは，ムソルグスキーとの交友を通じて五人組に影響をあたえ，かれらの最良の作品のなかに，類い稀な凝縮された情感を呼び起こした．一般に，五人組とその流れを汲む音楽家たちは，器楽による絶対音楽や古典派の様式を避け（ボロディンの二つの弦楽四重奏曲はすばらしい例外といえよう），それよりはむしろ声楽や標題的交響詩，ピアノ曲，そしてとりわけ歌劇の作曲に取り組んだ．かれらは，歌劇の題材を慎重に選び，ときにはロシアの歴史のなかに（ムソルグスキーの『ボリス・ゴドゥノフ』や『ホヴァンシチナ』，ボロディンの『イーゴリ公』など），また，ときにはロシアの古典ともいうべき19世紀文学のなかにテーマを求めた．こうした事情からプーシキンは，ロシア以外の国々では，おそらくは詩よりも歌劇を通して，いっそうよく知られるようになった．けれどもそれは，もちろん五人組だけの「責任」ではない．その栄誉は，かれらと同時代の偉大な作曲家ピョートル・イリーチ・チャイコフスキー（1840—93）にも認められねばならない．かれの歌劇中の傑作が，プーシキンの『エフゲニー・オネーギン』と『スペードの女王』を題材としたものだったからである．チャイコフスキーは，若干の同時代の民族主義的傾向の人びとから，「西欧かぶれ」という抜きがたいレッテルを貼られ，通俗的との評価さえ下された．なるほど，かれは正規の音楽教育を受け，室内楽や協奏曲や交響曲を書き，モーツァルトを崇拝し，西欧の聴衆から喝采を浴びた．しかしながら，かれは，同時代ロシアの音楽家たちと比較して，民謡風の旋律や複雑なリズム，器楽的色彩などを駆使する能力において，まったくひけをとらなかったのである．

19世紀後半の社会経済的諸変化

1860年代から20世紀初頭までに，ロシアの経済構造は，都市と工場をおもな舞台として根本的に変化した．この間，都市人口は2倍に膨れあがり，そこで当時の産業成長のほとんどが達成された．工業化と都市化の速度は徐々に高まり，19世紀の最後の四半世紀に入るといっそう加速されていった．これまでそうした成長を阻んできた主たる要因は，労働力および生産・経営技術の弱体と，資本力と資本調達技術の欠如であったが，それらもきわめて急速に克服されていった．それと並行して，ロシアの歴史においてそれぞれ独自の役割を演ずることになる都市の労働者階級と商業者層も急テンポで形成されていった．

労働者階級はもともと農民身分に属する人びとであった．

左　A・K・サヴラーソフ作『ミヤマガラスの帰還』(1871)．移動展派が現われる以前のロシア絵画では，風景画はあまり盛んではなかったが，サヴラーソフ(1830—97)は初期の代表的風景画家の1人である．渡りから戻るミヤマガラスやムクドリは，ロシア農村では伝統的に春の使者とみなされてきた．

下　ロシアのある地方都市のひとこま．市場の露天の通路で，カードを楽しむ農民と人夫たち．人夫たちは革靴を履いているが，農民はゲートルを巻き，靱皮（じんぴ）繊維の靴を履いている．

1861年の不完全な農奴解放の実施過程は，クリミア戦争後にみられる産業的近代化の第一波と符合し，その間，多くの農民が新しい職を求めて都市に吸い寄せられた．そうした農民のほとんどは，期限付き雇用として雇われ，やがて農村に戻っていったので，都市生活に溶け込んでゆくことはなかった．しかし，この状況にもまもなく変化がおとずれる．農民出身者たちは，依然として農民的な習慣と気質を保ちながらも，都市に居住する未熟練労働者となった．労働条件はきわめて劣悪であった．どのようなものであれ労働組合を結成することは，法律によって厳禁されていた．労働争議もなかったわけではないが，それらのほとんどは非政治的で，もっぱら労働条件をめぐるものであった．1880年代までには，政府が若干の労働立法を行ったので，労働条件もいくぶんかは改善された．90年代には，限られたものではあるが，それ以上の改革が実施された．ロシア最初の労働組合が1902年に合法化され，翌年，労災補償制度が導入された．このようにして労働条件は，劇的にとはいえなくとも，徐々に改善されていった．しかし，革命運動の関心は，創立まもない社会民主労働党を例外として，依然としてほとんどの場合，労働者階級に向けられることはなかった．

都市の商業者層は，ほとんどがかつての商人身分の系譜をひく人びとであった．かつての商人は，ヨーロッパ的というよりはむしろレヴァント（地中海東岸部）的な商慣行をもち，洗練された商売を行う人びとであった．かれらの，組織立ってはいなくとも，企業家的な才覚こそが，1860年代に進行したロシアの近代的産業化の出発点となった．1880年までに，新興の商業者層がロシアの経済発展の基礎を大幅に拡大した．20年間に，割引手形の取扱量が4倍に増えた．短期抵当貸付けは25倍という驚異的な伸びをみせ，長期抵当貸付けも30％強増加した．それと同時に，企業と被雇用労働者の総数もほぼ33％増となった．しかしながら，生産性と利潤率はなお西欧諸国の水準には達しなかった．にもかかわらず，こうした発展の端緒が外国人投資家に有望感をあたえ，1880年代から90年代にかけて，主要な西欧諸国が，ロシアの産業に相ついで多角的投資を行うという事態が生じたのである．

都市商業者層は，営業の利害に関わるかぎりで，政治に関与した．関与の仕方は，経済関係閣僚の顧問となるか，かれらに陳情を行うかであったが，そうした活動は，大蔵大臣イヴァン・ヴィシネグラツキー（在任1887—92）とセルゲイ・ウィッテ（同1892—1903）のとき，とくに著しかった．ウィッテは，商工業のいっそうの発展を促す目的で，広範な行財政改革を実施した人物である．実業家層は政治運動には参加しなかったし，のちに導入される政党政治にもあまり積極的ではなかったが，文化活動の面ではそうではなかった．都市商業者層の多くは，読み書きを知らなかった商人層の息子たちであった．それゆえかれらは，教育と芸術の奨励にきわめて熱心であった．かれらのなかから，美術や演劇の後援者や，ロシアおよびヨーロッパ絵画の蒐集家が出た．今日の旧ソ連の主要な絵画コレクションの多くは，トレチャコフ美術館がそうであるように，もともとはこうした都市商人たちの私的な蒐集からはじまったのである．

象徴主義とロシア芸術

1880年代になると，クリミア戦争後の時期にあれほどみごとな成果を生み出した芸術活動の活気が，しだいに衰えつつあることがはっきりとしてきた．アレクサンドル2世の没年に，ドストエフスキーもムソルグスキーもこの世を去り，まもなく，ツルゲーネフとボロディンがそれにつづいた．トルストイは，1870年代末に内面的危機に陥り，それ以後ただ一篇の小説（『復活』）しか書き残さなかった．アレクサンドル3世の厳しい治世（1881—94）下での知的生活においては，保守派と革命派とのあいだで中間的立場をとる余地はほとんど残されていなかった．しかし，90年代に入ると社会的雰囲気にも変化が生じ，新世代の知識人のあいだには，いまやロシアは，ロシア以外のヨーロッパ諸国で進行しつつある事態に注目すべきだという意識が現われはじめた．若き詩人ヴァレリー・ブリューソフが，1894年に『ロシア象徴主義者』というタイトルの数巻にわたる大著を出版しはじめた．この本には，1880年代に明確な姿をとるようになったフランス象徴主義運動の作品のロシア語訳（および，その精神で書かれた詩作）がおさめられていた．象徴主義は，ロシアの芸術と知的生活全般に測りしれない影響をあたえ，芸術家や知識人をたんに新しい多様な芸術傾向へ導いただけではなく，あらゆる分野においてロシア文化の再評価に向かわしめた．通説では，ロシア文学における象徴主義は新旧二つの世代を生み出したとされる．後期象徴派のもっとも輝かしい才能はアンドレイ・ベールイ(1880—1934)とアレクサンドル・ブローク(1880—1921)である．ベールイの象徴性に富んだ驚くほど難解な小説『ペテルブルグ』(1913)こそは，多くの顔をもったこの都市の捉えがたい諸相をなんとかして再現しようとしてきた，これまでほぼ1世紀に及ぶ文学的営為の頂点をなすものであった．ブロークは，弱冠20歳にして神秘的な詩篇『うるわしの淑女の歌』を携えて，文壇にデビューした．かれは，消耗と失意のうちに早世してしまうが，かろうじて最初の二つの詩集『スキタイ人』と『十二』（ともに1918）を革命ロシアに残した．

これに対し，音楽は1860年代と70年代ほどにはふるわなかった．とはいえ，リムスキー＝コルサコフは，依然，色彩感豊かな管弦楽法と精彩あふれる旋律の大家として，前進しつづけた．最後の歌劇『金鶏』は，政治的風刺を理由として検閲で発表禁止となったが，おそらくはかれの最高傑作といえよう．この時期に新たに登場したもっとも著名な作曲家はアレクサンドル・スクリャービン(1872—1915)であった．その後，もう少し若い世代のポスト象徴主義の作曲家たち（ス

最後の4皇帝

左 (向かって左から) セルゲイ・プロコフィエフ, ドミトリー・ショスタコーヴィチ, アラム・ハチャトゥリヤンの1945年の写真. 国際的な名声を誇ったこれら3人のソ連の作曲家 (ただし, ハチャトゥリヤンはアルメニア人であった) は, いずれも美しい旋律で人気を博し, 多くの作品を残した. しかし, かれらといえども批判を免れることはできなかった. 革命前にすでに名をなしていたプロコフィエフ (1891—1953) は, いったんは国外に移住したが, スターリンが登場し, 国内の秩序と繁栄を再建するかに思われた1930年代に帰国した. また, プロコフィエフより15歳年下であったショスタコーヴィチは, 1920年代に若くして大成功をおさめたが, 1930年代末には, 交響曲第4番と歌劇『ムツェンスク郡のマクベス夫人』(レスコフの恐ろしい小説を素材とした歌劇) によってスターリンの不興をかうこととなった. しかし, 交響曲第5番と第7番は喝采をもって国民に迎えられた. 文学におけると同様, 1940年代末には音楽の分野でも, 「形式主義」(およそあらゆる現代的な芸術技法に対して, こうしたレッテルが貼られた) に対する攻撃が加えられた.

上 V・カンディンスキー『コンポジションのためのスケッチ, IV, 戦闘』(1910). カンディンスキー (1866—1944) は, 最初法学を修め, 民俗調査に参加したのち, かなり遅くなってから本格的に画業に取りくむようになった. 経済的に豊かな境遇にあったかれは, ミュンヘンに移住し, ポスト印象主義, すなわち象徴主義的絵画を学び, 独自の画風を開拓していった. カンディンスキーは, 故国ロシアとの強い絆を保ちつづけた人物で, 第1次世界大戦中に帰国し, 革命後もロシアにとどまったが, かれの教育理論が受け入れられないとわかるやふたたび故国を去った.

『青騎士年鑑』と, かれ自身のマニフェストともいうべき『芸術における精神的なもの』を発表したのち, カンディンスキーは, かなり唐突に具象的絵画から抽象画へと進んでいった. 同様の転進をとげた画家はほかにもなくはなかったが, カンディンスキーはその先駆者にほかならなかった. この作品で具象的諸要素は, 激しく主情的なかれの民話的絵画世界から脱却して, 歪められた形象に変形されているが, それでもなお, 槍や騎士や虹, 街など, 具象的諸要素の若干の痕跡が認められる.

右　有名なオペラ歌手フョードル・シャリャーピン（1873—1938）の肖像を描く画家イリヤ・レーピンの1914年の写真．

トラヴィンスキーやプロコフィエフなど）が，第1次世界大戦直前にふたたびヨーロッパの第一級の音楽家の仲間入りを果たすことになる．また，この時期のロシアにおけるバレエの隆盛は，作曲の機会（すでにチャイコフスキーがそれを利用していたが）を大幅に増やす結果となった．バレエ公演自体の水準も高かった．最後に，ロシアは世界最高の歌手の1人フョードル・シャリャーピン（1873—1938）をこの時期に送り出した．

　視覚芸術はこのころにふたたびめざましい隆盛期を迎える．そのはじまりを告げたのが，1898年の『芸術世界』の創刊であった．これはアレクサンドル・ベヌア（またはブノア，1870—1960）を中心とする画家集団が出した豪華な装幀の雑誌名であるが，同時に，このグループ自身の名称でもあった．雑誌の発案者はセルゲイ・ディアギレフ（1872—1929）であった．ディアギレフは，バレエ界に専心する以前は，著名な芸術興行師であった人物で，当時最新の西欧美術をロシアに，ロシア美術を西欧に紹介したばかりではなく，埋もれた過去の芸術を当時のロシア人に紹介したりもした．また，ロシア絵画における象徴主義には，ミハイル・ヴルーベリ（1856—1910）という自前の先駆者もいた．雑誌『芸術世界』は1904年に廃刊になった．このころまでには，一般に象徴主義的傾向をもった多彩な才能が，首都だけではなく，モスクワやさまざまな地方の中心都市にも現われた．ロシア以外ではほとんど知られていない重要な画家としては，サラトフ出身のヴィクトル・ボリソフ＝ムサートフ（1870—1905）と，P・クズネツォフ（1878—1968）の2人がいる．帝国内の非ロシア人のなかからも，ロシア人と同等に，近代絵画に貢献するものが現われはじめた．

　ロシアの象徴主義時代の芸術環境は，世界の近代美術界の巨匠ヴァシーリー・カンディンスキー（1866—1944）を生み出した．カンディンスキーは終生ロシアを忘れることがなかった．1910年頃を境に，かれは画期的な抽象画における実験へと進んでゆくが，そうした針路も，論理的にはかれに先行するロシアの絵画的発展から導き出されたものであった．かれの著作『芸術における精神的なもの』（1912）は，芸術家自身の手になる芸術に関する本のうちで，もっとも影響力の大きなもののひとつといえようが，そもそもはロシアでの講義のために構想されたものであった．ロシア象徴主義の精神が送り出したもう1人の巨匠はマルク・シャガール（1887—1985）である．確かに，シャガールが名を成したのはパリにおいてであったが，かれが決して忘れることのなかったその原点は，ベラルーシ（白ロシア）の小さな町のハシディズム［18世紀ポーランドにはじまった神秘主義的なユダヤ教の一派］が支配するユダヤ人社会にほかならなかったのである．

ロシア革命前の農民生活

　ロシアの人口は一貫して農民が圧倒的多数を占めていた．1914年の時点でも，なるほど北部の農民のあいだには都市に出稼ぎに出るものも多かったとはいえ，依然として全人口の85％が農村部にあった．農民の半数は（中央ロシアでは，その比率はもっと高かったが），1861年に解放されたばかりの旧農奴身分の人びとであった．解放の条件は厳しく，農民には，完全な土地所有権も，実効ある経済扶助もあたえられなかったので，農業収入だけではとても農村住民の生活を支えることは不可能であった．したがって，手工芸が重要な副業であり，農閑期の都市への出稼ぎが生きるために不可欠となった．農民には幅広い自治権が授けられたが，かれらの自治は，より上級の地方行政や中央行政と無縁のところで行われていた．農民間の経済的・政治的不満は，1905年の第1次ロシア革命の期間中に，全国的な農民騒擾の爆発となって現われた．その後，1906年から1912年までに，一連の基本的諸改革が進められ，農民の生活条件は劇的に改善された．農業の生産性が急速に上昇し，多くの農民が，生存ぎりぎりという生活状況を脱し，萌芽的な富農へと成長していった．

上　木はロシア農民にとって万能の原材料であった．上の写真では，ある農民家族の3世代の男たちが町で売るために木のスプーンを彫っている．老農夫の手前に転がっている輪切りの丸太から，右手の篭のなかにあるようなスプーンが仕上げられてゆく．背景の農家は，100％木材のみでできた大きな丸太小屋である．季節はおそらく晩秋であろう．収穫が終わって，農民たちは副収入を得るために手工芸にいそしんでいる．

左　革命前ロシアにはキリスト教的喜捨の伝統があり，とくに農村部ではその習慣が根強かった．左の写真には，なにかの公共の建物の入口付近に陣取った農民が写し出されている．腰を下ろした老人は，ある程度の威厳を保ちながら，伝統的な哀願の仕草で片手を差し出している．少年は見習いであり，おそらくは老人の案内役でもあろう．施しをあたえる女性は，地方の地主か町の中産階級の婦人であろう．こうした施しは教会の前庭などで行われるのがもっともふつうであった．

右　工場労働者の第一世代の多くは農村出身者であった．右の写真は軍需工場を写したもので，労働者たちが砲弾の製造に従事している．かれらは，農村との人的および心情的な絆を強固に保ち，その結果，都市で吸収した知識やものの考え方を農村に持ち帰る役目を果たした．革命の思想と気運は，農村に潜入した活動家たちの努力によると同様，このような仕方でも広まっていったのである．

ロシア革命前の農民生活

左　この写真は19世紀後半のものであるが，そこには農民の信仰心の根源と，多くのロシア農民が直面した土地利用の困難さのゆえんが写し出されている．ヨーロッパ・ロシア最大の川ヴォルガの源のひとつである泉の上に教会が建てられている．これはおそらく，かつての異教時代にこの場所が崇拝の対象であったためであろう．水の精霊の崇拝は初期の東スラヴ種族のあいだに広くみられる現象で，それが河川や湖，渦巻き，泉などの神聖視をもたらした．こうした崇拝現象は，あまり有名ではない聖人に献じられる類似のキリスト教的祭礼に姿を変えて生きのびた．一般に農村文化には，キリスト教以前のスラヴ的異教時代に起源をもつ儀式や迷信，伝統などが多く認められたのである．ところで，この写真の地形は，中部および北部ロシアの多くの地方によくみられる類いのものである．森と湿地が入り組み，耕作と収穫に適した土地の割合はきわめて低い．そして農耕に適した土地でさえ，生産性は低く，気候変動の影響を受けやすかったのである．

下　農民の栄養および衛生状態はしばしば劣悪で，そのため病気に罹りやすく，凶作の年には伝染病の蔓延も珍しくはなかった．1891年は19世紀最悪の凶作年となり，この年から翌年にかけて，大規模な飢饉が発生した．写真は当時の典型的な農家の内部であるが，発疹チフス（シラミが媒介する伝染病）に罹った2人の農民が寝台に横たわっている．藁を敷いたこうした寝台が農民の一般的な寝床であった．年長者は，家屋内にただひとつしつらえられた暖炉の近くの寝台で寝た．写真の場所は，飢饉がとくに深刻であったニージニー・ノヴゴロドの近郊である．

1905年

下 テロリズムは1905年中,主として社会革命党(エス・エル)によってしばしば実行された.社会革命党の暗殺組織で1902年以来活動をつづけていた「戦闘団」は,1905年初頭,セルゲイ大公の暗殺に成功した.ニコライ帝の叔父で義理の兄弟でもあったこの人物は,モスクワ軍管区の長官でもあった.

　1905年の錯綜した諸事件こそは,1917年革命とそれ以後の20世紀ロシアの歴史の政治的前提をつくりだしたものにほかならない.広範ではあるが非組織的な市民の騒乱に明け暮れた1905年は,立憲君主制の導入とモスクワにおける革命の失敗によって幕を閉じる.当時,自由主義運動や革命運動はようやくそれぞれの政党に組織化されたばかりであったが,両者間の亀裂はただちに明らかになった.経済的諸困難と敗色濃厚な日露戦争という要因が,革命派の破壊的な煽動と結びついて,1904年末までには一触即発の社会情勢を醸し出していた.1905年1月,サンクトペテルブルグにおける皇帝派の抗議デモが流血の弾圧を被ったいわゆる「血の日曜日」事件が引き金となって,全国に抗議行動が広まった.

　急進的な闘争を指導したのは,メンシェヴィキと社会革命党(エスエル)を筆頭とするマルクス主義諸政党であった.また,進歩主義的な反政府運動を指揮したのは自由主義政党で,その代表格は,議会制度を伴う立憲君主制の樹立を目標としていた立憲民主党(カデット)であった.ツァーリ政府は結局,自由主義者の要求に屈伏し,十月詔書を発布して,選挙制の国会(ドゥーマ)という形態での議会政治を約束した.革命派への民衆の支持は急落した.かれらは国民的規模での革命を呼びかけたが,その結果は,12月,モスクワにおける武装蜂起を引き起こしたにすぎず,それも2週間で鎮圧されてしまった.

左 1905年の一連の暴動に際して,暴徒たちはしばしばバリケードを構築して,警察や軍隊に対抗した.写真の前景には,撤去されたばかりのバリケードの残骸が写っているが,写真奥の荷馬車や手押し車がその材料であった.

右 1905年段階でトロツキーは,社会民主労働党内でレーニン率いるボリシェヴィキに対抗するメンシェヴィキの指導者であり,サンクトペテルブルグに史上初のソビエト組織を結成した人物である.1917年までにトロツキーはボリシェヴィキに転向したが,かれのすぐれたソビエト理論は,ボリシェヴィキが急進的な革命諸勢力を糾合し,組織するにあたっておおいに役立った.

右奥 国会(ドゥーマ)開設の初期に首相を務めたピョートル・ストルイピンは,工業の振興と農民の地位の改善を目指して,抜本的な諸改革を実行したが,革命的テロリズムを抑えこむために採用した諸方策ゆえに,過激派のテロルの標的となった.ストルイピン暗殺は,この写真にあるような失敗を何度も繰り返しながら,1911年,ついに成功したのである.

1905年

左 このフランスの印刷画は，1905年1月22日，サンクトペテルブルグで示威行進が蹴ちらされた，いわゆる「血の日曜日」事件を描いたものである．司祭ガポン（十字架を掲げる人物）に率いられた民衆に向かって，軍隊が銃弾を浴びせかけている．橋の上ではコサック軍が，さらに多数のデモ隊に襲いかかっている．

左下 ニコライ・ブハーリンは1905年にボリシェヴィキ活動家として登場し，1920年代初頭までは，初期の共産主義国家の指導的理論家であり，「プラウダ」紙の編集にも携わった．しかし，1938年の見世物裁判ののち，思想的裏切りのかどで処刑された．近年ブハーリンは，死後の名誉回復を果たした．

下 1905年の暴動の波は軍隊にもおよんだが，有名な戦艦ポチョムキン号の反乱事件もそのひとつである．ポチョムキン号は黒海艦隊の老朽化した予備艦船であったが，メンシェヴィキの影響のもと，乗組員たちが船を奪い，ルーマニアに航行して，その地の当局に投降した．ポチョムキン号は，エイゼンシュテインの有名な映画（1925）の結果として，革命の崇拝対象となった．エイゼンシュテインの映画には，英雄的神話の創造を目的としたために，必ずしも事実関係に忠実ではない面がある．

革命と社会主義国家の建設

日露戦争と第1次ロシア革命

ロシア社会に潜在する緊張は、1904—05年に戦争と国内危機が第1次ロシア革命を引き起こすまで、抑圧された状態にあった。日露戦争（1904—05）は、ロシア側の完全な敗北に終わる。戦争の原因は、義和団事件（1900—01）によって中国の権威が衰えて以後、中国東北部と朝鮮半島に対して支配権を確立しようとした日露間の確執にあった。戦争は、ロシアの新しい海軍基地がおかれていた中国北部遼東半島の旅順港を、宣戦布告なしに日本が攻撃したことによって、火蓋が切られた。ロシア国内において、この戦争は当初から国民の支持をえられなかった。極東におけるロシア帝国の戦略的利害などは、国民の想像力をあまり刺激しなかったからである。

中国東北部における地上戦で、ロシア軍は一連の敗北を喫したが、奉天会戦（1905年2月）以後、日本軍のそれ以上の進撃をなんとか食い止めることに成功した。それに対して、海戦は破滅的であった。日本海軍によって旅順港を封鎖されたロシア海軍は、その強行突破をはかったあげく、ほとんどの艦船を撃破されてしまった。旅順救援のために、皇帝は現実離れした無謀な遠征を命じ、その一策として、バルチック艦隊が、大西洋、インド洋、南シナ海経由で朝鮮半島へ派遣されることとなった。艦隊は1904年10月に出航し、翌年5月に目的地に到達した。しかしその間に、1904年12月、すでに旅順は降伏してしまい、その結果、到着したバルチック艦隊は、日本海軍に対峙したとき、ひとつとして避難すべき港をもたなかった。対馬海峡における海戦は、ロシア側の全艦隊が撃沈されるという結果に終わった。戦争は、1905年9月のポーツマス条約によって終結するが、この講和会議では、皇帝の強力な全権代表セルゲイ・ウィッテ伯の活躍によって、ロシアはかなりの好条件を引き出すことに成功した。しかしながら、戦争に対するロシア国民の深い失望感は、すでにこの講和以前に、1905年革命の勃発を促していたのである。

旅順陥落の知らせはロシア全土に衝撃をあたえ、時を同じくして、サンクトペテルブルグでは工場労働者のストライキが広まっていった。このストライキは、主として労働条件に関わるもので、政治的というよりは社会的な諸問題が焦点となっていた。1905年1月、労働者の生活条件改善を訴える親皇帝派群衆の大規模なデモ隊が、皇帝への請願を意図して、冬宮に押し寄せた。この群衆に、冬宮の警護の軍隊が発砲し、130名の死者と多数の負傷者を出した［冬宮以外の場所を加えると死者は1000人近かった］。これが有名な「血の日曜日」事件である。治安維持に際してのこうした惨事が、結局、国民的規模での大事件に発展してゆくことになる。

反感の波が全ロシア社会を駆けぬけ、改革への政府の消極的態度と敗色濃厚の戦争に対する一触即発の憤りが燃えあがった。さまざまな傾向の反政府派が活動を強め、かれらの訴えはますます広く国民に受け入れられるようになった。対馬海戦完敗の報が、政府の信頼感をいっそう衰えさせた。こうした社会的不満は、1905年10月、ロシア最初のゼネラル・ストライキに際して頂点に達した。ストライキ参加者のもともとの要求は、憲法制定会議の召集にはじまり、抑圧的な非常立法の撤回、市民的自由、労働時間の短縮などであったが、ストライキの主導権はまもなく急進派の手に移り、その要求も革命的性格を帯びるようになった。サンクトペテルブルグで指導権を握ったのは、創立したばかりの労働者ソビエトである。これは、プロレタリアートの代表を自認する極左的な評議会であったが、レオン・トロツキーをリーダーとするメンシェヴィキが、その支配的勢力であった。

その10月に帝国政府は、皇帝の頑迷な反対にもかかわらず、反政府派の中心要求に同意をあたえ、専制を立憲君主制に改造する旨を宣言した。卓越した政治家セルゲイ・ウィッテによって作成された十月詔書は、基本的な市民的自由（個人の権利、思想・集会・結社の自由など）と選挙権の拡張、新設される国会への立法権の賦与を承認した。ドゥーマという名称の国会が、政党の政治参加を基礎にして、全国民的選挙によって構成されることとなった。政治参加はあらゆる政党におよび、もっとも急進的な革命政党でさえ除外されることはなかった。この刷新は、ロシアに議会制民主主義をもたらした。それは、同時代の西欧諸国のもっとも進んだ立憲君主制と比較しても、等しい水準のものだったといえる。第1回選挙は、1906年の春に実施される運びとなった。

大多数のロシア国民は、十月詔書と国会開設の見通しをえ

左　19世紀と20世紀の変わり目のロシアに登場した傑出した政治家は、セルゲイ・ヴィッテ伯であった．かれは多くの閣僚ポストを歴任し、各分野にその足跡を残した．ウィッテの業績は、内政における経済改革や国会開設にはじまり、ポーツマス条約締結時の巧みな外交交渉にいたるまで、幅広いものであった．日露戦争を終結させたポーツマス条約の内容は、ロシアに有利な内容であった．

下　ボリス・クストーディエフ作『ボリシェヴィキ、1905年』．この絵は、ロシアの知識人や芸術家の多くが共有した、ボリシェヴィキ革命に対するロマンティックなイメージを伝えている．クストーディエフは、ロシアの地方の風景、農民や商人たちの生活を、根底に強い生命力と民族的ダイナミズムを湛えながら、エキゾチックなタッチで描いたことで知られる画家である．この作品の寓意的な巨人は、ありふれた労働者の姿でボリシェヴィズムを象徴したものである．巨人は、意図的に構成されたモスクワ市街の風景を見下ろしながら、赤旗を打ちふり、決然とした表情で大股でのし歩く．通りには渦巻く革命的民衆があふれている．

て、熱狂した．他方、ゼネストは勢いと支持を失った．その原因は、ストライキ自体が失業と生活苦を増大させたことにあったが、それと並んで、国会開設が、革命派からは期待できない目にみえる変化を約束したためでもあった．さらに、予想外にロシアに有利な内容となったポーツマス条約の知らせも、国内の雰囲気を沈静化させるのに役立った．

革命派の指導者たちは、労働者階級における主導権を失ったにもかかわらず、活動の強化を決定した．しかし、11月に決行を呼びかけた新たなゼネ・ストは、労働者の職場復帰を実力で阻止する類いの行動であったため、失敗に終わった．こうした破壊的戦術を指導したのは、サンクトペテルブルグ・ソビエトであったが、この組織も12月には警察権力によって解散させられてしまった．この措置に対する抗議ストもまったくの失敗に終わった．さらに革命派は、モスクワで武装蜂起を決行し、12月の1週間を戦い抜いたが、それがかれらの最後の抵抗となった．1905年革命は失敗であったといえる．その原因は、革命派の指導方針が、大多数のロシア国民のより自由主義的で漸進主義的な政治志向と調和しなかったためであった．

1905年革命の諸結果

1905年革命が衰えたのち、帝国の政治構造の、革命的というよりは漸進的な変化の時期が9年間つづく．この時期にはまた、ほとんどの文化領域におけるかなりの多様化の現象が観察されるのである．1905年の十月詔書が公約した諸改革は、実現の容易なものではなかった．革命はまだ真っ盛りの状態にあり、帝国の行政当局は、国会との権力共有に対する警戒心をいまだ捨てきれず、新しい立法機関に参加した自由主義的政治家たちは、ほとんど現実政治の経験をもたなかった．それでも大多数の国民は、本質的には宣言が公約した内容で満足した．革命運動が衰えてゆき、政府は徐々に完全な権威を回復することができた．

第1回国会は、1906年3月の選挙をへて、翌4月に召集された．40以上の政党・党派が代表を送りこんだが、第一党は、自由主義的な立憲民主党（カデット）であった．ツァーリ政府と政府を支持する右派の諸政党にとって、この国会は、あまりに自由主義的なものとなった．それゆえツァーリは、国会が保守派の貴族たちの利害を犠牲にして、基本的な土地法改革を可決しようとしたとき、大権を行使して、国会解散を断行した．

第2回国会は、あらためて選挙が行われたのち、1907年3月に召集された．この国会は、ボリシェヴィキが国会に参加したこともあって、第1回にもまして反政府的となり、そのため第1回以上に短期間で解散させられてしまった．その後政府は、十月詔書の条項に反して、保守層有権者からの議席数を拡大する方向で、選挙制度改革を実施した．

その結果、第3回国会では右派の諸政党が多数派を占めたので、この国会は5年間の任期（1907—12）をつつがなく全うすることができた．第3回国会は、こうした右傾化にもかかわらず、多くの改革を実現させた．地方裁判制度の改善と教育制度の拡張によって、完全な市民的諸権利を農民層にまで広げたことなども、その一例である．さらに右傾化が進んだ第4回国会（1912—17）では、おもに戦時政策が審議対象となり、ついには、1917年革命の勃発に遭遇することとなる．

国会の理念は、たえず政府の干渉にさらされたにもかかわらず、貴重な政治参加の場として、広範な国民に受け入れられていった．政治参加は、多数の政党の出現という事態に示されるように、幅広い国民諸層の支持に立脚していた．諸政党は、あらゆる傾向の政治的立場を反映し、なかには、民族的・地域的利害を代表するものもあった．その成果は玉虫色であったとはいえ、ロシアにおいても議会政治が緒につきつつあるのは、だれの目にも明らかであった．こうした漸進的発展の気運は、1905年から1914年にかけて、革命運動が劇的に衰退し、経済の生産性が顕著に上昇したという事情からも、はっきりと確認することができる．

この同じ時期に、ロシア文化のあらゆる領域において、相当程度の多様化が進行してゆく．ロシアの教育ある読者層が選択しうる書物の数は、かつてなかったほど増大した．1912年を例にとると、ほとんどあらゆる傾向の論調をもった2167種類の定期刊行物が出版された．検閲は、革命派の出版物に対してさえ手ぬるく、1906年から1914年のあいだに、ボリシェヴィキとメンシェヴィキだけで3300点の出版物を合法的に刊行した．

革命の敗北によってもっとも著しい影響をこうむったのは、おそらくは文学、とくに詩の分野であった．アレクサンドル・ブロークやアンドレイ・ベールイの動向が示すように、象徴派は、政治的メシアニズムから神秘主義的内省と唯美主義へと転向していった．ドミトリー・メレシコフスキー（1866—1941）やレオニード・アンドレーエフ（1871—1919）のような象徴派の散文作家は、歴史小説の形態での神秘主義や、デカダンス文学にそれぞれ移行していった．代わって、文学におけるリアリズム運動が影響力を強めていった．そのきっかけは、鋭い社会批評家という名声から出発したマクシム・ゴーリキー（1868—1936）の小説と、イヴァン・ブーニン（1870—1953）の登場であった．貴族の没落過程を描いたブーニンの短編・中編の作品は、リアリズムと深い心理分析とを結合させたものであった．これら以外にも、西欧のもっとも進んだ国々の状況と変わらないほどの文学・政治月刊誌の隆盛や、果ては、性愛を主題とした小説や官能小説さえの出現にいたるまで、さまざまな点で文学情況の展開がみられた．性愛小説のジャンルで随一の人気作家となったのは、ミハイル・アルツィバーシェフ（1878—1927）であった．

1905—14年の時期に、もっとも創造性と多様性を発揮した文化領域は、舞台芸術である．演劇は、コンスタンティン・スタニスラフスキー（1863—1938）のモスクワ芸術座とフセヴォロド・メイエルホリド（1874—1940）の帝室アレクサンドロフスキー劇場の刷新的活動を先駆として、影響力と人気を高めた．また、バレエも、サンクトペテルブルグ帝室舞踏学校のミハイル・フォーキン（1880—1942）の振り付けなどの影響によって、水準と創造性を高めたが、その集大成はセルゲイ・ディアギレフの「バレエ・リュス」結成であった．ところで、演劇もバレエも、装飾と舞台装置をかつてないほど重視した．それが刺激となって、今度は装飾芸術が開花することとなった．舞台美術を担当した画家は、主として、『芸術世界』グループに関わった人びとであり、その筆頭にあげられる画家たちはみな、新しい実験的な絵画技法の率先者であった．こうした想像力豊かなプロデューサーと振り付け師と画家のみごとな協力によって、ロシア文化の伝統的要素と純粋に刷新的要素とが巧みに調和した、刺激的かつ大胆な舞台芸術がロシアに出現した．

舞台芸術に幸いであったのは、この時期、ロシア音楽がすばらしい作品群を生み出したことである．稀にみる多様な作曲家たちが名をなし、20世紀ロシア音楽の名高いレパートリの大部分を創作した．そうした音楽革新の第一人者となったのは、イーゴリ・ストラヴィンスキー（1882—1971）である．かれの『火の鳥』が1910年に初演され、翌年『ペトルーシカ』が、つづいて1913年に『春の祭典』が初演された．これとは異なって、スクリャービンはいわば非正統的な楽風を追求し

チェーホフとモスクワ芸術座

　辺境の港町タガンログ出身で、農奴の祖父をもつアントン・チェーホフ（1860-1904）は、モスクワに出て医学を学ぶかたわら、生活の資を稼ぐ必要から、新聞紙上にユーモラスな短編やコントを書いた。やがてチェーホフは免許を取得して医者となるが、それ以後もますます多くの時間を著作に打ち込みつづけた。かれの小説はしだいに長いものとなり、物語の筋よりも人物の性格や雰囲気により多く依存するいっそうシリアスなものに変化していった。チェーホフは、ことさらに「ドラマ性を殺した」長編戯曲も発表したが、それらはあまり好評とはいえなかった。チェーホフが世界的な劇作家と認められるのは、新設されたモスクワ芸術座がかれの作品を取りあげて以後のことにすぎない。それはすでにチェーホフ晩年のことであった。

　モスクワ芸術座の創設者は、コンスタンティン・スタニスラフスキー（1863-1938）とウラジーミル・ネミロヴィチ＝ダンチェンコ（1858-1943）である。それは、この両者がレストラン「スラヴャンスキー・バザール」で有名な会合を行い、夕食をとりながら12時間におよぶ討論を交わしたとき（1897）にはじまる。当時の演劇状況に満足できなかった2人は、新たな劇団を創立した。その劇団は、「スター」に依存せず、安易なメロドラマ調を避けて、全身全霊の演技と内面的真実を要求するものであるべきであった。スタニスラフスキーとネミロヴィチ＝ダンチェンコは、1898年、チェーホフの『かもめ』を上演し、ただちに成功をおさめた。その後かれらは、結核の病状が相当悪化していたためにヤルタへの転地を余儀なくされていたチェーホフを鼓舞して、かれの代表作となる3作品（『ワーニャ伯父さん』、『三人姉妹』、『桜の園』）を執筆させた。

下　チェーホフ『かもめ』（第2幕最終場面）に対するスタニスラフスキーの演出ノート。詳細な注意書きが細かく書き込まれている。

右　現代劇によって名声を確立したモスクワ芸術座であったが、そのこけら落としは、19世紀中頃の多才な詩人A・K・トルストイの史劇『皇帝フョードル・イヴァノヴィチ』であった。細部まで入念に仕上げられた衣裳や小道具は、スタニスラフスキー演出のトレードマークとなった。

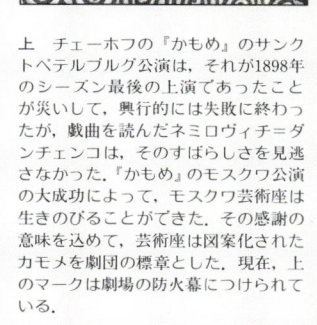

上　チェーホフの『かもめ』のサンクトペテルブルグ公演は、それが1898年のシーズン最後の上演であったことが災いして、興行的には失敗に終わったが、戯曲を読んだネミロヴィチ＝ダンチェンコは、そのすばらしさを見逃さなかった。『かもめ』のモスクワ公演の大成功によって、芸術座は生きのびることができた。その感謝の意味を込めて、芸術座は図案化されたカモメを劇団の標章とした。現在、上のマークは劇場の防火幕につけられている。

右　モスクワ芸術座で出演者たちに『かもめ』を読み聞かせるチェーホフ。かれの右肩ごしにスタニスラフスキーが熱心にのぞきこんでいる。

左　1900年のチェーホフ（左）とゴーリキー。当時40歳のチェーホフは、すでに結核におかされ健康状態ははかばかしくなく、結局、数年後にはそれが原因で死去することになる。チェーホフより8歳年下のゴーリキーは、この前年に最初の小説『フォマー・ゴルデーエフ』を発表したばかりであった。1902年にはかれの戯曲『どん底』がモスクワ芸術座で上演された。この年ゴーリキーはアカデミー会員に選ばれたが、革命運動との関わりゆえにこの選出は取り消されてしまう。チェーホフは、革命派ではなかったが、これに抗議して会員を辞任してしまうのである。

た．また，古典的な伝統を発展させた作曲家としては，まず第一に，セルゲイ・ラフマニノフ（1873―1943）をあげるべきであろう．

こうした豊かな成果にもかかわらず，芸術家たちは，ロシアにおける多元主義的な政治過程の進展に，よくても無関心にとどまり，悪ければ敵意さえ抱いた．そうした敵意は，詩人たちのあいだでもっとも強烈であった．かれらは，自分たちを取り巻く現実を寓意的観点からみた．かれらが待望したのは，ロシアを救済の新時代へと転生させるであろうところの，終末論的媒介としての革命であった．散文作家も，同様の非現実的な宿命論に陥りがちであった．1905―14年期の文学的エリートたちのこうした屈折したロシア観こそが，確かにある程度は，時代に対する拒否的な態度を醸成する力となったのである．政治的進化と文化的多様化は，十分に相互作用することなく，それゆえ，ロシアの教養階級のなかに，共有される市民的価値や目標を生み出すことがなかった．

帝政の黄昏

1905年以後の政治的・文化的動向は，ニコライ2世と皇室を，ますます時代の雰囲気から疎外してゆくことになった．その原因はおもに，ニコライ自身の性格と皇室の異常な暮らしぶりに求められる．皇帝は，その生涯を通して，知性と視野の狭さから脱却できず，保守的傾向が強く，同類の人びとの影響と操作を受けやすい人物であった．かれは，1905年の十月詔書をやむをえずしぶしぶ承認したが，立憲君主制を導入する意思などはもたなかった．かれが任命した閣僚たちはみな，国会に対する不信感を共有していたし，その能力も十分ではなく，内政においても外交においても，革新的ないし上首尾の指導力を発揮することができなかった．ただ1人だけ，驚くべき例外的人物であったのが，ピョートル・ストルイピンである．ストルイピンは，1906年から暗殺される1911年まで首相を務め，必ずしも第1回国会が提唱した改革案と無縁ではない大規模な土地制度改革を実施した政治家であった．政治的には，ニコライはますます極右勢力と一体化していった．一般に当時の世論は，立憲制的実験を歓迎し，国会に大きな期待をつないでいたので，国会に対する皇室の敵意は，皇帝とその政府に跳ね返ってくるほかなかった．この間に，ツァーリのイメージは悪化し，ニコライに対する国民の無関心は，しだいにロシア全土で侮蔑感へと変容していった．

ニコライ2世の人気の衰えは，皇室の家庭の事情によってさらに加速された．とりわけ大きな影響をあたえたのが，皇后アレクサンドラの奇矯な振舞いであった．ドイツの公女として生まれたアレクサンドラは，気性の激しい女性で，国政を含んだあらゆる問題において，気弱な夫に強い影響をあたえた．彼女自身は，政治に関心はなく，当時流行した狂信的な神秘主義に傾倒し，心霊的・オカルト的現象に熱中した．彼女の差し金で，皇室には占い師や霊媒師や巫女などが満ちあふれる始末であった．こうした喰わせ者たちを皇后が偏愛しているという事実は，恰好のゴシップの種となって広まり，悪名高いグレゴリー・ラスプーチンの登場以前においてすら，嘲笑の的となっていた．シベリア農民の出で，霊能力をもつと信じられたラスプーチンは，1905年以降，皇室と宮廷の寵児となった．ラスプーチンの例外的な地位は，何よりもまず，かれがその名高い霊能力によって血友病の皇子アレクセイの内出血を止めたことにはじまる．粗野で淫蕩なラスプーチンは，アレクサンドラの全幅の信頼をかちとった．かれはしばしば国政を論評し，それを操ろうとしたが，そのことはとりもなおさず，アレクサンドラを介して，かれの見解が見境いなく皇帝に押しつけられることを意味した．ラスプーチンは

革命と社会主義国家の建設

しだいに直接国事に容喙するようになり，かれの個人的好みが閣僚の任免をも左右するにいたる．宮廷におけるラスプーチンの存在は，すでにニコライ2世の怠慢と無力によって傷つけられていたロマノフ王朝のイメージに対し，筆舌につくしがたい打撃をあたえたのであった．

ロシアと第1次世界大戦

ロシアは，バルカン問題への深い関与と，英仏との三国協商にもとづく義務から，第1次世界大戦に参戦することとなった．バルカン半島におけるロシア外交の主眼は，当時オスマン帝国の支配から独立したばかりのバルカン諸国に対するオーストリア＝ハンガリー帝国の影響力の増大を阻止することにあった．したがって，オーストリア＝ハンガリー帝国がセルビアの独立を脅かしたとき，ロシアは，セルビアの支援に乗り出すことを自らの義務と感じ，軍隊の総動員令を出したが，宣戦布告を発することはなかった．オーストリア＝ハンガリー帝国の強力な同盟国ドイツは，この行動を口実としてロシアに宣戦布告を発し，その後ただちに，フランスに対しても戦争を宣して，世界大戦突入の道を急いだ．その結果，イギリスも参戦を余儀なくされ，また，同盟国に対する条約上の義務から，ロシアの参戦も決定的となったのである．世界大戦が勃発すると，ロシア全土は愛国主義の大波によって沸きたった．（革命諸政党をのぞいたすべての）政党間の相違は棚上げされ，社会的対立も後景に退いてしまった．ストライキが中止され，ツァーリの人気さえある程度の回復をみせた．

戦争は4月の第1週にはじまった．それから1914年末までに，ロシアは敗北と勝利をともどもに経験することになる．東プロイセンでのドイツに対する大作戦は，タンネンベルクの戦いにおける壊滅的な敗北で終わったが，ガリツィアでのオーストリア＝ハンガリー帝国に対する大規模な攻撃作戦には勝利し，さらには，ワルシャワを目指したドイツ軍の侵攻を阻止することにも成功した．翌1915年は，ロシアが幸運に見離された年であった．東部戦線の兵力を全面的に立て直したドイツ軍は，春になると大攻勢に出，ただちにロシア軍を全面撤退に追い込んだ．秋までにロシア軍は，ポーランドとバルト諸州から駆逐され，ウクライナとベラルーシ（白ロシア）の大部分を喪失してしまった．しかし，補給線が伸びきったドイツ軍がそこでいったん進撃を停止せざるをえなかったのは，ロシアにとって不幸中の幸いであったといえる．翌年，ロシア軍はドイツ軍に対する反攻に出たが，これは失敗に終わり，他方，オーストリア＝ハンガリー帝国に対するもうひとつの反撃作戦には成功した．後者は，ブルシーロフ将軍の指揮下に行われた有名な夏季攻勢で，遠くガリツィアまで失地回復を果たした．

戦争はロシアに，深刻な社会的・経済的緊張をもたらした．ロシア軍の被害は甚大で，武器，軍需物資，食糧など，どれをとっても慢性的欠乏に悩まされた．政府による戦争経済予測の甘さが，軍隊内部にも，また，開戦以来目にみえて生活状態が悪化していた銃後にも，不満を引き起こした．戦時体制に移行したロシア経済は，急速に歪んだものになっていった．軍隊への大量動員によって生じた労働力不足が，軍需生産を弱体化し，兵器その他の軍需物資の供給を不可能にした．同様に，前線への食糧供給が都市での不足を引き起こした．成年男子の大部分が前線にあったため，租税収入が減少した．歳入の減少と，深刻化する物不足によって加速されたインフレーションをしりめに，政府の歳出は逆に増加していった．

1915年になると，一部は経済的困難に起因して，また一部は政情不安ゆえに，社会的モラルの退化現象が観察されるようになった．1915年の軍事的失敗以後，国会が事実上，戦争遂行における帝国行政府の役割を肩代わりしはじめ，行政府が信頼できる内閣を組織するよう，以前にもまして執拗に要求するようになった．ニコライは，自ら最高司令官に就任することによって，そうした政治危機をなんとか回避しようとした．しかし，最高司令官としてのニコライの優柔不断は，むしろいっそう，かれのイメージを損なう結果をもたらした．皇帝派は，ラスプーチン暗殺計画という，絶望的な宮廷浄化の試みを実行した．かれらは，暗殺そのものには成功したが，それによってもなお，ニコライを鼓舞して質的に新しいなんらかの指導力の発揮にいたらしめることはできなかった．い

右　**1914年ヨーロッパの国際関係**
1914年のヨーロッパには二つの主要な同盟関係が存在した．中部ヨーロッパの同盟側（ドイツとオーストリア＝ハンガリー帝国）と協商側（イギリス・フランス・ロシア，やがてイタリアが加わる）である．当時，ロシアとオーストリアの外交政策の焦点はいずれもバルカン半島に向けられていた．1913年のバルカン戦争の結果，半島に対するトルコの支配が解消されると，オーストリアは，権力の空白に乗じてボスニアとヘルツェゴヴィナを併合した．南スラヴ人のギリシア正教の王国セルビアとモンテネグロは，オーストリアを恐れ，ロシアに支援を求めた．ボスニアの首都サラエヴォで，南スラヴの1人の民族主義者によってオーストリア皇太子が暗殺されたことをきっかけとして，ロシアとオーストリア間に紛争が勃発し，それが同盟関係のゆえに，ただちに第1次世界大戦に拡大していったのである．

左奥　第1次世界大戦前夜，ロシアの国民生活は概して安定し平穏なものであった．上流社会では，シュヴァーロフ伯爵夫人主催の大晩餐会（写真）のような催しがしばしば行われ，上流の人士がそれに集った．そのようなかれらの生活も，戦争によって中断され，ついには革命によって破壊されてしまうのである．着席するゲストは，士官たちと，おそらくは高官や事業家などの民間人であろう．写真にあるような若い将校たちの多くは，大戦後の内戦期になると，共産主義体制と戦うために白軍に身を投じた．

左　諸外国は，大戦前のロシアをときとして懐疑的なまなざしでみた．左はフランスの政治風刺画であるが，フランスから財政援助を受け取るロシアが，ニコライ2世の姿で表現され，当のフランスは戯画化された閣僚の姿で表されている．かれらの馴れあいの取り引きの様子を，プロイセンの鷲に仮託されたドイツが背後から窺っている．

まとなっては，ラスプーチン暗殺によってさえ，ロマノフ朝そのものと，崇敬すべきツァーリの観念の決定的没落を阻みえなかったのである．

ロシアの国内情勢は，1916年末にいたって，危険な状態にたちいたった．ツァーリは，政治的に孤立したばかりか，広範な侮蔑の対象となった．国会は，確たる自信はなしに，また，依然として立憲君主制の枠を越えずにてはあったが，少しずつ中央政府の役割に近づきつつあった．社会全体では，経済的困難と治安の悪化，戦争への幻滅，さらには，国の政治的リーダーシップにおける混乱に対する狼狽などの諸要因が，国民道徳の破綻を引き起こした．自由主義者と左翼の政治家たちには，根本的な政治革新の好機が到来した．かれらは，多元主義的な議会政治の方向への変革を考えて，実際にそれを計画した．他方，レーニン指導下のボリシェヴィキを含む，暴力革命志向の急進政治家たちは，国民世論のなかに敗北感を醸成することに努め，ストライキの組織に取り組んだ．ストライキは，1916年に入って再発しはじめ，新たな高まりをみせた．

二月革命と臨時政府

1916―17年の冬を通じて，首都ペトログラード（サンクトペテルブルグはロシア風にこう改名された）の政情不安は急激に高まった．国会は，ふたたびニコライに内閣改造を要求した．新しい内閣は，国会に受け入れられ，かつまた，国民の信頼を回復しうるものでなければならなかった．これに対し，ツァーリは国会解散の勅令をもって応えたが，国会は解散を拒絶し，2月27日には，事実上，政府の役割を引き受けた．孤立し，権力を喪失したニコライは，結局，3月2日になって退位せざるをえなくなった．かくして，二月革命は，1905年以来つづいた国会とツァーリ間の主導権争いを，本質的には非暴力的に解決し，君主政治に対する立憲政治の勝利をもたらしたのである．その後，国会は選挙管理内閣の役割に徹し，直接選挙によるまったく新しい議会政治への地ならしを進め，それゆえ，自らを臨時政府に改組した．しかし，その指導力は，もうひとつの政府の出現によって，きびしく阻害されることとなった．もうひとつの政府とは，すなわちソビエトと呼ばれる評議会のネットワークにほかならなかった．

臨時政府は，主として，国会の主流派であった自由主義派と穏健保守派から構成された．社会主義勢力，とくにその急

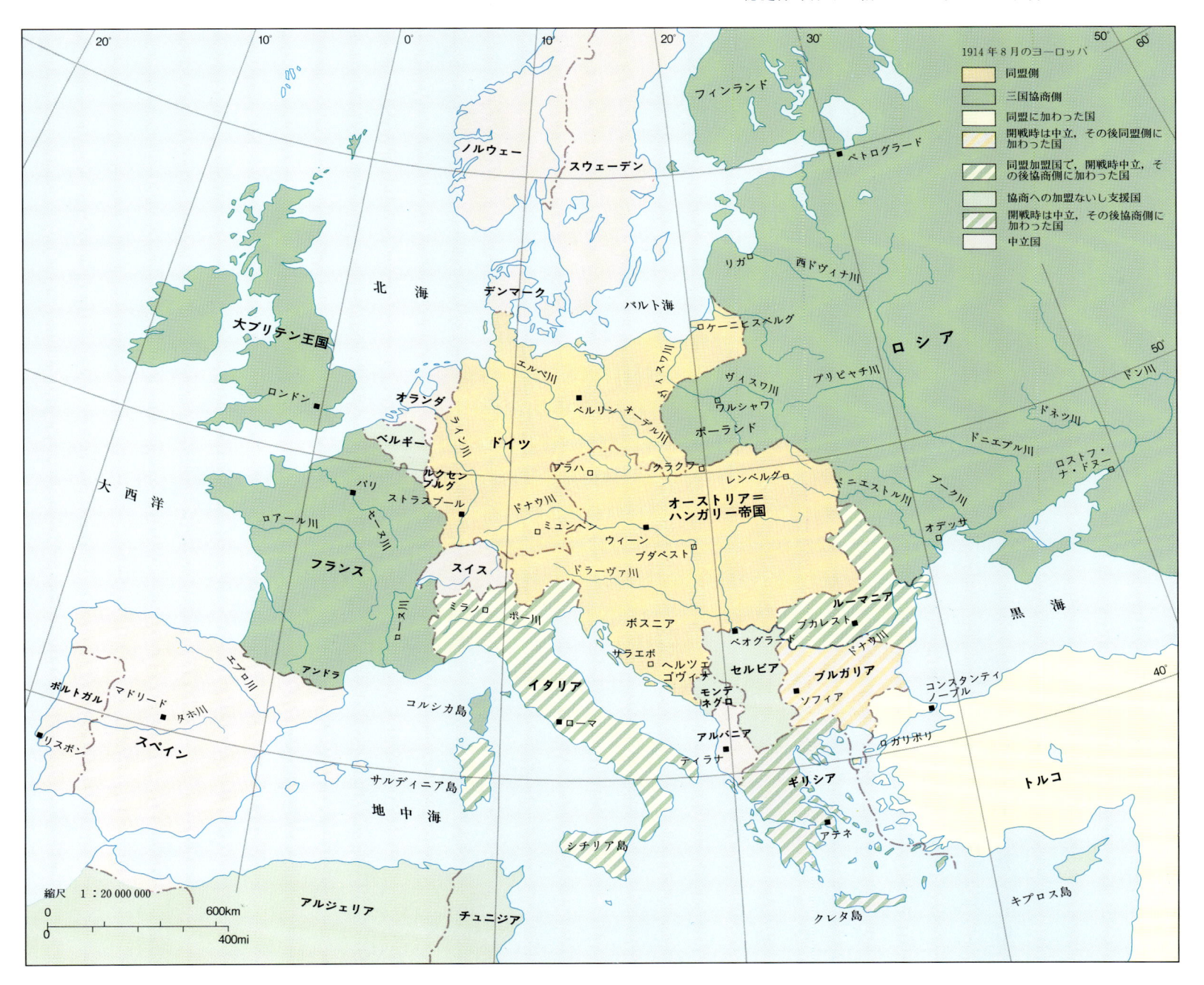

革命と社会主義国家の建設

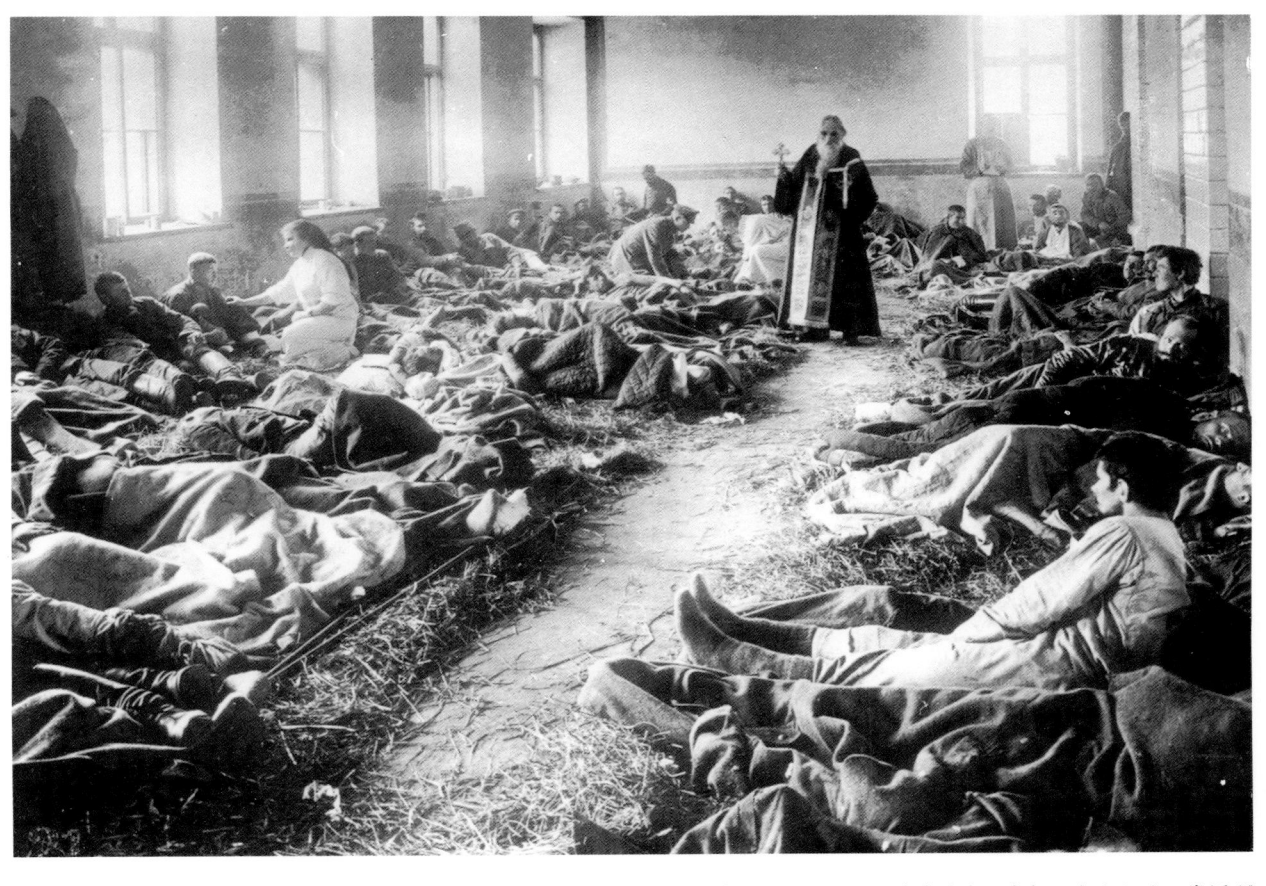

右　第1次世界大戦中の東部戦線のロシア軍野戦病院で、負傷兵たちに祝福をあたえるギリシア正教の司祭。野戦病院の内情は劣悪で、重傷者も軽傷者もともに、藁が敷かれたむきだしの地面に横たえられている。画面には、ただ1人の看護婦と数名の衛生兵がみえるにすぎない。司祭は、1人ひとりを祝福するか、あるいは最後のミサをあげているのかもしれない。このような実情のため死亡率は高く、生存者のあいだにも不満が満ちていた。そうした事情が、革命前夜の時期に、軍隊内部の士気の低下を促進したのである。

左　第1次世界大戦
ロシアが第1次世界大戦に参戦したのは、同盟国イギリスとフランスを支援する義務からであった。緒戦においてロシアはある程度善戦し、そのことが、愛国戦争の統一効果によって一時的に高まっていた国民の士気を支えつづけた。しかし、1915年にドイツが東部戦線の兵力を増強し、ロシアに大打撃をあたえると、戦争は深刻な経済的・社会的不安要因に転化してしまった。その年の秋までに、ロシア軍はポーランドとバルト諸国から駆逐され、ウクライナとベラルーシ（白ロシア）を失うにいたった。翌年には、ブルシーロフ軍のガリツィア侵攻に代表される若干の反撃の成功をみたが、戦場における甚大な人的損失と食糧・弾薬の欠乏がロシア軍の士気を低下させ、反乱さえ起こりかねない状況にたちいたった。軍隊内における反乱こそボリシェヴィキが唱導してやまないものであった。逃亡兵士もあとを断たなかった。ボリシェヴィキが政権を掌握し、戦争に終止符を打ったとき、ブレスト＝リトフスク条約（1918年3月）でロシアは、広大な領土のドイツへの割譲を余儀なくされた。1917年7月に独立を宣言したウクライナ共和国は、ボリシェヴィキ政権と戦うために、ドイツとオーストリアの影響下に入った。また、もともとはムルマンスクとアルハンゲリスクの武器弾薬庫をドイツ軍の攻撃から守るためにロシアに派遣されたイギリス軍も、1918年にはボリシェヴィキ打倒という同じ目的でロシア駐屯をつづけ、反ボリシェヴィキ派の将軍たちを支援したが、その試みもついに空しく終わった。

進派の国会議員たちは、別の権力基盤を求めた。それが、形成されつつあったペトログラード労働者・兵士代表ソビエトである。それは、ゆるく組織された流動性の高い人民評議会で、急進的な社会主義政権の樹立を目指していた。このペトログラード・ソビエトが、事実上、もうひとつの政府となった。臨時政府を支持したのが高学歴層と商業者階級であったのに対し、ソビエトの支持基盤は、識字能力も十分とはいえない工場労働者と兵士たちであった。

臨時政府は、一連の基本的改革の草案作成に着手した。そのうち、もっとも重要であったのは、憲法制定会議召集のための基礎的諸条件の創出であった。憲法制定会議は、全国民を代表する自由選挙による議会、そして、それを通じてロシアに新しい形態の民主政治をもたらすはずのものであった。選挙制度改革によって、普通選挙と秘密投票の制度が生まれた。それは、間接選挙と制限的選挙権を基盤とした国会選挙制度とは対照をなすものであった。ゼムストヴォ、すなわち地方自治会が再組織され、それが、1917年秋に予定される憲法制定会議選挙のための選挙人名簿の作成を任された。臨時政府は終始、政治過程における合法性の尊重と、政策遂行における議会手続きの遵守にこだわりつづけた。

ソビエトは、これとはまったく性質の異なる政治組織であり、人民の発声投票によって選ばれた代議員からなる場あたり的な会議であった。その構成はきわめて流動的で、運営に際しての明示された行動規範もなく、はっきりとした規則や手続きにも欠けていた。ソビエトの集会は、しばしば混乱を極め、その実際の指導・行政機能は、一握りの指導者グループの手に集中した。ソビエトの政治的構成は、ほとんどが社会主義者であり、それに、労働者の真の利害を代表すると標榜する少数の急進派グループが加わっただけであった。ソビエトが掲げた目標は二つある。第一は、ロシアに完全に社会主義的な体制を創出すること、そして第二に、すべての非社会主義的政治勢力の解体である。かれらが「ブルジョア的」ないし「資本主義的」などのレッテルを貼りつけた、こうし た政治勢力のなかには、臨時政府に参加したあらゆる党派が含まれていた。

ソビエトにおける最大勢力は、農民層に幅広く支持された急進的なナロードニキ派である社会革命党、第二勢力は、多数派のメンシェヴィキと少数派のボリシェヴィキに分裂していた社会民主労働党であった。1917年春、レーニン率いるボリシェヴィキは、独立の政党を結成するために、社会民主労働党を脱党した。ボリシェヴィキは、ソビエトにおいてはほんの少数派にすぎなかったが、よく組織され、活動的でもあったので、その数以上に大きな影響力を行使しはじめた。かれらは、ソビエトがただちに全面的権力を掌握すべきである、という極左的立場を一貫してとりつづけた。

ソビエトという概念は、急速にロシア全土に広がり、軍隊内部にも、また、ほとんどすべての都市や町や村々にも地方ソビエトが出現した。これらの組織はみな、ペトログラード・ソビエトの究極的な国民的権威を承認した。ソビエトは、1917年の中頃までに、ロシア全国にわたって、中央から地方にいたるまでの国家機関の役割を、事実上、代替するものとなった。これに比べて、臨時政府は、首都における支持基盤もはるかに狭く、農村部に設立された地方自治機関ゼムストヴォに対する権威もずっと薄弱であった。

国民的統治機関としてのソビエト運動の潜在能力は、6月に開催された第1回全ロシア労兵・ソビエト大会によって確認された。この大会でボリシェヴィキは、650名以上の代議員総数のうち、わずか16％を占めたにすぎなかった。かれらの極左的方針は繰り返し拒絶に遭い、レーニンも、大会で自己の見解を押し通すことができなかった。確かに、1917年10月にいたるまで、ロシアの権力と政治の指導者として登場したのは、レーニンではなく、ペトログラード・ソビエトの副議長であったもう1人の社会主義者アレクサンドル・ケレンスキーだったのである。ケレンスキーは、一時的にソビエトと臨時政府を糾合することに成功した。

夏も終わりころ、臨時政府は二つの大きな脅威に直面した。

そのひとつは，7月にレーニン指導下のボリシェヴィキがペトログラードで企てた武力クーデター計画である．このときレーニンは，首都守備隊のほんのわずかの水兵・兵士を動員しえたにすぎなかったので，クーデターは，前線から帰還した騎兵師団によって鎮圧されてしまった．レーニンと，武装蜂起の共同組織者トロツキーは，国外に脱出し，権力掌握の次の機会を窺った．第二の危機は，最高総司令官ラーヴル・コルニーロフのもとで，それまでの解体状況から立ち直った軍隊が発信源となった．コルニーロフは，精力的で優秀な前線司令官であり，臨時政府の保守派や穏健派に近い見解の持ち主であった．他方，ケレンスキーは，レーニンの武装蜂起鎮圧後，首相に就任し，ますます多くの社会主義者を臨時政府に登用しつつあった．こうしたおり，急速に名声を高めつつあったコルニーロフの政治への関与は，ケレンスキーの地位を脅かすものとなった．9月に，ケレンスキーはコルニーロフを解任しようとした．しかし，コルニーロフはこれを拒絶し，国民に支持を訴え，さらには，ペトログラードへ武装部隊を急派した．ケレンスキーは全社会主義勢力に支援を求め，社会主義組織はみなそれに応じた．ケレンスキーは，とりわけ運輸労働者の協力によって，コルニーロフ軍前進の阻止に成功し，その結果，首相として延命をはかることができた．

ケレンスキーの勝利は，引き合わない勝利であった．かれは，一方で，臨時政府内の穏健派の信頼を失い，他方で，社会主義勢力への過度の依存によって，政権の独立性を掘り崩されてしまった．さらにまた，コルニーロフを忌避することによって，ケレンスキーは，自らの政権を防衛しうる唯一の社会勢力をも疎外してしまったのである．この間，ソビエトはさらに勢いを増しつつあった．国民世論も地滑り的にソビエト側に傾いていった．そして，9月までには，ペトログラード・ソビエトにおいてボリシェヴィキが優位を占めるにいたった．

十月革命と内戦

レーニンの権力奪取の計画は，憲法制定会議の転覆に照準を合わせて，時期決定がなされた．憲法制定会議の選挙と召集こそは，臨時政府のもっとも重要な使命だったのである．選挙は11月初旬に，そして召集は1918年1月の第1週に予定されていた．10月初旬のうちに，レーニンは，トロツキー，スターリンとの密接な協議のもとで，武装蜂起の計画と方法を最終決定し，10月24―25日にそれを実行に移した［スターリンはこのとき背後にいて，重要な役割を果していない］．ボリシェヴィキ派の労働者・兵士から選抜された赤軍が，ペトログラードにあるすべての国家機関と通信施設の建物を占拠した．冬宮にたてこもり，ほとんど無防備であった臨時政府は，速やかに掃討され，その指導者たちは逮捕された．それから数時間のうちに，第2回全ロシア・ソビエト大会が召集された．大会では，ボリシェヴィキの議案が可決され，同時に，レーニンを首班とする内閣が承認された．ケレンスキーは不名誉にもペトログラード脱出を余儀なくされた．十月革命は成就した．そして，政権は完全にレーニンの手中に収められた．

しかしながら，首都におけるこうした政変によってさえ，憲法制定会議への選挙をとどめることはできなかった．むしろ時勢の混乱を反映して，投票率は高まった．推定9000万人の有権者のうち，約4200万人が投票した．その結果，党派が判明する703名の代議員のうちで，50％以上を社会革命党が，24％をボリシェヴィキが獲得した．立憲民主党が13％，その他複数の民族主義政党があわせて11％を占めた．ボリシェヴィキが制した代議員数は，その同調者とあわせても，3分の1に満たなかった．このとき，もし憲法制定会議が行動の自由を許されていれば，レーニン体制にはほとんど生きのびる余地はなかったであろう．しかしレーニンには，自己の権力に対するそうした脅威を容認する意思はなかったのである．

レーニンの指導のもとで，新政府はただちに多くの急進的改革を宣言した．そのなかには，たとえば私的土地所有の廃止とか，無併合・無賠償を原則とした和平交渉の開始など，

1917年の革命では，政治犯を解放するために，しばしば大衆的な刑務所の襲撃が行われた．帝都ペトログラードのこの刑務所は，襲撃され火を放たれて，建物の外郭を残すのみである．おそらくは一時的収容のための小規模な監獄だったのであろう．周囲に塀もなく，直接通りに面しているところからみて，あまり重要な施設であったとは思われない．1917年には行政機能が著しく低下し，その結果，ペトログラードやモスクワの各所が写真のように襲撃され，広範な都市機能の麻痺を引き起こした．

1917年の革命期，とりわけ十月革命の期間には，略奪と無意味な破壊行為が広まった．中流以上の家庭がそうした襲撃の対象となり，かれらの生活様式は回復不可能なほどの損害をこうむった．家族の動産，代々伝わる遺産，何らかのコレクション，蔵書，古文書類などはすべて略奪され，あるいは散逸してしまった．そうした品々のうち，現存するものは，蒐集家たちの愛玩の対象となり，今日でも西欧の骨董市場で人気がある．写真は略奪に遭った冬宮の一室であるが，比較的大きな家具類こそ残っているが，小物はおそらく盗み出されたのであろう．数多くの一級品の彫像や絵画が，1920年代に，外貨獲得を目指す共産政権によって，国外で組織的に売却された．

建設的で広く歓迎されたものもあった．しかし，非常取締委員会（チェー・カー）の創設や立憲民主党の非合法化などのように，不吉な未来を暗示するものもあった．非常取締委員会は，反政府派取締りのための組織的テロルを実行する国家保安機構である（これを母体として，のちの国家保安委員会（カー・ゲー・ベー）が生まれた）．また，立憲民主党の非合法化は，ボリシェヴィキ以外の全政治諸党派の撲滅への序曲であった．

1918年1月5日，ペトログラードに憲法制定会議が召集された．非ボリシェヴィキ多数派は，赤軍による徹底的な威嚇にさらされた．それにもかかわらず，さらには，レーニンがはっきりと会議への敵対を表明したにもかかわらず，代議員たちは，賛成票にほぼ倍する反対票を投じて，ボリシェヴィキによる一連の非現実的な改革提案を否決した．ボリシェヴィキは，多数決によるこの決定を受け入れず，議場から退席した．その日の深夜，赤軍による代議員の追放が強行され，翌日，ボリシェヴィキ政府は正式に憲法制定会議を解散させた．かくして，ロシアにおける完全な議会制民主主義へ向けての12年間の歩みは，一夜にして無に帰してしまったのである．とはいえ，憲法制定会議という理想は，その後も生きつづけ，内戦期を通じて，ほとんどすべての反ボリシェヴィキ勢力の共有するところとなった．

内戦の原因は，ボリシェヴィキそのものに対する反感と，かれらが十月革命の渦中で編み出し，1918年初頭に広く行使した手段に対する憎悪にあった．そうした感情は，ペトログラードとモスクワでとくに著しかった．両首都では，他党派との共闘に対するボリシェヴィキの拒絶と，権力掌握に向けてのかれらの力ずくの戦術が，他のすべての政治勢力の反発を招いていた．実際には，全社会主義運動と都市住民一般も，そうした反発の例にもれない．都市住民は，とくに食糧供給に関し，ボリシェヴィキが特権を享受するのを目の当たりにした．農村でも，ボリシェヴィキが農民間の階級対立を煽り，強制的食糧徴発の政策を進めてゆくにつれて，反ボリシェヴィキ感情が醸成されていった．食糧徴発の目的は，ボリシェヴィキの権力基盤たる都市に食糧を確保することにあった．

ボリシェヴィキが政敵打倒にいかなる手段も辞さないということが明らかになったとき，反ボリシェヴィキ派は行動に移った．しかし，ボリシェヴィキがすでに強力かつ不可逆的な支配権を確立していた両首都の奪回は，もはや不可能であった．したがって，内戦の歴史は，兵站学的には，ボリシェヴィキ支配下の中央地域と，反ボリシェヴィキではあるが本質的には異なる諸政権の支配する広範な辺境との闘争となった．中央のボリシェヴィキは，ロシアの軍需産業と通信網を押さえ，それらを軍事的に利用し，兵站学的優位性を確保した．反ボリシェヴィキ派はそれに匹敵するものをもたなかった．

おもな反ボリシェヴィキ派の政権はすべて，1918年初頭に出現した．その点でもっとも重要だった地域は南部ロシアで，そこが白軍（反ボリシェヴィキ）運動の拠点となった．この運動には，コルニーロフ将軍指揮下に，非社会主義者のロシア軍士官を核として結成された義勇軍や，立憲民主党の政治家たちも含まれていた．南部ロシアはまた，新たに誕生した二つのコサック自治政権の拠点でもあった．そのひとつはドン地方に，他のひとつはクバン地方に生まれた．白軍とコサック軍は，若干の時間と努力を経たのち，反ボリシェヴィキの共同作戦を展開するようになった．かれらの共通の政治目標は，憲法制定会議の再召集にほかならなかった．東部ロシアとウラル地方にも，別の政権が誕生した．社会革命党は，解散させられた憲法制定会議の代議員を中心にして，サマラに政権を樹立した．オムスクには立憲民主党政権が生まれた．エカチェリンブルグにも，同種の政権がたてられた．サマラとオムスクの政権は，のちに合体し，コルチャーク提督のもとに単一の反ボリシェヴィキ権力を形成することになる．

カフカス地方では，グルジアとアルメニアとアゼルバイジャンにそれぞれ社会主義政権が樹立されたが，それらはいずれもボリシェヴィキを拒否し，臨時政府の復活と憲法制定会議の再召集を支持した．この3国は，その後，ザカフカス共和国連邦に統一されたが，依然として，民主的・非ボリシェヴィキ的ロシアとの連邦的な提携という理想を捨てなかった．ウクライナは，独立の民族共和国を宣言して，独自の道を歩んだが，実際にはドイツの援助に強く依存する状態にあった．地方政権や地方の運動のなかには，赤軍と白軍双方に通じることによって，延命を計ろうとするものもあった．そのもっとも有名な例は，カリスマ的指導者ネストル・マフノ率いる農民軍（字句通りには"緑軍"，すなわち「森の軍隊」と呼ばれた）の場合である．マフノの勢力圏は南部ロシアからウクライナ北部にまでおよび，その軍隊はコサックと農民から構成された．かれは，社会主義に傾斜しつつあった無政府主義者として，何よりもまず，地方の自治という理想を追求した．1918年の夏にレーニンは，マフノをボリシェヴィズムに転向させようとして説得を試みたが，ついに成功しなかった．

ボリシェヴィキは，1918年中頃，ロシア共産党へと改称し，ペトログラードからモスクワへの遷都を断行した．この年の前半は，白軍優勢のまま推移した．かれらの軍事力は，赤軍に比べてずっと小規模であったが，練度においてはるかに優り，歴戦の将軍アントン・デニーキンの統一的指揮権のもと，よりよく統率されていた．共産党勢力は，都市における市街戦には熟達していたが，都市部の外での軍事行動の複雑さには十分に順応しきれなかった．さらに白軍を利したのは，同盟諸国からの武器その他の援助と，イギリス，アメリカ，日本，フランスなどからの小規模なロシア派遣軍の存在であった．それに対し共産党は，東部戦線においていまだ進行中

革命と社会主義国家の建設

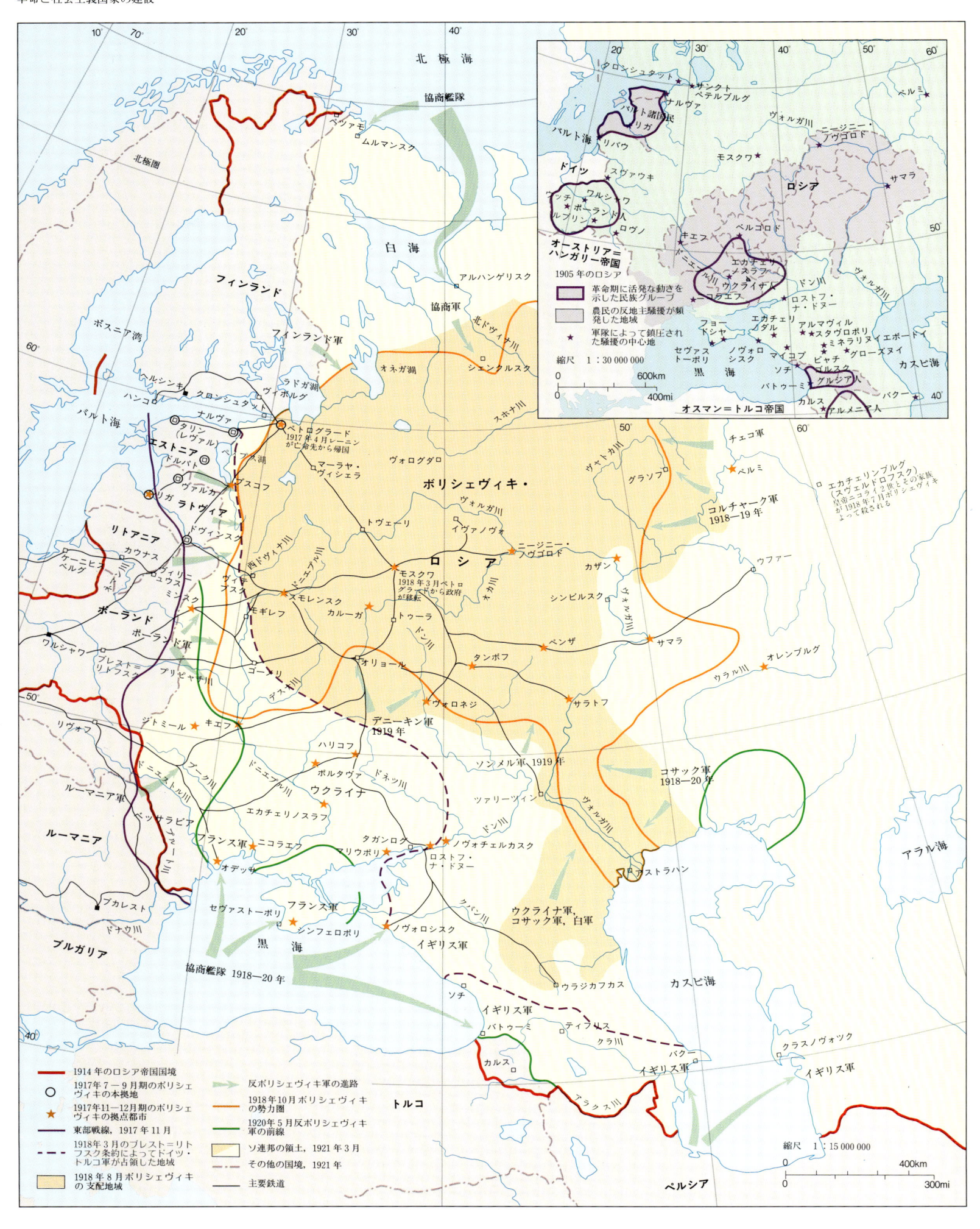

革命と内戦

1905年革命（挿入図）は，ロシア各地に農民の反地主騒擾を引き起こすとともに，若干の地方には民族主義的感情の激しい高まりをもたらした．その情況は，ツァーリ政府の苛酷な武力鎮圧と，国会（ドゥーマ）開設という国制変革の一応の公約によって，沈静せしめられた．しかしニコライ2世は，その後数年間にわたって国会と対立をつづけ，第1次世界大戦の戦争指揮にも失敗したために，結局は1917年の二月革命によって退位を余儀なくされた．強力な中央権力の欠如という事態は，全国各地で地方ソビエトが影響力を獲得するという，いままでにない政治情況をもたらした．高度に組織され，活動的で非妥協的なボリシェヴィキが，比較的少ないその人数にもかかわらず，しだいに強い権力を掌握するようになった．デニーキンやコルチャークなどの指導者のもとに進められたさまざまな反ボリシェヴィキ勢力の大同団結（総称して「白軍」と呼ばれた）は，たいていは辺境地方で行われ，それに対し「赤色」勢力が中央部の諸都市をおさえ，軍需工業や交通・通信施設を握った．ロシア北部や南部の若干の地域で白軍は，ボリシェヴィズムの波及を恐れたイギリスやその同盟諸国から支援を受けたが，それらの外部勢力の干渉は本腰をいれたものではなかった．ウクライナへのポーランドの干渉でさえ，赤軍を打ち負かすのに十分なものではなかった．

あったドイツ軍の攻勢を喰い止めるために，相応の力を割かねばならない状況にあった．6月中旬，数カ月間拘禁状態におかれていた，かつてのツァーリとその家族が，共産党の看守によって，エカチェリンブルグで殺害された．

共産党勢力は，1918年末までに優勢を取り戻した．緒戦における白軍の勝利は，かれらの軍事的・兵站学的限界が露呈するにつれて，揺らいでいった．ドイツとの休戦によって，前線部隊のあいだで共産党の影響力が強まったことが，赤軍に幸いした．この間にも，レオン・トロツキーは，ボリシェヴィキ派の軍事力を高度に組織化された優秀な赤軍に再編することに努め，それに成功していたのである．9月には非常取締委員会が，レーニンの指示にしたがって，「赤色テロル」を展開しはじめた．それは，あらゆる政治的反対派の撲滅を目指す，きわめて組織的な計画であった．計画的な大量検挙，拷問を伴う尋問，家族を利用した人質作戦，略式裁判による大量処刑，こうした事態が繰り広げられた．

1918—19年の冬，義勇軍から発展した南部ロシア政権は，赤軍に対して数次の大勝利を収めるが，それは最後の軍事的成功となった．白軍は，かれらの戦線をもちこたえることができず，南部ロシアでは退却を重ね，シベリアでは衰弱状態にあった．軍事的にはつねに弱体であった複数の反ボリシェヴィキ派の社会主義政権も，そのころまでには消滅していたし，ザカフカス共和国も瀕死の状態にあった．南部ロシア政権は，ウランゲリの指揮のもと，クリミア半島で最後の渾身の抵抗を試みたが，1920年春，結局はイスタンブールに避難せざるをえなかった．反対派の諸政権が消滅し，白軍の最後の拠点が放棄された結果，共産党の支配体制は，揺るぎない権威をロシア国内に確立した．

しかしなお，共産党勢力は，農村部で展開されていた民衆の抵抗運動を鎮圧せねばならなかった．農民は，赤色テロルの農村への波及に加えて，強制的穀物徴発によってもおおいに苦しめられていた．赤色テロルは，共産党が絶滅の対象とみなしていた社会革命党をほとんどの農民が支持していたために，農村においてはとくに苛烈をきわめた．共産主義に反対する数多くの抵抗運動が生まれた．その頂点は，1920—21年にロシア中央諸県，ヴォルガ地方，およびシベリアで勃発した大衆的反乱である．それらは，よく統率された組織的な反乱事件であった．中央ロシアのタンボフ県と西シベリアで発生したものが，規模において最大であった．こうした民衆騒擾の頻発を抑え，根絶するには，赤軍の全勢力の投入と徹底した赤色テロルが必要とされた．1921年にこの難題にけりをつけた共産党政権は，ついに完全な支配権を掌握するにいたった．

十月革命と内戦につづいて，ロシアを脱出する亡命者の波が発生した．白軍兵士，自由主義と保守主義の政治家，作家やジャーナリスト，法律家，学者，科学者，技師，官僚，その他の専門職の人びとなど，その数はおそらく100万を下らなかった．1920年代半ばまで，かれらはベルリンに集中したが，その後，亡命者の拠点はパリに移った．

亡命者のうちで，速やかに外国の環境に同化していったのは，とくに科学者や技師など，比較的少数の人びとであり，知識人亡命者の多数派は，流浪の境遇のなかで，ロシアの社会と文化を創り出した．イヴァン・ブーニンやボリス・ザイツェフ，イヴァン・シメリョーフ，そして若きウラジーミル・ナボコフらを中心として，ロシア人亡命者の文学活動が活発に展開された．少数ではあるが，数年間の亡命生活のののち，故国に帰還する作家も出た．イリヤ・エレンブルクもその1人である．

一部の亡命者たちは，反ボリシェヴィズムの立場を固持し，

もはや故国では途絶えてしまった革命前の真正のロシア文化を維持することこそ，自らの使命であるとみなした．もっと野心的な人びとは，ソ連国内に反共産主義の思想を浸透させようとして，組織を結成した．そのなかで，もっとも根強い組織の例は，1930年創立のNTS（民族労働同盟）で，現在もなお活動しつづけている．他方，共産党支配体制が，帝政ロシアの慈悲深い後継者へとしだいに軟化しつつある，と考えた亡命者たちもあった．それゆえ，かれらの一部は帰国を選んだが，そうした帰国者の大半は，遅かれ早かれ，強制収容所送りとなった．

当時のロシアへの態度におけるこうした分裂は，1921年，亡命者のロシア正教会に生じた亀裂によって，縮図的に表現された．ロシア国内において荒々しい迫害に直面した結果，共産党政権への一定の馴化を余儀なくされていたモスクワ総主教の権威を認めるべきか否か，この点をめぐって亀裂が生じたのである．一方の人びとは，モスクワの首位性を引きつづき認める立場を選んだ．この一派は，いわゆるシノッド教会と呼ばれるようになり，ヨーロッパの亡命ロシア人のあいだで優勢となった．他の一派は，モスクワがもはやその宗教的使命を終えたとみなし，自らをロシア正教の唯一の護持者と宣言した．これが「亡命教会」で，今日でもアメリカの亡命者のあいだに支配的である．

社会主義国家の建設

社会主義の新体制建設の最初の試みは，1918年から1921年にかけて，「戦時共産主義」の名で知られる政治方針のもとで遂行された．戦時共産主義の目的は，旧体制のあらゆる残滓を一掃し，社会主義的ユートピアの究極的ヴィジョンに照らして，徹底的かつ根本的な制度改革を実現すること，ならびに，全権力を共産党に集中することにあった．政府機構と行政制度，法体系，通貨制度，金融制度，商業と貿易の慣行，教育制度，非社会主義的な全政党，そして家族制度など，すべて既存のものが廃止されることによって，旧体制は破壊された．どのような形であれ，旧体制に仕えた人びとは，新体制の敵と認定されて，広範な告発に付され，一定の略式手続きののち処罰された．これらの人びとは，多数の農民とともに，公式には「公民権喪失者（リーシェネッツ）」と分類され，すべての市民的・政治的諸権利を剥奪されてしまったのである．

こうした過程に並行して，新体制導入が進められた．新しい体制は，企業の全面的国有化と財産の全面的共有化，通貨制度に代わる配給カード制，政治教育，中間的な行政実務を担う政治機関の創出などをもたらした．国内の生産および分配の全般を国家が統制することこそ，経済部門における全体目標であった．その一環として，資本主義の市場経済メカニズムが，社会主義的な非利潤的経営におきかえられた．新体制における全行政機構には，革命家としての質を基準に選ばれた共産党員が用いられた．新しい秩序は挫折するはずはなく，統治の技術はすぐにも取り戻すことができる，と考えられた．公務についた共産党員には幅広い特権が授けられ，それゆえかれらは，最初から一般の国民とは異なるエリート階級を構成することとなった．

新体制では，それ自身共産党の完全な影響下におかれていたソビエト政府の行政指導のもと，高度な中央集権化が追求された．政権の公的構造は，革命の主たる媒体であった多数のソビエト評議会から構成されたが，このソビエト組織もまた，共産党の完全な支配下にあった．しかしソビエトは，確かに共産党の掌握下にあったとはいえ，いくぶんかは予測できない要素をもった集会であり，そこにはメンシェヴィキ系

革命と社会主義国家の建設

や社会革命党系の人びとも含まれていた．レーニンと共産党は，すべての実権の掌握を意図した．さらにレーニンは，党内の全権力を少数の指導部に集中すべきである，とも考えた．そのためにかれは，縦のヒエラルキーを伴うピラミッド型の機構を創り出したのである．全ロシア・ソビエト大会が不定期に召集され，その大会が国家統治の権限を共産党に付託した．直接には，党の常設の中央委員会が統治の任にあたったが，この中央委員会自体，やはり常設の党中央委員会政治局（ポリトビューロー）の監督下におかれた．少数の最高幹部会員からなる政治局は，究極的な権力と意思決定権をすべてにわたって保持した．最初の政治局は，レーニン，トロツキー，スターリンを指導者として，7人で構成された．

こうした新国家体制をイデオロギー的に正当化したのが，「プロレタリアート独裁」の概念である．この理論は次のように命ずる．共産主義者はプロレタリアートの名において行動する．しかし，革命直後の情況にあって，プロレタリアートはいまだ流動的であり，それゆえかれらは，自分たちに運命づけられた労働者の社会主義への道に向かうため，献身的な革命家集団の助けを必要としている．こうした見地から，共産党は自らに「プロレタリアートの前衛」の役割を課した．

「戦時共産主義」は，経済的にも社会的にも，災厄にほかならなかった．市場原理の撤廃が，労働意欲の死滅と，それゆえ工業と農業における生産性の衰退をもたらした．その結果，危機的な物不足と急激なインフレーションが引き起こされ，社会的破綻が生じた．それらはいずれも，内戦が終結に近くにつれて激化していった．都市において共産党員たちは，ぎりぎりの物資供給のなかから優先的徴発を行って，かれらの特権的地位を守るとともに，農民から食糧を確保するために，食糧徴発隊を組織的に農村へ送りこんだ．こうした食糧徴発と干ばつのために，1921年には農村部で大量の餓死者が出た．これはおそらく，ロシア史上最大の飢饉であったと思われる．

共産党勢力による抑圧とテロがますます強化されるにつれて，都市でも農村でも，反政府感情が強まっていった．1920−21年には，農民騒擾の波が全国に波及し，さらに，1921年3月に共産党体制は，クロンシュタット反乱という最大の脅威に直面した．クロンシュタットはペトログラード随一の軍港であり，そこに駐屯する水兵たちは，1917年革命のあいだ一貫して，有力なボリシェヴィキ派の勢力であった．しかし，その同じ水兵たちが，1921年までには，権力乱用と革命下での公約への背信ゆえに，共産主義者に怒りを燃やすにいたった．反乱の綱領には，秘密投票によるソビエト代議員の新たな選挙，すべての革命的・急進的諸党派の言論・出版の自由，社会主義者の全政治犯の釈放，ペトログラードの食糧危機の打開を目的とした商業規制の緩和，農民に対する諸制限の撤廃，などが謳われた．この綱領は，本質的には，共産党の抑圧的な権力独占に対する広範な社会主義勢力のプロテストであったといえる．共産党は，反乱に反革命の烙印を押すこと

上 1919年，十月革命2周年の祝典に際して，モスクワの赤の広場で撮影されたこの写真には，革命初期の2人の指導者が並んで写っている．おそらくは眼前を通過する赤軍部隊をみながら，ナポレオンのポーズをとるレーニンと挨拶を送るトロツキーである．レーニンを焦点に人びとが左右に分けられていることからみて，写真は演出されたものであろう．その内側には，護衛の男たちがカメラマンをみながら立ち並び，2人の指導者の傍らには，うちとけた雰囲気を演出するために，申し訳程度の人数の子供たちが配されている．左奥のポスターには「共産主義に殉じた人びとに輝かしい栄光あれ！」と書かれている．

て，これに応えた．反乱は，のちに赤軍参謀総長に就任するミハイル・トハチェフスキーが率いる軍隊によって，荒々しく鎮圧されてしまった．

　飢饉とクロンシュタット反乱が，「戦時共産主義」に終焉をもたらすこととなった．レーニンは，混乱状態への転落の回避と国民経済の建て直しには，過渡的に，より柔軟で現実的な政策が必要であると考え，1921年，「戦時共産主義」の中止と「新経済政策」の開始を宣言した．略称ネップと呼ばれるこの新政策は，「戦時共産主義」の非現実性をもっとふつうの諸施策におきかえるための一連の経済改革と関連諸改革を意味した．経済の面では，重工業，外国貿易，金融は依然として国家が独占しつづけたが，農業と製造業の分野に若干の私的経営の要素が復活せしめられた．ある程度の生産物自由販売の権利が農民に認められ，また，小規模の私企業経営も許された．従来の商慣行が蘇り，銀行業務が再開され，通常の金融手段と商取引が復活するようになった．

　私的経営が現実に適用されたのは，小規模製造業，小売業，サービス業の部門であった．これらの領域の国民経済に占める比重は小さかったが，そこで達成された驚異的な経済成長は，消費者の飢餓的購買欲の少なくとも一部分を満たすことによって，国民経済の安定と社会の一定の沈静化に役立った．この成長の立役者は，「ネップマン」と呼ばれる小実業家たちであった．かれらは，本質的には，伝統的ロシア商人の最後の子孫であり，とくに十月革命直前の数十年間において，経済的繁栄を謳歌した人びとであった．ネップ期においても，国家独占の経済部門では，最良の場合でもわずかな経済成長がみられたにすぎない．

　ネップは経済に柔軟性をもたらしたが，政治の場面では，それに匹敵するような変化は何ひとつ起こらなかった．現実はむしろ，その正反対であった．1921–22年の期間に，共産党の支配力と権力は拡張され，いっそう仮借なきものとなった．メンシェヴィキや社会革命党などの非共産主義的な社会主義政党の流れを汲む最後の諸党派も，1921年には排除されるにいたった．それまでは党内論争に比較的寛容であった共産党における内部統制も，より厳格になった．重要な点でレーニンと異なる見解をもつ党員は，「分派主義」として告発された．分派主義の告発は，思想的裏切りの認定と同義であった．1921年夏，党内で最初の大規模な政治的粛清が行われた．当時の党員数はロシア全人口の1％にも達せず，また，まさしくその名において共産党が支配権を主張したプロレタリアート党員の比率も，わずか15％にすぎなかった．党のこうした少数派の立場を補強し，党内規律の維持に活躍したのが公安警察活動にほかならなかった．1922年，非常取締委員会（チェ・カー）が国家政治保安部（ゲー・ペー・ウー）に改組された．国家政治保安部は，はるかに拡大された権限をもち，超法規的な行動も許され，党内治安の責任者となった．その権限には，党員の逮捕・尋問も含まれた．このようにして，公安活動が思想警察の性格を帯びるにいたったのである．

　レーニンが，経済の柔軟化と政治的抑圧の増大とを，同じコインの裏表とみなしていたのは明らかであろう．前者は，経済建て直しのための一時的な退却であり，後者は，共産党の絶対的権力の保障にほかならなかった．しかしレーニンは，ネップ終了後に何をなすべきかについて，自己の見解を公表せぬまま，1922年5月，最初の発作におそわれてしまった．この発作はかれの身体に部分的麻痺を残した．1923年初頭には次の発作がかれをおそってその言語能力を奪い，1924年1月，ついにレーニンは死去した．この最晩年の時期は，事実上，共産党のいわば空位時代であったが，ネップはしばらくはその後も続行されることとなった．

　レーニンの野心に燃えた後継者のうちで，筆頭に位置したのはスターリンとトロツキーである．スターリンは，その類い稀な組織能力とレーニンへの忠誠によって，権力への階段を登りつめた人物である．一見して，レーニン自身も，かれを後継者として育てようとしたかにみえる．トロツキーは，とくに軍事的才能に秀でたカリスマ的指導者として頭角を現わしたが，同時に理論家でもあり，その見解はレーニンのそれを補完したばかりではなく，ときには対立することもあった．スターリンが国内の社会主義体制の発展に専心しがちであったのに対し，トロツキーは，ロシアが世界革命の起爆剤となるべきだという信念に忠実であった．しかし両者は，共産党による一党独裁や思想的統一，党内規律，厳格な公安活動などの諸点では，異なるところがなかった．

　スターリンは，レーニンの引立てと党内人事の全権の掌握ゆえに，最初から優位に立っていた．レーニンは死の直前に，スターリンが後継者となることを拒絶したが，代わりにだれが立つべきかの指示を残さなかった．スターリンに対するこの拒絶が，レーニンの洞察力の最後の輝きか，あるいは，死の床における混乱の現われであったのか，この点はいまもって明らかではない．いずれにしろ，この意思は党内で生かされなかった．スターリンは，レーニンの葬儀の巧みな演出と，かれをレーニン主義の唯一人の管理人と認めさせた追悼演説によって，その地位を強めた．

社会主義国家の建設—「創造者」スターリン—

　レーニン主義の真の内容とはなにかという点は，明らかというにはほど遠い状況にあった．レーニンは，権威ある理論家にして有能な革命指導者であり，内戦期を通じて，すぐれた危機管理能力をもいかんなく発揮したが，国家建設者の適性には欠けるところがあるようにも思われた．スターリンは，今日のわれわれが知っているソビエト国家とその社会システムを構築するためのヴィジョンと決断力をあわせもっている

下　1917年革命はロシア全土にすさまじい破壊の爪痕を残したが，とくに都市部でそれが深刻であった．その修復と整備には時間を要したが，重要な場所に関しては，治安への考慮から赤軍部隊が出て作業にあたった．写真の赤衛隊は，共産政権の本部となったモスクワ・クレムリンの内部で作業についている．後方にみえる城壁は赤の広場を見下ろしている．右側の小さな方の塔の向こうには，ぼんやりと聖ヴァシリー聖堂のドームがみえる．左側の大きな塔の傍らには小さなネオ・ゴシック様式の教会がある．これは有名な聖跡であったが，まもなく取り壊されてしまった．

ことを世に示した．かれは，そうした国家のイメージに合わせてレーニン主義を脚色したのである．

スターリンは，1924年から27年のあいだに，しだいにその地位を打ち固めていった．その間党内では，レーニン亡きあと党がとるべき路線をめぐって，論争がつづけられた．スターリンを指導者と仰ぎ，ブハーリンをイデオローグとする一派は，ネップに例示される実践的な妥協路線の続行を唱えた．トロツキーに率いられた反対派は，より急進的で原則に忠実な，「戦時共産主義」への復帰ともいえなくはない路線を支持し，あわせて，党組織のいっそうの中央集権化と党内規律の強化を主唱した．中央委員会と政治局を握ったのは，スターリン派であり，トロツキー派には左翼反対派とのレッテルが貼られた．トロツキーの左翼反対派は，モスクワの労働者を動員しようとしたが，労働者の無関心のためにそれを果たせなかった．この失敗によって，党内では依然として強い影響力を保持していたトロツキーも，もはや大衆のカリスマ的指導者ではなくなったことが明らかになった．スターリンは，新たな党員拡大運動を実施してトロツキーの党内での影響力を殺ぐことに成功した．この拡大運動によって党員数はほぼ2倍となり，100万人を突破することになる．この運動の背後で，スターリンは党員候補者の人選をあやつり，拡大された党内での自己の権力を一気に高めることができた．1927年の中頃，スターリンは，党を分裂させようとしているとして，左翼反対派を告発し，トロツキーを含む反対派党員の党からの排除を実行した．トロツキーはまず国内流刑となり，その後1929年初頭には国外追放に処された．こうした巧みな政治手腕によって，ついにスターリンは共産党の，したがってソビエト連邦の唯一絶対の指導者となったのである．

1927年末，スターリンはソ連邦の経済発展と社会編成の将来構想を発表したが，それは計画経済という概念に立脚するものであった．中央の計画立案機関が国民的発展の戦略と目標を作成し，その実行を産業界に指令として伝達するのである．この計画経済は，国内のあらゆる産業分野に適用される五カ年計画の連続という形で進められることとなった．

1929年初頭に採択された第1次五カ年計画には，二つの根本的目標があった．産業革命の展開と農業の集団化である．産業革命は，国内の産業的基礎の全面的再建と重工業の飛躍的拡大，ウラルと西シベリアへの新たな産業開発の集中などを含意した．究極の目的は二つあった．第一は，ソ連邦を近代的・自足的産業国家に変身させることである．そして第二に期待されたのは，こうした発展に伴うプロレタリアートの成長が，共産党の階級的基盤を拡大するであろう，ということであった．プロレタリアートこそは，共産党がまさしくその名において支配権を主張する階級的基盤なのであった．依然として農民国家の性格が濃厚なロシアにあっては，第二の点はきわめて重要であった．

農業集団化は，農民的ロシアを再編し，社会主義体制に調和させようという試みであった．農民は，ボリシェヴィズムにも共産主義にも好意的に反応しなかったし，共産主義の理論家たちもみな，かれら農民を疑いの目でみた．しかし，農民は新経済政策（ネップ）を熱狂的に歓迎し，ネップの諸条件のもとで，自分たちの私的生産を増やしたが，それが正常な食糧供給と備蓄の再確立を可能にした．けれども，いまや第1次五カ年計画は，ネップ期には容認されていた私的イニシアティブを廃止してしまった．全農民の土地と地域社会が，共産党の中央集権的管理のもとで企業体として経営される集団農場にまとめられることとなった．伝統的な社会的・経営的制度はすべて廃止され，農民社会に残存していた経済的差異も，それがどんなにささいなものであれ，消去されること

となった．この集団化政策には，またしても二重の究極的目標があった．その第一は，企業的に再編された新しい農業組織によって，生産の拡大と，農村の潜在的な食糧供給能力の向上をはかることである．第二は，農民の既存の生活様式を解体し，それを党の徹底した統制下の疑似企業的生活様式におきかえることによって，共産党に対する国内最大の受動的抵抗を根絶しようとしたのである．かくして，社会主義体制の基礎が，国家建設に向けて整えられた．そして，その建設過程そのものには，いかなる予測をも越えた恐るべき犠牲が伴ったのである．

革命期の芸術

ロシアの芸術的前衛派は，1900年以前においてすら，芸術における「モダニズム」思想の採用に積極的であった．きわめて広い意味での象徴派に属する詩人や画家たちは，モダニズム運動の一翼を占めることの意味を，自らが国際的志向の持ち主であることを宣言することのなかにみて，風通しの悪い地方文化をなんとかして活気あふれる外国の風にあてようとした．その定義からして本質的に国際主義者であったマルクス主義者以外にも，ポスト象徴主義の作家オシプ・マンデリシュタムのような国際主義の人びとが存在した．マンデリシュタムは，「世界文化へのノスタルジア」という忘れがたい言葉で，自分の詩を表現した．けれども，作家やとくに音楽家など，多くの芸術家は，モダニズムをまったく異なる意味で理解した．かれらは，特殊ロシア的諸条件のなかで，モダニズムを国民の文化的遺産を研究し拡大するための方法であると捉えた．音楽の分野では，人気の高かった作曲家セルゲイ・ラフマニノフ（1873-1943）が，あたかもムソルグスキーやリムスキー＝コルサコフがまったく存在しなかったかのように，ほぼ20世紀の半ばにいたるまで作曲活動をつづけた．絵画の世界でも，イリヤ・レーピンに代表される移動展派の画家たちは，スターリン時代に入っても依然として健在でありつづけ，ふたたびしかるべき正当な評価を受けるようになった．

ロシア象徴主義の運動は，1905年以降，解体しはじめる．かれらは自信喪失の危機に見舞われたのである．1905年革命は，象徴派のいくぶんエリート的で非政治的な芸術環境に衝撃をあたえ，かれらが社会問題に目を向けるのを余儀なくした．こうした動向のひとつの帰結は，論文集『道標（ヴェーヒ）』に結集した人びとの保守的反応であった．『道標』への寄稿者たちは，それまで一般にロシアの知識人階級が革命派の立場に，あるいは少なくとも自由主義派の立場に同調してきたことに疑問を呈したのである．象徴派にとって代わりモダニズムの旗手となったのは，主として1880年代半ばから1900年のあいだに生まれた新しい世代の人びとであった．かれらは，1910年前後にかなり唐突に，また，全面的にこの交替を果たした．象徴主義に感じられる過度の洗練，エリート主義，超越的みせかけを拒否するという落ち着いたアプローチによって，すべての芸術分野に新しいポスト象徴主義の気運が芽生えはじめた．

1910年代から20年代にかけて，ロシア・モダニズムのポスト象徴主義をリードしたのは視覚芸術にほかならなかった．視覚芸術の諸分野は，その手法と概念においてとくに文学に影響をあたえた（「質感（ファクトゥーラ）」という概念がその好例であろう）．新世代を代表する作曲家イーゴリ・ストラヴィンスキーは当時のもっとも偉大にして斬新な作品群を残したが，それらの音楽にさえ，ディアギレフ・バレエの華麗な視覚的刺激が作用しているのである．画家ニコライ・リョーリフもまた，独特の大きな影響力をもった人物であった．

ソ連邦の成立

1917年のボリシェヴィキによる政権掌握は、他のヨーロッパ諸国にも、同様の革命の試みとなって飛び火した。チェコスロヴァキア、ハンガリー、そしてドイツさえも、一時は革命ロシアの思想的同盟者になったかにみえた。しかし、革命輸出の試みはほとんどが惨憺たる結果に終わった。コサックの赤色騎兵団がウクライナの内戦から離脱し、まっすぐポーランドに入ったが、ワルシャワ近郊で撃退されてしまった。その後の条約で、ポーランドは東への相当の領土拡大を達成した。1922年までに新国家ソ連邦は、西部で旧ロシア領のかなりの部分を喪失した。ポーランドだけでなく、フィンランドやバルト諸国も独立を宣言し、ベッサラビアはルーマニアに併合されてしまった。カフカス地方では、1917—18年にザカフカス連邦共和国樹立の試みがあったが、それも結局は失敗に終わった。グルジア、アルメニア、アゼルバイジャンは、短期間だけそれぞれ独立の社会主義政権のもとにあったが、徐々にソ連邦に編入されてゆき、連邦構成共和国となった。

この時代の映画界で最大の人物といえばセルゲイ・エイゼンシュテイン（1898—1948）であるが、かれは修練と天才が生み出した視覚芸術家であったといえる。

当時の芸術世界において、おそらくは「驚くべき」と表現してもよい偉大な出来事は、聖像画やフレスコ画など、古ロシアの遺産の再発見であった。聖像画もフレスコ画も、重ね絵や汚損、あるいはワニスの上塗りのために原型を識別できぬほどに損なわれていたが、1903年、ルブリョーフの聖像画『三位一体』が修復されたのを皮切りに、その再発見がはじまった。1913年には、修復された古ロシアの聖像画のみごとな展覧会が催されたが、その反響は圧倒的なものであった。ロシアの芸術家たちは、かれらの正教会への態度いかんにかかわらず、ロシア芸術にはルネサンス後の西欧にまったく依存しない洗練された豊かな絵画の伝統がある、ということを理解した。それは、深遠な精神的目的のために制作された芸術でありながら、同時に、売買や鑑定家の鑑賞に供するためではなく、日常生活での使用を目的とした芸術でもあった。とりわけ重要な点は、それらが、依拠するに足る遺産として、ロシア固有のものだったことである。

聖像画があたえた衝撃とともに、1910年前後には、非正統的な形態（子供や農民の画や木版画、商店の看板など）でのネオ・プリミティズム芸術への関心が、ロシア芸術のなかに生まれた。この運動には、ゴーギャンやマチスその他の西欧の画家たちの影響もみられたとはいえ、それは部分的なものにすぎなかった。若い世代の画家として有名なダヴィド・ブルリューク（1882—1967）とミハイル・ラリオーノフ（1881—1964）は、「未加工の」プリミティズムの直接的な表現性だけでなく、世の中に対するそのかなりの衝撃性をも重視した。ブルリュークがロシア未来派の創始者の1人となったのに対し、ラリオーノフは、1910年代に自ら「光線主義（ルチズム）」と名づけた抽象画の手法を発展させていった。

ロシア前衛芸術運動は、1910年以降、より複雑な様相を呈するようになる。というのも、「左派の（すなわち、実験的立場の）」画家たちが、それぞれどれほど急進的であるか、あるいは、どれほど反西欧的と自認するかという点をめぐって、さらに分裂を深めていったからである。カジミール・マレーヴィチ（1878—1935）、パーヴェル・フィローノフ（1883—1941）、ウラジーミル・タトリン（1885—1953）などの才能が新たに登場し、指導的役割を担った。かれらはいずれも複雑な経過を経て成長してゆくが、その際、フランス立体派（キュービズム）が一定の役割を果たした。この3人と、たとえばブルリューク兄弟のような若干の同時代人たちを「未来派」と総称することは、少なくとも1910年代初頭までに関してはある程度正しい。けれども、ロシア芸術史の文脈のなかで、この未来派という呼称は、こうした画家たちと歩調を共にした前衛作家たちを含めて、もっと広く用いられる。そのうちでもっとも有名なグループは、「立体未来派」と自称した。イタリア未来派がこうした運動にどの程度影響をあたえたかという点は、評価の別れるところであろう。しかしロシア人には、次のように主張する正当な資格がある。すなわち、すでに1908年までに、ロシアの代表的詩人であり、その禁欲主義と奇行で知られたヴェリミール・フレーブニコフ（1885—1922）がポスト象徴主義の独自の芸術様式を発展させていた、ということである。

文学における未来派運動は、若き美術学生ウラジーミル・マヤコフスキー（1893—1930）が（かれ自身の説明によれば）ラフマニノフの交響詩『死の島』に辟易して演奏会場を飛び出し、そこでダヴィド・ブルリュークに出会ったときに産声

革命と社会主義国家の建設

をあげた．ブルリュークもまた，同様の嫌悪感を抱いて退出してきたところであったという．芸術分野を越えたこの2人の邂逅は強い作用をもたらした．同じ傾向に属する主要な詩人の1人に，ボリス・パステルナーク（1890－1960）がいる．パステルナークは，著名な画家の息子に生まれ，まず哲学を学んだのち，スクリャービンの影響下で作曲家となったが，その後，主としてマヤコフスキーの影響から突如として詩作に転じた人物である．マヤコフスキーとパステルナークは，ともに20世紀ヨーロッパの主要な文学者の列に加えられることとなった．

詩の隆盛にはもうひとつの流れがある．それは，特殊ロシア的現象ともいえる「農民詩」派の台頭であるが，その中心的詩人はニコライ・クリューエフ（1887－1937）であった．クリューエフの作品は，複雑で現代的な構成をもちながら，同時に，ロシア農村と民謡，分離派諸宗派の聖歌などに根ざしていた．かれの後継者セルゲイ・エセーニン（1895－1925）は，もともと農村の出身であったが，その繊細でありながら力強い抒情詩は広範な人気を博した．かれは，著名な踊り子イサドラ・ダンカンとの波乱に満ちた結婚生活など，奔放な暮らしぶりで名を馳せたが，結局はアルコール中毒と自殺によってその生涯を閉じてしまった．

しかしながら，非未来派の主流は「農民詩」派ではなく，「アクメイスト」と通称された洗練された教養ある詩人グループであった．その中心人物は，反ボリシェヴィキ陰謀に関わったとされて銃殺されたニコライ・グミリョーフ（1886－1921）である．グミリョーフは，行動の人であると同時に，歴史の多義性をも強く意識した人物でもあった．かれの作品『ムジーク』には，それと名指しはされていないが，ラスプーチンの人物像が印象的に描かれている．一時このグミリョーフの妻であったアンナ・アフマートヴァ（1889－1966）は，恋愛詩の第一人者であった．もう1人のすぐれたアクメイストの詩人オシプ・マンデリシュタム（1891－1938）は，気難しくて繊細な，いわば詩の職人ともいうべき人物であった．かれの作品とその苦難に満ちた生涯は，かれの未亡人ナジェージダの正当にも評価の高い2巻本の『回想録』において，みごとに再現されている．

散文と戯曲は，1900年以後，一時的に停滞の時期を迎えた．とはいえ，象徴派草分けの詩人D・メレシコフスキー（1866－1941）が歴史小説の創作に転じ，ヨーロッパで名声を博した．それ以外にも，アレクサンドル・クプリーン（1870－1938）やアレクセイ・レーミゾフ（1877－1957），さらには，ロシア文学最初のノーベル賞受賞者イヴァン・ブーニン（1870－1953，1933年に受賞）など，注目すべき作家も出た．しかし，何といってもロシア小説の旗手であったのは，マクシム・ゴーリキー（1868－1936）である．ゴーリキーは，善良さと無政府的な悪徳という両面を兼ね備えたロシア民衆の潜在的な両義性をするどくみつめた，下層出身のいくぶんむらはあるが力強い作風の作家であり，その革命小説『母』（1907）はソビエト文学の古典となった．また，かれの自伝的三部作（1913－23）はマルク・ドンスコイによって映画化され，ソ連映画初期のもっとも印象的な3作品となった．音楽の分野も，世界的水準の2人の作曲家イーゴリ・ストラヴィンスキー（1882－1971）とセルゲイ・プロコフィエフ（1891－1953）が若くして華々しくデビューするまで，いくぶんかの停滞期を味わうこととなった．

西欧諸国の場合と異なって，ロシア芸術の革新的動向は，なるほど若干の指導的芸術家が兵役召集されたとはいえ，第1次世界大戦によっても中断されなかった．この時期に，1917年出版のA・ガースチェフの勤労大衆を称えた奇妙な散文詩

共産主義

われわれは「共産諸国」を語り，また，世界中に「共産党」が存在する．しかしながら，ソ連もその同盟諸国も，自国の国民が共産主義体制のもとで暮らしているとは主張しない．共産主義とは，マルクスが理論的に予測した未来の社会体制にほかならない．そこでは，生産手段が共同の社会的管理のもとにおかれ，社会的不平等は除去され，だれもが必要に応じて分配を受けることができる．マルクスは，当然のことながら，この理想社会の細部についても，また，それがいかにして実現されるかという道筋についても，詳しくは書き残していない．ただ，歴史法則がその実現を不可避にするという命題を確信していただけであった．マルクスは，ロシアのマルクス主義者たちの影響から，晩年になってロシアの伝統的な農村共同体に関心を抱くようになるが，概してこの国における革命の見通しには悲観的であった．レーニンの率いるボリシェヴィキは，突如として権力を獲得した結果，理論を実践に移さなければならなかった．国家は，「死滅」するどころか，スターリン主義的な全体主義国家へと強化された．それは論理的帰結であったのか，はたまた理論からの恐ろしい逸脱であったのだろうか．

右 カール・マルクス（1818－83）は，フリードリヒ・エンゲルスとともに，歴史および経済，政治の理論を構築し，それらがレーニンの革命運動を触発した．「これまで哲学者は世界を解釈してきただけである．しかし，重要なのはそれを変革することである．」とマルクスは記した．かれらの理論を発展させて，レーニンは「弁証法的唯物論」を編み出した．

下 1920年のポスター「全世界の永遠なる赤い十月」．左のパネルは国内の敵を打ち負かすボリシェヴィキを表わし，右は，赤軍が全ヨーロッパの労働者革命を導くであろうという素朴な期待を表現している．

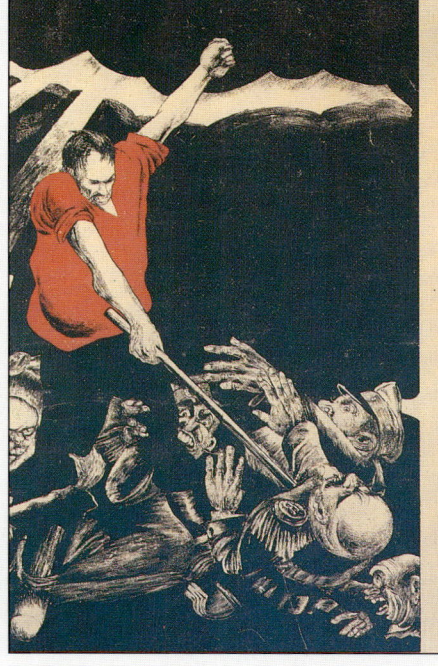

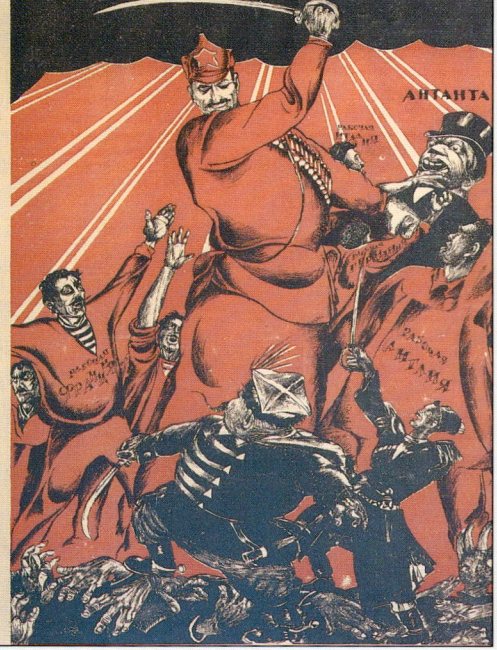

上　『共産党宣言』(1848) から採られた「万国の労働者よ，団結せよ！」という有名なスローガンが，意外なことに，1921年にレニングラード (サンクトペテルブルグ) で製造された皿に記されている．1917年以降帝室工房から，釉薬の施されていない無地の磁器が大量に出てきた．有名な画家たちが (抽象画のシュプレマティストさえも) それらに新しいデザインを施したが，それはしばしば政治宣伝的な色彩を帯びていた．

左　1920年のコミンテルン第2回大会で演説するレーニン．マルクスは，労働者階級の代表者たちを集めて第1インターナショナルを創設したが，この組織は無政府主義者の圧力のもとで崩壊してしまった．第2インターナショナルも，1914年，戦時の愛国主義の全般的復活によって，解体してしまった．第3インターナショナルの創設 (1919) によって，マルクスの国際主義のヴィジョンを蘇らせたのは，まさしくレーニンであった．第3インターナショナルのためにタトリンが創案した「記念塔」(165頁参照) は，この組織の記念碑にして指令部となるはずであった．

左　レオン・トロツキー (1879—1940) は内戦期 (1918—20) の決定的なボリシェヴィキ指導者であり，組織として未熟で指揮系統も定かではなかった赤衛隊を，規律ある赤軍に鍛えなおした人物である．その後，トロツキーの影響力は，政治的には大きな比重を占めたが，しだいに衰えていった．かれの「革命輸出」の信念は，スターリンの「一国社会主義」論と衝突し，左翼反対派としてのその活動も，1926年までには失敗してしまうのである．その後，流刑，対抗的「インターナショナル」の創設などを経て，最後はメキシコで，スターリンの指令によって暗殺されてしまった．

右　ボリシェヴィキは，その理論とレーニンの個人的敵意に促されて，旧体制の一部として宗教を一掃しようとした．その結果，フランス革命のときと同様に，多くの代替の儀式が導入された．そのなかには，故国ソビエトへの疑似宗教的な崇拝を吹き込もうとするものもあった．右の写真の「ソビエト式洗礼」には体制への忠誠を誓う宣誓が含まれている．

159

革命と社会主義国家の建設

を皮切りとして,「プロレタリア文学運動」が開始された.未来派は,この年の革命によっても動揺と狼狽を来すことはなかった.象徴主義世代からは亡命する人びとも現われた(しかし,ブロークとベールイは国内にとどまった).ストラヴィンスキーが戦時中を外国ですごし,戦後もそこにとどまったのに対し,プロコフィエフは,いったんは亡命したものの,1930年代には帰国することになる.1920年代には,カンディンスキーとシャガールがロシアを去った.これら以外に亡命した著名な芸術家といえば,ラリオーノフとナターリア・ゴンチャーロヴァがいる.

1920年代は,ソビエト文化の錯綜と興奮の時代であった.新しい秩序への期待感が,必ずしもボリシェヴィキ支持ではない多くの人びとを惹きつけた.幅広い構成主義の運動が,一部はタトリンの「物質文化」論を(かれ自身は構成主義を好まなかったのであるが),また,一部はマレーヴィチの幾何学画法を機縁としてはじめられた.構成主義は,建築や舞台美術,書物の装幀やポスター,(服飾を含めた)実用品のデザイン,写真(フォト・モンタージュ技術の発達を伴いながら),彫刻などに,その独特の刻印を残した.構成主義の建築は,その統合的設計という点でとくに興味深いものであった.たとえば,工場と住宅,集会所,店舗,学校,交通機関などがひとつの全体としてデザインされたのである.他方,構成主義のこうした実用主義的目的にしばしば強く反対した他の諸潮流も存在した.マレーヴィチのシュプレマティズムと「マコヴェツ会」の人びとは芸術の精神的概念を追求した.また,1920年代末に多くの芸術家を引きつけたフィローノフの「分

左奥 『古きものと新しきもの』(1926)の撮影を監督する初期のソ連を代表する映画監督セルゲイ・エイゼンシュテイン(1898—1948).エイゼンシュテインは,数少ない完成作品を残したにすぎない.一見したところ自然なリアリズムにしかみえないかれの表現は,様式化と周到緻密な演出の結果にほかならない.

左 セルゲイ・ラフマニノフ（1873—1943）の1908年の写真．かれの作品のほとんどすべては革命前に作曲されたもので，革命以後かれは移住し，ピアノの巨匠として活躍した．

左 モダニズムの先駆者としてマレーヴィチやタトリンに匹敵するにもかかわらず，あまり知られていない人物にP・フィローノフ（1883—1941）がいる．かれはレニングラード（サンクトペテルブルグ）に住み，教師として，また，禁欲的な夢想家として生きた．かれは，繊細な筆使いによって自然のプロセスのあらゆる要素を表現するために，通常の構図を捨て，かれ自身の「全世界の開花」の原理を発展させた．

左 プーシキンの小説にもとづくリムスキー＝コルサコフ最後の歌劇『金鶏』のために制作されたナターリア・ゴンチャーロヴァの書割り．ゴンチャーロヴァ（1881—1962）は，20世紀初頭のロシアの数少ない女性芸術家のうちで，おそらくはもっともすぐれた才能の持ち主であった．

析的芸術」論があり，さらには，リアリストや若い世代の「プロレタリア派」グループが存在した．この時期，活動の拠点となったのは，1920年モスクワに設立された新しい組織「芸術文化研究所（インフーク）」であった．サンクトペテルブルグやヴィテプスクにも，芸術学校が新設ないし再建され，そこではリシツキー（1890—1941）が指導的人物となった．西欧との接触もかなり活発となり，とくにドイツの「国立総合造形学校（バウハウス）」との交流がよく知られている．

1920年代には小説の分野がふたたび隆盛をみた．20世紀の偉大な短編作家の1人に数えられるイサーク・バーベリ（1894—1941）が現われ，短編集『騎兵隊』（1926）によって文名をあげた．悲惨な戦争体験がバーベリにもたらした非妥協的な客観性は大変な反響を巻き起こした．バーベリほど有名ではないが，きわめて精妙で風変わりな短編を残した作家にアンドレイ・プラトーノフ（1899—1951）がいる．プラトーノフこそは，もっともすぐれた真にプロレタリア的作家であったといえよう．海軍技官で革命にも関与した作家エフゲニー・ザミャーチンは，1920年までに，かれの代表作となった反ユートピア小説『われら』を書いた．この作品が20年代後半に西欧で出版されると，ロシア国内では反ソビエト的風刺の書であるとして激しい非難が巻き起こった．ザミャーチンは，大胆にもスターリンに直訴して，なんとか亡命を果たすことに成功した．ジョージ・オーウェルの『1984年』には，明らかにこの『われら』の影響が認められる．ザミャーチンは，すぐれた作家たちを集めて，「セラピオン兄弟」という魅力的な名称の非政治的文学団体を組織した1人でもある．当時の文学界において，もうひとつの重要な出来事だったのは，いわゆるフォルマリストたちによる現代的な文芸批評理論の創造であるが，そのもっとも精力的な担い手はヴィクトル・シクロフスキー（1893—1984）であった．

ソビエト政権は，（対処すべきより大きな問題が山積していたために）1920年代にはどの芸術的立場にもくみしなかったが，20年代末になると，「芸術左翼戦線」への批判と「ロシア・プロレタリア作家協会（ラップ）」への支持という旗色を鮮明にするにいたった．しかし，実験的精神はいまだ死に絶えなかった．ソビエト的教育を受けた新しい波の1人で著名な詩人ニコライ・ザボロツキー（1903—58）は，1928年レニングラード（サンクトペテルブルグ）に，機知に富んだ緩やかなモダニズムの文学者サークル「現実的芸術連盟（オベリウ）」を結成した．演劇も，とりわけメイエルホリドの霊感のもとで，斬新な模索をつづけた．ソビエト期最初の重要な劇作家は，医師から作家に転じたミハイル・ブルガーコフ（1891—1940）である．内戦を公正な観点で描いたかれの戯曲『トゥルビン家の日々』（1926）は，やや意外にもスターリンお気に入りの作品となり（スターリンは約20回もこの作品の上演を観た），そのおかげでブルガーコフは，（かれの共感は革命側からはほど遠かったにもかかわらず）ありうべき不快な運命を逃れることができた．ソビエト政府がもっとも奨励した芸術分野は映画であった（レーニンが熱狂的映画ファンであったことが原因であろう）．セルゲイ・エイゼンシュテインに代表される初期ソビエトの映画監督たちは，効果的な「モンタージュ」技術を開発し，その影響は全世界の映画界におよんだ．

ディアギレフとストラヴィンスキー

　セルゲイ・ディアギレフ（1872—1929）とイーゴリ・ストラヴィンスキー（1882—1971）はどちらも豊かな創造性に恵まれた人物であり，もし2人が出会わなかったとしても，それぞれにすぐれた文化遺産を残したことは間違いない．しかし，1909年にたまたま共同で仕事をするようになって以来，両者はきわめて有名ないくつかの刷新的な業績を残した．

　ディアギレフは，1890年代に華々しく『芸術世界』グループにデビューし，この雑誌の編集に携わるかたわら，絵画展の企画を次々と手がけた．1906年，かれはパリでロシア絵画展を開催し，それ以来，シーズンになるとこの都でロシア音楽（ロシア五人組の作品など）やオペラ（『ボリス・ゴドゥノフ』）やバレエの興行を行った．晩年の20年間にディアギレフが，自分の最後の仕事として打ち込んだのはバレエであった．かれはすぐれたダンサーを揃えただけでなく，舞台装置と音楽の統一性という面にもきわめてこまやかに神経を使った．ディアギレフは，その飽くなき探求心に導かれて，新しい世代の作曲家（プロコフィエフ，プーランクなど）や美術家（ラリオーノフ，ゴンチャーロヴァ，ペブズネル［ペブスナー］など）の発掘に成功したのであった．

　リムスキー＝コルサコフの弟子ストラヴィンスキーは，ディアギレフの委嘱と熱狂的支援によって，職業的な作曲家となった．1914年スイスで一文無しになって立ち往生したとき，かれはロシアの民衆的な巡回歌劇の現代版を創作することを思い立った．第1次大戦後，かれはディアギレフとの共同作業を再開するが，プーシキンの小品を使った歌劇『マーヴラ』（1922）が，とくにロシア的なものとしては最後の作品となった．ストラヴィンスキーは長生きし，亡くなる直前にソ連再訪を果たし，絶大なる喝采で迎えられた．

下　『ペトルーシカ』を踊るニジンスキー（1911）．この役柄はかれの最高傑作のひとつであったが，あやつり人形を生身の人間が演ずるという着想はストラヴィンスキーのアイディアであった．バレエ音楽『ペトルーシカ』は民衆に親しまれてきた旋律の断片をコラージュしたものである．「ペトルーシカの不協和音」（C音にF#音を重ねたもの）はその後有名となった．

左　レオン・バクスト作のセルゲイ・ディアギレフとその乳母の肖像画（1903）．今日では舞台装置と衣裳のデザインで世界的に知られるバクスト（1866—1924）は，『芸術世界』グループの若干の画家たちと同様，もともとは熟練した肖像画家であった．かれがキャンバスに描くところのディアギレフ像には野生味と洗練とが溶けあっている．『芸術世界』の使命の一部は，移動展派の最盛期にいくぶん消え去ってしまったきらいのある芸術的熟練と技術とを，「モダニズム」の文脈において取り戻すことにあった．

左　ディアギレフとストラヴィンスキー．恰幅のよい威圧的なディアギレフと，落ち着きのない，「エビのような」ストラヴィンスキーはそうざらにあるものではない，両者はいずれも，退屈な法律の勉強から芸術の世界に逃げ込んだ人物であり，才能はあるが意欲に欠ける若干のかれらの同僚たちにはない自信とエネルギーの持ち主であった．

上　見栄えのしない小男でありながら，生気に満ちた卵型の顔と，身体に不釣合な大きな手をもち，生まれながらの貴族的雰囲気を漂わせた行動的なストラヴィンスキーは，いわば画家たちへの贈物であり，ピカソもジャン・コクトーもかれのスケッチを残している．ジャン・コクトーのこの作品には，舞踏家ニジンスキーに見入るストラヴィンスキーが描かれている．

ディアギレフとストラヴィンスキー

下 『火の鳥』のためのバクストの衣裳デザイン(1910).ビアズリー(おそらくはまた,その影響も受けていた)にも劣らない線画の名人であったバクストは,劇場用の実用的デザイン画を質の高い,しかしなお楽しい芸術の城に高めた人物である.この衣裳デザインは,グァッシュと金色絵具で描かれた絶妙の小品である.バクストや『芸術世界』グループの他の画家たちは,さまざまな様式を巧みにとり混ぜてすぐれた作品を生み出したが,バクストの場合には東洋趣味への傾斜が認められる.『火の鳥』におけるバクストの協力者ゴローヴィンは,ヴルーベリと協力して,陶器製のみごとな物語的帯状装飾(フリーズ)を作ったが,それは現在もモスクワ・メトロポリタン・ホテルに飾られている.

1910年6月のパリにおける『火の鳥』公演こそは,ストラヴィンスキーの大作曲家の地位を確立し,ディアギレフのバレエ・リュスの真のオリジナリティが発揮されたときであった.音楽――民話にふさわしくきわめてロシア的でありながら,完全に現代的で,すでにボロディンやリムスキー=コルサコフからは遠く隔たっている――は,公演に先立つ冬に,デザイナー陣や,ディアギレフの虎の子の振り付け師ミハイル・フォーキンと協力しながら,ストラヴィンスキーが苦心してまとめあげたものであった.

下 ベヌア(ブノア)による『春の祭典』のための衣裳スケッチ.1913年5月29日にパリで上演されたこのバレエは,ストラヴィンスキーとディアギレフの協同作業の頂点を飾るものであった.『春の祭典』はストラヴィンスキーのもっとも野心的な作品で,現代音楽の金字塔となった.しばしば単にリズムを刻んでいる以上には思われないような,互いに関連のない旋律の断片が,ファゴットが信じられないほど高音域で奏でるリトアニアの民謡風メロディーと交差しながら,現われては消えてゆく.異教的ルーシにおける「儀礼」と「犠牲」をモチーフとする恐ろしい筋立ては,主として,博識の芸術家N・リョーリフ(1874-1947)が案出したものであった(下奥はボリショイ劇場での公演.残念ながら,振り付け師としてのニジンスキーは,音楽の複雑さに十分対応しきれなかった.

現代美術への二つの道：
マレーヴィチとタトリン

　20世紀初頭のヨーロッパの現代的な芸術運動において，ロシアの芸術家たちはかなり重要な役割を果たした．ミュンヘンで活躍していたカンディンスキー（1866—1944）は，すでに1910年以前に，その終末論的な後期象徴派の作品を単純化して，抽象画へと脱却していたが，ほかにもカンディンスキーに劣らず刷新的な若干のロシア人画家が存在した．そのうちでもっとも異色かつ斬新であったのは，カジミール・マレーヴィチ（1878—1935）であろう．マレーヴィチは，親しみやすいアール・ヌーヴォーの装飾的絵画から出発したが，その後，荒々しいプリミティズム，キュービズム，未来派などの諸傾向を急速に吸収・咀嚼して，かれが「アロジズム」と呼ぶところの作風に到達した．さらにマレーヴィチは，1915年にいたって，幾何学形態を用いた純粋な抽象画を開発し，それを「シュプレマティズム」と名づけた．それ以後1920年ころまで，建築的立体構成「アルヒテクトン」の制作に没頭するが，死の直前には，シュプレマティズム的含意の濃厚な人物画に回帰していった．

　ウラジーミル・タトリン（1885—1953）は，未来派とキュービズムの影響のもとで活動した．かれは，ピカソを訪れて以後，金属や木材を使った彫刻的構造物や「ファウンド＝オブジェクト」など，一連の作品を発表しつづけて，かれのいわゆる「物質文化」論を発展させていった．

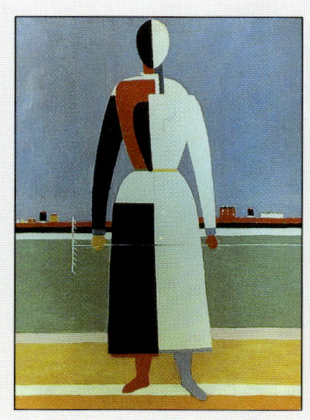

上　マレーヴィチ作『くま手をもった少女』(1930年代)，マレーヴィチは形象描写に復帰するが，それはもはやストーリー性を強調した1920年代から1930年代の画風ではなく，農民労働がしばしばテーマに取り上げられている．シュプレマティズムの痕跡は，それらの作品の単純化された形態と，十字の構図の汎用にとどめられている．この絵の最大の特徴は，人物の顔と身体が明と暗の二つの部分に，くっきりと塗り分けられている点である．

右　マレーヴィチ作『ナイフを研ぐ人』(1912)，目も眩むようなこの作品は，疑いなく初期マレーヴィチの傑作である．このころかれは，マチスのプリミティズムやロシアの聖像画（イコン），キュービズム，未来派などから，多様な影響を受けた．右の絵では，物体を（たとえばF.レジェのように）「金属的な」諸部分に分解するキュービズムの方法が，未来派のダイナミズムと結びついている．しかしそこには，しばしばみられるような，近代性の崇拝，あるいは機械の崇拝という傾向は認められず，むしろマレーヴィチの関心は，昔ながらの農民生活のリズムに向けられている．幾何学性と色彩のはっきりとした塗り分けからは，シュプレマティズムの萌芽が感じられる．

下　マレーヴィチ作『シュプレマティズムのコンポジション』(1916)，1915年の展覧会「0—10」において，マレーヴィチはシュプレマティズムの一連の作品を発表した．漠然とした幾何学的な形態を白や黒やその他の原色で塗り込めたものであった．かれは，展示場の一隅の高いところ（聖像画を飾る場所に相当した）に，単純な黒い正方形を描いた作品『形態ゼロ』を掲げさせた．これこそは，新しい絵画の通過点となるものであった．

現代美術への二つの道：マレーヴィチとタトリン

右　タトリン作『水夫』(1911—12)。これはおそらく作者の自画像である。30歳近くまでタトリンは、船に乗って生計を得ていた。帆走する船こそはおそらく(自然の力と調和した美と機能、力強さ、曲線的であること、などの諸点において)、かれの芸術の理想にほかならなかった。タトリンの画風は、大胆かつ単純明快で、聖像画のような原初性と、のちにはキュービズムの諸要素とがそこには認められる。展覧会０－10"で、かれは荒々しくマレーヴィチと袂を分かった。マレーヴィチのシュプレマティズムが「非物質化」の方向へと進んだのに対し、タトリンは対象の物質性に魅了され、木と金属の潜在的表現力を検証すべく、抽象的な３次元レリーフを発表した。

左　タトリンの第３インターナショナル記念塔の草案 (1919)。それは、ちょうど望遠鏡のように、先端が開いた(それが北極星の方向に向けられる)、巨大な二重螺旋構造の塔になるはずであり、ネヴァ川をまたぐ位置に建てられることになっていた。

下　マレーヴィチ作『モスクワのイギリス人』(1914)。「都市的」時代 (1913—14頃) のマレーヴィチの特色をよく表わしているこの作品は、表面的には、異種の物体の「失語症的」な集合のようにみえるが、そこには理性を越えた秩序が秘められている。画面の文字を再構成すると、「部分蝕」と読める。

ソ連の宗教

　ロシアの宗教文化は，988/9年にロシア人が受容したギリシア正教に根ざしている．したがってこの国の中世文化は，17世紀の教会分裂まで，単一の正教によって彩られていた．教会分裂以降，ロシア正教は二つの潮流に分かれて今日にいたる．ひとつは既成の教会制度による信仰であり，もうひとつは分離派諸宗派のそれである．ボリシェヴィキ革命は，どちらの潮流にも，共産主義の攻撃的無神論と反宗教的立場に由来する絶えざる迫害をもたらすことになる．1917年以後，およそ宗教と名のつくものはすべて，正教やカトリックから，ユダヤ教，イスラム教にいたるまで，おしなべて弾圧と迫害の対象となった．

　今日，国内のキリスト教諸派のうちでもっとも活動的なのは，バプティスト派とペンテコステ派を筆頭とする福音主義諸派である．正教は，礼拝儀式の共有と内面的修養を柱として，その1000年におよぶ伝統を維持している．その影響は，中世芸術からドストエフスキーやトルストイの文学作品にいたるまで，ロシア文化の隅々にまでおよんでいる．正教の教会芸術の中心は，聖像画と無伴奏の合唱音楽である．聖歌合唱の比類のない表現性は，ロシア式の礼拝に欠かせない役割を演じている．

左　長老（スターレツ，教導僧）は，ロシア正教会の信仰生活において決定的な役割を果たしている．それは，一般信徒にとって，生涯にわたる聴罪司祭となる修道士のことであり，精神的な助言者でもある．信徒たちはその教えに無条件に従う．写真の長老は，犬を連れて雪の原野の墓地を訪れた修道院長である．雪原のまっただなか，修道士生活から滲み出る迷いのない微笑みが，長老の強靱な精神力を伝えている．

上　1920年代に共産主義国家が掻きたてた反宗教的熱情が，『使徒たちの頭上に降臨する聖霊』と題されたこの戯画に充満している．聖像画のように構図されたこの絵では，ソ連国内の主要な宗教の指導者たちをそれぞれグロテスクで貪欲な姿に描くことによって，それらの宗教が嘲笑されている．シルクハットを被って空中を漂う財布として描かれた聖霊は，資本主義を象徴している．それが金貨をばらまき，イスラム教の律法学者，正教とカトリックの司祭たち，ユダヤ教のラビがそれを奪いあっている．それら1人ひとりが，嫌悪と憎しみを煽るために使われたステレオタイプにしたがって戯画化されている．

右　ソ連で許可されている数少ないシナゴーグの一つで，トーラー（モーセ五書）が読まれているところ．中世末のポーランド＝リトアニア連合王国が，ウクライナとベラルーシ（白ロシア）へのユダヤ人の移住を奨励したため，それらの地方には大きなユダヤ人社会ができあがった．帝政ロシアのユダヤ人は，特定の居住区に押し込められたが，そこでは比較的自由に信仰が行われていた．ソ連では居住制限こそ撤廃されたが，ユダヤ人の信仰と文化は抑圧され，ヘブライ語教育もユダヤ教信仰も禁止された．それにもかかわらず，ユダヤ民族の伝統は死に絶えることはなく，1970年代と1980年代には，ある程度復活した．

ソ連の宗教

下 世界宗教のうちで仏教は、ロシア・ソ連でもっとも影響力の弱い宗教であったが、共産主義のもとでは、キリスト教やイスラム教などと同様に迫害の対象となった。帝政ロシア時代の仏教は、外モンゴルに隣接する東シベリア南端に沿って栄えた。もっとも近隣の仏教聖地はウルガで、そこには壮大な寺院があり、ラマ僧たちがいた。かれらの権威は、中国より北では、南部におけるチベットのラマ僧のそれに匹敵するものであった。しかし、1920年代にモンゴルに共産政権が樹立されて以後、ウルガは破壊されてしまった。[旧]ソ連でも仏教は、シベリアのチュルク語系民族とモンゴル系民族のあいだで行われており、とくに仏教徒として名高いのはブリヤート人である。

右下 サマルカンドのハイェズド・ムラド・モスクで行われる金曜礼拝。信徒たちの大半は伝統的衣裳をまとっているが、前列に1人、現代風の服装の人物がみえる。ソ連の中央アジア地域やカフカス地方東部ではイスラム教の影響力が依然として根強く、共産党によるイスラム抑圧の試みも、他の宗教の場合ほど効果をあげていない。中央アジアのイスラムは、サマルカンド、ブハラ、ヒヴァなどのいわゆるトランスオクシアニア諸都市の中世文化から派生したものである。近年、[旧]ソ連のイスラム教徒のあいだではシーア派の影響力が増大しつつある。

ソ連の宗教

ロシア正教会

　共産政権が革命後に開始し，1920年代と1930年代に続行された攻撃的な無神論キャンペーンにおいて，主たる標的となったのはロシア正教会であった．1921年までにロシアの修道院の半数以上が閉鎖され，数えきれないほどの教会が破壊され，あるいはその神聖性を剥ぎとられて，世俗の施設に転用された．30人近い主教と1000人以上の一般聖職者が逮捕され，あるいは処刑された．教会破壊はモスクワでもっとも激しく，1920年代と1930年代に3分の2以上が破壊された．聖職者の粛清の結果，1930年には163名いた主教も，1939年の時点では，国内にとどまりながら自由であるものはわずか12名にすぎなかった．

　第2次世界大戦が勃発すると，スターリンは，国民の愛国心をふたたび燃え上がらせるというかれの計画の一助として，教会の復活を許すことが有効であると考えた．この政策が正教会に，聖職者数の拡大や総主教の選出など，事実上の絶滅状態からの部分的復活を許したのである．フルシチョフ時代に入ると，ふたたび抑圧が強化された．フルシチョフは，一方で世俗的文化への制限を弛めながら，教会の撲滅を決意したのだった．1970年代には，政府の敵視政策が緩和された．ただ，礼拝や入信に対する諸制限だけは，1980年代中頃まで，本質的に変更されることはなかった．宗教抑圧の緩和に並行して，政府は，国民的遺産として，宗教芸術の保護をある程度認めるようになり，その結果，多くの教会建築が修復された．とはいえ，それらの大半は，信仰の場所として再生したのではなく，歴史的記念碑として留保されたのであった．

左　1920年代に，ある教会の解体作業に従事する作業班の兵士たち．かれらはいま半円筒天井（ウォールト）の取り壊しにかかっているところである．電動ドリルを操っているのは，内戦を戦い抜いた赤軍の古参兵で，当時の騎兵帽をかぶっている．こうした教会破壊は広く行われ，その頂点はモスクワの救世主キリスト聖堂の解体であった．

左下　解体を免れた教会建築は，たいていの場合，集会場や映画館，倉庫といった世俗的目的に転用された．写真の教会は，穀物倉庫に改装されようとしている．画面右手の梯子と足場組みは，教会の内装が今まさに剥ぎとられつつあることを示している．

下　芸術作品としての教会建築の修復は，1960年代になって広く行われるようになった．修復はもっぱら建物の外装に集中されている．内部はほぼ完全に略奪しつくされているからである．内部の重要なフレスコ画やモザイク壁画が残されている稀なケースでは，その修復が行われた．写真は，モスクワのダニーロフ修道院の15世紀の教会が修復されている珍しい例である．近年になってこの教会は，総主教の座所として復活した．

ソ連の宗教

下　屋外で執り行われる聖職叙任式の写真．こうした特別の式典に多数の信徒が参集するところに，現代のロシア正教の復興ぶりが示されている．新任の聖職者が，儀式を司どる高位聖職者たちの前の絨毯の上に立っている．ドーム型の帽子をもつ僧侶は主教たちで，黒い帽子をもっている人びとは教区司祭たちである．主教の列の後ろに黒衣・無帽の修道士たちが並び，司祭たちの背後には，やはり黒衣で被り物をつけた尼僧たちが控える．周囲を取り巻く会衆は，年齢も職業もさまざまな人びとから構成されている．写真はおそらく教会の鐘楼から撮ったものであろう．

左　ロシアの修道院制度には，修道士の共同生活から隠修士の修行生活にいたるまで，幅広い内容が含まれている．実社会とのつながりのなかでの相互の謙譲と慈善を強調するケノーシスの伝統も，その一部である．いずれの場合にも肉体労働は，物質的自足のためというよりは内省と謙譲に到達する一助として，重視された．女子修道院は中世初期から存在し，革命前には各所に建てられたが，その後の迫害の時期に多大な損失をこうむった．写真は，現存する数少ない女子修道院の一つの尼僧たちが，伝統的な長尺の大鎌を使って作業している光景である．

上　修道士共住団創設500年記念の礼拝で，聖歌隊指揮者にしたがって歌うプスコフ・ペチェルスキー修道院の聖歌隊．プスコフの西，エストニア国境近くにあるこの修道院は，今日のロシアの修道院文化の拠点である．「ペチェリ」とは古ロシア語で「洞窟」を意味し，したがって，最初の共住団が狭い洞窟を本拠としてはじまったことを示している．ロシア最古でもっとも崇敬されているキエフ洞窟（ペチェルスキー）修道院は，キエフの丘の斜面の洞窟から出発したことが知られている．

プロパガンダ芸術

　政治宣伝（プロパガンダ）は，共産国家にとってその成立以来の第一義的課題であった．国家の独占的活動として組織された政治宣伝は，共産主義の諸目標に合致した国民世論の形成・誘導のために利用されてきた．大衆の教育および識字率の向上と密接に関連して，政治宣伝の多様な分野が，政治的教化の手段として開発された．革命史の美化，社会主義的労働倫理の鼓舞，非共産主義的な社会勢力と価値観への非難，これらの命題がソ連における主たる宣伝目標であった．

　ソ連の政治宣伝は視覚的手段が主流で，大勢の人びとの目にふれやすい巨大な銅像やポスター，壁画に刺激的スローガンをあしらったものが多用された．宣伝すべき命題文句は何度も修正され変更されてきたが，その根本テーマは基本的に変わらなかった．もっとも直接的かつ教化的なものは，勤労と生産性向上の訴えであろう．もう少し手の込んだ心理的訴えとしては，共産国家樹立の功労者であるいく人かの古参ボリシェヴィキにまつわる一連の神話を説くものである．レーニン崇拝は，ソ連の政治宣伝における唯一無二の優先的英雄神話であった．それは，厳粛な外観にデザインされた廟に収められている防腐処理されたレーニンの亡骸に対する疑似宗教的な礼拝を含んでいる．ヒトラーやムッソリーニ時代に生み出されたと同様の「全体主義的」建築物は，スターリン主義の1930年代と1940年代を特徴づけるものである．

左　第1次世界大戦中に制作された戦時公債の購入を呼びかける帝政時代のポスター．キャプションには，「もしあなたが身を挺して敵を撃退しないなら，年利5.5％の公債を買うべきである」と書かれている．帝政時代のこうした比較的単純で芸術性も高くない宣伝技術から，ソ連はある程度は何ものかを引き継いだ．両者に共通するのは外国恐怖症と狂信的傾向である．まさに突撃せんとしているロシア兵の憑かれたような表情は，第2次世界大戦中に行われたソ連の政治宣伝のイメージを先取りするものである．ポスターの芸術的洗練度がソ連のポスターに比較してかなり劣っている点は，帝政時代の政府が，民衆の感情に訴える政治宣伝の潜在的力をあまり高く評価していなかったことを示している．

上　「産業の配給部門からでたらめと妨害分子を追放しよう！」ソビエト初期のこのポスターは，生産と消費の両部門に物不足をもたらす現実の，あるいは観念の上での犯罪者である官僚たちの介入を撲滅するために，たえず繰り広げられていた宣伝キャンペーンの一例である．大きな帳簿をしっかりと抱えた肥満した役人が，買い占め屋を生み落とす雌鶏として描かれている．買い占め屋たちは，本来国家に納入されるべき物資の箱を運び出して私腹を肥やしている．労働者の長靴の下の巨大なスコップが，いましも役人を根こそぎにしようとしている．こうしたポスターは，工場や倉庫をはじめ，あちこちの公共の場所に掲示された．

右　「期限内に穀物収穫目標を100％達成しよう！」このポスターにみられる農作業促進の訴えは，1930年代初頭の農業集団化の文脈と符合する．穀物袋を空けている大きく描かれた農民の背後には，脱穀に回すために畑で刈り取りを急ぐ農業労働者たちが描かれている．脱穀機に記された小さな文字のキャプションは，「科学的に脱穀しよう！」と読める．さらに，「いかなる留保もなく，富農（クラーク）たちに穀物収穫目標を完遂させよう！」というキャプションが挿入されている．戯画化され，強欲な姿で描かれている富農が，穀物の退蔵者として，怒りにみちたソビエトの農業労働者たちに詰め寄られている．

プロパガンダ芸術

下　内戦期に募兵を訴えるボリシェヴィキのこのポスターにみられるように、共産党のプロパガンダはしばしばロシア民衆のこの手法をそのまま政治宣伝に用いた。農民の漆装飾の様式が、後景の炎上する街めがけて突撃する赤軍騎兵部隊を描くのに使われている。

右上　鉄鋼増産の訴え。このポスターには大規模製鉄所が描かれ、「鉄鋼増産」のスローガンが、迷路のような工場に響きわたるこだまのように、しだいに遠ざかるかたちで3度繰り返されている。このポスターは4万部印刷された。

右中央　「金はどこだ？そして、家族は？」ソ連のプロパガンダは、これまでうむことなくアルコール依存症に対するキャンペーンをつづけてきた。すでに家族の生活費をすべて飲みつくしてしまった酔っぱらいが懐中を手探りしている。巨大な酒瓶が問題の根深さを象徴している。

右下　1920年代のソ連で、磁器製の記念皿は非常に人気のある宣伝媒体であった。写真の皿の縁には「ソビエト権力万歳！」と記されている。中央には、例によってハンマーと鎌をペンチと組みあわせた図案があり、背景に工場が描かれている。

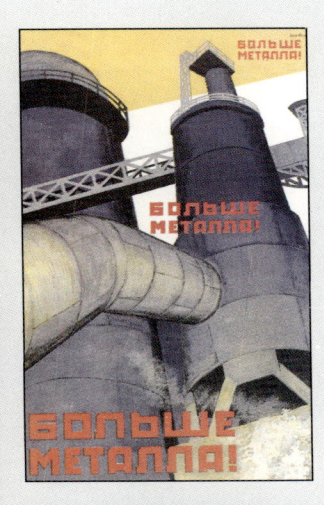

左　「知識は隷属の鎖を断ち切る！」共産主義の教義にしたがって、学習の奨励は、ソ連初期のプロパガンダの中心テーマであった。1920年のこのポスターには、寓意的な手が学習を象徴する本の山を上から押さえつけるところが描かれている。本の山は、両側の古典的ともいえる工場のあいだに張られた束縛の鎖の上におかれている。鎖は、いまにも千切れんばかりに張りつめている。

スターリン時代以後

集団化，飢饉，恐怖政治

　農業集団化の政策は1930年にはじまるが，農民はすでに，それに先駆ける2年間において租税と直接徴発が強められたことによって，徐々に衰弱しつつあった．集団化政策は「富農（クラーク）」撲滅のための闘争であると宣言された．しかし，富農とはいってもそれらの農民は，その他のごくふつうの農民の貧しさに比べて，多少はましであるという程度の人びとにすぎなかった．富農という定義は，女や子供や，果ては幼児にまで適用されるようになるが，そのように呼ばれた農民は，土地財産を没収され，集団農場への加入を拒絶され，その結果すぐにも絶望的な貧困に身を落とすこととなった．結局，かれらは，ロシアの僻遠の地に建てられた強制収容所に送られてゆくことになる．輸送の条件が劣悪であったため，途中で餓死する農民も少なくなかった．こうした措置と並行して，富農以外のすべての農民に対しても土地財産没収が進められた．それは，農民を大規模かつ強制的に集団農場へ組織するための前提条件であった．富農が根絶されたのちさえ，多くの農民は，陰に陽に集団化への抵抗をつづけた．かれらは，集団農場に家畜を供出するよりは，それらの屠殺という手段を選んだ．あるいは，たんに家を捨て，放浪に出る農民も少なくなかった．

　政府は，農民を現住地に縛りつけるために国内旅券制度を導入し，さらには，食糧を断って徐々にかれらを服従させるという，新しい戦術を採用してこのような事態に対処した．よく組織された軍事作戦として遂行されたこの食糧テロルは，まず，農村内全食糧の徹底的な没収からはじまり，ついで，外部からの食糧移入の遮断措置がとられる，という仕方で進められた．こうした戦術がもっとも強力かつ集中的に展開された地域は，比較的豊かであったヨーロッパ・ロシア南部の農業地帯であったが，その結果，1930年から32年にかけ

工業化・都市化・集団化

　第1次世界大戦と内戦による疲弊，それにつづく1920年代初頭の飢饉ののち，ソ連経済は新経済政策（ネップ）によってようやく安定をとりもどした．新経済政策が終了すると（1928），スターリンは第1次五カ年計画を開始して，社会経済体制の改造に乗り出した．西部国境からウラル山脈南端にいたる巨大なベルト地帯が，農業集団化の舞台となった．新しい炭田が開発され，そこから燃料を供給された鉄鋼業や電力事業が，機械工業を支えた．そして機械工業は，農業や食品加工業，繊維工業などに機械を供給した．新しい鉄道網が主として東西交通を確保したのに対し，鉱物資源の豊富な北極地方と新興の工業地帯との交通は，南北方向に流れる長大な河川を利用して行われた．1940年代初頭になると，ヒトラーの脅威が増大し，そのためヴォルガ以東の経済開発を急テンポで進めね

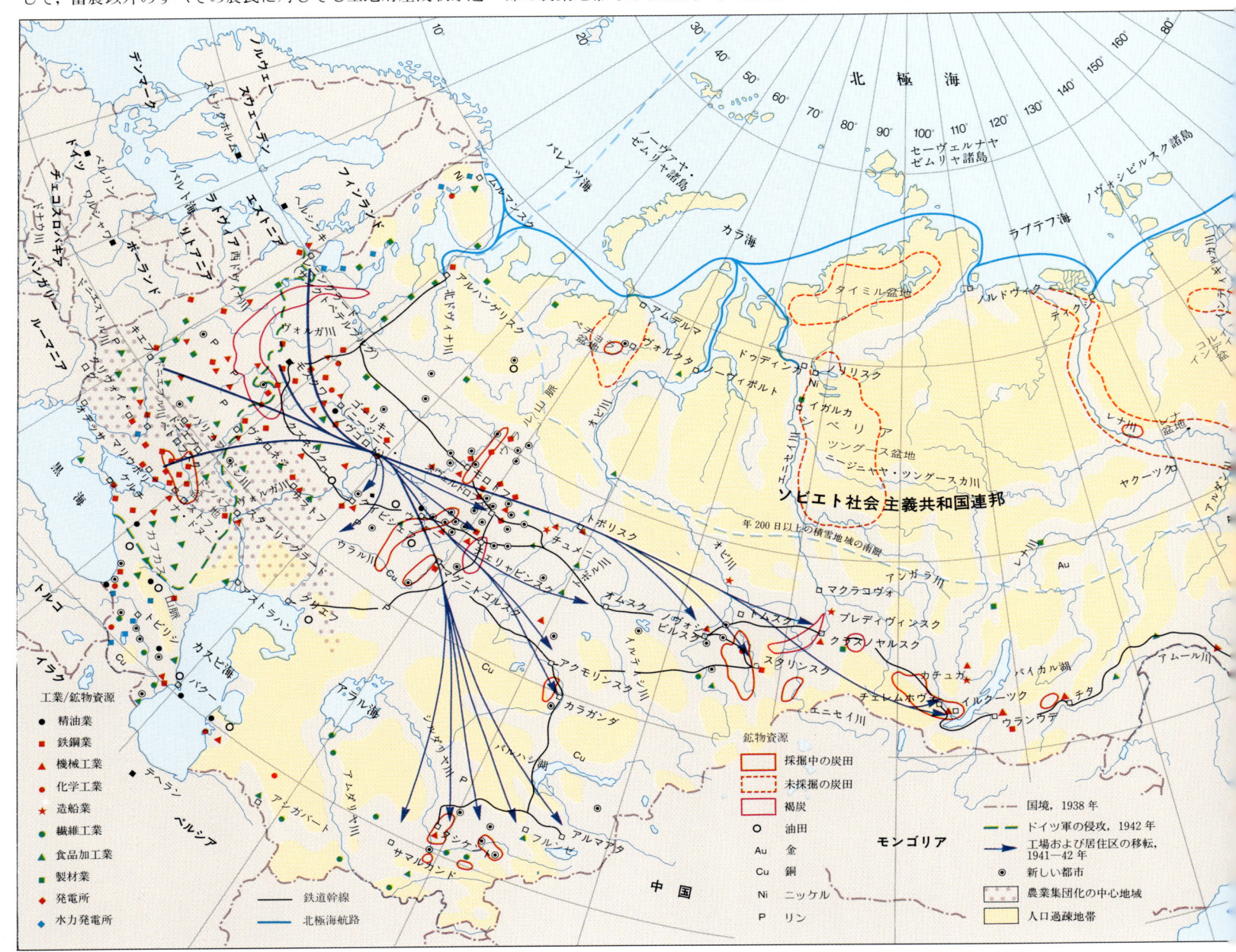

て，大規模で未曾有の飢饉が徐々に広がっていった．もっとも被害が甚大であったのは，純粋ロシア人地域としては，ヴォルガ，ドン，クバンなどの諸地方であるが，ウクライナもまた危機的な飢饉に見舞われた．ウクライナの飢饉は，伝統的農民社会の解体という目的に加えて，ウクライナ民族主義の撲滅の手段としても利用されたのである．

集団化政策と食糧テロに伴う人的損失は測りしれぬものであった．近年の信頼できる概算によれば，農民の犠牲者数はほぼ1400万人にのぼり，そのため，数多くの村や町や地域そのものが無人と化したという．経済的損失も，もちろん由々しいものであった．農業生産性は，穀物についても家畜についても低下し，耕地面積も縮小して，全国的に食糧不足が深刻化していった．にもかかわらず，共産主義者は勝利した．なぜなら，農民は服従するにいたり，農村の荒廃は，新しい集団農場建設のための理想的な環境をもたらしたからである．

1930年代を通じて行われた組織的な政治テロは，政界と政府部内に同様の破壊的な爪痕を残した．1936―38年の大粛清を頂点とする一連の粛清が，ソビエト社会と共産党そのものの全構造を引き裂いてしまった．最初の粛清裁判は1930年秋に開かれ，政府職員や技術者，経済専門家などが，ありもしない破壊組織に加わって反革命的活動をしたというかどで告発された．被告たちは，いかにも不自然に捏造された罪を自白して処刑された．この裁判には，第1次五カ年計画の工業発展の準備過程における必然的な失敗に対するスケープゴートを用意する，という目的があった．

本格的な粛清は1934年にはじまり，1936―38年に最高潮に達した．政治局の有力メンバーであったキーロフが1934年に暗殺され，この事件が大粛清開始のきっかけとなった．キーロフ暗殺はおそらく，かれの人気を恐れたスターリンが教唆したものであったと思われる．事件につづいて，やはり政治局員のカーメネフやジノヴィエフなど，一連の党の高級幹部の逮捕が進められた．両者は1936年に裁判に付されたが，これこそが大がかりな見世物裁判の最初のものであった．かれらは，捏造された国際的陰謀事件への連座を理由に，サボタージュと国家反逆罪のかどで起訴された．陰謀事件は，共産党政権の打倒と半資本主義的体制の樹立を目標として，ドイツ政府に支援され，流刑地にあったトロツキーによって指導されたものだと発表された．カーメネフとジノヴィエフは，結局，この件で有罪を宣告されて処刑に付された．これ以後，粛清は，クレムリンから辺境にいたるまで，政府と党のあらゆる次元におよぶようになった．捏造されたサボタージュと国家反逆罪による告発，逮捕，拷問を伴う取り調べ，処刑か長期間の懲役労働という判決，これらが粛清事件のお決まりのコースであった．公開裁判は，開かれるときも，また，それなしで済まされることもあった．こうした大衆的粛清の頂点を成したのは，幹部党員に関わるさらに大掛かりな2件の見世物裁判であった．そのひとつは1937年のピャタコフ＝ラデック裁判であり，他のひとつは1938年のルイコフ＝ブハーリン裁判である．もう1人の大物の犠牲者はトハチェフスキーであった．トハチェフスキーは，1935年にソ連最初の5人の元帥の1人に任命された人物であったが，その3年後には，軍隊における陰謀計画を指揮したという罪状で銃殺されてしまうである．粛清は，赤軍の高級将校や，工場責任者から学者にいたるまでのさまざまな専門職のあいだにもおよび，結局は全社会に吹き荒れることとなった．

粛清による犠牲者数はなかなか把握しがたい．近年の推計では，粛清された人びとの総数は1200万人にのぼり，そのうち100万が処刑され，800万人が収容所送りとなった（収容所で死亡したものの数は700万を越える）とみられている．共産党員の半数，約120万にのぼる人びとが粛清され，その90％以上が収容所で死亡した．犠牲者の総数は，したがって，少なくとも800万人には達したと推定されるのである．

こうした大粛清の手段と目的は，レーニンがあらゆる非共産主義の政敵に対して行使した広範な政治テロに由来するものである．共産党は，1920年代を通じてたびたび行われた党内粛清にも，この政治テロの手法を適用した．その意味で大粛清は，レーニン主義の先例の論理的帰結であり，その変形された形態にほかならなかった．共産党は，内外の敵に対する政治的偏執病を，徐々にではあるが国民のあいだに培養していった．それゆえに国民世論も，サボタージュと国家反逆罪という冤罪事件を容認し，そのゆきすぎに抗議するよりは，むしろ自ら進んであの野蛮な告発に手を貸したのだといえる．大粛清の号令を下したスターリン自身のねらいは，かれの独裁的地位を脅かす潜在的なあらゆる反対派勢力を党内から一掃することにあった．非協力的な農民階級の大量撲滅と共産党下部組織における大量処分は，正統イデオロギーにもとづく国家建設への手段であった．けれども，スターリンがさらに極端ないかなる国家建設計画を胸中に抱いていたとしても，その実現はさしあたり第2次世界大戦の勃発によって棚上げせざるをえなかったのである．

スターリンと第2次世界大戦

第2次世界大戦直前におけるソ連の行動は，来るべき事態を予期したものではなかった．1930年代のスターリン外交は，もっぱらナチス・ドイツとの友好関係の強化に主眼をおくもので，1939年の独ソ不可侵条約締結はその頂点をなすものであった．この条約によって，相互の不侵略と中立を定めた事実上の同盟関係が樹立され，余剰の原材料および武器の相互提供を伴う通商協定が付随的に結ばれた．条約ではさらに，両国間で東ヨーロッパを分割することが取り決められた．それによって，ドイツは西部ポーランド侵入への了解を取りつけ，他方，ソ連は東部ポーランドとバルト諸国を勢力圏におさめた．しかし，フィンランドとの関係では，ソ連は苦杯をなめさせられることになる．小国フィンランドは，1939―40年の冬期戦争において，はるかに優勢な赤軍を相手に事実上互角に戦い，そのためソ連も，講和条約の締結に応じざるをえず，わずかな領土の獲得で満足しなければならなかった．ナチスとソ連の連携は，結局のところ，ヒトラー自身のソ連侵攻の決断によって，はかなくも断ち切られてしまうのである．

ドイツ軍のソ連侵攻は1941年6月22日にはじまった．攻撃は秘密裡に開始され，赤軍にはなんの準備もなかった．赤軍が試みた応戦は，悲しいほどささやかなものであった．ドイツ軍の侵攻は大規模に展開され，11月までには全ウクライナを占領し，モスクワとレニングラード（サンクトペテルブルグ）を脅かす位置にまで進出した．ドイツ軍の圧倒的勢力をとりあえずなんとか押し止めた力は，赤軍後衛部隊の必死の反撃と冬将軍の比較的早い到来であったにすぎない．しかしながら，その後のドイツ軍の全面的な勢力回復を不可能にした三つの要因が存在した．第一の要因は，ドイツの占領政策にあった．占領地域のロシア人およびウクライナ人住民のほとんどは，ドイツ軍を，共産党支配からの解放者として歓迎した．それにもかかわらず，ナチスの占領政策は，スラヴ人を人間以下の存在とみなす類いのものであった．占領地住民は，ナチスの残虐行為と，共産党政権下のときとほとんど変わらない強制的労働徴発にさらされた．絶望に陥った民衆感情は，本来の姿に戻り，民族的愛国主義がふたたび燃えあが

スターリン時代以後

第2次世界大戦

1941年6月，ヒトラーは1939年の独ソ不可侵条約を破って，ロシアに侵攻した．スターリンの大粛清とフィンランド戦争の深刻な打撃からいまだ立ち直りきってはいなかった赤軍は，装備も貧弱で，ほとんど有効な反撃を繰り出すことができなかった．ドイツ軍は仮借なく進撃し，12月までには，独ソ不可侵条約に伴う秘密議定書でロシアに割り当てられたポーランド東部とバルト諸国を蹂躙し，全ウクライナを占領，モスクワとレニングラード（サンクトペテルブルグ）の郊外にまで迫った．ロシア人やウクライナ人のなかには，共産主義からの解放者としてドイツ軍を歓迎するものも多かったが，かれらが，ドイツの戦争遂行への奉仕を目的とした強制労働に駆り立てられるまでのことであった．集団で東方に逃避した人びとも多かった．1941年の末になると，ドイツ軍の電撃作戦も停滞しはじめ，戦争は消耗戦の様相を呈するようになった．レニングラードは2年半にわたってドイツ軍に包囲された．

北極海とペルシア湾経由で連合諸国からの軍事援助がもたらされると，戦局は徐々に変わりはじめた．ドイツ軍の東進は抵抗に遭い，1942年末のスターリングラード（ツァリーツィン）の戦いを契機に，退却がはじまった．翌年の夏，ドイツ軍はクルスク周辺で最後の大反攻に出たが，それも結局は失敗に終わった．それ以後，退却は抗しがたい流れとなり，追撃するロシア軍は1945年ついにベルリンを占領するにいたった．戦争はロシアに甚大な被害をもたらした．2000万人以上の戦死者と，国内産業の未曾有の荒廃がその結果にほかならなかった．

ったのである．第二の要因は，連合国からソ連にもたらされた軍需物資および武器の貸与であった．それによってソ連は，赤軍に欠落していた多くの軍事技術と，戦争初期のソ連軍事産業の生産能力では十分に満たすことができなかった大量の軍需物資の供給を受けられるようになった．こうした貸与のおかげで，赤軍は緒戦における瓦壊直後に十分な再装備を果たすことができ，軍事産業は生産促進に向けた猶予期間をもつことができた．第三の要因は，スターリン自身の指導力であった．スターリンは，ドイツの侵攻をまったく予期していなかったので，それが実際に開始されたとき，しばらくは精神的虚脱状態に陥った．しかし，それもまもなく回復し，かれは軍総司令官と戦争遂行の政治的責任者の地位に就任した．それ以後，スターリンはすぐれた戦時指導者の能力をいかんなく発揮した．優秀な閣僚を選び，巧みな外交を展開し，鋭い情勢分析をもとにして多くの決断を下したが，それらの大半は，その後の事態の進展に照らして，的確なものであった．

スターリンは，ロシア国民を団結させて祖国防衛にあたらせるには，共産主義の諸原則には反するとはいえ，古典的な民族的愛国主義こそが有効であると見抜いた．かつては抑圧された数多くのロシアの伝統的諸制度が，いまや復活せしめられた．革命以後，厳しく弾圧されてきたロシア正教会も部分的に復活を許された．スターリンは，1812年のナポレオンの侵略に対するロシア国民の抵抗という先例を呼びおこすねらいから，この戦争を巧みに（第2次世界大戦と呼ぶよりは）「大祖国戦争」と名づけた．それが，国民的な愛国主義のうねりをもたらしたのである．

ソ連は再武装して復活し，連合軍が西部戦線で最初の攻勢に転じつつあったその同じ時期に，東部戦線においてドイツ軍への強力な反撃に出た．ロシア戦線におけるドイツ軍の戦闘能力は，2正面作戦遂行の負担によって徐々に弱体化してゆき，ヒトラーの的はずれの決断がそれに追い討ちをかけた．1942年の中頃，ドイツ軍の先鋒はヴォルガ河畔のスターリングラードに達したが，ここでの戦いの結末はドイツにとって惨澹たるものであった．これ以後，徐々にではあるが確実なドイツ軍の後退がはじまり，結局は1945年5月，赤軍がベルリンを占領して独ソ戦に終止符が打たれた．ソ連の戦争被害は甚大なものであった．戦闘による死者は約700万人におよび，犠牲者総数はおそらく2000万人を越え，国内の工業と農業も破局的状態にあった．にもかかわらず，二つの重要な局面において，勝利がもたらした利益が戦争被害を上回ったのである．

その第一は，ドイツ工業からの財産接収と戦時賠償によって，ソ連が真に近代的な工業的基礎を獲得したことである．シレジア地方を中心に膨大な量の工業施設が撤去され，再利用のためにドイツからロシアへ輸送された．数多くのドイツの技術者と企業管理者が捕虜としてロシアに連行され，接収設備からなる工場の要員にあてられた．戦争による破壊がソ連の能率の悪い産業の大半を一掃してしまい，他方，戦利品が着実な漸次的近代化の道を切り開いたのであった．

第二は，ソ連が東中欧諸国を勢力圏におさめるのに成功したことである．テヘラン会談とヤルタ会談では，連合国間での事実上のヨーロッパ分割が合意された．その際ソ連には，東欧諸国が自らの運命を決するために実施する自由選挙を監視するという了解のもとに，それらの国々に対する管理権が認められた．しかし実際には，ソ連は，東欧諸国の共産党を使って選挙に介入し，それでもなお選挙結果が不本意なものであった場合，かれらに権力奪取を行わせたのであった．1948年までには，（ギリシアとフィンランドを除いて）ほとんどすべての東欧諸国に，モスクワに忠誠を誓う共産党政権が樹立され，その結果，ソ連はヨーロッパの半分を自己の勢力圏におさめた．かくして，第2次世界大戦は，ソ連により進んだ産業的基盤を提供するとともに，スターリンに空前の人気と独裁的権力をもたらして，この国を戦前以上に強力な国家に仕立てあげたのである．

戦争終結直後から，スターリンは，国内に1930年代と変わらない厳格で圧政的な体制を再構築したが，そこには時代の諸条件に即応した重要な変化もみられた．連合諸国が合意した捕虜等の本国送還政策のもと，ドイツに抑留されていたソ連人の捕虜および強制的に労働徴用された民間人がすべて本国送還されたが，かれらは全員裏切り者との宣告を受け，その大半が直接に僻遠の強制収容所へと送られてしまった．戦争中，共産主義者と戦ったか，あるいは，革命以来ずっと亡命者としてヨーロッパに居住していた多くのロシア人，ウクライナ人もまた，英米政府によって強制的に本国送還された．かれらを待ちうけていたのは，処刑か収容所送りであった．このようにして，200万人以上の人びとがソ連に送還されたのである．スターリンにとってこれは治安維持上の大収穫であった．西欧の空気にふれた人びとを封じ込め，亡命社会のなかに生きのびていたロシアの非共産主義的な伝統を体現する多くの人びとの撲滅に成功したからである．

スターリン政府のもうひとつの関心事は，とくに知的エリート層を中心としたロシア国民が戦争中に育んだある程度の自主と独立の気風を封殺することにあった．そのためにスターリンは，アンドレイ・ジダーノフを責任者にすえて，新たな思想闘争に乗り出した．1946年にはじまるこの粛清は，美術や音楽，演劇，学問，その他の創造的職業の世界を標的とし，同時代の西欧文化への傾倒の表われとして，「コスモポリタニズム」絶滅を目標とした．1948年にジダーノフが死んだのちもこのキャンペーンは続行され，その矛先は学界にもおよび，言語学や考古学，自然科学理論などのような専門的学問領域さえもが槍玉にあげられるにいたった．これと並行してスターリンは，ふたたび燃え上がっていた国民の愛国主義を利用して，科学史の捏造を目論み，ロシア国民の民族主義的感情を盲目的な愛国主義の域にまで高めようとした．偽造の科学史によれば，18世紀から19世紀にかけて，ロシアには偉大な科学者が輩出し，その発明・発見はいずれも西欧のそれに先行していた，とされた．ただ，革命前ロシアの後進性がそれらの実用化を妨げたにすぎない，というのである．ロシアは西欧の存在を必要としないほど十分に偉大だったのであり，その偉大さは共産党の指導下で全面開花するであろう，これが科学史捏造から引き出された結論であった．

民族主義的・兵営的気風は，共産党の党員拡大にうまく適合した．共産党は，1930年代の粛清によって多くの党員を失ったが，大戦期間中，その支持基盤を拡張するために，党員拡大がはかられた．1940年から47年までに，党員数は2倍に増加したが，新入党員の質は，とくに教育の点で，以前よりはるかに低下してしまった．こうした質の低下は，明暗二通りの意味をもっていた．訓練を施さねばならないという意味では，確かに否定的現象であったが，かれらが従順であるという点では，好都合だったのである．スターリン主義の体質は，こうした人びとの加入によって，磐石となったかに思われた．

戦後のソ連は，経済の分野では深刻な諸問題に直面した．重工業は，ドイツの工業施設および技術者の獲得と，自国の軍需関連産業の生産力的発展によって，質・量とも比較的良好な状態にあった．これに対し，農業は危機的な情況にあった．戦争のほとんどが農村地帯を舞台として戦われたこと，

スターリン時代以後

1930年代の国家政策によって農村の人口動態に歪みが生じていたこと，これらが農業危機の原因をなした．他の経済部門もまた，おしなべて不安定であった．スターリンは，1930年代と同様の厳格な計画経済を再導入することによって，こうした諸問題に対処しようとした．1946年，戦後最初の五カ年計画が開始された．この計画では，ほとんど達成不可能な高い生産目標が設定され，労働者への厳しい規制と罰則が定められるとともに，集団農場をさらに大規模な農・工複合体へと再編することによって，農業改革を進めるという方針が採用された．しかし，この五カ年計画は，結局はその非現実性を露呈しただけに終わった．

第2次世界大戦終結とともに，国外脱出の第二の波が生じた．さまざまの理由からソ連脱出を決意したロシア人および多くの非ロシア系諸民族の人びとが，この波を生み出した．かれらは，第一波の亡命者たちに比べて，概して教育程度も社会的地位も低かったが，共産主義の現実に対するロマンティックな幻想とはほとんど無縁の人びとであった．かれらの多くは，1930年代の抑圧とテロルの被害者であり，1941年にはドイツ軍を解放者として歓迎したにもかかわらず，結局はナチス・ドイツのもとで強制労働ないし奴隷的奉仕を余儀なくされた人びとであった．戦争終結とともに，かれらは自由を求めて西欧への脱出を選んだ．いったん脱出ののち帰国した人びとや，西欧の連合国側によって本国へ強制送還された人びとは，そのまま直接，強制収容所送りとなった．この第二波の亡命者たちが，はじめて西欧にスターリン支配の恐怖の実態を伝え，強制収容所（グラーグ）に関する最初の情報をもたらした．それまでの西欧連合諸国のソ連観は，ソ連政府の公式宣伝と，ウェッブ夫妻のような親社会主義的な観察者による歪められたルポルタージュによって形成されていたので，亡命者たちが伝えるそうした情報は連合国側に深い衝撃をあたえた．亡命第一波が主として西欧に根づいたのに対して，第二波はほとんどがアメリカに渡っていった．

グラーグ―強制収容所と強制労働―

レーニンが考案しスターリンが発展させたソビエト・システムは強制収容所と強制労働に依拠するものであった．最初の強制収容所は，1918年，レーニンによって建てられたが，その目的は，内戦期に共産党支配に反対した勢力を隔離し，しばしば根絶することにあった．反対派の撲滅のみを目指した文字通りの「死の収容所」が最初に建設されたのは1921年のことである．収容所とその収容者の数は，政府がすべての社会主義反対派の撲滅を進めるにつれて，また，党内粛清を強めるにつれて，さらには，政治犯の親族や知人にまで逮捕の範囲を広めてゆくにつれて，増大していった．

1928年の収容者数は推定3万人であるが，1930年までにその数は飛躍的に増加し，60万人に達した．収容者のおもな供給源は，集団化政策初期に生じた農民の犠牲者たちであった．1932年までに収容者総数は200万人に迫り，1935年で概算500万人，1938年で800万人，1941年までにはおそらく1000万人に達したと推定される．これらの収容者は，「富農（クラーク）」，知識人，技術者，科学者，専門家，学者，官僚，共産党員など，社会のあらゆる階層におよんだ．収容所での死亡率は90％に近く，収容中の平均生存年限は約2年，したがって，1930年代を通じて収容所で死亡した人びとの総数はおそらく1000万人前後にのぼったものと思われる．

1930年まで，収容所施設は内務人民委員部（エヌ・カー・ヴェー・デー）（国家政治保安部（ゲー・ペー・ウー）が改組されたもので，直接にではないが，国家保安委員会（カー・ゲー・ベー）の前身でもあった）が直接に管理した．この年，事実上は別個の行政管区をなしていた収容所群を管理するために，収容所施設特別管理部（略称グラーグ）が設立された．収容所は主として，ヨーロッパ・ロシア北部やシベリア，中央アジア，極東などに建設された．そこでの生活条件は故意に劣悪かつ野蛮な状況に止められ，収容者は，すべての権利を剥奪されて非人間的な扱いをうけた．食糧の供給水準も飢餓線上に定められていた．収容者の多くはまたたくまに，肉体的にか精神的にか，あるいはその両方において破壊され，人間以下の次元におとしめられて，やがて死を迎えた．

政治的には，収容所制度は，いかなるものであろうとソビエト政府が察知した現実の，あるいは予測される反政府運動を粉砕し，反体制派を社会から隔離するのに役立った．そして経済的にも収容所は，奴隷的労働力の枯れることのない豊富で安定した供給源として，大きな価値をもった．1930年代に建設されたウラル地方の重工業施設とロシア北部の主要な輸送網は，すべて収容所からの労働力供給によるものであった．収容者は，何よりもまず大規模建設事業（地下と地表での鉱山労働，木材の伐り出し，トンネル掘削，建設工事など）に割りふられ，機械力なしの手作業でそれをなしとげねばならなかった．こうした労働のコストはほとんどゼロに近かった．かれらには生存必要量ぎりぎりの物資しかあたえられなかったし，労働力供給は，人員の増加によっても補いえないほどであった収容者の高い死亡率を差し引いても，底をつくことはなかったからである．

第2次世界大戦中，収容者たちは戦争遂行のための労働に駆り出された．ロシアの第一線の設計技師たちの多くが当時収容所にあったので，収容者からなる専門的設計チームが造られた．第2次大戦を代表するソ連軍用機を設計したのは，収容者による設計チームの主任ツポレフである．また，ドイツ機甲師団を凌いだT34戦車は，ウラル地方の奴隷的労働力によって製作された．

収容者数は，大戦後も依然として増加しつづけた．外国人捕虜（ドイツ軍捕虜，［日本軍抑留者，］強制送還されたロシア人とウクライナ人，中東欧諸国の民間人や政治家など）と，新たな粛清の犠牲となったソビエト市民が送られてきたからである．1950年までに，強制収容所の囚人数は1200万人を越えた．1940年代末から50年代初頭には，収容所で一連の騒擾事件が発生したが，それらはいずれも荒々しく鎮圧され，それにつづいて，大量の懲罰的処刑が執行された．急激に膨れ上がったこうした収容所人口をいかに管理するかが，やがて問題となり，ひとつの解決策として，1950年には，収容者数の一律5％の処刑が強行された．

スターリンの死とともに，収容所人口の増加は止まった．そして，ソビエト指導部も，この問題が国外におけるソ連邦のイメージを著しく傷つけていると考えるようになった．近年までソ連は，強制収容所に関して西欧諸国が抱いている印象と推定は不当に誇張されている，と主張しつづけてきた．しかし，ソルジェニーツィンの叙述や科学アカデミー会員サハロフ博士の研究は，収容所制度がどんな悲観論的観察者の推定さえ上回るほど発達し，より非人間的なものであったことを示している．1985年になってようやく，この問題に関するソ連国内のタブーが取り除かれた．それ以来，ジャーナリズムは収容所問題を批判的に取りあげることを許されたし，ソ連国民も，収容所と強制労働の後遺症の問題を直視しはじめるようになった．とはいえ，いつ，いかなる方法で収容所制度が縮小しはじめたのかは依然として謎のままである．

フルシチョフ時代と「雪どけ」

1953年3月，突如としてスターリンの死が宣言された．そ

上　ヤルタで非公式に打ち解けた雰囲気で会談するスターリンとチャーチル．この写真にはスターリンの人間的側面が写し出されている．頭の回転が速く，抜け目のないスターリンは，ユーモアと気さくさを自在に操ることができた．そうした折りにかれがみせる微笑みは有名で，公式の肖像画や西側の風刺画家によって繰り返し描かれたものである．西側の画家たちは，かれの気さくな微笑みの陰に研ぎすまされた狡猾さをみたが，この写真のスターリンにも，そうした側面が窺われる．

右　1950年頃のソ連＝東欧ブロック
第2次世界大戦が終結したとき，連合国は東欧に対する監督権をソ連に認めたが，それは，自由選挙による政権樹立を見守るという条件においてであった．しかし実際には，東欧諸国の共産党が，選挙操作かあるいは実力行使によって，政権を獲得した．1948年までに，ポーランド，ハンガリー，ルーマニア，アルバニア，ユーゴスラヴィア，そして最後にチェコスロヴァキアが，モスクワに忠誠を誓う共産国家となり，その結果ソ連は，ヨーロッパのほぼ半分をその勢力圏に収めるにいたった．1939年から1940年にかけてソ連に併合されて独立を失ったバルト諸国は，その後ドイツの支配下に入ったが，ふたたびソ連に編入されることとなった．ドイツ，オーストリア，ベルリンは主たる戦勝諸国のあいだで分割統治された．ソ連統治下のドイツはドイツ民主共和国（東ドイツ）となった．西側に対するベルリン封鎖の試みは，1948年の大空輸作戦によって失敗に終

スターリン時代以後

ンと同郷のグルジア出身で，形容不可能ほど邪悪な人物であった治安組織の最高責任者ラヴレンチー・ベリヤは，明らかに，中央委員会内の不安に駆られたライバルたちによって銃殺されてしまった．スターリンの他の側近たちも姿を消した．時代の変化を告げる小さな，しかし重要な兆しが現われた．それは，いわゆる「医師団陰謀事件」で逮捕された，主としてユダヤ人からなる被告たちが釈放されたことである．この事件は，スターリン晩年の最後の（イヴァン4世の宮廷を彷彿とさせるような）偏執的挿話であったといえよう．

新しく名目的な指導者となったゲオルギー・マレンコフは，どちらかといえば無色の人物であったが，2年後には経済運営における失敗の責任を問われて解任され，のちには発電所長に左遷されてしまった．いまや党内で決定的な役割を演ずるようになったのは，かつては指導部内の末席にあってしだいに頭角を現わしてきたニキータ・フルシチョフであった．また，国家元首の地位を襲ったのは，精力的というよりは温厚な人物というべきニコライ・ブルガーニン元帥であった．この両者は，しばしば諸外国訪問を行ってソ連のイメージを改善し，国外でよく知られるようになった．フルシチョフ自身はロシア南部の農民の生まれで，おもに農業指導者として知られた人物であったが，持ち前の機知と率直さ，かなりの饒舌と陽気さで，国外の観察者たちに強い印象をあたえた．

1956年，ソ連共産党第20回大会の非公開会議でフルシチョフが驚くべき演説を行うという噂が流れはじめた．この「秘密報告」（ほどなく公然の秘密となったが）では，スターリン体制や粛清，戦時指導の誤り，「個人崇拝」などの異常性が全面的に非難されることとなった．「特赦」によって強制収容所から釈放される収容者の数は，当初はごく少数であったが，しだいに増加して奔流となって現われた．かれらは恐るべき規模の収容所体制に関する生々しい証言をもたらしたが，当時のジャーナリズムは依然としてそれらの情報を無視しつづけた．そのころ，党の内外に厄介な問題が持ちあがった．それは，新指導者フルシチョフ自身のスターリン体制への加担問題と，共産党支配全般の正統性をめぐる問題であった．そのあいだにも，政治的・知的環境は，明らかに目にみえて緩和されはじめた．これがいわゆる「雪どけ」（イリヤ・エレンブルクの1954年の同名小説から）と呼ばれた時代である．さまざまな問題をめぐる真に自由な論争が生まれ，検閲は緩和され，文学および芸術の活動（1950年代初頭には瀕死の状態にあった）が復興した．1957年以降，相当数の外国人旅行者がソ連を訪れはじめた．フルシチョフのかなり予想外ともいえる外交手腕によって，諸外国は，ソ連の指導者たちが世界的関心事について話し合う用意がある，という感触をもつにいたった．

フルシチョフの政治生活はいくつもの危機によって彩られている．「秘密報告」の数カ月後，ハンガリーの民衆が蜂起した．ソ連はこれを反革命とみなし，いったんは撤退させたソ連軍を，イムレ・ナジ政権打倒のために再投入し，カーダールを首班とする長期政権を樹立させた．また，1957年の夏には，政治局内にフルシチョフの権力に対する多数の反対派が形成されたが，フルシチョフは300人強の中央委員に訴えることによって，かろうじてこの危機を乗り切ることができた．その後の数年間，国内情勢は好転したかにみえた．工業生産性は上昇し，絶望的な住宅不足が改善されはじめ，消費財も適切な価格で購買できるようになった（自動車などは依然として高嶺の花であったが）．食糧生産もまた，ステップ地帯での耕地面積拡大によって，一時的に好転し，スターリン時代に集団農場の農民たちが甘受しなければならなかった悲惨な境遇にも，いくぶんかは明るさがみられるようになった．世

わった．フィンランドは中立的独立国となり，オーストリアも，1955年に4カ国（米・ソ・英・仏）が占領終結に合意したとき，中立の独立国となった．
南東ヨーロッパの情況はもっと複雑であった．1948年，ユーゴスラヴィアの共産党指導者［チトーを指す］がスターリンと決裂した．アルバニアは，やがて中国と同盟するにいたり，他のヨーロッパ諸国から孤立するようになった．ギリシア政府は，イギリスの援助のもとで，1940年代の厳しい内戦を勝ち抜き，共産主義者の執拗な挑戦を退けた．

の衝撃は深刻であった．過去四半世紀，かれはしっかりとソビエト体制の実権を掌握してきたので，スターリン抜きのソ連の将来などほとんど想像不可能であった．かれの葬儀は厳粛に執り行われたが，その際，群衆整理にあたった警察の不手際によって数十人のモスクワ市民が踏みつけられて圧死するという不吉な事件が伴った．スターリンの遺体は，「赤の広場」の霊廟にレーニンと並んで安置された．

死の直前，スターリンは指導部内での新たな粛清を目論んでいた形跡がある．スターリン死後，権力を目指して，短期間ではあるが激しい闘争が指導部内で展開された．スターリ

界を驚かせた1957年の人工衛星（スプートニク）打ち上げと，ユーリー・ガガーリンによる世界初の有人宇宙飛行成功（1961）の結果，ソ連国民の士気はおおいに高まった．こうして「非スターリン化」の過程が再開され，強められていった．

他方，外交の分野はそれほど順風満帆ではなかった．ハンガリー事件が西欧に対ソ警戒感を抱かせたし，「非スターリン化」は1960年代初頭に中国との激しい対立をもたらした．1962年末には，ソビエトの軍事的冒険主義がキューバ危機を引き起こした．キューバ危機に際してのアメリカとの対峙を，フルシチョフはかろうじて乗り切ることができたにすぎない．フルシチョフは経済運営の成功を自負したが，それにもかかわらず，農業の現実は，かれにカナダ産小麦の買い付けという屈辱を味わわせた．こうした諸要因が，結局は1964年10月の突然の解任投票に帰着したのである．あらゆる権力を奪われたのちも，フルシチョフはさらに残りの60年代を生き抜いた．その間，かれは読書と自己啓発に励み，かれがかつて批判した作家たちに弁明し（「しかし私は，諸君らの髪の毛一本にすら手をつけないようにと，念を押したのである．」），有名な回想録を完成させた．フルシチョフ時代は，人びとに多くの期待を抱かせながら，それらを実現せぬまま，奇妙に曖昧な遺産をのこした．かれの政治は，依然として権威主義の枠内にあり，そこには，厳しい反宗教政策に代表される極端に反自由主義的な現象もみられた．いまだ健在であった正教会の半数近くがまさしくフルシチョフ時代に閉鎖されたのである．しかしながら，この時代には，（少なくとも厳格な，スターリン主義的意味での）全体主義が終焉をみた．このことがソビエト体制にあたえた心理的衝撃の深さは，どれほど高く評価してもしすぎるものではない．

ブレジネフ時代の政治と社会

レオニード・ブレジネフは，非スターリン化と党官僚層の勢力削減を目指したフルシチョフ路線に反対する保守派の代表として，権力の座についた．党官僚は，政治的には親スターリン派で，社会的には，ソ連社会を同質化しようとしたフルシチョフの人民主義的試みに敵対する勢力であった．ブレジネフ自身もまた，ソビエト国家にはふたたび鉄の規律が課されねばならないと信じ，社会的な批判者たちを政治的な逸脱者かつ反逆者とみなした．フルシチョフの自由化政策は，「雪どけ」時代の申し子たちに対する持続的・組織的追及におきかえられた．それは，1965年のアンドレイ・シニャフスキーとユーリー・ダニエルの逮捕をもってはじまる．この２人の作家が，西欧でペンネームの著書を出版したためであった．翌1966年，当局は，スターリン時代以来はじめての見世物的公開裁判を開き，両作家を「反ソビエト的宣伝」のかどで告発した．刑法からとられたこの罪状は，それまで知識人に対しては適用されたことはなかったが，これ以後しばしば異論派の告発に用いられるようになる．同じくこの年には，刑法が拡張され，「公共秩序の攪乱」罪が加えられた．この条項は異論派（体制批判派はこう呼ばれるようになった）に対して広範に適用されることとなった．1966―67年には，モスクワやレニングラード（サンクトペテルブルグ），キエフ，リヴォフ，ゴーリキー，リガ，タシケント，オムスクなどの諸都市を筆頭として，全国に見世物裁判の波が押し寄せた．

異論派は，そうした裁判とそこでの法の濫用とを監視し，その結果を地下出版（サミズダート）の形態で報告した．その種の出版物でもっとも有名なのは，1968年以来発行されてきた定期刊行物『時事クロニクル』である．かれらは，同じくこの年から，モスクワで西側のジャーナリズムと定期的に接触をもつようになった．こうした動きは，異論派を刑法のもうひとつの条項に抵触させる結果となった．西側のメディアとのいかなる接触をも，それが公式的に提供されるソ連のイメージを損なうがゆえに，反逆行為であると規定した条項である．

異論派の運動はさまざまな潮流が混じりあうものであった．そのおもなものとして，第一にレーニン主義復活の流れがある．かれらは，一般にレーニン時代には存在したと考えられている純粋な形態の共産主義への回帰を訴えた．第二は，非イデオロギー的政治を追求する人道的自由主義派，第三に，革命前の文化と正教に結びついたロシア民族主義の流れがあった．ちなみに，民族主義的傾向の強い異論派運動は，ほとんどの共和国に存在するが，ウクライナ共和国の例がその筆頭に位置する．さらに，バプティスト派やペンテコステ派などの宗教的原理主義の運動も存在した．ユダヤ人たちは，ソ連国内の同胞のイスラエルへの移民の権利を第一の要求として，独自の運動を展開した．こうしたさまざまな潮流のあいだには，密接な協力と連携があり，それらは多様ではあるが統一的な反政府運動を形づくった．

異論派に対する西側の関心が増大するにつれて，ソビエト政府も，伝統的なスターリン主義的方法でこの問題に対処することを断念せざるをえなくなった．スターリンの全面復活を目指すソ連官僚層内の運動が不発に終わったのも，間接的には，同様の事情が作用していたように思われる．とはいえ，異論派運動の粉砕は，依然として第一義的重要性をもつ課題でありつづけ，政府は，従来とは異なった異論派撲滅の方法を駆使して，1972年に新たな，より効果的な弾圧キャンペーンに乗り出した．その成否はこの時点ではまだ国内の機構と連絡体制とがいかに良好に機能するかにかかっていた．キャンペーンを立案したのは，1972年に正式の政治局員に選出された国家保安委員会（カー・ゲー・ベー）議長ユーリー・アンドロポフである．アンドロポフは，その後しかるべき経歴をへて，ブレジネフを継いで最高権力者の地位を占めるにいたる．異論派は，国家保安委員会の公然たる厳しい監視のも

上　当時のアメリカ副大統領リチャード・ニクソンに話しかけるフルシチョフ．この写真は，初期の緊張緩和（デタント）外交のひとこまである．自分を主張する際のフルシチョフの饒舌は有名であった．その効果は，ただ黙って話を聞く以外に術のないニクソンの姿にもはっきりと表われている．側近のなかに，若き日のレオニード・ブレジネフがいる（写真右から２番目）．1970年代初頭に，今度はいずれも国家元首として会談したブレジネフとニクソンは，緊張緩和のためにさらに実質的な協議を行った．

とにおかれた．国家保安委員会は，かれらやその家族・友人に対して，脅迫や暴力をも辞さなかった．それと同時に異論派の人びとには，公開裁判の結果かれらに課された懲役期間が満了したのち，しばしば国外移住が勧められた．異論派を分断し孤立させる方法のひとつに，地方都市への国内流刑があり，そこでかれらは徹底した監視の下で暮らさねばならなかった．もうひとつの方法は職業剝奪で，その結果，かれらにはほとんど再就職の可能性がなくなり，禁固刑に該当する「寄生生活者」として摘発される運命が待ちかまえていた．強制収容所での長期間の労役という古典的な処方箋も，もちろん，使われなくなったわけではない．

1970年代初頭に，国家保安委員会は新たに恐ろしい抑圧手段を考案した．すなわち，異論派を隔離するために精神病院を利用することである．異論派の精神異常を証明するために，捏造された診断書が利用された．犠牲者は精神病院に閉じこめられ，向精神薬や，肉体を衰弱させる薬剤が投与された．この方法は法的手続きを省略して行われ，それゆえ刑期も定められず，受刑者を無期限に監禁することができた．ソビエトの精神医学界は，こうした抑圧への加担ゆえに国際的に排斥され，1983年，世界精神医学会からの脱退を余儀なくされた．

1970年代末までに異論派運動の分裂・解体が進んだ．ソルジェニーツィンは亡命を強いられ，サハロフは国内流刑となり，それ以外の多くの人びとも，脅迫によって沈黙か公的な自説撤回に追い込まれた．しかし，異論派の圧倒的多数は，刑務所ないし強制収容所に投ぜられるか，それ以外の場所で懲役労働を課されるかであった．ウクライナ人ヴァレンティン・モロスやユダヤ人アナトリー・シャランスキーの場合のように，民族主義者や異論派宗教人のなかに，そうした例がとくに多かった．異論派運動と，それに対する政府の対応には，二つの目立った特徴が認められる．そこに示される第一の点は，教条的共産主義に対する反体制運動の多様さと力強い復元力である．反体制運動は，数十年間におよぶスターリン主義による抑圧と絶滅の政策にもかかわらず，ソ連国内で生きのび，フルシチョフの「雪どけ」とともにいち早く自己再生を果たしたのである．第二は，共産主義政権の統治様式が抑圧を基盤としていたこと，そしてその体質が，時代の推移につれて新しい巧妙な手段を開発しながらも，一貫して変わらなかったことである．

フルシチョフを失脚させた勢力は，次の三つの目的によって導かれていた．第一は，政府部内と党内において，すでに蚕食されかかっていた官僚機構の影響力を回復し，その優位を確立すること，第二に，行政の安定を損なわない範囲で，その効率化をはかること，そして，第三に，官僚機構の権限を合理的に再編成し，その恒久化を目指すこと，である．ブレジネフの内政は，なによりもまず，国内の安定確保の路線に沿って進められた．そのためには，官僚やその他の浸蝕されつつある利害集団の既得権を尊重することが必要となった．利害集団としての軍隊の場合などがその好例である．こうした保守主義を正当化する目的で，ブレジネフは，「発達した社会主義」という教義を案出し，それをもって当時の社会を定義するとともに，政策のガイドラインともした．この路線の実践的な意味は，勢力を殺がれつつあった官僚層に対して保守的な譲歩を行いながら，行政の支援体制の変化によってのみ達成しうる産業近代化に向けた改革路線をも追求しようというものであった．

ブレジネフ期の政治的安定は，社会の階層化と停滞を代償としてかちとられた．エリート官僚層は，かつてないほどの影響力と特権を獲得するようになった．かれらは，「ノーメンクラトゥーラ（本来の意味は「任命職リスト」，転じて，そこに掲げられた特権階級の意）と呼ばれ，一般民衆とは別の世界に暮らし，他には真似のできない贅沢と特権を享受して，事実上，政治的・社会的な寡頭支配体制を維持しつづけた．その総数は，1970年で80万人強［原文では40万人強］，全人口の0.35％を占めた．「発達した社会主義」のもとで，かれら以外に恩恵をこうむった社会グループといえば，軍部と専門技術者層がある．もっとも，後者の場合には，かれらが絶対的な政治的忠誠を誓い，かつ，それを行動で示すかぎりにおいて，優遇されたにすぎない．残りの国民はすべて，これとは対照的な抑圧のもとにおかれた．

ブレジネフ期は，国民の社会的・地理的流動性を制約する既存の制限措置が強められた時期でもある．1930年代にスターリンが導入した国内旅券制度と居住許可制度がいっそう厳格化された．人びとは，従来にもまして現住地に縛りつけられ，モスクワ，レニングラード（サンクトペテルブルグ），キエフはもちろんのこと，あらゆる主要都市への転居がますます困難になっていった．主要な諸都市は，つねに人びとの憧れの地であった．そこでは，他のどの地域にもましてなによりも食糧供給が潤沢であったし，加えて，望み薄とはいえ転職の機会もなくはなかったからである．もっとも厳しい制限のもとにおかれたのは，集団農場の農民たちであった．かれらには，上司の許可なしの転居は一切認められなかった．

ソビエトの経済指導部は，すでに1965年の段階で，経済の先ゆきが芳しくないことを察知していた．そのため1960年代末には，事実上ブレジネフと権力を共有したアレクセイ・コスイギンが組織的・行政的刷新に着手したが，この改革も，一部はその長期的視野の欠如ゆえに，また，一部は官僚機構の抵抗ゆえに，これといった成果を生み出さずに終わった．コスイギン路線は，1968年の「プラハの春」の出来（しゅったい）を契機に，放棄された．それ以後政府は，どんな穏健なものであれ，一切の刷新的改革を試みようとはしなかった．1960年代末になると，食糧生産と農業発展における顕著な衰退が覆いがたいものとなった．

他方，軍事産業への投資は引きつづき重点的に行われ，それがソ連軍事力の増強と近代化を大規模に進展させ，1970年代には，ソ連をアメリカと対等の軍事大国に押しあげた．それと同時に，軍部は，政府部内でも党内でもかつてないほどの影響力を獲得するにいたった．増強された軍事力は，ソ連外交の規定要因となったが，内政においても重要な意味を担った．ソビエトの勢力圏内においては，1950年代の路線に沿った軍事介入が復活した．「ブレジネフ・ドクトリン」と呼ばれるこの路線は，1968年，ワルシャワ条約機構軍のチェコスロヴァキア侵攻を皮切りとしてはじまった．チェコ侵攻の目的は，ドプチェクの新しい共産主義路線によって開始された社会的・経済的実験を粉砕することにあった．チェコ事件は，東欧の共産諸国にも，また，ソ連国内にあったフルシチョフ的自由主義派や異論派にも，次のような教訓を残した．すなわち，保守的・教条主義的な共産主義からのいかなる逸脱も，必ずや弾圧されるであろう，ということである．この「ブレジネフ・ドクトリン」は，1980年のアフガニスタン侵攻の際にも，その正当化のために用いられることになる．

国際政治の舞台では，1970年代初頭に緊張緩和（デタント）のプロセスが進行したために，ソ連の軍事力は，実際の戦闘力としてよりはむしろ外交手段として使用された．緊張緩和は，西側との経済協力を促進しようとしたブレジネフが考え出したものである．そのねらいは，西側の先進技術を獲得してソ連国内の近代化を加速することであった．その際，ソ連側が提供した外交的呼び水は軍縮交渉であった．西側諸国は

上　スターリン時代のモスクワのスクラップ・アンド・ビルドを示すポスター．建設中の建物は，モスクワ中心部を取り巻いて建てられた装飾的な摩天楼のひとつである．それによってスターリンは，空中聳える都市の偉観を造り出そうとした．それらの摩天楼の頂部には，半ば古典的，半ば17世紀ロシア的な小尖塔が取りつけられた．

このような構図のデタント促進にも前向きであったから，ソ連は，わずかな軍事力削減の見返りに，技術供与によってかなりの恩恵をこうむった．しかし，ソ連の保守的体質は，デタントを徐々に蝕んでゆき，ついに1975年，アメリカがさらなる経済協力を人権問題に結びつけてきたとき，デタントは終焉をむかえた．このときアメリカは，ソ連在住ユダヤ人の国外移住のいっそうの自由化を提案したのである．

国外脱出の第三の波は，緊張緩和の進行を主たる要因として，1970年代に生じた．この第三の波の主力は，共産主義体制下で生まれ育った都市の高学歴エリート層であった．その大多数は，イスラエルかアメリカへの移住を志したユダヤ人たちであるが，アレクサンドル・ソルジェニーツィンやウラジーミル・マクシーモフ，ウラジーミル・ブコフスキーなど，ロシア人の代表的異論派も含まれていた．非ロシア系の人物としては，アナトリー・シャランスキーが有名である．第三の波の人びとは，きわめて活発に文学活動を行い，かれらの得意のジャンルである政治的・論争的叙述の分野に多くの作品を残した．ソ連国内の情況に関するかれらの広範囲な自伝的叙述や直接の分析が，かつての亡命者たちの著述よりもはるかに広く西側ジャーナリズムに受け入れられた．1940年代の強制収容所から1970年代の精神医療処分にいたるまで，ソビエト国内での徹底した人権抑圧の実態が，かれらの著作を通じて，西側で広く知られるようになった．初期の抑圧体制と，その後手直しされた代替物についてのかれらの証言は，1980年代末までつづけられた．

民需に関わる経済は，その後，1971年にはじまる新しい五カ年計画によって進められた．新五カ年計画の目標は，生産財よりも消費財を優先して，その生産を飛躍的に促進することにあった．しかし，この計画は全面的失敗に終わり，食糧とその他の消費財の欠乏は最大級のものとなった．10余の主要都市における食糧暴動と，劣悪な労働条件や住宅不足に対する抗議行動とが，この五カ年計画の帰結にほかならなかった．それらは力ずくで鎮圧され，また，1977年と1978年に行われた独立性の強い労働組合結成の試みも，国家保安委員会（カー・ゲー・ベー）によって沈黙させられてしまった．ソ連は，はじめてアメリカから穀物輸入を行うようになった．

ブレジネフ期が終焉に近づくにつれて，しだいに次のことが明らかになってきた．「発達した社会主義」は，国家機関に持続性と安定性を付与することによって，政治的には成功したが，経済的には完全な失敗に終わった，ということである．ブレジネフは，客観的証拠にもかかわらず，依然としてソビエト経済の成功を強弁しつづけた．権力と特権のなかで安泰であった官僚層は，ブレジネフに根強い支持をよせた．けれども，この支持もまた，その指導者と同様に，すでに年老いつつあったのである．ブレジネフ期を通じて，政治局員の平均年齢は55歳から68歳に上昇したし，1966年時点での政治局員のほぼ半数は，1981年段階でもなお政治局内に止まっていた．

ブレジネフの死の直前，ソ連の若い世代の経済専門家たちのあいだに，かれの指導に対するするどい批判が現われた．計画経済の伝統的な中央集権的メカニズムは，あまりにも厳格すぎて必要な成果を生み出すことができず，また，改善の見込みもまったくないものである，というのがかれらの一般的見解であった．かれらは言外に，ブレジネフが育てあげた官僚主義的安定こそが，経済発展という国民的要請に反するものなのだということを主張した．数年後にゴルバチョフが権力の座についたとき，政府による病める経済の抜本的改革の試みのなかに，こうした批判的見地が採用されることになる．

1980年代―保守主義から変革へ―

ブレジネフに相ついだ2人の後継者は，似たような傾向をもった人物であった．どちらも高齢で政権につき，既存の体制の恒久化と異論派弾圧に努めながらも，体制の効率を高めるために慎重な足取りで実験的改革に着手した．先に政権を握ったのは，かつて1956年のハンガリー動乱の鎮圧作戦を主導したユーリー・アンドロポフであった．アンドロポフは，異論派と宗教への弾圧を強める一方で，おもに西側ジャーナリズムを意識して，自由主義的なポーズをとった．国家保安委員会（カー・ゲー・ベー）は，もとの最高責任者を国家指導者に仰いで，その地位と影響力をかつてないほど高めた．その間にも，商工業や農業の生産は低落しつづけたが，経済改革の論議が真剣に交わされることはなかった．アンドロポフ自身はおそらく，経済危機の深刻さと改革の必要を認識した最初のソ連指導者であったが，すでにして病身であったこともあり，かれ自身の構想を完遂するための権威に欠けていた．1984年初頭にアンドロポフは死去した．わずか14カ月の政権であった．

アンドロポフが自分の後継者として目をかけてきたのは，地方党組織出身の若手高級官僚ミハイル・ゴルバチョフだったが，共産党指導部が選んだ新しい権力者は，かれではなく，コンスタンティン・チェルネンコであった．チェルネンコは，やはり病弱であるとともに，ブレジネフとアンドロポフ両者のもとで書記長代理を務めたことのある，色合いのはっきりしない指導者であった．かれの政権では，指導部内に亀裂が深まり，すべての改革構想は凍結されてしまった．1985年3月，チェルネンコが没すると，書記長の座をめぐってふたたび闘争がはじまった．このたびの勝利者はゴルバチョフであったが，しかし，それもわずかの得票差によるものでしかなかった．ゴルバチョフの抜擢を陰で支えたのは，おそらく，老練のソ連外相アンドレイ・グロムイコであったらしく，その見返りとして，のちにグロムイコは国家元首の地位（1989年まで）につくことになる．

グロムイコの外務大臣からの退任によって，ゴルバチョフは，ソ連外交の見直しとブレジネフ期の外交失策のいくつかの修正に着手する自由をも獲得した．ブレジネフの外交失策こそは，国外におけるソ連の名声を著しく損なわせてきたものにほかならなかった．とくにゴルバチョフは，満足しうる合意が達成されれば，アフガニスタンからソ連軍を撤退する用意があることを公表した．1988年4月にはそのような合意が達成され，予定通り1989年2月にソ連軍撤兵が完了した．

ゴルバチョフはまた，アメリカとの関係修復にも乗り出した．アンドロポフ時代の米ソ関係は，北大西洋条約機構の新しい中距離核ミサイルの欧州配備計画の問題をめぐって，冷戦終結以来もっとも冷えきった状態にあったからである．超大国間の雪どけは，1985年11月のジュネーヴにおける首脳会談を皮きりとした一連の米ソ・サミットをもたらした．ゴルバチョフは，かれの関心がアメリカとの対等の関係の確立にとどまるものではない，ということをも示した．すなわち，一方でレーガン米大統領と交渉をつづけながら，中国への再接近の過程をも加速させ，1960年代初頭にはほぼ交戦状態にまで立ちいたった中ソ間の政治的・イデオロギー的対立を修復しようとしたのである．ゴルバチョフが過去30年間で最初の中ソ首脳会談のために北京を訪れた1989年5月に（この訪問は，意図せずにとはいえ，北京での学生の反政府運動を勢いづける結果となった），両国共産党間の関係の全面復活が決定的となった．

内政へのゴルバチョフの取組みは，慎重な足取りではじめられた．かれが最初に臨んだ二つの大舞台は，1986年の共産

ソ連でもっとも重要な国民的祝日である毎年の革命記念日には，大勢の人びとを動員して一糸乱れぬ式典が行われる．革命の70周年（1987）記念日はとくに重要であった．写真では，旗を掲げたさまざまな代表団が赤の広場のはずれに整列し，レーニン廟上の貴賓席の政府高官たちの前を行進するために待機している．写真はおそらくレーニン廟の付近から撮影したものであろう．こうした行進には，民間人と軍人両方の代表が動員され，最新の兵器も引き出された．

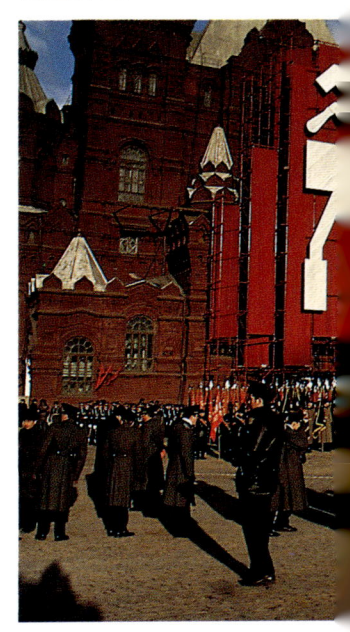

左　ミハイル・ゴルバチョフの『ペレストロイカ』を読むモスクワの通勤客．ゴルバチョフは，あえて自分の人気を賭して，改革に乗り出した．かれの初期の政策のひとつは，飲酒制限策であった．

党第26回大会と1987年11月のロシア革命70周年記念式典であったが，いずれの場合にも，なんらの抜本的改革構想も発表されなかったので，かれを急進的改革者と信ずる人びとを失望させる結果となった．しかしゴルバチョフは，1987年6月の中央委員会総会において，来るべき諸改革に関する示唆をあたえた．このときかれは，産業の脱中央集権化のための包括的綱領を発表するとともに，旧体制派のうちで比較的色合いのはっきりとした人びとを指導部から解任したのであった．その後ゴルバチョフは，当初の慎重さを埋め合わせてあまりある勢いで改革に乗り出し，ソ連と西欧の語彙のなかにロシア語の二つの言葉を導き入れた．すなわち，かれの政策のキャッチフレーズともなった言葉，「ペレストロイカ」と「グラースノスチ」である．「ペレストロイカ」は，経済の効率化と市民生活水準の改善を目指したかれの経済改革綱領に関わる言葉であり，「グラースノスチ」は，ソ連の文化生活とマス・メディアの開幕に関わるものであった．この言葉によってゴルバチョフは，検閲制度の緩和と，政治的・文化的諸問題をめぐるいっそう自由な討論の促進を意図したのである．かれはまた，ソビエト社会により進んだ民主主義を導入することを主張した．そのなかには，党と政府のあらゆる選挙における複数候補制の原理も含まれていた．

ゴルバチョフのこうした明らかな変化の原因が何であったのかは，いまだにはっきりとはわからない．1986年4月のチェルノブイリ原発事故がその原因であった可能性もある．この事故が，ソ連の指導部に秘密主義と不誠実がいかに危険なものであるかを悟らせたからである．あるいはまたこの変化は，ソ連が先進諸国に対してだけではなく，アジアのいくつかの発展途上国に対してさえはなはだしく遅れをとっているという現状をソ連指導部が徐々に認識し，自国の経済的停滞の深刻さを痛感したことの反映であったかもしれない．そして最後に，この変化は，ゴルバチョフが政敵に対する権威を着実に高めていったことの結果とも考えられる．

いずれの解釈をとるかはともかく，1987年末から1988年にかけてゴルバチョフは，経済改革と並行して政治改革を進める必要を悟り，ブレジネフ時代を，「停滞の時代」として激しく攻撃するにいたる．1988年6月には臨時の党協議会が開催され，そこでゴルバチョフは，連邦人民代議員大会と最高会議への選挙を定めた新しい政治機構を打ち出した．連邦人民代議員大会は新機軸であり，最高会議は，国民に広くゆきわたった政治不信を食い止め，より多くの人びとに政治への関心を抱かせることをねらいとして，従来の最高会議が改変された，いわば国会に相当する機関であった．ゴルバチョフの経済改革綱領の特徴は，企業の独立採算制，製造業とサービス業における協同企業発足の承認，農民への土地賃貸の許可などであった．そこにはまた，久しく無視されてきた社会福祉と医療の改善への志向も含まれていた．

経済改革は根深い官僚主義とイデオロギー的反対派によってその進展を妨げられたが，同じくゴルバチョフの唱えた「グラースノスチ」は，かなりの成功をおさめた（多くの人びとがこの政策を，知識人世論を味方に引きつけるためのかれの戦術であるとみなしている）．モスクワ，レニングラード（サンクトペテルブルグ），その他多くの都市に，さまざまな利害を代表する非公式な社会グループが生まれた．少数民族や環境論者の社会グループさえ誕生した．スターリン主義が厳しく糾弾され，かつて粛清の犠牲となった多くの著名人の名誉回復が，ほかならぬ党指導部によって行われた．ボリシェヴィキの理論家ブハーリンの例もそのひとつである．

人権問題に関してもゴルバチョフは，かれ以前のどの指導者にもまして自由主義的な姿勢を示した．国外移住を許されたユダヤ人とドイツ系住民の数が顕著に増加した．ユダヤ民族の闘士アナトリー・シャランスキーや核物理学者アンドレイ・サハロフなど，1970年代の異論派運動の象徴的人物が，政治的・宗教的迫害の結果投獄されていた多くの活動家とともに釈放された．精神医療濫用を規制する立法措置もとられるようになった．

ゴルバチョフ政権は，従来のソ連の政策的立場を変更して，著名な亡命者たちと交渉をもつようになった．とくに，ブレジネフ時代に出国した文化人たちがその対象となった．その結果，舞踊家ルドルフ・ヌレーエフやナターリア・マカーロヴァ，舞台演出家ユーリー・リュビーモフ，作家アンドレイ・シニャフスキーなど，多くの人びとに一時的再入国の許可があたえられた．また，画家や音楽家，さらには，ごくふつうの市民さえも，外国旅行と国外での労働をより簡単に行えるようになった．

表現の自由の拡大のひとつの帰結は，ソ連全土に民族主義的感情が再生したことである．1986年にカザフの党指導者が解任されると，共和国の首都アルマアタで暴動が発生した．1988年には，カフカスの二つの共和国アルメニアとアゼルバイジャンで歴史的な対立感情が武力衝突となって復活した．エストニア，ラトヴィア，リトアニアのバルト三国では，国民戦線が組織され，それぞれの共和国のソ連からの独立を呼びかけた．各共和国当局も，むしろその動きを，民族主義的感情の制御されたはけ口として奨励した．いったん火のついた民族主義は，ベラルーシ（白ロシア）でも，モルドワ（モルダヴィア），ウクライナ，グルジアでも，民族語の使用と民族文化の保存の権利を要求する人びとの民族主義的・反ソビエト的な示威運動を巻き起こした．

社会主義リアリズム期から1980年代までの芸術

新経済政策（ネップ）終了ののち五カ年計画が開始され，スターリン体制が打ち固められてゆくと，ソ連の文化情況にも変化が現われるようになった．1929年，初代の教育人民委員（教育・文化大臣に相当する）アナトリー・ルナチャルスキーが解任された．ルナチャルスキーは，教養と寛容精神をそなえた人物であり，レーニンによって任命されて知識人の信頼をかちえ，自身，象徴派の劇作家でもあった．1930年代は，文学におけるロシア・プロレタリア作家協会（ラップ）と美術における革命ロシア美術家連盟（AKHRR）などの「プロレタリア的」組織の圧倒的な優位によってはじまる．しかし1932年には，思いがけず党中央委員会が，そうした「プロレタリア的」組織を含む一切の文学・芸術組織の禁止令を出した．政治的宣伝への加担を避けて，創作活動にだけ専念しようとしていた芸術家たちにとっては，この措置は歓迎すべき解放であるかに思われた．

しかしながらまもなく，芸術が，絶えざる監視と徹底した検閲を伴うはるかに苛酷な情況におかれるであろうことが判明した．1934年から，ただひとつの創作方法が広められるようになった．それが，いわゆる社会主義リアリズムにほかならない．この理論は，理念性（イデーイノスチ，アイデンティファイしうる諸観念の存在），党派性（パルチーイノスチ，党の諸原則との一致），人民性（ナロードノスチ，人民的精神）という，ほとんど翻訳不可能な三つの原理に立脚していた．とはいえ，社会主義リアリズムの実践上の意味を見分けるのは必ずしも容易ではない．社会主義リアリズムとは「指導者たちが理解できる表現でかれらを礼讃すること」といった皮肉な定義もこれまで行われてきた．

こうした情況のもとでも，真の才能は活躍しつづけ，新しい才能の出現さえみられた．小説は，まぎれもなく社会主義

スターリン時代以後

リアリズム文学最大の作家ミハイル・ショーロホフ（1905—84）の出現で，ふたたび繁栄をみた．『静かなドン』（1928—40）は真に叙事詩的な手法で（コサックの視点から）内戦期を描いた作品である．詩の分野にはパステルナークが出て，数年間ソビエト詩壇で一世を風靡し，音楽では，ドミトリー・ショスタコーヴィチ（1906—75）が華々しいデビューを飾った．もっとも抽象性の高い芸術である音楽は，当然ながら，社会主義リアリズムの用語で定義することがもっともむずかしかった（旋律性が必須の要件であったのは明らかだったとしても）．音楽は，1940年代末にかなりの迫害をこうむった．このときは事実上，独創性をそなえたすべての作曲家が粗野な批判の対象となった．美術は，当時この分野で形象描写がふたたび流行していたおかげで，しばらくは新しい教義の影響をこうむらずにすんだ．ヴェテランと新人の若干の画家たちが独創的な，ときには瞠目すべき作品を残した．演劇と映画は，しだいに紋切り型に堕しつつあったとはいえ，それなりにおもしろい作品を生み出しつづけた．しかし，大胆で率直な俳優・演出家メイエルホリドは，逮捕され銃殺に処されてしまった．

1937—38年の深い精神的痛手のなかで，作家や芸術家がせいぜいなしえたのは，沈黙を守ることでしかなかった．文学者では，マンデリシュタムやバーベリ，ピリニャークが粛清の犠牲となった．ザボロツキーは，政治犯収容所に服役しながらも，生きのびてその経験を語ったほとんど唯一の一流作家である．1941—45年の期間には，架空の敵ではなく現実の敵が現われたために，いくぶん統制が緩められ，若干のすぐれた詩が書かれた．しかし，1946—48年には，作家（アフマートヴァや風刺作家ミハイル・ゾシチェンコなど）に対してさらなる攻撃が仕掛けられ，その結果，情況はスターリンの死後まで「凍結」されてしまうのである．この間，みるべきものといえば，ときに現われた寓話風の作品やファンタジーだけであった．たとえば，エフゲニー・シュヴァルツ（1896—1958）がアンデルセン童話を下敷きにして，子供向けの魅力的な戯曲を著わした．この作品には，大人向けの寓意が込められていた．当時のソ連の絶望的な閉塞情況にあって，「机の引き出しのために」書くことさえいとわない作家も，わずかながら存在した．ずっとのちになって出版された2篇の特筆すべき例外は，ブルガーコフの『巨匠とマルガリータ』とパステルナークの『ドクトル・ジバゴ』である．

1950年代半ば以後の約10年間は，苦難の時代の生き残りであるヴェテラン作家イリヤ・エレンブルクの小説『雪どけ』にちなんで，同じ名で呼ばれた．けれども，1960年代に出版されたかれの回想録のほうが，実際には「雪どけ」時代に関わるもっと重要な証言であったといえる．これから踏査されるべき未知の経験の世界が存在し，人びとがその探検を熱望しているという予感，ソ連がふたたび文化的世界の一部に復帰するだろうという期待，こうした感覚が文化情況のなかに楽観主義を生み出す一助となった．外国の観察者は，ときとしてソ連の作家を「公認」作家と「非公認」作家とに分類するが，現実は決してそのようなものではなかった．フルシチョフは，確かにくるくると定見を変えたが，全面的な抑圧を触発することは慎重に避けていたのである．

「雪どけ」は新しい才能の出現を促し，スターリン時代を生きのびた芸術家たちをふたたび創作活動に向かわせ，多くの再発見をもたらした．新世代の作家たちの先頭にたったのは詩人たちであった．とくに注目すべき現象は，エフゲニー・エフトゥシェンコやアンドレイ・ヴォズネセンスキー（ともに1933生）などによる詩の大衆的朗読会の流行である．やや遅れて，ユーリー・カザコーフの短編小説を筆頭に，新しい散文作品も現われた．ほかにも，V・ソリューヒン，V・アクショーノフ，V・シュクシーン（すぐれた映画監督でもあった）などが登場した．美術の分野では，再発見が唯一重要な出来事であった．とりわけ，モスクワとレニングラード（サンクトペテルブルグ）で発見された近代フランス絵画の名作コレクションがその筆頭にあげられる．しかし，マレーヴィチなどのロシア・モダニズムの作品は，依然として顧みられることがなかった．ショスタコーヴィチは，批判を受けたのち大衆追随の作風を余儀なくされるなど，作曲家としての生涯を通じて何度も痛手をこうむったが，新しい時代になって「再生」を果たした．かれは，15の交響曲と同数の弦楽四重奏曲という（ロシアでは）ほかに例をみない作品群を残した．

1960年代も後半に入ると，ブレジネフ期の停滞が徐々に浸透してゆく．アンドレイ・シニャフスキーとユーリー・ダニエルの裁判と投獄（1966）と，アレクサンドル・ソルジェニーツィン（1918生）の国外追放（1974）とは，重苦しい時代情況を象徴するものであった．ソルジェニーツィンは，1962年，有力な「自由主義的」月刊誌『ノーヴイ・ミール（新世界）』に，タブーを破って収容所を題材とした小説『イワン・デニーソヴィチの一日』を発表し，一躍名声をえ，その後，虚構と現実の境界線上で書かれた一連の長編小説によって，すでにノーベル文学賞（1970）を受賞していた作家だったのである．ブレジネフ時代には，あらゆる形態の「異論派」（この言葉自体，ブレジネフ期に生まれた）が迫害されはじめ，ますます頻繁に国外追放や市民権剥奪の措置がとられるようになった．異論派は，ときにはノーベル賞受賞者ヨシフ・ブロツキーのように，繁栄する外国に追放されたが，ときにはまったく形跡を残さずに姿を消してしまうこともあった．いずれにせよ，こうした迫害は，ソビエト体制の評判をおとしめる以外の何ものでもなかった．著名な文化人で亡命した人物としては，映画監督のA・タルコフスキー（1932—86）や，モスクワ・タガンカ劇場の名演出家ユーリー・リュビーモフなどがいる．とはいえ，ブレジネフ体制はスターリン時代と寸分違わぬほど抑圧的であったというわけではない．あらゆる種類のアングラ文化が繁栄し，それらは目立ちすぎないかぎりで存在を許されたからである．その代表は大衆歌謡の分野であった．1960年代以降，非ロシア系の作家たちがロシア語による文学におおいに寄与するようになったことは，とくに注目に値する現象である．また，「体制側」の新聞が，「農村派」という興味深い文学潮流を育てあげた．かれらは，農村古来の諸問題に深く関心を寄せる散文作家たちであった．学問の領域でも，人間的で私心のない研究を行う学者・科学者が静かに増加してゆき，国際的に第一級の学者として認知されるようになった．

1985年以降「雪どけ」は，フルシチョフ期とは比べものにならないほど，より包括的なものとなった．とくに注目すべき作家はいまだ出現していないが，かつては「禁書」であった作品の再発見と出版が目覚ましく進んでいる（マンデリシュタムやパステルナーク，その他多くの作家たちが復権した）．ロシア国民は，新しいトレチャコフ美術館の人目をひく一角に展示されたカンディンスキーやマレーヴィチ，シャガール，ポポヴァ，フィローノフその他の作品を鑑賞するという，かつては考えられなかった体験をしている．活発な前衛芸術も出現した．大局的観点からとくに重要と思われるのは，ブレジネフ時代に故国にとどまりながら出国を希望していた人びとのあいだに，出国申請を取り消す兆しが現われてきたことである．ロシア文化の前途がこれほど明るかった時代は，かつてなかったであろう．

第3部　共和国概観
REGIONS AND REPUBLICS OF THE SOVIET UNION

バルト三国 p.192
ロシア連邦共和国領
ウクライナ、ベラルーシ、モルドワ pp.186-187
モスクワ・サンクトペテルブルグ pp.206-207
ロシア連邦共和国 pp.204-205
ザカフカス諸国 pp.198-199
中央アジア pp.216-217

184

本書はここまで，その大半をロシア中心の記述に費やしてきたが，ここからはソ連邦全体を扱う．ソ連邦は，なるほどその領土の大部分をかつてのロシア帝国から引き継いでいるとはいえ，構造的には，それぞれ独自の統治機構をそなえ，かつ，理論上は連邦離脱の権利をもった15の共和国から構成されている．1980年代末における政治情況の変化は，いくつかの共和国においてこうした連邦構造そのものがするどく問い直されるという結果をもたらした．他方では，ロシア共和国はもとよりほとんどいたるところで，民族とその意味を再評価する動きが現われている．ソ連邦の民族地図は複雑に入り組んでいる．100以上の言語が話され，本来の共和国に加えて，多くの自治的な地域（自治共和国や自治州など）が存在する．それらは，共和国を構成するには小さすぎる民族集団になんらかの地方自治の手段をあたえるものである．

　本書第3部の目的は，ソ連邦各地域に関する詳しい統計データを提供することではなく，また，それらの歴史を詳述することでもない．むしろ，各共和国の民族，資源，伝統，ゆかりの人物，さらには，ソ連邦内におけるその位置などについての若干の知識を読者に得てもらうために，地図や解説や写真を通して，（おもな地方ごとに分類された）各共和国の簡潔な地理的・文化的概観を提供することにある．

［訳者注：第3部共和国概観の叙述は，ソ連邦の存続を前提として書かれているが，あえてそのまま翻訳した．その間の事情について，詳しくは「訳者のことば」を参照されたい．］

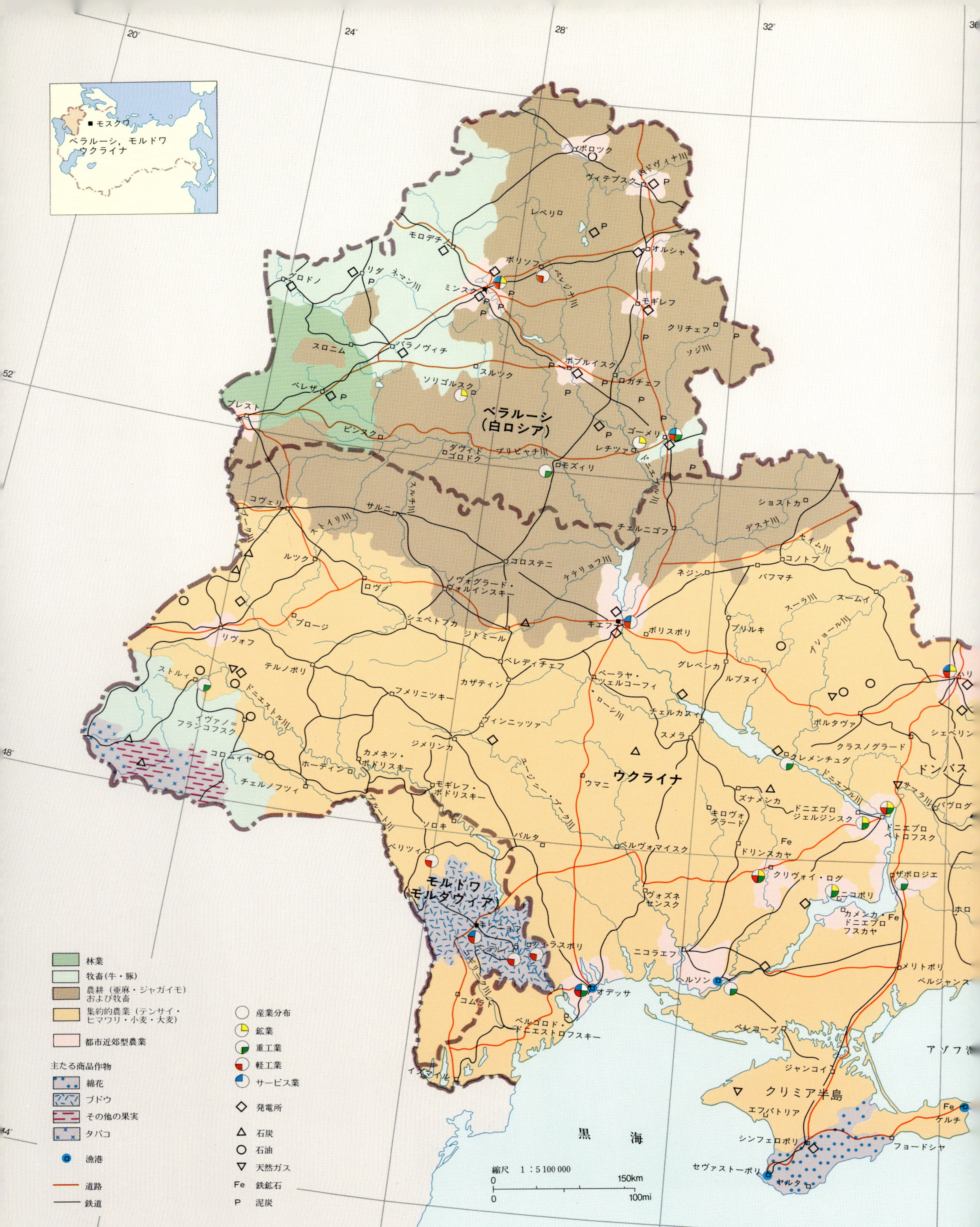
20°
24°
28°
32°
52°
48°
モスクワ
ベラルーシ，モルドワ
ウクライナ
ポロツク
西ドヴィナ川
ヴィテブスク
レペリ
モロデチノ
ボリソフ
ベレジナ川
リダ
ネマン川
グロドノ
ミンスク
オルシャ
モギレフ
クリチェフ
ソジ川
スロニム
バラノヴィチ
ボブルイスク
スルツク
ソリゴルスク
ベレザ
ブレスト
ピンスク
ベラルーシ
(白ロシア)
ゴーメリ
レチツァ
ダヴィド
ゴロドク
プリピャチ川
モズィリ
ドニエプル川
スルチ川
コヴェリ
ブーク川
トゥイリ川
サルニ
ショストカ
デスナ川
チェルニゴフ
セイム川
コノトプ
ネジン
バフマチ
ルツク
ロヴノ
コロステニ
テテリョフ川
ノヴォグラード・
ヴォルインスキー
シェペトフカ
ジトミール
キエフ
ボリスポリ
プリルキ
スーラ川
スームイ
プショール川
リヴォフ
ブロージ
テルノポリ
ベレディチェフ
カザティン
ストルィ
ドニエストル川
イヴァノ＝
フランコフスク
フメリニツキー
ヴィンニツァ
ベーラヤ・
ツェルコーフィ
ロシ川
チェルカスイ
グレベンカ
ルブヌイ
ポルタヴァ
クラスノグラード
クレメンチュグ
コロムイヤ
チェルノフツィ
ホーティン
カメネツ・
ポドリスキー
ジメリンカ
モギレフ・
ポドリスキー
南ブーク川
ウマニ
ウクライナ
スメラ
ズナメンカ
キロヴォ
グラード
ドニエプロ
ジェルジンスク
ドニエプロ
ペトロフスク
サマラ川
ドンバス
プルト川
ソロキ
バルタ
ペルヴォマイスク
ドリンスカヤ
クリヴォイ・ログ
ザポロジエ
ベリツィ
モルドワ
(モルダヴィア)
ヴォズネ
センスク
ニコポリ
カメンカ・
ドニエプロ
フスカヤ
キシニョフ
ティラスポリ
ニコラエフ
ヘルソン
メリトポリ
ベルジャンスク
オデッサ
コムラト
ベルコロド・
ドニエストロフスキー
ペレコープ
イズマイル
ジャンコイ
クリミア半島
エフパトリア
シンフェロポリ
セヴァストーポリ
ヤルタ
フェオドシヤ
ケルチ
アゾフ海
黒　　海
縮尺　1：5 100 000
150km
100mi
0
林業
牧畜(牛・豚)
農耕(亜麻・ジャガイモ)
および牧畜
集約的農業(テンサイ・
ヒマワリ・小麦・大麦)
都市近郊型農業
主たる商品作物
綿花
ブドウ
その他の果実
タバコ
漁港
道路
鉄道
産業分布
鉱業
重工業
軽工業
サービス業
発電所
石炭
石油
天然ガス
Fe　鉄鉱石
P　泥炭

ベラルーシ，モルドワ，ウクライナ共和国

共和国	ベラルーシ共和国	モルドワ共和国	ウクライナ共和国
面積	207600km²	33700km²	603700km²
人口	1010万人（1987年）	420万人（1987年）	5120万人（1987年）
首都	ミンスク	キシニョフ	キエフ
首都人口	154万3000人（1986年）	62万4000人（1985年）	254万4000人（1986年）
第一言語	ベラルーシ語	モルドワ語 ［ルーマニア語と同じ］	ウクライナ語

　この三つの共和国はソ連邦の西部国境に位置する．他の諸地方に比べて，これら3国は，大陸性気候もそれほど極端ではなく，降水パターンも比較的適正であるために，農業条件には恵まれている．さらに，ウクライナとモルドワ（モルダヴィア）の大部分は，肥沃な「黒土」の恩恵にも浴している．ベラルーシ（白ロシア）では，ステップ帯に代わって，地味の劣った混合樹林帯が優勢となる．ウクライナとベラルーシの国境地帯には，ポレーシエ（プリピャチ湿原）と呼ばれる，湖や河川，森林，湿原からなる広大な地域が横たわり，現在では不幸にもその一部分がチェルノブイリ原発事故による放射性降下物によって汚染されてしまった．

　ウクライナ人とベラルーシ人は，どちらも東スラヴ種族に属し，大ロシア人から分化したのはようやく中世末のことにすぎない．したがって，かれらは，かつて3民族が一体となって建国したキエフ・ルーシの遺産を，大ロシア人と共有している．ギリシア正教の伝統もまた，これら3民族の共有するところであった．しかし，モンゴルの征服以後，ウクライナ人とベラルーシ人は，まず数世紀にわたってリトアニアの，その後ポーランドの勢力圏におかれた結果，支配階級はカトリック化してしまうことになる．モルドワは，何世紀にもわたってオスマン＝トルコの支配に服しながら，ギリシア正教を捨てなかった．その住民は，言語からみてスラヴ人ではなく，ルーマニア人である．19世紀初頭にモルドワはオスマン帝国の支配から解放され，「ベッサラビア」地方としてロシア帝国に編入された．しかし，両次の世界大戦間にはルーマニア領であった．同じく戦間期には，新たに独立を果たしたポーランドがウクライナ西部およびベラルーシのかなりの領土を奪回した（その結果，これらの地方は1930年代におけるスターリン体制下の恐怖政治の最高潮を味わわずにすんだ）．第2次世界大戦後，ソ連はふたたび西方に国境を拡大し，歴史上重要なウクライナ・ベラルーシ両地方を取り戻した．

カルパチア地方の山地の景観（右）は，中部ヨーロッパのほとんどの山岳地方と共通するものであり，さらに東のもっと開けた起伏ある平野からなるウクライナの景色（右下）とは対照的である．準カルパチア地方ともいうべき「ルテニア」地方がウクライナに編入されたのは，ようやく1918年のオーストリア＝ハンガリー帝国解体以後のことである．

ベラルーシ共和国

　ベラルーシ（白ロシア）共和国は，人口でいえばソ連邦第5位に位置し，ウクライナ共和国と同様に国連に議席をもつ．国土の南端は深い森林地帯とプリピャチ湿原の水路網によってさえぎられているのに対し，北部は，多くの氷河の堆石によって比較的標高が高く，土壌もより乾燥している．北部を流れる西ドヴィナ川は，バルト海へいたる水路として，歴史上重要な意義を担ってきた．ポーランドとの国境地帯には，ベロヴェージャのすばらしい原始林があり，ヨーロッパ野牛の最後の棲息地となっている．

　ベラルーシ（白ロシア）は，歴史的には，キエフ時代の重要な事実上の独立公国ポロツクの末裔といえる．モンゴルの征服以後，白ロシアはリトアニア大公の手中におちた．その後，ポーランド＝リトアニアの王朝連合の結果，ベラルーシも16－17世紀ポーランドに展開したルネサンス文化の洗礼を受けることとなり，おそらくは国民の4分の1ほどがカトリックに改宗した．18世紀末のポーランド分割によってはじめて，ベラルーシの大部分がロシア帝国に併合されるにいたった．

　ベルリンとモスクワを結ぶ線上に位置するベラルーシは，ナチスの侵略に際して，ソ連の他のどの地方にもまして深刻な被害をこうむった．ナチス占領期間中（1941－44）に，150万におよぶベラルーシ（白ロシア）人がヴォルガ川以東への恒久的な疎開を余儀なくされ，また，ユダヤ人人口のかなりの部分が国外に脱出し，さらには，全都市の4分の3以上が破壊されてしまった．しかし，おそらくはベラルーシ人の不撓の国民性ゆえに，荒廃した国土の復興が進み，1970年代末までに，ベラルーシの都市化と産業化は，連邦中で最高の進展をみせるにいたった．

　この国の伝統産業である木材加工とジャガイモ生産は，いまもなお重要な意義を担っている．冷涼・湿潤の夏と砂質土壌はジャガイモ栽培にとって理想的な条件であり，ここで生産されるジャガイモは，ソ連全土で消費される．また，家畜飼料やアルコール精製の原料としても重用されている．国土の3分の1は森林に覆われ，無数の湖や水路は，家具工場や製材所への木材輸送路として用いられている．砂は珪石煉瓦やガラス製造の原料となり，そのため南西部の都市ゴーメリにはソ連有数のガラス工場がある．プリピャチ湿原に特徴的な泥炭層の広大な地域は，近年になって開発が進みつつあり，共和国の火力発電所には泥炭を燃料としているものが少なくない．また，ミンスクには代表的な自動車工場がある．

モルドワ共和国

　プルート川とドニエストル川にはさまれた波うつステップの国ベッサラビアが，オスマン＝トルコの支配を脱してロシア帝国に併合されたのは19世紀初頭のことである．この地の土着民であるモルドワ（モルダヴィア）人は，言語的にも文化的にも，ルーマニア人と区別しがたい．かれらが独自の国家をもつようになったのは，ようやく1940年からのことにすぎない．このときベッサラビアは，独ソ不可侵条約のもとでルーマニアから分離され，ウクライナ共和国内のモルドワ自治共和国に編入されたのであった．この編入によって，自治共和国におけるモルドワ人の比重は確かに高まったが，それでも66.5％にすぎなかったから，住民構成はかなり複雑なものであった．それ以来，ウクライナ人と大ロシア人の流入がつづき，こうした多民族的性格をいっそう促進することとなった．その結果今日では，都市住民の3分の1まで混血が進んでいる．

　モルドワ共和国は，面積こそ連邦中で最小であるが，人口密度はもっとも高く，住民の大多数は高度に集約的な農業に従事している．こうした事情に加えて，鉱物資源が乏しいために，共和国経済の農業依存度はきわめて高い．しかし幸いにもモルドワは，緩やかな起伏をみせる低地を覆う肥沃な黒土とともに，おそらくは連邦中でもっとも農業に適した気候にも恵まれている．長く温暖な夏と比較的穏やかな冬，適度な降雨といった好条件に加えて，プルート川とドニエストル川を結ぶ灌漑施設も発達している．代表的な農産物には，果実，野菜，ナッツ類，トウモロコシ，秋まき小麦，ヒマワリなどがあるが，とくにワインは有名である（ソ連全生産量の3分の1を産する）．畜産もまた重要な産業である．工業は農業関連の業種が多く，罐詰業，食肉加工，繊維工業，製糖業，肥料生産，木材加工（原木は北部の森林ステップ帯からもたらされる）などがある．こうした伝統的な農業依存型の経済は，近年，はっきりと軽工業依存型へと移行しつつある．

上　モルドワ共和国の首都キシニョフでの道路舗装作業．モルドワの舗装率は比較的高いが，ソ連全体からみれば依然として例外的といえる．

左　モルドワ共和国ドゥボッサルィ地方ツブリョフカの春景色。肥沃な土壌と温暖な気候のおかげで、モルドワではさまざまな作物が作られている。

下　モルドワの農業試験場におけるセージの栽培。ここでは搾油用の各種植物の研究が行われている。

ベラルーシ，モルドワ，ウクライナ共和国

ウクライナ共和国

「ウクライナ」という名称は「辺境」を意味する（中世ロシアには，同じく「辺境」と名づけられた地方が他にも存在した）。当初，この名称はドニエプル川東岸地方に広がる手つかずのほとんど無人のステップ地帯に対して用いられた。そこにもやがて人びとが定住し，開墾が進められてゆくが，その速度はきわめて遅々としたものであった。こうした開墾活動と，ウクライナ人の民族意識の形成において決定的な役割を果たしたのは，ドニエプルとドンの下流地域に住んでいた辺境の民，すなわちコサックたち（いわゆるザポロジエ軍団）であった。このステップ地帯が黒海にいたるまで平定されたのは，ようやく1780年代以降のことである。一時はオデッサが重要な穀物輸出港になったこともある。事実上は農民に対する戦争であったスターリンの農業集団化政策は，ウクライナにも何百万もの犠牲者と強制移住者を強いて，破壊的な影響をおよぼした。こうした被害と，それにつづく第2次世界大戦による破壊からも，ウクライナは徐々に立ち直ってゆき，その首都キエフは，今日ではふたたびヨーロッパを代表するもっとも美しい都市のひとつとなっている。

5000万以上の人口を擁するウクライナ共和国は，ソ連邦のなかではロシア連邦共和国について，群を抜く人口大国であり，国連に議席も有している。農業においても工業においても，ウクライナは連邦のなかでもっとも重要な地域のひとつである。採掘される石炭は，地方の製鉄所に回されるのが伝統的な消費パターンであったが，今日ではその用途も拡大されて，共和国の膨大な農産物と結びついた各種の工業生産にも利用されるようになった。小麦や大麦，テンサイ，ヒマワリなどが栽培される起伏のある低地が，たいていは生粋ウクライナ人である農村人口を養っている。それに対して，東部に広がるドネツ川とドニエプル川の流域地方は著しく都市化が進み，大ロシア人の流入も年々増加している。

この地域は，より廉価で品質の良いシベリアの資源に対抗

右　キエフのソフィア大聖堂の18世紀風の外観。ネギ坊主型のドームとバロック式の細部装飾が，11世紀ビザンティン様式の構造を覆い隠している。

189

ベラルーシ，モルドワ，ウクライナ共和国

して，なお工業生産の首位を保っている．

ドネツ＝ドニエプル流域地方は，一大市場であるヨーロッパ・ロシアに近く，鉄道網と水路網が高度に発達していたため，巨額の資本投下を引きつけてきた．ドンバス（ドネツ川流域）にある400ほどの炭鉱群は，いまもなおソ連のコークス用石炭の半分以上と，全ソ出炭量の31％を産出している．中南部の都市クリヴォイ・ログを中心に展開する鉄鋼業は，もはや品質において精密工業の要求する水準を満たすことができないとはいえ，1980年においてもなおソ連の銑鉄総生産量の36％を占めていた．ウクライナ産鉄材の代表的な用途は，農機具製造や製罐業であるが，天然ガス生産にも用いられている．シェベリンカはソ連でもっとも生産性の高いガス田のひとつである．

その他の工業部門は，製粉業，製糖業，ヒマワリ油製造，食肉加工など，いずれもウクライナの豊かな農産物に関連している．労働集約的なテンサイの栽培は，北部一帯でさかんである．南部に広がる穀作地帯は，夏に東から吹く乾いた熱風スホヴェーイの影響を受けやすく，それが原因でときに凶作に見舞われることがある．

左　オデッサの住宅装飾．サンクトペテルブルグ流の新古典主義様式で建設されたオデッサは，19世紀前半に自由港として全盛期をむかえた．1918年以後の内戦期に著しい損害をこうむり，第2次世界大戦中にもドイツ軍の占領を経験したにもかかわらず，オデッサには古い建物と街並みがいまも残り，国際港としての往時をしのばせている．

ベラルーシ，モルドワ，ウクライナ共和国

下 クリミア半島の黒海を望む保養地ヤルタの海岸を埋めつくした夏休みの人びと．石灰岩性のヤイラ山脈が北風を遮断しているために，湿気の少ない地中海性気候に恵まれたこの海岸線は，古くから有名な観光地であった．健康を損ない，保養のためこの地を訪れた多くの著名人の1人にチェーホフがいる．今日では，労働組合や多くの機関の大きな保養施設が建てられている．また，みごとな庭園をそなえたかつての宮殿建築があり，現在は博物館として利用されている．

昔から半島内陸部に住んでいたタタール人は，第2次世界大戦中にスターリンによって強制移住させられ，今日では半島の居住者の大半はロシア系の人びとである．クリミアはウクライナに属している．

上 ウクライナの畑にうずたかく積まれたキャベツの山．もっと気候のよい地方では畑で冬越しできるキャベツなどの作物も，ウクライナではそれが不可能であるため，9月の収穫期は猛烈な忙しさとなる．

ウクライナの繁栄は比類のないその肥沃な黒土に依存している．この地方の耕地のうち，相当の面積の部分はスターリンの大規模な農業集団化政策［集団農場（コルホーズ）の育成］の結果として生まれた．集団農場といっても，実際は構成員各自の分割所有に近く，その成否はそれぞれの耕地の生産性に左右される．とはいえ，農業方針は中央で決定されるので，作付け面積や作付け品種を各農民が自由に決められるというわけではない．農業企業体のもうひとつの形態は国営農場（ソフホーズ）である．そこでは農民は給料をもらう国家公務員である．国営農場方式は，林業や肉牛の飼育などのような単品生産の企業体に比較的多い．

左 ウクライナのザレスキー保護区から射とめた狼をもち帰る猟師．保護政策が効を奏して狼の数は劇的に増加しており，定期的な間引きが必要となっている．エコロジーと環境保護への関心の高まりを反映して，現在，ソ連には約150カ所ほどの自然保護区が設けられている．

191

バルト三国

凡例
- 林業
- 牧畜（牛・豚）
- 農耕（亜麻）および牧畜
- 都市近郊型農業
- 漁港
- 道路
- 鉄道
- 産業分布
- 鉱業
- 重工業
- 軽工業
- サービス業
- 発電所
- P 泥炭
- S 油母頁岩

エストニア
タリン、パルディスキ、ナイサール島、コヒラ、ハープサル、ヴォルスミ島、ヒーウマー島、ムフ島、ヴィルツ、サーレマー島、キンギセップ、キフヌ島、ピャルヌ、ヤルヴャ川、ムイザキュラ、ヴォフマ、ヴィリャンディ、パイデ、アエグヴィードゥ、コフトラ・ヤルヴェ、クンダ、ラクヴェレ、ムストヴェ、イーザク、ナルヴァ、チュード湖、タルトゥ、ヴィルツ・ヤルフ湖、アイナジ、ヴァルガ、ヴィル、ストレンチ

ラトヴィア
ルフヌ島、マジルベ、ロヤ、タルスイ、ヴェンツピルス、カンダヴァ、クルディガ、トゥクムス、ユルマラ、サウルクラストイ、ツェシ、リガ、リエルペ川、アイズプテ、エルグリ、マドナ、オグレ、オグレ川、西ドヴィナ川、ヤウネルガヴァ、エカブピルス、クルスト ピルス、アイヴィエクステ川、ヴィエシテ、プレイリ、レゼクネ、ルッザ、サルドゥス、スクオダス、エルガヴァ、バウスカ、ヴァルミエラ、アルクシネ、グルベネ

リトアニア
リエパヤ、マジェイキャイ、クルシェナイ、クレティンガ、テリシャイ、クライペダ、シャウリャイ、ムシャ川、ビルジャイ、キシキス、ダウガフピルス、ネリンガ、シルテ、ケリメ、パネヴェジス、アニクシャイ、ウテナ、シヴェン ニョニス、ラセイニャイ、タウラゲ、ケダイニャイ、ウクメルゲ、ネマン川、イオナヴァ、ヴィリニャ川、バブラデ、ゼレノグラツク、ソヴェツク、ポレスク、チェルニャ ホフスク、グーセフ、ネヴェスティス、カウナス、ヴィルカヴィ シキス、カプスカス、アリトゥス、レントヴァリス、ヴィリニュス、ドルスキ ニンカイ、ヴァレナ、ビリニャ川

ロシア連邦共和国領
カリーニン グラード、バルティスク、マモノヴォ、バグラティノフスク、プリエゴリャ川

バルト海、リガ湾、フィンランド湾

縮尺 1:2 500 000
0 80km
0 50mi

エストニアの都市と農村の風景．バルト海沿岸地方の伝統的な方法による干し草作り（右上）と，首都タリンの光景（右）．タリンには，かつてのハンザ同盟時代の栄華をしのばせるみごとな中世建築が残っている．

バルト三国

共和国	エストニア共和国	ラトヴィア共和国	リトアニア共和国
面積	45000km²	63700km²	65200km²
人口	160万人 (1987年)	260万人 (1987年)	360万人 (1987年)
首都	タリン	リガ	ヴィリニュウス
首都人口	46万4000人 (1985年)	90万人 (1986年)	54万4000人 (1985年)
第一言語	エストニア語	ラトヴィア語	リトアニア語

中世初頭以来, バルト海東部の沿岸地方は絶え間なく征服者や冒険者たちを引きつけてきたが, 内陸部では, リトアニア人, レット人, エストニア人などの土着民族の世界が維持されつづけ, かれら固有の言語や生活様式が今日まで生きのびてきた. これら3民族は, 例外的に, キリル文字ではなくラテン文字を用いている. 時代が下ると, スウェーデン人がこの地方の大半をかれらの東バルト帝国に編入した. バルト海に橋頭堡を確保しようとしたイヴァン4世の目論見はついに空しかったが, 結局はピョートル1世がこの事業を成就させることになる. リトアニアとクールラント (ラトヴィア南部) は, ポーランドと連合して, しばらくはその運命をともにしたが, 1795年にロシア領となる. 2度にわたる世界大戦にはさまれた時期, 三国はそれぞれ独立国家であったが, 1940年にソ連がそれらを併合した. 翌1941年, ヒトラーの侵攻によって, ソ連は一時この地域から駆逐されたが, 戦争終結とともに再度併合を果たした.

ほとんど高地をもたないこの地域であるが, 基層の岩盤は中央ロシアのそれよりも年代が古く, いっそう堅固であり, 絵のように美しい景観も珍しくない. バルト海のなだらかな砂浜海岸は, フィンランド湾を縁どる多くの断崖, 入江, 岩がちな島々に代わる. 海岸の諸都市における造船業, 精密工業, 漁業その他と並んで, 広大な森林から伐り出される木材が重要な意義を担っている. 今日の砕氷船によって, ふつうは冬期間でもバルト諸港が凍結を免れるようになったという点も重要であろう. 北部には泥炭層と油母頁岩層 (オイルシェール) が広がる. この地方で豊富に産出される琥珀は, 古くからの富の源泉であった.

エストニア共和国

　エストニアの首都タリン（「デーン人の町」の意，エストニア以外ではレヴァルという名で知られた）は，13世紀にデーン人が築いた町で，バルト海地方ではもっともよくハンザ都市の面影を残している都市のひとつである．ドイツ軍の占領とスターリン主義の粛清のときに，おそらくは人口の3分の1ほどが失われ，その後，農村の集団化が進められ，厳格な計画経済が実施された．今日では，エストニアの経済は連邦中でもっとも効率的かつ近代的であり，労働者の平均給与もソ連の平均を20％ほど上回っている．

　エストニアの高い生活水準は，他地域から多くの人びとを引きつけてきたが，ときとして激しい民族主義的感情が噴出することもある．エストニア人は，共和国全人口の64％を占めるにすぎず，かれらの出生率も国内でもっとも低い．他の共和国の趨勢に反して，エストニアでは，1970年代にロシア語使用人口が29％から24％に減少した．この点に，伝統的文化を守ろうとするかれらエストニア人の強い意志が現われている，といえよう．こうした姿勢は，かれらの文化活動にも反映している．演劇は，モスクワやレニングラード（サンクトペテルブルグ）に比べてもいっそう過激であり，モダニズムの画家や音楽家が各地から集まってきている．バレエやオーケストラの水準も，今日では連邦随一と目されている．フィンランド経由で伝えられる西側メディアの影響によって，ファッション・デザインの水準も高まり，それがナルヴァを拠点として洗練された繊維工業を発展させている．

　エストニア人の祖先はフィン語系の人びとである．しかし，1917年までエストニアのかなりの部分を領有していたドイツ人との歴史的つながりのゆえに，かれらの大半は勤勉なルター派である（この点は，レット人と共通する）．石だらけで湿気の多い土地であるにもかかわらず，この国の農業生産性はソ連邦平均の2倍に達している（確かに，さらに東の地方と比較して，気候がそれほど過酷ではないという好条件もあるとはいえる）．盛んな乳製品工業は，その生産の90％を他の共和国へ輸出している．それ以外の主要な収入源としては，火力発電，産業用および民生用燃料としてのオイルシェールのガス化事業，石油および石油化学工業など，北部のオイルシェール（油母頁岩層）をさまざまに利用した一連の産業がある．その結果，繊維工業や造船業，精密工業などもおしなべて繁栄をみている．

　商店の物資も豊富で，行き交う人びとの服装も都会的であり，カフェやレストランのサービスもよい．しかし，住宅問題は共和国中どこへいっても依然として解決されていない．一般に一戸建ての人気が高く，政府も個人農に対して地元の材料を用いてそれぞれの持ち家を建てることを奨励している．教育水準も高い．タルトゥ（旧称ドルパト）には，ソ連有数の大学があるが，これは17世紀にスウェーデンが創立した大学から発展したものである．タルトゥ大学は，第2次世界大戦以降，バルト海地方だけではなくロシアの知的生活にも類のない貢献をなしてきた［とくに言語学の分野は国際的にも高い評価をうけている］．

下　タリン近郊の砂浜で日光浴を楽しむ人びと．フィンランド湾沿岸は人気の高い夏の観光地である．

バルト三国

ラトヴィア共和国

エストニアと同様，ラトヴィアも，13世紀のドイツ騎士団，スウェーデン，さらには18世紀末にいたるまでのポーランドなど，長く外国勢力の支配に服してきた．その後，ロシアが併合・統治した時代に，多数のドイツ人がこの地に移り住んできた．その多くはエカチェリーナ女帝の招きでやってきた人びとであるが，それ以後今日にいたるまで，ラトヴィア社会にさまざまな足跡を残してきた．18世紀と19世紀の変わり目の時点では，全人口のほぼ半分をドイツ人が占め，ラトヴィア人の割合はわずか23％にすぎなかった．このような歴史ゆえに，今日でもラトヴィアにはルター派の教会が多く存在するが，一般に国民がソビエト体制に従順であるため，これらの教会は政治的異論派の拠点とはなっていない．

1919年までラトヴィアはロシア帝国の一部であったが，他のバルト諸国と同様，その後1940年まで独立国家の時代を謳歌した．ナチス・ドイツの占領期間中，50万人にもおよぶラトヴィア人が犠牲となり，ユダヤ人社会もほぼ完全に一掃され，生きのびた大半のユダヤ人たちは亡命を選んだ．

第2次世界大戦が終結したのち，大規模な経済再建が必要となり，ロシア連邦共和国やウクライナ，ベラルーシ（白ロシア）の両共和国などからの労働力流入が生じた．その結果，共和国の民族構成がしだいに変化してゆき，ある時点では全人口のほぼ3分の1が非ラトヴィア人であるという事態にまでたちいたった．現在では大ロシア人が28％を占める．ラトヴィア語（あるいはレット語）はインド＝ヨーロッパ語族に

左　エストニアのある集団農場の罐詰工場．

下　タリンの学生のガウデアムス祭の民族舞踊．「ガウデアムス」とはラテン語で「いざ楽しまん」を意味する．エストニア人は，その豊かな民謡をはじめとする伝統文化の保存に力を注いでいる．かれらの目からみれば異民族にほかならないスラヴ人の影響にさらされながら，エストニア人は熱心に文化の伝承に努めてきた．文化的・言語的には，かれらは北方の隣人であるフィンランド人に近い．

右下　ラトヴィアの首都リガの自由の記念塔，1935年建造．ラトヴィアは両次の世界大戦間には独立国であり，首都中心部の中世の街並みを取り巻く立派な幅広い並木通りのほとんどは，その時期に建設された．

左　タリンの露店の花屋．豊かで洗練されたタリンには，紛れもなく——ロシアのというよりは——北欧の都市の外観と雰囲気がある．数多くの塔を備えた旧市街を囲む城壁がいっそうの魅力をかきたてている．

バルト三国

属するが，リトアニア語やすでに死語と化した古プロイセン語とともに，独立のバルト語グループを構成している．

　ラトヴィアの工業は急速に発展してきたが，極端にリガに集中している．リガは，久しくバルト海地方では群を抜いた大都市かつ国際都市でありつづけてきた．この都市には，海上貿易と，ドニエプル・ヴォルガ両河川に連結した運河を経由しての内陸貿易の長い伝統がある．木材，家具，乳製品，亜麻などはすべて輸出に回され，砂糖，機械，肥料，石炭，その他の原材料などが国内産業用に輸入されている．バルト海に臨む港湾都市としてのリガは，造船と水産加工の重要な基地であるが，近年では，トラクターやバス，鉄道車輛，電化製品，ラジオ部品などを製作する高度産業も擁する．電力は，泥炭を燃料とした火力発電か，エストニアのオイルシェール・プラントからの送電によって賄われている．観光業もまた重要であり，ソ連各地からバルト海の海岸地方を訪れる多くの行楽客が，シーズン中，ホテルやレストラン，その他の娯楽施設にかなりの収益をもたらしている．

左　ラトヴィアの木造風車．ラトヴィアの地形の大半は氷河の浸蝕作用をこうむっており，土壌は熱を吸収しにくく，浸水性が高い．湿潤な春と多雨の夏のために作物が育ちにくく，土地の大部分は，針葉樹の割合の高い混合樹林によって覆われている．それゆえ木材が，国内用にも輸出用にも，重要な資源となっている．

右　リトアニアの国営農場ジュクナイチャイ村には，ソ連邦共産党第25回大会後［1976年2-3月］に呼び寄せられた1800人の住民が居住している．農場長と農場設計技師が，1988年，村の美しいデザインゆえに，レーニン賞を受賞した．前景に飾り気のない機能的な長方形の共用施設があり，奥に進むにつれて，より自然に配置された住宅群が広がる．後者は，自然村落の有機的な成長の仕方を再現して，地方色を生かして建設された．

バルト三国

リトアニア共和国

インド=ヨーロッパ語族バルト語派に属するリトアニア語は,現存のほかのどの言語よりもよくインド=ヨーロッパ語の古い特徴を保持している.リトアニア大公国は,13世紀から西ロシアに勢力を拡大しはじめ,ポーランドと連合王国を結成する1569年まで,独立国として存続しつづけた.この連合王国は18世紀末までつづいた.その後1918年までの長い期間,リトアニアはロシアの宗主権下におかれたが,その間にも,貿易やとりわけローマ・カトリック教会を媒介にして,ポーランドやその他のヨーロッパ諸国とのつながりを失わなかった.リトアニア人は,ヨーロッパの諸民族中でもっとも遅くまで異教徒でありつづけた民族である.1385年,かれらは,臣民の大半がギリシア正教のロシア人であったにもかかわらず,カトリックを受容した.今日でも農村部には異教時代の痕跡が色濃く残されている.リトアニア人は,ソ連邦中の他のどの民族にもまして,いまなおローマ・カトリックを民族的アイデンティティの重要な一部とみなしている.

こうした宗教的な遺産は,現在でも音楽や絵画,建築などの芸術分野で,再現されつづけている.ロシアに再併合される1940年までの22年間の独立時代には,リトアニア人の日常生活は,学校教育を含んだあらゆる領域において,教会とともにあった.1974年に多くの人権運動組織を糾合して結成された「国民戦線」と同盟関係にあるカトリック教会は,現在ではリトアニア人の民族的自己主張のためのもっとも重要な組織となっている.

かつてリトアニアでは,ソビエト化の進行過程で,他のバルト2国よりかなり多くの集団農場組織が建設された.このことが農村からの人口流出と,それまでは取るに足らぬものであった都市部への集中現象を引き起こし,その急速な成長をもたらしたのである.都市部までガスのパイプラインが敷設されたのが1961年であるが,それまで工業生産は,火力発電燃料として自国産の泥炭や輸入石炭に依存していた.その後,リトアニアは新しい経済成長の時代に突入し,天然ガスをベースとした一連の化学工業が起こった.それと同時に,低湿地帯の効率的な農業利用も進められるようになった.農業の諸条件は酪農と牧畜に最適であり,近代的な集約的農法を導入すれば,飼料穀物の収穫を飛躍的に高めることが可能であり,また,家畜飼育に必要な大量の牧草を生産することもできよう.リトアニアはまた工作機械製造の拠点でもある.最後に,世界の琥珀の3分の2は,リトアニアとそれに隣接するカリーニングラード州(旧東プロイセン)にある.

左 西ドヴィナ川がリガ湾南東端に注ぎ込むところに位置するリガの港湾施設.東バルト海の主要港であるリガ港は,ドヴィナ川と内陸運河を経由して,ドニエプル・ヴォルガ両河川の流域に結ばれている.

左下 何世紀にもわたってリガは東バルト海の都であった.この街は,両次の世界大戦で甚大な被害をこうむり,数多くの中世建築が損傷ないし破壊された.

下 リトアニア共和国カプスカス地方のある集団農場での住宅建設.住宅不足はソ連各地で深刻な問題となっている.写真では,共用施設部分の拡充が行われている.

上 リトアニアの国営農場における搾乳風景.西欧の場合と同様,ソ連の農業労働者の多くが女性である.ただし,機械化が進んでいるところでは男性の比率が高くなる傾向がある.

左 リトアニアの首都ヴィリニウスのゲディミナス広場における1988年11月の政治集会.集会はリトアニア人の運動組織「サユディス」によって組織され,「ペレストロイカ」の諸原則への支持を表明するものであった.リトアニアとエストニアの民族主義(ラトヴィアの民族主義はいくぶん控え目である)は,自らの大義を促進するためのスローガンとして,ペレストロイカを採用した.

左　ザカフカス地方は，古くから優秀な乗馬の産地として有名であった．なかでも，金色の外観を特徴とするカラバフ種の馬はとくに珍重された．ドンやヴォルガのコサックたちは，かれら自身の馬のスピードや持久力，馬質全般を向上させるために，多数のカラバフ種馬を買い付けたものである．丘陵の多いザカフカスの地形にあっては，現在もなお馬が牧畜経済において重要な役割を果たしている．

ザカフカスの共和国

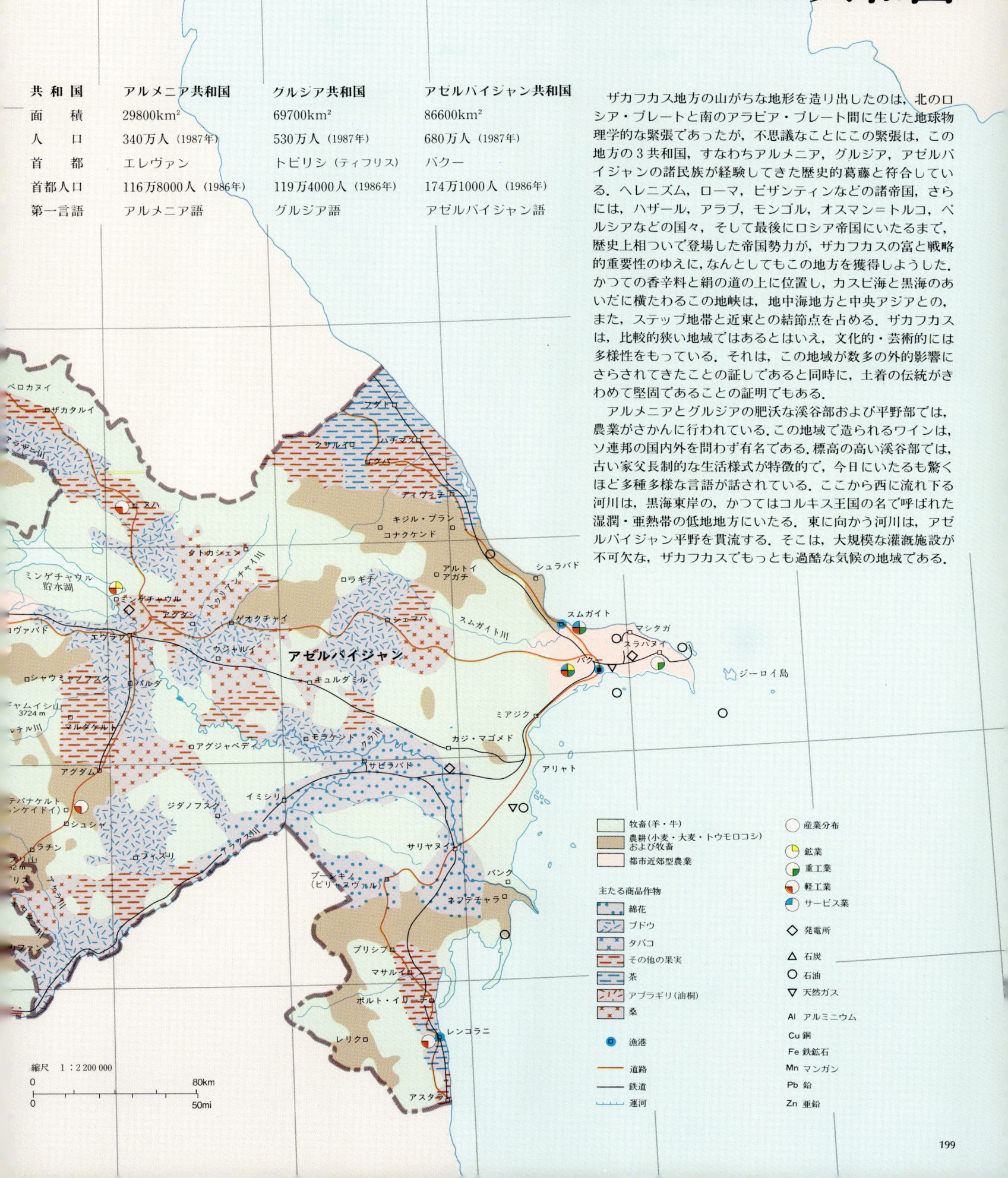

共和国	アルメニア共和国	グルジア共和国	アゼルバイジャン共和国
面積	29800km²	69700km²	86600km²
人口	340万人（1987年）	530万人（1987年）	680万人（1987年）
首都	エレヴァン	トビリシ（ティフリス）	バクー
首都人口	116万8000人（1986年）	119万4000人（1986年）	174万1000人（1986年）
第一言語	アルメニア語	グルジア語	アゼルバイジャン語

ザカフカス地方の山がちな地形を造り出したのは，北のロシア・プレートと南のアラビア・プレート間に生じた地球物理学的な緊張であったが，不思議なことにこの緊張は，この地方の3共和国，すなわちアルメニア，グルジア，アゼルバイジャンの諸民族が経験してきた歴史的葛藤と符合している．ヘレニズム，ローマ，ビザンティンなどの諸帝国，さらには，ハザール，アラブ，モンゴル，オスマン=トルコ，ペルシアなどの国々，そして最後にロシア帝国にいたるまで，歴史上相ついで登場した帝国勢力が，ザカフカスの富と戦略的重要性のゆえに，なんとしてもこの地方を獲得しようした．かつての香辛料と絹の道の上に位置し，カスピ海と黒海のあいだに横たわるこの地峡は，地中海地方と中央アジアとの，また，ステップ地帯と近東との結節点を占める．ザカフカスは，比較的狭い地域ではあるとはいえ，文化的・芸術的には多様性をもっている．それは，この地域が数多の外的影響にさらされてきたことの証しであると同時に，土着の伝統がきわめて堅固であることの証明でもある．

アルメニアとグルジアの肥沃な渓谷部および平野部では，農業がさかんに行われている．この地域で造られるワインは，ソ連邦の国内外を問わず有名である．標高の高い渓谷部では，古い家父長制的な生活様式が特徴的で，今日にいたるも驚くほど多種多様な言語が話されている．ここから西に流れ下る河川は，黒海東岸の，かつてはコルキス王国の名で呼ばれた湿潤・亜熱帯の低地地方にいたる．東に向かう河川は，アゼルバイジャン平野を貫流する．そこは，大規模な灌漑施設が不可欠な，ザカフカスでもっとも過酷な気候の地域である．

ザカフカスの共和国

アルメニア共和国

アルメニアは，アリンベルドやカルミル・ブルールその他に残されたウラルトゥ王国（前7−8世紀）のみごとな遺跡が示すように，古くから文明の栄えた国である．「ウラルトゥ」は，エレヴァン平野にそびえる大いなる山「アララト」と同語源の名称である．この山こそはアルメニアの歴史の象徴にほかならない．しかし，今日ではそのアララト山が，中世アルメニアのやはり大いなる都アニの遺跡とともに，トルコ領のかなたにあることが，ソ連のアルメニア人の苛立ちの種となっている．アルメニアは，その長い歴史において盛衰を繰り返したが，ある時代（たとえば前1世紀など）には現在のソ連，トルコ，イラン，イラク，シリアにまたがる大版図を築いたこともある．アルメニアは，国教としてキリスト教を受容した世界最初の国家を自認する．それは4世紀初頭のことであった．また，この国で用いられる独特のアルファベットも，おそらくはその淵源を同じ時代までさかのぼることができよう．正教界に属するロシア，グルジアその他の教会とは教義が異なるアルメニア教会は，エチミアジンにあるカトリコス（教会首長）座を中心に，いまなお活発に活動しつづけている．

かつてのアルメニア領の断片にすぎないソ連領アルメニア共和国は，人口は最少ではないが，面積では全共和国中で最小（29800km²）である．共和国に住むアルメニア人とほぼ同数の同胞が，ソ連邦内の他地域に居住している（代表的な例はアゼルバイジャン共和国のナゴルノ・カラバフ自治州であろう）．また，商人ないし交易者として名高いアルメニア人は，中近東，ヨーロッパ，アメリカ大陸など，各地に分散している．

共和国の民族構成はきわめて同質的で，全人口の90％をアルメニア人が占める．かれらの言語アルメニア語は，インド＝ヨーロッパ語族に属するが，近縁の言語をもたない．その文化は，民謡や教会音楽，あるいは石彫刻や中世の彩色写本などの分野に豊かな遺産を残してきた．なかでも建築は有名で，早くも11世紀初頭に（「ゴシック」風の）尖頭アーチが用いられていた．アルメニアの高地地方におけるブドウ栽培の伝統はきわめて古く，この地方がブドウの原産地ではないかとさえ推測されるのである．

この高地地方は，平均海抜が1800mに達するにもかかわらず，実に多種多様な産物に恵まれている．緯度が低いことに加えて，1年中ほとんど変化のない気候が，イチジクやザクロ，アーモンドなど，豊富な果実の段丘状斜面における栽培を可能にしている．こうした諸条件が，世界的に定評のあるワインとブランデーの製造にも幸いしていることはいうまでもない．比較的低地の平野部では小麦，大麦，トウモロコシなどが作られ，いくぶん標高のある高原では牛や羊が飼育されている．

これらの農業は，今日ではセヴァン＝ラズダン計画に代表される水力発電によって支えられている．アルメニアの代表的な農業地帯はアラクス渓谷であるが，ここでは集中的灌漑システムのもと，エジプト種の綿花が栽培されている．水力発電は，ソ連の諸共和国中で比類のない，近年のアルメニアの急速な経済成長を支えてきた．巨額の財政投資が行われ，豊かな鉱物資源，とりわけ金属鉱石を全面的に利用しながら，工業の多角化と基盤整備が進められてきたのである．いまやアルメニアは，化学工業，機械，精密機器，繊維，罐詰などの分野で，連邦中の主要な生産国となるにいたった．

下　アルメニア共和国の首都エレヴァンで露天商から「クワス」を買って飲む2人の若者．この低アルコール飲料はソ連で大変人気がある．穀類と黒パンを発酵させて，ときには香料として果実を加えて作られる．

下段　エレヴァンにおけるデモ行進．アルメニアの長く厳しい歴史と，共和国の人口構成における高い均一性への誇りが，アルメニア民族主義を，連邦政府さえそれを認めざるをえないほど強力なものとしている．

下　地殻構造に起因して，アルメニアでは大地震が多い．1988年の大地震は北部アルメニアの多くの都市を破壊した．震央に位置したスピタクでは震度10［国際震度階――日本の気象庁震度階では震度6の烈震に相当］を記録し，数千人の犠牲者が出，市街地は事実上全面的に崩壊してしまった．深刻な破壊と多数の人命損失の原因の少なくと

も一部は建築技術のお粗末さにあり，そのため全面崩壊した建物が多かった．

アゼルバイジャン共和国

アゼルバイジャン共和国は，ザカフカス3国で最大の面積をもつが，その大半の地域の景観はグルジアやアルメニアよりも中央アジアに類似している．文化的にも，国民がイスラム教徒であることや，過去1000年の長きにわたってチュルク語系とペルシア語系の勢力がせめぎあってきたことからして，やはり中央アジアと類似しているといえよう．この国は，カフカス山脈の西端とカスピ海を結ぶ通路を扼し，それゆえ古代以来，戦略的要衝でありつづけた．現在のアゼルバイジャン人はチュルク語系の民族であり，そのことから，かれらが比較的遅い時期になってこの地域にやってきたことが推測される．にもかかわらず，かれらの文化は，すでにモンゴル侵入のかなり以前に，名だたる詩人や吟遊詩人を輩出して（カラバフ州を含む高地地方を舞台として）成熟したものになっていた．やがて，カスピ海に臨む現在の首都バクーが，シルヴァン・シャー朝のもとで繁栄しはじめる．バクーに現存する宮殿や要塞は，この王朝のとき（14—15世紀にかけて）建てられたものである．

ときにはこの地を掌握することもあったペルシア（イスラム教スンニー派よりもシーア派が優勢であった）の影響は強烈であったが，それでもなお人びとはかれら固有のアゼリー文化を忘れなかった．ロシアの保護下に入った地方政権もいくつか存在した．1820年代，ロシア帝国はペルシアとの戦争に勝利して，アゼルバイジャンを併合する．ロシア人は，19世紀が進むにつれて，この地域の経済的重要性を認識するようになった．古代からナフサが自然湧出するところとして知られていたバクー地方は，世界の主要な産油地帯のひとつとなった．多くの移住者がおしよせ，その結果，現在のバクーはアゼルバイジャン人の都市であると同様に，ロシア人の都市でもある．とはいえ，イスラム教の影響力は依然として強く，現存する数カ所のモスクは，シーア派・スンニー派双方の信徒たちによって利用されている．これなどは両派相互の寛容を示す稀な例であろう．

バクーは，今日ではソ連邦第5位の大都市であり，その周辺地域には，1900年当時は世界総生産の半分に達するほどであった石油生産に関連した工業が展開している．今日，石油生産の意義は，相対的にははるかに低下してしまったが，それでも共和国国内総生産（GDP）のなかで最大の比重を占めていることに変わりはない．石油以外の主要な産品に綿花がある．クラ低地の大規模な灌漑施設が，本来はほとんどが半乾燥気候の地域のあちこちに緑野を生み出している．冬期間には，灌漑施設のないステップ地方で羊や牛，豚，馬などが飼育される．こうした家畜群は，夏になると季節移動によって，隣接する高地の牧草地へと移されるのである．果実，タバコ，茶，さらには，ザカフカス地方に共通するブドウがやはり栽培されている．これらに加えて，カスピ海沿岸部では，とくにキャビアをとるためのチョウザメ漁などの漁業も行われている．

右　アゼルバイジャン共和国の首都バクーの市庁舎．バクーは，十月革命直後の一時期（1918-21），反ボリシェヴィキ共和国の首都となったために，深刻な被害をこうむった．

下　カスピ海沿岸，バクー近郊の半砂漠地帯．世界最大の内海であるカスピ海は，そこから流れ出す川をもたず，ヴォルガ川から膨大な量の新鮮な水を供給されている．しかし，産業による水質汚染とヴォルガ川からの灌漑事業によって，カスピ海は脅威にさらされている．そこには，アラル海を劇的に狭めてしまったような，渇水による海の縮小の問題だけでなく，重要産業であるチョウザメ漁の衰退の問題も含まれている．

グルジア共和国

　カフカス山脈（大カフカス）と小カフカス山脈にはさまれたグルジアは、その80％が山岳地帯である。山岳部を流れ下る急流河川は、この国の力強い経済に膨大なエネルギー源をもたらしている。首都トビリシでは、硫化水素系の温泉が湧き出し、グルジアの人びとはそれを健康のために利用している。かれらは長寿で有名な国民である。

　グルジア語はインド＝ヨーロッパ語族ではなく、明らかに独特のもので、かれらの民族的・文化的アイデンティティの明瞭な焦点となっている。文字もまた特有の古代的なものが用いられている。アルメニア人と同様、グルジア人も4世紀にキリスト教を国教として受け入れた。それ以後の全時代を通じて、かれらは、その優れた石造建築の伝統によって、多くの教会や城砦を残してきた。かなり古くから文学作品が現われ、代表作にショタ・ルスタベリの有名な英雄叙事詩『虎皮の騎士』がある。グルジア人自身は国名を「サカルトヴェロ」（ロシア語では「グルジア」となるが、どちらももとはアラビア語起源である）と称する。

　グルジア人とロシア人の接触はキエフ時代にさかのぼる。1780年代にグルジアは、自発的にロシアの保護下に入ったが、パーヴェル帝のとき、完全に併合されてしまった。しかし、1918年から1921年までの期間、メンシェヴィキ政権のもとで独立国家となり、その後、ザカフカス社会主義連邦共和国に加わったが、結局1936年、ソ連邦を構成する共和国のひとつとなるにいたったのである。かのスターリンはもっとも著名なグルジア出身者といえよう。現在のトビリシは多民族的な大都市であり、ロシア人、アルメニア人その他の大人口を擁する。グルジアにはまた非グルジア人の居住する飛び地が存在する。黒海沿岸の二つの自治共和国アブハジアとアジャールがとくによく知られている。

　万年雪をいただいた山々、リオニ川三角洲の湿地を干拓した農地、深い森林と肥沃な渓谷地帯など、グルジアの景観は美しく、変化に富んでいる。耕地面積は全国土のわずか16％にすぎないとはいえ、発達した灌漑施設のおかげで、茶と柑橘類の生産高は、全ソ連邦の90％を占める。リオニ川とクラ川の水を利用する中央低地地方は、すぐれたワインの産地である。その中心はクタイシ地方であるが、ここではまた養蚕も盛んに行われている。一風変わった作物としてはアブラギリの樹木がある。その油は鉄の硬度を高めるために用いられる。グルジア共和国の国民総生産は、1981年から1986年までに28％も増加した。とくに機械工業と化学工業の伸長が著しい。科学技術教育の水準も高く、研究部門も緒につきはじめた。グルジアには天体物理学の重要な観測所がおかれている。

　グルジアには、かれらグルジア人たちが誇るに足る豊かで伝統の深い文化が存在する。金属加工の伝統はとくに注目に値する。イコンはしばしば装飾金属版に描かれた。今日でも、金糸・銀糸で刺繍された布が織られている。中世のたくさんのフレスコ画や石彫りが現存する一方で、グルジアは、現代のすぐれた画家たちをも輩出している。トビリシは疑いもなくザカフカス地方の文化的中心といえよう。

右　グルジア共和国の首都トビリシの北方、アラグヴィ川とクラ川の合流点の都市ムツヘタ。ムツヘタは、カスピ海と黒海を結ぶ東西交通路と、アラグヴィ渓谷を通る北への通路の分岐点に位置するために、かつては栄華を誇った街である。それはまた2世紀から5世紀にかけて栄えた古代グルジア王国の都でもあった。この街にある11世紀の聖堂は、かつてグルジア大主教の座所であった。

ザカフカスの共和国

左　グルジア北西部スヴァネティアの山岳地方の景観．遠くにみえる塔は，住居と砦をかねたもので，グルジア山岳部の古い村むらの多くに特有のものである．この地方で採れる砂金が，あるいは黄金の羊皮伝説の由来となったのかもしれない．

下　グルジアは長寿で名高い．環境が一定の役割を果たしているのは間違いなく，アブハジア自治共和国の黒海沿岸部には人気の高いたくさんの保養地がある．100歳を越えるとみられる住民も多い．写真の夫婦は，結婚して102年目であると主張している．

左　伝統衣裳を着て踊るトビリシの若い踊り子．グルジアの民族舞踊は，その数の多さと多彩さという点でソ連内外で有名であり，グルジア人自身も，古代からの独特の音楽の伝統を大変誇りにしている．

右　トビリシ旧市街の玉石で舗装された通り．背後の丘の頂上にかつての城砦の遺跡がある．幾何学文様と動物意匠の手の込んだ彫刻が施されたバルコニーは，グルジアの木彫の古い伝統を反映している．

ロシア連邦共和国

　広大なロシア連邦共和国は，ソ連邦全面積の4分の3を占める．そこには本来のロシアだけではなく全シベリアが含まれ，さらには，かつて東プロイセンの一部であったフィン=カレリア地域や，アルタイ地方のトゥヴァ自治共和国などのような，非ロシア人諸地域も含まれる．この国は，世界でも図抜けて巨大な行政管轄であるといえよう．しかし，その人口は，全連邦人口のわずかに過半を越えるにすぎず，さらにそのうちで，ロシア語を母語とする人びとの数は半数を下回る．この領土は奇しくも，18世紀初頭の帝国となる直前モスクワ国家のそれとおおむね一致している．ソ連邦を構成するロシア以外の諸国民は，ときとしてロシア連邦共和国を，ソ連の政策を主導し，要職を占める"長兄"とみなす［ソ連邦解体まで］．とはいえ，連邦内諸国の発展水準は不均等であり，ロシア共和国の繁栄度は他のいくつかの共和国よりも低い．それゆえ，ときにジャーナリズムが称するごとく，もしソ連を「帝国」と呼んだとしても，それは，中核地域よりも辺境がいっそう繁栄しているという，一風変わった帝国といえよう．

共和国	ロシア連邦共和国
面積	17075400km²
人口	1億4530万人（1987年）
首都	モスクワ
首都人口	881万5000人（1986年）
第一言語	ロシア語

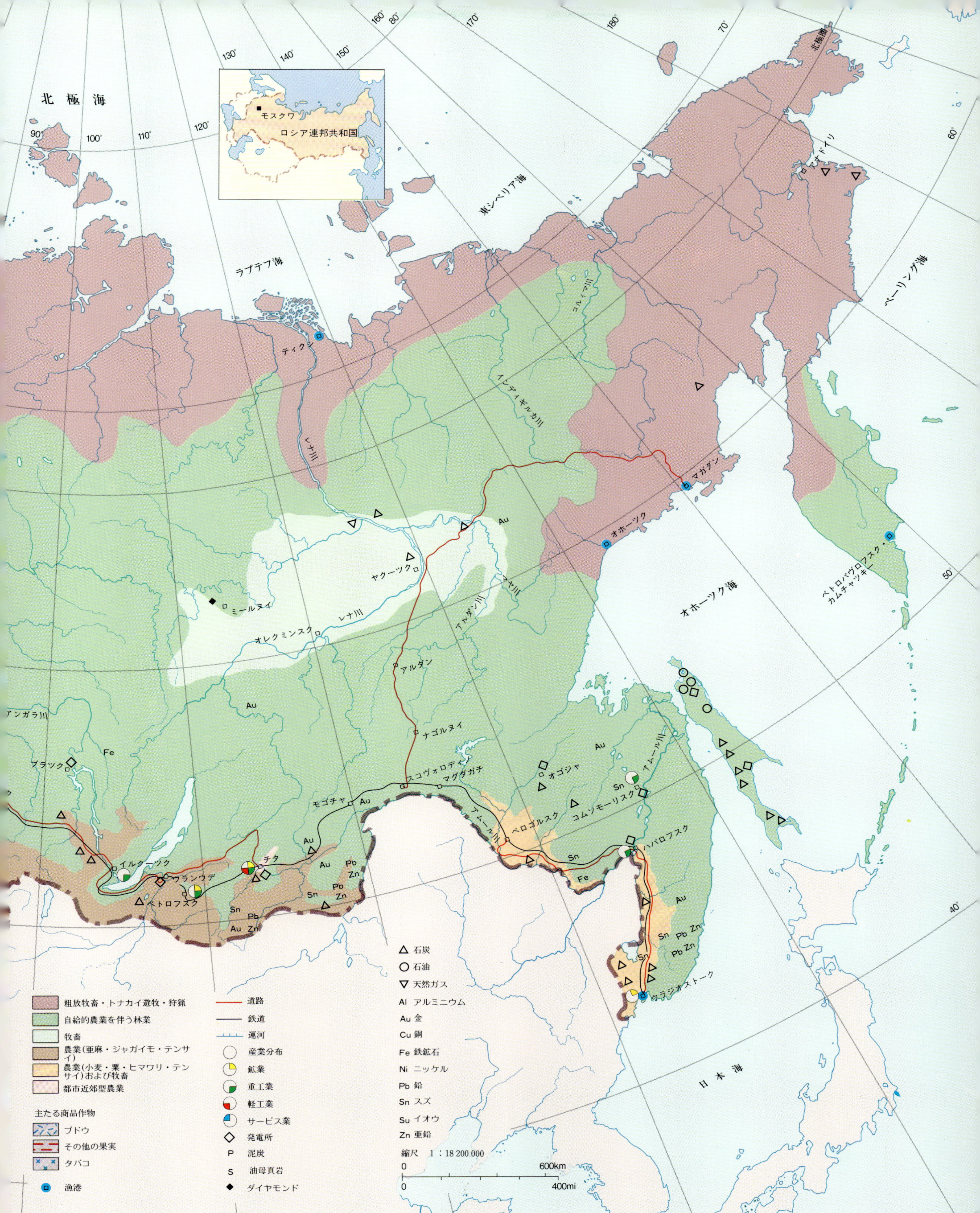
北極海
モスクワ
ロシア連邦共和国
ラプテフ海
東シベリア海
ベーリング海
オホーツク海
日本海
ティクシ
レナ川
コルィマ川
インディギルカ川
マガダン
オホーツク
アナドィリ
北極圏
ペトロパヴロフスク・カムチャツキー
ヤクーツク
ミールヌイ
オレクミンスク
アルダン川
マヤ川
アルダン
ナゴルヌイ
アンガラ川
ブラツク
スコヴォロディノ
マグダガチ
モゴチャ
オゴジャ
コムソモーリスク
アムール川
ベロゴルスク
ハバロフスク
イルクーツク
ウランウデ
チタ
ペトロフスク
ウラジオストーク
粗放牧畜・トナカイ遊牧・狩猟
自給的農業を伴う林業
牧畜
農業(亜麻・ジャガイモ・テンサイ)
農業(小麦・粟・ヒマワリ・テンサイ)および牧畜
都市近郊型農業
主たる商品作物
ブドウ
その他の果実
タバコ
漁港
道路
鉄道
運河
産業分布
鉱業
重工業
軽工業
サービス業
発電所
P 泥炭
S 油母頁岩
ダイヤモンド
石炭
石油
天然ガス
Al アルミニウム
Au 金
Cu 銅
Fe 鉄鉱石
Ni ニッケル
Pb 鉛
Sn スズ
Su イオウ
Zn 亜鉛
縮尺 1：18 200 000
0 600km
0 400mi

ロシア連邦共和国

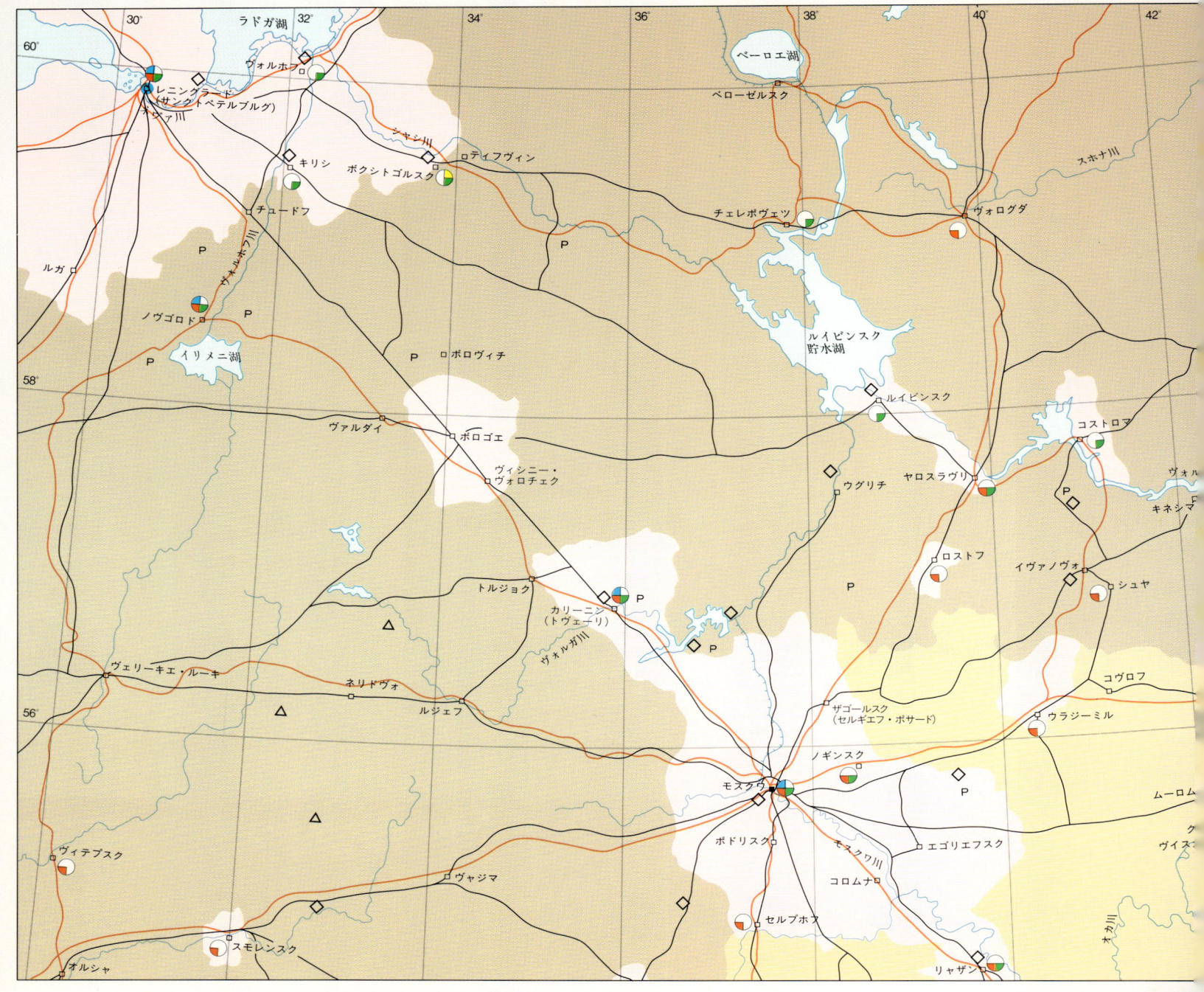

上　モスクワ周辺図

右　スズダリの聖母生誕聖堂は、屋根のラインとドームにいくぶん後世の手が入っているとはいえ、その構造は基本的にモンゴル侵攻以前の状態（1222－25）をとどめている。これとはまったく対照的な様式で1766年に再建されたのが木造のニコーリスカヤ教会である。この二つの教会のあいだに17世紀の主教座があり、現在は博物館として使用されている。これら三つの建築物は、それぞれ様式が異なるとはいえ、ロシアの主要な建築の伝統を体現するものである。

右奥　こうした装飾的な窓枠（ナリーチニク）はロシアの民衆芸術の代名詞であり、多くの古い木造家屋建築の特徴となっている。それはとくに東部ロシアとシベリアで発達している。木彫りはロシア農民の伝統工芸であり、厳しい気候ゆえに戸外での労働が不可能な冬に行われることが多かった。

ロシア連邦共和国

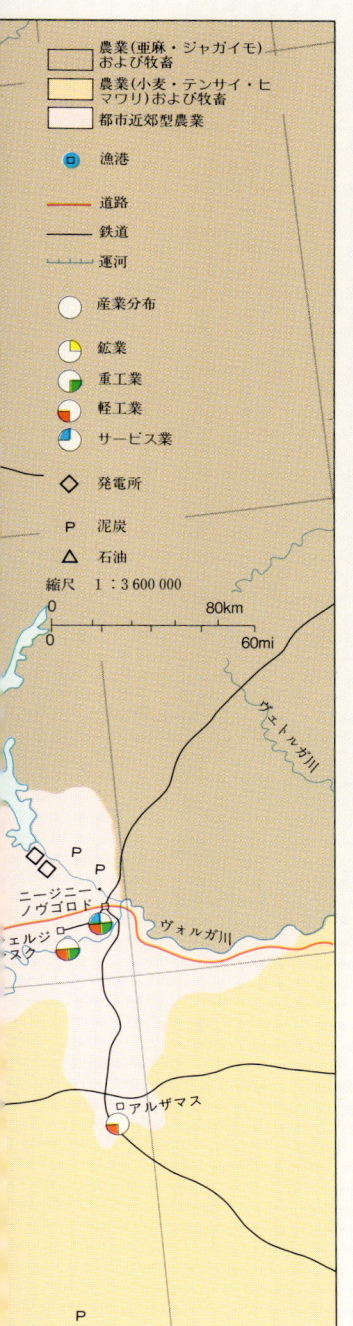

16世紀以来，ロシアの領土的膨脹は主として東方に向けられてきた．この過程で，ロシア人の人種的混淆が徹底的に進み，かれらのあいだには，スカンジナヴィア系からアジア系にいたるまでのさまざまな人種的特徴が現われるようになった．それゆえロシアでは人種的偏見というものがほとんどみられないのである．革命前のロシアでは，人種ではなくて，正教徒か非正教徒かという中世的な基準で人間の区別が行われていた．今日のロシア連邦共和国にも，非ロシア人・非正教徒である数多くの住民が暮らしている．ロシアの北中部から東部にかけては，フィン語系やチュルク・タタール系民族の多数の子孫たち（そのなかには，バシキール人のように，過去数世紀にわたって民族的アイデンティティを主張しつづけている人びともある）が住み，シベリア南部には仏教徒［ラマ教］住民であるブリャート人が居住する．また，はるか北東部に忽然として現われるチュルク語系ヤクート人の「島」や，北カフカスの諸民族雑居地帯，そしてサハリン島のアイヌ人などもその例であろう．これら以外にも多くの異民族が暮らしている．

ロシア連邦共和国は，地理学的には，明らかに三つの大きな地方に区分される．第一はヨーロッパ・ロシアの緩やかな起伏の平野部であり，第二は，大部分が平坦で海抜も低い西シベリア地方，そして最後に，レナ川から太平洋にいたる東シベリア地方である．これら以外にも，シベリア南部を遮る山岳地帯があり，また，もっとなだらかであるとはいえ，経済的には重要なウラル山脈地方がある．ちなみに，このウラル山脈によって，ヨーロッパとシベリアは分かたれている．

けれども，ロシア連邦共和国の自然景観において真の対照をなすのは，針葉樹林帯（巨大なるタイガ）とそれ以外の地域であろう．ソ連邦の全タイガがこの共和国に属する．それは，あまりにも人口過疎の地であるために，1908年の「ツングース隕石事件」（その落下によって，おそらくは数百km²におよぶ森林が破壊された）さえ，その当時は報告されなかったほどであった．タイガのかなりの部分は，いたるところその土中に広範囲の永久凍土を抱えているため，開発は至難である．ただし，大河沿いには，レナ川中流やヤクート川の場合のように，草地や肥沃な土壌が広がっている箇所もある．疎らに点在する住民たちは，伝統的に毛皮猟やトナカイの遊牧（ツンドラ周辺部）で生計をたててきたが，今日では林業に携わる人びともある．

こうした辺境部にはきわめて豊富な地下資源がある．スターリン時代には，ヴォルクタやマガダンの周囲に強制収容所群が建設され，囚人たちを動員しての資源開発が試みられたが，膨大な人的犠牲はいわずもがな，経済的にも引きあうものとはならなかった．こうした地域に自由な労働力を引きつけるのはむずかしく，距離と気候条件がもたらす困難も著しい．シベリアの流刑地としての利用は，17世紀にはじまるが，それが一般的現象となるのはようやく19世紀に入ってのことである．当時はシベリアに到達するだけで数カ月を要した．移住と産業開発が全面開花するのは，シベリア鉄道（建設期間1893–1903年）開通［ただし，バイカル湖周辺の一部を除く］以後のことである．

これに対し，ウラル地方の金属資源と貴石は古くから知ら

右　モスクワ河畔コロメンスコエでの冬の祭り．

下　スズダリの木造住宅．スズダリにはさまざまなタイプのロシア建築があり，街全体がさながら小さな「博物館」というべきである．

右下　かつてのゴリーツィン家の領地アルハンゲリスコエの楕円形の大広間．この建物——居住用ではなく，夜会や賓客のために使われた——は19世紀初頭のもので，主として現地の農奴たちの労働によって建てられた．1810年にこの領地を買い取った富裕な美術品蒐集家N・B・ユスポフ公が，建物に手を加えて現在の姿とした．かれのコレクションの一部がいまも屋敷内に飾られている．

ロシア連邦共和国

右　真冬の数ヵ月間，北部では太陽はほとんど地平線上に顔を出さない．雪の堆積を防ぐため，住宅の屋根には深い傾斜がつけられている．今日ではヨーロッパ・ロシア各地でも農村の過疎化が社会問題となっているが，自動車の普及が進むにつれて，農村と都市の社会的距離がかなり縮まりつつあり，それによって，あるいは人口の回復が進むかもしれない．

れ，何世紀にもわたって開発されてきた．しかしながら，南ウラル地方の産業開発の本格化は，1917年以後のことである．交通手段の整備が進められた結果，今日ではマグニトゴルスク産の鉄鉱石をシベリア中部のクズバス（クズネック盆地）や中央アジアのカラガンダ産の石炭を用いて製錬することが可能となった．第2次世界大戦中には，ロシア工業の中核地域を東進させることが焦眉の課題となった．ヴォルガ・ウラル油田は，1920年代以来，チュメニ州を中心としたシベリアの石油・天然ガス田に，首位の座を明け渡したままである．

ブレジネフ時代になるとシベリア開発はおおいに進捗したが，支払われた代価も少なくなかった．たとえばチュメニ油田は，現在もなお全連邦の石油の50％，天然ガスの36％を産出しているとはいえ，それがはるか北方に位置するため，操業に伴う障害が大きく，コストも高い．長大なパイプラインの敷設はもとより，ツンドラの厳しい気候条件下では，なんらかの必要な工業施設の建設・拡張のために十分な労働力を確保することさえ思うにまかせないのが現状である．もうひとつの辺境の拠点は，エニセイ河口のノリリスクである．ここには非鉄金属鉱石の採掘と精錬施設があり，ソ連の金属生産において重要な役割を担っている．しかし，ノリリスクへの交通路は，唯一北極海経由のものだけであり，通年航行を維持するために原子力砕氷船による航路確保が不可欠である．全長3000kmにおよぶバイカル＝アムール鉄道（通称バム）は，沿線地域にある地下資源の太平洋諸港経由での輸出を目的として計画されたものであるが，現在にいたるも全面開通をみていない［1984年にコムソモールスク・ナ・アムーレまで全線開通］．シベリア中央部の「黒土地帯」では，土地の農業利用率も高い．また，アムール渓谷の肥沃土は，小麦，テンサイ，ヒマワリ，食肉，乳製品などの混合農業を可能にしている．やはり農業が盛んな北カフカスでは，温暖な気候のもとで，ブドウや果実，タバコなどの亜熱帯性の作物が作られている．西部地域のさまざまな資源と，すでに高い水準にある産業基盤とを結びつければ，もっと効率的に生活水準を引き上げる余地がある．

とはいえ，現在でもすでに東シベリアはソ連の主要なエネルギー基地となっている．アンガラ川とエニセイ川の巨大な水力発電能力は，アルミ精錬のような高電力消費型の工業を引きつける．アンガラ川の発電能力は，ヴォルガ，ドン，カマといったヨーロッパ・ロシア三大河川の総発電能力に匹敵する．豊かな資源で知られる極東は，いまのところ事実上未開発といえよう．例外は，ヴィリュイ渓谷のダイヤモンド鉱山とレナ渓谷の金鉱である．後者には大量の石炭埋蔵も知られている．

バイカル以東の開発は，ゴルバチョフが政権について以来，かつてほど重視されなくなってきている．代わって，膨大な人口があり，かつ働くロシアの伝統的な工業地帯への関心が高まっている．確かにシベリアは，ソ連全国土の半分以上を占めてはいるが，人口はわずか11％を占めるにすぎない．これに対し中央工業地域は，人口密度も高く，都市化もはるかに進んでおり，機械工業や軽工業の分野では，労働集約的で機械化の進んだ工場労働が支配的である．ソ連の繊維生産の70％は，とくに綿花など，中央アジア産の材料を使って，この地域で生産されている．

208

ロシア連邦共和国

左　タイガ地方の住民．この村には電気が来ているが，一般に，北方の広大な森林地帯にある辺境の村落での生活条件は厳しく，1年のうちかなりの期間，孤立生活に耐えねばならない．その間住民たちは，短い夏場に収穫し，酢漬けや塩漬け，その他の方法で貯蔵してある食糧に依存して，しのがねばならない．

下　道路がなく湿地の多い北辺の荒野では，ふつうの自動車の用途は限られている．そのため，いまでも犬が重要な役割を果たしている．写真は，橇ではなく小型の四輪車を牽引する犬たち．

左　ロシア連邦共和国東端，オホーツク海に浮かぶサハリン島の猟師の一行．サハリン島の住民は，ロシア人（一部は，19世紀に囚人としてサハリンの監獄に送られてきた人びとの子孫である），日本人［ごく少数］，朝鮮人，アイヌ人など，さまざまな民族から構成されている．

右　ムルマンスクの大会に参加する大勢のスキーヤーたち．スキーの距離競技はソ連で大変人気が高い．

右奥　シベリアの森林から大量の木材が川流して送られてくる．エニセイやレナなどの大河は内陸奥地に通ずるもっとも便利な交通路となっている．冬には完全に凍結し，道路として使われる河川も少なくない．タイガはまったく一様であるというわけではない．ところによって木の高さや密集度が異なり，樹種にも違いがある（西部ではモミ属が，東に進むにつれてカラマツが多くなる）．

モスクワ

　モスクワ市の同心円的発展は，1960年代に都市境界をなす150kmの環状道路が完成したときに終わった．とはいえ，現在でもなおその境界の内部に広い森林域が入り込んでいるところもある．歴史的名称をもった幹線道路（たとえば，かつてキプチャク汗国に通じていたオルディンカ街道など）は，ほとんどが高層アパート群に沿って走り，クレムリンの鐘楼にいたって放射線状に収束している．隣接する「赤の広場」（「赤［クラースナヤ］」という語は18世紀以前には「美しい」という意味をもっていた）とともに，この中心地域が観光客の関心を独占しているのは無理もないが，モスクワにはほかにもたくさんの名所がある．1700年以前の建造が確認されている建物が（教会建築をのぞいても）100以上ある．とくに見どころといえるのは，1812年の大火ののちに再建された新古典主義建築群の街区である．そこには緑豊かな田園のたたずまいがある．城壁をめぐらした修道院の内部には，古いモスクワの風情が広がる．

上　モスクワの有名なグム百貨店の内部．小さな店舗に仕切られた構造をもつこの建物は，A・N・ポメランツェフの設計で1889年から1893年にかけて建てられた．その敷地は，もともと赤の広場の商業区があった由緒ある場所である．

右　赤の広場で繰り広げられる記念日の行進．共産党を称えるスローガンがみえる．

右奥　モスクワの中央市場の小売商．国営商店では価格が厳格に定められているが，非国営の商店は商品の種類も多く，繁盛している．

モスクワ

下　ポクロフスキー大聖堂は、「至福なるヴァシーリー」に由来するヴァシーリー大聖堂の名で知られ、イヴァン4世がカザン占領（1552）を記念して建立させたものである．九つの教会が一体となっているこの聖堂はユニークな建物である．

次頁　北東からみたクレムリンの夜景．前景にヴァシーリー大聖堂のファンタスティックなドーム群がみえる．照明のあてられた建物は、（左から）アルハンゲリスキー聖堂、大いなるイヴァンの鐘楼、ウスペンスキー聖堂、スパッスカヤ塔である．

上　夕暮れのモスクワ．中央に、スモレンスク広場にある高さ171m、26階建ての巨大な庁舎がみえる．スターリン時代末期に市の中心部を取り囲む形で建てられたこの種の摩天楼は、17世紀ロシアの建築様式を部分的に取り入れたもので、しばしば冗談に「スターリン主義のゴシック」と呼ばれる．

右上　街頭に掲示された「プラウダ」新聞．壁新聞はソ連に特徴的な現象である．

右　降雪後の道路清掃に従事するソ連女性をしばしばみかける．路面電車の線路のある通りで働くこの女性は、農村に特有の靴を履いている．それはフェルト製の大きな長靴で、「ヴァーレンキ」と呼ばれる．

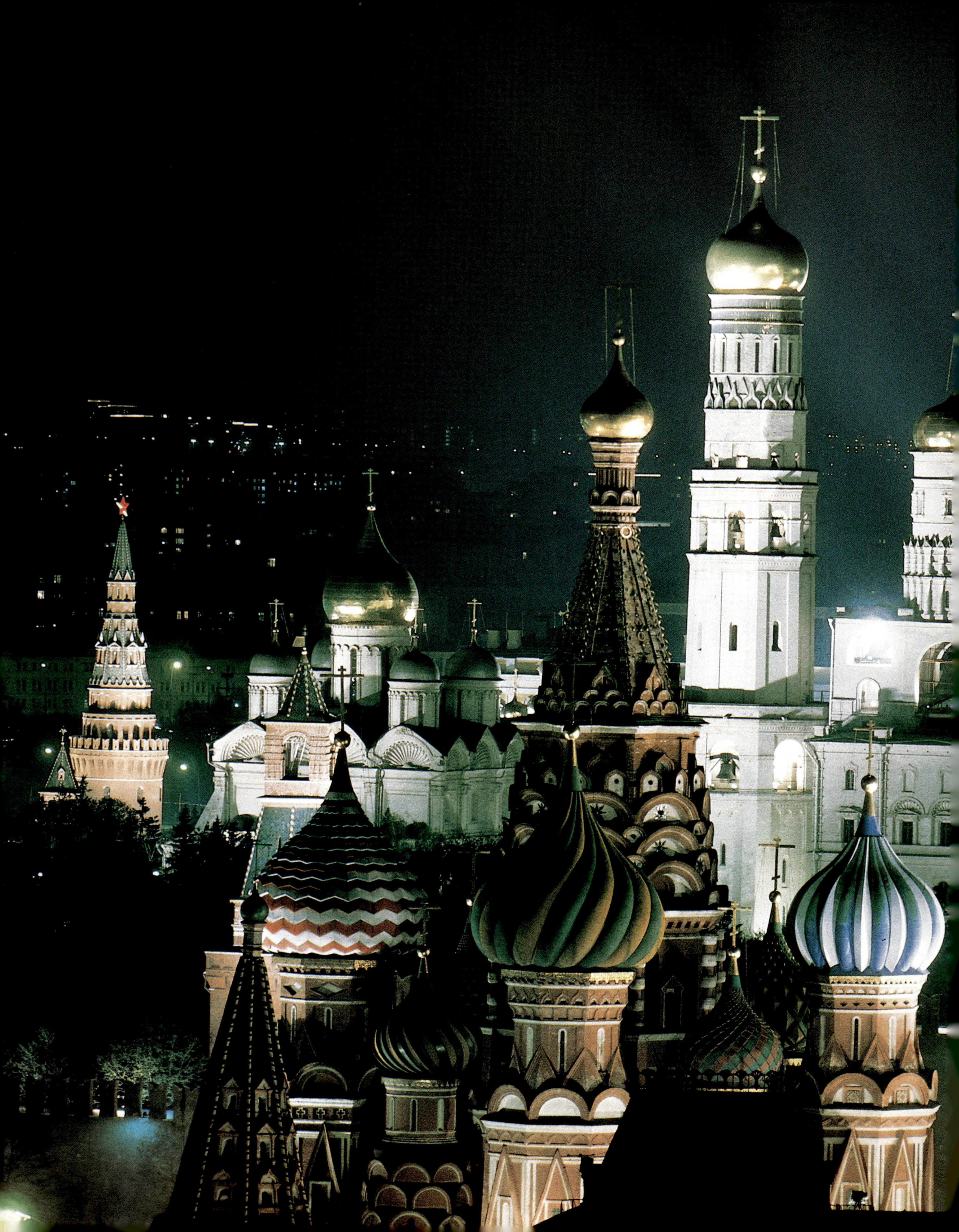

サンクトペテルブルグ

　サンクトペテルブルグ（1914年から1924年まで「ペトログラード」，その後「レニングラード」と改称され，1991年に再びもとの「サンクトペテルブルグ」に復帰．愛称「ピーテル」）は，比類なく美しい街である．冬宮橋から，18世紀・19世紀風のバロック様式と新古典主義の外観をもった果てしない街並みがえんえんと連なり，あたかも巨大な舞台装置さながらにみえる．ヴェネツィアと同様にサンクトペテルブルグも，低湿地ゆえの地盤沈下を防ぐために，無数の木製支柱の上に建てられている．三つの金色の尖塔（ペトロパヴロフスキー教会，海軍省，聖ミハイル城）が，聖イサーク教会のやはり金色に輝くドームとともに，虚空にそびえたつ．

　サンクトペテルブルグは，1800年代には，モスクワに匹敵する人口を擁して，19世紀の一大産業都市に成長を遂げた．今日でもソ連諸都市のなかで唯一モスクワに劣らない規模をもち，その文化活動においても首都にひけをとらない．そうした大都市であるにもかかわらず，この街には不思議と静寂で落ち着いた雰囲気があり，交通の混雑もない．高緯度に位置するサンクトペテルブルグでは，6月から7月初旬にかけて，神秘的な「白夜」をみることができる．「西欧への窓」たらんとして建設されたこの都市は，完全にヨーロッパ的でもなければ，全きロシアでもない．空中から俯瞰するとき，サンクトペテルブルグが明らかに人間の住まない不毛の大地の真直中に突如として出現した街であることがわかる．それは同時に，ここに都市を建設しようと思い立った人間の超人的な野望を，われわれに感じさせずにはおかない．

上　ネヴァ河口のウサギ島にあるペトロパヴロフスク要塞は，1703年にスウェーデンからこの場所を獲得した直後，ピョートル大帝の命令によって建設された．要塞を眼下に見下ろして，聖堂の細い黄金色の尖塔がそびえたつが，ピョートルも，その後の皇帝たちの多くもこの聖堂に埋葬された．要塞の稜堡のひとつひとつには，ピョートル自身とかれの将軍たちの名前がつけられている．

214

サンクトペテルブルグ

左　「血の上の救世主」教会（1882—1907）は、皇帝アレクサンドル2世の暗殺現場に建てられた．A・A・パルランド設計のこの建物は、いわゆる「ネオ・ナショナリズム」様式を代表する唯一の教会建築である．ネオ・ナショナリズムは、ピョートル後の時代の建築を風靡した西欧の新古典主義への反発から、ロシア的なモチーフと諸要素を意図的に前面に打ち出したものであった．

下　現在の冬宮は、現在地に建設された4番目の建物で、女帝エリザヴェータの命令で1754年に着工されたものであり、建築家B・F・ラストレッリ最晩年の宮殿建築の傑作のひとつである．のちに、エカチェリーナ2世の小エルミタージュ（1764—67）をはじめとして、いくつかの建物が付け加えられた．ここには、エカチェリーナが先鞭をつけた世界最大の絵画コレクションのひとつが収蔵されている．

上　サンクトペテルブルグの美しい景観．宮殿広場から望む海軍省の黄金色の尖塔．海軍省の建物は1704年以来この場所にあるが、1732年まで尖塔はなかった．I・コロボフの作品であるこの塔の頂点には、帆船の形をした風見が取り付けられている．1806年にA・ザハロフによって海軍省が建て直されたときも、尖塔はそのままの姿で残された．

左　フィンランド湾を見下ろすピョートル宮殿（ペテルゴフ）の噴水と人工滝．凝った庭園と建物の基本構造は、1717年にヴェルサイユ宮殿を訪れたピョートルが、対抗心から自分で仕様書を書き、それをもとに設計させたものである．ピョートルの娘エリザヴェータは、即位後、B・F・ラストレッリに委嘱して宮殿の増改築を行わせた．人工滝と、サイフォンの原理を利用した噴水のあいだにちりばめられた彫刻を制作した彫刻家には、シュービンやマルトスも含まれている．

48°
52°
56°
60°
64°
68°
ペトロパヴロフスク
コムソモレツ
ウリツキー
クスタナイ
コクチェタフ
シチュチンスク
ルザエフカ
クシムルン
マキンスク
ジェトイガラ
アトバサル
ツェリノグラード
テンギズ湖
アルカルイク
ウラリスク
アクサイ
ジャンベイトイ
アクテュビンスク
ノーヴァヤ・カザンカ
インデル
ボルスキー
ウイル川
ウイル
シュバル
クドゥク
テミル
カンダガチ
エムバ
トゥルガイ
イルギズ
カザフスタン
ガニュシキノ
グリエフ
マカト
エムバ川
チェルカル
クリサルイ
コスチャグイル
バイコヌル
ジェズカズガン
サルイス
サルイス川
アラリスク
クルタイ
フォルト・シェフチェンコ
マンギシュラク半島
ノヴォカザリンスク
カザリンスク
ジュサルイ
アラル海
シェフチェンコ
(アクタウ)
クズイル・オルダ
フェティソヴォ
ムイナク
チイリ
カスピ海
クングラード
アチサイ
トルキスタン
カラタウ
ヌクス
ホジェイリ
ポリソフカ
ジャムブ
カラボガズゴル
カラボガズゴル湾
タシャウズ
ウルゲンチ
ウズベキスタン
チムケント
アルイシ
ヒヴァ
トルトクリ
クラスノヴォツク
チャルダラ
チルチク
タシケント
ネビト・ダグ
グリスタン
コーカンド
ギジュヴァン
ゼラフシャン川
ウルサテフスカヤ
ジザク
ブハラ
キズイル・アルヴァト
カガン
サマルカンド
スリュクタ
トルクメニスタン
バハルデン
ウルグト
チャルジョウ
カルシ
タジキスタン
ガサンクリ
アトレク川
アシガバート
サカル
ドゥシャンベ
ヌレク
ケルキ
クルガン・チュベ
クリャブ
マルイ
テジェン
バイラム・アリ
カラクム運河
テルメズ
セラフス
ムルガブ川
クシカ
Su
Fe
Al
Au
Cu
Pb
Zn
U
Sb
縮尺 1：800 000
0
200km
0
150mi

中央アジア

中央アジアは390万km²におよぶ広大な領域を占めている．ここには，多くの点で共通の特徴をもつ五つの共和国があり，それぞれの国の人口密集地は，砂漠や半砂漠，カスピ海によって，ソ連の他地域から隔絶されており，また，他のアジア地域からは，世界の最高峰に属するいくつかの山々によって隔てられている．こうした事情にもかかわらず，住民のかなりの部分は，イランやアフガニスタン，中国などのおもな民族集団と近縁関係にある．四つの共和国ではいずれもチュルク語系の言語が話され，それらは相互にほとんど了解可能なほど類似している．タジキスタンではイラン語派（したがってインド＝ヨーロッパ語族）の言語が使われている．どの共和国でもイスラム教徒が多数派を占めている．

中央アジア史は，定住農耕民と遊牧民および外来の征服者たち（その代表はアレクサンドロス大王やティムール（タメルラン）であろう）との相互作用の歴史でもあった．この地方は，中国とヨーロッパを結ぶかつてのシルク・ロード上に広がる．8世紀のアラブ人侵入者がこの地にイスラム教をもたらした．中世初頭からは，チュルク語系の諸民族が定住しはじめ，それゆえ最近まで，この地域の全体が「トルキスタン」という名称で呼ばれていた．今日の5共和国間の国境線はかなり人為的なものであり，おもしろいことに，どの共和国にも必ず好条件の地方が属するように線引きされている．オアシス地域と水の豊かな河川溪谷の土壌はきわめて肥沃であり，長くて熱い夏にも助けられて，綿花や米や果実を産する．1950年代には，カザフスタン北部で大規模な処女地（ツェリナー）開墾が進められた．この辺りにくると気候はいくぶん湿気を増し，植生も乾燥性の灌木林からステップのイネ科ハネガヤ属の草類に変わる．山地の牧草地や半砂漠では牧畜も行われる．

共和国	カザフスタン	ウズベキスタン	トルクメニスタン
面積	2717300km²	447400km²	488100km²
人口	1620万人 (1987年)	1900万人 (1987年)	340万人 (1987年)
首都	アルマアタ	タシケント	アシガバート
首都人口	110万8000人 (1986年)	212万4000人 (1986年)	35万8000人 (1985年)
第一言語	ロシア語	ウズベク語	トルクメン語

	タジキスタン	キルギスタン
	143100km²	198500km²
	480万人 (1987年)	410万人 (1987年)
	ドゥシャンベ	フルンゼ（ビシケーク）
	55万4000人 (1985年)	60万4000人 (1985年)
	タジク語	キルギス語

中央アジア

カザフスタン

　カザフスタン（カザフ共和国）は，中国にいたる幹線道路でかつては「ジュンガルの門」の名で知られた峠の西端を扼するところに位置する．その住民は，文化的・言語的に新疆のウイグル族に近い．共和国は，面積においてロシア連邦共和国についでソ連邦第2位であり，連邦全体の耕地面積の34％（その大半は辺境にあるとはいえ）をかかえる．しかし，耕地の大部分は砂漠か半砂漠地帯にあり，降雨量はきわめて少なく，大陸性気候も厳しい．

　カザフ人は伝統的に遊牧の民であった（カザフという名称は「コサック」と同根であり，トルコ語で「騎馬の人」を意味する）．かれらは，かつて三つの遊牧集団に分かれ，広大な中央アジアを支配したが，18世紀以後の複雑な過程を経て，最初はロシアに臣属し，その後併合されるにいたった．ロシア人は，この人跡まばらな地方にいくつもの砦を築き，19世紀中葉には，首都ヴェールヌイ，すなわち今日のアルマアタ（「リンゴの父」の意）を建設した．ちなみに，アルマアタはその耐震木造建築で有名である．1959年から1970年までに，共和国人口は40％も増加した．それは，高い出生率を誇る土着のカザフ人に，多数の大ロシア人，ウクライナ人，ベラルーシ（白ロシア）人の移住民が加わったためであるが，1970年代になると，こうした移住者のうち50万人ほどが出国していった．それでもカザフ人は，今日でも，大半は都市部に居住する共和国人口の3分の1を占めるにすぎない．

　「処女地開墾計画」によって，広大な面積のステップ（3500万ha）が農地化された．それは，一部はウクライナが凶作の場合に備えて，また一部は，他の穀作地帯において転作を可能にするために，準備されたものであった．こうした農地では，機械化が高度に進められ，ソ連の穀物収穫高の14％が生産されている．南部のシルダリヤ，チュー両河川に沿った地域では，灌漑農業によって米，タバコ，テンサイ，小麦，大麦などが作られる．そこから東に進むにつれて，土地の標高が高まり，そこでは果実や野菜が栽培され，酪農と羊・馬の飼育が重要な産業となっている．

　石炭も，今日までに豊富な埋蔵量が確認されており，共和国北東部のエキバストゥズ盆地の露天掘り鉱山は，連邦第3位の産炭量を誇る．カスピ海の北と東の沿岸部，とりわけマンギシュラク半島には油田もある．ただし，共和国の東部と南部への石油供給は，西シベリアからのパイプラインに頼らざるをえないのが現状である．また，カザフスタンにはソ連の宇宙開発の拠点バイコヌル基地と，主要な核実験場セミパラチンスクがある．

上　カザフスタン南端の山岳地帯での養蜂風景．

左下　カスケレン［アルマアタ西南］の街の子供たち．かれらは，1950年代から1960年代にかけて，いわゆる「処女地開墾計画」の時期に誕生した集落の第2世代の人びとである．この計画によって，主としてカザフスタンのステップ原野の広大な面積が小麦畑に転換されたが，必ずしもすべてが好結果をもたらしたわけではなかった．ヨーロッパ・ロシア人が，この地方への移住をつづけ，現地の人びととの混血が進んでいる．その結果，文化にもロシアの強い影響がみられる．そうしたロシア化はまず学校教育からはじまり，ほとんどの子供たちが学校でロシア語を学んでいる．

右　タシケントは重要な交易路上に位置するチルチク河岸のオアシスとしてはじまり，ロシア帝国の支配下に入ってからはトルキスタンの軍事拠点として発展した．街のバザールには古代の諸要素が残っているが，市の大半は，写真にある「報道センター」ビルのような西欧的建物で占められている．1966年の大地震以来，新しいビルディングの設計に耐震構造が取り入れられるようになった．

下　ウズベキスタン南東部のゼラブシャン山脈はゼラブシャン川の源である．この川は西に向かって流れ下り，サマルカンドを潤し，アムダリヤ川近くの砂漠で姿を消している．

中央アジア

ウズベキスタン

　フェルガナ盆地とアムダリヤ川のあいだには、中央アジアでもっとも豊かなオアシスと古代都市の多くが存在する。ここは天山山脈の西端が荒涼とした砂漠地帯キジル・クムに連なるところで、それから東には、カスピ海にいたるまで延々と塩だまりと礫砂漠が広がっている。
　ウズベキスタン（ウズベク共和国）は、のちにキエフ・ルーシの辺境部へと移動してゆくことになる黎明期のいくつかの部族、すなわち、ペチェネグ族、キプチャク族、オグズ族などの故地であった。13世紀にモンゴル人が中央アジアを駆け抜けたとき、そのうちの白帳汗国がブハラに強力な根拠地を築いた。それ以来ブハラは、ロシアと中央アジアを結ぶ、したがって、さらにはもっと広くヨーロッパと東洋を橋渡しする主要な交易拠点のひとつに成長していった。モンゴル軍は当時の中央アジア最大の都市アフラシアブを破壊したが、14世紀末にティムール（タメルラン）が、かつての大都市の廃墟である広大な無人の丘陵の隣にサマルカンドを建設した。中世末に天文王ウルグ・ベグの治めるサマルカンドが世界の学問・芸術の中心のひとつとなって以来、今日にいたるまで、この地域こそがウズベク族の中心地でありつづけている。その間、ウズベク人口はしだいに増加してゆき、現在の共和国はソ連邦第3位の人口を擁する。かれらのこうした人口増加の裏面で、かつて優勢を誇った隣人カザフ人の相対的凋落という現象が同時進行していった。ウズベキスタンでは、中央アジアの他のどの共和国にもまして、アジア文化と近代西欧文化との混淆がいっそうはっきりと認められる。かくして、ウズベク地方はかなりの繁栄を誇る地域となったが、それと同時に、サマルカンド、ブハラ（その遺跡は10世紀まで遡ることができる）、ヒヴァというみごとに保存された三つの中世都市をもつ類い稀な地域となった。
　ロシア人は1865年にタシケントを獲得し、そこに行政と交易と工業の拠点を築いた。今日のタシケントは、200万以上の

上　サマルカンドの一市民。中央アジアのチュルク語系住民は、現在もなお、トルコではケマル＝パシャの西欧化改革によって禁止されてしまった中東の農民の伝統的服装を保っている。

下　ウズベキスタンの灌漑地域では綿花が主要作物である。綿花摘みの農民たちが、古代からの伝統にしたがって収穫を祝うために集っている。こうしたしきたりは、ソビエト化によってこの地方に近代的な生活様式がもたらされるよりはるか以前に成立したものである。

中央アジア

人口を擁するソ連第4位の都市である．タシケント獲得以後，多くのロシア人がこの街に移住してきたが，土着住民の一部に「汎トルコ主義」の夢が広がり，ロシア人との関係が険悪になった．民族主義者による騒擾事件は，ロシア革命を経てもおさまることはなかったが，結局，1924年にウズベク・ソビエト社会主義共和国が成立した．

タシケントはまたソ連邦内のイスラム教徒のメッカでもある．ここにはイスラムの律法学者（ムッラー）たちが研修に訪れ，また，ムスリム管理局がおかれ，ソビエト国内のイスラム出版物に目を光らせている．イスラム教は確かに生活規範にほかならないとはいえ，各主要都市には礼拝のためのモスクもある．ただし，それらも宗教的な装飾は取り除かれている．また，イスラム神秘主義（スーフィズム）も宗教的祭礼を通じて明らかに浸透しており，都市の教団組織との伝統的つながりを失っていない．

ウズベク地方は，相当部分が砂漠であるが，天然ガスや石油資源には恵まれている．比較的山がちな南東部の河川は水力発電を可能にし，その電力は綿花栽培のための大規模な灌漑施設を動かす動力源となっている．ちなみに，ウズベクの綿花はソ連邦随一の生産量を誇る．さらにウズベキスタンは，各種の金属鉱石および貴金属の産出国でもある．とくに金は，トルクメニスタンと合わせて，ソ連全体の採掘量の半分を生産している．牧畜や養蚕とともに，繊維産業も盛んである．

中央アジア

左　ウズベキスタンのヒヴァ市にそびえるミナレット．ヒヴァは16世紀初頭からヒヴァ汗国の都であった．ロシアの保護国となったのは1873年のことである．19世紀に市街地のかなりの部分の建て直しが進んだとはいえ，ヒヴァは依然として伝統的なイスラム都市の面影をとどめている．このミナレットやいくつかのドームは，中央アジアのイスラム建築に特徴的な美しい色彩のタイルで飾られている．

右　タシケントの太陽熱発電所の巨大な鏡列．配列された光電池に日光を集束させて電力を造り出している．近年――とくにチェルノブイリの原発事故以来――，エネルギー源の選択において，安全性と環境保全性が重視されるようになってきている．安全性が高く，無尽蔵で，環境汚染の心配がない太陽エネルギー発電は，そのための条件が備わっている地域では，注目すべき方法となっている．

下　世俗的国家の代表ともいうべき将校たちが，サマルカンドの中央広場レギスタンで団体写真におさまっている．ここは15世紀にウルグ・ベグによって整備された場所である．かれらの背後にみえるのは，中央アジアのイスラム教の偉大な記念碑のひとつ，イスラム教のシル・ダル寺院学校の門である．1619―36年に建設された．ウズベキスタンにおけるソ連当局とイスラム教の関係は概して良好で，この共和国には現在も使われているイスラム寺院がたくさんある．しかし，「地下」で繁栄しているイスラム神秘主義（スーフィズム）運動は，反宗教政策の標的となっている．

中央アジア

トルクメニスタン

　トルクメン地方は，バルティア，ササン朝ペルシア，フン族，アラブ，ガズニー朝などによって相ついで征服されるという歴史をもつが，11世紀にはモンゴル高原からオグズ族がやってきてこの地方をチュルク化し，以来，その性格を失わずに今日にいたる．オグズ族は，ペルシアの侵入にもかかわらず，氏族制的分裂を残したままとはいえ，単一の民族に統合されていった．15世紀から17世紀まで，トルクメン南部はペルシアのサファーヴィー朝の支配下に入ったが，1881年，ロシアが南部と北部の再統一を果たす．その後，ロシア革命期には，ロシアの南下政策がインドにおよぶのを恐れるイギリス軍もトルクメン地方をめぐる権力闘争に巻き込まれることとなった．しかし，1920年までに，赤軍が支配権を確立し，その結果，トルクメン地方は1924年をもって連邦構成共和国となった．

　トルクメニスタン（トルクメン共和国）のほとんどは砂漠地帯からなり，灌漑施設なしでは農業は成り立たない．綿花が主要作物であるが，各種の穀物（小麦，大麦，トウモロコシ，デント・コーン，キビなど）も重要な産物である．絨毯織りがいまも主要産業で，それゆえ，羊毛を取るための牧羊が行われ，さらには，馬，ラクダ，豚なども飼育される．共和国の西部国境をなすカスピ海では，ある程度は漁業も行われている．とはいえ，この地方でもっと重要なのが，世界最大規模を誇る硫黄と硫酸ナトリウムの鉱山である．金属鉱石も，鉛，亜鉛，銅，水銀などが豊富に採掘されるが，とくに金は，ウズベキスタンと合わせて，ソ連の全採掘量の50％を産出する．さらには，石油と天然ガスもあり，化学工業がかなり発達している（臭素とヨードの製造がとくに有名）．トルクメン語は，ロシア語とともに公用語としても使われているが，その範囲は，中央アジアの他の共和国の第一民族語と比較して，いくぶん狭いといえる．

右上　民族的スタイルでのソビエトの政治宣伝：トルクメニスタンの首都アシガバートのレーニン像．壁の文様は中央アジアに伝統的な絨毯の模様から採られた．ソビエトの象徴である星のマークが欄干にあしらわれている．トルクメニスタンではロシアの影響が強い．高等教育は，アシガバートの大学の場合も含めて，ロシア語で行われている．

右　トルクメン人の大家族の家長．女性たちはベールを被っていない．中央アジアでは大家族がふつうである．トルクメニスタンでは，人口増加がきわめて著しいため，共和国当局も住宅や学校，仕事の提供に苦慮している．トルクメン人は勇猛さと，あまり正統的ではない信仰によって知られている．ときとして女性たちは，男性とともにあるときもベールを被らずに働く――また，ときには争う――ことがある．

中央アジア

タジキスタン

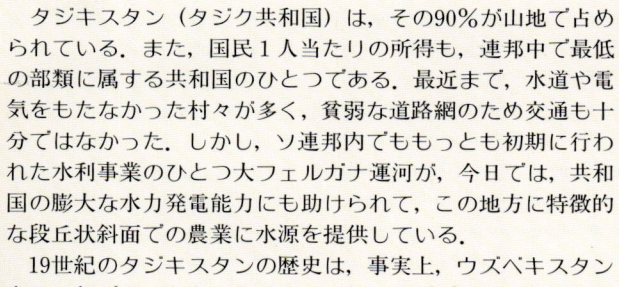

　タジキスタン（タジク共和国）は，その90％が山地で占められている．また，国民1人当たりの所得も，連邦中で最低の部類に属する共和国のひとつである．最近まで，水道や電気をもたなかった村々が多く，貧弱な道路網のため交通も十分ではなかった．しかし，ソ連邦内でももっとも初期に行われた水利事業のひとつ大フェルガナ運河が，今日では，共和国の膨大な水力発電能力にも助けられて，この地方に特徴的な段丘状斜面での農業に水源を提供している．

　19世紀のタジキスタンの歴史は，事実上，ウズベキスタン史の一部であったといえる．つまり，まずブハラ・ハーンがこの地方を支配し，その後，ロシアのツァーリがそれに代わったのである．しかしながらタジク人は，民族的にはブハラ人ともロシア人とも異なり，この地方を制覇したチュルク語系言語ではなく，イラン系言語を話す．かれらは，すでにチュルク語系民族がタジク地方にやってくる以前に，民族統合を果たしていた．それゆえ，中央アジア文明のもっとも古い層のひとつを体現しているのである．1921年から1925年まで，タジク人はロシア人に対して執拗な抵抗をつづけたが，それはいくつかの点で先のアフガニスタンの事例に類似している．そのひとつは，7000m級のソ連最高峰を擁する東部のパミール高原が，民族主義の戦士たちに難攻不落の要塞を提供したことである．

　こうした山がちな地形は，ともすれば共和国の経済活動を規定してしまう．牧草地では家畜が飼育されるが，その目的は酪農よりも羊毛と食肉である場合が多い．水力発電は，丘斜面農業に使われる機械類を製作するためのエネルギーを供給している．上質の綿花や絹，絨毯があるために軽工業が発達した．さらには，石油，天然ガス，非鉄金属の採掘事業が重要な重工業分野となっている．ドゥシャンベには火力発電所もある．

上　絨毯造りは，ペルシアとの交流の結果として，タジキスタンに定着した．作業場に家族全員が集まり，世代から世代へと秘伝を伝えながら製造するという伝統的な方法も，いまだ完全に廃れてはいない．19世紀にロシアがこの地方を併合すると，西方に巨大な絨毯市場が生み出された．今日では，中央アジアの絨毯も工場で大量生産されることが多い．

左　学校でコンピューターを学ぶタジク人少女たち．少女たちの柄と色彩のはっきりした服装は中央アジアの特徴である．近年では情報科学教育も広く行われ，コンピューター教育への関心も高まりつつある．とはいえ，学校教育のカリキュラムにおいては依然として実験的段階にとどまっている．

中央アジア

キルギスタン

　現在のキルギスタン（キルギス共和国）各地に根強く残るある種の外国人嫌い（ゼノフォービア）の傾向は，キルギス地方の歴史に由来するもの，いいかえれば，しばしば暴力的に繰り返されてきた絶えざる外部勢力の干渉の後遺症であるということができる．コーカンド汗国の苛酷な支配や，15万人ものキルギス人の中国逃避を引き起こした1916年のロシア人による大量虐殺事件，1930年代の粛清などがその例である．こうした歴史が，かれらキルギス人に，強力な隣人への警戒心を植えつけてきたのである．モスクワからもっとも遠くに位置するこの共和国は長大な中ソ国境をかかえる国でもある．

　その複雑な地形ゆえに，キルギスタンにはある程度の統一の欠如が認められる．南部地方は熱烈なイスラム教の世界である．南部の中心都市オシは「第二のメッカ」と呼ばれる．農村部人口の90％はイスラム教徒であり，人びとのあいだにイスラム神秘主義の影響も依然として根強い．ここには，中央アジアの他のどの地域よりも多くの聖地が存在する．オシ近郊にはスレイマン（ソロモン）の玉座があり，もっとも人気の高い巡礼地となっている．これに対し，北部は18世紀までイスラム化されなかった．その後，イスラム化が進行したとはいえ，表面的なものにすぎなかったため，今日でもなお，シャーマニズムやトーテム信仰に生きる人びとがかなり存在する．大ロシア人を筆頭とするヨーロッパからの移住者が多数派を占めているのが，まさしくこの地方で，土着のキルギス人は北部全人口の半数に達していない．共和国の首都フルンゼ（ビシケーク）は北部にあり，産業活動の中心地となっている．

　1936年までキルギス地方はロシア連邦共和国の一部であった．今日のキルギスタンは，ソ連邦随一のアンチモンと水銀の産出国であり，ウラニウムや石炭，石油，天然ガス，鉛，亜鉛，銅も産出する．花崗岩，大理石，石灰石，泥灰石，石膏など，各種の建築材料が生産され，プレハブ建築が重要産業である．とくに上質羊毛用の羊や豚を中心とした牧畜，穀物，テンサイ，タバコ，綿花などの栽培も行われている．

下　羊毛を抱えて整列するキルギスの男たち．刈りとった羊毛は選別され，品質の悪いものはフェルトの，良質のものは毛糸の原料となる．中国との近縁関係が，かれらのはっきりしたモンゴロイド的特徴にとどめられている．この地方に産する丈夫な馬は，遊牧民としての過去をもつキルギス人にとってつねに重要であり，かれらの民話には必ず登場する．かれらは現在でも羊や牛の群を見張るという実用的な目的に馬を使い，ときには食肉用として利用することさえある．

ペレストロイカから
ソ連邦の解体まで

外川継男

　1989年に出版された本書は，ペレストロイカの初期までを扱っている．しかし，89年以後の東欧とソ連の変化，とりわけ91年8月のクーデター事件からの共産党の解体，さらにソ連邦の消滅と独立国家共同体の形成への変化は，ほとんどの人の予測を越えた早いテンポで展開された．以下においては，この間の歩みを，本書の性質上文化面にもふれながらたどることにする．

ペレストロイカの成果

　ゴルバチョフによって開始されたペレストロイカは，外交の分野でもっともめざましい成果をあげることができた．「新思考外交」のスローガンをかかげたゴルバチョフは，1989年12月にはブッシュ米国大統領と地中海のマルタ島で会見して，ここに米ソ関係の改善は頂点に達した．このマルタ会談に先立って，ゴルバチョフはローマ法王ヨハネ＝パウロ2世をバチカンに訪問し，革命以来70年余におよんだソ連政権とカトリックとの歴史的和解が成立した．

　マルタ会談は第2次大戦後ながく続いた東西の冷戦に終止符を打つところとなった．また88年の5月からは，アフガニスタンに侵入していたソ連軍がついに撤退を開始しはじめた．中国との関係においても，ゴルバチョフは89年5月に北京を訪れ，鄧小平中央軍事委主席と会談して，30年来の中ソ対立をここに終わらせた．

　このようなゴルバチョフの「新思考外交」は，東欧諸国に劇的な変化をもたらした．マルタ会談に先立ち，ゴルバチョフはソ連の最高指導者としてはじめて，1968年の「プラハの春」への軍事介入が誤りだったことを公式的に認めた．またこれより前，ブッシュ大統領にメッセージを送って，ソ連がポーランドやハンガリーの非共産化＝自由化を容認する用意があることを伝えた．89年秋に東独建国40周年記念祝典のため東ベルリンを訪れたゴルバチョフは，東西両ドイツの関係改善を呼び掛け，「欧州共通の家」の実現を訴えたが，これに勇気づけられた東ドイツの民衆は，長年権力を独占してきたホーネッカー議長を辞任に追いやった．新しい東独政府は11月9日，国境を開放して，ここに「ベルリンの壁」は事実上消滅した．翌90年2月，訪ソした西独のコール首相はゴルバチョフ大統領と会談して，東西ドイツの早期統一の了承をとりつけ，8月には両独政府が統一条約に調印して，10月にはドイツ統一が実現した．

　東欧諸国の民主化＝自由化の動きは，88年から89年にかけて，ハンガリー，ポーランド，チェコスロヴァキアから，最後にはルーマニアにもおよび，頑強に抵抗してきたチャウシェスク大統領は夫人とともに市街戦の末，捕らえられて処刑された．

　一方，ソ連国内においても，ゴルバチョフのかかげた「グラースノスチ（情報公開）」の政策は，ロシア革命以来長年にわたって言論の自由を奪われてきたソ連の民衆に，今度こそ本当の自由が到来したことを実感させた．フルシチョフ時代の「雪どけ」は，まもなく反動を生んだが，ペレストロイカ時代のグラースノスチは民衆に対して，待ちに待った本当の言論・出版・集会・結社の自由を保証することになった．

　ゴルバチョフが政権の座について打ち出した最初のスローガンは「ウスカレーニエ（加速化）」，すなわち経済の速やかな回復と発展であった．しかし，まもなくそのためには，政治・外交・社会の全分野にわたっての「ペレストロイカ（建て直し）」が不可欠であり，さらにその目的を達成するには民衆の協力が是非とも必要であるとの認識から，ゴルバチョフはマスコミを動員しての「グラースノスチ」を唱えたのだった．だがまさにこのグラースノスチこそが，それまで党と政府によって目隠しをされてきたソ連の民衆に自国と世界の実情を教え，それが後の共産党の一党独裁体制に対する批判から91年8月の党の解散を招き，ついには同年末のソ連邦の解体まで生んだ原動力となったということができよう．

　ゴルバチョフは1986年12月，それまで7年間流刑にされていた反体制知識人の代表ともいえるアンドレイ・サハロフ博士（1921-89）に，みずから電話をかけて流刑の解除を伝えた．原子物理学者のサハロフは，その平和主義から一貫してソ連政府の軍備拡張政策を批判し，核兵器の廃絶を訴えて，75年にはノーベル平和賞を授けられたが，政府の反対により授賞式には出席できず，80年にはゴーリキー市（ニージニー・ノヴゴロド）に流刑に処されていた人物であった．モスクワに戻ったサハロフは，3年後の死にいたるまで，政治犯の釈放，アフガニスタンからのソ連軍の撤退などを訴え続けた．

1988年12月ニューヨークでレーガン米大統領（中央），ブッシュ副大統領（左端）と並んで報道陣に愛想をふりまくゴルバチョフ議長．このときかれは国連で演説し，2年間で一方的にソ連軍を50万人削減することを表明した．これより前86年10月にゴルバチョフはアイスランドのレイキャビックで初めてレーガン大統領と会談し，核兵器の全廃について話し合った．さらに87年12月にはワシントンを訪問して，中距離核戦力全廃条約に調印した（写真：WWP提供）．

また彼は89年春の第1回連邦人民代議員選挙において科学アカデミーから議員に選出され，議会では共産党の指導的役割を規定した憲法第6条の削除を主張し，「共産党の一党独裁体制ではソ連に未来はない」として，ゴルバチョフにも真っ向から異論をとなえて，急進改革派の指導者的存在，ソ連知識人の良心とみなされた人物であった．

フルシチョフ時代にはじまったスターリン批判は，ペレストロイカの時代になると，歴史学，文学，映画，演劇等の分野でよりいっそうすすめられた．歴史の分野ではサハロフと同じように，長年反体制知識人のレッテルをはられて，69年に共産党員の資格を剝奪されたロイ・メドヴェージェフ(1925生)が，89年に20年ぶりに党籍の復活が認められた．彼はスターリンの個人崇拝を厳しく批判した『歴史の審判によせて』(邦訳『共産主義とはなにか』)を書いたために，党から追放されていた歴史家だった．スターリンの粛清の犠牲者の復権もしだいに行われるようになり，ブハーリンやトロツキーに関する新しい史料も出版されるようになった．このような過程で，1917年のロシア革命やその後の戦時共産主義，ネップ，農業の集団化等に対する新しい解釈も出てくるようになり，やがて革命の指導者として神聖視されてきたレーニンにまで批判がおよぶようになった．

文学の分野ではアナトーリー・ルイバコフ(1911生)が『アルバート街の子供たち』を著わし，スターリン時代に同じモスクワの中心街で育った少年・少女の成長を中心に，スターリンの人物と，時代の重苦しい雰囲気を描いた．この作品は必ずしも文学的にすぐれたものとはいえないが，スターリンの残忍な性格とその取り巻きを，いかにも民衆が想像していたような姿で示すことによって，広く一般大衆に受け入れられた．

検閲制度の廃止はさまざまな文芸雑誌の復活と誕生をもたらした．「雪どけ」の時代にソルジェニーツィン(1918生)の『イワン・デニーソヴィチの一日』を掲載した『ノーヴイ・ミール(新世界)』は，86年末には非党員のザルイギンを新編集長に迎え，88年からはパステルナーク(1890-1960)の『ドクトル・ジバゴ』を，89年からはソルジェニーツィンの『収容所群島』を，90年からは『第一圏にて』(邦訳『煉獄の中で』)を掲載しはじめた．これに伴って同誌の発行部数は飛躍的に伸びた．単なるスターリン個人の批判にとどまらず，全ソビエト体制の根本にある強制収容所の歴史と実態を描いた『収容所群島』は，従来これだけはソ連で絶対に出版されることはないだろうといわれてきた作品であった．ソルジェニーツィンはこの著作をパリで出版したため1974年に国外追放になった．その後彼はアメリカのバーモント州の片田舎に住んで，ロシア革命史に取材した『赤い車輪』を執筆したが，この作品も90年から文芸誌『ネヴァ』に連載されるようになった．このなかで彼はソ連の党と政府が捏造してきたロシア革命史の全面的書きかえを行うとともに，スターリンの犯した誤った政策や思想が，レーニンにまでさかのぼることを摘発した．

ソ連政府はソルジェニーツィンと，彼をかくまったかどで78年に市民権を剝奪されたチェロ奏者のロストロポーヴィチ(1927生)に対し，89年末には復権の意向のあることを報じたが，前者は91年に，後者は90年1月に正式に市民権が回復された．イギリスに亡命していたロストロポーヴィチは90年2月，10数年ぶりに帰国して，モスクワ音楽院の大ホールで演奏した．彼はまた91年8月のクーデター事件のときには，いちはやく国外からモスクワのエリツィンのもとに駆けつけ，サハロフ夫人とともにバリケードのなかに立てこもってクーデター派に反撃した．

レーニン批判は1964年に死亡したワシーリー・グロスマン(1905—64)によっても，すでに60年代に書かれていた．彼は63年に書き上げた『万物は流転する』のなかで，レーニン主義がスターリン主義を生む下地をつくったのではないかと問いかけていた．1970年に国外で出版されたこの作品は，作家の死後25年たった89年になってはじめてソ連の雑誌『オクチャーブリ(十月)』に掲載された．この例が示すように，ペレストロイカ時代の体制批判は，60〜70年代にさかのぼる反体制作家の地下出版や，亡命した知識人の国外での出版活動を継承したものであった．ペレストロイカになって一斉に開花した文化運動は，いずれもロシア・インテリゲンツィアの伝統である，一身の利害を越えて民衆の利益を守り，真実を追求しようとする態度にその根をもっていたといえよう．

このような例は，ロシアの農村に保持されてきたよき伝統や，農民の価値観に注目し，共感をよせる「農村派」と呼ばれる一群の作家についてもいえるところである．ソルジェニーツィンも思想的には農村派に近いといえるが，この分野での古典的作品とみなされる彼の『マトリョーナの家』が，89年夏にソ連でもっとも人気の高い週刊誌『アガニョーク(ともしび)』に掲載された．ウラジーミル・ソロウーヒン，フョードル・アブラーモフ，ヴァシーリー・ベロフ，ヴァシーリー・シュクシーン，ヴァレンチン・ラスプーチンといったこれら農村派は，マルクス＝レーニン主義というよりどころを失ったソ連の人々に，忘れられたロシアの農民の生活に自己のアイデンティティを示した点でアピールするものがあった．

演劇の分野では，やはりレーニンやトロツキー，ブハーリン，スターリンなどの革命家に取材し，あらためて歴史の見直しを意図したミハイル・シャトロフの『ブレスト講和』が87年『ノーヴィ・ミール』の4月号に掲載され，評判を呼んだ．またモスクワのタガンカ劇場の演出家で，『ハムレット』，『世界を揺るがせた十日間』などのすぐれた演出で知られるユーリー・リュビーモフが，88年に亡命先の英国から一時帰国して，上演禁止となっていた『ボリス・ゴドゥノフ』をタガンカ劇場で上演した．

映画の分野ではペレストロイカのはじまる前年に完成していたアブラーゼ監督のグルジア映画『懺悔』が86年に公開が許可された．スターリンの粛清をするどく告発したこの映画

上 アフガニスタンから撤退し，ソ連に戻る最後のソ連軍．1989年2月6日，アフガニスタン国境に近いウズベク共和国テルメズにて．ソ連はブレジネフ時代の1979年12月にタラキー政権(社会主義政権)を復活させるために，アフガニスタンの内戦に介入したが，これはアメリカのベトナム戦争介入とおなじように，国際世論の非難をあびた．ソ連政府は西側諸国から経済制裁をうけただけでなく，国内でもこの戦争に反対する民衆からするどく批判された．しかし，ゴルバチョフ政権は1988年4月，ついにアフガニスタンから11万5000人の軍を撤退することを決めたジュネーブ和平協定に調印し，5月から翌年2月にかけてこれを実行した．しかし，アフガニスタン戦争に参加したソ連兵のなかには，帰国後社会復帰ができないものが少なくなく，この戦争はソ連社会に多くの後遺症をのこした(写真：Laski/SIPA/ORION PRESS提供)

右 ロシア正教会は1988年6月に千年祭を盛大に挙行した．この記念行事はユネスコの決定により，世界の159カ国でも行われた．祝賀の中心のモスクワでは主な祝賀行事が6月5日から16日まで行われたが，これには日本からもテオドシウス永島東京大主教・全日本府主教も出席した．そのあとキエフ，ウラジーミル，レニングラードなどでも祝賀行事が催された．写真は9人の「敬虔なる苦行者」をロシア正教会の聖人に列する儀式．このなかには本書にでてくる武将のドミトリー・ドンスコイ公，聖像画家のアンドレイ・ルブリョーフなどが含まれている(写真：ノーボスチ通信社提供)．

上 ソルジェニーツィンは1918年北カフカスの温泉で有名なキスボロックに生まれ、幼くして父親を失い、速記者の母と信心ぶかい祖父母に育てられた。ロストフ大学の物理・数学科を卒業後、1941年独ソ戦開始により召集され、砲兵将校として参戦した。しかし、友人への私信のなかでスターリンを批判したところから8年の矯正労働の判決をうけた。56年に名誉回復され、リャザンの中学校の物理・数学の教師を勤めたが、その間ひそかに文学作品を執筆し、1962年『イワン・デニーソヴィチの一日』で一躍脚光をあびた。69年に反ソ的イデオロギーを理由に作家同盟を除名されたが、翌年ノーベル文学賞を授与された。73年末パリで『収容所群島』（第1巻）を発表したため、74年2月逮捕され、国外追放となった。以後アメリカのバーモント州に隠遁して執筆活動を続けた（写真：WWP提供）。

は，ペレストロイカとグラースノチスの映画分野における代表的作品として評判を呼んだ．また反対制派として烙印を押されていた『惑星ソラリス』や『ノスタルジア』の監督として有名なタルコフスキー（1932—86）や，ミハルコフ＝コンチャロフスキー監督らも相ついで復権された．シャフナザーロフ（『メッセンジャーボーイ』），ユーリー・カラー（『翌日戦争が始まった』）など若手の監督も登場してきた．アメリカ映画も解禁されるようになり，『ランボー』がその第1号として輸入された．

映画とならんで大衆芸術という分野では，この時代にソ連の若者のあいだに爆発的な人気を呼んだ西側のロック音楽がある．ロックは彼らにとって，西欧文化と自由の象徴のように受け取られた．70年代にはアンドレイ・マカレーヴィチの率いるモスクワの「マシーナ・ヴレーメニ（タイム・マシン）」が，80年代にはボリス・グレベンシコフをリーダーとするレニングラードの「アクアリウム（水族館）」が，若者のあいだに熱狂的な人気を呼んだ．ソ連邦が崩壊した1カ月後の1992年1月23日から3日間，2000人の若者がクレムリンの大会宮殿でロック・コンサートを開いたが，このような光景は数年前にはまったく想像もできないところであった．

ブルジョワ科学として否定されてきた社会学が復活するとともに，世論調査センターもできて，民衆の意見や動向が公表されるようになった．またテレビもいままでの一方的な情報伝達から，視聴者をまじえての討論の番組を実況中継するなど，西側諸国に学んで新たな魅力をもつようになった．これらテレビや新聞といったマスコミとならんで壁新聞やミニコミが大きな役割をはたしたことも指摘されなければならない．これらの情報ルートにより，ソ連の民衆はもはや政府や党のいうことを鵜呑みにすることがなくなり，西側世界と自分たちの生活の格差がいかに大きいものであるかを実感するようになった．しかし，その一方で，年配の人々や保守的な人たちは，ポルノを含めたこれら報道の変化を言論の自由のゆきすぎとみて，これをにがにがしく思って批判した．

ペレストロイカはまたロシア正教をはじめとするソ連の諸民族の宗教の復活をもたらした．1988年はキエフ・ロシアがビザンティンからギリシア正教を導入してからちょうど1000年にあたるが，この年各地で千年祭が盛大に祝われ，世界中のさまざまな宗教の代表が祝典に参加した．これに先立ってゴルバチョフはロシア正教会のピーメン総主教と会見し，これまでの政府の宗教政策の誤りを認めた上で，千年祭を高く評価したが，これはソ連における正教会の復権を保証するものと受け取られた．ロシア政府はそれまで没収して倉庫などに使用していた教会を返還しはじめた．モスクワの南の郊外にあるダニーロフ修道院も正教会に返還され，モスクワ総主教庁はそれまであったザゴールスク（現セルギエフ・ポサート）からここに移転した．

一方，ロシア正教の復活は民衆のあいだに新しいナショナリズムの復活をももたらした．これにはネオ・スラヴ派などのような思想的なものと，反ユダヤ主義をかかげる「パーミャチ（追憶）」のような排外主義的な運動の二つの側面がある．前者には先にあげた「農村派」の文学者や，文芸批評家のコージノフらがいる．かれらは，ロシア文化の伝統の保持を主張し，他の民族の文化や宗教にも理解を示している．これに対して後者は，87年に歴史文化保存協会のモスクワ支部を中心に創設され，教会建築など文化財の修理・保存運動を提唱する一方で，はげしい反シオニズムの主張をし，ロシア文化の西欧化・アメリカ化に反発している．

しかし，多民族国家である旧ソ連には17世紀末にウクライナのロシアへの併合によってモスクワ総主教管区に無理にいれられたウクライナ正教会や，同じウクライナに16世紀末にできた，儀式は正教会だがローマ法王の至上権を認める合同教会（ウニアート，ギリシア＝カトリック教会）がある．後者はロシア革命のときにボリシェヴィキに反対し，また第2次大戦中はナチス・ドイツに協力したことで，とくに迫害されてきた．このほか中央アジアのチュルク語系の諸民族はイスラム教を，リトアニア人はカトリックを，エストニア人やラトヴィア人はプロテスタントを，ユダヤ人はユダヤ教を，ブリャート＝モンゴル人やカルムイク人は仏教（ラマ教）を，というようにさまざまな宗教が存在し，それがペレストロイカ時代には民族主義と結びついて，いろいろ困難な問題を引き起こすようになった．

ペレストロイカの危機

このように，ペレストロイカは外交と言論の自由の面では画期的な成功をおさめたが，民族問題と経済改革の面で大きな危機を迎えることになった．

ソ連邦はポーランドとフィンランドをのぞいて，帝政ロシアの領土を継承したが（例外は「北方領土」である），帝政時代にはロシア帝国は「諸民族の牢獄」と呼ばれていた．15の共和国のなかには，ウクライナや中央アジア，ザカフカスの諸国のように，ロシア革命後ボリシェヴィキ政権によって，強引にソ連邦に加入させられた国々や，エストニア・ラトヴィア・リトアニアといったバルト三国のように，第2次大戦前夜にスターリンがヒトラーと謀って，力づくで併合した国もあった．またアゼルバイジャンのなかにありながらアルメニア人が人口の75％をしめるナゴルノ・カラバフ自治州のようなところもある．ここは1920年から21年にかけて両国のあいだで帰属が争われ，いったんは共産党中央委員会でアルメニアへの帰属が決定しながら，スターリンによって一夜でそれが覆されたところであった．また，第2次大戦前夜に沿海州から強制的に中央アジアに移住させられた朝鮮人や，第2次大戦中にナチス・ドイツへの協力を理由にクリミアを追われたタタール人もいた．さらにクリミア自体，1954年にフルシ

左　1990年3月の臨時連邦人民代議員大会．正面にレーニンの肖像が大きくかかげられたこの大会において，革命以来ソ連邦を支配してきた共産党の一党独裁が正式に否定された．この大会の模様はテレビで実況中継されたが，大会は多くのソ連邦市民が見守るなか，共産党の一党独裁制の廃止とならんで新しい大統領制をもりこんだ憲法改正案を採択したのち，3月14日夜にゴルバチョフ最高会議議長兼共産党書記長を初代大統領に選出した．すでにこの段階でゴルバチョフは民衆の共産党に対する不満を熟知して，党を見限り，アメリカやフランスのような強力な大統領制に賭けていたのだった（写真：朝日新聞社提供）．

チョフによって，ウクライナのロシアへの帰属をきめたペレヤスラフ協定300周年を記念して，ロシア共和国からウクライナ共和国に帰属替えをさせられたところであった．

1989年の東欧における諸民族の自由化への大きなうねりは，バルト三国の人々の独立の希望の炎に一段と油を注ぐ結果となった．この年8月23日の独ソ不可侵条約50周年記念日には，エストニアのタリンからリトアニアのヴィリニュウスまで，620kmにおよぶ「人間の鎖」が作られ，三国で100万人以上が参加した．

このようなバルト三国に対して1991年1月，連邦政府は「ソ連軍の徴兵維持」を名目にリトアニアの首都のヴィリニュウスに軍隊を派遣して，14人の死者と144人の負傷者がでた．このときロシア共和国のエリツィン議長はゴルバチョフ・ソ連大統領の強権発動をはげしく糾弾した．ついで，ラトヴィアの首都のリガにも連邦内務省の特殊部隊が侵入し，市民5人が死亡し，10数人が負傷した．この「血の日曜日」の事件に対しエリツィンは全体主義の復活だと非難したが，西側諸国も態度を硬化させ，米ソ関係も急速に冷却化していった．

この軍事介入にあたって，たとえゴルバチョフが直接命令を下したのでないとしても，かれが黙認していたのはたしかであった．これはなんとしても従来の連邦制を維持したいというかれの気持ちと，戦略的に重要なバルト三国を手放したくないという軍部の考えが一致した結果生じた行動だったと考えられる．しかし，あとからみれば，このようなゴルバチョフの考えは，事態の進行を完全に見誤るものであったということができよう．

このようなかれの態度は，経済政策の失敗とならんで，ゴルバチョフに対する民衆の信頼を急速に失わせることになった．2月から3月にかけて，バルト三国でソ連からの独立をめぐる国民調査・投票が行われたが，リトアニアでは90.5％，ラトヴィアでは73.6％，エストニアでは77.8％が独立に賛成の票を投じた．ラトヴィアにはかなりの割合でロシア人が住み，ラトヴィア人は人口の約半分しかいないのに，このような高い独立賛成票が得られたのがとくに注目された．

1990年3月の臨時連邦人民代議員大会において，ついにそれまでの共産党一党独裁制が正式に否定された．これは結果的にみれば1991年末のソ連邦の解体の最初のきっかけをつくるものであった．1903年のロシア社会民主労働党の第2回大会で，レーニンはマルトフらに反対して，上からの指令に無条件で従う鉄の規律の党組織を主張し，これが党をボリシェヴィキとメンシェヴィキに分裂させる結果となった．そしてそのあとにレーニンの後継者となったスターリンが，こんどはソ連邦全体を共産党の指令に従う国に作りあげたのであった．いうなれば，共産党の一党独裁こそソ連邦をひとつにまとめるかなめであり，そのかなめが否定されたからには，もはやソ連邦をまとめるものはなくなってしまったのであった．1991年8月のクーデターはこのような解体のプロセスを早めたにすぎない，ということもできるであろう．

この臨時連邦人民代議員大会において，ゴルバチョフは59％の支持を得てソ連邦の初代大統領に当選した．

連邦制の再編成への動き

民族運動は，民主化の動きと結びついて，ソ連邦最大の共和国であるロシアでも進行した．1990年5月の第1回ロシア共和国人民代議員大会でエリツィンが最高会議議長に選ばれたが，かれがゴルバチョフのライバルとして知られていただけに，これはゴルバチョフに対する形をかえた不信と受け取られた．この大会はまたロシア共和国の「国家主権に関する宣言」を圧倒的多数で採択した．この宣言はロシア共和国の主権と対立する連邦の法令の効力は停止されること，共和国は国内の資源の領有，利用，管理に対し排他的な権利を有すること，他の連邦共和国や外国に対して全権的代表権をもつことと並んで，他の共和国と条約にもとづいて連邦を結成することをうたっていた．これはロシア共和国の主権を連邦政

上 バルト三国は第1次大戦後独立を獲得したが，1939年8月の独ソ不可侵条約の秘密付属議定書でソ連圏とされ，40年の夏にはソ連軍が進駐してきて，ソ連邦に併合された．これらの国は1941年から44年にかけてナチス・ドイツに占領されたが，ドイツ軍の撤退後ふたたびソ連邦に組み入れられた．しかし，民衆の独立への願いはつよく，ペレストロイカが始まるや，エストニアとラトヴィアでは「人民戦線」が，リトアニアでは「サユディス（運動）」と呼ばれる市民組織が作られ，ソ連邦からの独立運動の中心となった．リトアニアは1990年3月11日，エストニアは3月30日，ラトヴィアは5月4日にそれぞれ独立を宣言したが，連邦人民代議員大会はこれを無効だとした．これら三国が本当に独立を承認されるのは，1991年9月になってからである．写真はラトヴィアの国旗をもつ少女．1990年3月17日ラトヴィア共和国の首都リガにて（写真：原田悦志氏提供）．

府＝ゴルバチョフ政権の上におくということで，バルト三国の独立宣言との違いは「ソ連邦の一員」としての「主権をもつ独立国家ロシア」の建設をめざすところにあった．

経済の面では，1988年から状況は一段と悪化し，消費物資の不足，国家財政と貿易収支の両方の慢性的赤字の増大，工業生産と国民所得の成長の鈍化からマイナスへ，インフレの昂進といった最悪の事態となり，各地でこれに不満をもつ労働者がストライキを行うにいたった．外貨の稼ぎがしらだった石油の生産も87年をピークに漸減傾向を強め，飼料用穀物を外国から購入するために石油を輸出するという，いままでのパターンも通用しなくなった．

1990年5月，ソ連政府は95年までに「調整された市場経済」へ移行するための5カ年計画を最高会議に提出し，革命以来72年間にわたった中央指令型の計画経済との決別を表明した．しかし，ゴルバチョフ大統領は，市場経済化のカギをにぎる価格の自由化については，ポーランドで行われたような「ショック療法」は行わないという方針を明らかにした．一方，ロシア共和国では早急に価格の自由化と市場経済への移行をはかる500日案（シャターリン案）が，9月に最高会議で採択された．最初ゴルバチョフ大統領はこの案に賛成の意向を示したが，10月に連邦最高会議で採択された大統領案は，中央統制を守りつつ5年以上かけて段階的に市場経済に移行するという政府案に近いものであった．エリツィンやポポフ・モスクワ市長らはこの後退を「管理的・官僚的システムを擁護するもの」だと厳しく批判したが，ゴルバチョフとしては連邦の存在を危うくする可能性のあるシャターリン案は，どうしても受け入れられないところだった．この5月から10月までの決定的に重要な時期を議論に費やし，ゴルバチョフが最終的に官僚と保守派に大きく傾いたことは，最後のチャンスを逃すことになり，改革派はこのあと急速にゴルバチョフから離れていった．

1990年7月はじめに開催された第28回ソ連共産党大会では，エリツィンが党を抜本的に改革すること，党名を「民主社会主義党」に変更することなどを提案したが，保守派の抵抗が強く，このとき採択された宣言では共産党を無条件の「政権党」と規定して，事実上議会主義を否定して一党独裁を守ろうとした．大会ではまたレーニンに対する批判を容認しな

ペレストロイカからソ連邦の解体まで

い決議も採択され，従来の上意下達型「民主集中制」を廃棄することもできなかった．ここにおいて，エリツィンら急進改革派の「民主綱領」グループは，共産党からの離党を宣言した．91年8月の共産党の解体とそれにつづくソ連邦の消滅はこのときすでにその下準備ができたといえる．

90年11月，ゴルバチョフ大統領は，民族問題やロシア共和国との対立を解消するために，各共和国に「新連邦条約草案」を送った．この草案では新しい国名は「主権ソビエト共和国連邦」となっていたが，これも保守派の反対にあって，結局国名の変更はしないことになった．これに対しロシア共和国議会は新連邦加盟に原則的に賛成したが，エリツィン議長は条約締結に先立って各共和国の「主権宣言」を中央政府が公式に認めることと，経済の分野などでの共和国同士の協定の調印を完了させることが必要だと述べた．一方，バルト三国は人民代議員大会にアピールを送り，連邦条約の策定および調印には加わらないことを声明した．このほかグルジア，アルメニア，モルドワの3国も条約策定作業をボイコットした．

保守派の巻返しは，91年1月のリトアニア，ラトヴィアへの軍事介入でいっそうはっきりした形をとるにいたった．保守派と急進改革派のあいだにあって，双方のバランス・オブ・パワーの上に立っていたゴルバチョフ大統領は，2月にミンスクでの演説で，急進改革派がソ連邦の解体という共通の目的の下に権力奪取をねらっていると非難し，こうした意図は不可避的に内戦を招くと警告を発した．これに対しエリツィンは3月，民主派を結集して新党の設立を宣言し，党名を「民主運動」と発表した．3月10日には「民主ロシア」の呼び掛けによるエリツィンと新党支持のデモがモスクワのマネージナヤ広場で開かれ，主催者側の発表では100万人がこれに参加した．集会ではゴルバチョフ大統領の退陣と，直接選挙による大統領選挙，3月17日の連邦制存続に関する国民投票への反対票を投ずることが呼び掛けられた．

3月17日のソ連全土で行われた国民投票は，15の共和国中，バルト三国とグルジア，アルメニア，モルドワの6国がこれをボイコットした．しかし，トルクメンをはじめ中央アジアのカザフ，キルギス，タジクなどでは90％以上が賛成し，ベラルーシでは83％，ロシア共和国では71％，ウクライナでは70％の賛成が得られた．連邦全体では80％が投票し，予想通り過半数（76％）が賛成したが，モスクワでは50.02％，レニングラードでは51％と，主要2都市で連邦制への強い反対の意向が表明された．一方，エリツィン議長がロシア共和国独自に支持を求めていたロシア共和国の大統領公選については，モスクワで78％もの高い支持率が得られた．このあとエリツィンは6月の国民投票で57.38％を獲得して大統領に当選した．モスクワとレニングラードでも急進改革派のポポフとソブチャークがそれぞれ市長に選ばれた．

クーデターの挫折とソ連邦の消滅

新連邦条約は8月20日にモスクワでロシア，ベラルーシ，カザフ，ウズベク，タジクの5共和国の元首とゴルバチョフ大統領によって調印される予定になっていた．その2日前の8月18日の午後，クリミアのフォロスの別荘にいたゴルバチョフ大統領のところに，バクラーノフ国防会議第一副議長，ボルディン大統領府長官ら4人が，KGBのプレハーノフ要人保安局長とともに姿を現わし，「国家非常事態委員会」の名においてゴルバチョフに大統領辞任を要求した．この委員会はバクラーノフのほかにヤナーエフ副大統領，パヴロフ首相，

ペレストロイカからソ連邦の解体まで

クリュチコフKGB長官、プーゴ内相、ヤゾフ国防相、スタロドプツェフ農民同盟総裁らから成っていた。かれらはいずれも急進的な改革に反対する保守派であって、改革によって「数十年間機能してきた単一の国民経済システムが崩壊した」こと、ソ連の政治的・経済的不安定が国際関係におけるソ連の立場を弱め、外国からあなどられ、さらに「ソ連人の誇りと名誉」を失ってしまったことを嘆き、8月19日に国民に向けて出されたアピールでは、「祖国への責務を認識し」、非常事態委員会への支持を訴えた。しかし、このあとテレビに写ったかれらの姿はいかにも自信がなく、手がふるえていたという。

クーデター派はアパラチキと呼ばれた党官僚、ノーメンクラトゥーラと呼ばれた特権層や保守的な人々の支持を受けていたが、もはやそれは一般大衆の信頼を得るにはほど遠い存在になっていた。ペレストロイカの5年間に民衆はかれらの本当のねらいが、自分たちの特権の回復にあることを見抜いていたからであった。モスクワの民衆はロシア共和国の最高会議の建物である「ベールィ・ドーム(ホワイト・ハウス)」に駆け付け、政庁前にバリケードを築いて、クーデター派に抵抗した。非常事態に反対する集会の参加者は10万人から15万人にも達した。郊外の別荘にいたエリツィンは急ぎかけ戻り、戦車の上に乗ってクーデター派への闘争を呼びかけ、「国家非常事態委員会」を犯罪と断じ、「かれらを権力の座から追いはらうまで、われわれはこの場に留まろう」と呼びかけた。群衆は「ロシア、ロシア、エリツィン、エリツィン」を叫び、こぶしをふりあげて、支持を表明した。

エリツィンのアピールは印刷されてモスクワの町中にまかれた。レニングラードでもエリツィン支持の集会が市の中心部で行われ、20万人もの人々が参加した。またグラースノスチによって生まれた独立のラジオ局は最高会議の建物のなかから放送を続けたが、多くの市民が家庭でこの放送に耳を傾け、事態のなりゆきを比較的正しく知ることができた。エリツィンを支持したのは貧しい大衆ばかりではなかった。市場経済の導入によって、わが世の春を謳歌するようになった商品取引所のブローカーたちも、二度とペレストロイカ以前の時代に逆戻りしたくない、という点では同じだった。ロシア実業家大会も臨時会議を開いてエリツィン支持を決定した。

クーデターは軍隊によっても支持されることがなかった。そしてこれが戦術的にかれらの敗北に直接つながった。クーデター派によって派遣された戦車に市民が駆けより、中の兵士を説得する光景もみられた。また非常事態委員会の出動命令を拒否した自動化狙撃師団もあった。米国をはじめ西側諸国もクーデター派を認知せず、ゴルバチョフ大統領の復権を早くも要求し、エリツィン大統領に電話して支援を約束した。

21日の朝にはクーデターの失敗が明らかになった。失敗を確認したヤゾフら4人の指導者は午後モスクワの空港から脱出し、非常事態委員会は解散した。22日の午前2時にはゴルバチョフ大統領もクリミアから空路モスクワに戻った。クーデター派はピストル自殺したプーゴ内相をのぞいて、みな逮捕されて、裁判にかけられることになった。22日の正午すぎエリツィン大統領は庁舎正面のバルコニーに現われて、熱狂する民衆に向かって「ロシアはソ連邦、世界、民主主義を救った」と演説した。この「勝利集会」に先立って開かれたロシア共和国最高会議では、非常事態委員会のメンバーの逮捕が報じられるたびに拍手がおこったが、ついでかれらを任命したゴルバチョフ大統領に対する厳しい批判があいついだ。

クーデターはあっけないほど簡単に終わった。戦車の威嚇射撃で3人の青年が死亡したが、エリツィン派に加わったシェワルナッゼ元外相は、かれらの遺体をレーニン廟の近くのクレムリンの壁の下に埋葬するべきだといった。ここは革命

1991年8月22日、軍事クーデターを失敗に追い込んだ後、ロシア共和国最高会議ビル(通称ベールィ・ドーム、すなわちホワイト・ハウス)に集まった市民に勝利のサインを掲げるエリツィン大統領。エリツィンは1931年ウラル地方のスヴェルドロフスク州(現エカチェリンブルグ州)の貧しい建設労働者の子として生まれた。ゴルバチョフと同じ年だが1カ月早い。55年にウラル工業大学の建築科を卒業したあと、技師として建設現場で働き、76年には州の第一書記に任命された。ゴルバチョフより6年遅れて同じ党幹部のコースを歩んだことになる。85年にモスクワ市の第一書記(市長)になり、86年には共産党の政治局員候補となった。翌年ゴルバチョフ政権のペレストロイカを手ぬるいと批判し、保守派のリーダーだったリガチョフを名指しで攻撃したため、役職を解任された。しかし、89年3月の人民代議員選挙でモスクワ地区から立候補し、90パーセントの圧倒的得票率をえて見事返り咲いた。91年6月にはロシア共和国の大統領に当選し、8月のクーデターでは断固たる態度に出て、強い指導者を待ち望む民衆から圧倒的な支持をえた(写真:WWP提供)。

の功労者の遺体が埋められてきたところであった．24日にはゴルバチョフも参加して3人の葬儀集会が開かれ，そのあと三つの棺はエリツィンの待つ政庁舎へと向かった．ゴルバチョフもエリツィンも3人を讃える演説をした．

　8月のクーデターの失敗は，それだけに終わらなかった．クーデターに対して共産党の政治局，書記局，中央委員会が非常事態委員会に対して断固とした態度をとらず，いわば傍観していたこと，クーデター派が党の指導的立場にあったことが批判された．24日夜，ゴルバチョフ大統領は声明を発して，このような行動をとった党の中央委員会の解散を宣言するとともに，自らも共産党の書記長を辞任すると述べた．またこれと同時に軍，内務省，KGBなどにおける政党と政治運動の活動を停止させた．ゴルバチョフ大統領としては，国民の不信と怒りをかった共産党を思い切って解散させる以外に，もはや連邦の大統領としての地位を保てないと判断したからであった．この声明をうけてソ連邦最高会議は28日共産党指導部の活動停止をきめた決議案を圧倒的多数で採択し，ここに革命以来74年間ソ連邦の全生活を指導してきた共産党の解体がきまった．

　さらにまた8月24日ウクライナの最高会議が独立を宣言したが，27日にはモルドワもこれに続いた．すでにバルト三国やグルジア，ベラルーシも独立を宣言しており，これでソ連の15の共和国のうち，7共和国までもが独立の意思を明らかにした．この日，EC12カ国は緊急会議を開き，バルト三国の独立を承認したが，9月6日にはソ連の新しい最高政策決定機関である国家評議会においても，最終的に三国の独立承認と国連加盟支持を決定した．

　ゴルバチョフ大統領はクーデター後の国内情勢の激変を受けて，連邦機構を新たに再編成するため10月はじめに「自由主権共和国連邦」の草案をまとめた．これによれば，経済，外交，防衛などの分野は連邦と共和国の共同権限とし，クーデター前の草案に比べて共和国の地位が大きく高まったが，それでも大統領制や連邦憲法を残し，「国家連合」と「連邦」の中間的な内容であった．このあと11月14日に開かれた国家評議会は，この草案よりさらに緩やかな「国家連合」をめざす「主権国家連邦条約」を承認した．

　しかし，12月1日ウクライナで独立の是非と大統領選挙が行われた結果，80％以上の高い支持で独立が承認され，大統領にはウクライナ共和国最高会議議長のクラフチュクが当選した．ウクライナには，人口約5200万のうち21％ものロシア人が住んでおり，この高い独立支持率はロシア人のなかにもウクライナの独立に賛成するものが少なくないことを示すものだった．

　このウクライナでの国民投票と選挙結果から，エリツィン・ロシア大統領はウクライナぬきの連邦制は考えられないと判断し，12月8日，ベラルーシのシュシュケヴィチ最高会議議長およびクラフチュク・ウクライナ大統領と会談して，3共和国による新しい国家共同体の形成をきめた「独立国家共同体」の協定に調印するとともに，1922年に成立したソ連邦の消滅を宣言した．このスラヴ系3国による国家共同体に，12月13日，カザフスタン，キルギスタン，ウズベキスタン，トルクメニスタン，タジキスタンの中央アジアの5共和国が参加し，さらにその後アルメニア，アゼルバイジャン，モルドワも加わって11の共和国が12月21日カザフスタン共和国の首都アルマアタで「独立国家共同体」（英語ではCIS）の設立に調印した．この共同体という言葉は英語のコモンウェルスという意味である．「独立国家共同体」にはその後グルジアが加入して，12か国となった．

　そのあとエリツィン・ロシア共和国大統領は記者会見して，ゴルバチョフ・ソ連大統領が各共和国首脳に辞任の意向を伝えたことを発表した．ソ連邦の独立国家共同体への移行とゴルバチョフ大統領の辞任は，12月17日クレムリンにおけるゴルバチョフ＝エリツィン会談ですでに合意していたところであった．

　12月25日，ゴルバチョフ大統領はテレビのニュース番組で国民に辞任を告げ，翌26日にはソ連邦最高会議共和国会議は，11の共和国の最高会議が批准した時点でソ連邦を消滅させる宣言を採択した．ゴルバチョフの政権担当期間は6年9カ月，ソ連邦の存在期間は1922年のソ連邦の成立から69年，1917年の革命からだと74年であった．

参考文献

[訳者注：原著には，おもに英語圏の読者を想定して，もっぱら英語文献のみ（ロシア語からの翻訳を含む）が主題別に掲げられている．以下の参考文献目録は，日本の読者の便宜を考慮して，ある程度再編集したものであり，オリジナルを一部割愛して，日本語で読める基本的な参考文献が収録してある．]

I．ロシア・ソ連史の概説・論集および地誌

N. M. Karamzin (trans. & ed., R. Pipes), *History of the Russian State*, Cambridge, Mass., 1959（『ロシア国家史』，帝政時代の代表的な作家・歴史家カラムジンが1816—29年に執筆）

V. O. Klyuchevsky, *Course of Russian History*（革命前ロシア最大の歴史家クリュチェフスキーによるロシア史概説の古典的名著，邦訳は八重樫喬任訳『ロシア史講話』（全5巻），恒文社，1979—83年）

S. M. Solovyov, *History of Russia from the Earliest Times*（『古代からのロシア史』，ロシア語原著は全29巻，1851—79年に出版）

S. F. Platonov, *History of Russia*, London, 1925

B. H. Sumner, *A Survey of Russian History*, London, 1944（『ロシア史概観』）

G. Vernadsky, *A History of Russia*, 5th ed., New Haven, 1961

L. Kochan & R. Abraham, *The Making of Modern Russia*, Hamondsworth, 1983（『近代ロシアの形成』）

P. Dukes, *A History of Russia*, London, 1974

R. Auty & D. Obolensky (ed.), *An introduction to Russian History, Cambridge Companion to Russian Studies*, vol. 1, Cambridge, 1976（『ロシア史入門—ケンブリッジ・ロシア研究の手引—』）

N. Riazanovsky, *A History of Russia*, 3rd ed., New York, 1977

G. Vernadsky et al (eds.), *A Source-book for Russian History*, 3 vols., New Haven & London, 1972（『ロシア史史料集』）

P. Dukes, *Russia under Catherine the Great : Select Documents*, 2 vols., 1977—78（『エカチェリーナ大帝時代のロシア—史料集』，エカチェリーナ2世の有名な訓令の英訳を収録）

J. Billington, *The Icon and the Axe*, London, 1966（『イコンと斧』）

A. Brown et al (eds.), *Cambridge Encyclopedia of Russia and the Soviet Union*, Cambridge, 1982（『ケンブリッジ・ロシア＝ソ連百科辞典』）

R. Pipes, *Russia under the Old Regime*, London, 1974（『旧体制下のロシア』）

D. J. Hooson, *The Soviet Union : Peoples and Regions*, London, 1966（『ソビエト連邦—民族と地域』）

W.H.Parker, *An Historical Geography of Russia*, London, 1968（『ロシアの歴史地理』）

J. Blum, *Lord and Peasant in Russia*, Princeton, 1961（『ロシアの領主と農民』）

R. E. F. Smith & D. Christian, *Bread and Salt*, Cambridge, 1984（『パンと塩，ロシア史の社会史的考察』）

A. G. Cross (ed.), *Russia under Western Eyes*, London, 1971（『西欧人の見たロシア』）

J. Wieczynsk (ed.), *The Modern Encyclopedia of Russian and Soviet History*, Academic International Press, 1976—

M・N・ポクロフスキー（岡田宗司監訳）『ロシア史』（I—III），勁草書房，1975—77

岩間　徹（編）『ロシア史（新版）』，山川出版社，1986

外川継男『ロシアとソ連邦』，講談社学術文庫，1991

鳥山成人『ビザンツと東欧世界』，講談社の歴史11，講談社，1976；『ロシア・東欧の国家と社会』，恒文社，1985

倉持俊一（編）『ロシア・ソ連』，有斐閣新書，1980

G・ボッファ（坂井信義・大久保昭男訳）『ソ連邦史』（全4巻），大月書店，1979—80

H・カレール＝ダンコース（石崎晴巳・志賀亮一訳）『ソ連邦の歴史』（I—II），新評論，1985

II．ロシア・ソ連史の文献（時代別）

1．古代スラブ世界

D. Obolensky, *The Byzantine Commonwealth*, London, 1971（『ビザンティン世界』）

F. Dvornik, *The Slavs, Their Early History and Civilization*, London, 1959（『スラヴ民族—黎明期の歴史と文明』）；*The Making of Central and Eastern Europe*, London, 1949（『中・東欧の形成』）

A. Vlasto, *The Entry of Slavs into Christendom*, Cambridge, 1970（『スラヴ民族のキリスト教化』）

清水睦夫『スラヴ民族史の研究』，山川出版社，1983

2．ロシア語の歴史

G. Vinokur, *The Russian Language-a Brief History*, Cambridge, 1971（『ロシア語史概説』）

W. K. Matthews, *The Structure and Development of Russian*, Cambridge, 1953（『ロシア語の構造とその発達史』）

B. Unbegann, *Selected Papers on Russian and Slavonic Philology*, Oxford, 1969（『ロシア＝スラヴ語文献学論集』）

D. Ward, *The Russian Language Today*, London, 1965（『現代ロシア語』）

3．キエフ＝ロシア

G. Vernadsky, *Ancient Russia*, New Haven, 1943（『古代ロシア』）；*Kievan Russia*, New Haven, 1948（『キエフ＝ロシア』）；*Origins of Russia*, Oxford, 1959（『ロシアの起源』）

R. E. F. Smith, *The Origins of Farming in Russia*, Paris, 1959（『ロシアにおける農耕の起源』）

S. Zenkovsky, *Medieval Russian Epics, Chronicles and Tales*, London & New York, 1963（『中世ロシアの叙事詩・年代記・民話』）

S. M. Cross (trans. & ed.), *The Russian Primary Chronicle*, rev. ed., Cambridge, Mass., 1953（邦訳は国本哲男他訳『ロシア原初年代記』，名古屋大学出版会，1987）

C. Porphyrogenitus (trans. & ed., G. Moravcsik & R. Jenkins), *De Administrando Imperii*, London, 1962-66（ポルビュロゲニトゥス『帝国の統治』，「ルーシ」の語に関するD・オボレンスキーの詳細な注解あり）

国本哲男『ロシア国家の起源』，ミネルヴァ書房，1976

鳥山成人『スラヴの発展』（大世界史15），文芸春秋社，1968

4．モンゴル支配下のロシア

G. Vernadsky, *The Mongols and Russia*, New Haven, 1953

C. Halperin, *Russia and the Golden Horde*, London, 1987（『ロシアとキプチャク汗国』）

J. L. I. Fennell, *The Emergence of Moscow 1304-1359*, London, 1968（『モスクワの台頭』）；*The Crisis of Medieval Russia 1200-1304*, London, 1983（『中世ロシアの危機』）

5．モスクワ公国時代

G. Vernadsky, *Russia at the Dawn of the Modern Age*, New Haven, 1959（『近世初頭のロシア』）；*Tsardom of Muscovy*, 2 vols., New Haven, 1969（『モスクワ公国のツァーリズム』）

R.H.Crummey, *The Formation of Muscovy 1304 - 1613*, London, 1987（『モスクワ公国の成立』）

J. L. I. Fennell, *Ivan the Great of Moscow*, London, 1961（『モスクワのイヴァン大帝』）

P. Longworth, *Alexis*, London, 1984（『アレクセイ帝』）

S. F. Platonov (trans., G. Bleeze), *The Time of Troubles*, 1970（『動乱時代』）；*Boris Godunov*, 1972（『ボリス・ゴドゥノフ』）

石戸谷重郎『ロシアのホローブ』，大明堂，1980

アーサー・ヴォイス（白石治朗訳）『モスクワとロシア文化の源流』，恒文社，1981

6．ピョートル時代

M. S. Anderson, *Peter the Great*, London, 1976

A. de Jonge, *Fire and Water*, London, 1979

R. Massie, *Peter the Great : His Life and World*, London, 1981（『ピョートル大帝—その生涯と世界』）

M. Raeff (ed.), *Peter the Great : Reformer or Revolutionary ?*, London & New York, 1963（『ピョートル大帝—改革者か革命家か』）

A. Shukman (ed.), *Semiotics of Russian Culture*, Ann Abor, 1984（『ロシア文化の記号論』）

メレシコーフスキイ（米川哲夫訳）『ピョートル大帝—反キリスト』（上・下），河出書房新社，1987

土肥恒之『ロシア近世農村社会史』，創文社，1987；『ピョートル大帝とその時代—サンクト・ペテルブルグ誕生』，中公新書，1992

7．18世紀のロシア

I. de Madariaga, *Russia in the Age of Catherine the Great*, London, 1981（『エカチェリーナ大帝時代のロシア』）

J. Garrard (ed.), *The Eighteenth Century in Russia*, Oxford, 1973（『ロシアの18世紀』）

P. Dukes, *The Making of Russian Absolutism 1613-1801*, London, 1982（『ロシア絶対主義の成立』）

P. Longworth, *Three Empress : Catherine I, Anne and Elizabeth of Russia*, London, 1972（『ロシアの三女帝—エカチェリーナ1世・アンナ・エリザヴェータ』）；*The Cossacks*, London, 1969

J. Brennan, *Enlightened Despotism in Russia*, New York, 1987（『ロシアの啓蒙絶対主義』）

M. Raeff, *Origins of the Russian Intelligentsia*, London, 1966（『ロシア・インテリゲンツィアの起源』）

H. Rogger, *National Consciousness in 18th-century Russia*, Cambridge, Mass., 1960（『18世紀ロシアの国民意識』）

8．19世紀のロシア

M. Raeff(ed.), *The Dekabrist Movement*, Englewood Cliffs, 1966（『デカブリスト運動』）；*Michael Speransky*, The Hague, 1957

N. Riasanovsky, *Nicholas I and Official Nationality in Russia*, Berkley, 1959（『ニコライ1世とロシア官製民族主義』）

S. Monas, *The Third Section*, Cambridge, Mass., 1961（『皇帝官房第三部』）

Marquis de Custine, *The Empire of the Czar*, London, 1843（『回想録—ツァーリの帝国』）

W. E. Mosse, *Alexander II and the Modernization of Russia*, London, 1958（『アレクサンドル2世とロシアの近代化』）

T. Emmons, *Emancipation of the Russian Serfs*, London & New York, 1970（『ロシア農奴解放』）

C. L. Black (ed.), *The Transformation of Russian Society : Aspects of Social Changes since 1861*, Cambridge, Mass., 1960（『ロシア社会の変貌—1861年以後の社会的変化の諸相』）

H. Seton-Watson, *The Russian Empire 1801-1917*, Oxford, 1967

G. T. Robinson, *Rural Russia under the Old Regime*, New York, 1932（『旧体制下のロシア農村社会』）

R. Charques, *The Twilight of Imperial Russia*, London, 1968（『帝政ロシアの黄昏』）

G. Katkov et al. (eds.), *Russia Enters the Twentieth Century*, London, 1971（『20世紀前夜のロシア』）

M. Raeff, *Plans for Political Reforms in Imperial Russia 1730-1905*, Englewood Cliffs, 1966（『帝政ロシアの政治改革案』）

G. A. Lensen, *The Russian Push toward Japan : Russo-Japanese Relations, 1697-1875*, Princeton Univ. Press, 1959（『ロシアの日本への進出—日露関係，1697—1875』）

山本俊朗『アレクサンドル1世時代史の研究』，早稲田大学出版部，1978

増田富壽『ロシア農村社会の近代化過程』，御茶の水書房，1958

日南田静眞『ロシア農政史研究—雇役制的農業構造の論理と実証』，御茶の水書房，1966

菊地昌典『ロシア農奴解放の研究—ツァーリズムの危機とブルジョア的改革』，御茶の水書房，1964

荒畑寒村『ロシア革命前史』，筑摩書房，1967

松田道雄『革命と市民的自由』，筑摩書房，1970

和田春樹『マルクス・エンゲルスと革命ロシア』，勁草書房，1975；『ロシア農民革命の世界—エセーニンとマフノ』，東京大学出版会，1978

T・H・フォン・ラウエ（菅原崇光訳）『セルゲイ・ウィッテとロシアの工業化』，勁草書房，1977

ベ・ア・ザイオンチコーフスキー（増田富壽・鈴木建夫訳）『ロシアにおける農奴制の廃止』，早稲田大学出版部，1983

中山弘正『帝政ロシアと外国資本』，岩波書店，1989

大崎平八郎（編著）『ロシア帝国主義研究—帝政ロシアの経済と政治』，ミネルヴァ書房，1989

鈴木建夫『帝政ロシアの共同体と農民』，早稲田大学出版部，1990

9．ロシア革命とソビエト時代

M. T. Florinsky, *The End of the Russian Empire*, new ed., New York, 1961（『ロシア帝国の終焉』）

L. Kochan, *Russia in Revolution 1900-18*, London, 1966

W.H.Chamberlain, *The Russian Revolution*, 2 vols., New York, 1935

S. Harcave, *First Blood : The Russian Revolution of 1905*, London, 1970（『血の日曜日—1905年ロシア革命』）

B. J. Williams, *The Russian Revolution 1917-21*, Oxford, 1987

G. A. Hosking, *The First Socialist Society*, Cambridge, Mass., 1985（『最初の社会主義社会』）

D. Footman, *The Civil War in Russia*, London, 1961（『ロシアにおける内戦』）

A. Ulam, *Lenin and the Bolsheviks*, London, 1969（『レーニンとボリシェヴィキ』）

B. Woolfe, *Three Who Made a Revolution*, New York, 1960（邦訳はウルフ（菅原崇光訳）『レーニン・トロツキー・スターリン（二十世紀の大政治家1）』，紀伊國屋書店，1969）

M. Levin, *The Making of the Soviet System*, London, 1985（『ソビエト体制の形成』）

M. Heller, *Cogs in the Soviet Wheel : the Making of Soviet Man*, New York & London, 1987(『ソビエト体制の歯車—ソビエト的人間の形成』)
M. Fainsod, *How Russia is Ruled*, Cambridge, Mass., 1953(『ロシアはいかに統治されているか』)
L. Shapiro, *The Communist Party of the Soviet Union*, London, 1970(『ソ連邦の共産党』)
R. Conquest, *The Great Terror*, London, 1968(『大粛清』); *Kolyma*, London, 1978(『コルィマ』,[注] 大粛清時代の代表的な強制収容所の所在地の地名)
S. Fitzpatrick, *The Commissariat of Enlightenment*, Cambridge, 1970(『教育人民委員会』)
M. McCauley, *Politics in the Soviet Union*, Hamondsworth, 1977(『ソ連の政治』)
D. Dyker, *Soviet Economics*, London, 1976(『ソ連の経済』)
E. H. Carr, *History of Soviet Russia*, 14 vols., London, 1952-78(『ソビエト・ロシアの歴史』(一部邦訳、カー・宇高基輔他訳)『ボリシェヴィキ革命』1—3巻;(南塚信吾訳)『一国社会主義—ソヴェト・ロシア史1924—1926』、みすず書房、1974)
H. Arendt, *The Origins of Totalitarianism*, New York, 1951(『全体主義の起源』)
T. H. Rigby (ed.), *Stalin*, Englewood Cliffs, 1966
R. Medvedev, *Let History Judge : The Origins and Consequences of Stalinism*, New York, 1971(邦訳はR・メドヴェージェフ(石堂清倫訳)『共産主義とは何か』(上・下)、三一書房、1973)
A. Dallin & T. B. Larson (eds.), *Soviet Politics since Khrushchev*, Washington, 1958(『フルシチョフ以後のソ連政治』)
M. McCauley, *The Soviet Union under Gorbachov*, London, 1987(『ゴルバチョフ時代のソ連』)
M. Gorbachov, *Perestroika*, London, 1987
ジョン・リード(原 光雄訳)『世界をゆるがした十日間』(上・下)、岩波文庫
トロツキー(山西英一訳)『ロシア革命史』(全3巻)、角川文庫
I・ドイッチャー(山西英一・橋本福夫・田中西二郎訳)『武装せる予言者—トロツキー、1879—1921』、新潮社、1964
E・H・カー(塩川伸明訳)『ロシア革命』、岩波現代選書、1979
江口朴郎(編)『ロシア革命の研究』、中央公論社、1968
松田道雄『ロシアの革命』(世界の歴史22)、河出文庫、1990
フルシチョフ(志水速雄訳)『フルシチョフ秘密報告「スターリン批判」』、講談社学術文庫、1977
渓内 謙『ソヴィエト政治史—権力と農民』、勁草書房、1962;『スターリン政治体制の成立』(第1—4巻)、岩波書店、1970—86;『ソヴィエト政治秩序の形成過程』、岩波書店、1984
保田孝一『ロシア革命とミール共同体』、御茶の水書房、1971;『ニコライ2世と改革の挫折』、木鐸社、1985
長尾 久『ロシヤ十月革命の研究』、社会思想社、1973
和田春樹『ニコライ・ラッセル』(上・下)、中央公論社、1973
西島有厚『ロシア革命前史の研究』、青木書店、1974
菊地昌典『現代ソ連論』、筑摩書房、1977
V・P・ダニーロフ(荒田 洋・奥田 央訳)『ロシアにおける共同体と集団化』、御茶の水書房、1977
倉持俊一『ソ連現代史I(ヨーロッパ地域)』、山川出版社、1980
H・カレール=ダンコース(高橋武智訳)『崩壊した帝国』、新評論、1981
渓内 謙・荒田 洋(編)『ネップからスターリン時代へ』、『スターリン時代の国家と社会』、『スターリン後のソ連社会』、木鐸社、1982—87
百瀬 宏『ソビエト連邦と現代の世界』、岩波書店、1979
藤本和貴夫『ソビエト国家形成期の研究—1917-1921年』、ミネルヴァ書房、1987
中井和夫『ソ連民族政策史』、御茶の水書房、1988
長谷川毅『ロシア革命下ペトログラードの市民生活』、中公新書、1989
R・メドヴェージェフ(石井規衛訳)『10月革命』、未来社、1989
原 暉之・藤本和貴之(編)『危機の中の「社会主義」ソ連—スターリニズムとペレストロイカ』、社会評論社、1991
原 暉之『シベリア出兵—革命と干渉、1917—1922』、筑摩書房、1989
N・ワース(荒田 洋訳)『ロシア農民生活誌—1917〜1939』、平凡社、1985

III. 宗教・思想

1. 宗教史

G. Fedotov, *The Russian Religious Mind*, 2 vols., Cambridge, Mass., 1966(『ロシア人の宗教心』); *A Treasury of Russian Spirituality*, New York, 1961(『ロシア精神の宝庫』)
T. Ware, *The Orthodox Church*, Hamondsworth, 1964(『正教会』)
J. Meyendorff, *The Orthodox Church*, New York, 1965
V. Lossy, *The Mystical Theology of the Eastern Church*, London, 1957(『東方教会の神秘主義的神学』)
W. K. Medlin, *Moscow and East Rome*, London, 1952(『モスクワと東ローマ』)
F. C. Conybeare, *Russian Dissenters*, London, 1921(『ロシアの非国教徒』)
D. Stremoukhoff, Moscow the Third Rome—Sources of the Doctorine, *Speculum*, 1953, No. 1(「モスクワ第三ローマ説—その起源」、『スペキュラム』、1953、第1号)
A. V. Soloviev, *Holy Russia : The History of a Religious-Social Idea*, The Hague, 1954(『聖なるロシア—宗教的・社会的観念としてのその歴史』)
田口貞男『ロシア革命と正教』、ぺりかん社、1969
高橋保行『イコンの心』、春秋社、1981
中村喜和『聖なるロシアを求めて—旧教徒のユートピア伝説』、平凡社、1990
N・M・ニコリスキー(宮本延治訳)『ロシア教会史』、恒文社、1990
N・ゼルノーフ(宮本 憲訳)『ロシア正教会の歴史』、日本基督教団出版局、1991
森安達也『東方キリスト教の世界』、山川出版社、1991

2. 思想・哲学の歴史

A. Walicki, *History of Russian Thought*, Oxford, 1980(『ロシア思想史』)
M. Raeff, *Russian Intellectual History-An Anthology*, London, 1966(『論集—ロシア・インテリゲンツィア史』)
V. Zenkovsky, *A History of Russian Philosophy*, 2 vols., London, 1953(『ロシア哲学史』)
F. Venturi, *The Roots of Revolution*, London, 1960(『革命の淵源』)
E. Lampert, *Sons against Fathers*, Oxford, 1965(『父と子の対立』)
S. Utechin, *Russian Political Thought*, London, 1963(『ロシアの政治思想』)
E. C. Thaden, *Conservative Nationalism in 19th-century Russia*, Seattle, 1964(『19世紀ロシアの保守的民族主義』)
I. Berlin, *Russian Thinkers*, London, 1977(『ロシアの思想家たち』)
M. Cherniavsky, *Tsar and People*, New Haven, 1981(『ツァーリと人民』)
A. & D. Niakhimovsky (eds.), *The Semiotics of Russian Cultural History*, New York, 1985(『ロシア文化史の記号論』)
A. Shukman (ed.), *Semiotics of Russian Culture*, Ann Arbor, 1984(『ロシア文化の記号論』)
K. Clark & M. Holquist, *Mikhail Bakhtin*, Cambridge, Mass., 1984
勝田吉太郎『近代ロシア政治思想史』、創文社、1961
田中真晴『ロシア経済思想史—プレハーノフとロシア資本主義論争』、ミネルヴァ書房、1967
N・ベルジャーエフ(田口貞夫訳)『ロシヤ思想史』、ぺりかん社、1974
外川継男『ゲルツェンとロシア社会』、御茶の水書房、1973
A・ヴァリツキ(日南田静真他訳)『ロシア資本主義論争』、ミネルヴァ書房、1975;(今井義夫訳)『ロシア社会思想とスラヴ主義』、未来社、1979
金子幸彦『ロシアの思想と文学』、恒文社、1977
高野雅之『ロシア思想史—メシアニズムの系譜』、早稲田大学出版部、1989
松原広志『ロシア・インテリゲンツィア史—イヴァノフ=ラズームニックとカラマーゾフの問い』、未来社、1989
K・ブルガーコフほか(長縄光男・御子柴道夫監訳)『道標—ロシア革命批判論文集1』、現代企画室、1991
N・ベルジャーエフほか(長縄光男・御子柴道夫監訳)『深き淵淵より—ロシア革命批判論文集2』、現代企画室、1992

IV. 文学

1. ロシア文学史の概説

米川哲男『ロシア文学史』、角川文庫、1951
黒田辰男(編)『世界文学鑑賞辞典—ロシア・ソヴェト』、東京堂、1962
中村喜和・灰谷慶三・島田 陽『ロシア文学案内』、朝日出版社、1977
川端香男里(編)『ロシア文学史』、東京大学出版会、1986
マーク・スローニム(池田健太郎・中村喜和訳)『ロシア・ソビエト文学史』(全2巻)、新潮社、1976
アファナーシェフ(中村喜和訳)『ロシア民話集』(全2巻)、岩波文庫

2. 18世紀までのロシア文学

D. Cizevskiy, *History of Russian Literature from the 11th Century to the End of the Baroque*, The Hague, 1960(『11世紀からバロック期末までのロシア文学史』)
J. L. I. Fennell & A. Stokes, *Early Russian Literature*, London, 1974(『初期ロシア文学』)
H. Segal, *The Literature of 18th-century Russia*, New York, 1964(『18世紀のロシア文学』)
A. G. Cross, *Russian Literature in the Age of Catherine the Great*, Oxford, 1976(『エカチェリーナ2世時代のロシア文学』)
木村彰一『イーゴリ遠征物語』、岩波文庫、1983
中村喜和(編訳)『ロシア中世物語集』、筑摩書房、1970;『ロシア英雄叙事詩ブィリーナ』、平凡社、1992
井桁貞敏(編著)『ロシア民衆文学』(全3巻)、三省堂、1974

3. 19世紀以後のロシア文学

R. ヒングリー(川端香男里訳)『19世紀ロシアの作家と社会』、中公文庫、1984
J. Bayley, *Pushkin*, Cambridge, 1971
A. D. P. Briggs, *Alexander Pushkin*, London, 1983
R. Maguire (ed.), *Gogol from the Twentieth Century*, Princeton, 1974(『20世紀から見たゴーゴリ』)
V. Nabokov, *Nikolay Gogol*, London, 1944
C. J. G. Turner, *Pechorin*, Birmingham, 1978
J. Garrard, *M. Lermontov*, Boston, 1982
V. Seduro, *Dostoyevsky in Russian Literary Criticism*, New York, 1957(『ロシア文学批評におけるドストエフスキー』)
M. Bakhtin, *Problems of Dostoyevsky's Poetics*, Ann Arbor, 1975(『ドストエフスキーの詩論の諸問題』)
A. Maude, *Life of Tolstoy*, 2 vols., London, 1929-30
I. Berlin, *The Hedgehog and the Fox*, London, 1953(邦訳はバーリン(河合秀和訳)『ハリねずみと狐』、中央公論社、1973)
T. J. Diffey, *Tolstoy's What is Art ?*, London, 1985(『トルストイの「芸術とは何か」について』)
R. F. Christian, *Tolstoy : A Critical Introduction*, Cambridge, 1969(『トルストイ評伝』)
J. Bayley, *Tolstoy and the Novel*, London, 1966
A. G. Cross, *N. M. Karamzin : a Study of his Literary Career*, Cambridge, 1971(『N・M・カラムジン—その文学経歴の研究』)
V. Setchkerev, *Ivan Goncharov : a Study of his Life and Works*, Würzbrug, 1974(『イヴァン・ゴンチャロフ—その生涯と作品の研究』)
R. Freeborn, *Turgenev*, Westport, 1960
R. Gregg, *F. Tyutchev : the Evolution of a Poet*, New York, 1965(『F・チュッチェフ—詩人としての歩み』)
A. Pyman, *The Life of A. Blok*, Oxford, 1979-80
R. Cooke, *Velimir Khlebnikov-a Critical Study*, Cambridge, 1987(『ヴェリミル・フレーブニコフの研究』)
W. Woroszylsky, *The Life of Mayakovsky*, Eng. ed., London, 1972
L. Stahlberger, *The Symbolic System of Mayakovsky*, The Hague, 1964(『マヤコフスキーの象徴主義』)
C. Bearne, *Sholokhov*, London, 1969
D. Richards, *Zamyatin*, New York, 1962
G. MacVay, *Esenin : a life*, London, 1970
D. Davie, *The Poems of Doctor Zhivago*, London, 1965(『「ドクトル・ジバゴ」の詩』)
E. Proffer, *Bulgakov*, Ann Arbor, 1984
M. Scammell, *Solzhenitsyn*, London, 1985
H. Gifford, *The Novel in Russia*, London, 1964
R. Poggioli, *Poets of Russia*, Cambridge, Mass., 1960
J. West, *Russian Symbolism*, London, 1970(『ロシア象徴主義』)
V. Markov, *Russian Futurism*, London, 1969(『ロシア未来派』)
P. Steiner, *Russian Formalism*, London, 1985(『ロシア・フォルマリズム』)
R. Hingley, *Nightingale Fever*, London, 1982
C. V. James, *Soviet Socialist Realism*, London, 1973(『ソビエト社会主義リアリズム』)
V. Dunham, *In Stalin's Time*, Cambridge, 1976
D. Brown, *Soviet Literature since Stalin*, Oxford, 1973(『スターリン以後のソビエト文学』)
G. Hosking, *Beyond Socialist Realism*, London, 1980(『社会主義リアリズムを越えて』)
P. Blake & M. Hayward (eds.), *Dissonant Voices in Soviet Literature*, London, 1961(『ソビエト文学における異論派の声』)
G. Gibian, *Russia's Lost Literature of the Absurd*, New York, 1971(『ロシアの失われた不条理の文学』)
R. Milner-Gulland & M. Dewhirst (eds.), *Russian Writing Today*, Hamondsworth, 1977
D. Weissbort (ed.), *Post-War Russian Poetry*, Hamondsworth, 1974(『戦後ロシアの詩壇』)
E. J. Brown (ed.), *Major Soviet Writers*, Oxford, 1973(『ソ連の主要作家』)
J. Andrew, *Writers and Society during the Rise of Russian Realism*, London, 1980(『ロシア・リアリズム台頭期の作家と社会』)
M・ヘイワード、L・ラベッツ編(島田 陽・高野雅之訳)『文学の屈従』、国文社、1972
佐藤清郎『チェーホフの生涯』、筑摩書房、1966;『ゴーリキーの生涯』、筑摩書房、1973;『ツルゲーネフの生涯』、筑摩書房、1977

V. 芸術

1. 芸術史・文化史の概説その他

G. H. Hamilton, *Art and Architecture of Russia*, 2nd ed., Hamondsworth, 1975(『ロシアの芸術と建築』)
T. Talbot Rice, *A Concise History of Russian Art*, London, 1963(『ロシア芸術小史』)
M. Alpatov, *The Russian Impact on Art*, 2nd ed., New York, 1969(『芸術へのロシアの影響』)
A. Bird, *Russian Painting*, Oxford, 1987

参考文献

E. Behrens, *Kunst in Russland*, Cologne, 1969（『ロシアの芸術』）
J・バクスト（森田　稔訳）『ロシア・ソヴィエト音楽史』，音楽之友社，1971
ソ連科学アカデミー（編）（国本哲男・石黒　寛訳）『ロシア近代文化史』，ミネルヴァ書房，1972
木村　浩『ロシアの美的世界』，新潮社，1976
坂内徳明『ロシア文化の基層』，日本エディタースクール出版部，1991
A・I・ゾートフ（石黒　寛・濱田靖子訳）『ロシア美術史』，美術出版社，1976

2. 17世紀までのロシア芸術

H. Faensen & V. Ivanov, *Early Russian Architecture*, London, 1975（『初期のロシア建築』）
V. Lazarev, *Old Russian Murals and Mosaics*, London, 1966（『古ロシアの壁画とモザイク』）; *Novgorodian Icon Painting*, Moscow, 1969（『ノヴゴロドの聖像画（イコン）』）
K. Onasch, *Icons*, London, 1963
A. Graber, *Byzantium*, London, 1966
G. Mathew, *Byzantine Aesthetics*, London, 1963（『ビザンティン美学』）
高橋保行『イコンのあゆみ』，春秋社，1990

3. サンクトペテルブルグ時代の芸術（18—19世紀）

J. Cracraft, *The Petrine Revolution in Russian Architecture*, London, 1988（『ロシア建築におけるピョートルの革命』）
K. Kaganovich, *Arts of Russia*, vol. II, Geneva, 1964
E. Valkenier, *Russian Realist Art*, Ann Arbor, 1977（『ロシアのリアリズム芸術』）

4. 20世紀ロシアの芸術

C. Cray, *The Russian Experiment in Art 1863-1922*, 3rd ed., London, 1988（『芸術におけるロシアの実験』）
J. E. Bowlt, *Russian Art of the Avant Garde : Theory and Criticism 1902-34*, New York, 1976（邦訳はボールト（川端香男里他訳）『ロシア・アヴァンギャルド芸術—理論と批評 1902-34』，岩波書店，1988）
A. Kopp, *Town and Revolution : Soviet Architecture and City Planning 1917-35*, New York, 1970（『都市と革命—ソビエトの建築と都市計画』）
U. Shridkovsky, *Building in the USSR 1917-32*, London, 1971
C. Lodder, *Russian Constructivism*, London, 1983（『ロシア構成主義』）
S. Bojke, *New Graphic Design in Revolutionary Russia*, New York, 1972（『革命ロシアの新しいグラフィック・デザイン』）
R. C. Wiliams, *Artists in Revolution : Portraits of the Russian Avant-Garde*, Bloomington, 1977（『革命下の芸術家たち—ロシア前衛派の肖像』）
J. E. Bowlt & S. Bann (eds.), *Russian Formalism*, Edinburgh, 1973（『ロシア・フォルマリズム』）
K. Berton, *Moscow : an Architectural History*, London, 1976（『モスクワ建築史』）
N. Gosling, *Leningrad*, London, 1963
A. Voyce, *The Moscow Kremlin*, Norman, 1954（『モスクワのクレムリン』）
E. Ivanova, *Russian Applied Art*, Leningrad, 1976（『ロシアの工芸』）
Yu. Ovsyannikov, *The Lubok*, Moscow, 1963（『ルボーク—民衆的木版画』）; *Russian Folk Arts and Crafts*, Moscow, 1975（『ロシアの民芸』）
西武美術館（編）『芸術と革命』（I・II），1982—87

5. 映画

L. & J. Schnitzer (eds.), *Cinema in Revolution*, London, 1973
Y. Barna, *Eisenstein*, Bloomington, 1973
S・エイゼンシュテイン（全集刊行委員会訳）『エイゼンシュテイン全集』（全10巻），キネマ旬報社，1973—84

6. バレエ

A. Haskell, *Diaghileff*, New York, 1935; *The Russian Genius in Ballet*, Oxford, 1963（『ロシア・バレエの天才』）
R. Buckle, *Nijinsky*, London, 1971
R・バックル（鈴木　晶訳）『ディアギレフ』（上・下），リブロポート，1983—84

7. 演劇

K. Stanislavsky, *My Life in Art*, New York, 1924（邦訳はスタニスラフスキー（蔵原惟人・江川　卓訳）『芸術におけるわが生涯』（上・下），岩波書店，1983）
E. Braun (ed.), *Meyerhold on Theatre*, London, 1969（『メイエルホリドの演劇論』）
E・ブローン（浦　雅春訳）『メイエルホリドの全体像』，晶文社，1982

8. 音楽

A. J. Swan, *Russian Music and its Origins in Chant and Folk Song*, London, 1973（『ロシア音楽—その起源としての聖歌と民謡』）
G. R. Seaman, *History of Russian Music*, vol. I, Oxford, 1967
G. Abraham, *Slavonic and Romantic Music*, London, 1968
井上頼豊『ロシアの民謡』，筑摩書房，1951
園部四郎『ロシア音楽入門』，音楽之友社，1958; 『ロシア・ソビエト音楽史話』，創芸社，1976

用語解説

この用語解説の目的は，ロシアの社会的・歴史的・言語的背景を知らなければ理解のむずかしい用語や概念を簡単に説明することにある．あまり馴染みのない言葉でも，本文中に説明のあるものは省略した．

インテリゲンツィア
本来は知識人階級一般を指す言葉であったが，やがて体制に批判的な知識人を意味するようになり，その結果，知識人であっても官僚などはインテリゲンツィアとはみなされないようになった．19世紀中頃にラテン語から造語されたこの言葉は，時代のキイワードとなったほかの言葉（たとえば「余計者」や「ニヒリスト」）と同様に，イヴァン・ツルゲーネフによって大衆化された．

貴族（ボヤーリン）
広義では，中世ロシアの大貴族家門の男子を指す．複数形はボヤーレ，女性形はボヤーリニャ．狭義には，貴族会議（ボヤールスカヤ・ドゥーマ）の議員．ピョートル1世が即位するまで，この会議はツァーリの常設の諮問会議の役割を果たしてきた．議員は，ツァーリが最上層の貴族のなかから任命したが，もっと低い社会層のなかから選ばれることもあった．勤務貴族（士族）であるドヴォリャニンに対して，世襲貴族と訳されることが多い．

旧教徒（または古儀式派，分離派）
1650年代に総主教ニコンとアレクセイ帝が実施し，1666年のニコンの失脚ののちに確定した教会改革を是認しない正教徒の一派．ロシアはこの教会改革によって二分された．正確な統計資料は存在しないが，おそらく全ロシア人の半分が旧教徒（かれらの目には，旧教こそが真の正教と映った）となった．旧教徒はやがて，有僧派と無僧派に分裂していった．

強制収容所（グラーグ）
「グラーグ」は，ロシア語の強制収容所総管理局の略称で，全国に張り巡らされたさまざまな種類の収容所群を統括する機関であった．1930年代から50年代にかけて，とくに活発に活動した．ソルジェニーツィンの小説『収容所群島』（1973−76）によって，収容所という言葉が広く世に知られるようになった．

ギリシア十字プラン
9世紀以降のビザンティン帝国で用いられた代表的な教会建築様式．この様式は，ギリシア正教世界全体に広まり，ロシアでは16世紀まで一般に用いられた．

ギリシア正教会
ビザンティン帝国から広まった東欧・近東のキリスト教会で，今日でも世界中に信者をもつ．正教会自身の説によれば，他のキリスト教諸宗派は正教会から派生したものとされる．1054年以後，典礼と教義の違いから，コンスタンティノープル（正教会）とローマ（カトリック教会）とのあいだに大分裂が生じたが，第4回十字軍のコンスタンティノープル占領（1204年）までは，大事にいたらなかった．15世紀中頃以降，正教の保護者として，モスクワ公国がしだいに頭角を現わすようになった．

ビザンティン帝国と古ロシアで行われたギリシア正教は，教会と世俗権力の密接な協調（シンフォニア）という理念を特徴とする．帝政時代のロシアでは，教会が国家の武器となり，そのため，19世紀ロシアのインテリゲンツィアのあいだでは，教会の名声が傷つけられた．典礼と教義に関して，正教会とカトリック教会は，かなり共通点をもっている．どちらも，最初の七つの公会議を承認する．相違点は，信経（信仰箇条を一定の形式で要約したもの）のなかの言葉遣いや，教義上の若干の点にみられるが，もっと深刻な対立を生んでいる点は，正教会がカトリックに権威主義的・スコラ学的体質をみていることである．

正教会の聖職者は，伝統的に農民にきわめて近く，読み書きのできないものが多く，妻帯を許されている．ただし，主教以上の聖職者は妻帯が許されず，したがって，修道院出身者が占める．独立の修道会は存在しない．19〜20世紀には，正教の遺産として，ソボールノスチ（信仰と愛にもとづく普公性）の伝統がもてはやされた．隠修士，聖人，瘋癲行者，托鉢修道士，公認されていない地方的な聖人などの伝統には，公式の教義以上に，正教の性格が色濃く表現されている．また，14世紀以降，神秘主義の一派であるヘシカスム（静寂主義）が，多くの信者たちに特殊正教的な影響を及ぼした．

勤務国家体制
イヴァン4世治下のモスクワ公国で著しい発達をとげた社会システム．そこでは，すべての階級の人びとがツァーリへの勤務者とみなされた．ツァーリはまた，教会や商人層に対しても全般的な統制を行い，若干の商業独占権も有していた．徴税は請負制によって実行された．ピョートル1世は，この体制の近代化と，ある程度の「西欧化」を進めたが，実際には勤務国家体制の効率を高め，それをいっそう抑圧的なものにした．

クレムリン
城壁を意味する言葉で，ロシアのほとんどの中世都市にあった（ロシア語では「クレムリ」，現代ロシア語のkremen'火打ち石と同根）．16世紀初頭からクレムリンは石造りとなった．スモレンスク，トゥーラ，セルプホフなどに有名な遺構がある．それらはおそらく，ステップからの侵入者を防ぐ目的で南部ロシアの要塞化が図られたことに関係があろう．

郷士（オドノドヴォーレツ）
雑多な社会層からなる自立的な小土地所有者．とくに南部諸州に多く存在し，地主階級の底辺を占めた．一般的には，農奴を有するほど富裕だった国有地農民の境遇とそれほど差はなかったが，18世紀にはその独自の身分を維持する目的で，かなりの運動を繰り広げた．かれらの身分は，南部辺境への軍事植民に由来する．

コサック
人口の疎らで危険に満ちた南部ステップ地帯に生まれた，独特の辺境ロシア人の社会集団．コサックという名称（ロシア語の発音ではカザーク）は，「騎馬の人」あるいは「略奪者」を意味するチュルク語に由来する．ちなみに，現代のカザフ人の名も同根である．コサック集団は15世紀から知られ，主としてドニエプル，ドン，ヤイクなどの河川流域に，軍事的性格が強くて，平等主義的な植民拠点を築いた．かれらは，その最盛期（17世紀）には，モスクワ公国やポーランド，トルコと互角に戦い，動乱時代には重要な役割を演じた．ドニエプル川の早瀬のかなたのザポロジエのコサックは，キエフを中心に高い文化を築いた．定住化が進むにつれて，かれらの社会制度はしだいに弱体化していったが，それでも1920年のソ連−ポーランド戦争まで，騎兵部隊の中核としての役割を果たしつづけた．

士族（ドヴォリャニン）
中世から帝政時代にかけてのロシアの地主貴族．士族は，世襲領地（ヴォッチナ）か封地（ポメスチエ，条件的な保有地）を所有した．しかし，モスクワ公国の国家体制において，かれらの特権は国家勤務に依存するというのが現実であった．勤務貴族と訳されることもある．1762年には勤務解放が行われ，士族は自分の領地に居住できるようになり，1785年には領地に対する完全な所有権を認められた．士族は，ツァーリ専制の維持や地方における租税徴収などにおいて，重要な役割を演じた．

社会主義リアリズム
芸術の様式でも理論でもなく，ソ連邦における芸術のための創造的「メソッド」と称されたもので，芸術全般への批判的アプローチをなしている．この用語は，1932年に，ゴーリキー自身によってではなくとも，かれの是認を経て案出されたものであり，1934年以降，文学の世界を皮切りに，公式に発表された．その核心は，人民性（ナロードノスチ），党派性（パルチーイノスチ，すなわち党の諸原則との一致），思想性（イデーイノスチ）という三つの概念であった．スターリン時代以降，社会主義リアリズムは，国家のお墨付きをえたが，実際の芸術活動においては暗黙のうちに無視された．

従士団（ドルジーナ）
キエフ時代のロシア諸公の直臣．親衛隊と陪臣会議の役割を兼ねた．

新経済政策（ネップ）
1921年夏，レーニン政権が厳格な「戦時共産主義」体制に代えて導入した新しい経済政策．当時のロシア経済は，戦時共産主義によって，深刻な破局に瀕していた．政府は，経済の中枢部分への統制はそのまま残存させながら，小規模企業，私的商業，農民による自由な食料生産などを認め，かつ奨励した．その結果，経済状況は回復し，租税収入も立ち直りをみせた．かくして，新経済政策はただちに成功を収めたが，「ネップマン」や「クラーク」を生み出し，そのことが生粋の共産主義者たちに不安をあたえた．スターリンは，この政策を中止し，1928年には，農業集団化政策とともに第1次五カ年計画（ピャチレートカ）に着手した．

スラヴ主義（またはスラヴ派）
1840年代から広まった社会思想で，ヨーロッパのロマン主義的な民族主義のロシア版といえる．スラヴ主義は，さまざまに変容しながらも，これ以後今日にいたるまで，ロシア社会に影響をあたえつづけてきた（ドストエフスキーやソルジェニーツィンには，その影響がはっきりと看取できる）．スラヴ主義は，ロシア固有の諸制度や宗教（あるいは，かれらが広めた「ソボールノスチ」の観念など）が，特別の歴史的使命を担うものであるとみなした．通常，スラヴ主義のライバルは「西欧主義」とされるが，後者は前者ほど同質的ではない．

聖障（イコノスタシス）
中世初期の東方教会の聖堂内の祭壇をしきる界壁で，そこに聖像画が飾られた．中世末には，木製の枠組みをもった多層式のものが一般的となった．現存する最良の例は，ザゴールスク（セルギエフ・ポサード）と，モスクワのブラゴヴェシチェンスキー聖堂にある．通例では，最下層にローカルな聖人の聖像画が，その上の層に聖母マリア，洗礼者ヨハネ，使徒たちの像がキリストとともに描かれ，その上層に十二大祭の聖像画，最上層に預言者像が掲げられる．

聖像画（イコン）
材料を問わず，聖人や聖なる出来事を描写したもの一般を指す．「肖像」，「似姿」などを意味するギリシア語エイコーンが語源．今日ではもっぱら，木版に施した漆喰面にテンペラで伝統的な人物像が描かれたものを指す．聖像画は，9世紀以来，ギリシア正教世界で共通して崇拝の対象となり，教会や民家など，いたるところで飾られた．その様式はロシアでとくに発達をみせ，さまざまな地方色豊かな作風が現われた15世紀にその頂点に達した．

聖像破壊運動（イコノクラスム）
8−9世紀のビザンティン帝国で行われた．第一（レオ3世，725または726年），第二の偶像禁止令（レオ5世，814年）につづいて，その後2代の皇帝は，聖像画の崇拝をも禁止した．しかし，結局は民衆と修道士たちの聖像崇拝派が勝利し，聖像崇拝が復活，正教の教義にも（神の顕現を象徴するものとして）取り入れられ，聖堂にも飾られるようになった．

全国会議（ゼムスキー・ソボール）
モスクワ時代になにか重要な案件があるときにかぎって，不定期に召集された全国集会．字句通りには「諸地方の集会」の意．ロシア語の「ゼムリャー」は，土地ないし地方を意味し，歴史的には，かつてロシアが分裂状態にあった頃の領域単位である公国を含意した．今日知られるかぎりで最古の全国会議は，1549年に開催されたものである．もっとも有名な例は，1613年にミハイル・ロマノフをツァーリに選出して，動乱時代を終わらせた全国会議である．会議運営の詳細はほとんど知られていないが，さまざまな社会層の代表が参加した（ときには，国有地農民の代表も参加を求められた）ことは確かである．

総主教（パトリアルフ）
初期キリスト教の五本山（ローマ，アンティオキア，アレクサンドリア，エルサレム，コンスタンティノープル）の首長．教皇（ローマの総主教）は，伝統的に「対等の5人の総主教の筆頭」とみなされてきたが，その後ますますより大きな権威を主張するようになった．ロシア（もとは府主教が国内教会の首長であった）は，1589年，府主教座の総主教座への格上げに成功した．ロシア総主教は，ピョートル1世の介入によって，選出の中断を余儀なくされたが，1918年に復活した．

地下出版（サミズダート）
サミズダートは，国立出版所（ゴスイズダート）をもじって造られた略語．1960年代から，一般に知られるようになった．しかし，検閲による発禁処分か，あるいはその恐れのある著作物の地下出版という活動そのものは，もっと古くから存在し，ニコライ1世の時代にとくに盛んであった．

用語解説

ツァーリ
ロシアの専制的支配者．「カエサル」に由来するこの言葉は，かなり早い時期にスラヴ諸語に入ってきた外来語である．称号ツァーリは，中世初期にはビザンティン皇帝を，のちにはタタール（モンゴル）の汗（ハン）を指して用いられた．ロシアの支配者は，12世紀から「大公（ヴェリーキー・クニャーシ）」と称したが，14世紀頃から（おそらくはセルビアからの影響によって）非公式にはときとしてツァーリの称号をも用いるようになった．正式にツァーリを称して即位した最初の君主はイヴァン4世である．ピョートル1世は，この称号を格上げし，「インペラートル」（皇帝）と称した（ヨーロッパ諸国はしぶしぶそれを容認した）が，一般にはツァーリの称号が使われつづけた．

ナロードニキ主義
「人民」，「民族」を表わすロシア語「ナロード」から造られた言葉で，人民主義を意味する．1860年代以降，反体制派の主流となった．この運動には，穏健派から暴力革命派まで，さまざまな潮流が含まれていたが，農民を賞賛し，農民の生得の知恵と共同体的諸制度を重視する点では共通していた．

ナロードノスチ（民族性）
英語ではしばしば"nationality"と訳されるが，厳密には翻訳不可能な言葉である．「専制」，「正教」という概念とともに，ナロードノスチは，ニコライ1世時代に唱導された「官製民族主義」の教義となり，ツァーリズムへの民衆の支持を表わすイデオロギー的道具となった．この言葉は，意外にも社会主義リアリズムの原理のひとつとして，1930年代に復活した．

二重信仰（ドウォエヴェーリエ）
キリスト教と異教的諸要素の混在状態．ロシアの農村部には，現代までキリスト教以前の異教的習俗が生きていた．

農村共同体（ミールあるいはオーブシチナ）
ロシアに古くから存在した農民の共同体で，帝政時代には，農村社会の基礎的単位として重要な意義を担った．現代ロシア語では，ミールは「平和」ないし「世界」を意味する．農村共同体は，農作業の割当，租税の配分・徴収・納付，徴兵，土地割替えなどに連帯責任を負った．それは，一見したところ，自発的な共同を表現しているように思われたので，ナロードニキ主義の人びとの注目するところとなった．マルクスさえ，これに関心を示した．

農奴
土地に緊縛され，移転の自由をもたない農民（ロシア語の農奴「クレポストヌイエ」は「縛りつけられた」の意）．ロシアの農奴制は，モスクワ時代を通じて徐々に形成され（同じ時期に，ヨーロッパの他の諸地域では農奴制がしだいに衰えていった），1649年の「会議法典」によって完成をみた．15世紀末まで農民は，聖ゲオルギーの日（旧露暦11月26日，別名「ユーリーの日」）前後2週間にかぎって，自由に移転し，したがって領主を変えることもできた．この権利は，飢饉や戦争に際して停止されたが，16世紀になると廃止されるにいたった．そうした移転禁止によってモスクワ国家は，士族に授封した封地の労働力確保を目指し，封地経営の健全化を図ろうとしたのである．農奴は，賦役（バールシチナ）か年貢（オブローク）か，あるいはその両方によって領主に奉仕し，結果的には，領主階級ともども，国家に奉仕することになった．農奴制は，ときとして奴隷制と実態的には酷似する場合もあったが，後者と同一のものではない．農奴人口は，（しばしばそう考えられているのとは異なって）ロシア全人口の半分を越えることはなかった．農奴と同じく土地に緊縛されているが，その他の点では自由であった「国有地農民」がかなりの数で存在した．農奴制は，シベリアやコサック居住地域，極北地方などの辺境には根づかなかった．

パルスナ
ポーランド経由でロシアに入ったラテン語ペルソナから派生した言葉で，聖像画風の肖像画を意味する．その制作はおそらく16世紀末にさかのぼり，17世紀に一般的となった．パルスナはしばしば，死者まもない偉人を称える目的で描かれた．聖像画の技法を用いながら，パルスナは，人物を特定しうるような描写を目指した．とはいえ，写実主義の絵画の場合ほど，人物の個性描写に重きをおいたわけではない．それは，古ロシア絵画から西欧流の絵画への移行の一局面にほかならなかった．

ビザンティン帝国
東ローマ帝国の別称．古代ギリシア人の植民都市ビザンティウムに，西暦330年，コンスタンティヌス大帝がこの帝国の都を建設し，「新ローマ」と名づけたが，ふつうはコンスタンティノーブル（コンスタンティヌスの都）と呼ばれた．コンスタンティノーブルは，古代ロシアの人びとにとって，重要な交易拠点であり，羨望の的でもあった．宗教，美術，文学，その他文化全般にわたって，ロシアにお手本を提供しつづけた．

部（オルダ）
もともとはタタール族の露営を意味する語であるが，中世ロシアでは，モンゴル帝国西部の広大な汗国（その豊かな財力ゆえに「金の帳（とばり）の国」，すなわちキプチャク汗国と呼ばれた）を表わした．この国はロシアの宗主国であった．

富農（クラーク）
クラークには，侮蔑的なニュアンスがあり，とくにスターリンの農業集団化政策に際して，「富農撲滅」という文脈で用いられた．しかし，富農といっても，平均的農民よりもほんのすこし豊かであったにすぎない．

民会（ヴェーチェ）
キエフ時代に諸都市で行われた住民集会．都市内のすべての家長によって構成された．原初的な民主制を体現するこの制度は，必ずしも民主的に運営されたわけではないが，おそらく先史時代に起源をもつものである．民会の権限は都市によって多様であったが，和戦の決定のような重要案件の決定に際して，民会はしばしば重要な役割を演じた．

門地制度（メストニーチェストヴォ）
モスクワ時代に行われた貴族の任官制度．貴族（ボヤーリン）は，自分の先祖と同格か，それ以上の官職につく権利をもっていた．官職は，同じ家門のなかでは，家門内の序列にしたがって授与されねばならなかった．この制度は，複雑で非能率的であり，たえず紛争の原因になったので，戦時には一時的に適用を停止された．それでもなお，君主権にとってじゃまであったので，1682年，フョードル3世の政府がこれを廃止し，制度運用の詳細を定めた補任記録簿（ラズリャードナヤ・クニーガ）を焼却した．

ロシアの暦
1918年1月末まで，ロシアはユリウス暦を用いていた．そのため，西欧の暦（グレゴリウス暦）に比較して，18世紀については11日，19世紀では12日，20世紀では13日，それぞれ遅れることになる．本文中の日付は，その時代に使われていた暦にしたがっているが，必要な場合には旧暦か新暦かを明記してある．ロシア正教会は，今日でもなお，典礼の実施に際しては旧暦を使っている．

ロシア人の名前
ロシア人の名前は，名（イーミャ），父称（オチェストヴォ），姓（ファミーリア）の三つの部分から構成されている．父称は，父親の名（イーミャ）から造られ，語尾に-ovich, -evich, -ich（男性形），-ovna, -evna, -ishna（女性形）がつく．姓がロシア社会に出現したのは名前や父称よりも遅い．その多くは，-ov, -ev, -yn, -in, -sky（男性形），-ova, -eva, -yna, -ina, -skaya（女性形）などの語尾をとる．ていねいな呼びかけには名と父称を用いる．名については，その親称形が用いられることが多い．たとえば，ニコライ→コーリャ，アレクサンドル→サーシャ，イヴァン→ワーニャ，マリア→マーシャなど．興味深いのは，旧ソ連で使われている姓には民族系統のわかるものが多いということである．-enkoの語尾をもつ姓はもともとウクライナ系，-koはベラルーシ系である．グルジア系の姓は，-shivili, -dze, -ia で終わり，アルメニア系の姓は，語尾が-yan, -ina となる．チュルク系の姓も多く，それらは-ovの語尾がつけられて「ロシア化」している．-ovich, -evichで終わる姓は西ロシアないしポーランド系で，-ovsky, -evskyで終わるものも，同様にポーランド系であることが多い．

図版リスト

略記：t＝上図，tl＝上段左図，tr＝上段右図，c＝中図，b＝下図，等．

地図の作成にあたっては，マルカム・デイ（ロンドン），ニクラス・ハリス（オックスフォード），アンドラス・ベレズニー（ロンドン），ズーイ・グッドウィン（ロンドン）の協力をえた．地図の作成には，ユーロマップ社（バンボーン），アラン・メイス（ホーンチャーチ），ラヴェル・ジョーンズ（オックスフォード）があたった．

見返しの図：16世紀ロシアの地図．ヘルベルシュタイン『モスコーヴィアの旅』より．

頁
2–6. Country sports in 19th-century Russia from J. Richter and C. G. H. Geissler, *Jeux et divertissements du peuple russe* (Bodleian Library, Oxford).
8–9. Artwork by John Fuller, Cambridge.
10tl. Vassily III, from S. von Herberstein, *Travels in Muscovy*.
10tr. Ivan IV: Michael Holford, London.
10cr. Peter the Great: Michael Holford, London.
10b. Catherine the Great, painting by Erichsen: Bulloz, Paris.
11tl. Alexander I: Fotomas Index, London.
11tr. Nicholas II: Jean-Loup Charmet, Paris.
11bl. Stalin: David King Collection, London.
11br. Khrushchev: Frank Spooner Pictures, London.
15. From *Costumes of the Russian Empire*, 1863 (British Library, London).
17t. Tundra in summer: Vadim M. Krohin, Moscow.
18–19. Reindeer in taiga forest: Fred Mayer/Magnum.
20–21t. Winter trees: Vadim Gippenreiter, Moscow.
21b. Geese in deciduous forest: Vladimir Ryabkov, Moscow.
24. Kara Kum Desert: Vadim Gippenreiter.
25. Lake Imandra: Vadim Gippenreiter.
30t. Scythian ritual vessel: Museum of Ancient Ornaments, Kiev (Photo: Aurora Art Publishers, Leningrad).
30c. Comb, reverse side: Hermitage Museum, Leningrad (Photo: Aurora Art Publishers, Leningrad).
30b. Shield plaque, stag: Hermitage Museum, Leningrad (Photo: Aurora Art Publishers, Leningrad).
30–31. Pectoral: Museum of Ancient Ornaments, Kiev (Photo: Aurora Art Publishers, Leningrad).
31tr. Badge of fraternity: Hermitage Museum, Leningrad (Photo: Aurora Art Publishers, Leningrad).
32. Artwork by John Fuller and John Brennan.
33. St Boris and St Gleb, icon, school of Moscow, 13th century: Russian Museum, Leningrad (Photo: Aurora Art Publishers, Leningrad).
34. Greek coin found in Kerch: Novosti, London.
39. Novgorod birch-bark document: Novosti, London.
40. A Byzantine philosopher talks with Prince Vladimir, from the Radziwill Chronicle, 15th century: Novosti/Frank Spooner Pictures.
43. Gold coin of Vladimir I, c. 980–1015: Novosti, London.
44. The defense of Novgorod against the troops of Suzdal, icon, 171 × 125·8 cm, school of Novgorod, 15th century: Museum of Art History, Novgorod (Photo Aurora Art Pubishers, Leningrad).
46. Our Lady of Vladimir, icon, 113·6 × 68 cm, 12th century, Byzantine: Tretyakov Gallery, Moscow (Photo: Aurora Art Publishers, Leningrad).
47. St Demetrius Cathedral, Vladimir: Vadim Gippenreiter.
48l. Plans by John Brennan, Oxford.
48–49. Artwork by Dick Barnard, Milverton, Somerset.
49. Mosaics from St Sophia, Kiev: Phaidon Archive, Oxford.
51cl. Prince Yaroslav, fresco from Nereditsa Hill church, Novgorod: Phaidon Archive.
51tr. Genghis Khan enthroned with his son: Sonia Halliday and Laura Lushington, Weston Turville.
52. Alexander Nevsky: Novosti, Moscow.
53. Mount Athos, Russian monastery: Dr Graham Speake, Little Compton, Glos.
54. Dmitriy Donskoy: Novosti, Moscow.
57. Plan of 16th-century Moscow: Equinox Archive, Oxford.
59. Russian envoys followed by merchants at the court of Maximilian II. Woodcut print by Michael Peterle,

1576: Victoria and Albert Museum, London. Photo: Michael Holford, London.
62l. The obverse of the state seal of Ivan IV: The Central State Archives of Ancient Statements, Novosti, London.
62tr. The building of the palace of the *oprichniki*, from the Chronicle of Nikon, 16th century: National Historical Museum, Moscow. Novosti, Moscow.
62bc. Dinner for the *oprichniki* in the monastery of Alexandrov from a contemporary drawing: Novosti, Moscow.
63t. Banner of Ivan IV at the siege of Kazan: Novosti, Moscow.
63cl. Icon portrait of Ivan IV: National Museum, Copenhagen. Photo: Lennart Larsen.
63cr. Garment worn by one of the *oprichnina*: Novosti, Moscow.
63br. The taking of Kazan by Ivan IV, 16th-century manuscript: Roger-Viollet, Paris.
64. Renaissance-style portal, Moscow Kremlin. Photo: Nikolai Rachmanov (Desertina Verlag, Switzerland).
65. North doorway, Cathedral of the Archangel Michael, Moscow Kremlin: Linda Proud, Oxford.
66. Boris Godunov: Novosti, London.
68bl. Iconostasis of the Trinity Cathedral, Zagorsk: Vadim Gippenreiter.
68br. Zagorsk churches: Vadim Gippenreiter.
68–69t. View of Zagorsk: Vadim Gippenreiter.
69cr. Zagorsk well-chapel: Vadim Gippenreiter.
69b. Interior of the Dormition Cathedral, Zagorsk: Magnum, London.
70–71. Artwork by Dick Barnard and John Fuller.
72bl. School of Theophanes the Greek, Virgin of the Don, icon, 86 × 67·5 cm, late 14th century: Tretyakov Gallery, Moscow (Photo: Aurora Art Publishers, Leningrad).
72tr. Andrey Rublyov, icon of Christ, 158 × 103·5 cm, c. 1409: Tretyakov Gallery, Moscow (Photo: Aurora Art Publishers, Leningrad).
72br. Andrey Rublyov, Old Testament Trinity, icon, 141·8 × 112·7 cm, 1411: Tretyakov Gallery, Moscow (Photo: Aurora Art Publishers, Leningrad).
72–73c. Detail of Last Judgment fresco from Vladimir: Vadim Gippenreiter.
73. School of Dionisiy, In Thee rejoiceth all creation, icon, 148·5 × 110 cm, early 16th century: Tretyakov Gallery, Moscow (Photo: Aurora Art Publishers, Leningrad).
76. The reception of foreign ambassadors by Tsar Aleksey, from Olearius's *Journey to Muscovy*, 1660: British Library.
77. Portrait of Tsar Aleksey Mikhaylovich: Collection Countess Bobrinsky (Photo: Michael Holford).
78. An Old Believer, from W. Dixon, *La Russia, Libera*: British Library.
80. Tsar Fyodor III: John Massey Stewart, London.
81t. Gold coin of Sophia: Michael Holford.
81c. Gold coin of Ivan V and Peter I: Michael Holford.
82–83. The Patriarch Nikon: Novosti, London.
84–85. Rostov Kremlin: Vadim Gippenreiter.
86–87. All photographs by Vadim Gippenreiter. Artwork by John Brennan.
88. Godfrey Kneller, Peter the Great: By courtesy of Her Majesty Queen Elizabeth II, The Royal Collection, London.
89. St Petersburg, 18th century: Michael Holford.
92t. Peter cutting the beard of a boyar, woodcut, 17th century: Hulton Picture Company, London.
92r. Artwork by John Fuller.
93. Mass execution of the *streltsy*, from J. C. Korb, *Diarium Itineris Moscoviam*: British Library.
95. Peter the Great with Louis XV at Versailles: Giraudon, Paris.
96–97. Peter the Great's fleet at Archangel, from J. C. Korb, *Diarium Itineris Moscoviam*: British Library.
97c. Russia's first newspaper, *Vedomosti*: Library of Congress, Washington.
98t. Intercession Church at Fili, Moscow: Photo: Aurora Art Publishers, Leningrad.
98b. Great Palace at Pushkin: Frank Spooner Pictures, London.
98–99t. Novodevichy Convent, Moscow: Photo: Aurora Art Publishers, Leningrad.
99b. Kikin Palace, Leningrad: Valentin Baranovsky, Leningrad.

100. "The Mice Bury the Cat", woodcut, 16th century: Michael Holford.
101. Catherine I: Novosti, London.
102. Ivan VI's place of imprisonment, Schlüsselberg: Staatsbibliothek/Bildarchiv Preussischer Kulturbesitz, Berlin.
103. Empress Elizabeth, by Pietro Rotari: Collection Countess Bobrinsky/Michael Holford.
107. Peter III, Catherine II and Paul, by R. M. Lisiewska: Gripsholm Castle, Mariefred, Sweden.
110. Allegorical portrayal of Catherine the Great: Bibliothèque Nationale/François Foliot, Paris.
112. Bust of Lomonosov by F. I. Shubin: John Massey Stewart, London.
113. Senate Square in St Petersburg: Fotomas Index, London.
114. Emperor Paul: Michael Holford.
116bl. Kutuzov: Roger-Viollet, Paris.
116–17b. The retreat from Moscow by E. Meissonnier: Orsay Gallery, Paris. Photo Giraudon.
117tl. Wounded French soldiers by Gericault: Musée des Beaux Arts, Rouen. Photo Giraudon.
117tr. Alexander I at Tilsit by Serangeli: Versailles, Photo Giraudon.
118cl. Mikhail Bakunin: Hulton Picture Company, London.
118c. Vera Zasulich: David King, London.
118b. Assassination of Alexander II: Fotomas Index.
118br. Women terrorists exiled to Siberia: David King.
118–19. Execution of the Decembrists: J. L. Charmet, Paris.
119c. Sofya Perovskaya: David King.
121. Nicholas I and troops: J. L. Charmet.
122t. Pushkin: Novosti, London.
122bl. Bilibin illustration of a Pushkin tale: Aurora Art Publishers, Leningrad.
122cr. A sketch by Pushkin illustrating a story in *Tales of Belkin*: State Literary Museum, Moscow.
122–23t. Scene at Mikhaylovskoye: Novosti, London.
123cr. Self-caricature by Pushkin: Novosti, London.
123b. Gogol: Novosti, London.
124. Crimean propaganda poster: National Army Museum, London.
126. Treaty of San Stefano: J. L. Charmet.
128. Alexander II and family: John Massey Stewart.
130c. Portrait of young Tolstoy: Novosti, London.
130br. Portrait of Tolstoy by I. Repin: Novosti, London.
130–31b. Tolstoy plowing, a painting by I. Repin: Novosti, London.
131b. Tolstoy organizing famine relief: Novosti, London.
132. Funeral procession of Alexander II: Hulton Picture Company, London.
134–35. *The Rooks have Returned* by A. Savrasov: Tretyakov Gallery, Moscow (Photo Aurora Art Publishers, Leningrad).
135. Russian market before the Revolution: Novosti, London.
136. *Sketch for Composition IV, Battle* by Kandinsky: Phaidon Archive, Oxford.
136b. Prokofiev, Shostakovich and Khachaturyan: Novosti, London.
137. Shalyapin being painted by Repin: Novosti, London.
138–39. All photographs by courtesy of Andrey Ivanovich and Alexander Meledin, Moscow.
140tr. Assassination of Grand Duke Sergey: J. L. Charmet.
140b. Barricades: David King.
141tl. Cover from *Le Petit Parisien*: J. L. Charmet.
141tr. Nikolai Bukharin: David King.
141cr. The battleship *Potemkin*: David King.
141bl. Trotsky: David King.
141br. Stolypin's room after assassination attempt: David King.
142t. S. A. Witte: J. L. Charmet.
142–43b. Bolshevik revolutionary poster, 1905: Aurora Art Publishers, Leningrad.
144bl. Chekhov and Gorky, 1900: Novosti, London.
144c. Gull emblem of Moscow Art Theater: Novosti, London.
144t. Script for Stanislavsky's production of *The Seagull*, with stage directions: Novosti, London.
145t. Scene from A. K. Tolstoy's *Tsar Fyodor Ivanovich*, 1898: Novosti, London.

145b. Chekhov reads *The Seagull* to the cast for the first time in 1898: Novosti, London.
146tl. Rose Ball, 1914: Novosti, Moscow.
146tr. Le Musée de Sires poster: J. L. Charmet.
149. Priest blessing Russian soldiers: Red Cross, Geneva/Archives de Guerre de Vienne.
150. Prison in Petrograd: David King.
151. Sacked room in Winter Palace: Alexander Meledin, Moscow.
154. Lenin and Trotsky: Alexander Meledin.
155. Red Guard clearing rubble: Alexander Meledin.
158c. Karl Marx: David King.
158b. Poster—"Long Live Wordwide Red October": Fotomas Index, London.
158–59t. Lenin at Second Comintern Congress: David King.
159tr. Soviet plate: Christie's Colour Library, London.
159bl. Trotsky reviewing troops: David King.
159br. Soviet baptism: David King.
160tl. Movie director Eisenstein: Novosti, London.
160tr. Rachmaninov: Novosti, London.
160b. Scenery by Goncharova for *The Golden Cockerel*: Phaidon Archive, Oxford.
161. Painting by Filonov: Russian Museum, Leningrad (Photo: Aurora Art Publishers, Leningrad).
162tl. Portrait of Diaghilev by Bakst: Russian Museum, Leningrad (Photo: Aurora Art Publishers, Leningrad).
162tr. Nijinsky in *Petrushka*: State Theatre Museum, Leningrad.
162br. Cartoon of Stravinsky and Nijinsky by Cocteau: Equinox Archive, Oxford.
162bl. Diaghilev and Stravinsky: Alex Ukladnikov, Leningrad.
163cl. Costume design by Benois for *Rite of Spring*: State Theatre Museum, Leningrad.
163bl. Bolshoy performance of *Rite of Spring*: Novosti, London.
163r. Costume design by Bakst for *Firebird*: Christie's Colour Library, London.
164tc. *Girl with a Rake* by Malevich, 1930s, oil on canvas, 100 × 70 cm: Russian Museum, Leningrad.
164bl. *Suprematist Composition* by Malevich, 1916: Stedelijk Museum, Amsterdam.
164–65. *The Knife-Grinder* by Malevich, 1912, oil on canvas, 79·7 × 79·7 cm: Yale University Art Gallery, New Haven, gift of Société Anonyme Collection.
165t. *The Sailor* by Tatlin: Russian Museum, Leningrad (Photo: Aurora Art Publishers, Leningrad).
165c. Tatlin's monument to the Third International: David King, London.
165b. *An Englishman in Moscow* by Malevich, 1914, oil on canvas, 88 × 57 cm: Stedelijk Museum, Amsterdam.
166bl. Monk and dog: Fred Mayer/Magnum.
166tr. Antireligious cartoon: David King.
167t. Buddhist temple: Fred Mayer/Magnum.
167bl. Synagogue: V. Shone/Frank Spooner Pictures.
167br. Friday prayer in Khajezud Murad mosque, Samarkand: Abbas/Magnum.
168t. Destruction of church: David King.
168bl. Church as store house: David King.
168br. Reconstruction of the Danilov Monastery, Moscow: Novosti/Frank Spooner.
169t. Outside service: Fred Mayer/Magnum.
169bl. Nuns at an Orthodox convent: Novosti/Frank Spooner.
169br. Monks at the Pskov-Pechery Monastery: Novosti/Frank Spooner.
170bl. World War I poster: Fotomas Index.
170tr. "Away with muddlers and wreckers in the industrial supply sector": Fotomas Index.
171tl. Bolshevik recruiting poster: Lenin Library, Moscow.
171tr. "More metal!": Fotomas Index.
171cr. "Where's my money? Where's my family?": Fotomas Index.
171bl. "Let us meet the grain collection plan in specified time!": Fotomas Index.
171bc. "Knowledge will break the chains of slavery": Fotomas Index.
171br. Soviet propaganda plate: Christie's Colour Library, London.
176. Stalin and Churchill at Yalta: David King.
178t. Khrushchev and Nixon at exhibition in Moscow: Frank Spooner Pictures, London.
179. USSR in construction: David King.
180. Girl on metro: Frank Spooner Pictures, London.
180–81. 70th Anniversary of the Revolution: Frank Spooner Pictures.
184–85. Woman on goat skins, Kara Kum: Frank Spooner Pictures.
187c. Two girls on a fence, Carpathian mountains, Ukraine: V. Krohin, Moscow.
187b. Transcarpathian region, Ukraine: A. Gerasimova/Novosti, Moscow.
188tr. Moldavian spring: A. Makarov/Novosti, Moscow.
189tl. Sage cultivation: I. Zenin/Novosti, Moscow.
188–89b. Tarmacking the road: S. Jackson/Remote Source, London.
189br. St Sophia, Kiev: Vadim Gippenreiter.
190t. House decoration, Odessa: S. Jackson/Remote Source.
190b. Yalta holiday beach: William McQuitty, London.
191t. Cabbages: John Massey Stewart.
191b. Hunter: V. Sterlyov/Novosti, Moscow.
193c. Haymaking: S. Jackson/Remote Source.
193b. Tallinn: Homer Sykes/Impact, London.
194. Pirita beach: Homer Sykes/Impact, London.
195tl. Fish cannery: John Massey Stewart.
195cl. Folk dancing: V. Tarasevich/Novosti, Moscow.
195bl. Flower market: Homer Sykes/Impact, London.
195br. Freedom monument, Riga: V. Krohin, Moscow.
196tr. Riga port: V. Krohin, Moscow.
196cr. Riga: V. Krohin, Moscow.
196bl. Windmill: V. Krohin, Moscow.
196–97b. Juknaichal village: V. Shustov/Novosti, Moscow.
197cl. House building on a collective farm: V. Arutyunov/Novosti, Moscow.
197cr. Dairy farm: V. Shustov/Novosti, Moscow.
197tr. Demonstration in Vilnius: A. Vloziaviius/Novosti, Moscow.
198. Georgian horsemen: Burt Glinn/Magnum, London.
200tc. Selling *kvas*, Erevan: Sassoon/Robert Harding Picture Library, London.
200–01t. Armenian earthquake: Novosti, Moscow.
200–01b. Armenian demonstration: Frank Spooner Pictures.
201cr. Government building, Baku: D. C. Williamson, London.
201br. Caspian Sea near Baku: Picturepoint.
202–03t. Georgian towers: John Egan/Hutchinson Picture Library, London.
202bl. View of Mtskheta: Robert Harding Picture Library, London.
203tr. Georgian couple: Vlastimir Shone/Frank Spooner Pictures.
203bl. Folk dancing: Frank Spooner Pictures.
203br. Tbilisi old quarter: John Massey Stewart.
206bc. Cathedral at Suzdal: John Massey Stewart.
206br. Window. Photo: Burt Glinn/Magnum.
207cr. Winter festival, Kolomenskoye: Frank Spooner Pictures.
207bl. Russian house, Suzdal: Martin Black/Impact.
207br. Archangelskoye: Aurora Art Publishers, Leningrad.
208–09t. Siberian scene: Fred Mayer/Magnum.
208b. Sakhalin islanders: Frank Spooner Pictures.
209t. Old couple in taiga village: Frank Spooner Pictures.
209c. Huskies: Frank Spooner Pictures.
209bl. Winter sports, Murmansk: Frank Spooner Pictures.
209br. Logs: Fred Mayer/Magnum.
210l. GUM store: Homer Sykes/Impact, London.
210r. Red Square: Frank Spooner Pictures.
211tl. Plan by John Brennan.
211lc. Moscow skyline: Frank Spooner Pictures.
211tr. St Basil's Cathedral, Red Square: J. Allan Cash, London.
211cr. Newspapers: Vladimir Birgus/Hutchinson Picture Library, London.
211br. Woman road cleaner: Frank Spooner Pictures.
211bl. Central market: Dod Miller/Impact, London.
212–13. The Kremlin at night: Nikolai Rachmanov (Desertina Verlag, Switzerland).
214tr. Aerial view of Leningrad: Valentin Baranovsky, Leningrad.
214bl. Plan by John Brennan.
214–15b. Fountains at Petrodvorets: Robert Harding Picture Library.
215tl. The "Church on the Blood," Leningrad: William MacQuitty, London.
215tr. The Winter Palace: Robert Harding Picture Library.
215cr. Admiralty building: Robert Harding Picture Library.
218t. Beehives: John Massey Stewart.
218bl. Children at Kaskelen: John Massey Stewart.
218–19b. Zeravshan mountains, Uzbekistan: Robert Harding Picture Library.
218–19t. Tashkent: Vadim Gippenreiter, Moscow.
219tc. Samarkand man: William MacQuitty, London.
219br. Uzbek cotton ceremony: Vadim Krohin, Moscow.
220t. Khiva, Uzbekistan: Vadim Gippenreiter.
220b. Group photograph in Samarkand: Abbas/Magnum.
221. Tashkent helio station, Uzbekistan: Novosti/Frank Spooner Pictures.
222t. Lenin monument, Ashkhabad: John Massey Stewart.
222b. Turkmen family: Abbas/Magnum.
223t. Carpet-making: Novosti/Frank Spooner Pictures.
223b. Computers in school: Novosti/Frank Spooner Pictures.
224. Men with fleeces: Vadim Krohin/Hutchinson Library, London.

監修者のことば

　本書はイギリスの2人の専門家の手によるすぐれたロシア・ソ連の文化史である．ここにはイギリスをはじめ欧米諸国とロシア・ソ連の最新の研究成果が取り入れられ，しかも平易な言葉でわかりやすく説明されている．たくさんの挿し絵や写真，地図も，みなよくできていて，読者は本書を通読することによって，ロシア・ソ連の歴史と文化の特徴を知ることができよう．

　イギリスのロシア史研究は，アメリカとは異なり，政治史にかたよることなく，文化や宗教にも十分目をくばり，バランスのよくとれたものが少なくないが，本書はこのようなイギリスの研究の傾向を見事に代表しているといえるだろう．

　日本にとってロシア・ソ連は以前から隣国であったし，いまでも隣国であることには変わりない．しかし，われわれ日本人は，ともすると最近のこの国の政治や「北方領土」問題に目が奪われて，その根底にある歴史や文化については，ほとんど知らないといっても過言ではない．だが，日本は20世紀になってから四度もロシアと戦争をし（日露戦争，シベリア干渉戦争，ノモンハン事件，第二次世界大戦），四度も協約・同盟（1907，1910，1911，1916年）を締結した．さらに文化交流のうえでも，明治・大正・昭和を通じて，トルストイやドストエフスキーをはじめとするロシア文学はわれわれに大きな影響を及ぼしてきたし，一方，日本の歌舞伎や浮世絵はロシアの演劇や絵画に影響を与えてきた．あのロシアの代表的な民芸品であるマトリョーシカも，日本のこけしや箱根細工がヒントになって前世紀の末に考案されたものである．

　このロシア・ソ連は今世紀になって，二度も大きな政治的変革をとげた．一度目は1917年の革命であり，二度目は1985年から始まったペレストロイカである．後者の過程のなかで東欧諸国が自由化に向かって変貌しただけでなく，ソ連邦自身もこの国を支配してきた共産党の一党独裁の消滅とともに，解体してしまった．いまやバルト三国は完全にソ連邦から独立しただけでなく，ザカフカスの諸共和国，中央アジアの国々，さらにはロシア連邦共和国内の少数民族のいくつかの共和国さえもが，独立の志向をしめしている．ロシア共和国とウクライナ共和国の関係如何では「独立国家共同体」の将来もどうなるかわからない．

　しかし，本年（1992年）7月のミュンヘン・サミットは，このようなロシアと「独立国家共同体」の未来が，世界の将来と不可分の関係にあるという西側諸国の指導者とロシアの指導者の一致した認識をしめした．もしロシアをはじめとする旧ソ連邦諸国や東欧諸国の民主化が失敗するならば，それは全世界にとって，はかり知れないマイナスをもたらすであろうと，だれもが考えている．今日ロシアで行われているさまざまな改革の試みを，われわれは対岸の火事として，安閑と見ていることはできない．

　しかし，ロシアの改革を援助するためには，政治や経済だけでなく，この国の人のものの考え方や，文化の特徴をよく知らなければならないだろう．われわれ日本人は，日本とロシアが互いに引っ越すことのできない隣人同士として，これからもながくつきあってゆかねばならず，そのためにも，この隣の巨人の歩んできた道を冷静にみることが，まず必要になってくる．

　本書ははなはだよくできた歴史だが，1989年に出版されたため，それ以後のソ連邦解体までの大きな変化についてはまったくふれていない．そこで巻末においてこの部分をおぎなった．また翻訳にあたって史実や生没年などで誤りがあるときは，できるかぎりこれを訂正した．さらに必要最小限の範囲で［　］のなかに訳者の注を挿入した．翻訳は吉田俊則氏がまず行い，それを2回にわたってわたしが原文と照合して，補足・訂正した．

　近く高校において世界史が必修になると聞くが，新しい教科書においてもロシア・ソ連が十分とりあげられる可能性は少ないだろうと思われる．どうか高校で世界史を教えておられる先生方や，高校・大学の生徒・学生諸君がこの本を読んで，ロシアについてすこしでもゆたかな知識を持たれるようになることを希望してやまない．

1992年9月　外川継男

訳者のことば

　本書はロビン・ミルナー-ガランドとニコライ・デエフスキーの共著 Cultural Atlas of Russia and the Soviet Union の全訳である．ミルナー-ガランドはイギリスのサセックス大学講師で，ロシアおよびヨーロッパ文化史を専門としているが，その関心の範囲は広く，中世のギリシア正教世界，18世紀のロシア=西欧関係，現代ロシア文学，ロシアの芸術と建築，近現代ロシアの芸術運動などを研究対象にするほか，文学作品（とくに詩）の翻訳やアングロ・サクソン芸術の研究などでも活躍している．本書以外のおもな著作に，*Soviet Russian Verse—an Anthology* (New York, 1964), *Russian Writing Today* (M. Dewhirst と共著, Hamondsworth, 1977), *Cambridge Companion to Russian Studies vol. 3—an Introduction to Russian Art and Architecture* (J. E. Bowlt と共著, Cambridge, 1980) などがある．デエフスキーは，フリーのロシア・ソビエト史コンサルタントで，ロシアの歴史・哲学・建築などに関する多数の論文を発表している．

　原著の準備段階（1987年）で書かれた企画書で，主著者ミルナー-ガランドはおおむね次のようにその執筆意図を述べている．この本はまず，教師や学生，さらには一般読者をも含む広い範囲を対象とした啓蒙書として書かれるべきこと，したがって難解な叙述を避け，読物としておもしろいものであること．第二に，叙述の内容に関して，文化の「公けの顔」としての文学，建築，絵画，音楽などにとくに注目し，それらが社会全体の歴史的動向とどのような関連にあったかを示し，巨視的には，ロシア的発展の国際環境との連関を提示すること．そして第三に，歴史の叙述にあたって，地理的環境を重視すること，などである．

　第一の問題に関して，この本の叙述は，平明でありながら分析的でもあり，歴史事象の取捨選択の仕方もかなり説得的ではないかというのが，一読者としての訳者の率直な印象である．文学作品の翻訳も手がけるミルナー-ガランドの叙述は，人物描写や劇的事件（アレクセイ帝やピョートル大帝の描写，アンナ女帝即位やデカブリスト反乱の場面など）の説明に際して，生彩を発揮しており，適度に小説的で臨場感あふれた筆致が印象的である．この点での本書の魅力が翻訳によって損なわれていないか，訳者の危惧するところでもある．

　第二の文化史の問題は，本書のもっとも重要な特色となる部分である．これは，「図説世界文化地理大百科」シリーズ全体の性格からして当然でもあるが，ふつうの歴史概説では章末の添えもののように扱われることの多い文化の歴史が，政治や社会の歴史と有機的に結びつけられるその手法は，かなり巧みなものといえよう．各文化領域への目配りもよくきいている．このこととの関連で，通例では叙述の少ない古い時代のロシア史に比較的大きな比重が割かれている点も，本書の特色となっている．

　著者は，ロシア史の最大の規定要因はその地理的環境であったとみる．この点については専門家のあいだに異論もあろうが，地理的諸条件を無視して歴史叙述は成り立たないことは事実である．ミルナー-ガランドの立場は，もちろん，単純な地理的決定論ではない．気候や土壌，植生などについての本書第1部の記述は，第2部の歴史叙述を読み進むとき，読者が豊かなイメージを抱くための一助となるように思う．人口と国土面積の不均衡，気候・土壌条件と農耕文化の不適合といった命題は，もし粗雑に扱われなければ，ロシア史研究のもっと重視してよい重要な論点であるように思われる．

　序文にあるとおり，原著はペレストロイカの渦中の1988—89年に書かれた．そして翻訳は1991—92年に行われたが，周知のようにこの間にソ連邦の解体があり，このことと関連して，翻訳作業にもさまざまな困難が生じた．そのひとつは地名の問題である．旧ソ連各地で，都市名の旧称への復帰という現象が起こった．レニングラードがサンクトペテルブルグに変わり，ゴーリキーがニージニー・ノヴゴロドとなった．トヴェーリ（カリーニン），サマラ（クイビシェフ），エカチェリンブルグ（スヴェルドロフスク）などの帝政時代の都市名が復活したことは，歴史家としてはあるいは歓迎すべきことかもしれないが，原著の本文や地図にある地名の訂正にあたる翻訳者としては，厄介な事態であった．監修者と訳者の気づいた範囲で，書き換えないし併記の処理を施したが，必ずしも十分なものではなく，読者諸兄のご教示を乞いたいと思う．

　もうひとつは，第3部の叙述の問題である．本書は全体としてソ連邦の存続を前提に書かれているが，第1部と第2部に関しては，翻訳の段階で細部を訂正し，ある程度今日の情勢に合致させることができた．しかし，連邦構成共和国の概観を試みている第3部は，そのような細部の手直しでは修正不可能であり，やむをえずそのまま翻訳する結果となった．連邦政府と共和国との政治的関係についての叙述などはすでに色褪せた感があるが，それでも旧ソ連邦各地方の社会，経済，文化の実情を説明している第3部の記述そのものは，価値を失っていないように思う．

　訳業の過程では多くの方々のご教示を受けた．また，私の知識と教養の不足を，しばしば監修者の外川継男先生に補っていただいた．朝倉書店編集部の皆様には，作業の遅延にもかかわらず，忍耐強く完成までお付き合いいただいた．最後に，この場を借りて，謝意を表したい．

1992年9月　吉田俊則

地名索引

*は小規模な単位領域（例：国，地方，領土，地域など）を示す．

ア 行

アイズプテ 56°42′N 21°49′E　192
アイナジ 57°50′N 24°29′E　192
アイラウ（ポーランド）54°11′N 19°32′E　115
アイン・ジャルト（イスラエル）31°52′N 35°50′E　50
アウステルリッツ（チェコスロバキア）49°10′N 16°53′E　115
アウジャン・ペトロフスク 53°26′N 57°10′E　108, 109
アエグヴィードゥ 59°18′N 25°57′E　192
アキレイア（イタリア）45°47′N 13°22′E　38
アクサイ 51°24′N 52°11′E　216
アグジャベディ 40°05′N 47°27′E　199
アクスタフア 41°07′N 45°27′E　198
アクタウ→シェフチェンコ
アグダシ 40°38′N 47°29′E　199
アクダム 39°59′N 46°56′E　199
アクテュビンスク 50°16′N 57°13′E　216
アクモリンスク 51°10′N 71°28′E　172
アシガバート 37°58′N 58°24′E　12, 128, 172, 216
アジズベコフ 39°38′N 45°30′E　198
アシタラク 40°19′N 44°23′E　198
アスタラ 38°27′N 48°53′E　199
アストラハン〔イティル〕46°22′N 48°04′E　12, 35, 36, 41, 55, 60, 67, 74, 79, 104, 108, 109, 111, 128, 148, 152, 157, 172, 174, 204
アゼルバイジャン　148, 157, 199
アゼルバイジャン共和国*　12, 26, 198
アゾフ 47°06′N 39°26′E　74, 91, 104, 108, 109, 111, 125, 128
アチサイ 43°15′N 68°53′E　216
アチンスク 56°20′N 90°33′E　204
アッケルマン 46°10′N 30°19′E　125
アテネ（ギリシア）38°00′N 23°44′E　35, 38, 127, 128, 147, 148, 174, 177
アトバサル 51°49′N 68°18′E　216
アドリアノーブル（トルコ）41°40′N 26°34′E　35, 38, 41, 125, 127
アナザルボス（トルコ）37°25′N 35°32′E　38
アナディリ 64°41′N 177°32′E　173, 205
アナトリア*　127
アニクシャイ 55°35′N 25°07′E　192
アパストゥマニ 41°44′N 42°51′E　198
アハルカラキ 41°26′N 43°29′E　198
アハルツィヘ 41°42′N 42°59′E　125, 198
アフガン領*　104
アボ（フィンランド）60°27′N 22°15′E　60
アマシア（トルコ）40°37′N 35°50′E　38
アマストリス（トルコ）42°01′N 32°22′E　38
アムステルダム（オランダ）52°21′N 4°54′E　91
アムデルマ 69°44′N 61°35′E　172
アムバルチク 69°39′N 162°27′E　173
アムブロラウリ 42°32′N 43°12′E　198
アムール川*　129
アモリオン（ギリシア）41°18′N 26°26′E　38
アヤグズ 47°59′N 80°27′E　217
アラヴェルディ 41°08′N 44°40′E　198
アラガツ山 40°32′N 44°11′E　198
アラトィリ 54°51′N 46°35′E　109
アラパエフスク 57°51′N 61°42′E　204
アララト 39°47′N 44°46′E　198
アリトゥス 54°22′N 24°08′E　192
アリャト 39°57′N 49°25′E　199
アリューシャン列島（アメリカ）57°00′N 180°00′E　129
アルイシ 42°26′N 68°49′E　216
アルカルイク 50°17′N 66°51′E　216
アルザマス 55°24′N 43°48′E　207
アルダン 58°44′N 125°22′E　205
アルティク 40°40′N 43°56′E　198
アルテモフスク 48°35′N 38°00′E　187
アルトィナガチ 42°01′N 48°22′E　199
アルハンゲリスク 64°29′N 40°40′E　12, 74, 128, 148, 152, 172, 174, 204
アルマヴィル 45°03′N 41°10′E　152
アルマヴィル 43°19′N 76°55′E　12, 172, 217
アルマ=アタ 43°14′N 76°57′E　12, 172, 217
アルマ=アタ 44°59′N 41°10′E　152
アルメニア*　38, 125, 148, 157, 198
アルメニア共和国*　12, 26

アレクサンドリア（エジプト）31°13′N 29°55′E　50, 115
アンカラ（トルコ）39°55′N 32°50′E　174, 176
アンゲハコ 39°34′N 45°55′E　198
アンコーナ（イタリア）43°37′N 13°31′E　115
アングラ（トルコ）39°59′N 32°53′E　38
アンティヴァリ（ユーゴスラビア）42°05′N 19°06′E　38
アンティオキア（シリア）36°12′N 36°10′E　38
アンティオキア（ピシディア）38°05′N 30°45′E　38
アンドルソヴォ 54°40′N 31°51′E　79
アンドロポフ→ルイビンスク
安南*　50

イヴァノヴォ 57°00′N 41°00′E　152, 206
イヴァノ=フランコフスク〔スタニスラフ〕49°00′N 24°40′E　148, 186
イヴァンゴロド 59°24′N 28°10′E　67
イオナヴァ 55°04′N 24°19′E　192
イオニア諸島（ギリシア）38°30′N 21°02′E　115, 128
イガルカ 67°31′N 86°33′E　172, 204
イコニウム（トルコ）37°51′N 32°35′E　38
イーザク 59°09′N 27°28′E　192
イジェヴァン 40°54′N 45°06′E　198
イジェフスク 56°49′N 53°11′E　108, 109
イシフリ山 39°36′N 46°12′E　199
イジュム 49°12′N 37°19′E　56, 67, 187
イスタンブール〔コンスタンティノーブル〕（トルコ）41°02′N 28°57′E　35, 36, 38, 41, 50, 104, 115, 125, 127, 128, 147, 148, 157, 174, 177
イズボルスク 57°12′N 28°05′E　41, 60
イズマイル 45°20′N 28°48′E　115, 148, 186
イティル→アストラハン
イミシリ 39°50′N 48°03′E　199
イリ 43°51′N 77°14′E　217
イリインスカヤ 51°14′N 57°10′E　109
イリュリア地方*　115
イルギズ 48°36′N 61°14′E　216
イルクーツク 52°15′N 104°17′E　13, 74, 129, 172, 205
イルトイシスク 53°22′N 75°30′E　217
イレッカヤ・ザシチータ 51°39′N 54°58′E　104
イングリア*　67
インケルマン 44°35′N 33°34′E　125
インステルブルグ（ポーランド）54°36′N 21°48′E　115
インデルボルスキー 48°32′N 51°44′E　216

ヴァラーム 61°24′N 31°00′E　55
ヴァルカ 57°44′N 26°00′E　152
ヴァルカ 57°44′N 26°06′E　192
ヴァルダイ 57°59′N 33°10′E　206
ヴァルダイ丘陵 57°58′N 31°09′E　12
ヴァルナ 43°12′N 27°57′E　115, 125, 127
ヴァルミエラ 57°32′N 25°29′E　192
ヴァレナ 54°10′N 24°40′E　192
ヴィエシテ 56°20′N 25°31′E　192
ヴィシニー・ヴォロチェク 57°34′N 34°23′E　206
ヴィスカ 55°19′N 42°01′E　206
ヴィディン（ブルガリア）44°00′N 22°50′E　115
ヴィテブスク 55°30′N 30°14′E　35, 41, 55, 56, 60, 67, 79, 115, 152, 174, 186, 206
ヴィホヴィンスキ 55°00′N 22°48′E　148
ヴィボルグ 60°45′N 28°41′E　55, 60, 67, 152, 177
ヴィリニュス〔ヴィルノ〕54°40′N 25°19′E　28, 55, 58, 60, 67, 79, 115, 148, 152, 177, 192
ヴィリヤンディ 58°22′N 25°30′E　192
ヴィル 49°08′N 54°43′E　216
ヴィルゥ 57°46′N 26°52′E　192
ヴィルカヴィシキス 54°39′N 23°02′E　192
ヴィルツ 58°32′N 23°33′E　192
ヴィルノ→ヴィリニュウス
ウィーン（オーストリア）48°13′N 16°22′E　28, 60, 91, 115, 128, 147, 157, 177
ヴィンニッツァ 49°11′N 28°30′E　79, 186
ウェストファリア*　115
ヴェネツィア（イタリア）45°26′N 12°20′E　60, 91, 115, 147
ヴェリーキー・ウスチューグ 60°48′N 46°15′E　45, 55, 60, 79

ヴェリーキエ・ルーキ 56°19′N 30°31′E　56, 60, 174, 206
ヴェリジ 55°36′N 31°13′E　79
ヴェリン・タリン 40°23′N 43°53′E　198
ヴェルフニー・ウファレイ 54°58′N 60°05′E　204
ヴェルホヤンスク山脈　13, 22, 23
ヴェンツピルス 57°22′N 21°31′E　192
ヴォズネセンスク 47°34′N 31°21′E　186
ヴォトキンスク 57°02′N 53°59′E　108, 109
ヴォフマ 58°39′N 25°29′E　192
ヴォルィニ*　58, 79, 104
ヴォルィニ公国　41, 45
ヴォルクタ 67°27′N 64°00′E　172, 204
ヴォルゴグラード→ツァリーツィン
ヴォルスミ島 59°04′N 23°19′E　192
ヴォルノ 55°54′N 32°15′E　206
ヴォロヴィチ 58°22′N 34°00′E　55, 206
ヴォログダ 59°10′N 39°55′E　55, 56, 60, 67, 79, 152, 174, 204, 206
ヴォロコラムスク 56°02′N 35°56′E　55, 60
ヴォロネジ 51°40′N 39°13′E　28, 67, 74, 79, 91, 104, 108, 109, 111, 128, 148, 152, 172
ヴォロシロフグラード 48°35′N 39°20′E　111, 174, 187
ヴォロフスキー・バフヌティエフ 55°11′N 30°19′E　55
ウクメルゲ 55°14′N 24°29′E　192
ウクライナ*　12, 26, 28, 58, 67, 74, 79, 104, 128, 148, 152, 174, 177, 186
ウグリチ 57°30′N 38°20′E　55, 206
ウジゴロド 48°38′N 22°15′E　177
ウシトベ 45°15′N 77°58′E　217
ウジャルイ 40°29′N 47°37′E　199
ウシュバ山 43°09′N 42°43′E　198
ウズゲン 40°48′N 73°14′E　217
ウスタン 52°43′N 39°58′E　111
ウスチヴイムス 62°15′N 50°25′E　55
ウスチ・カメノゴルスク 49°56′N 82°38′E　217
ウスチューグ 61°48′N 46°29′E　41, 56, 104
ウスチノフ 57°02′N 53°59′E　204
ウズベキスタン*　12, 26, 216
ウスペンスキー 48°40′N 72°44′E　217
ウスリー地方*　129
ウゼン 50°21′N 48°05′E　108, 109
ウチャラル 46°10′N 80°57′E　217
ウッチ（ポーランド）51°49′N 19°28′E　148, 152
ウテナ 55°30′N 25°35′E　192
ウファー 54°45′N 55°58′E　74, 79, 104, 152, 172, 174, 204
ウマニ 48°45′N 30°10′E　186
ヴァジマ 55°10′N 34°15′E　41, 56, 67, 79, 115, 206
ヴァトカ 58°09′N 49°59′E　41, 55, 56, 60, 108, 109
ウラジオストーク 43°06′N 131°50′E　13, 129, 173, 205
ウラジカフカス 43°02′N 44°43′E　152
ウラジーミル 50°51′N 24°19′E　45, 58, 60
ウラジーミル 56°08′N 40°25′E　41, 45, 50, 55, 56, 206
ウラジーミル・ヴォルインスク 50°21′N 25°02′E　41
ウラジーミル=スズダリ公国〔ザレースカヤ地方〕*　41, 45
ウラ・テュベ 39°58′N 68°59′E　216
ウラリスク 51°19′N 51°20′E　111, 216
ウラル山脈　12, 22, 23, 55, 74, 108, 109, 172
ウランゲ 55°15′N 107°40′E　13, 172, 205
ウランゲリ島 70°00′N 179°00′W　13, 129
ウランバートル（モンゴリア）47°54′N 106°52′E　13
ウリツキー 53°21′N 65°30′E　216
ウリバ 50°16′N 83°22′E　217
ウリヤノフスク 54°19′N 48°22′E　174
ウリヤンハイ領*　129
ウルグト 39°29′N 67°15′E　216
ウルゲン山 43°14′N 41°44′E　198
ウルゲンチ 41°35′N 60°41′E　216
ウルサテフスカヤ 40°14′N 69°46′E　217
ウレンゴイ 65°59′N 78°30′E　204
ウンキアル・スケレッシ 41°02′N 29°22′E　125
ウンジャ 58°01′N 44°00′E　79

エイスク 46°40′N 38°12′E　125
エウチャイタ（トルコ）40°29′N 34°50′E　38

エヴラフ 40°35′N 47°08′E　199
エカチェリノスラフ 48°27′N 34°58′E　111, 152
エカチェリノダル 45°09′N 38°49′E　152
エカチェリンブルグ〔スヴェルドロフスク〕56°50′N 60°30′E　12, 104, 152, 172, 174, 204
エカブピルス 56°28′N 25°58′E　192
エキバストゥズ 51°45′N 75°22′E　217
エゴリエフスク 55°21′N 39°01′E　206
エステルゴム（ハンガリー）47°46′N 18°44′E　38
エストニア*　28, 104, 148, 152, 157, 172, 174, 177, 192
エストニア共和国*　12, 26
エチミアジン 40°11′N 44°17′E　198
エニセイスク 58°27′N 92°13′E　74, 105
エビルス*　127
エフェソス（トルコ）37°41′N 27°31′E　38
エフパトリア 45°12′N 33°20′E　125, 186
エムバ 48°47′N 58°05′E　216
エルガヴァ 56°39′N 23°40′E　192
エルグリ 56°50′N 25°33′E　192
エルシンギアン（トルコ）39°58′N 39°57′E　38
エルズルム（トルコ）39°57′N 41°17′E　125, 148
エルバ島（イタリア）42°48′N 10°15′E　115
エルブルス山 43°21′N 42°29′E　12
エルフルト（ドイツ）50°58′N 11°02′E　115, 177
エルブロング（ポーランド）54°10′N 19°25′E　60, 148
エルマク 52°03′N 76°55′E　217
エレヴァン 40°10′N 44°31′E　12, 157, 198

オグレ 56°50′N 24°31′E　192
オゴジャ 52°48′N 132°42′E　205
オシ 40°37′N 72°49′E　217
オスナブリュック（ドイツ）52°17′N 8°03′E　60
オスロ（ノルウェー）59°56′N 10°45′E　12, 128, 148, 177
オチャコフ 46°37′N 31°33′E　104, 125
オチャムチラ 42°44′N 41°30′E　198
オデッサ 46°30′N 30°46′E　12, 28, 104, 125, 127, 128, 147, 148, 152, 157, 172, 174, 177, 186
オニ 42°34′N 43°26′E　198
オホーツク 59°20′N 143°15′E　75, 129, 173, 205
オムスク 55°00′N 73°22′E　12, 104, 128, 172, 204
オランダ*　91
オリョール 52°57′N 36°03′E　45, 67, 79, 148, 152
オルシャ 54°30′N 30°23′E　79, 186, 206
オルスク 51°13′N 58°35′E　104, 109, 174, 204
オルドゥバド 38°54′N 46°00′E　198
オレクミンスク 60°25′N 120°25′E　205
オレシェク 60°00′N 31°55′E　60
オレンブルグ 51°50′N 55°00′E　104, 128, 152
オロネツ 61°00′N 32°59′E　60, 79

カ 行

カイナル 49°13′N 77°26′E　217
カイロ（エジプト）30°03′N 31°15′E　50, 115
カウナス〔コヴノ〕54°52′N 23°55′E　12, 35, 41, 58, 60, 79, 115, 148, 157, 192
カヴァーラ（ギリシア）40°56′N 24°24′E　127
カエサレア（トルコ）38°42′N 35°28′E　38
カガン 39°45′N 64°32′E　216
カグラ 43°21′N 40°16′E　198
カザティン 49°41′N 28°49′E　186
カザフ 41°05′N 45°22′E　198
カザフスタン*　12, 26, 29, 128, 216
カザリンスク 45°45′N 62°01′E　216
カザン 55°45′N 49°10′E　12, 29, 45, 55, 56, 60, 67, 74, 79, 104, 108, 109, 111, 128, 152, 174, 204
カザン汗国*　55, 56, 60
ガサンクリ 37°31′N 53°59′E　216
カジ・マゴメド 40°03′N 48°56′E　199
カシミール*　105
カシュガル（中国）39°29′N 76°02′E　50
カスピ 41°56′N 44°25′E　198
カズベク山 42°42′N 44°30′E　198
カタロニア*　115
カチュガ 53°58′N 105°55′E　172
カッタロ（ユーゴスラビア）42°52′N 18°16′E　50, 127, 148
カッファ 44°59′N 35°45′E　55, 60
カディエフカ 48°34′N 38°40′E　187

地名索引

カニバダム 40°20′N70°18′E 216
ガニュシキノ 46°38′N49°12′E 216
カバルタ* 125
カファン 39°11′N46°22′E 199
カフカス山脈 12, 22, 23, 35, 36, 104, 111, 128, 148, 172, 198
カブール(アフガニスタン) 34°30′N69°10′E 12, 50, 128
カマコス(トルコ) 39°20′N39°01′E 38
カムィシ 44°54′N33°23′E 125
カムイシン 50°05′N45°24′E 108, 109
カムチャッカ半島 55°00′N158°00′E 13, 75, 129
カメネツ→カメネツ・ポドリスキー
カメネツ・ポドリスキー〔カメネツ〕 48°40′N26°36′E 67, 79, 115, 186
カメンカ・ドニエプロフスカヤ 47°29′N34°25′E 186
カモ 40°21′N45°07′E 198
カラ 40°44′N72°58′E 217
カラガンダ 49°55′N73°11′E 12, 172, 217
カラコルム(モンゴル) 47°30′N102°20′E 50
カラコルム山脈(パキスタン) 12
カラタウ 43°09′N70°28′E 216
ガラツ(ルーマニア) 45°27′N28°02′E 127
カラボガズゴル 41°04′N52°58′E 216
ガリ 42°37′N41°46′E 198
カーリシュ(ポーランド) 51°46′N18°02′E 115, 148
ガーリチ 58°20′N42°12′E 38, 41, 45, 55, 56, 58
ガーリチ公国* 41
ガリツィア* 45, 148
カリーニン→トウェーリ
カリーニングラード〔ケーニヒスベルク〕 54°40′N20°30′E 12, 28, 58, 60, 91, 147, 148, 152, 177, 192
ガリポリ(トルコ) 40°25′N26°41′E 125, 127
ガリポリ半島 40°01′N25°46′E 148
カルカ 47°52′N39°57′E 50
カルーガ 54°31′N36°16′E 56, 58, 67, 79, 152
カルカラリンスク 49°25′N75°28′E 217
カルケドン(トルコ) 40°59′N29°02′E 38
カルゴポリ 61°32′N38°59′E 79
カルス 39°00′N65°55′E 216
カルス(トルコ) 40°35′N43°05′E 125, 128, 148, 152
カルディス 66°58′N23°45′E 67
カルパチア・ウクライナ* 177
カルパチア山脈 12, 36
カレリア* 67
カロッサ(ハンガリー) 46°35′N19°00′E 38
ガングラ(トルコ) 40°35′N33°37′N 38
カンスク 56°10′N95°55′E 205
カンダヴァ 57°02′N22°42′E 192
カンダガフ 49°30′N57°22′E 216
カンダラクシャ 67°09′N32°31′E 204
カント 42°51′N74°45′E 217

キヴラク 39°23′N45°08′E 198
キエフ 50°28′N30°29′E 12, 28, 35, 36, 38, 41, 45, 50, 55, 56, 58, 60, 67, 74, 79, 104, 108, 109, 111, 115, 125, 128, 148, 152, 157, 172, 174, 177, 186
キエフ公国* 41, 45
キエフ・ルーシ* 35
キオス島(ギリシア) 38°27′N26°09′E 127
キジコス(トルコ) 40°13′N27°54′E 38
キシニョフ 47°00′N28°50′E 12, 28, 111, 148, 177, 186
ギジュヴァン 40°07′N64°15′E 216
キジル 51°42′N94°31′E 204
キジル・ブラン 41°05′N49°01′E 199
キズイル・アルヴァト 39°00′N56°05′E 216
キズイル・キア 40°11′N72°08′E 217
キネシマ 57°28′N42°08′E 206
キプチャク汗国* 50, 55
キフヌ島 58°09′N24°01′E 192
キプロス島 35°15′N32°54′E 35, 38, 147
ギャムイシ山 40°16′N46°22′E 199
旧サライ→サライ
ギュラフェヘールヴァール(ルーマニア) 46°12′N23°42′E 35
キュルダミル 40°21′N48°09′E 199
キリシ 59°30′N32°02′E 204, 206
キール(ドイツ) 54°20′N10°08′E 60
キルギスタン* 12, 26, 217
キルクク(トルコ) 35°28′N44°23′E 198
キロヴァバド 40°39′N46°20′E 199
キロヴォグラード 48°31′N32°15′E 28, 186
キロプ 58°34′N49°42′E 174, 204
キン島 58°12′N22°30′E 192

クイビシェフ→サマラ
クヴァレリ 41°27′N45°47′E 198
クオヤルヴィ 66°58′N30°10′E 177

クサルイ 41°27′N48°27′E 199
クシェンスク 60°37′N40°15′E 55
クシカ 35°18′N62°22′E 216
クシムレン 52°30′N44°37′E 216
クズィル・オルダ 44°50′N65°12′E 216
クズネツク 53°08′N46°05′E 172
クズバス* 204
グーセフ 54°48′N22°10′E 192
クタイシ 42°15′N42°44′E 125, 198
グダウタ 43°08′N40°37′E 198
グダニスク〔ダンツィヒ〕(ポーランド) 54°22′N18°38′E 55, 58, 60, 115, 148, 157, 174, 177
クトカシェン 40°59′N47°50′E 199
グニェズノ(ポーランド) 52°32′N17°32′E 38, 58
クバ 41°23′N48°33′E 199
クビャンスク 49°41′N37°37′E 187
クマイリ→レニナカン
クムシキ 48°33′N83°40′E 217
グライフスバルト(ドイツ) 54°06′N13°24′E 60
クライペダ〔メメル〕 55°40′N21°08′E 58, 148, 177, 192
クラウディオポリス(トルコ) 40°45′N31°33′E 38
クラクフ(ポーランド) 50°03′N19°55′E 28, 35, 41, 58, 60, 91, 147, 148, 177
クラスニク(ポーランド) 50°56′N22°14′E 148
クラスヌィ・ホルム 58°24′N37°07′E 55
クラースヌィ・ヤール 46°32′N47°48′E 108
クラスノイ 54°42′N31°58′E 115
クラスノヴォツク 40°01′N53°00′E 152, 216
クラスノグラード 49°22′N35°28′E 186
クラスノダル 45°02′N39°00′E 204
クラスノトゥリンスク 59°46′N60°10′E 204
クラスノヤルスク 56°10′N93°00′E 13, 74, 105, 172, 204
グラソフ 58°09′N52°42′E 152
クラマトルスク 48°43′N37°33′E 187
クリヴォイ・ログ 47°55′N33°24′E 172, 174, 186
グリエフ 47°08′N51°59′E 79, 108, 109, 111, 172, 216
クリコヴォ 54°49′N38°20′E 50
クリサルイ 46°59′N54°02′E 216
クリチェフ 53°42′N31°43′E 186
クリミア汗国* 55, 56, 58, 60, 67, 79, 108, 109
クリミア半島* 45, 104, 125, 128, 148, 174, 186
クリャブ 37°55′N69°47′E 216
クルガン 53°30′N65°20′E 109, 204
クルガン・テュベ 37°52′N68°22′E 216
クルシェナイ 56°01′N23°03′E 192
クルジャ* 128
クルスク 51°45′N36°14′E 41, 58, 67, 79, 174
クルストピルス 56°29′N25°58′E 192
クルタイ 45°20′N51°19′E 216
クルディガ 56°58′N21°58′E 192
グルベネ 57°10′N26°42′E 192
グルボコエ 55°06′N82°15′E 217
クルム(ポーランド) 53°20′N18°25′E 55
クールラント* 104, 148
クレヴォ 54°19′N26°17′E 58, 148
クレタ島(ギリシア) 35°15′N25°00′E 38, 127, 147, 174
クレティンガ 55°52′N21°12′E 192
クレバキ 55°25′N42°31′E 204, 206
グレベンカ 50°10′N32°45′E 186
クレメンチュグ 49°03′N33°25′E 186
クロアチア* 174
グロースヌイ 43°21′N45°42′E 12, 152, 174, 204
グロドノ 53°40′N23°50′E 28, 35, 41, 58, 67, 79, 186
クロンシュタット 60°00′N29°40′E 148, 152
クロンスタット(ルーマニア) 45°21′N24°11′E 127
クンガル 57°25′N57°10′E 111
クングラード 43°05′N58°23′E 216
クンダ 59°30′N26°28′E 192
グンビンネン 55°30′N23°03′E 148

K2山(パキスタン) 35°54′N76°30′E 12
ゲオクチャイ 40°38′N47°43′E 199
ケダベク 40°34′N45°46′E 198
ケーニヒスベルク→カリーニングラード
ケミ 64°58′N34°39′E 204
ケリゴ島(ギリシア) 36°09′N24°35′E 115
ケリメ 55°38′N22°50′E 192
ケルキ 37°53′N65°11′E 216
ケルネス 44°52′N33°28′E 35, 36, 41, 55, 58
ケルチ 45°22′N36°27′E 125, 172, 186
ケルン(ドイツ) 50°56′N6°57′E 60

コヴェリ 51°12′N24°48′E 186
コヴォロディナ 54°00′N123°53′E 205
コウノ→カウナス
コウロフ 56°23′N41°21′E 206
コーカンド 40°33′N70°55′E 216
コクチェタフ 53°18′N69°25′E 216
コクペクトイ 48°47′N82°26′E 217
コスチャギル 47°05′N54°09′E 216
コストロマ 57°46′N40°59′E 55, 56, 67, 206
コズラル(ドイツ) 51°55′N10°25′E 60
コズロフ 52°54′N40°30′E 111
コズロフ 52°58′N40°18′E 79
コゼリスク 50°31′N35°48′E 50, 55, 67, 79
コティアイオン(トルコ) 39°35′N29°52′E 38
コディアク(アメリカ) 57°49′N152°36′W 129
コトブス(ドイツ) 51°43′N14°21′E 28
コトラス 61°15′N46°35′E 174
ゴトランド島(スウェーデン) 57°50′N18°52′E 41, 60
コナイ(トルコ) 37°25′N30°10′E 38
コナクケンド 41°04′N48°36′E 199
コノトプ 51°15′N33°14′E 186
ゴビ砂漠 43°00′N105°00′E 13
コヒラ 59°09′N24°48′E 192
コフトラ・ヤルヴェ 59°25′N27°20′E 192
コブレティ 41°49′N41°46′E 198
コペト・ダグ山脈 12
コペンハーゲン(デンマーク) 55°43′N12°34′E 12, 128, 152, 177
コマロフ 148
コミュニズム山 39°05′N72°03′E 12, 217
コムソモーリスク 50°31′N137°00′E 173, 205
コムソモレツ 53°47′N62°02′E 216
コムナルスク 48°30′N38°45′E 187
コムラト 46°18′N28°40′E 186
ゴーメリ 52°25′N31°00′E 56, 67, 79, 152, 174, 186
コラ半島 68°12′N35°09′E 12
ゴリ 41°59′N44°07′E 198
ゴーリキー→ニージニー・ノヴゴロド
ゴリス 39°31′N46°22′E 199
コリント(ギリシア) 37°56′N22°55′E 38
コリマ山脈 13
コルガン 37°31′N53°59′E 180, 109
コルグイ島 68°40′N49°50′E 12
コルシカ島(フランス) 42°00′N9°00′E 115, 147
ゴルティネ(ギリシア) 35°01′N24°59′E 38
コルニリョフ 58°35′N39°56′E 55
コルフ(ギリシア) 39°38′N19°57′E 115, 127
ゴルロフカ 48°17′N38°05′E 187
コロステニ 50°51′N28°40′E 186
コロニア(トルコ) 40°19′N37°58′E 38
コロムィヤ 48°31′N25°00′E 186
コロムナ 55°05′N38°45′E 206
コンスタンツァ(ルーマニア) 44°10′N28°40′E 127, 176
コンスタンティノフカ 48°33′N37°45′E 187
コンスタンティノープル→イスタンブール

サ行

ザイサン 47°30′N84°50′E 217
サウルクラストイ 57°20′N24°28′E 192
ザカタルイ 41°39′N46°40′E 199
サカル 38°57′N63°45′E 216
ザグレブ(ユーゴスラビア) 45°48′N15°58′E 28
サドン 42°50′N44°03′E 204
サハリン島 51°00′N143°00′E 13, 22, 23, 75, 129, 173
サビラバド 40°00′N48°28′E 199
サポロジエ 47°50′N35°10′E 104, 174, 186
ザポロジエ* 125
サマラ〔クイビシェフ〕 53°10′N50°10′E 12, 67, 79, 104, 108, 109, 111, 128, 152, 172, 174, 204
サマルカンド 39°40′N66°57′E 50, 104, 128, 172, 216
サムトレディア 42°10′N42°22′E 198
サモギティア* 58
サモス島(ギリシア) 37°45′N26°58′E 127
サヤン山脈 13, 22, 23
サライ〔旧サライ〕 47°48′N47°54′E 55, 60
サライ〔新サライ〕 48°21′N45°08′E 50, 55
サラヴァト 53°22′N55°50′E 204
サラエボ(ユーゴスラビア) 43°52′N18°26′E 28, 127, 147
サラトフ 51°30′N45°55′E 12, 29, 67, 74, 79, 104, 108, 109, 111, 152, 172, 174, 204
サリヤヌイ 39°36′N48°59′E 199
サルケル 47°53′N42°51′E 35, 36, 38, 41
サルイス 48°29′N70°19′E 216

ザルツブルク(オーストリア) 47°54′N13°03′E 38
サルディニア島(イタリア) 39°57′N9°00′E 115, 147
サルデス(トルコ) 38°28′N28°02′E 38
サルドゥス 56°38′N22°30′E 192
サルニ 51°21′N26°32′E 186
ザレースカヤ地方*→ウラジーミル=スズダリ公国*
サレハルド 66°33′N66°35′E 204
サーレマー島 58°40′N22°50′E 192
サレルノ(イタリア) 40°40′N14°46′E 38
サンクトペテルブルグ〔ペトログラード、レニングラード〕 59°55′N30°25′E 12, 28, 91, 104, 109, 111, 115, 128, 148, 152, 157, 172, 174, 177, 204, 206
サンステファノ(トルコ) 41°00′N28°55′E 127
ザーンダム(オランダ) 52°27′N4°49′E 91
サンフランシスコ(アメリカ) 37°45′N122°27′E 129

シヴェニョニス 55°09′N26°10′E 192
ジェズカズガン 47°48′N67°24′E 216
ジェトイガラ 52°14′N61°10′E 216
シェフチェンコ〔アクタウ〕 43°37′N51°11′E 216
シェベトフカ 50°12′N27°01′E 186
シェベリン 49°27′N36°31′E 186
シェマハ 40°38′N48°37′E 199
ジェルジンスク 56°15′N43°30′E 207
シェンクシ 62°05′N42°58′E 148, 152
シグナヒ 41°34′N46°00′E 198
ジザク 40°05′N67°58′E 216
シスコイ 62°03′N42°01′E 55
ジダノフスキ 39°46′N47°36′E 199
シチェチンスク 52°59′N70°14′E 216
シチリア(イタリア) 37°30′N14°30′E 115, 147
シデ 36°45′N31°23′E 38
シトカ〔ノウォアルハンゲリスク〕(アメリカ) 56°38′N135°08′W 129
ジトミール 50°18′N28°40′E 41, 152, 186
シノップ(トルコ) 42°35′N35°09′E 35, 36, 125
シパント→マンフレドニア
シビリ 58°15′N70°32′E 74
シプカ峠(ブルガリア) 42°46′N25°33′E 127
シベリア* 129, 172
シホテアリニ山脈 13
ジメリンカ 49°00′N28°02′E 186
シャヴィクレデ山 42°14′N45°35′E 198
シャウミャニ 41°22′N44°46′E 198
シャウミャノフスク 40°24′N46°33′E 199
シャウリャイ 55°51′N23°20′E 192
シャフティ 47°43′N40°16′E 204
シャムキル 40°50′N46°00′E 198
ジャムブル 42°50′N71°25′E 216
ジャンコイ 45°42′N34°23′E 186
ジャンベイトイ 50°16′N52°33′E 216
ジュサルイ 45°47′N64°18′E 216
シュテーデ(ドイツ) 53°36′N9°28′E 60
シュトラールズント(ドイツ) 54°18′N13°06′E 60
シュバルクドゥク 49°08′N56°30′E 216
シュヤ 56°49′N41°23′E 206
シュラーバード 40°47′N49°30′E 108, 109
ショストカ 51°53′N33°30′E 186
シライオン(トルコ) 37°01′N31°29′E 38
シリストリア(ブルガリア) 44°06′N27°17′E 115, 125, 127
シルテ 55°18′N21°30′E 192
ジーロイ島 40°22′N50°35′E 108, 109, 199
新サライ→サライ
シンビルスク 54°21′N48°32′E 67, 79, 108, 109, 111, 152
シンフェロポリ 44°57′N34°05′E 125, 148, 152, 186

スイクトイヴカル 61°42′N50°45′E 29
スイズラニ 53°12′N48°30′E 111, 204
ズイリャノフスク 49°44′N84°17′E 217
スヴァウキ(ポーランド) 54°08′N22°59′E 152
スヴィノイ島 39°57′N49°57′E 108, 109
スヴェニゴロド 55°40′N36°50′E 56
スヴェルドロフスク→エカチェリンブルグ
スキタリ(アルバニア) 42°06′N19°19′E 127
スキタリ(トルコ) 41°01′N29°01′E 125
スクオダス 56°21′N21°45′E 192
スグディディ 42°30′N41°52′E 198
スコピエ(ユーゴスラビア) 42°00′N21°28′E 28, 35, 127
スズダリ 56°26′N40°29′E 41, 45, 55, 60
スタロポリ 45°05′N42°02′E 152, 204
スタニスラフ→イヴァノ=フランコフスク
スタノヴォイ山脈 13, 22, 23
スタウロポリス(トルコ) 37°51′N27°59′E 38
スターラ・ザゴーラ(ブルガリア) 42°25′N25°37′E 127

スターラヤ・ルッサ 57°58′N31°10′E 60
スターリングラード→ ツァリーツィン
スタリンスク 54°08′N87°58′E 172
スタールイ・オスコル 51°20′N37°50′E 204
スタロウトキンスク 57°15′N59°20′E 204
スタロドゥプ 52°35′N32°45′E 67, 79
スタロベリスク 49°16′N38°56′E 187
スタロベリスク 199
ステパナヴァン 41°01′N44°24′E 198
ステパナケルト〔ハンケイドイ〕 39°48′N 46°45′E 199
ステプニャク 52°52′N70°49′E 216
ストゥデンカ 115
ストックホルム(スウェーデン) 59°20′N 18°95′E 12, 60, 74, 91, 128, 148, 172, 177
ストラスブール(フランス) 48°35′N7°45′E 147
ストルィ 49°16′N23°48′E 186
ストルポヴォ 59°55′N33°05′E 56, 67
ストレンチ 57°39′N25°42′E 192
ズナメンカ 48°42′N32°40′E 186
スパソ・カメンニー 59°42′N39°56′E 55
ズバラジ 49°40′N25°49′E 79
スパラト→ スプリト
スピタク 40°51′N44°25′E 198
スピッツベルゲン島(ノルウェー) 78°00′N17°00′E 128
スフミ 43°01′N41°01′E 125, 198
スプリト〔スパラト〕(ユーゴスラビア) 43°31′N16°28′E 28, 38
スミルナ(トルコ) 38°25′N27°10′E 38, 127
スームイ 50°54′N34°49′E 186
スムガイト 40°35′N49°38′E 199
スメラ 49°15′N31°54′E 186
スモルニ 54°28′N27°20′E 148
スモレンスク 54°49′N32°04′E 12, 35, 36, 41, 45, 55, 56, 58, 60, 67, 74, 79, 104, 111, 115, 128, 148, 152, 157, 177, 204, 206
スモレンスク公国* 41, 45
スラヴャンスク 48°51′N37°36′E 187
ズラトウスト 55°10′N59°38′E 109
スラハヌイ 40°25′N59°03′E 199
スリュクタ 39°59′N69°31′E 216
スルツク 53°02′N27°31′E 186
スレディン山脈 13
スロニム 53°05′N25°21′E 186
スロバキア* 174

西安(中国) 34°16′N108°54′E 50
セヴァストーポリ 44°36′N33°31′E 12, 28, 104, 115, 125, 128, 148, 152, 157, 174, 186
セヴァン 40°33′N44°56′E 198
セーヴェルナヤ・ゼムリャ諸島〔ニコライ2世諸島〕 79°00′N95°00′E 13, 22, 23, 129, 172
ゼスタフォニ 42°07′N43°03′E 198
ゼースト(ドイツ) 51°34′N8°06′E 60
セチ 47°53′N34°11′E 55, 67, 79, 111
セバスティア(トルコ) 39°44′N37°01′E 38
セミパラチンスク 50°26′N80°16′E 105, 217
ゼムリャフランツヨーゼフ諸島 12, 22, 23, 128
セラフス 36°34′N61°32′E 216
セルギエフ・ポサード〔ザゴールスク〕 56°20′N 38°10′E 206
セルビア* 124, 127, 128, 147, 148, 174
セルプホフ 54°53′N37°25′E 55, 206
セレウキア(トルコ) 36°22′N33°57′E 38
ゼレノグラツク 20°10′N20°28′E 192
セントローレンス島(アメリカ) 63°00′N 170°00′W 13, 129

ソヴェツク〔ティルジット〕 55°02′N21°50′E 115, 192
ソウル(韓国) 37°30′N127°00′E 13, 129, 173
ソチ 43°35′N39°46′E 152
ソビエツカヤ・ガバニ 48°57′N140°16′E 173
ソフィア(ブルガリア) 42°40′N23°18′E 28, 124, 127, 128, 147, 148, 157, 174, 177
ソリヴィチェゴーツク 61°21′N46°49′E 60, 79
ソリカムスク 59°40′N56°45′E 111, 204
ソリゴルスク 52°45′N27°39′E 186
ソロヴィツキー修道院 65°04′N36°42′E 55
ソロキ 48°08′N28°12′E 186

タ 行

タイミル半島 75°30′N100°00′E 13
ダウィドゴロドク 52°04′N27°10′E 186
タウォルジャン 52°44′N77°25′E 217
ダウガヴピルス〔ドヴィンスク〕 55°52′N 26°31′E 148, 152, 192
タウラゲ 55°12′N22°16′E 192
タガンログ 47°14′N38°55′E 104, 125, 152
ダケスタン* 128
タジキスタン* 12, 26, 216
タシケント 41°16′N69°13′E 12, 50, 104, 128, 172, 216
タシャウズ 41°49′N59°58′E 216
タチシチェフ 52°01′N54°10′E 180, 109

タナ 47°11′N39°24′E 36, 55
タブリーズ(イラン) 38°05′N46°18′E 50, 148
ダマスクス(シリア) 33°30′N36°19′E 50
タラ 56°55′N74°24′E 74, 104
タラス 42°32′N72°14′E 217
タリン〔レヴァル〕 59°22′N24°48′E 12, 28, 55, 58, 60, 74, 128, 148, 152, 157, 192
タルガル 43°17′N77°15′E 217
タルスイ 57°18′N22°39′E 192
タルドィ・クルガン 45°02′N78°23′E 217
タルトゥ〔ドルバト〕 58°20′N26°44′E 60, 152, 192
タルヌフ(ポーランド) 50°03′N21°00′E 148
タルノポリ 49°35′N25°39′E 148
ダルマティア* 127
ダンツィヒ→ グダニスク
タンネンベルク(ポーランド) 53°30′N20°09′E 148
タンボフ 52°44′N41°28′E 67, 79, 108, 109, 152, 204

チアトゥラ 42°15′N43°17′E 198
チイリ 44°10′N66°37′E 216
チェゲミ 37°19′N36°44′E 79
チェリャビンスク 55°12′N61°25′E 104, 109, 172, 204
チェルカスィ 49°27′N32°04′E 186
チェルカスク 46°52′N40°00′E 104, 108, 109, 111
チェルカル 47°48′N59°39′E 216
チェルニゴフ 51°30′N31°18′E 35, 41, 45, 50, 55, 56, 58, 67, 186
チェルニゴフ公国* 41, 45
チェルニャホフスク 54°36′N21°48′E 192
チェルノヴィツィ→ チェルノフツィ
チェルノフツィ〔チェルノヴィツィ〕 48°19′N 25°52′E 148, 177, 186
チェレボヴェツ 59°05′N37°57′E 204, 206
チェレムホヴォ 53°04′N103°00′E 172
千島列島 47°00′N152°00′E 129
チタ 52°03′N113°35′E 13, 172, 205
チムケント 42°16′N69°05′E 216
チャガタイ汗国* 104, 128
チャルジョイ 39°09′N63°34′E 216
チャルスク 49°37′N81°02′E 217
チャルダラ 41°18′N67°56′E 216
チュー 43°40′N73°47′E 217
チュスト 40°59′N71°14′E 216
チュードフ 59°10′N31°05′E 206
チュメニ 57°11′N65°29′E 172, 204
チョルグン 44°53′N33°56′E 125
チョールヌイ・ヤール 48°04′N46°06′E 108
チリク 43°37′N78°16′E 217
チルチク 41°28′N69°31′E 216

ツァゲリ 42°39′N42°46′E 198
ツァリーツィン〔スターリングラード、ヴォルゴグラード〕 48°43′N44°32′E 12, 67, 74, 79, 104, 108, 109, 111, 128, 152, 172, 174, 204
ツェシ 57°18′N25°18′E 192
ツェチニエ(ユーゴスラビア) 42°23′N18°55′E 127
ツェリノグラード 51°10′N71°30′E 216
ツォリ 41°34′N46°03′E 198
ツヒンヴァリ 42°14′N43°58′E 198

ティアナ(トルコ) 37°48′N34°36′E 38
ディヴィチ 41°12′N49°02′E 199
ティクシ 71°50′N129°00′E 172, 205
ディクソン 74°30′N81°03′E 204
ティフリス→ トビリシ
ティミス 59°35′N33°29′E 206
ティラスポリ 46°50′N29°38′E 186
ティラナ(アルバニア) 41°20′N19°49′E 147
ティリジャン 40°45′N44°52′E 198
ティルジット→ ソヴェツク
デウリノ 56°30′N37°43′E 67
テケリ 44°36′N78°56′E 217
テジェン 37°26′N60°30′E 216
テッサリア* 127
テッサロニキ(ギリシア) 40°38′N22°58′E 38, 127
デットフォード(イギリス) 51°29′N0°03′W 91
テヘラン(イラン) 35°40′N51°26′E 128, 148, 172
テミル 49°09′N57°06′E 216
テミルタウ 50°04′N73°01′E 217
テラヴィ 41°56′N45°30′E 198
テリシャイ 55°58′N22°16′E 192
デリー=スルタン国* 50
テルノポリ 49°35′N25°39′E 186
デルベント 42°03′N48°18′E 36, 41, 104, 108, 109
テルメズ 37°15′N67°15′E 216

天山山脈(中国) 12, 217

トゥアプセ 44°06′N39°05′E 204
ドヴィンスク→ ダウガヴピルス
トヴェーリ〔カリーニン〕 56°49′N35°57′N 12, 41, 45, 55, 56, 58, 60, 67, 79, 152, 204, 206
トヴェーリ* 56, 58, 60
東京(日本) 35°40′N139°45′E 13, 129, 173
トゥークムス 56°58′N23°10′E 192
ドゥシェティ 42°05′N44°42′E 198
ドゥシャンベ 38°38′N68°51′E 12, 216
ドゥディンカ 69°27′N86°13′E 172
トゥーラ 54°11′N37°38′E 56, 58, 67, 79, 108, 109, 152, 204
ドゥラッツォ(アルバニア) 41°18′N19°28′E 38, 127
トゥルガイ 49°38′N63°25′E 216
トゥルトクリ 41°30′N61°00′E 216
トゥーロフ 52°04′N27°40′E 41, 45, 58
トゥーロフ=ピンスク公国* 41, 45
トキブリ 42°21′N43°00′E 198
トクヴァルチェリ 42°47′N41°52′E 198
トクマク 42°49′N75°15′E 217
トスカナ* 115
ドニエプロジェルジンスク 48°30′N34°37′E 186
ドニエプロペトロフスク 48°29′N35°00′E 28, 172, 174, 186
ドネツク 48°00′N37°50′E 12, 187
トビリシ〔ティフリス〕 41°43′N44°48′E 12, 128, 148, 152, 157, 172, 174, 198
ドブルジャ* 127
トボリスク 58°15′N68°12′E 74, 104, 172
トムスク 56°30′N85°05′E 74, 105, 128, 172, 204
トムタラカニ 45°17′N37°23′E 35, 36, 38, 41
トライアノポリス(ギリシア) 40°57′N25°56′E 38
トラブゾン(トルコ) 41°00′N39°43′E 36, 38, 125, 148
トリエステ(イタリア) 45°50′N13°46′E 177
トリノ(イタリア) 45°04′N7°40′E 115
ドリンスカヤ 48°06′N32°46′E 186
トルキスタン 43°17′N68°16′E 216
トルキスタン* 104, 128
トルクメニスタン* 12, 26, 216
トルジョク 57°02′N34°51′E 41, 55, 60, 206
ドルスキニンカイ 54°01′N20°23′58′E 192
ドルトムント(ドイツ) 51°32′N7°27′E 60
ドルバト→ タルトゥ
トルブチェフスク 52°36′N33°46′E 67
トルン 53°01′N18°35′E 60
トレヴィーゾ(イタリア) 45°40′N12°15′E 115
ドレスデン(ドイツ) 51°03′N13°45′E 91, 115, 177
トロイツキー 62°54′N59°57′E 55
トロイツキー修道院 56°05′N37°59′E 55, 56, 67
トロイツク 54°10′N61°35′E 109
ドロストル 44°02′N27°22′E 35, 41
ドンバス* 186

ナ 行

ナイサール島 59°35′N24°37′E 192
ナウメスタ 54°34′N22°56′E 192
ナゴルヌイ 55°57′N124°54′E 205
ナザロヴォ 56°02′N90°30′E 204
ナヒチェヴァン 39°12′N45°24′E 198
ナブパクトス(ギリシア) 38°23′N21°50′E 38
ナポリ(イタリア) 40°50′N14°15′E 115
ナポリ王国* 115
ナマンガン 40°59′N71°41′E 216
ナルイン 41°24′N76°00′E 217
ナルヴァ 59°22′N28°17′E 58, 60, 91, 152, 192
ナロドナヤ山 65°02′N60°01′E 12

ニキツク 59°43′N38°19′E 55
ニケーア(トルコ) 40°27′N29°43′E 38
ニコビリ 43°47′N34°25′E 186
ニコメディア(トルコ) 40°47′N29°55′E 38
ニコライ2世諸島→ セーヴェルナヤ・ゼムリャ諸島
ニコラエフ 46°57′N32°00′E 148, 152, 174, 186
ニージニー・タギル 58°00′N59°58′E 204
ニージニー・ノヴゴロド〔ゴーリキー〕 56°20′N44°00′E 12, 29, 41, 55, 56, 60, 67, 79, 104, 108, 109, 148, 152, 172, 174, 204, 207
ニジネウディンスク 55°00′N99°00′E 105
ニーシュ(ユーゴスラビア) 43°20′N21°54′E 127
ニュールンベルク(ドイツ) 49°27′N11°05′E 60, 177

ヌクス 42°28′N59°07′E 216
ヌハ 41°12′N47°10′E 199
ヌレク 38°24′N69°15′E 216

ネアパートレ(ギリシア) 38°22′N22°45′E 38
ネヴェリ 56°00′N29°59′E 67, 79
ネオカエサレア(トルコ) 40°35′N36°59′E 38
ネジン 51°03′N31°34′E 186
ネビト・ダグ 39°31′N54°24′E 216
ネフテチャラ 39°23′N49°14′E 199
ネリドヴォ 56°13′N32°46′E 206
ネリンガ 55°21′N21°05′E 192
ネルチンスク 51°57′N116°29′E 74

ノーヴァヤ・カザンカ 49°00′N49°36′E 216
ノーヴァヤ・ゼムリャ島 75°00′N56°00′E 12, 22, 23, 74, 128, 172
ノヴィバザル(ユーゴスラビア) 43°19′N21°32′E 127
ノヴィバザル* 127
ノーヴィポルト 64°40′N72°30′E 172
ノヴォアルハンゲリスク→ シトカ
ノヴォカザリンスク 45°48′N62°06′E 216
ノヴォクズネツク 53°36′N87°01′E 74, 105
ノヴォグラード・ヴォルインスキー 50°34′N 27°32′E 186
ノヴォシビルスク 55°00′N83°00′E 12, 128, 172, 204
ノヴォシビルスク諸島 13, 22, 23, 129, 172
ノヴォチェルカスク 47°25′N40°05′E 152
ノヴォロシスク 44°44′N37°46′E 111, 125, 148, 152, 204
ノヴゴロド 58°30′N31°20′E 12, 36, 41, 45, 50, 55, 56, 58, 60, 67, 79, 91, 104, 108, 109, 111, 128, 174, 204, 206
ノヴゴロド* 45, 58, 60
ノヴゴロド共和国* 41
ノヴゴロド公国* 56
ノヴゴロド・セーヴェルスキー 52°00′N33°15′E 41, 45
ノヴゴロド・セーヴェルスキー公国* 41, 45
ノギンスク 55°52′N38°29′E 206
ノリリスク 69°21′N88°02′E 172, 204
ノルドヴィク 74°01′N111°30′E 13, 172

ハ 行

バイコヌル 47°46′N66°01′E 216
バイデ 58°58′N25°32′E 192
バイラム・アリ 37°44′N62°13′E 216
バウスカ 56°22′N24°12′E 192
パヴログラード 48°34′N35°50′E 186
パヴロダル 52°21′N76°59′E 104, 217
パカナス 44°50′N76°13′E 217
ハーグ(オランダ) 52°05′N4°16′E 12
バクー 40°22′N49°52′E 12, 36, 104, 108, 109, 128, 148, 152, 157, 172, 174, 199
バグダード(イラク) 33°20′N44°26′E 50
バグラティノフスク 54°26′N20°38′E 192
バクリアニ 41°45′N43°31′E 198
白ロシア→ ベラルーシ
バサルケチェル 40°11′N45°42′E 198
ハザール国* 35
ハサンカレ(トルコ) 39°56′N42°11′E 125
バシケンド 40°39′N45°31′E 198
ハシュリ 41°58′N43°35′E 198
ハチマス 41°27′N48°50′E 199
パーデルボルン(ドイツ) 51°43′N8°44′E 60
バトゥーミ 41°37′N41°36′E 125, 148, 152, 198
バートレ(ギリシア) 38°21′N21°51′E 38
バネヴェジス 55°44′N24°24′E 192
ハノーバー(ドイツ) 52°23′N9°44′E 60, 91, 115
バハルデン 38°25′N57°24′E 216
ハーブサル 58°58′N23°32′E 192
ハバロフスク 48°30′N135°06′E 13, 173, 205
パブチサライ 44°56′N33°58′E 125
パブマチ 51°10′N32°48′E 186
パブラデ 55°00′N25°56′E 192
パミール高原 38°00′N73°00′E 12, 22, 23, 217
バラクラヴァ 44°31′N33°35′E 125
バラノヴィチ 53°09′N26°00′E 186
パリ(フランス) 48°52′N2°20′E 115, 147
ハリコフ 50°00′N36°15′E 12, 28, 58, 104, 111, 148, 152, 157, 172, 174, 186
バルタ 47°58′N29°39′E 186
バルダ 40°23′N47°08′E 199
バルディスキ 59°22′N24°08′E 192
バルティスク 54°41′N19°59′E 192
バルナウル 53°12′N83°50′E 105, 204
バルハシ 46°51′N75°00′E 217
ハレ(ドイツ) 51°28′N11°58′E 60
パレルモ(イタリア) 38°08′N13°23′E 115
ハワイ諸島(アメリカ) 21°19′N157°50′W 129
バンク 39°26′N49°15′E 199
バンクーバー(カナダ) 49°20′E123°10′W 129
ハンケイドイ→ ステパナケルト
ハンコ(フィンランド) 59°50′N23°00′E 152
パンフィロフ 44°11′N80°07′E 217
ハンブルク(ドイツ) 53°33′N10°00′E 60, 115

地名索引

ピアチェンツァ(イタリア) 45°03′N9°41′E 115
ヒヴァ 41°25′N60°49′E 104, 128, 216
ヒーウマー島 58°50′N22°40′E 192
ヒエラポリス(トルコ) 37°57′N28°50′E 38
ビシケーク[フルンゼ] 42°53′N74°46′E 12, 172, 217
ビスビュ(スウェーデン) 57°37′N18°20′E 36, 60
ビスマール(ドイツ) 53°54′N11°28′E 60
ビャウィストク(ポーランド) 53°09′N23°10′E 28, 41, 115, 148, 177
ピャチゴルスク 44°02′N43°00′E 152
ビャルヌ 58°28′N24°30′E 192
ピョートルクフ(ポーランド) 51°23′N19°43′E 148
ピョンヤン(北朝鮮) 39°00′N125°47′E 13
ビリャスバル→ ブーシキノ
ビルジャイ 56°10′N24°48′E 192
ヒルデスハイム(ドイツ) 52°09′N9°58′E 60
ピンスク 52°08′N26°01′E 41, 45, 58, 79, 148, 174, 177, 186
ヒンドゥークシ山脈(パキスタン) 12

フィズリ 39°35′N47°07′E 199
フィリッピ(ギリシア) 41°05′N24°19′E 38
フィリポポリス(ブルガリア) 42°08′N24°45′E 35, 127
フェティソヴォ 42°46′N52°38′E 216
フェラハバード(イラン) 36°10′N53°49′E 108, 109
フェラポントフ 60°02′N34°32′E 55
フェルガナ 40°23′N71°19′E 216
フォート・ウランゲリ(アメリカ) 56°32′N 131°12′W 129
フォート・ロス(アメリカ) 38°36′N123°12′W 129
フォルト・シェフチェンコ 44°31′N50°15′E 216
ブカレスト(ルーマニア) 44°25′N26°07′E 28, 115, 127, 128, 147, 148, 152, 157, 174, 177
プシェミシル(ポーランド) 49°48′N22°48′E 35, 41, 58, 177
ブーシキノ[ビリャスヴァル] 39°28′N48°34′E 199
プスコフ 57°48′N28°26′E 36, 41, 45, 55, 56, 58, 60, 67, 79, 91, 104, 128, 152, 174, 177
プスコフ* 56, 58, 60
プスコフ公国* 56
プストインスク 54°25′N30°23′E 55
ブダ→ ブダペスト
フダト 41°37′N48°42′E 199
ブダペスト[ブダ, ペスト](ハンガリー) 47°30′N19°03′E 28, 50, 60, 127, 128, 147, 148, 157, 174, 176
ブティヴリ 51°21′N33°53′E 67
ブドジスコイ 62°11′N37°08′E 60
ブハラ 39°47′N64°26′E 104, 128, 216
フメリニツキー 49°25′N26°59′E 186
フョードシヤ 45°03′N35°23′E 152, 186
ブラウンシュバイク(ドイツ) 52°15′N10°30′E 60
ブラチスラヴァ(チェコスロバキア) 48°10′N17°08′E 28, 177
プラツク 56°20′N101°50′E 205
プラハ(チェコスロバキア) 50°05′N14°25′E 12, 28, 38, 60, 147, 157, 177
フランクフルト(ドイツ) 50°06′N8°41′E 60
プリシブ 39°09′N48°34′E 199
フリードラント 54°20′N20°18′E 115
ブリャンスク 53°15′N34°09′E 56, 58, 67, 111, 174, 204
ブリルキ 50°35′N32°24′E 186
ブルガス(ブルガリア) 42°30′N27°29′E 127
ブルガル 55°02′N49°57′E 35, 41, 45, 50, 55, 60
ブルジャヌィ(ポーランド) 42°30′N78°23′E 217
フルンゼ→ ビシケーク
ブレイリ 56°16′N26°50′E 192
ブレヴェン(ブルガリア) 43°26′N24°37′E 127
ブレスト[ブレスト=リトフスク] 52°08′N 23°40′E 28, 58, 79, 148, 152, 186
ブレスト=リトフスク→ ブレスト
ブレスラフ(ブルガリア) 43°09′N26°50′E 35, 41
ブレディヴィンスク 57°04′N93°29′E 172
ブレーメン(ドイツ) 53°05′N8°48′E 60
フロ 41°39′N42°15′E 198
プロイセン* 58, 74, 79, 91, 104, 115
プロイセン, 東* 148, 157, 177
プロージ 55°20′N25°08′E 148
プロツク(ポーランド) 52°32′N19°52′E 148
ブロツワフ(ポーランド) 51°05′N17°00′E 60, 115
プロボイスク 53°35′N31°28′E 67

ベオグラード(ユーゴスラビア) 44°50′N 20°30′E 28, 60, 115, 127, 128, 147, 148, 157, 174, 176
北京(中国) 39°55′N116°25′E 13, 50, 129
ヘクスター(ドイツ) 51°47′N9°22′E 60
ベジェツク 57°49′N36°42′E 56
ペスト→ ブダペスト
ペチェンガ[ペツァモ] 69°28′N31°04′E 152, 177
ペツァモ→ ペチェンガ
ベッサラビア* 115, 125, 127, 128, 148, 152, 157, 174
ベッシヌス(トルコ) 39°17′N31°32′E 38
ペトログラード→ サンクトペテルブルグ
ペトロザヴォーツク 61°46′N34°19′E 204
ペトロパヴロフスク 54°53′N69°13′E 216
ペトロパヴロフスク・カムチャツキー 53°03′N158°43′E 13, 173, 205
ペトロフスク[ペトロフスク・ザバイカリスキー] 51°20′N108°55′E 205
ペトロフスク・ザバイカリスキー→ ペトロフスク
ヘラクレイア(トルコ) 41°02′N27°59′E 38
ヘラート(アフガニスタン) 34°20′N62°10′E 50
ベーラヤ・ツェルコーフィ 49°49′N30°20′E 186
ベラルーシ[白ロシア]* 28, 74, 148, 177, 186
ベラルーシ共和国* 12, 26
ベリツィ 47°44′N27°51′E 186
ベルヴォマイスク 48°03′N30°50′E 186
ベルゴルスク 54°08′N36°36′E 67, 152
ベルゴロド[ベルゴロド・ドニエストロフスキー] 46°10′N30°19′E 60, 186
ベルゴロド・ドニエストロフスキー→ ベルゴロド
ペルジャンスク 46°45′N36°47′E 125, 186
ペルシア* 74, 104, 108, 109, 125, 128, 148, 152, 172, 174
ヘルシンキ(フィンランド) 60°08′N25°00′E 12, 79, 128, 148, 152, 172, 174, 177
ヘルソン 46°39′N32°28′E 125, 174, 186
ペルー山 56°58′N86°11′E 12
ヘルツェゴヴィナ* 147
ヘルフォルト(ドイツ) 52°07′N8°40′E 60
ヘルヴェティア* 115
ベルホイア(ギリシア) 40°42′N22°29′E 38
ペルミ[モロトフ] 58°01′N56°09′E 104, 108, 109, 152, 172, 204
ベルリン(ドイツ) 52°32′N13°25′E 12, 28, 115, 148, 157, 172, 174, 177
ベレコーブ 46°10′N33°42′E 67, 79, 125, 186
ベレゾ 52°32′N25°00′E 186
ペレスラヴリ 56°12′N38°31′E 55, 91
ベレヂチェン 47°45′N28°56′E 41
ベレヂチェフ 49°54′N28°39′E 186
ベレヤスラヴェツ 45°04′N28°43′E 35, 36, 41
ベレヤスラヴリ 50°05′N31°28′E 35, 41, 45, 79
ベレヤスラヴリ公国* 41, 45
ベレヤスラヴリ・リャザンスキー 54°55′N 39°50′E 67
ベーロヴォ 54°27′N86°19′E 204
ベロカヌイ 41°44′N46°24′E 199
ベロゴルスク 50°55′N128°26′E 205
ベローゼルスク[ベローゼロ] 60°00′N37°49′E 41, 55, 56, 67, 79
ベローゼロ→ ベローゼルスク
ペンザ 53°11′N45°00′E 55, 56, 67, 79, 108, 109, 111, 152
ベンデルイ 46°50′N29°29′E 186

ボクシトゴルスク 59°28′N33°49′E 204, 206
ボゴスト・ナ・モーレ 64°02′N38°05′E 60
ホジェイリ 42°25′N59°25′E 216
ボズナニ(ポーランド) 52°25′N16°53′E 58
ボスニア* 127, 147
ポティ 42°11′N41°41′E 125, 198
ボドリスク* 58
ボドリスク 55°23′N37°32′E 206
ボブルイスク 53°08′N29°10′E 186
ポベダ山 65°10′N146°00′E 13
ペドビイ山 42°10′N80°04′E 12, 217
ポメラニア* 58
ポーランド=リトアニア連合王国* 55, 74
ボリスポリ 50°21′N30°59′E 186
ポリソフ 49°09′N28°30′E 79, 115, 186
ポリソフカ 43°15′N68°12′E 216
ボルジョミ 41°49′N43°23′E 198
ポルタヴァ 49°35′N34°37′E 56, 58, 79, 91, 152, 186
ポルト・イリーチ 38°55′N48°47′E 199
ボルニシ 41°28′N44°33′E 199
ホルモゴールィ 64°45′N42°10′E 60
ポルスク 54°51′N21°09′E 192

ホロギ 47°30′N36°18′E 186
ホログ 37°32′N71°32′E 216
ボログェ 57°53′N34°17′E 206
ボロツク 55°30′N28°43′E 35, 36, 41, 45, 55, 58, 60, 67, 79, 186
ボロツク公国* 41, 45
ボロディノ 55°01′N37°19′E 115
ボローニャ(イタリア) 44°30′N11°20′E 115
ボン(ドイツ) 50°44′N7°06′E 12, 177

マ 行

マイカイン 51°28′N75°46′E 217
マイコプ 44°35′N40°25′E 152
マガダン 59°38′N150°50′E 205
マカト 47°38′N53°16′E 216
マカレフ 57°33′N44°15′E 55
マキンスク 52°40′N70°28′E 216
マグダガチ 53°27′N125°44′E 205
マグデブルク(ドイツ) 52°08′N11°37′E 38, 60
マグニトゴルスク 53°28′N59°06′E 172″204
マクラコヴォ 58°13′N92°30′E 172
マケエフカ 48°01′N38°00′E 187
マケドニア* 127
マサルイ 39°01′N48°40′E 199
マジェイキャイ 56°19′N22°21′E 192
マシタガ 40°33′N50°00′E 199
マジルベ 40°40′N22°21′E 192
マゾヴィア* 58
マドナ 56°54′N26°10′E 192
マドリード(スペイン) 40°25′N3°43′W 115, 147
マハチカラ 42°59′N47°30′E 204
マハラジェ 41°55′N42°02′E 198
マモノヴォ 54°28′N19°58′E 192
マーラヤ・ヴィシェラ 58°55′N32°25′E 152
マリウポリ 47°05′N37°34′E 125, 152, 172, 187
マルイ 37°36′N61°54′E 216
マルダケルト 40°14′N46°46′E 199
マルトゥニ 40°09′N45°10′E 198
マロヤロスラヴェツ 55°00′N36°28′E 115
マンギシュラク半島 44°11′N52°00′E 216
マンチュリア* 129
マンフレドニア[シバント](イタリア) 41°37′N15°55′E 38, 115

ミアジク 40°15′N49°25′E 199
ミッタウ 56°51′N24°01′E 104
ミティーリニ(トルコ) 39°06′N26°34′E 38
ミヌシンスク 53°30′N91°50′E 105
ミネラリヌイエボードイ 44°14′N43°10′E 152
ミハイロ=アルハンゲリスク 61°05′N45°47′E 55
ミハ・ツハカヤ 42°16′N41°59′E 198
ミュンスター(ドイツ) 51°58′N7°37′E 60
ミュンヘン(ドイツ) 48°08′N11°35′E 147, 177
ミラ(トルコ) 36°17′N29°58′E 38
ミラノ(イタリア) 45°28′N9°12′E 115, 147
ミールヌイ 62°30′N113°32′E 205
ミンゲチャウル 40°45′N47°03′E 199
ミンスク 53°51′N27°30′E 12, 28, 35, 41, 45, 55, 58, 67, 79, 104, 128, 148, 152, 174, 177, 186
ミンデン(ドイツ) 52°18′N8°54′E 60

ムイザキュラ 58°02′N25°12′E 192
ムイナク 43°46′N59°00′E 216
ムストヴェ 58°51′N26°59′E 192
ムツヘタ 41°46′N44°44′E 198
ムフ島 58°40′N23°20′E 192
ムラーヴァ(ポーランド) 53°08′N20°20′E 148
ムルガブ 38°12′N74°01′E 217
ムルマンスク 68°59′N33°08′E 12, 148, 152, 172, 174, 177, 204
ムーロム 55°04′N42°04′E 35, 41, 55, 56, 67, 206
ムーロム=リャザン公国* 41

メスティア 43°04′N42°46′E 198
メセンブリア(ブルガリア) 42°30′N27°05′E 36
メッシナ(イタリア) 38°13′N15°33′E 115
メメル→ クライペダ
メリテネ(トルコ) 38°22′N38°18′E 38
メリトポリ 46°51′N35°22′E 125

モギレフ 53°54′N30°20′E 67, 148, 152, 186
モギレフ・ポドリスキー 48°29′N27°49′E 186
モゴチャ 53°44′N119°45′E 205
モジャイスク 55°29′N36°02′E 55
モジドク 43°44′N44°38′E 152
モスクワ 55°45′N37°42′E 12, 22, 23, 26, 28, 41, 50, 55, 56, 58, 60, 67, 74, 79, 91, 104, 108, 109, 111, 115, 128, 148, 152, 157, 172, 174, 176, 204, 206
モスクワ大公国* 56, 58, 60
モスル(イラク) 36°21′N43°08′E 148

モヒ(ハンガリー) 47°52′N19°57′E 50
モラケンド 40°08′N48°06′E 199
モルダヴィア→ モルドワ
モルダヴィア共和国→ モルドワ共和国
モルドワ[モルダヴィア]* 28, 58, 125, 127, 128, 148, 177, 186
モルドワ[モルダヴィア]共和国* 12, 26
モロデチノ 54°16′N26°50′E 186
モロトヴォ 41°30′N44°00′E 198
モロトフ→ ペルミ
モンテネグロ* 115, 124, 127, 128, 147, 148

ヤ 行

ヤイツク 51°11′N51°05′E 108, 109
ヤウネルガヴァ 56°34′N25°02′E 192
ヤクーツク 62°10′N129°50′E 74, 129, 172, 205
ヤズド(イラン) 31°55′N54°22′E 128
ヤッシィ(ルーマニア) 47°09′N27°38′E 115, 148, 177
ヤブロノイ山脈 13, 22, 23
ヤルタ 44°30′N34°09′E 125, 174, 186
ヤロスラヴリ 57°34′N39°52′E 12, 41, 45, 55, 56, 58, 60, 67, 74, 104, 111, 174, 204, 206

ユルマラ 56°59′N23°35′E 192

ラ 行

ライプツィヒ(ドイツ) 51°20′N12°20′E 91, 115
ラーヴァ(ポーランド) 51°46′N20°12′E 91
ラオディケア(トルコ) 37°46′N29°02′E 38
ラギ 40°49′N48°23′E 199
ラクヴェレ 59°22′N26°28′E 192
ラグサ(ユーゴスラビア) 42°40′N18°07′E 38, 127
ラシト(イラン) 37°18′N49°38′E 108, 109
ラセイニャイ 55°28′N23°02′E 192
ラチン 39°38′N46°33′E 199
ラトヴィア* 28, 152, 157, 172, 174, 177, 192
ラトヴィア共和国* 12, 26
ラドガ 59°59′N32°11′E 41, 55, 60, 67
ラーリサ(ギリシア) 39°38′N22°28′E 38
蘭州(中国) 38°00′N102°54′E 50

リヴォニア* 74, 104, 148
リヴォフ 49°50′N24°00′E 28, 55, 58, 60, 67, 79, 152, 174, 177, 186
リエバヤ[リバウ] 56°31′N21°00′E 152, 192
リガ 56°53′N24°08′E 12, 28, 41, 45, 55, 58, 60, 67, 74, 79, 91, 104, 111, 115, 128, 147, 148, 152, 157, 174, 177, 192
リーグニッツ(ポーランド) 51°12′N16°10′E 50
リスボン(ポルトガル) 38°44′N9°08′W 147
リダ 53°50′N25°19′E 186
リトアニア* 28, 38, 56, 58, 60, 67, 79, 104, 148, 152, 157, 174, 176, 177, 192
リトアニア共和国* 12, 26
リバウ→ リエバヤ
リプシュタット(ドイツ) 51°41′N8°20′E 60
リブリャーナ(ユーゴスラビア) 46°04′N 14°30′E 127
リムノス島(ギリシア) 39°50′N25°05′E 127
リャザン 37°34′N39°43′E 12, 35, 41, 45, 50, 55, 56, 104, 111, 204, 206
リャザン* 58, 60
リャザン公国* 45, 56
リューネブルク(ドイツ) 52°15′N10°24′E 60
リューベク(ドイツ) 53°52′N10°40′E 60
旅順 38°16′N122°06′E 129
ルイビンスク[アンドロポフ] 58°01′N38°52′E 206
ルガ 58°42′N29°49′E 206
ルゴヴォイ 43°00′N72°20′E 217
ルザエフカ 52°48′N66°55′E 216
ルジェフ 56°15′N34°18′E 56, 79, 206
ルスタヴィ 41°34′N45°03′E 198
ルスチェク(ブルガリア) 43°50′N25°59′E 115
ルック 50°42′N25°15′E 58, 186
ルッザ 56°30′N27°41′E 192
ルブヌ 41°01′N33°00′E 186
ルフヌ島 57°48′N23°25′E 192
ルブリン(ポーランド) 51°18′N22°31′E 148, 152
ルメリア, 東* 127

レヴァル→ タリン
レースナヤ 53°30′N30°55′E 91
レスボス島(ギリシア) 39°00′N26°20′E 127
レゼクネ 56°30′N27°22′E 192
レチツァ 52°21′N30°24′E 186
レニナカン[クマイリ] 40°47′N43°49′E 198
レニナバード 40°14′N69°40′E 216
レニノゴルスク 50°23′N83°37′E 217

レニングラード→サンクトペテルブルグ
レーニン山 39°18′N73°25′E 217
レペリ 54°48′N28°40′E 186
レムゴ(ドイツ) 52°02′N8°54′E 60
レリク 38°45′N48°24′E 199
レンコラニ 38°45′N48°50′E 199
レントヴァリス 54°37′N25°02′E 192
レンベルグ(オーストリア) 49°28′N24°47′E 147, 148

ロヴノ 50°39′N26°10′E 152, 186
ロガチェフ 53°04′N30°00′E 186
ロキシキス 55°59′N25°32′E 192
ロシア* 12, 13
ロシア連邦共和国* 26, 29
ロストク(ドイツ) 54°06′N12°09′E 60
ロストフ 57°11′N39°23′E 41, 45, 55, 56, 79, 206
ロストフ・ナ・ドヌー 47°15′N39°45′E 12, 29, 147, 148, 152, 157, 172, 204
ロードス(ギリシア) 36°26′N28°14′E 38
ロードス島(ギリシア) 36°20′N27°59′E 35, 127
ローマ(イタリア) 41°53′N12°30′E 38, 115, 147, 177
ローマ教皇領* 115
ロヤ 57°30′N22°46′E 192
ロンドン(イギリス) 51°30′N0°10′W 147

ワ 行

ワラキア* 58, 115, 125, 127, 128
ワルシャワ(ポーランド) 52°15′N21°00′E 12, 28, 55, 58, 60, 74, 104, 115, 128, 147, 148, 152, 157, 172, 174, 177
ワルシャワ大公国* 115

索　引

イタリック数字の頁は、図版または地図の説明文に対応する.

ア 行

愛智会　121
アイヌ人　207,209
アヴァクム　77,78,84
アヴァクムの『自伝』　77,82
アヴァール人　25,34
アウグスト2世　91,94
アウステルリッツ　115,117
『青騎士年鑑』　136
『赤い車輪』　226
赤の広場　210
アクショーノフ, V　182
アクメイスト　158
『悪霊』　133
あご鬚禁止令　92
あご鬚章　92
あご鬚税　92
アジャール自治共和国　20,202
亜針葉樹林帯　22
アスコリド　41,42,43
アストラハン　20,74,75,92
アストラハン汗国　54,65
アストラハン蜂起　94
アゼリー文化　201
アゼルバイジャン　26,50,151,157,181,199
アゼルバイジャン共和国　20,200,201
アゼルバイジャン人　201
アゾフ　75,90,91,102
アゾフ海　26
『アゾフ防衛の物語』　82
アゾフ要塞　89,90
アダルベルト　43
アッティラ大王　34
アトス山　52,54
アドリア海　26,27
アドリアノーブル　34
アドリアン総主教　93
アナスターシア　65,66,67
アナドイリ　75
アニ　200
アバラチキ　230
アフガニスタン　20,180,226
アフガニスタン侵攻　179,225,226
アブハジア自治共和国　202,203
アフマートヴァ, アンナ　158,182
アフラシアブ　219
アブラーゼ　226
アブラーモフ, フョードル　226
『アマデウス』　122
アムダリヤ川　219
アムール川　23,75
アムール渓谷　17
アメリカ　151,153,176,178,179,180
アラグヴィ川　202
アラスカ　16,24,129
アラブ　37,39,40
アラブ人　25,26
アララト山　200
アラル海　201
アリンベルド　200
アルギルダス王　58
アルダイグュビルスキ　37
アルタイ山脈　32
アルツィバーシェフ, ミハイル　143
アルツィホフスキ, A　39
『アルバート街の子供たち』　226
アルバニア　176,177
アルハンゲリスキー聖堂　52,65,211
アルハンゲリスク　66,74,89,96,97,149
『アルヒテクトン』　164
アルマアタ(ヴェールヌイ)　181,218
アルメニア　20,27,45,151,157,181,199,200,201
アルメニア教会　200
アルメニア共和国　200
アルメニア語　200
アルメニア人　200
アルメニア民族主義　200
アレクサンドラ　145
アレクサンドリア　78
アレクサンドル1世　96,107,114,115,117,119,120
アレクサンドル2世　107,118,119,125,126,128,129,131,133,135,215
アレクサンドル2世暗殺　132
アレクサンドル3世　128,132,135
アレクサンドル・ネフスキー　52
アレクサンドロス大王　30,217
アレクサンドロフ村　24,62,66,78
アレクセイ修道院聖母被昇天(ウスペンスキー)聖堂　83
アレクセイ・ニコラエヴィチ　145
アレクセイ府主教　55
アレクセイ・ペトローヴィチ　92,95,100
アレクセイ・ミハイロヴィチ　21,74,75,76,77,78,79,80,82,83,84,88,109
「アロジズム」　164
アンガラ川　208
アングラ文化　182
アングル　37
『アングロ・サクソン年代記』　40
庵室教会(スケーテ)　78
反(アンチ)キリスト　91,93,116,121
アンティオキア　78
アント人　25
アンドルソヴォ条約　78
アンドレーエフ, レオニード　143
アンドロポフ, ユーリー　178,180
アンナ　81,101,103
アンナ・レオポルドヴナ　102
『アンナ・カレーニナ』　130

イヴァーノフ, アレクサンドル　124
イヴァン3世(大帝)　52,56,57,58,59,60,61,63,65,66,83
イヴァン4世(雷帝)　56,58,59,61,62,63,65,66,70,74,75,77,78,80,88,90,97,107,193,211
イヴァン5世　48,80,81,89,98,101,102
イヴァン6世　100,101,102,108
イエズス会　75
イギリス　91,102,125,146,149,151
イコノスタシス(聖障)　56,69,72,87
『イーゴリ軍記』　39,40,42,45,57
イーゴリ公　42,43,45
『イーゴリ公』(歌劇)　134
イコン　→聖像画
医師団陰謀事件　177
「石の帯」　20
イジャスラフ　45
イスケル　75
イスタンブール　153
泉の教会　69
イスラム教　34,43,48,54,166,167,201,217,221,224
イスラム教徒　201,220
イスラム教民族　39
イスラム建築　221
イスラム神秘主義(スーフィズム)　220,221,224
イスラム世界　37
イタリア　34
イタリア未来派　157
イタリア様式　65
一国社会主義論　159
一子相続法　103
一党独裁　155
イティリ　34
移動派(巡回絵画展協会)　133,135,156
イヌイト(エスキモー)　16,17
イブラヒム=パシャ　120
イブン・ルスタ　37
イラリオーン(府主教)　39,42,45
イラン　20,27,32
イリメニ湖　36,37
イルクーツク　75
異論派　178,179,180,181,182
『イワン・イワーノヴィチとイワン・ニキーフォロヴィチが喧嘩した話』　122
『イワン・デニーソヴィチの一日』　182,226,227
イングリア　94
インゲルハイム　37
インディギルカ川　75
インテリゲンツィア　133
インド=ヨーロッパ(印欧)語族　27
インペラートル　→皇帝

ヴァイキング　25,29,36,37,38,40,41,42,43,70
ヴァイキング招致伝説　38
ヴァシーリー1世　54,56
ヴァシーリー2世　56,59
ヴァシーリー3世　52,56,58,61,63,65,83
ヴァシーリー大聖堂　211
ヴァシリコ公　40
ヴァラン・ドゥ・ラ・モート, J-B　114
ヴァリャーグ人　36,37
ヴァルダイ丘陵　36
ヴァレンス　34
ヴィクトリア女王　120
ウイグル族　218
ヴィシネグラツキー, イヴァン　135
ヴィシュニー・ヴォロチェク　37
ヴィスラ川　27
ヴィッテ, セルゲイ　135,142,143
ヴィリニュス　58,116,197,228
ウィーン　81,91
ウヴァーロフ, セルゲイ　121
ヴヴェデーニエ・ボゴロディツァ教会　69
ヴェシ　38
ウェストファリア条約　75
ヴェーチェ　→民会
ウェッブ夫妻　176
ヴェードモスチ　97
ヴェネツィア　76,77,90
ヴェネド人　25
ヴェリチコフスキー, パイシウス　109
ヴェルサン, L・M・J　95
ヴェルナツキー, G　26,105
ヴェールヌイ　→アルマアタ
ヴェンド人　25,54
ヴォズネセンスキー, アンドレイ　182
ヴォルィニ　45,112
ヴォルガ・ウラル油田　208
ヴォルガ＝オカ水系　57
ヴォルガ川　17,20,24,29,34,37,45,45,50,51,55,108,110,201
「ヴォルガのかなたの修道士たち」　63
ヴォルガ・ブルガル　43,45
ヴォルガ・ブルガル人　37,39
ヴォルカ子　17,20,24,29,34,37,45,45,50,51,55,108,110,201
ヴォルゴグラード　29,34
ヴォルテール　88,112,130
ヴォルホフ川　36,70
ヴォロツキー, イオシフ　63
「浮かれ会議」　92
ウクライナ　29,30,31,36,40,74,75,146,149,151,157,166,181,187,189,191,231
ウクライナ共和国　149,189
ウクライナ語　26,29,75
ウクライナ・コサック　75
ウクライナ人　26,187,189,218
ウクライナのバロック　98
ウクライナ民族主義　173
ウグラ川　59
ウグリチの「驚くべき教会(ディーヴナヤ・ツェールコフィ)」　83
ウシャコーフ, シモン　83
「ウスカレーニエ(加速化)」　225
ウズベキスタン(ウズベク共和国)　219,220,221,222,223,231
ウズベク人　219
ウズベク・ソビエト社会主義共和国　220
ウスペンスキー聖堂(ウラジーミルの)　47,57,65,73
ウスペンスキー聖堂(ザゴールスクの)　68
ウスペンスキー聖堂(モスクワの)　65,73,211
ウスペンスキー, ボリス　91
「ヴ・ナロード(人民のなかへ)」運動　131,133
ウニアート　→合同教会
ウフトムスキー　68
ヴャチチ族　25
ヴャトカ　61
ウラジオストーク　20
ウラジーミル(地名)　17,24,40,42,44,45,50,54,57,73
ウラジーミル1世(聖公)　14,40,42,43,43,44,47
ウラジーミル2世モノマフ　39,40,40,42,45
ウラジーミル公国　57
ウラジーミル＝スズダリ公国　45
ウラジーミル大公位　53
ウラニウム　224
ウラル山脈　16,17,20,75,207
ウラル地方　208
ウラルトゥ王国　200
ウランゲリ　153
ウルグ・ベグ　219,221
ウルドゥー語　27
ヴルーベリ, ミハイル　137,163
運河　196

永久凍土　32,207
エイゼンシュテイン, セルゲイ　52,62,141,157,160,161
英雄叙事詩(ブイリーナ)　39,44,70
エウドキア　92
エカチェリーナ1世　95,96,100,101,102,103
エカチェリーナ2世　73,83,100,102,103,104,105,106,107,108,109,110,111,111,114,115,195,215
エカチェリンブルグ　151,153
駅伝制度　53
エキバストゥス盆地　218
エスエル　→社会革命党
エスキモー　→イヌイット
エストニア　104,181,192,194,195,197,227
エストニア共和国　194
エストニア語　27,34
エストニア人　38,193,194,195
エセーニン, セルゲイ　158
エニセイ川　208
NTS(民族労働同盟)　153
『エフゲニー・オネーギン』　122,134
エフトゥシェンコ, エフゲニー　182
エミーン, フョードル　112
エリザヴェータ　102,103,105,215
「エリザヴェータ期のバロック」　98
エリザベス1世　61,88
エリツィン　228,229,230
エルサレム　78
エルベ川　37
エルマーク　75
エルミタージュ美術館　113
エレヴァン　200
エレンブルク, イリヤ　153,177,182
エンゲルス, フリードリヒ　158

オアシス　219
オイルシェール(油母頁岩層)　193,194,196
オーウェル, ジョージ　161
黄金の羊皮伝説　203
「欧州共通の家」　225
王朝連合　39
大いなるイヴァンの鐘楼　→鐘楼
オカ川　20,45
オグズ族　219,222
オグリツォフ, バジェン　83
オコフスキーの森　36
オシ　224
オステルマン　101
オーストリア　27,90,95,102,111,125,177
オーストリア=ハンガリー帝国　146
オストロフスキー, アレクサンドル　133
オスマン=トルコ帝国　34,48,54,57,65,81,90,94,111,114,119,125,146,188
オットー1世　43
オデッサ　104,111,120,189,190
オネガ湖　37
オーブシチナ　→農村共同体
オブリーチナ　62,66
『オブローモフ』　133
オブローモフ主義　133
オホーツク海　22,76,209
オボーリエ　23,24,45
オボレンスキー　34
オムスク　151
オランダ　91
オリガ　43,101
オルディン=ナショチョーキン　80
オルロフ, アレクセイ　106
オレアリウス, アダム　76,82
オレーグ公　40,40,42
音節詩　75,82

カ 行

海軍省　89,125,214,215
外交使節庁　76,80,81,82
外国人村　75,89
『外套』　122

「解放同盟」 132
科学アカデミー 112
ガガーリン、ユーリー 178
革命記念日 180
革命ロシア美術家連盟（AKHRR） 181
『過去と思索』 123
カザコーフ、マトヴェイ 114
カザコーフ、ユーリー 182
カザフ人 218
カザフスタン（カザフ共和国） 217,218,231
カザン 34,74,75
カザン汗国 63,65
カザン占領 63,211
カザン・タタール 61
カシモフ 59
カスケレン 218
ガースチェフ、A 158
ガズニー朝 222
カスピ海 16,20,34,45,50,199,201,217,222
カーダール 177
褐色土 17
カデット →立憲民主党
カトリコス（教会首長） 200
カトリック教会 52,77,166
カフカス語族 26
カフカス山脈 17,20,34,201,202
カフカス地方 23,26,30,34,51
ガボン 141
カマ川 34
カーマゼン卿 91
「カマリンスカヤ」 125
カムチャッカ半島 16
カーメネフ 173
「かもめ」 144
カラガンダ 208
カラクム砂漠（黒い砂） 25
カラコルム 51,52
『カラマーゾフの兄弟』 133
カラムジン、ニコライ 113,121
カラー、ユーリー 227
ガーリチ＝ヴォルィニ連合公国 45
ガリツィア 45,52,146,149
カリーニングラード州 197
カリフ 37
カルカ川 50
カール12世 91,94,105
ガルシン、フセヴォロド 133
「ガールリキ」 37,40
ガルッピ 113
カルバチア山脈 20
カルビニ、プラノ 53
カルミル・ブルール 200
官署（プリカース） 80,96
官製民族主義 120
カンディンスキー、ヴァシーリー 136,137,160,164,182
官等表 95,97,103

キエフ 16,17,32,36,37,39,40,42,43,44,45,47,48,50,52,53,54,58,81
キエフ公国 38,40,43,45
キエフ国家 39
キエフ大公 43,45
キエフ洞窟（ペチェルスキー）修道院 47,169
キエフのソフィア大聖堂 →聖ソフィア聖堂（キエフの）
キエフ・ルーシ 35
戯曲 75
キーキン、A・V 99
キジ島 86,87
キシニョフ 188
キジル・クム 20,219
貴族 103
貴族会議（ボヤールスカヤ・ドゥーマ） 78,79,81,96
貴族学校 116
貴族に対する特権認可状 109
貴族の勤務解放 →勤務解放令
貴族の時代 103
北カフカス 34
北大西洋条約機構 180
北ドヴィナ川 96
「偽ドミトリー」1世 66
「偽ドミトリー」2世 66
騎馬民族 17
キプチャク汗国 50,51,52,54,56,59,63,81,210
キプチャク族 219
キプチャク＝ハン 55
キプリアン府主教 57
キプレンスキー、O・A 123
『騎兵隊』 161
キャビア 201
キャメロン、チャールズ 114
キュイ、ツェーザリ 133,134
旧科学アカデミー 89
旧教徒 78,92
救世主キリスト聖堂 168
宮廷革命 102
旧亜人 96
キューバ危機 178
キュービズム 164
教会音楽 82
教会会議 65,78
教会スラヴ語 44,57
教会分裂 76
教会法典（ノモカノン） 78
教会領国有化 109
共産主義 158,170
共産党 151,153,154,155,156
『共産党宣言』 159
共産党第20回大会 177
共産党第26回大会 180
共産党の解体 231
強制収容所（グラーグ） 153,172,175,176,177,179,207
共治帝イヴァン5世への書簡 81,89
共通スラヴ語 28
『教父列伝』 47
居住許可制度 179
『巨匠とマルガリータ』 182
虚無主義者（ニヒリスト） 133
ギリシア 26,30,43,127
ギリシア語 27,28,38,39
ギリシア十字プラン 48
ギリシア人 34,36,42
『ギリシア人哲学者の演説』 40
ギリシア正教 40,44,58,59,65,72,75,166,227
ギリシア正教会 28,39,43,49,52,54
ギリシア文字 27
キリスト教 34,35,39
キリスト教化 39
キリスト教への改宗 42,43
キリスト昇天教会（ヴォズネセーニエ教会堂） 65
キリスト復活大聖堂（ヴォスクレセンスキー・ソボール） 83
キリスト変容（ネレーディツァ）聖堂 51
キリル文字 27,28,29,39
キリロス（コンスタンティノス） 27,28,34,41,54
キルギス人 224
キルギスタン（キルギス共和国） 224,231
キレーエフスキー、イヴァン 123
キレーエフスキー、ピョートル 123
キーロフ 173
『金鶏』 135,161
緊張緩和（デタント） 179,180
金の椅子の陰の救世主 84
「金の時代」 53
勤務解放令 103,106,109
勤務貴族 79,84
勤務国家体制 76,97,103
勤務の自由 61
勤務報奨制度 81

クェーカー教 109
クストーディエフ、ボリス 143
クズネツォフ、P 137
クズバス 208
グースリ 71
クタイシ地方 202
クチコヴォ 45
クーデター 229
クパン・ステップ地方 30,34
クブリーン、アレクサンドル 158
「くま手をもった少女」 164
クマン人 42
グミリョーフ、ニコライ 158
グム百貨店 210
クラ川 202
クラーキン 90
クラーク →富農
グラーグ →強制収容所
グラゴール文字 28
グラースノスチ（情報公開） 29,181,225
グラノヴィータヤ宮殿 65
クラフチュク 231
クラムスコーイ、イヴァン 133
クリヴォイ・ログ 190
クリコヴォの戦い 57
クリコヴォ平原 54,55
グリボエドフ、アレクサンドル 119,123
クリミア 227
クリミア汗国 81,89,93,111
クリミア戦争 120,121,124,125,126,129,153
クリミア＝タタール 66,81,89,94
クリミア半島 20,30,34,43,54,81,191
クリミア半島ケルチ近郊 30
グリム 112
クリャジマ川 24,45
クリューキン、ニコライ 158
クリュチェフスキー 21
クリュチコフ 230
グリュプス 30,31,32
グリンカ、ミハイル 113,125,134
グリンスカヤ、エレーナ 65,101
グルジア 45,151,157,181,199,201,202,203,231
グルジア旧王国 114
グルジア共和国 20,30,202
グルジア大主教 202
グルジア語 202
グルジア人 30,202
グルジア併合 115
クルティツキー望楼宮殿 84
クルプスキー公、アンドレイ 61,66,119,121
クールラント 101,112,193
クレヴォの連合（1385） 58
グレク、フェオファン →テオファネス
グレコ・スキタイ様式 31
グレブ公 39,44,47
クレムリン 57,62,65,68,69,76,78,81,83,84,85,101,114,125,210,211
クロアティア 37
グロスマン、ワシーリー 226
クロポトキン、ピョートル 118
グロムイコ、アンドレイ 180
クロンシュタット反乱 154,155
クワス 24,200
軍制改革 129
訓令（ナカース） 110,112

敬虔派 77
芸術アカデミー 112,133
『芸術世界』 122,137,143,162,162
『芸術における精神的なもの』 136
芸術文化研究所（インフーク） 161
「形態ゼロ」 164
啓蒙思想 108
啓蒙絶対主義 112
毛皮 16,36,43,70,75
毛皮獣 24
毛皮税（ヤサーク） 74
毛皮猟 207
ケストラー、アーサー 35
ゲディミナス王 58
ゲディミナス広場 197
ケノーシス 169
ケルソンネス 44
ケルチ海峡 26
ゲルツェン、アレクサンドル 120,123
ゲルマン諸語 27
ケレンスキー、アレクサンドル 149
検閲 114
『検察官』 122
検事総長 96
現実的芸術連盟（オベリウ） 161
『原初年代記（過ぎし歳月の物語）』 25,27,34,36,37,40,41,42,43,47
原スラヴ語 28
原スラヴ人 27
『現代の英雄』 124
ゲンナジー 60
憲法制定会議 142,149,150,151
元老院（セナート） 96

公位継承制度 38
郷士（オドノドヴォーレツ） 103
構成主義 160
光線主義（ルチズム） 157
皇帝（インペラートル） 88,95
皇帝官房 120
皇帝官房第3部 120
皇帝教皇主義（ツェザロパピズム） 63
『皇帝フョードル・イヴァノヴィチ』 144
合同教会（ウニアート） 75,77,227
公民権喪失者（リーシェネッツ） 153
「荒野（ディーコエ・ポーレ）」 75
五カ年計画 156,176,180,181
古儀式派（分離派） 78,79,80,109,116,166
ゴーギャン 157
国営農場（ソフホーズ） 191,197
黒死病（ペスト） 53
コクトー、ジャン 162
黒土（チェルノジョーム） 17,23,24,187
黒土地帯 20,208
国内流刑 179
国内旅券制度 172,179
国民皆兵制 129
『国民戦線』 197
穀物徴発 153
穀物法 120
国有地農民 103,120
国立総合造形学校（バウハウス） 161
五国同盟 119
ゴーゴリ、ニコライ 121,122,123,124
コサック 17,67,75,76,94,111,151,157,189
コシチューシコの反乱 112,114
ゴシック様式 83
コシュート 120
「個人崇拝」 177
コスイギン、アレクセイ 179
古代教会スラヴ語 28,29
古代グルジア王国 202
古代プロイセン語 27
黒海 26,34,40,43,199
国会（セイム） 111
国会（ドゥーマ） 140,142,153
国家政治保安部（ゲー・ペー・ウー） 155,176
国家反逆罪 173
国家非常事態委員会 229
国家保安委員会（カー・ゲー・ベー） 151,176,179,180
古典主義 103
ゴドゥノフ、ボリス 57,66,67,80,83,107
コトヒーヒン、グレゴリー 82
ゴート族 34
ゴトランド人 37
コーデン、パトリック 89,91
近衛連隊 101,102,114
琥珀 36,197
古ブルガリア語 28
コミ（ペルミ人） 54
コミンテルン 159
コムソモールスク・ナ・アムーレ 208
ゴーメリ 188
コラ半島 25
『子らへの教訓』 39,40,45
ゴーリキー、マクシム 143,144,158
ゴーリツィン 90
ゴーリツィン、V・V 75,80,81,82,90
ゴーリツィン家 97,98,101,207
コリント湾 26
コルキス 30
コルキス王国 199
コルブ、ヨハンネス 92,93,96
コルホーズ →集団農場
ゴローヴィン 163
ゴローヴィン家 97
古ロシア語 39
コロボフ、I 215
コロメンスコエ宮殿 86,88
コロメンスコエ村 65,83,86
混合樹林帯 16,20,21,22,23,24,25,29
コンスタンティヌス11世 65
コンスタンティノス →キリロス
コンスタンティノーブル 35,36,37,40,42,43,44,45,48,54,65,77,78,111
コンスタンティノーブル侵攻 41,42,43
コンスタンティノーブル総主教とローマ教皇 39
コンスタンティン・パヴロヴィチ 119
ゴンチャーロヴァ、ナターリア 160,161,162
ゴンチャーロフ、イヴァン 133
『コンポジションのためのスケッチ、IV、戦闘』 136

サ 行

最高会議 181
最高枢密院 100,101,103
『最後の審判』 73
ザイツェフ、ボリス 153
サヴラーソフ、A・K 135
サガ伝説 40
ザカフカス共和国 153
ザカフカス共和国連邦 151
ザカフカス社会主義連邦共和国 202
ザカフカス地方 20,23,50,198,199
「サカルトヴェロ」 202
「左岸ウクライナ」 75,78
『桜の園』 144
ザゴールスク（セルギエフ・ポサード） 54,68,69
サンサン朝ペルシア 222
ザスーリチ、ヴェーラ 118
雑階級人（ラズノチンツィ） 133
『ザドンシチナ』 57
砂漠帯 20,22
サハリン島 209
ザハロフ、アンドレアン 89,124,215
サハロフ、アンドレイ 176,179,181,225
サファーヴィー朝 222
ザポロジエ・コサック 78,189
サマラ 151
サマルカンド 167,218,219,221
ザミャーチン、エフゲニー 14,161
ザーヤチイ島 94
サユーズ（運動） 197,229
左翼反対派 156
サライ 50,51,52
サラエヴォ 146

索引

サルケル 34
サルタノフ，B 80
サルティコフ＝シチェドリン，ミハイル 133
サルマタイ人 25,30,34
ザレスキー地方 45
参議会（コレーギア） 96,102
サンクトペテルブルグ 16,17,20,29,52,61,70, 88,89,94,96,97,100,113,131,132,140,141, 142,173,214,215
サンクトペテルブルグ音楽院 134
『サンクトペテルブルグからモスクワへの旅』 113
サンクトペテルブルグ芸術アカデミー 102
サンクトペテルブルグ元老院広場 118
サンクトペテルブルグ・ソビエト 102
サンクトペテルブルグ帝室舞踏学校 143
サンクトペテルブルグの冬宮 103
『懺悔』 226
三国協商 146
三十年戦争 90
サン・ステファノ条約 126
ザーンダム 91
『三人姉妹』 144
『三位一体』 69,72,157
三位一体（トロイツキー）聖堂 69

シーア派 201
シェクスナ川 37
シェベリンカ 190
ジェームス，ヘンリー 133
ジェリコ 117
シェレメーチェフ家 97,98
シェワルナッゼ 230
塩一揆 76
ジグムント3世 57
シクロフスキー，ヴィクトル 161
『時事クロニクル』 178
シシコーフ，アレクサンドル 121
『静かなドン』 182
『死せる魂』 122
自然保護区 191
シソエヴィチ，イオナ（府主教） 84,85
ジダーノフ，アンドレイ 175
シチェルバートフ，M 90,121
七年戦争 102,105
「質感（ファクトゥーラ）」 156
『使徒たちの頭上に降臨する聖霊』 166
シニャフスキー，アンドレイ 178,181,182
地主階級 126
地主貴族 21,103,106,115,120,128
ジノヴィエフ 173
シノッド教会 153
シベリア 153,207,208,209
シベリア開発 208
シベリア鉄道 207
シベリア流刑 119,132
司法改革 129
シホテアリニ山脈 20
シメリョーフ，イヴァン 153
社会革命党（エスエル） 131,132,140,149,150, 151,153,154,155
社会主義リアリズム 121,181,182
社会民主労働党 132,135,149,228
シャガール，マルク 137,160,182
シャターリン案 229
シャトロフ，ミハイル 226
シャファー 122
シャフィーロフ，P 94,97
シャフナザーロフ 227
シャーマニズム 224
シャランスキー，アナトリー 179,180,181
シャリャービン，フョードル 137
シュイスキー，ヴァシーリー 66,76
シュヴァルツ，エフゲニー 182
シュヴァーロフ家 102
十月革命 150,151,153
十月詔書 140,142,143,145
宗教詩（ドゥホーヴヌイ・スチヒー） 82
自由拒否権 111
自由経済協会 109
十字軍 54
十字軍のコンスタンティノープル攻略 65
従士団（ドルジーナ） 36,43
十字の切り方の問題 78
自由主義 126,132,133,147,153
重商主義 76
終身徴兵制 94
集団農場（コルホーズ） 156,172,173,176,179, 191,195,197
修道院 169
修道院運動 54,63
修道院共和国 54
『十二』 135
銃兵隊（ストレーレツ） 65,80,89,92,97
銃兵隊弾圧事件 93
銃兵隊の反乱未遂事件 89
銃兵隊反乱 76

『収容所群島』 226,227
宗務院（シノード） 96
粛清 155,173,175,177,182
粛清裁判 173
ジュコフスキー，ヴァシーリー 121
シュシュケヴィチ 231
シュッツ 82
シュービン，F・I 113,114,215
シュプレマティズム 160,164,165
『シュプレマティズムのコンポジション』 164
シュリュッセルブルク 102
巡回絵画展協会 →移動展派
巡回徴貢 43
「ジュンガルの門」 218
小カフカス山脈 202
肖像画 63,75
焦土作戦 116
鐘楼（「大いなるイヴァン（イヴァン・ヴェリーキー）」） 83,211
食糧徴発 151,154
食糧テロル 172,173
処女地（ツェリーナ）開墾 217,218
ショスタコーヴィチ，ドミトリー 136,182
女帝アンナ 100
「諸民族の牢獄」 227
所有派 63
ショーロホフ，ミハイル 182
白樺文書 39,70
シリヴェストル 47
シルヴァン・シャー朝 201
シルク・ロード 217
シルダリヤ川 218
シル・ダル寺院学校 221
新エルサレム 77,78
新エルサレム修道院 77
新経済政策（ネップ） 155,156,172,181
人工衛星（スプートニク）打ち上げ 178
新古典主義 89,98,113,124,125,190,214
「新思考外交」 225
神聖同盟 119
神聖ローマ帝国 27
人頭税 94,96,104
シンビルスク 108
人民主義 118
人民の意志党 119
「人民のなかへ」運動 →「ヴ・ナロード」運動
針葉樹林帯（タイガ） 16,22,24,207
森林ステップ帯 17,20,21,22,23,25,26
森林地帯 16,22

『水夫』 165
スヴァネティア 203
スウェーデン 36,37,52,66,75,90,93,102,115
スウェーデン人 37
スヴォーロフ 43,102,114,115
スヴャトスラフ公 26,42,43
スヴャトポルク 44
スカヴロンスカヤ，マルファ 96
スカンジナヴィア 29,36,37,40
スカンジナヴィア人 36,42
スカンジナヴィア半島 22
ゼムスキー・ソボール →全国会議
『過ぎし歳月の物語』 →『原初年代記』
スキタイ王国 30
スキタイ芸術 30,31
スキタイ人 30,31,32,34
『スキタイ人』（詩集） 135
スキタイの動物意匠 30,32,203
スクリャービン，アレクサンドル 135,143,158
スコウォロダ，グリゴリー 109
スコット，ウォルター 122
スズダリ 24,45,87,207
スズダリの聖母生誕聖堂 206
スターソフ，V 133
スタニスラフスキー，コンスタンティン 143,144
スタノヴォイ山脈 76
スターラヤ・ルッサ 37
スターリン 52,62,150,154,155,156,159,161, 168,172,173,175,176,177,178,202
スターリングラード 175
スターリングラードの戦い 175
スターリン主義 170,175,179,181
スターリン批判 226
ステップ 16,17,20,22,23,29,32,34,42,50, 218
ステパン（ステンカ）・ラージンの乱 76,108,110
ステファン伝 57
ステュアート朝 97
ストラヴィンスキー，イーゴリ 135,143,156, 158,160,162,163
ストルイピン，ピョートル 140,145
ストロガノフ朝 75
ストロガノフ派 83
スパッスカヤ塔 211
スピタク 200
『スペードの女王』 124,134

スペランスキー，ミハイル 116,120
スホヴェーイ 190
炭焼党（カルボナリ） 119
スモレンスク 39,47,58,61,75,78,116
スラヴ・ギリシア・ラテン＝アカデミー 74,81
スラヴ主義 121,123,129
「スラヴの川」 26
スラヴ派 121,129
スーリコフ，ヴァシーリー 133
スレイマン（ソロモン）の玉座 224
スロヴァキア人 26
スロヴェニア 26,27
スロヴェン人 27,37
スロボダー 84
スンニー派 201

聖イサーク教会 214
聖ヴァシーリー聖堂 57
西欧化 74,81,96,97,106
西欧使節団 88
西欧派 121
西欧旅行 47
聖歌 82
聖ゲオルギー勲章 124
聖ゲオルギー聖堂（ウラジーミルの） 47
政治局（ポリトビューロー） 154
政治宣伝（プロパガンダ） 170,171
静寂主義（ヘシカスム） 54,56,63,72,109
聖者伝 39,47,82
聖セラフィム 109
聖セルギー三位一体修道院 57,67,68,89
聖像画（イコン） 24,43,44,54,57,70,72,75, 83,157
聖ソフィア聖堂（ウラジーミルの） 47
聖ソフィア聖堂（キエフの） 45,47,48,49, 189
聖ソフィア聖堂（コンスタンティノープルの） 48,54
聖ソフィア聖堂（ノウゴロドの） 42,47,70
『青銅の騎士』 97
「青銅の騎士」像 113,114,119
「聖なるロシア」 121
聖パンテレイモン修道院 52,54
聖ミハイル城 114,214
セヴァストーポリ 125
セヴァン＝ラズダン計画 200
赤軍 150,151,153,173,175
赤色テロル 153
石炭 218
石油 201,222,223,224
世襲貴族 79,84
世襲領地（ヴォッチナ） 60
世帯税 94
赤褐色土 17
折衷様式 125
ゼネラル・ストライキ 142
セミパラチンスク 218
セミョーノフスキー連隊 90
ゼームシチナ 66
ゼムストヴォ（地方自治会） 128,129,132,149
セメンデル 34
「セラピオン兄弟」 161
ゼラブシャン川 218
ゼラブシャン山脈 218
セランジェリ，G 117
セリガル湖 37
セルギー伝 57
セルギー・ラドネシスキー 54,57,63,68
セルビア 127,146
セルビア人 26,56
セルボ・クロアチア人 26
「0―10」 164
戦艦ポチョムキン号 141
1905年革命 →第1次ロシア革命
全国会議（ゼムスキー・ソボール） 65,66,67, 79,96,109
戦時共産主義 153,154,155,156
借地者 66,67,110
専制 115
『戦争と平和』 116,130
千年祭 227
選抜者会議（イズブランナヤ・ラーダ） 65,66
尖筆（ピサーロ） 39
全ロシア・ソビエト大会 154
1649年法典（ウロジェーニエ） 79
総主教 44,54,96
装飾的な窓枠（ナリーチニク） 206
造船所 89
双頭の鷲 62,65,76
祖国戦争 116
ゾシチェンコ，ミハイル 182
ソビエト 147,149,150
ソビエト評議会 153
ソビエト連邦 156,157,175,176

ソビエト連邦の消滅 231
ソフィア・アレセーエウナ 75,81,82,83,88, 89,92,98,101
ソブチャーク 229
ソフホーズ →国営農場
「ソボールノスチ」 123
ソリューヒン，V 182
ソルジェニーツィン，アレクサンドル 123, 176,179,180,182,226,227
ソロヴェツキー修道院 54,77
ソロウーヒン，ウラジーミル 226
ソロンチャーク土 20

タ 行

体（アスペクト） 27
第一インターナショナル 118
『第一圏にて』（邦訳『煉獄の中で』） 226
第1次五カ年計画 156,172,173
第1次世界大戦 119,127,146,149,172
第1次ロシア革命 140,142,143,153,156
第1回国会 143,145
第1回全ロシア労兵・ソビエト大会 149
『大尉の娘』 122
タイガ 16,17,23,207,209
代官 43
大クリルタイ（人民集会） 50
『大公ドミトリー伝』 57
第3インターナショナル 159
第3インターナショナル記念塔の草案 165
第3回国会 143
第三のローマ 65
大使節団 90,91,93
対西欧貿易 91
大祖国戦争 175
ダイツィヒ司command 111
対トルコ戦争 111
第2回国会 143
第2回全ロシア・ソビエト大会 150
第2次世界大戦 173,175,176
大フェルガナ運河 223
対仏大同盟 114
対ポーランド・スウェーデン戦争 75
対ポーランド戦争 81
対ポーランド反乱 76
大ボルガル 34
タイミル半島 16
第4回国会 143
大ロシア 26
大ロシア語 29
大ロシア人 187,218
ダーウィン 130
ダウリア 77
タウリダ宮殿 114
高塚古墳（クルガン） 30
タガンログ 90,119,144
ダゲスタン 26
タジキスタン（タジク共和国） 217,223,223, 231
タジク語 27
タジク人 223
タシケント 218,219,220
ダシュコヴァ公妃 112
ダーダネルス海峡 111
タタール 55,56
タタール語 27
タタール人 42,50,52,53,54,191
タタール侵入 38
タタールのくびき 52,59,65
タタールの征服 42
タトリン，ウラジーミル 157,159,160,164, 165
ダニイル・アレクサンドロヴィチ 54
ダニエル，ユーリー 178,182
ダニーロヴィチ公，ユーリー 55
ダニーロフ修道院 168,227
タリン 192,194,195
タルゴヴィツァ連盟 112
タルノフスキー，A 182,227
ダルゴムイシスキー，アレクサンドル 134
タルトゥ 194
タルトゥ大学 194
タンネンベルクの戦い 146

チェコ事件 179
チェコ人 26
チェコスロヴァキア 27,28,43,157,176,179
『知恵の悲しみ』 119,123
チェーホフ，アントン 122,144,191
チェルニゴフ 40,45,50,52,58
チェルネンコ，コンスタンティン 180
チェルノブイリ原発事故 181,187,221
『地下室の手記』 133
地下出版（サミズダート） 126,178
地租 94
地代（オブローク） 105
地代農民（オブローチニク） 105

『父と子』 133
チトー 177
チトフ, V 82
「血の上の救世主」教会 132, 215
血の日曜日事件 140, 141, 142
地方行政改革 109
地方自治制度 80
地方ソビエト 153
チーホン・ザドンスキー 109
チミスケス, ヨハンネス 43
チャアダーエフ, ピョートル 121, 123
チャイコフスキー, ピョートル・イリーチ 134, 137
チャーチル 176
チャンセラー, リチャード 66
中央アジア 217
中国 32
中ソ首脳会談 180
チュー川 218
チュージ 38
チュッチェフ, フョードル 121, 133
チュートン騎士団 52, 66
チュメニ油田 208
チュルク語 27, 29
チュルク語族 26
チョウザメ漁 201
長子相続制 52, 103
朝鮮人 209
徴兵制度 104
勅許状(ヤルルイク) 52, 53
チョールヌイ, ダニイル 73
チル 41, 42, 43
チンギス=ハン 50, 51, 53, 54, 59

ツァーリ 52, 59, 65, 67, 74, 75, 76, 78, 85, 88, 110, 121, 147, 153
ツァリグラード 36
ツァリーズム 107
ツァリーツィン 111
ツァールスコエ・セロー 98, 103, 116
ツィクレル, イヴァン 90
ツシノ 67
対馬海戦 142
ツボレフ 176
『罪と罰』 133
ツルゲーネフ, イヴァン 122, 133, 135
ツングース隕石事件 207
ツンドラ 16, 17, 22, 207, 208

ディアギレフ, セルゲイ 137, 143, 156, 162, 163
帝位継承令 96, 100, 102, 107
ディオニシー 56, 73
帝室アレクサンドロフスキー劇場 143
ディスス 56, 87
ディドロ 108, 112, 114
剃髪派(ストリゴーリニキ) 63
ティムール 217, 219
ティルジット 115
ティルジット和約 115, 116, 129
デヴロフ 131
テオファネス(ロシア名グレク, フェオファン) 56, 57, 65, 72
デカブリスト 118, 120, 121
デカブリストの乱 113, 119, 120, 123
デジニョーフ, セミョーン 74, 75
デシャチンナヤ聖堂 47
デタント →緊張緩和
『哲学書簡』 121
テッサロニキ 27, 28, 52
テッドフォード 91
デニーキン, アントン 151, 153
テヘラン会談 175
テムジン 50
デルジャーヴィン, ガヴリール 112
テレク川 34
テレムノーイ宮殿 83
テロリスト 119
テロリズム 118, 131, 140
天山山脈 20, 219
デーン人 194
天然ガス 197, 208, 222, 223, 224
デンマーク 105
天幕型屋根 83

ドイツ 27, 146, 149, 153, 157
ドイツ騎士団 58, 195
ドイツ 43, 96, 195
ドイツ人支配 101, 106
トインビー 63
トゥヴァ自治共和国 204
トヴェーリ 55, 61
トヴェーリ公国 57
トヴェルツァ川 37
銅貨一揆 76
冬期戦争 173
冬宮 89, 150, 215

党協議会 80
同業組合(アルテリ) 105
トゥーゲントブンド 119
東西教会の合同問題 54
ドゥシャンベ 223
鄧小平 225
『道標(ヴェーヒ)』 156
東部戦線 146, 149, 151, 175
逃亡農民 17
東方問題 125, 127
ドゥホボール派 109
ドゥーマ 142
動乱(スムータ)時代 58, 66, 67, 79, 80
『トゥルビン家の日々』 161
トゥーロフ=ピンスク公国 40
トカチョフ 131
独ソ不可侵条約 173, 175, 188
独ソ不可侵条約の秘密付属議定書 229
『ドクトル・ジバゴ』 182, 226
独立国家共同体 231
トーテム信仰 224
ドストエフスキー, フョードル 120, 121, 122, 133, 135, 166
土地と自由(ゼムリャ・イ・ヴォーリャ) 131
ドナウ川 25, 43
ドナウ渓谷 34
トナカイの遊牧 207
ドニエストル川 188
ドニエプル川 17, 30, 36, 40, 43, 44, 45, 189
ドニエプル・ルート 45, 54
ドニエプロペトロフスク 31
ドネツ川 189
『賭博者』 133
トハチェフスキー, ミハイル 155, 173
トビリシ 202, 203
トフタムィシ=ハン 55
ドブチェク 179
トボリスク 75, 77
ドミトリー聖堂(ウラジーミルの) 47
ドミトリー・ドンスコイ公 54, 55, 56, 57, 58, 66, 72
トムタラカニ 40, 45
トムタラカニ公国 26
『虎皮の騎士』 202
トラブゾン地方 20
トリポリエ文化 32
トルキスタン 217
トルクメニスタン(トルクメン共和国) 20, 220, 222, 231
トルクメン語 222
トルクメン人 222
トルコ 20, 75, 89, 110, 114, 115
ドルゴルーキー, ヴァシーリー 101
ドルゴルーキー, ユーリー 45
ドルゴルーキー 97, 100, 101
トルストイ, アレクセイ 133, 144
トルストイ, ピョートル 90, 95, 100
トルストイ, レフ 116, 122, 130, 133, 166
ドレヴリャーネ族 43
トレチャコフ, P 133
トレチャコフ美術館 69, 135, 182
トロイツキー聖堂 68
トロイツキー・セルギエフ・ラーヴラ 57, 68
トロイツキー年代記 57
トロツキー, レオン 140, 142, 150, 153, 154, 155, 156, 159, 173
ドン川 26, 34, 54
ドン・コサック 108, 109, 110, 111
トーン, コンスタンティン 125
ドンスコイ, マルク 158
『どん底』 144
『ドンの聖母』 72

ナ 行

内戦 151, 153, 171, 172
『ナイフを研ぐ人』 164
内務人民委員部(エヌ・カー・ヴェー・デー) 176
ナゴルノ・カラバフ自治州 200, 227
ナジ, イムレ 177
ナチス・ドイツ 173, 188, 195
ナッチエ, ジャン・マルク 101
ナフサ 201
ナボコフ, ウラジーミル 153
ナポレオン 114, 116, 117, 119
ナポレオン3世 120
ナポレオン戦争 107, 112, 114, 119
ナルイシュキナ, ナタリア 75, 80, 81, 88, 89, 101
ナルイシュキン家 80, 98
ナルヴァ 91, 94, 194
ナロードニキ 129, 131, 132, 133
ナロードノスチ 121
南部方言 29
南部ロシア政権 153

南方結社 119

ニェーメツ 27
ニェンスカンス 94
二月革命(フランス) 120
二月革命(ロシア) 147
ニキータニキ三位一体教会 83
ニキータニコフ, グリゴリー 83
ニクソン, リチャード 178
ニコライ1世 118, 119, 120, 121, 122, 125
ニコライ2世 61, 133, 145, 146, 147, 153
ニコーリスカヤ教会 206
ニコン総主教 62, 77, 78, 79, 80, 82, 83, 84
『ニコン年代記』 62
西シベリア汗国 75
西スラヴ語 28
西スラヴ族 26
西ドヴィナ川 188, 197, 47
ニージニー・ノヴゴロド 67, 70
二重信仰 77
ニジンスキー 162
ニスタット条約 91, 94, 95
日露戦争 129, 142
日本 151
日本人 209
ニル・ソルスキー 63
「人間の鎖」 228

ヌレーエフ, ルドルフ 181

ネヴァ川 36, 37, 89, 94, 102
ネオ・スラヴ派 227
ネオ・ナショナリズム様式 215
ネオ・プリミティヴィズム 157
ネクラーソフ, N 133
ネグリンカ川 57
ネストル 47
ネチャーエフ 131
ネップ →新経済政策
ネップマン 155
ネツヴ 16
ネミロヴィチ=ダンチェンコ, ウラジーミル 144
ネルチンスク条約 76
年輪年代学 39

ノヴィコフ, ニコライ 112, 114
『ノーヴイ・ミール(新世界)』 182, 226
ノヴォシリツェフ, ニコライ 119
ノヴォデーヴィチ女子修道院 81, 89, 99
農業集団化 156, 172, 173, 189, 191
ノヴゴロド 20, 25, 27, 36, 37, 39, 42, 45, 47, 48, 51, 53, 55, 56, 57, 57, 59, 60, 61, 63, 70, 71
ノヴゴロド食糧暴動 76
ノヴゴロド・セーヴェルスキー 45
ノヴゴロド第1年代記 52
ノヴゴロド大主教 63, 70
「ノヴゴロドの赤」 70
ノヴゴロド併合 59, 61
ノヴゴロド領 20
農村共同体(ミール, オーブシチナ) 118, 123, 127, 128
農村派 182, 226, 227
農奴 105, 106
農奴解放 119, 127, 128, 129, 135, 138
農奴制 79, 103, 104, 106, 109, 120, 126
農奴制の廃止 82, 114, 119, 126
「農民詩」派 158
『ノスタルジア』 227
ノーメンクラトゥーラ 179, 230
ノリリスク 208
ノルマン人 37
ノルマン論争 37

ハ 行

バイカル=アムール鉄道(通称バム) 208
バイコヌイル基地 218
バイジェロ 113
パイプス, リチャード 24, 107
パイプライン 208
バイロン 122, 124
パーヴェル1世 100, 105, 107, 112, 114, 115, 116, 119, 202
パウロフ 229
パウロフスク宮殿 114
ハカン(可汗) 37, 43, 59
バクー 201
白軍 151, 153
バクスト, レオン 162, 163
白僧 63
バグダード 37
『白痴』 133
バクーニン, ミハイル 118, 123

白ロシア →ベラルーシ
白ロシア共和国 →ベラルーシ共和国
白ロシア語 →ベラルーシ語
白ロシア人 →ベラルーシ人
ハザール国 25, 34, 35, 42, 43
ハザール人 34, 43
ハザールの平和(パクス・ハザーリカ) 35
バジェーノフ, ヴァシーリー 114
バシキール人 78, 109, 207
バシキール人の蜂起 76
バシキール内乱 94
ハシディズム 137
バシュコ邸 114
バジリク古墳群 32
バスカク(徴税官) 52
パステルナーク, ボリス 158, 182, 226
ハチャトゥリヤン, アラム 136
白海 54
「発達した社会主義」 179, 180
860年代の改宗 43
バトゥ 50, 52
バトゥーミ 20
パトリケーエフ, ヴァシアン 63
『母』 158
バプティスト派 166, 178
バーベリ, イサーク 161, 182
バホーミー 57
ハマルトロス, ゲオルゲ 41
「パーミャチ(追憶)」 227
パミール高原 20, 223
バラーキレフ, ミーリー 133, 134
薔薇十字会 113
バラトインスキー, エフゲニー 124
パリ 153
パリ講和条約 125, 126
バルカン戦争 127
バルカン半島 34, 57
バルカン問題 146
バルスナ 75, 83
バルティア 222
バルト海 26, 27, 36, 37, 40, 45, 52, 66, 70, 193
バルト海諸州 94, 104, 119
バルト海貿易 45, 47, 70
バルト語グループ 196
バルト三国 17, 193, 227, 228, 229, 231
ハルドラディ, ハロルド 36
『春の祭典』 143, 163
バルバロイ 34
バルランド, A・A 215
バレエ・リュス 143, 163
パレオロギナ, ゾエ 65
バロック様式 48, 82, 214
ハンガリー 27, 34, 43, 120, 157, 176
ハンガリー事件 178
ハンガリー動乱 180
ハンガリーの民衆蜂起 177
ハンザ同盟 59, 60, 61, 70, 192
半砂漠帯 20, 22
反宗教政策 178
汎スラヴ主義 123
汎トルコ主義 220
反ノルマン説 37
『万物は流転する』 226

ヒヴァ 167, 219, 221
ヒヴァ汗国 75
東スラヴ語 28
東スラヴ人 42
東スラヴ族 26
東地中海貿易 35
東ローマ帝国 34, 39
ピカソ 162, 164
ビザンティン条約(911年) 43
ビザンティン条約(944年) 43
ビザンティン帝国 25, 34, 35, 36, 37, 38, 39, 40, 41, 42, 43, 44, 54, 72
ビザンティン文化 47
ビザンティン様式 48, 65, 83
ビザンティン連合国(オイコメーネ) 44
非常取締委員会(チェー・カー) 151, 153, 155
非所有派 63
非スターリン化 178
ヒトラー 20, 38, 116, 172, 173, 175, 193
『火の鳥』 143, 163
秘密警察 102, 106
「秘密報告」 177
ピーメン総主教 227
白夜 214
ピャタコフ=ラデック裁判 173
ピャトニツカヤ教会 69
ヒューム 112
ビューレン, ヨハン・エルネスト →ビロン
「氷上の戦い」 52
ピョートル1世(大帝) 28, 29, 48, 58, 62, 65, 66, 68, 78, 79, 80, 81, 82, 85, 88, 89, 90, 91, 92, 93, 94, 95, 96, 97, 98, 100, 101, 102, 103, 103, 104, 105, 106, 107, 109, 193, 214, 215

索　引

ピョートル2世　96,100,101,102
ピョートル3世　100,105,106,107,108,110
ピョートル改革　96,97
ピョートル宮殿　215
「ピョートル時代のバロック」　98
ピョートル大帝像 →「青銅の騎士」像
ピリニャーク　182
ビリービン，I　122
「ビローノフシチナ」　101
ビロン　98,101,102
ヒンドゥー語　27

ファルコネ，J-E　113,114
ファルシ語　27
フィオラヴァンティ，アリストテリ　65
フィラレート総主教　67,80
ブイリーナ →英雄叙事詩
フィリープ府主教　77
フィレンツェ公会議　54,65
「フィロカリア」　109
フィローノフ，パーヴェル　157,160,161,182
フィロフェイ（修道士）　65
フィン＝ウゴル語　37
フィン＝ウゴル語族　16
フィン語族　26
フィンランド　94,102,115,157,177
フィンランド語　27,34,37
フィンランド人　38,195
フィンランド大公国　129
フィンランド湾　16,26,36,37,94,193,194,215
瘋癲行者　63
賦役（バールシチナ）　105,114
フェート，アファナシー　133
フェラポントフ修道院　73
フェルガナ盆地　219
フォーキン，ミハイル　143,163
『フォマー・ゴルデーエフ』　144
フォンヴィージン，デニス　112
プガチョフ，エメリヤン　106,109,110,111
プガチョフの乱　108,109,111,112
フーゴ　230
『不幸物語』　82
ブコフスキー，ウラジーミル　180
プーシキン，アレクサンドル　66,97,113,114,115,120,122,123,124,134
扶持制度（コルムレーニエ）　80
府主教　45,54,55,63
府主教座のウラジーミル移転　45
プスコフ　47,52,57,61
プスコフ・ペチェルスキー修道院　169
プストジョルスク　77
フセヴォロドヴィチ，ヤロスラフ　51,52
フセスラフ　47
フーソン，D・J・M　20
『復活』　135
仏教　167
「物質文化」論　164
ブッシ　225,225
ブッチンキの聖母降誕教会堂　83
ブトゥールリン，I　90
ブーニン，イヴァン　143,153,158
ブノア，アレクサンドル →ベヌア，アレクサンドル
富農（クラーク）　170,172,176
ブハラ　167,219
ブハラ人　223
ブハーリン，ニコライ　14,141,156,181
ブフヴォストフ，ヤコフ　98
フョードル1世　66
フョードル2世　57,66
フョードル3世　75,80,83,88,89,103
ブラヴィンの乱　76,94
『プラウダ』紙　141,211
ブラゴヴェシチェンスキー聖堂　69,72
ブラトーノフ，アンドレイ　161
『プラハの春』　179,225
ブランク　162
フランス　102,116,125,146,149,151
フランス革命　108,111,114
フランス立体派（キュービズム）　157
フリードラント　115,117
フリードリヒ1世　97
フリードリヒ大王　102,105
プリピャチ湿原　188
プリミティズム　164
フリーメーソン　113,119
プリャート人　167,207
ブリューソフ，ヴァレリー　135
ブリューロフ，カール　124
ブルガーコフ，ミハイル　161,182
ブルガーニン，ニコライ　177
ブルガリア　34,43,126,127
ブルガリア人　26,44
ブルガル族　34,43,45
フルシチョフ，ニキータ　168,177,178,179,182
フルシチョフ路線　178
プルート川　188

ブルリューク，ダヴィド　157
ボゴミール派
フルンゼ（ピシケーク）　224
プレオブラジェンスカヤ教会　87
プレオブラジェンスキー門　90
プレオブラジェンスキー連隊　90
プレオブラジェンスコエ村　88,92
ブレジネフ・ドクトリン　179
ブレジネフ，レオニード　178,179,180
ブレスト合同　77
『ブレスト講和』　226
ブレスト＝リトフスク条約　149
プレハーノフ，ゲオルギー　131,132
フレーブニコフ，ヴェリミル　157
ブレムードルイ，エピファニー　57
プロイセン　91,102,111,112
プロイセン人　54
フロイド　130
ブローク，アレクサンドル　135,143,160
プロコピウス　42
プロコフィエフ，セルゲイ　136,137,158,160,162
プロコポーヴィチ，フェオファン　93,97
プロコンネソス，アリステアス　32
ブロツキー，ヨシフ　182
プロテスタント教会　77
プロパガンダ →政治宣伝
プロパガンダ芸術　170
フロベール　122
プロレタリアート独裁　154
プロレタリア文学運動　160
フン族　34,42
分離派 →古儀式派

米ソ・サミット　180
ペイプス湖（ロシア名チュド湖）　52
ベクブラトーヴィチ，セミョーン　59,90
ヘーゲル主義　118
ヘシカスム →静寂主義
ベステリ　119
ペチェネグ族　40,42,43,219
ペッカリーア　112
ベッコイ，I　112
ベッサラビア（モルドワ共和国）　115,114,157,187,188
『ペテルブルグ』　135
ペトラシェフスキー派　120,133
『ペトルーシカ』　143,162
ペトログラード　147,150,151,154,214
ペトログラード労働者・兵士代表ソビエト　149,150
ペトロパヴロフスク教会　214
ペトロパヴロフスク要塞　88,94,214
ベヌア，アレクサンドル　137,163
ペプズネル　162
ヘブライ語　28
ベラルーシ（白ロシア）　17,26,29,40,47,74,75,94,146,149,166,181,187
ベラルーシ（白ロシア）共和国　188,231
ベラルーシ（白ロシア）語　26,29
ベラルーシ（白ロシア）人　187,188,218
ベリヤ，ラヴレンチー　177
ベーリング海峡　24,75
ベールイ，アンドレイ　135,143,160
『ベールキン物語』　122
ペルシア　50,75,115
ペルシア人　96
ペルセネフカ邸　84
『ベルタン年代記』　37
ヘルツェゴヴィナ　126,146
ペルミのステファン　54,57
ベルリオーズ　134
ベルリン　153
ベルリン会議　126,127
ベルリンの壁　225
ベルリン封鎖　176
ペレコープ海峡　81
ペレストロイカ（建て直し）　181,197,225,227
ペレヤスラヴェツ　43
ペレヤスラヴリ　40,45
ペレヤスラヴリ・ザレスキー　24,88
ベローゼロ湖（白湖）　37
ヘロドトス　30,34
ペロフ，ヴァシーリー　226
ペロフスカヤ，ソフィア　119
ベンケルドルフ伯　120
ペンテコステ派　166,178

『ホヴァンシチナ』　134
封建契約的主従関係　61
封地制度（ポメースチエ）　60
法典編纂委員会　80,109,110
「法のもとでの平等」　79
亡命教会　153
法令集　65
ボグダン・フメリニツキーの反乱　76
「北部方言」　29
ポクロフスカヤ教会　87,98

ポクロフスキー大聖堂　211
ボゴミール派
ボゴリュプスキー，アンドレイ　45,47
ボジャルスキー公，ドミトリー　66,67
ポスト象徴主義　135,156,157
ボスニア
ポチョムキン，グリゴリー　78,104,108,111
北極海航路　66
北方戦争　81,91,93,94,95
ポーツマス条約　142,143
ポドゾール土　21,23
補任記録簿（ラズリャードナヤ・クニーガ）　81,103
ポボヴァ　182
ポポフ　229
ホミャコーフ，アレクセイ　123
ポメランツェフ，A・N　210
ポーランド　27,28,43,58,66,75,81,82,149,157,176
ポーランド憲法　111
ポーランド語　29
ポーランド人　26
ポーランド分割　104,111,112,188
ポーランド民族主義　116
ポーランド＝リトアニア連合王国　29,75,111,166
ボリシェヴィキ　132,140,141,143,147,149,150,151,153,154,157,158,159
『ボリシェヴィキ，1905年』　143
ボリショイ劇場　163
ボリス公　39,44,47
『ボリス・ゴドゥノフ』　122,134,162
ボリスの町（ボリソフ・ゴロドク）　83
ボリソフ＝ムサートフ，ヴィクトル　137
ボリャーニン族　25
『ポルタヴァ』　97
ポルタヴァの戦い　91,94
ポルフィロゲニトゥス，コンスタンティヌス　36,37
ボレツカヤ，マルファ　60
ボロヴィコーフスキー，V　113,114
ボロヴェツ人　42,45,50
ボロジノの会戦　116
ボロツキー，シメオン　82,83
ボロディン，アレクサンドル　133,134,135
ボロトニコフの乱　66,76
ポントスの草原　25
翻訳借用語句（カルク）　29

マ 行

『マーヴラ』　162
マガダン　207
マカーリー府主教　65
マカーロヴァ，ナターリア　181
マクシーモフ，ウラジーミル　180
マグニトゴルスク　208
マコヴェツ会　160
マジャール語　27
マジャール人　27,34
マゼーパ，イヴァン　94
マチス　157
マトヴェーエフ，アルタモン　75,80,81
『マトリョーナの家』　226
マフノ，ネストル　151
ママイ＝ハン　55
マヤコフスキー，ウラジーミル　157,158
マルクス，カール　118,130,132,158
マルクス主義　118,131,132
マルタ会談　225
丸太小屋（イズバー）　86
マルトス　215
マレーヴィチ，カジミール　157,160,164,165,182
マレンコフ，ゲオルギー　177
満州族　76
マンデリシュタム，オシプ　156,158,182

『見えざる町キーテジ』　52
ミカエル3世　27,41
「ミクラガルト」　36
見世物裁判　141,173,178
ミッタウ　101
密猟　34,36,43,70
南スラヴ語　28
南スラヴ族　26
ミーニン，クジマ　66,67
ミハイル・ロマノフ　66,67,74,79
ミハイロフスキー，ニコライ　129
ミハルスキー＝コンチャロフスキー　227
ミュンヒ　101
未来派　157,160,164
ミール＝農村共同体
ミローヴィチ，ヴァシーリー　108
ミロスラフスカヤ，マリア　80
ミロスラフスキー家　80

民会（ヴェーチェ）　42,47,59,60,70
民主綱領グループ　229
民主集中制　229
民主ロシア　229
ミンスク　188
ミンダウガス王　58
民謡　82

『ムジーク』　158
無神論キャンペーン　168
ムスタ川　37
ムスチスラフ　44,45
無政府主義　118
無僧派（ベスポポーヴェツ）　78
ムソルグスキー，モデスト　66,133,134,135,156
『ムツェンスク郡のマクベス夫人』　136
ムツヘタ　202
ムニシェク，マリーナ　66
ムルマンスク　23,25,149,209
ムーロム修道院　86

メイエルホリド，フセヴォロド　143,161,182
メソニエ，E　117
メドヴェージェフ，シリヴェストル　82
メドヴェージェフ，ロイ　226
メトディオス　27,28,34,41,54
メーリャ　38
メレシコフスキー，ドミトリー　143,158
綿花　201
メンシェヴィキ　132,140,141,142,143,149,153,155
メンシコフ，アレクサンドル　80,88,96,97,100
メンシコフ邸　89,99

木材舗装　39
木造教会　86
木造建築　86,87
木版画（ルボーク）　24,100
モザイク　44,45,47,48,72,84
モスクワ　17,24,29,37,44,50,53,54,55,56,58,84,100,116,173,206,210,211
モスクワ火災　40
モスクワ川　57
モスクワ芸術座　143,144
モスクワ国　24,42,44,50,54,57,58,59,62
『モスクワ国家の木の植樹』　83
モスクワ国家　61,65,74,75,76,78,80,83,84,88
モスクワ総主教庁　153,227
モスクワ大学　102,112
モスクワ大公　54
モスクワ大公国（モスコヴィア）　20,58,88
モスクワ・タガンカ劇場　182
『モスクワのイギリス人』　165
モスクワ・バロック様式　68,69,82,84,87,98,99
モスクワ民衆暴動　76
モスコヴィア →モスクワ大公国
「モスコヴィアへの旅」　76
『モスコヴィアへの旅の日記』　93
モダニズム　156,161
『モーツァルトとサリエリ』　122
モラヴィア国　27,41
モラヴィア伝道団　28
モルドワ（モルダヴィア）　125,181,187
モルドワ（モルダヴィア）人　188
モルドワ共和国　188
モレーン（氷堆石）　17
モロス，ヴァレンティン　179
モローゾヴァ，フェオドシア（公爵夫人）　78
モローゾフ，ボリス　80
モンゴリア高原　50,54
モンゴル人　34,42,50
モンゴル侵攻　29,45,48,58,201
門地制度（メーストニチェストヴォ）　81
門地制度廃止　89
モンテスキュー　112
モンテネグロ　127,146

ヤ 行

ヤイク・コサック　109,110
ヤイラ山脈　20,191
ヤウザ川　57,88
ヤガイラ　58
焼畑伐採農法　21
ヤグジンスキー　97
「約束の土地」　126
ヤクート　26
ヤクート川　207
ヤクート人　207
ヤースナヤ・ポリャーナ　130
ヤゾフ　230
ヤナーエフ　229
ヤーニン，D　39
ヤルタ　191

ヤルタ会談　175, *176*
ヤルルイク　→勅許状
ヤロスラヴリ　66, 74, 84
ヤロスラヴリ派　*69*, 75, 83
ヤロスラフ賢公　*36*, *40*, 42, 44, 48
ヤロポルク公　42, 43

遊戯連隊　88
有人宇宙飛行成功　178
『雪どけ』　177, 179, 180, 182
『雪どけ』(小説)　177, 182
ユーゴスラヴィア　176, 177
ユスチニアヌス　48
ユスポフ，N・B　*207*
ユダヤ教　35, 166
ユダヤ主義(ジドーフトスヴーユシエ)　63
ユダヤ人　43, 96, 112, 178, 180, 188, 195
ユートピア社会主義　129
油母頁岩層　→オイルシェール
ユリエフ・ポールスキー　24
ユーリーの日　61

ヨアキム総主教　89
養蚕　202
ヨシフ派　63, 109
ヨハネ＝パウロ2世　225
四国同盟　119

ラ　行

ラヴロフ，ピョートル　129
ラザルス教会　86
ラジヴィール本　40
ラジーシチェフ，アレクサンドル　113, 114, 119
ラストレッリ，B・F　83, 98, 103, 113, *215*
ラストレッリ，C・B　*98*, 114
ラスプーチン暗殺　147
ラスプーチン，ヴァレンチン　226
ラスプーチン，グレゴリー　145, 146
ラズリャードナヤ・クニーガ　→補任記録簿
ラテン語　27, 28, 29, 39
ラトヴィア　181, *195*, 196, *197*, 227
ラトヴィア共和国　195
ラトヴィア語(レット語)　27, 195
ラトヴィア人　195
ラドガ　37

ラドガ湖　36, 37
ラドネシのセルギー　→セルギー・ラドネシスキー
ラフマニノフ，セルゲイ　145, 156, *161*
ラリオーノフ，ミハイル　157, 160, 162

リヴォニア　94, 96, *104*
リヴォニア騎士団　66
リオニ川　202
リガ　90, *195*, 196, *197*, 228
リガ湾　*197*
リシツキー　161
立憲民主党(カデット)　140, 143, 150, 151
立体未来派　157
『律法と恩寵について』　39
リトアニア　39, 55, 58, 60, 61, 112, 181, 193, *197*, 227
リトアニア共和国　197
リトアニア語　27, 196
リトアニア人　54, 96, 193, 197
リトアニア大公国　29, 53, 54, *57*, 58, 59, 61, 197
リトアニア・ヤゲロ朝　55
リハチョフ，D・S　57, 82
リムスキー＝コルサコフ，ニコライ　52, 134, 135, 156, *161*, 156
リャザン　50, *57*
リャザン州　*20*
リュビーモフ，ユーリー　181, 182, 226
リューベチ会議　45
リューリク　25, *36*, *40*, 42
リューリク朝　43, 45, 58, 66
『猟人日記』　133
旅行規制　114
『虜囚ダニイルの祈願』　39
リョーリフ，ニコライ　156, *163*
臨時政府　147, 149, 150, 151

ルイ14世　90, *95*, 97
ルイ15世　*95*
ルイコフ＝ブハーリン裁判　173
ルイバコフ，アナトーリー　226
ルイレーエフ，コンドラーチー　120
ルーシ　34, *36*, 37, 40, 42, 48, 52, 88
『ルーシの地の滅亡の物語』　52
ルーシ法典(ルースカヤ・プラウダ)　45

ルスタベリ，ショタ　202
ルソー　112
ルター派　194, 195
ルードヴィヒ敬虔王　37
ルナチャルスキー，アナトリー　181
ルネサンス　57, 65, 75
ルブリョーフ，アンドレイ　56, 57, *69*, *72*, *73*, 157, 226
ルーマニア　127, *157*, 176
ルーマニア人　28
ルーン文字　39

レヴィツキー，ドミトリー　113, *114*
レーガン　180, *225*
『歴史の審判によせて』(邦訳『共産主義とはなにか』)　226
レスコーフ，ニコライ　133
レースナヤ　*91*
レット人　96, 193, 194
レナ川　20, *207*
レーニン　131, 132, 147, 149, 150, 151, 153, 154, 155, 156, 158, *159*, *161*, 176, 177, 181
レニングラード　→サンクトペテルブルグ
レーニン主義　155, 156, 173
レーニン崇拝　170
レーニン廟　180
レーピン，イリヤ　130, 133, *137*, 156
レーミゾフ，アレクセイ　158
レールモントフ，ミハイル　124
連水陸路　36
レンフリュー，コリン　27
連邦人民代議員大会　181

労働者ソビエト　142
ロヴァチ川　36
ロコトフ，F　113, *114*
ローシ川　37
ロシア海軍　97
ロシア革命　131, 140, 142
ロシア革命70周年記念式典　181
ロシア共産党　→共産党
ロシア共和国　228
ロシア語　26, 27, 28, 29, 204
ロシア国民楽派　125
ロシア五人組　133

ロシア語の「姉妹語」　28
ロシア語の「上流語」　29
ロシア語の「俗語」　29
ロシア語の「中流語」　29
ロシア式梨(ソハー)　21
ロシア社会民主労働党　→社会民主労働党
ロシア象徴主義　156
『ロシア象徴主義者』　135
ロシア人　25
ロシア正教会　39, 109, 153, 168, 175, *227*
『ロシアの国土滅亡の物語』　121
ロシア・バロック様式　98
ロシア府主教の総主教への格上げ　66
ロシア・プロレタリア作家協会(ラップ)　161, 181
ロシア・モダニズム　182
ロシア・ルネサンス　82
ロシア連邦共和国　204, 207, *209*
ロストフ・ヴェリーキー　24, 45, 84, *85*
ロストロポーヴィチ　226
ロズモフスキー，アレクセイ　102
ロズモフスキー家　102
ロスラーゲン　37
露土戦争　120, *126*
ロブーヒナ，エウドキナ　88
ローマ・カトリック教会　39, 43, 54, *197*
ローマ教皇　52, 53, 75
ローマ帝国　26
ロマネスク建築　38
ロマノフ朝　58, 74, 101, 102, 146, 147
ロマンス諸語　27
ロモダノフスキー，フョードル　90, *91*, 92
ロモノーソフ，ミハイル　112, 113

ワ　行

『惑星ソラリス』　227
『ワーニャ伯父さん』　144
ワラキア　125
ワルシャワ　112
ワルシャワ公国　112, *114*, 129
ワルシャワ条約機構　179
『われら』　161

監修者

外川継男
(とがわつぐお)

- 1934年　東京に生まれる
- 1957年　東京大学文学部西洋史学科卒業
- 1961年　北海道大学大学院文学研究科博士課程中退
- 現　在　上智大学外国語学部教授
- （専攻　ロシア史）

訳　者

吉田俊則
(よしだとしのり)

- 1953年　北海道に生まれる
- 1976年　北海道大学文学部史学科卒業
- 1986年　北海道大学大学院文学研究科博士課程修了
- 現　在　富山大学人文学部助教授
- （専攻　ロシア史）

図説 世界文化地理大百科
ロシア・ソ連史（普及版）

1992年12月10日　初　版第1刷
1997年 9月20日　　　第2刷
2008年11月20日　普及版第1刷

監修者	外　川　継　男
訳　者	吉　田　俊　則
発行者	朝　倉　邦　造
発行所	株式会社 朝倉書店

東京都新宿区新小川町6-29
郵便番号　162-8707
電　話　03(3260)0141
FAX　03(3260)0180
http://www.asakura.co.jp

〈検印省略〉

© 1992〈無断複写・転載を禁ず〉　　凸版印刷・渡辺製本

Japanese translation rights arranged with ANDROMEDA OXFORD Ltd.,
Oxford, England through Tuttle-Mori Agency Inc., Tokyo

ISBN 978-4-254-16880-8　C 3325　　　　Printed in Japan

MOSCOVIA SIGISMVNDI LIBERI BARONIS IN HERBERSTEIN, NEIPERG, ET GVTENHAG ANNO M.D XLIX